PRÉCIS HISTORIQUE

DU DROIT FRANÇAIS

INTRODUCTION

A L'ÉTUDE DU DROIT.

PRÉCIS HISTORIQUE

DU

DROIT FRANÇAIS

INTRODUCTION

A L'ÉTUDE DU DROIT.

PAR

JULES MINIER,
Avocat à la Cour impériale,
Professeur suppléant provisoire à la Faculté de droit de Poitiers.

Occasiones legum, tempora et causæ quæ maximè aperiunt sententiam earum, omnia eruuntur ex historiis.
(Gravina, in præfat. de Orig. juris.)

La voix du présent n'est souvent que l'écho des siècles passés.

PARIS,
A. MARESCQ ET E. DUJARDIN, LIBRAIRES-ÉDITEURS,
Rue Soufflot, 17, en face le Panthéon.

1854.

Poitiers. — Imp. de A. DUPRÉ, rue de la Mairie, 10.

PRÉFACE.

Chargé en 1849 du *cours d'introduction à l'étude du droit*, je pensai tout d'abord à donner à l'histoire du droit français la place qui lui était due (1). Les cours que j'avais suivis à la faculté de Poitiers m'avaient inspiré le vif désir de connaître les grands jurisconsultes dont j'entendais tous les jours invoquer les opinions, et que mes doctes maîtres m'avaient appris à aimer avant qu'il me fût permis de les apprécier.

Les études auxquelles je m'étais livré, en commençant par Klimrath, me donnèrent l'idée d'initier les élèves à la connaissance de nos antiquités juridiques, et de leur donner des notions que, peu d'années avant, j'avais été si désireux d'acquérir.

Prenant pour base du cours le rapport au roi, de M. Cousin, sur les chaires d'encyclopédie du droit (2),

(1) L'instruction du 19 mars 1807 prescrit au professeur de première année de donner un précis historique du droit français.

(2) « Sire, je viens proposer à Votre Majesté de combler une lacune » qui a été laissée dans l'enseignement du droit. Quand les jeunes étu- » diants se présentent dans nos écoles, la jurisprudence est pour eux un » pays nouveau dont ils ignorent complétement et la carte et la langue. » Ils s'appliquent d'abord au droit civil et au droit romain, sans bien

je divisai mon enseignement en deux parties. Dans la première, se placèrent les définitions indispensables à l'étudiant qui commence, et l'exposé des principes généraux du droit calqué en partie sur le *Traité des lois* de Domat, que M. Cousin (1) a si heureusement appelé « la préface du code civil. » Vinrent ensuite quelques détails sur l'organisation judiciaire, dans le but de faciliter aux étudiants l'intelligence des leçons de leurs professeurs; et comme le titre préliminaire du code Napoléon pose des règles générales qui dominent la législation tout entière, son explication me sembla devoir terminer la première partie du programme.

La seconde fut réservée pour un résumé de l'histoire du droit français. Les riches matériaux fournis par les jurisconsultes et les publicistes modernes me permettaient de faire une analyse complète des

» connaître la place de cette partie du droit dans l'ensemble de la
» science juridique, et il arrive ou qu'ils se dégoûtent de l'aridité de
» cette étude spéciale, ou qu'ils y contractent l'habitude des détails et
» l'antipathie des vues générales. Une telle méthode d'enseignement est
» bien peu favorable à de grandes et profondes études. Depuis long-
» temps tous les bons esprits réclament un cours préliminaire qui aurait
» pour objet d'orienter en quelque sorte les jeunes étudiants dans le la-
» byrinthe de la jurisprudence, qui donnât une vue générale de toutes
» les parties de la science juridique, marquât l'objet distinct et spécial
» de chacune d'elles, et en même temps leur dépendance réciproque et
» le lien intime qui les unit; un cours qui établirait la méthode géné-
» rale à suivre dans l'étude du droit, avec les modifications particu-
» lières que chaque branche réclame; un cours enfin qui ferait connaître
» les ouvrages importants qui ont marqué les progrès de la science.
» Un tel cours relèverait la science du droit aux yeux de la jeunesse par
» le caractère d'unité qu'il lui imprimerait, et exercerait une heureuse
» influence sur le travail des élèves et sur leur développement intellec-
» tuel et moral. »

(1) Documents inédits sur Domat, *Journal des savants*, année 1843, p. 5.

sources du droit depuis l'invasion de la Gaule par les Francs jusqu'à la codification. Les immenses travaux de l'*infatigable* M. Pardessus, dont la mort récente *a non moins désolé le monde savant que tous les gens de bien ;* les curieuses recherches de MM. Beugnot, Klimrath, Laferrière, Giraud, Laboulaye, Kœnigswarter, Augustin Thierry, etc.; les préfaces des ordonnances du Louvre, dues à la plume de MM. de Laurière, Secousse, Villevault, Bréquigny, Pastoret, etc., étaient des mines inépuisables; la difficulté consistait à faire un choix au milieu de toutes ces richesses.

Le plan que j'avais adopté ayant paru n'être pas dénué de tout intérêt, encouragé par le suffrage de deux hommes dont la bienveillance m'est précieuse (MM. Laferrière et Ortolan), je continuai mes recherches, dont je livre aujourd'hui le résultat à la publicité.

Mon but n'a point été d'approfondir les graves questions qui surgissent de l'ancienne législation, mais de préparer et aplanir les voies à ceux que leur goût porterait vers les études historiques, en leur indiquant les sources principales auxquelles ils pourront puiser, et leur donnant une idée des immenses travaux qui ont été entrepris sur l'histoire du droit français, et que j'ai classés selon les époques.

Mon livre est plutôt une table raisonnée des matières qu'un exposé scientifique de l'ancienne législation.

Je ne me dissimule point les reproches qu'on

peut lui adresser. Mais si j'ai su conserver à chaque phase de notre histoire juridique les traits principaux de sa physionomie; si je suis toujours resté dans la vérité historique, mon ambition sera satisfaite, car ce livre ne sera pas tout à fait dépourvu d'utilité.

INTRODUCTION.

L'étude de l'histoire du droit n'a pas été exempte de vicissitudes.

A la fin du XVe siècle et au commencement du XVIe, d'amers sarcasmes accueillirent, à son apparition, l'école historique qui devait bientôt s'enorgueillir d'avoir Cujas pour chef. — Les Bartolistes, alors tout-puissants, ne voyaient qu'un badinage puéril dans les travaux littéraires et historiques entrepris par les disciples d'Alciat, et donnaient à ceux-ci par dérision la qualification de jurisconsultes grammairiens et humanistes.

Les succès éclatants de la nouvelle école la vengèrent de ces attaques; mais ce triomphe ne fut pas de longue durée. Les jurisconsultes français d'une époque postérieure négligèrent trop cette branche, aussi essentielle qu'instructive, des connaissances humaines. L'histoire du droit ne devint bientôt, à leurs yeux, qu'une superfétation scientifique. — Ils ne refusaient pas à ceux qui en faisaient l'objet de leurs études, aux *Noodt*, aux *Schulting*, etc., le titre de *jurisconsulti elegantiores;* mais, trop exclusivement voués à la pratique aride des affaires, l'histoire du droit était pour eux une science inutile, parce qu'elle était sans application dans les luttes du barreau.

Mieux inspirés que nos jurisconsultes nationaux, les savants et infatigables enfants de l'Allemagne profitèrent des trésors accumulés par nos devanciers, mais dont la France semblait ne plus comprendre la richesse et l'importance; s'ils n'ont pas créé la science historique, au moins faut-il leur faire honneur des développements qu'elle a reçus à une époque rapprochée de la nôtre.

Aujourd'hui cette science, dont la France a été le berceau, a repris chez nous sa part légitime d'influence.

Les anciens monuments de notre droit sont étudiés avec soin par des hommes voués aux explorations scientifiques; ils sont mis largement à contribution par les commentateurs de nos codes (1), par les professeurs des facultés de droit dans leurs leçons; l'enseignement spécial de l'histoire juridique lui-même se régularise (2).

Sans admettre complétement les théories trop absolues qui, au sein du parlement anglais, ont eu pour organe un orateur célèbre, appelé avec quelque raison le *Mirabeau de la contre-révolution* (3), et que le chef illustre de l'école historique allemande a peut-être trop suivies dans le domaine de la législation et de la jurisprudence, il faut reconnaître dans l'histoire un élément essentiel du droit.

Les travaux considérables entrepris sur cette matière, surtout depuis Klimrath, les nombreux articles publiés par les revues qui s'occupent de droit, l'Histoire générale de M. Laferrière, montrent assez combien cette étude est mise en honneur dans notre pays, pour que je me croie dispensé d'en exposer l'importance, pour ne pas dire la nécessité.

J'ai hâte d'arriver au but que je me propose: vulgariser les éléments de cette vaste science, et mettre à la portée de tous des richesses dont la jouissance exclusive semblait jusqu'ici un privilége réservé aux savants.

Avant d'aborder le fond du sujet, je dois traiter une question

(1) *V.*, pour le code Napoléon, surtout M. Troplong; pour la procédure, Boncenne, continué par M. Bourbeau.

(2) Une chaire spéciale est créée à Paris; dans plusieurs autres facultés, grâce au zèle des professeurs suppléants, un cours d'histoire complète l'enseignement.

(3) Burke, qui prétendait que les institutions doivent se réformer à la longue en quelque sorte d'elles-mêmes, sans l'intervention de la volonté plus ou moins arbitraire des hommes.

préliminaire dont la solution influera sur le plan de l'ouvrage : quelle est l'origine du droit français ?

Sans entrer dans les vives controverses élevées à cet égard, je crois pouvoir poser en principe que notre droit ne dérive pas d'une source unique. La triple influence du droit romain, du droit canonique, du droit coutumier, établie avec tant de netteté par Klimrath (1), me paraît incontestable. Ces différents éléments se sont combinés diversement suivant les temps, les lieux ; ils ont opéré leur fusion sous l'influence du caractère, des mœurs, des institutions du peuple primitif sur le sol duquel ils se sont rencontrés, et l'individualité du droit français s'est constituée.

La Gaule est le terrain sur lequel la lutte s'est engagée ; tout a disparu de ses institutions ; il serait peut-être impossible d'en indiquer une seule avec certitude, et cependant l'esprit gaulois s'est perpétué dans notre droit national de manière à le différencier des législations des autres peuples de l'Europe centrale et occidentale, formées cependant par le concours des mêmes éléments.

L'histoire du droit français commence donc au moment où ces éléments se trouvent en présence, c'est-à-dire au ve siècle. Cette époque est le point de départ de mon livre.

Ainsi la carrière que j'ai à parcourir comprend quatorze siècles, de 486 à 1804. Pendant cette longue période, bien des changements, des modifications, des progrès se sont opérés ; mais chaque époque a laissé des traces plus ou moins profondes dans notre droit, et plus d'un vestige des vieilles institutions de la Germanie ou de la Féodalité se retrouve dans nos codes pour attester en quelque sorte les conquêtes de la civilisation.

Les transitions n'ont eu rien de brusque ni de tranché ; les changements se sont faits un à un, insensiblement, et ils étaient souvent dans les mœurs avant de passer dans la législation.

Lorsque des peuples d'origine différente se sont trouvés réunis,

(1) Travaux sur l'histoire du droit, t. 1, p. 68.

leur communauté d'existence a dû amener une communauté d'idées, une fusion des principes du droit auxquels chacun d'eux obéissait, avant de se trouver en contact avec les autres. Dans cette élaboration, chaque élément s'est modifié, mais en imprimant à l'œuvre totale, d'une manière indélébile, son caractère particulier.

Voyez, par exemple, la race germanique avec ses idées de liberté; elle a corrigé le rigorisme de ce vieux droit romain qui, à son tour, livrait au monde barbare ces formes savantes d'administration et de gouvernement que les rois francs essayèrent de s'approprier et que Charlemagne crut pouvoir appliquer d'une manière durable à son empire.

La Féodalité, que ses droits exorbitants et réprouvés par la raison ont fait attaquer avec amertume, souvent même avec exagération, était pourtant nécessaire pour protéger la France contre l'invasion étrangère. Au milieu du chaos né de la faiblesse des successeurs de Charlemagne, le régime féodal accorde au pays une sécurité garantie par les puissances locales. Le droit féodal, qui repose sur un système essentiellement aristocratique, subit lui-même le mélange de certains principes de liberté, empruntés à la Germanie et puisés aux inspirations de la religion chrétienne.

La Royauté a conquis une belle page dans l'histoire par sa lutte contre une société livrée aux souverains locaux; c'est elle qui a détruit l'anarchie, en ramenant les institutions vers l'unité, en créant la centralisation du pouvoir. Relier en un faisceau tous ces petits États, d'abord par le sentiment de l'honneur national, plus tard par la communauté des intérêts matériels; conquérir l'indépendance du territoire, en le mettant hors des atteintes de l'étranger; assurer par les relations commerciales, par le développement des forces physiques et intellectuelles, la prospérité et la puissance de ce peuple, qui put dès lors porter le nom de nation française, voilà l'œuvre qu'accomplit la politique habile de la Royauté.

Malheureusement le despotisme, altérant le principe du pouvoir royal, fit oublier à la couronne qu'elle devait sa force et sa puissance à ces communes, à ce tiers état, à cette bourgeoisie qui l'avait si bien servie pour reconquérir un pouvoir dont s'étaient emparés les seigneurs.

En méconnaissant ces anciens serviteurs, en leur arrachant tous leurs droits pour accorder des priviléges à certaines classes, les rois, au lieu d'affermir leur trône, conduisaient à une révolution que les parlements hâtèrent, sans s'apercevoir que leur chute devait être la conséquence nécessaire de la décadence du pouvoir dont ils relevaient. Par leur résistance aux vues populaires de Louis XVI, ils avaient préparé l'orage qui devait les emporter. En vain se rattachèrent-ils au roi pour conserver leur existence; l'heure du châtiment était venue. Le volcan s'était ouvert, le trône et les parlements allaient rouler dans l'abîme.

A certaines époques de la vie d'une nation, la Providence semble, par de terribles catastrophes, vouloir rappeler aux hommes leur faiblesse et leur néant; et, sans doute pour que la leçon soit plus éclatante, elle ne frappe point un Louis XI, un Charles IX ou un Louis XV; c'est un Louis XVI qui supportera la peine des crimes ou des dépravations de ceux qui l'ont précédé!

Un élan généreux enflamme la Constituante, et lorsqu'elle est débordée par les assemblées qui la suivent, lorsque les lois naturelles semblent foulées aux pieds, on retrouve encore quelques grandes âmes qui s'élèvent contre la terreur, au nom du droit, de la morale et de l'humanité.

Et cependant de cette crise épouvantable sont sorties de grandes institutions, dignes d'un grand peuple, et qui ont concouru puissamment à l'amélioration sociale.

Ainsi, tous les événements s'enchaînent et concourent au perfectionnement de l'humanité. La science du droit suit la marche de la civilisation; progressive, elle est soumise à l'action et à la réaction des principes les plus contraires, et ce n'est qu'après des luttes souvent longues, toujours opiniâtres, que le législateur consacre le triomphe de la vérité. Le germe de l'amélioration existe longtemps avant qu'il puisse la monumenter dans les textes.

Par conséquent, rien n'est plus arbitraire que les divisions d'une histoire qui a le droit pour objet; elles peuvent varier suivant le point de vue auquel on se place : ce qui est bien pour un grand ouvrage peut être moins convenable pour un traité plus restreint. En pareille matière, nul ne peut poser de règle absolue. Pour un exposé purement élémentaire, la classification la plus simple étant, à mes yeux, la meilleure, je diviserai en quatre périodes cette vaste étendue chronologique :

1° Époque barbare ou franque (486-888);

2° Féodalité (888-1461);

3° Monarchie absolue (1461-1789);

4° Ère révolutionnaire (1789-1804).

Dans la première période, le droit français se prépare plutôt qu'il n'existe déjà. Les éléments qui doivent le former coexistent sans se fondre; le droit romain s'altère, et dans les coutumes des peuples barbares on reconnaît déjà le germe du droit coutumier des temps postérieurs (1).

Dans la seconde, la féodalité amène un changement radical dans les règles de la législation barbare. Les lois, jusque-là personnelles, deviennent des coutumes réelles et territoriales. A cette époque, la France, l'Europe tout entière est féodale, et tous les peuples ont dans leur droit des règles communes qui découlent d'une même source.

Dans la troisième, le droit privé subit des modifications moins profondes que le droit public. Si, dans la théorie, des efforts sont tentés pour résoudre par le droit romain toutes les questions que soulève la pratique, les mœurs d'une partie de la population résistent à cette application exagérée de cette législation étrangère. Les ordonnances, les édits royaux commencent à régler d'une manière générale quelques matières du droit civil.

La révolution de 1789, qui forme la quatrième période, a été une réaction violente contre les vestiges du régime féodal; elle a aboli les principes introduits par lui dans les coutumes, pour fonder sur

(1) Klimrath, Travaux sur l'histoire du droit français, t. 1, p. 164.

les ruines de l'aristocratie un droit dans lequel l'élément démocratique devait dominer. Le code Napoléon a été la réalisation de cette pensée; rejetant la prépondérance excessive du droit romain, faisant admettre dans toute la France une législation applicable à tous sans exception, la Révolution a créé l'unité juridique à l'image de l'unité politique établie déjà depuis trois siècles.

Chose remarquable! chaque époque jusqu'à notre révolution met les mêmes éléments en présence, le droit germanique se développant sur le sol gaulois sous la double influence du christianisme et du droit romain. La part de chacun de ces éléments ne sera pas toujours la même; mais elle sera assez marquée pour qu'il soit possible de la constater et de la reconnaître.

Aussi me sera-t-il facile de faire une sous-division simple et uniforme. Chaque époque formera un livre; chaque livre se divisera en quatre titres : le premier titre sera un aperçu des principaux faits politiques qui ont dominé la période, afin de rappeler les circonstances dans lesquelles le droit s'est développé, car les événements politiques sont souvent le meilleur commentaire des institutions. Ces faits étant précisés et mis en avant pour jeter une lumière destinée à éclairer la marche que je suivrai dans l'appréciation du développement juridique, les sources du droit seront examinées dans un second titre. J'aurai nécessairement à passer en revue les monuments du droit national, les lois canoniques et le droit romain, ou l'application qu'en faisaient les interprètes; et ce travail sera suivi d'une esquisse rapide de la vie et des œuvres de nos plus grands jurisconsultes.

Un troisième titre destiné à tracer le caractère général de la législation sera la déduction nécessaire du titre précédent. Il aura, en effet, pour but de rapprocher les principes puisés aux diverses sources du droit; de montrer leur combinaison, quelquefois leur conflit et leur lutte; de déterminer enfin l'influence de chacune d'elles sur l'ensemble des institutions.

Dans un quatrième titre, j'essayerai de donner une idée exacte de l'organisation intérieure de l'État, et d'indiquer les règles auxquelles était soumise l'action gouvernementale.

Toutefois la dernière époque, que j'appellerai ère révolutionnaire, époque de transition et qui ne s'achève que par la rédaction de nos différents codes, ne saurait se prêter à une subdivision du même genre. Les faits politiques sont si intimement liés à la législation, qu'il n'est guère possible de les séparer; les événements se pressent avec tant de rapidité dans ce court espace d'environ seize ans, que plusieurs périodes se trouvent dans cette grande époque. Que sont devenus pour cette législation intermédiaire le droit canonique et le droit romain? Ces éléments fondus dans l'ancien droit seront mis plus tard à contribution; mais leur rôle pour ainsi dire actif est achevé, et souvent, tout en y puisant les lois nouvelles, on semblera oublier l'origine des principes qu'on proclamera.

La révolution sociale s'accomplit; la législation n'est que l'auxiliaire des réformateurs; elle en est quelquefois l'instrument redoutable; mais ce qui domine, ce sont les événements politiques. Il faut donc en suivre les phases, et diviser cette dernière époque en quatre périodes : 1° la Constituante; 2° l'Assemblée législative et la Convention; 3° le Directoire, et 4° le Consulat.

Pour l'historien du droit, l'époque révolutionnaire n'est entièrement achevée que par la confection des codes qui régissent aujourd'hui la France; mon travail se terminera donc par l'exposé des éléments qui composent ces beaux monuments de notre droit actuel.

Enfin, pour montrer l'application directe des connaissances historiques au droit qui nous régit, en indiquer l'avantage, que je pourrais appeler *pratique*, il faudrait traiter avec quelques détails les origines des articles les plus importants du code Napoléon, dont l'explication n'est vraiment complète que par la comparaison des dispositions nouvelles avec les principes de l'ancien droit; mais, ces détails ne rentrant pas nécessairement dans le cadre actuel, je bornerai ma tâche d'aujourd'hui à présenter aux esprits studieux des notions élémentaires qui n'ont d'autre but que de montrer l'importance d'une science si précieuse pour le jurisconsulte, si pleine d'enseignements pour l'homme d'État, si utile pour tout citoyen, surtout dans un siècle où chacun est appelé à prendre part aux affaires publiques, et où la connaissance du passé est un gage de sécurité pour l'avenir.

Dans le plan de cet ouvrage, je ne comprends pas l'histoire du droit romain, je la suppose connue, et je prends cette législation au moment où elle se trouve en lutte avec le droit germanique et le droit canonique. Que dans un traité général on expose les principes du vieux droit Quiritaire, qu'on en montre le développement et le progrès, rien de plus naturel; mais cette recherche sortant des limites que je me suis tracées, ce serait un hors-d'œuvre que rien ne justifierait.

Il me suffira, dans cette introduction, de donner quelques détails sur l'histoire des Gaulois, des Germains avant le ve siècle, sur l'organisation romaine en Gaule et sur l'apparition du christianisme dans cette contrée.

Ces préliminaires sont indispensables. En effet, pour obtenir la révélation de l'élément traditionnel, il faut suivre les développements juridiques, comparer les différentes époques, les enchaîner les unes aux autres par leurs traditions communes et les séparer par leurs traditions diverses.

« L'histoire du droit, dans son sens le plus étendu, » a dit avec raison M. Roussel (1), « est la connaissance la plus large de la » manifestation du droit au différentes époques, de la succession » des traditions juridiques, des origines des lois existantes et des » lois progressives de l'humanité. »

Pour apprécier la part d'influence de chaque élément, il faut au moins savoir ce qu'il était avant de concourir à la formation d'un droit nouveau, et quels principes caractéristiques il apporte dans ce grand travail de fusion d'où sortira, après bien des siècles, une législation uniforme et vraiment nationale.

(1) Encyclopédie du droit, p. 287.

§ Ier.

Les Gaulois.

Une grande obscurité plane sur l'histoire des anciens Gaulois ; on n'est même pas d'accord sur les différents peuples qui occupaient ce vaste territoire que circonscrivent l'Océan, les Pyrénées, la Méditerranée, les Alpes et le Rhin, sous le nom commun de Gaule. Tout le monde cependant range parmi ceux qui ont formé la société gauloise les Celtes, renommés par leur courage, leur impétuosité, la terreur qu'inspirait leur nom. Mais une nouvelle difficulté se présente. Cette race, si redoutable aux Romains eux-mêmes (1), était-elle distincte des Gaulois ou ne formait-elle avec eux qu'un seul peuple? Les historiens sont divisés sur cette question (2); quelques-uns même ont renoncé à résoudre le problème.

Ce qui est hors de doute, c'est que plusieurs peuples d'origine différente habitaient ces contrées; et, d'après Klimrath, il y en aurait eu quatre principaux : 1° les Liguriens, au S.-E., sur la Méditerranée, depuis les Pyrénées jusqu'aux Alpes ; 2° les Aquitains, au S.-O., sur l'Océan, entre la Garonne et les Pyrénées ; 3° les Celtes, ou Gaulois proprement dits, occupant le centre, tout l'ouest, de la Garonne jusqu'à la Seine et à la Marne, et à l'est jusqu'en Suisse ; 4° les Belges avaient le nord de la Seine et de la Marne jusque vers le Rhin et sur l'Océan (3).

(1) Cicer., *De provinc. consul.*, 13.

(2) Klimrath, Travaux sur l'histoire du droit français, t. 1, p. 191. — Chambellan, Études sur l'histoire du droit français, p. 19. — De Courson, Histoire des origines et des institutions de la Gaule armoricaine et de la Bretagne insulaire, ch. 1er.

(3) M. Amédée Thierry est d'accord avec Klimrath en ce qui concerne les Liguriens et les Aquitains ; mais, dans les peuples que Klimrath désigne sous le nom de Celtes, M. Amédée Thierry distingue les Galles et les Kymris, qu'il place, les premiers dans les régions montagneuses de l'ouest et de l'est, les seconds dans le centre et le nord. Quant aux Belges, M. Thierry en fait une importante division des Kymris. (Hist. des Gaulois, ch. 1.)

Les renseignements les plus précis que nous ayons se trouvent dans les Commentaires de César, qui, par leur nature, les circonstances dans lesquelles ils ont été écrits, doivent laisser de nombreuses lacunes. Il serait difficile de dire au juste ce qu'étaient les lois, les institutions de ces peuples : *Hi omnes lingua, institutis, legibus inter se differunt* (1), tel est à peu près le seul document que le général romain nous laisse sur la législation gauloise. Il raconte bien parfois quelque trait saillant et caractéristique des institutions sociales ; mais il le présente alors comme étant commun à tous. Peut-être a-t-il surtout fait l'histoire de ces Gaulois du centre qui, selon certains auteurs, auraient eu une supériorité marquée sur les autres races, et dont l'organisation sociale leur aurait assuré une véritable influence (2).

Du reste, on ne peut douter qu'ils n'eussent un droit particulier ; témoin ce discours de Critognate à ses concitoyens (3) : « Quelle différence entre la guerre des Cimbres et celle que nous » ont déclarée les Romains ! Les Cimbres, après avoir ravagé la » Gaule, abandonnèrent nos terres pour aller chercher fortune » dans d'autres pays, nous laissant en possession de nos usages » et de nos lois, *jura, leges*..... Mais les Romains, que veu» lent-ils? Vous le savez, jaloux de tous les peuples dont la » gloire les importune, ils prétendent s'établir dans leurs terres » et dans leurs villes pour leur imposer une servitude éternelle. » Jamais, dans toutes leurs guerres, une autre pensée ne les a » animés, et si vous êtes moins instruits de ce qui se passe chez » les nations éloignées, jetez les yeux sur cette partie de la Gaule » qui nous environne. Réduite à la condition d'une province ro» maine, elle a perdu tous ses droits : ce ne sont plus ses *lois* » *particulières* qui la gouvernent ; courbée sous la hache et les » faisceaux d'un insolent proconsul, elle subit toutes les humi» liations de la servitude. »

(1) Cæs., I, 1.
(2) Chambellan, Étude 2e, ch. 1, p. 168, 169.
(3) Cæs., l. 7, ch. 77.

Quelles étaient donc ces lois particulières, ces coutumes que les Cimbres avaient respectées? Il ne nous est guère permis de le savoir. Sur un point aussi délicat, procéder par affirmations serait une témérité. La tâche serait moins difficile si l'on admettait l'authenticité du recueil des lois du pays de Galles, dont la rédaction daterait du xe siècle, et serait due au roi de Cambrie, Hoël le Bon (1). Malheureusement la critique historique conteste à ces lois l'honneur d'avoir régi la Gaule, et M. Chambellan (2) a parfaitement démontré que le code d'Hoël ne pouvait prendre place parmi les matériaux qui doivent servir à restaurer notre ancien droit.

Les quelques documents que nous avons sur les lois gauloises peuvent se formuler dans les propositions suivantes :

La puissance paternelle était fortement constituée; analogue à celle que les Romains se vantaient de posséder seuls, elle accordait au père le droit de vie et de mort sur ses enfants (3).

La polygamie était un luxe permis par les lois, mais que la fortune pouvait seule donner, et qui par conséquent n'était, en pratique, qu'une rare exception.

Dans le régime matrimonial décrit par César (4), la femme obtient une part sur les biens des époux mis en commun, mais qui est subordonnée à la condition de survie. Ce caractère est la meilleure preuve qu'il ne faut pas voir dans cette institution l'origine de la communauté légale, malgré les efforts de Grosley (5) et l'opinion d'éminents jurisconsultes de notre époque.

Tout ce qui concerne les conventions est à peu près inconnu, ou au moins incertain. On attribue aux Marseillais l'introduction en Gaule de l'usage de constater par écrit les transactions commerciales. Leur contact avec les Grecs, qui venaient faire le commerce avec eux, les avait familiarisés avec l'alphabet grec, et,

(1) M. Aurélien de Courson a publié ce document dans son *Histoire des peuples bretons dans la Gaule et les îles Britanniques.*

(2) Étude 2e, ch. 8, p. 291, note 1, n° 103.

(3) Gaii Comm., lib. 1, § 55.

(4) Bello Gallico, VI, 19.

(5) Recherches pour servir à l'histoire du droit français.

selon César, toutes les opérations publiques ou privées étaient constatées par des écrits tracés en caractères grecs destinés à traduire les paroles gauloises (1).

Manquer aux obligations contractées était chose grave, l'insolvabilité forçait le débiteur à entrer dans les liens d'une clientèle rigoureuse; et pourtant quelquefois le payement des dettes était renvoyé à l'autre vie, dans la ferme croyance de l'immortalité de l'âme.

Les successions étaient régies par des principes que l'on suppose avoir de l'analogie avec ceux des Germains, et qui, suivant d'ingénieux auteurs, auraient proclamé le droit de masculinité et exclu les femmes. Mais ce sont plutôt des inductions tirées de la marche ordinaire des sociétés que des règles puisées dans les sources et les traditions.

Nous sommes un peu plus riches en matériaux lorsqu'il s'agit de parler de l'organisation sociale, si je puis m'exprimer ainsi, à cette époque, et nous marchons avec plus de sûreté quand nous cherchons à découvrir en combien de fractions se divisaient les membres de cette société.

Les Gaulois étaient partagés en trois classes : les druides, les nobles et le peuple.

La constitution de la Gaule était aristocratique; il paraîtrait cependant que la noblesse n'était point héréditaire; elle reposait sur des services rendus, sur la gloire personnelle. Le fils du noble devait conquérir son titre et s'en rendre digne avant de l'obtenir (2).

Les druides formaient un corps à part, en dehors de la constitution politique; ils étaient les dépositaires de la science et prononçaient les jugements; parmi eux, à côté des druides chargés d'enseigner, étaient les bardes, qui devaient, par leurs chants, entretenir les croyances religieuses, ranimer par leurs poëmes le zèle guerrier refroidi; les eubages, qui avaient pour mission d'exercer

(1) César, Bell. Gall., VI, 14. — Strabon, IV (B. I, 9).
(2) Chambellan, p. 272 et suiv.; loc. cit., p. 242.

l'art de guérir, tous enfin concourant à l'exercice du pouvoir social ou à l'amélioration et au bien-être de la société.

Au-dessus d'eux étaient un chef suprême armé d'un pouvoir absolu et quelques grands dignitaires : une forte hiérarchie les rattachait les uns aux autres et leur donnait une puissance considérable, puissance morale surtout; car si en fait ils avaient une grande part dans le gouvernement, c'était comme dépositaires des traditions nationales, comme savants, non comme prêtres.

Dans l'ordre politique, les druides ne sont quelque chose que parce qu'ils sont nobles; ils sont dévoués au service public comme les chevaliers, qui ne diffèrent des druides qu'en ce qu'ils sont arrivés à la noblesse après avoir passé par un noviciat militaire, au lieu d'avoir été soumis à un noviciat religieux.

Les nobles pouvaient tous arriver au sénat, qui se composait, en nombre égal, de chevaliers et de druides. Selon toute apparence, le sénat réglait les points principaux d'administration et faisait des lois, quoique les grandes mesures ne pussent être résolues que par l'assemblée des citoyens, et que la coutume fût probablement la base de la législation.

Plusieurs auteurs ont écrit que, dans la Gaule, à côté d'une classe plébéienne quasi-servile, jouissant de droit seulement d'une certaine indépendance, il en était une autre plongée complétement dans l'esclavage. Malgré l'expression de *servi*, *in servitute*, dont César se sert en plusieurs passages de ses Commentaires, il est difficile d'admettre qu'en Gaule il y eut des esclaves dans le sens romain, c'est-à-dire des hommes appartenant à un maître comme chose purement mobilière, et transmettant à leur descendance cette tache que l'affranchissement seul pouvait effacer.

Il y avait des plébéiens pauvres et endettés, se soumettant, eux et leurs biens, à leurs créanciers jusqu'au payement intégral de leurs dettes, ou allant réclamer aide et protection à un homme riche et puissant auquel ils sacrifiaient leur indépendance; mais c'était là un assujettissement passager, purement personnel, qui n'atteignait pas leur postérité. Aussi est-ce en parlant de ces hommes que César dit : *Plebs pene servorum habetur loco..... plerique..... sese in servitutem dicant nobilibus* (1), et qu'ailleurs il les appelle *clientes oberati* (2).

Quant aux autres plébéiens qui avaient réussi dans le commerce ou l'agriculture, qui étaient assez riches pour ne pas implorer l'assistance du noble, mais qui ne se croyaient pas assez forts pour se passer d'un patronage, ils offraient à un plus puissant qu'eux un dévoûment absolu, perpétuel, pour obtenir son appui. L'ambacte, tel était le nom du protégé, était lié à l'avenir à son protecteur ; son patron, de son côté, contractait l'engagement sacré de le défendre et de lui prêter secours et assistance. Il n'y a dans cet engagement mutuel qu'un lien purement civil et qui n'altère en rien la capacité de l'ambacte. Lorsqu'il avait pu, grâce à la protection du patron, cultiver son champ, exercer son commerce avec sécurité, enfin s'enrichir, il aspirait à devenir noble, à acquérir, au prix d'un noviciat plus ou moins long sous le titre de *soldure, dévoué*, auprès d'un chevalier, cette noblesse objet de sa convoitise. Car si, comme homme libre et indépendant, il pouvait assister aux assemblées générales du peuple, il ne pouvait prétendre aux hautes magistratures (3).

Pour connaître les différents magistrats de cette société, il faut savoir que si, dans l'ordre moral, l'unité existe par le druidisme, la diversité existe dans la constitution de la Gaule. Au point de vue politique, la cité est l'unité élémentaire dont le territoire est divisé en cantons (*pagi*), renfermant chacun un certain nombre d'enceintes fortifiées, de places d'armes (*oppida*), destinées à protéger les populations rurales. La population livrée à la culture des champs se groupait en villages (*vici*); la popula-

(1) Bell. Gall., VI, 13.
(2) Bell. Gall., I, 4.
(3) *V.* Chambellan, Étude 2e, ch. 5, p. 232, 242 et suiv.

tion industrielle habitait des villes : les unes ouvertes et d'une défense impossible (*ædificia*), les autres fermées et capables de quelque résistance.

De même que l'individu faible et isolé avait senti le besoin de se rapprocher d'un plus puissant, de même la cité avait obéi à la nécessité en tempérant le vice de son organisation isolée par un lien de garantie solidaire. La cité cliente devait aider dans la guerre la cité patrone, et celle-ci devait à celle-là secours et protection. Malgré l'engagement mutuel et réciproque des cités, un germe d'indépendance se manifestait dans leurs relations ; chacune pouvait faire la guerre seule et sans l'aveu de celle à laquelle elle était attachée, et elle pouvait même lui signifier qu'elle entendait se retirer de l'association (1).

Ainsi était établie une sécurité qu'en dehors de ces liens de clientèle on ne pouvait obtenir. C'est à l'aide de ce système d'association que les petites cités, réunies à de plus importantes sous le commandement d'un grand citoyen, essayèrent d'échapper à une conquête que César devait réaliser, malgré cette dictature passagère déférée probablement à l'homme qui était le plus puissant, qui avait la plus nombreuse clientèle. « En effet, l'an-
» cienne organisation des campagnes de la Gaule ressemblait
» assez à celle de l'Irlande et de la haute Ecosse; la population
» se groupait autour des hommes considérables, des grands pro-
» priétaires. Vercingetorix, par exemple, était probablement un
» chef de cette sorte, patron d'une multitude de paysans, de petits
» propriétaires attachés à ses domaines, à sa famille, à ses
» intérêts (2). »

Mais ces grandes associations étaient fort rares; l'indépendance de la cité était le principe dominant, et le chef de ce *concilium totius Galliæ* cessait ses fonctions de plein droit lorsque le danger commun était passé.

(1) Bell. Gall., II, 3.
(2) Hist. de la civilis. mod., Guizot, t. 1, p. 62.

En dehors de ces événements extraordinaires qui donnaient naissance à cette dictature momentanée, chaque cité était soumise à deux chefs, l'un civil, élu pour un an, qui avait droit de vie et de mort sur tous les citoyens; l'autre, ayant les pouvoirs militaires, dont les attributions ne nous sont pas connues.

Deux magistrats inférieurs étaient investis d'attributions qu'il est impossible de déterminer aujourd'hui, et dont nous ignorons entièrement l'importance.

La dualité se retrouve partout dans l'organisation de la société gauloise; elle en est le caractère distinctif. Ainsi, l'assemblée du peuple, *concilium civitatis*, en qui résidait la souveraineté, chargée de nommer les magistrats, se divisait elle-même en assemblée militaire et assemblée civile. Celle-ci différait de la première en ce qu'elle siégeait à des époques réglées et portait sur des objets toujours présents. L'assemblée militaire, *concilium armatum*, ne se réunissait qu'en cas de guerre, pour déterminer le nombre d'hommes que chaque noble devait emmener avec lui. Tout citoyen en âge de porter les armes y était admis, et la discipline tellement sévère, que le citoyen défaillant, et même celui qui arrivait après tous les autres, encourait la mort (1).

Comme chez presque toutes les sociétés dans l'enfance, les peines sont excessives et rarement en rapport avec le fait commis. La punition infligée à celui qui était en retard à l'assemblée militaire est la preuve que le peuple gaulois n'avait pas encore atteint ce degré de civilisation qui proportionne les peines à l'immoralité de l'acte et au trouble social éprouvé. La mort, aggravée quelquefois par les tortures, telle était presque l'unique pénalité infligée à l'assassin comme au soldat retardataire, à la femme meurtrière de son époux comme à l'auteur d'un vol; puis, comme moyen d'exécution, les guerres privées, et, lorsqu'elles ne suffisaient pas, l'appel au chef de l'association pour une guerre collective. Ce n'est pas au nom de la société tout entière qui punit

(1) Cæs., Bell. Gall., V, 56.

que la répression est demandée, c'est au nom de l'offensé, qui réclame un droit absolu sur la personne de l'offenseur, qui se venge du préjudice qu'il a éprouvé.

Triste législation pénale que celle qui substitue l'intérêt purement privé à l'intérêt social, qui ne trouve de répression efficace que dans le dernier supplice, et qui abandonne à la partie lésée le soin d'en assurer l'exécution. Je sais bien que les druides pouvaient arbitrer le dommage, déterminer la peine, et qu'ils frappaient d'excommunication le plaignant qui ne se contentait pas de la satisfaction réglée par eux. Mais ce n'était qu'un moyen subsidiaire, amené peut-être seulement par les progrès du temps, et qui laissait subsister dans toute son énergie la vengeance privée.

Ce n'était que sous l'empire des principes civilisateurs de la législation romaine que la rigueur de ce droit devait se tempérer, et j'ai maintenant à constater l'action puissante qu'exercèrent les Romains sur le sol gaulois, où ils étaient venus sous le titre d'alliés et d'amis de Marseille, pour se rendre maîtres de toute la Gaule.

§ II.

Les Romains.

Rome, longtemps avant César, avait éprouvé la furie gauloise, qui, six cents ans avant Jésus-Christ, avait fondé en Italie la Gaule cisalpine. Deux siècles plus tard, la Gaule se précipite sur les légions romaines, réduit la ville en cendres, et *Brennus*, le chef barbare, dicte ses conditions à ceux qui seront un jour les maîtres du monde, exige mille livres d'or qu'il pèse comme il l'entend en prononçant le célèbre *væ victis!* — Les Romains s'aguerriront contre ces impétueux barbares, qui passent comme des torrents et dont le caractère inconstant et frivole les conduit plutôt aux aventures qu'aux conquêtes. Ce ne sera plus leur conservation qu'ils chercheront, c'est l'agrandissement de leur territoire, l'extension de leur empire.

Plusieurs raisons leur fournirent l'occasion de venger leurs défaites : l'alliance des Gaulois avec Annibal, leurs attaques incessantes contre les Marseillais. La Gaule cisalpine, après de nombreux combats et la victoire de Marcellus, qui tua Virdomar de sa main (an 222 avant Jésus-Christ), était tombée sous la domination de Rome; un siècle après, la partie sud-est de la Gaule fut réduite en province romaine, et une colonie fut fondée à Narbonne (119). Les armes, favorables aux Romains, restreignaient le nombre des cités indépendantes, et pourtant ils étaient encore réduits souvent à repousser les invasions des Gaulois, qui, tantôt seuls, tantôt unis avec d'autres peuples, par exemple avec les Cimbres (107), débordaient en Italie et faisaient acheter cher la victoire aux généraux romains. A Jules César était réservée la gloire d'attaquer les Gaulois chez eux, et de faire la conquête de leur territoire. Idole du peuple romain, triumvir redouté du sénat, il reçoit avec son commandement quinquennal de la Cisalpine, l'Illyrie, la Transalpine et quatre légions qui satisferont peut-être son ambition, mais l'éloigneront certainement du siége de l'empire. Le sénat compte sur l'oubli et l'inconstance du peuple; il espère accabler sous le poids d'une si lourde tâche celui qu'on élève presque à la royauté. Qui pouvait prévoir qu'en huit années César réduirait les Gaulois, les attacherait à la fortune de Rome, reviendrait en triomphateur demander le prix de ses services, soutenu par ceux qu'il aurait soumis? La conquête fut si complète qu'elle dura jusqu'à l'invasion des peuples barbares.

Quelle influence ne devait pas avoir sur les coutumes gauloises la législation de ces vainqueurs arrivés à un degré de civilisation si supérieure à celle des vaincus? Avec quelle facilité les usages romains n'auraient-ils pas dû passer dans les mœurs de ce peuple vif, intelligent et imitateur? Tout tendait à l'absorption de la nationalité gauloise, et pourtant elle ne fut point complétement effacée. A certaines époques, les révoltes, à la tête desquelles ils voulaient placer des empereurs de leur choix, allaient rappeler à Rome que les Gaulois vaincus n'acceptaient que par force la domination étrangère.

Les conquêtes des Romains, leur établissement dans certaines parties de la Gaule, n'avaient pas eu pour effet d'associer les cités soumises à la jouissance intégrale du droit civil romain. César est le premier qui conféra à des Gaulois le droit de cité, et encore le donna-t-il aux soldats de l'*Alouette*, au moment où ils ne devaient plus vivre dans leur pays, où il les emmenait avec lui, comme si ce titre eût été indispensable pour avoir l'honneur d'entrer à Rome sous les ordres d'un général romain.

Différentes concessions individuelles ou collectives du droit de cité furent faites sous les empereurs. Auguste et Tibère en furent avares; leurs successeurs furent d'autant plus faciles à accorder ce droit que les Romains en étaient devenus moins jaloux. En 68, Galba paraît avoir admis presque toute la Gaule à jouir du droit civil. Ainsi, les droits de latinité ayant été successivement étendus, les concessions des droits de cité étaient devenues plus fréquentes, lorsque Caracalla (212 de notre ère) déclara tous les habitants ingénus de l'empire citoyens romains. Depuis un siècle et demi, une grande partie de la Gaule jouissait du droit de cité romaine (1).

Que devinrent les coutumes gauloises après la conquête? Doit-on dire avec Grosley qu'elles étaient restées intactes et qu'elles n'avaient été modifiées en rien par le droit romain? ou doit-on admettre avec M. Giraud (2) que toute trace de la nationalité gauloise disparut? Ces deux systèmes me semblent beaucoup trop absolus. La législation romaine a eu une influence sur les usages de la Gaule; mais il serait difficile de dire actuellement, au point de vue du droit privé, en quoi elle modifiait les principes par rapport aux biens, à la famille, aux successions. Il nous est seulement permis de constater combien l'administration impériale fut utile au bien-être des populations; et M. Am. Thierry, dans son

(1) Chambellan, Étude 4e, p. 640 et suiv.
(2) Essai sur l'histoire du droit français, p. 55 et suiv.

Histoire de la Gaule sous la domination romaine, nous a décrit dans un style magnifique les grands travaux exécutés dans la Gaule.

Le système de gouvernement basé sur l'unité du pouvoir fut accepté comme moyen de repos et de tranquillité, et pénétra plus facilement que les principes du droit privé. Aussi Cerealis, général de Vespasien, disait-il : « On cherche à vous éblouir » par un faux prestige de liberté. Que voyait-on dans les Gaules » avant César? la tyrannie de quelques chefs, des factions qui » les dévoraient, un état de guerre perpétuelle. Les lois romaines » seules vous ont fait connaître le repos et la paix. Il est vrai que, » pour maintenir cette paix, il faut lever des soldats, payer » des tributs. Mais existe-t-il à cet égard quelques distinctions » injustes ou humiliantes entre les Romains et les Gaulois? Ne » commandez-vous pas comme nous les légions? ne gouvernez-» vous pas les provinces? ne prenez-vous pas rang au sénat? » Est-il une dignité de laquelle vous soyez exclus? Sachez-le bien, » le jour où vous chasserez les Romains de la Gaule, la discorde » et tous les maux qu'elle renferme viendront fondre sur vous. »

Cent ans avant Vespasien, Claude, pour engager le sénat à ouvrir son sein aux Gaulois, disait: *Jam moribus, artibus, affinitatibus mixti, aurum et opes suas inferant, potiusquam separati habeant* (1).

(1) *Voyez* dans la Revue de législation de 1852, p. 230, le texte du discours de Claude au sénat en faveur de l'admissibilité des Gaulois aux magistratures et à la dignité sénatoriale. Le discours de Claude et le sénatus-consulte rendu à cette occasion furent placés à Lyon près de l'autel de Rome et d'Auguste, gravés sur des tables de bronze; elles avaient disparu, et nous ne connaissions cet important monument du droit public gaulois que par le résumé que Tacite en avait fait dans le livre XI de ses Annales.

En 1527, un habitant de Lyon découvrit, en travaillant sa vigne, deux lames de bronze qui, réunies, contenaient la plus grande partie du discours de Claude. En 1851, l'administration municipale de Lyon a fait tirer à cent exemplaires le *fac-simile* de la table de Claude, sous la di-

Si l'histoire ne peut préciser les changements apportés par les Romains au droit de la Gaule, les matériaux ne manquent pas pour exposer la révolution opérée dans le gouvernement et l'organisation intérieure de l'État. Sans doute l'assimilation de ce nouveau système ne se fit pas immédiatement; pendant longtemps les diverses classes, le sénat, les magistrats particuliers survécurent à la conquête, et ce ne fut que graduellement que toutes les cités de la Gaule se trouvèrent soumises à une organisation à peu près uniforme imposée par les vainqueurs.

Le système d'administration depuis Auguste jusqu'à Dioclétien est à peu près celui qui existait au temps de la république. Ce qui le caractérise, c'est la réunion dans la même main de tous les pouvoirs civils, militaires, judiciaires et administratifs.

Plusieurs cités réunies formaient une province; il y en avait quatre pour la Gaule d'après sa division par Auguste, et le nombre s'en accrut sous ses successeurs. Dans le partage qui intervint entre le peuple et l'empereur, ces provinces furent attribuées à Auguste, qui ne tarda pas à rendre au peuple la Narbonnaise. Selon que les provinces appartenaient à l'empereur ou au peuple, les gouverneurs s'appelaient *legati Cæsaris* ou *proconsules*, et on les désignait sous le nom commun de *præsides* (1). Ils parcouraient la province pour rendre la justice, et assignaient certaines époques auxquelles ils tenaient des assemblées particulières. La perception des impôts était confiée à un officier qui se nommait, dans les provinces impériales, *procurator Cæsaris*, et questeur dans les provinces du peuple.

rection de M. Reveil, maire de la ville. M. Benech a fait un article remarquable sur ce document précieux, qui avait été déjà l'objet de la curiosité de bien des érudits de France et d'Allemagne, et le savant professeur de Toulouse a reproduit le texte de ce discours, qui permet à chacun aujourd'hui d'apprécier combien Tacite savait conserver les idées qu'il reproduisait, tout en embellissant la forme. — Comparez M. Laferrière, *Histoire du droit*, t. 2, 2e édition, p. 250 et suiv.

(1) *V.* Klimrath, Études sur l'hist. du droit français, t. 1, p. 215 et suivantes.

La cité avait son sénat (*curia*), qui gérait ses biens et était chargé des soins du culte et de la police locale. Les membres de la curie, appelés décurions, et plus tard curiales, étaient soumis à des obligations excessivement onéreuses; chacun d'eux était responsable solidairement de la gestion de ses collègues, garant du décurion auquel il succédait et qui l'avait présenté: ces fonctions étaient un honneur dont on payait chèrement les priviléges (1).

L'ordre des décurions se divisait en quatre classes : la première comprenait ceux qui étaient exempts des charges municipales, par exemple s'ils avaient été appelés aux grandes charges de l'État; dans la seconde étaient les membres actifs; dans la troisième, les décurions qui n'avaient pas voix délibérative, c'est-à-dire ceux qui, nommés à dix-huit ans, n'en avaient pas encore atteint vingt-cinq. Enfin la quatrième était réservée aux décurions honoraires. Ce tableau était formé tous les cinq ans par un magistrat *quinquennal* dont les fonctions ne duraient qu'une année.

A la tête du sénat se trouvait le doyen d'âge et de service, *principalis*, qui ne pouvait être contraint de rester en charge plus de cinq ans.

D'autres magistrats complétaient la liste des administrateurs. Ainsi, comme en Italie, on trouve en Gaule le curateur chargé d'inspecter les travaux publics, les édifices, d'affermer les biens de la cité et de surveiller la gestion des fonds. Les édiles avaient la police des rues, des marchés, des bâtiments; ils veillaient aux approvisionnements; aux questeurs était confié le maniement des deniers publics. Parmi les agents inférieurs on peut compter : le percepteur des contributions, *exactor*, *susceptor*; les commissaires de police, *irenarchæ*; les secrétaires, *scribæ*, *exceptores*, à partir du IVe siècle (2).

(1) Guizot, Histoire de la civilisation, t. 1, p. 67 et suiv.
(2) Guizot, Essais sur l'histoire de France, p. 39.

En donnant cette organisation, je n'ai point entendu établir que toutes les cités y fussent soumises; quelques-unes avaient reçu d'Auguste la liberté, c'est-à-dire, comme l'écrit Dion Cassius, qu'il « leur avait assuré, à titre plein et incommutable, la » propriété de leurs terres, l'usage de leurs lois nationales, le » droit de n'obéir qu'à leurs magistrats (1). » Quant aux cités qui faisaient partie intégrante de la province des Gaules, elles n'avaient pas l'autonomie complète, indépendante; mais les gouverneurs devaient laisser beaucoup, dans les relations du droit privé, aux anciens usages nationaux.

Enfin certaines villes étaient dotées du titre de colonies romaines ou latines, et étaient vraiment soumises au droit romain. Ainsi Lyon, Vienne jouissaient du droit italique, et avaient une organisation municipale comme en Italie, avec des magistrats municipaux y exerçant une certaine juridiction. Les magistrats suprêmes prenaient le nom de préteurs, consuls, dictateurs, ou bien ceux de décemvirs, quatuovirs, selon leur nombre. Le sol dépendant de ces villes était susceptible du domaine quiritaire; la mancipation, l'usucapion y étaient en vigueur; les habitants étaient exempts de toute contribution directe.

Ces différences justifient les principes émis par M. Savigny lorsqu'il écrivait (2) : « Le souvenir des cités gauloises, de leurs » noms, de leurs circonscriptions territoriales, se conserva long- » temps; et peut-être leur existence administrative, leur orga- » nisation intérieure ne furent pas tout à coup détruites par les » Romains. »

Le système d'Auguste, reposant sur la concentration de tous les pouvoirs, subsista jusqu'au moment où Dioclétien vint le renverser pour établir sur ses débris une organisation dont la base fut la séparation des pouvoirs militaires, judiciaires et administratifs. Le commandement militaire, autrefois réuni à la juri-

(1) Orat. ad Tarsens., XXXIV. (Spanh., II, 12.)
(2) Hist. du droit romain au moyen âge, § 9, t. 1.

diction civile, fut entièrement distinct, et les circonscriptions militaires ne furent plus les circonscriptions judiciaires. Je me borne à parler de la nouvelle division de la Gaule sous le rapport de l'administration de la justice.

La Gaule formait une des quatre préfectures qui partageaient l'empire; chaque préfecture se divisait en diocèses, les diocèses en provinces. Un préfet du prétoire était le chef suprême du pouvoir civil ; sous ses ordres étaient les vicaires des diocèses, sous lesquels étaient placés les gouverneurs des provinces, *rectores*.

La juridiction civile et criminelle avait été jusqu'à Dioclétien, à l'exception de quelques villes usant du droit italique, entre les mains des gouverneurs des provinces. Ceux-ci déléguaient leurs pouvoirs à des magistrats, *legati*, qui, à l'imitation de la procédure formulaire, renvoyaient devant des juges appréciateurs du fait; et ce n'était que *extra ordinem* qu'ils retenaient la cause pour en connaître eux-mêmes.

L'ancien *ordo judiciorum* ayant été aboli par Dioclétien, les *cognitiones extraordinariæ* devinrent la règle; le renvoi à un juge, la rare exception. La nécessité d'une prompte expédition des affaires transforma en assesseurs les amis du gouverneur de la province (*comites*), qui l'avaient suivi et qui l'aidaient de leurs conseils.

Jusque vers le temps de Constantin on désignait sous le nom de *defensor* une personne chargée temporairement de représenter la cité dans une cause spéciale; mais, vers l'année 365, le *defensor civitatis, plebis, loci*, devient un magistrat permanent, pris en dehors de la curie, contrairement aux anciennes règles pour le choix des officiers municipaux, et élu par tous les habitants. Il protégeait le peuple contre les vexations des agents du pouvoir central. Le gouverneur se déchargea sur lui d'une partie des affaires de minime importance, en lui confiant la connaissance de tous les procès qui ne dépassaient pas 60 *solidi*, et lui abandonnant la nomination des tuteurs et l'instruction des affaires criminelles.

Le système municipal romain se maintint en Gaule et s'adapta à la constitution germanique; il est même possible que les magistrats, qui plus tard prirent chez les Francs le nom de *scabini*, n'aient été qu'une imitation des décurions (1).

Dans ce rapide abrégé on voit la Gaule soumise, mais conservant son individualité. Dans la Gaule septentrionale surtout, les mœurs gauloises avaient résisté à l'invasion romaine. Attachés à leurs usages, à la langue de leurs ancêtres, les habitants de ces contrées regardaient comme une marque de servitude la connaissance de la langue et de la littérature de Rome; les Aquitains, qui, plus près de la capitale du monde, s'étaient laissés aller à ces études, étaient considérés par les autres Gaulois comme asservis aux vainqueurs.

L'empereur Julien, qu'un long séjour à Paris avait mis en état de bien connaître les Gaulois, parle de cet attachement comme d'une barbarie, d'une grossièreté, d'une rusticité, αγροικια, qui faisait leur caractère, et dont l'air de la cour ne les avait pas corrigés.

Cette prédominance de l'élément romain sur l'élément gaulois, sans qu'il y eût cependant anéantissement de l'un par l'autre, se retrouve dans la religion. Auguste interdit le culte druidique à tous ceux qui avaient reçu la qualité de citoyens romains; Claude (45 de notre ère) en décréta l'abolition complète; et pourtant le druidisme ne périt pas entièrement; obligé de se cacher dans les bois et les déserts, il en sortait aux temps de troubles et de révoltes, signalant son existence au monde romain par de sanglantes représailles.

Ces tentatives pour l'indépendance territoriale, réprimées par les armées romaines, n'étaient pourtant que le dernier effort d'une nation expirante habituée depuis plusieurs siècles à subir la tutelle de l'étranger. Elle dut se trouver sans force pour se gouverner elle-même lorsque l'empire romain, se

(1) Savigny, Histoire du droit romain au moyen âge, t. 1, p. 197.

sentant hors d'état de vivre, rappela ses troupes et dit à la Gaule : « Je ne puis plus vous défendre, défendez-vous vous-même. » Il abandonna soit aux barbares, soit à elles-mêmes, les provinces dont la conquête lui avait tant coûté. La Gaule alors avait des fonctionnaires, des officiers à qui elle obéissait, mais pas d'aristocratie proprement dite; des municipalités semblaient former un élément démocratique, mais la démocratie était aussi énervée, aussi impuissante que l'aristocratie : la société tout entière allait se dissoudre. A côté d'elle et dans son sein, s'était formée une société plus énergique, plus féconde, qui seule pouvait protéger les intérêts de tous : c'était la société ecclésiastique. Le peuple se groupa autour d'elle, car rien ne le ralliait ni aux sénateurs ni aux curiales; le clergé devint l'aristocratie réelle; il n'y avait point de peuple romain, il y eut un peuple chrétien (1).

§ III.

Le Christianisme.

Au moment où la société romaine était envahie par la corruption et la dépravation des mœurs; où les doctrines d'Épicure, poussées à l'extrême, avaient ébranlé la foi dans les institutions, dans la religion, dans les ancêtres; où la philosophie stoïcienne, ce dernier refuge des grandes âmes découragées, ne pouvait plus lutter contre l'indifférence des sceptiques, parut, dans un coin de l'empire, une religion nouvelle qui enseignait la pureté sans rudesse, la charité, cette vertu que la morale antique n'avait pas soupçonnée. Le christianisme venait apporter aux masses la révélation de la vraie destinée de l'humanité sur cette terre et après la vie, et leur faire goûter un repos que les spéculations philosophiques et les fables immorales du paganisme n'avaient pu leur procurer. Il eut dès sa naissance cette force que la

(1) Guizot, Histoire de la civilisation en France, t. 1, p. 82, 83.

vérité seule peut donner, il pénétra dans la philosophie, dont il modifia l'esprit et le langage. « Épictète n'était pas chrétien, a dit » M. Villemain, mais l'empreinte du christianisme était déjà sur » le monde. »

Cette influence s'est manifestée partout, dans la philosophie, dans l'ordre politique, dans le droit privé (1) ; elle s'est exercée dans l'Orient, dans l'empire romain, chez toutes les nations civilisées.

C'est à tort que quelques historiens, trompés par le récit de Grégoire de Tours, ont pensé que le christianisme ne s'établit que fort tard dans les Gaules. Saint Paul, accompagné de plusieurs disciples, se rendant en Espagne vers l'année 62 de notre ère, traversa la Gaule Narbonnaise, et trois évêques, Trophyme, Paul, Crescens, furent établis à Arles, Narbonne et Vienne (2). Le christianisme fut reçu avec avidité dans ce pays où l'immortalité de l'âme était une vieille croyance; nulle part il ne compta plus de martyrs. Le Grec d'Asie, saint Pothin, fonda la mystique Église de Lyon, métropole religieuse des Gaules. On y montre encore les catacombes et la hauteur où monta le sang de dix-huit mille martyrs. Le plus glorieux de tous fut une femme, une esclave, sainte Blandine (3).

Dans le nord, surtout dans les campagnes, le christianisme se répandit plus lentement; au IVe siècle, saint Martin y trouvait encore des peuplades entières à convertir, des temples païens à renverser.

L'Église gauloise se distingua dans la lutte contre les hérésies des manichéens, des platoniciens et des ariens. Au IIIe siècle, saint Irénée écrivit contre les gnostiques un livre intitulé : *De l'unité du gouvernement du monde*. Au quatrième, saint Hilaire, évêque de Poitiers, en qui saint Jérôme trouve : « la grâce

(1) *Voyez* le beau mémoire de M. Troplong sur l'influence du christianisme sur le droit romain.

(2) M. Laferrière, Histoire du droit français, 2e édit., p. 267, t. 2.

(3) Michelet, Hist. de France, t. 1, p. 115.

» hellénique et la hauteur du cothurne gaulois, » et qu'il appelle « le Rhône de la langue latine, » soutint une lutte ardente qui lui mérita les honneurs de l'exil.

Le christianisme persécuté avait pris une extension que ne pouvait plus arrêter le polythéisme romain. En vain, au IIIe siècle, Dioclétien avait-il tenté un dernier effort pour le salut de la vieille constitution religieuse de Rome; les dieux s'en allaient. Constance-Chlore protégea les chrétiens dans les Gaules, et son fils Constantin, par conviction et peut-être aussi par politique, en recevant le baptême, fit du christianisme la religion de l'État. Au commencement du IVe siècle, l'Église gallicane fut constituée, et le premier de ses conciles convoqué à Arles par Constantin (314).

Les développements de la religion chrétienne donnèrent aux évêques une grande autorité et une sorte de juridiction. Leur prépondérance s'accrut en raison de l'augmentation de leurs richesses; Constantin leur assigna une portion des revenus publics en nature; des legs et dons furent faits aux églises, et leurs biens furent déclarés inaliénables. Ce progrès de la puissance du christianisme ne fut point arrêté par la courte réaction païenne qui se manifesta sous Julien (361-363).

Nommés par les grands, les prêtres, le peuple des villes et des campagnes, les évêques avaient une influence considérable; depuis longtemps les chrétiens, pour ne pas se soumettre aux tribunaux païens, les prenaient pour arbitres. Les empereurs chrétiens leur attribuèrent la connaissance exclusive des contestations entre clercs; mais leur juridiction criminelle ne s'exerçait que sur les péchés, les délits ecclésiastiques des laïques ou des clercs.

Dans l'intérêt de l'administration, l'évêque métropolitain convoquait, au moins deux fois par an, d'abord tous les prêtres de la province, plus tard seulement tous les évêques. On y discutait les intérêts communs des églises de la province, et le métropolitain, après avoir pris l'avis de ceux qui composaient le concile, prononçait sur les plaintes et recours portés devant lui. Bientôt à ce pouvoir judiciaire suprême se joignit le pouvoir législatif; les canons des conciles eurent force de loi pour les églises de la province. Souvent ces lois ecclésiastiques n'avaient pour but que de sanctionner un long usage ou de répondre à un besoin qui se manifestait dans la population; cependant les principes chrétiens durent nécessairement influer sur la législation et modifier ceux qui avaient été introduits par le paganisme.

Une autre cause d'influence du christianisme fut l'activité prodigieuse qui se produisait sous le rapport intellectuel (1); la religion, s'alliant aux lettres et à la philosophie, s'appliqua à diriger les hommes dans leur conduite vers leur salut. Les monastères furent établis assez tard dans la Gaule; les deux premiers, l'un à Ligugé, près Poitiers, l'autre à Marmoutiers, près Tours, ne furent fondés qu'après 360, et formèrent les centres d'instruction d'où plus tard devaient se propager les principes de la morale chrétienne, de cette religion qui soulageait les misères et les souffrances de l'humanité.

Le peuple s'était habitué à trouver dans l'évêque une consolation, un appui; il lui sembla tout naturel de l'investir de la charge de *defensor civitatis;* il avait joui des bienfaits du pouvoir spirituel, il lui confia le pouvoir temporel. Le clergé ne s'occupe plus seulement de l'administration de l'Église, il s'est immiscé dans le gouvernement de l'État; après avoir imploré la puissance des empereurs, il protége à son tour leur pouvoir qui tombe de plus en plus dans une ridicule nullité! Et pourtant cette alliance intime de l'État et de l'Église ne sauvera pas l'empire romain de sa ruine : il succombera sous l'invasion des barbares. Mais le mouvement moral, la réforme pratique du christianisme, l'établissement officiel de son autorité sur les peuples, ne

(1) *Voyez* les belles Leçons de M. Guizot (leçons 4e, 5e, 6e) sur l'état moral de la société gauloise et les différentes questions agitées dans la société chrétienne à cette époque.

seront point atteints; car il a en lui un principe de perpétuité qui doit le faire sortir victorieux de ce bouleversement universel.

§ IV.

Les Germains.

Jusqu'au milieu du VIIe siècle de la fondation de Rome, le monde germanique, relégué derrière les Alpes, le Danube et la Gaule, est inconnu du peuple conquérant. Mais dès son apparition il fait trembler Rome, et si Marius a repoussé la formidable invasion des Cimbres et des Teutons, le danger n'a pas disparu sans retour. Vaincus, les barbares sont forcés de se cacher dans leurs forêts; mais ils attendront avec patience le moment propice pour venir fondre sur la proie qu'ils convoitent. Pendant longtemps encore, les armées romaines ont la puissance de les contenir, mais non pas de les soumettre. Ces géants, dont les traits farouches et la haute taille avaient fait peur aux soldats de César, savent profiter de l'imprudence de Varus pour massacrer ses légions et ils secouent le joug que les vainqueurs du monde avaient voulu leur imposer. A cette nouvelle, Auguste, frappé d'une frayeur voisine de la démence, désespère de la fortune de Rome et croit voir à chaque instant la barrière des Alpes céder à tant d'efforts.

Cette catastrophe met à peu près fin aux guerres contre les Germains; la politique romaine change à leur égard; elle veut enchaîner la rudesse de ces *hommes de guerre* dans les liens d'une civilisation énervante. Les empereurs les enrôlent dans leurs légions, et, cherchant en eux des auxiliaires, ils leur livrent, sous les drapeaux de Rome, cette terre romaine qu'ils avaient eu d'abord la prétention orgueilleuse de leur interdire.

Tracer le tableau des mœurs germaines au moment où va commencer l'influence de ce nouvel élément dans notre civilisation, tel est le but que je me propose. Je n'ai donc point à éclaircir les points, du reste fort obscurs, de leur histoire primitive, mais seulement à dire ce qu'ils étaient au moment où ils se trouvèrent en contact avec l'empire romain, et quels principes ils ont apportés dans la formation de la société nouvelle. Sans doute des changements importants se sont produits dans leurs mœurs depuis la fin du Ier siècle jusqu'au temps de l'invasion; les communications avec Rome, plus fréquentes de jour en jour, ont dû modifier bien des usages. Cependant le livre de Tacite nous offre la peinture la plus exacte de la Germanie; les principaux traits, fortement accentués, laissent dans l'ombre certains détails qui ont changé, mais sans nuire à la vérité de l'ensemble.

Toutefois méfions-nous des exagérations de l'historien romain, qui cherche souvent les contrastes entre les vertus des barbares et les vices de Rome civilisée.

Les Germains, malgré la complaisante peinture qu'en font de leur côté les historiens allemands, ressemblent beaucoup à ces barbares modernes de l'Amérique septentrionale, de l'intérieur de l'Afrique, de l'Asie du Nord (1) : mélange de violence, de patience, d'imprévoyance et de calcul. L'humanité y est active et forte, mais abandonnée à ses penchants, à la grossière imperfection de ses connaissances. Ce qui les distingue surtout des peuples avec lesquels ils se trouvent en contact, ce sont les idées de liberté, d'indépendance, qu'ils poussent jusqu'à l'extrême. La volonté de l'homme, voilà la véritable et seule puissance sociale; aussi Tacite dit-il qu'ils n'avaient point de druides, c'est-à-dire pas de hiérarchie fortement constituée. Chez ce peuple si plein du sentiment de son individualité, de l'inviolabilité de sa personne et de son honneur, le port d'arme était réservé à l'homme libre : *Nihil neque publicæ, neque privatæ rei, nisi armati agunt* (2); c'était le signe de la liberté. N'est-ce pas par suite de ce sentiment passé dans nos mœurs qu'on a considéré en France, à toutes les époques,

(1) Guizot, Histoire de la civilisation en Europe, t. 1, p. 271.
(2) Germ., c. 13.

ce droit comme réservé aux citoyens jouissant des droits politiques, et que sa privation est encore dans nos codes une peine infligée en général pour des faits qui rendent le coupable indigne de l'exercice des droits de citoyen (1)?

Une nation si impatiente de l'autorité ne présente pas une organisation gouvernementale sous la direction d'un chef commun. Les Germains n'ont point de villes; ils se divisent en plusieurs villages, en peuplades indépendantes, souvent en guerre les unes avec les autres. Quelques jeunes hommes libres, avides de combats et de victoires, se mettront à la tête de volontaires plus ou moins nombreux, liés les uns aux autres par un serment de fidélité auquel ils ne peuvent manquer sans forfaire à l'honneur; ils iront guerroyer de côté et d'autre, donnant pour solde à leurs compagnons le butin conquis. Ces bandes, plus heureuses parfois, ne se contentent pas de parcourir et de ravager certaines contrées; elles s'établissent sur les terres des vaincus et y étendent leur puissance. Leur chef est délaissé et méprisé s'il échoue, honoré s'il réussit. Chacun implore son alliance, sa protection. C'est le développement d'une semblable puissance qui a été l'origine de la royauté en Germanie.

A l'approche d'un grand danger, différentes peuplades se réunissaient contre l'ennemi commun sous un même chef; c'est ainsi qu'Arminius fut mis à la tête d'une véritable armée pour exterminer les légions de Varus. Mais une pareille confédération n'était que temporaire. Le chef essayait-il de conserver le pouvoir suprême? il tombait sous les coups des autres princes ses parents et ses rivaux. *Arminius... regnum adfectans, libertatem popularium adversam habuit; petitusque armis... dolo propinquorum cecidit* (2).

Ces guerres perpétuelles de race à race amenaient la soumission d'une partie de la population à l'autre; les vainqueurs con-

(1) Art. 34-42 C. P.
(2) Tacite, Ann. II, 88.

damnaient les vaincus à cultiver le sol pour leur propre compte. C'est en parlant de cette classe humiliée que Tacite dit : « Ils » ont une certaine espèce d'esclaves dont ils ne se servent pas » comme nous, en leur assignant dans la maison certains emplois : » chacun a sa maison, ses pénates... Le maître n'exige de l'es- » clave, comme d'un colon, que certaine quantité de blé, de » bétail ou de vêtements... Frapper un esclave, le charger de » fers, est chez eux une chose rare; ils les tuent quelquefois, non » par sévérité ou mesure de discipline, mais par violence et de » premier mouvement, comme ils tueraient un ennemi (1). »

Parmi les hommes libres, quelques-uns, par leurs richesses, leur talent ou leur courage, arrivaient à la noblesse, qui était héréditaire (2), mais qui ne constituait qu'une aristocratie de fait, sans grande prépondérance de caste.

Un système de garantie mutuelle liait les peuples de la Germanie en associations plus ou moins étendues. Aussi l'affranchi était-il peu de chose dans une semblable société; il ne pouvait par lui-même entrer dans ces associations, dont le lien solidaire reposait sur des rapports de famille et de parenté; pour y être admis, il lui fallait l'intermédiaire d'un patron.

Le territoire occupé par les Germains devait offrir à peu près le même aspect que présente aujourd'hui une partie de la Westphalie, à en juger par le tableau que nous en a tracé Tacite : « *Nullas Germanorum populis urbes habitari, satis notum est; ne pati quidem inter se junctas sedes... colunt discreti ac diversi, ut fons, ut campus, ut nemus placuit. Vicos locant, non in nostrum morem, connexis et conjunctis ædificiis, suam quisque domum spatio circumdat* (3). De vastes terres en friches formaient une propriété indivise, dont la jouissance appartenait à tous les habitants d'un village.

(1) Germ., c. 25.
(2) Germ., c. 7, 8, 11, 13, 14, 25.
(3) Germ., c. 16.

C'était la coutume qui, dans la vie publique comme dans la vie privée, réglait les rapports des Germains ; aussi est-il assez difficile, en l'absence de lois écrites, de reconstituer leur législation. Néanmoins certains faits conservés par la tradition peuvent donner une idée des principes généraux alors en vigueur.

Des historiens vantent le respect des Germains pour la foi jurée; à ce peuple primitif ils accordent une franchise et une loyauté à toute épreuve, des vertus enfin inconnues à notre état de civilisation (1). Je crains bien que ce portrait ne soit plutôt de la poésie que de l'histoire; il suffit de parcourir les récits de Grégoire de Tours pour trouver dans les mœurs de son époque la pratique de la ruse, du mensonge, du manque de foi, ces vices inhérents à tous les peuples dans l'enfance. C'est encore par exagération de patriotisme que Heinrich, auteur d'une histoire d'Allemagne, n'admet pas que les Germains s'enivrassent avec passion, et que Meiners soutient que jamais les femmes n'ont été si heureuses ni si vertueuses qu'en Germanie, et qu'avant l'entrée des Francs les Gaulois ne savaient ni les aimer ni les respecter. Ce peuple a pu mieux comprendre la dignité de la femme que ne l'avaient fait les Romains : je serais assez porté à le croire; mais est-ce une raison pour partager l'illusion des savants allemands?

Ce qui est certain, c'est que leur régime matrimonial admettait la femme au partage de certains biens, et constituait une espèce de communauté dont les détails ne nous sont pas parvenus.

La puissance paternelle, comme la puissance maritale, semble avoir été plutôt une *garde*, une protection s'étendant de la femme et des enfants sur le vieux père qui, après avoir veillé sur sa famille, remettait ses biens et son pouvoir entre les mains de son fils; et celui-ci, à son tour, devait défendre et cultiver les propriétés communes.

Les membres de la famille jouissaient tous en commun du bien

(1) Michelet, Origines historiques, p. 335, 336. — Klimrath, Études sur l'hist. du droit français, t. 1, p. 267.

paternel ; c'était une propriété que nul ne pouvait leur enlever sans leur consentement, et que la mort de l'un d'eux n'avait pas la puissance de déplacer. Ceux qui survivaient continuaient à vivre comme ils avaient vécu ; la volonté du mourant ne pouvait changer ces rapports établis dans la famille, et Tacite dit expressément : *Heredes successoresque aliique liberi*. Différence profonde avec le vieux droit quiritaire, où l'homme en mourant disposait de ses biens en législateur : *Dicat testator, et erit lex !*

La procédure des tribunaux germaniques nous est inconnue ; mais, autant qu'il est permis de le conjecturer, elle consistait en formalités grossières et peu compliquées : les mœurs germaines ne comportaient guère les détails minutieux des formules, qui ne se rencontrent que dans les législations déjà avancées.

Du reste, leur système de justice criminelle prouve la rudesse germanique. C'est surtout dans les règles auxquelles est soumise la loi pénale que se réfléchissent les progrès de la civilisation (1) ; et chez les Germains ces règles indiquent une nation dans l'enfance.

La répression a pour base plutôt l'intérêt privé que l'intérêt social ; elle consiste dans la vengeance et dans les compositions arbitraires. *Suscipere inimicitias seu patris, seu propinqui, quam amicitias necesse est*, a dit Tacite. Plus tard, cependant, un progrès se manifeste, la peine du talion est moins souvent appliquée ; la pratique tend à la remplacer par une réparation pécuniaire, et l'autorité publique intervient pour empêcher la vengeance et assurer le payement du *wergeld*.

L'accusé était soumis à des épreuves toujours ridicules, parfois si barbares, que l'histoire se demande si ce peuple doit être taxé de simplicité ou de cruauté. Par exemple, à l'individu soupçonné de vol on donnait un morceau de pain d'orge et de

(1) M. Kœnigswarter a publié un intéressant mémoire sur les peines des peuples primitifs, intitulé *Développements de la société humaine*. —Revue de législation, p. 117 et 357, année 1849, t. 2.

fromage de brebis; s'il ne pouvait l'avaler, il était condamné. Tantôt c'était le bras du patient qui était plongé dans de l'eau bouillante, tantôt le corps tout entier qui était jeté dans de l'eau froide : s'il allait au fond, l'accusé était coupable. Une autre épreuve consistait à lui faire porter un fer chaud sur la main pendant un certain temps, ou bien à y imprimer un sceau, et quelques jours après le juge examinait l'effet du feu sur cette main, qui avait été soigneusement enveloppée. A ces exemples il serait facile d'en joindre d'autres qui, comme les premiers, tendraient à démontrer que les anciens Germains se rapprochaient beaucoup de toutes les races barbares, dont les institutions fortes, mais grossières, offrent un mélange de bien et de mal que l'on ne saurait nier sans altérer la vérité historique. La Germanie a apporté dans le développement du droit sur le sol gaulois des principes salutaires; mais il est impossible de la représenter comme l'idéal de la société; elle a payé tribut à la barbarie; c'est un fait qu'il faut reconnaître, malgré les assertions si diamétralement opposées des écrivains allemands.

Tels sont les différents éléments qui, au milieu du ve siècle, se sont trouvés en présence, qui ont vécu plusieurs siècles sans se confondre, et dont la combinaison a formé le droit français. Tous ont concouru à cette œuvre de formation, chacun dans des proportions inégales, mais avec une activité qui permet de suivre le triomphe complet ou partiel des principes qui ont prévalu à la suite de cette longue élaboration.

Le jurisconsulte peut retrouver l'origine des principales dispositions de nos codes, mais lui est-il toujours possible de déterminer avec précision la part qu'on doit attribuer à chacun de ces éléments? Je ne le pense pas; il est des détails qui lui échappent nécessairement, des institutions qui se sont profondément modifiées au contact des mœurs étrangères, et dont il est difficile de suivre les vicissitudes. La tâche de l'historien est donc de discerner ce qui appartient à telle ou telle époque, sans vouloir donner une prééminence exclusive à l'élément gallique ou à l'élément germanique, comme l'ont fait quelques érudits (1). Le système de ceux qui cherchent dans les lois gauloises l'origine des principes actuels ne me semble pas assez solide, car elles ont laissé peu de traces, si même il est permis d'en constater quelques-unes d'une manière positive. Vouloir trouver dans le droit germanique le principe de toutes les dispositions du code Napoléon, c'est tenir trop peu de compte des révolutions qui ont signalé la féodalité et la monarchie absolue. Évitons, s'il est possible, ces exagérations, elles restreignent trop l'influence de la législation romaine, des ordonnances royales et de la jurisprudence des parlements ; ce sont encore les sources les plus fécondes de nos lois ; et n'oublions pas que le législateur moderne a souvent demandé la raison d'être de ses théories à cet esprit philosophique qui forme le caractère dominant de l'École française.

Dans cette esquisse rapide des mœurs et des usages des Gaulois et des Germains, j'ai tâché de préciser ce qu'étaient devenus les Romains et les progrès qu'avait faits le christianisme, c'est-à-dire que je suis arrivé à une époque où Rome, sans force par ses armes, domine encore les sociétés barbares par sa civilisation, où la religion chrétienne a acquis assez de puissance pour régulariser le gouvernement si incomplet des peuples qu'elle a éclairés, et les soumettre à sa direction.

La lutte, engagée dans de semblables conditions, devait être terrible ; pourtant elle ne pouvait amener l'anéantissement complet d'un des éléments par l'autre : chacun contenait un germe de progrès qui devait concourir au développement de l'humanité.

(1) *V.* un article de M. Benech, intitulé : *De l'élément gallique et de l'élément germanique dans le code Napoléon.* L'auteur dénie au premier à peu près toute influence ; pour le second, il restreint trop peut-être son importance ; cependant je considère, en principe, cette opinion comme vraie. On a un peu abusé, à mon avis, des lois des peuples du Nord ; on a trop voulu y puiser les origines des lois actuelles. — *Revue de législation*, année 1853, p. 5 et suiv.

Suivant la position géographique, les rapports habituels de telle ou telle contrée, il pouvait bien y avoir prédominance tantôt de l'élément germanique, tantôt de l'élément romain, mais ni l'un ni l'autre ne devait entièrement disparaître. Au-dessus d'eux planait le christianisme répandant sa lumière bienfaisante et civilisatrice.

Ces influences diverses ont agi puissamment sur notre société; elles se sont développées sous la pression du caractère gaulois, qui a imprimé à notre droit national un cachet d'individualité, et l'a ainsi distingué d'avec les législations des autres peuples, chez lesquels se sont produits des phénomènes analogues. Aussi, quoique la révolution soit venue, après bien des vicissitudes, donner des lois générales pour toute la France, on peut, à côté des matériaux évidemment de date récente, compter encore les différentes pierres arrachées à ces vieux édifices tombés aujourd'hui en ruine, mais qui ont servi à élever le plus beau monument que la science moderne ait créé.

HISTOIRE

DU DROIT FRANÇAIS.

LIVRE PREMIER.

ÉPOQUE BARBARE. — EMPIRE FRANC.

(486-888.)

Depuis Clovis jusqu'à Charles le Gros, la législation des Francs comme leur nationalité tend à prendre un caractère qui lui soit propre, qui la sépare complétement de celle des peuples voisins. Les éléments qui composent le droit sont encore très-divers; et pourtant il y a un travail, bien lent sans doute, mais enfin un travail duquel se dégagent certaines règles générales qui dominent la société. Les formules de Marculfe et les Capitulaires, en s'inspirant des lois barbares, répondent au besoin de régularisation dans les matières juridiques, comme l'administration intérieure créée par Charlemagne répond au besoin d'une organisation politique.

C'est ce mouvement incontestable que nous indiquerons rapidement au point de vue purement historique, pour l'examiner ensuite dans ses détails sous le rapport juridique.

TITRE PREMIER.

APERÇU DES PRINCIPAUX FAITS POLITIQUES.

L'empire romain, qui n'avait eu pour limites que le monde civilisé, dont la puissance a dépassé peut-être ce que l'imagination peut concevoir de plus grand (1), succombait sous son immensité. Au quatrième siècle, un seul empereur ne suffisait plus à une tâche si lourde, et au cinquième l'empire tombait sous les coups des barbares du Nord. Dès la fin du second, de grands mouvements avaient menacé l'empire romain sur le Rhin comme sur le Danube, et déjà Rome avait été obligée de souscrire plus d'une fois à une paix honteuse.

De grandes confédérations se montraient sur le seuil de l'empire et tentaient d'y pénétrer; la civilisation romaine offrait aux barbares un butin dont ils entendaient bien profiter. On les voyait, à certains intervalles, apparaître sur leurs rapides coursiers, emportant dans chacune de leurs excursions un lambeau de ce vaste objet de leurs convoitises.

Afin de les empêcher d'entrer en vainqueurs sur le territoire romain, les empereurs les y introduisirent comme soldats pour recruter ces légions énervées qui n'avaient plus la force de vaincre ou de mourir; d'ennemis ils s'en firent des alliés. Mais cette alliance était plus qu'une défaite : c'était l'anéantissement du vieux monde romain.

Les barbares ne regardèrent plus l'empire comme un pays à conquérir, mais comme une terre conquise; ils vinrent s'y établir en maîtres; et l'empereur Julien rencontra les Francs dits Saliens sur la Meuse et l'Escaut, du côté de la mer, possédant ces terres comme leur propriété. Pour eux, les magistrats romains n'avaient

(1) Il se composait, sous les premiers empereurs, de cent vingt millions d'habitants.

droit à l'obéissance qu'autant qu'une armée formidable était là pour les y contraindre, ou que leur intérêt les y engageait.

Les Goths, chassés par les Huns en 375, ravagèrent l'empire romain sous la conduite de leur roi Alaric Ier, qui prit Rome en 410. Ils passèrent en Gaule, établirent le siége de leurs opérations militaires à Toulouse, envahirent l'Espagne au détriment des Suèves et des Vandales, et prirent le nom de Visigoths à cause de leur situation plus occidentale que le reste des Goths.

La Gaule fut envahie par les Bourguignons; et bientôt les Huns, conduits par Attila, entraînant sur leur passage des Allemands, des Francs de la rive droite du Rhin, marchaient contre Aétius, qui s'efforçait d'opposer à la violence de ce torrent les Bourguignons, les Visigoths, les Francs (450).

A quelques années de là, l'empire d'Occident succombait sous les coups d'Odoacre, chef des Hérules et des Rugiens (476). La puissance romaine avait été renversée sous cette avalanche de peuples qui passaient avec la rapidité de l'orage, et, épuisée, anéantie, elle n'avait plus la force de se relever et de tenter un dernier effort pour résister à ces hordes barbares. On eût dit que l'impétuosité farouche de ces hommes nouveaux épouvantait les populations vieillies dans les désordres d'une civilisation corruptrice.

Empire franc. — La Gaule se trouvait, lors de la chute de l'empire d'Occident, occupée par les Visigoths, les Bourguignons et les Francs. Ces peuples différaient sous beaucoup de rapports. Les Visigoths et les Bourguignons, qui venaient du nord de la Germanie, séparés de la nation à laquelle ils appartenaient, étaient loin d'avoir une puissance aussi grande que celle des Francs; aussi, lorsqu'à la chute de l'empire d'Occident ces différents peuples se trouvèrent en lutte, les Francs ne rencontrèrent pas de sérieux obstacles, et purent facilement étendre leur empire sur la Germanie, et plus tard sur l'Italie.

Vers le IVe siècle, un grand nombre d'établissements francs

sont fondés : ainsi les Francs Saliens occupent le pays situé entre la Meuse et l'Escaut ; d'autres Francs s'établissent le long du Rhin vers Cologne, et ils prennent le nom de Ripuaires, parce qu'ils ont été chargés de la défense de la rive de ce fleuve. Cependant ces mouvements n'étaient alors qu'individuels, si je puis m'exprimer ainsi ; le soldat assez heureux pour avoir conquis un coin de terre par sa valeur le conservait ; il posait sa tente sur le terrain que la victoire lui avait donné ; mais on ne connaissait point encore ces mouvements de peuples entiers, de femmes, d'enfants, de vieillards, abandonnant leur patrie et cherchant un ciel meilleur. Il faut arriver à la fin du ve siècle pour assister à ces grandes migrations qui bouleversèrent l'Europe.

Leurs premiers établissements cependant ont eu assez d'importance pour prendre place dans l'histoire de cette époque. Une carte de l'empire romain, dressée probablement vers le IVe siècle, retrouvée en Allemagne au XVe, offre cette particularité fort remarquable qu'elle désigne sous le nom de *Francia* le territoire occupé par les Francs sur la rive droite du Rhin, entre l'embouchure de ce fleuve et Mayence.

Eumène, dans le panégyrique de Constantin, parle des rois des Francs, *reges Franciæ;* et saint Jérôme, qui avait longtemps séjourné à Trèves, écrivait dans la Vie de saint Hilaire : « Entre » les Saxons et les Allemands, il est une nation plus puissante » qu'étendue par son territoire, appelée *Germania* chez les » historiens et aujourd'hui *Francia.* »

Il y avait donc, vers la fin du IVe siècle et au commencement du Ve, une nation déjà forte, qui représentait sur les bords du Rhin cette France du Nord que les régions marécageuses de l'Elbe avaient protégée contre les armes des légions romaines (1).

(1) Franc viendrait, à en croire certains étymologistes, de *Franck*, libre, d'où *frey*, *free*, *french*. « Cependant, dit M. des Michels, Histoire générale du moyen âge, 2e éd., t. 1, p. 72, note 1, notre orgueil

Les Francs avaient sur les Bourguignons et les Visigoths une supériorité réelle qui leur assurait la domination. Clovis, le vrai fondateur de la monarchie française, commença par anéantir l'autorité romaine afin d'enlever aux Gaulois tout prétexte de résistance. Ce but était facile à atteindre; l'empire d'Orient, seul débris de l'ancien empire romain, ne pouvait plus lutter dans la Gaule, où toute communication officielle était à peu près interceptée par l'Italie et par le royaume des Bourguignons. La Gaule subit la domination franque sans résistance sérieuse, et l'empereur d'Orient (1) fut encore heureux d'envoyer les insignes du patriciat au vainqueur de Vouillé (507) pour obtenir son appui.

Bientôt les Francs soumettent les Bourguignons, dépouillent les Visigoths, s'avancent dans la Germanie, et augmentent graduellement leur domination, jusqu'à ce que Charlemagne vienne compléter la conquête de ce vaste pays.

Le principe du partage égal entre tous les enfants mâles appliqué à l'héritage d'une couronne devait amener la dissolution d'un pouvoir qui ne pouvait exister que par l'unité. De là des nationalités distinctes qui ne reconnaissaient que nominalement l'autorité des rois francs. Des largesses seules pouvaient enchaîner la fidélité des *leudes* ou compagnons d'armes; ce n'était qu'aux dépens de leur autorité que les rois mérovingiens se soutenaient au milieu des troubles civils. Les maires du palais, dans l'origine simples intendants de la maison du roi, devinrent les conseillers du prince et bientôt de véritables maîtres. Ils régnèrent au nom des

» national ne saurait dissimuler une étymologie moins glorieuse. Un » poète franc, Ermold Nigel, a dit :

« *Francus habet nomen a feritate sua.* »

» Aujourd'hui encore le mot hollandais *vrang* (prononcez *frang*) a la » même signification que *ferus*. » Quelques auteurs le font aussi dériver du mot allemand *frech*, qui a le même sens que *ferox* en latin, *audacieux*. *V.* sur l'étymologie du mot Franc, Lehüerou, Histoire des institutions mérovingiennes, t. 1, p. 91 et suiv.

(1) Anastase.

rois *fainéants* jusqu'à ce que, non content de ce règne de fait de ses prédécesseurs, sûr de l'appui des grands et du clergé qu'il avait su mettre dans ses intérêts, Pepin proposa de déposer Childéric III, et, dans un Champ de mai tenu à Soissons (752), se fit élever sur le bouclier et proclamer roi de la nation.

« Lorsque, l'imbécile Childéric ayant été chassé du trône, Pépin, » roi très-pieux, fut mis à sa place par les Francs (1), » il fut sacré par le pape Zacharie, qui pensait, s'il faut en croire le témoignage d'Eginhard, qu'*il était préférable que celui-là fût roi qui avait le pouvoir entre ses mains* (2).

L'empire, consolidé et agrandi par Pepin, faillit se disloquer lors du partage que devaient en faire ses deux enfants, Charlemagne et Carloman. La mort de ce dernier maintint intacte la monarchie française.

Le règne de Charlemagne est une longue série de combats et de victoires : les Saxons sont soumis; le royaume des Lombards est réuni à la couronne de France, ainsi que le duché de Bavière, et le roi des Francs fonde le second empire d'Occident, qui dura près d'un siècle.

Grand capitaine, Charlemagne a peut-être été encore plus grand administrateur, surtout si l'on songe qu'il régnait à une époque où l'action gouvernementale devait être si peu comprise. Il fallait réunir sous une même bannière des peuples d'origine différente, confondre dans un intérêt commun la volonté de ces hommes qui se rappelaient leur vie indépendante, donner une homogénéité à tous ces éléments qui tendaient sans cesse à se séparer violemment; le génie seul pouvait réaliser une semblable entreprise. Une hiérarchie fortement constituée, avec un chef assez habile pour la maintenir et pour la diriger, tel fut le moyen employé pour atteindre ce résultat. L'action de la puissance publique s'étendit avec une égale fermeté sur les grands comme sur

(1) Mabillon, *Analecta*, t. 2, p. 153; charte de 752.
(2) *Annales regum Francorum*, t. V, p. 197.

les petits, sur les forts comme sur les faibles; et le MAITRE savait contenir les fonctionnaires publics dans les bornes rigoureuses de l'obéissance et de la modération.

Mais cette monarchie, qui jouait le rôle de puissance dominante de l'Europe, ne pouvait se soutenir que dirigée par une administration assez ferme pour réprimer l'ambition turbulente des grands. Il n'y avait qu'un génie supérieur qui pût tenir les rênes d'un empire aussi étendu que ses ressorts étaient compliqués. Malheureusement il n'était pas donné à Charlemagne d'avoir un pareil successeur, et la main débile de Louis le Débonnaire ne put maîtriser ces peuples qui trouvaient dans leurs nationalités diverses des éléments de dissolution presque irrésistibles.

Une autre raison acheva de briser l'unité de l'empire; les partages imprudents que Charlemagne fit, de son vivant, entre ses fils, augmentèrent les discordes intestines, et les guerres civiles commencées pendant sa vie continuèrent après sa mort. Le traité de Verdun (843) consacra le partage formel de la monarchie, et la partie des Gaules qui s'étendait depuis l'Escaut, la Meuse, la Saône et le Rhône jusqu'aux Pyrénées, attribuée à Charles le Chauve, peut être considérée comme le démembrement de l'ancien empire des Francs qui a créé la France moderne.

Les grands fiefs avaient effrayé Charlemagne; il s'était appliqué à les diviser et à détruire leur influence redoutable pour le pouvoir. Sa politique fut maladroitement abandonnée; l'hérédité des fiefs fut consacrée à Kiersy (877) par Charles le Chauve. Cet acte était le dernier coup porté à l'empire; dès lors les guerres civiles et privées entraînèrent la désorganisation du corps politique.

L'histoire des successeurs de Charlemagne est un tableau affligeant: les princes du sang armés les uns contre les autres, l'autorité royale méprisée et insultée par les grands, dont tous les efforts n'ont qu'un but, l'agrandissement de leur pouvoir; enfin le gouvernement dans l'impuissance de protéger le peuple contre tous les genres d'oppression.

La reconstitution de l'empire de Charlemagne était devenue impossible. Un instant Charles le Gros réunit sous sa domination cette vaste monarchie; mais il la perdit par son incapacité, et de sa déposition (888) date la dissolution définitive de l'empire.

Au milieu des discordes civiles, de nouveaux barbares venus de l'extrémité du Nord et du fond de l'Asie, les Normands et les Hongrois, envahirent l'empire; refoulés par Charlemagne, ils continuèrent sous ses successeurs leurs courses et leurs brigandages avec une audace et une fureur inouïes. Ils ravagèrent le centre de l'empire; et la France, occupée à se défendre, perdit tous les bienfaits du gouvernement de Charlemagne.

TITRE II.

SOURCES DU DROIT.

Lorsque les barbares envahirent l'empire romain, ce qui les frappa le plus, ce fut le spectacle d'une civilisation et d'une organisation sociale qu'ils n'avaient pas encore soupçonnées. Vainqueurs, ils sentaient malgré eux la supériorité des vaincus; dominant par les armes, ils devaient subir l'influence des lois du pays conquis. La science du droit, qui, dans le second et le troisième siècle, avait brillé d'un si vif éclat, était fort négligée lors de l'invasion des barbares; mais les ouvrages des anciens jurisconsultes servaient de guide à la pratique (1); un recueil surtout venait de paraître qui réunissait les différentes constitutions impériales et rendait facile la recherche des règles du droit. Com-

(1) Quelques auteurs, et entre autres Montesquieu, *Esprit des lois* (28, 4), ont prétendu qu'à la fin du ve siècle le code Théodosien était la seule source du droit dans l'empire romain. Il est reconnu aujourd'hui, au contraire, que les écrits des jurisconsultes formaient la base du droit, dont les constitutions n'étaient que le complément obligé.

posée à une époque de décadence scientifique, cette collection convenait peut-être mieux aux barbares que les écrits des jurisconsultes, trop empreints du caractère *éminemment romain*. Le code Théodosien offrait de grandes beautés qui devaient frapper ces peuples, et dont ils surent profiter pour mêler à leurs sauvages institutions les précieux débris de l'organisation sociale qui venait d'être brisée.

La législation de Théodose a été considérée à bon droit comme le lien qui unit le monde moderne au monde antique; elle s'est perpétuée dans une partie de l'Europe jusqu'au milieu du moyen âge; elle a traversé l'époque de la féodalité jusqu'à l'introduction des compilations de Justinien. Les barbares en firent des abrégés appropriés à leurs nouveaux besoins. C'est ainsi que fut rédigé l'édit de Théodoric, roi des Ostrogoths, qui fit loi en Italie jusqu'à son abrogation, en 554, par Justinien, et encore les Goths eurent-ils la faculté de le suivre. Les Visigoths et les Bourguignons eurent aussi leurs recueils, connus sous les noms de *Breviarium Alaricianum* et de *Papiani responsa*, sur lesquels je vais donner quelques explications.

Le monde romain vaincu exerçait son influence sur les vainqueurs; la civilisation romaine triomphait de la barbarie. C'est cette vérité qu'exprime M. Guizot en termes saisissants (1): « Tout à l'heure nous assistions au dernier âge de la civilisation » romaine, et nous la trouvions en pleine décadence, sans force, » sans fécondité, sans éclat, incapable, pour ainsi dire, de subsister. La voilà vaincue, ruinée par les barbares, et tout à » coup elle reparaît, puissante, féconde; elle exerce sur les in» stitutions et les mœurs qui s'y viennent associer un prodigieux » empire; elle leur imprime de plus en plus son caractère; elle » domine, elle métamorphose ses vainqueurs.

» Deux causes, entre beaucoup d'autres, ont produit ce résul-

(1) Hist. de la civilis. française, t. 1, p. 386 et suiv.

» tal : la puissance d'une législation civile, forte et bien liée ; » l'ascendant naturel de la civilisation sur la barbarie.

» En se fixant, en devenant propriétaires, les barbares con- » tractèrent, soit entre eux, soit avec les Romains, des relations » beaucoup plus variées et plus durables que celles qu'ils avaient » connues jusqu'alors ; leur existence civile prit plus d'étendue » et de permanence. La loi romaine pouvait seule la régler ; elle » seule était en mesure de suffire à tant de rapports. Les bar- » bares, tout en observant leurs coutumes, tout en demeurant » les maîtres du pays, se trouvèrent pris, pour ainsi dire, dans » les filets de cette législation savante, et obligés de lui soumettre » en grande partie, non, sans doute, sous le point de vue poli- » tique, mais en matière civile, ce nouvel ordre social. Le spec- » tacle seul de la civilisation romaine exerçait d'ailleurs sur leur » imagination un grand empire. Ce qui émeut aujourd'hui notre » imagination, ce qu'elle cherche avec avidité dans l'histoire, » les poëmes, les voyages, les romans, c'est le spectacle d'une » société étrangère à la régularité de la nôtre ; c'est sa vie sau- » vage, son indépendance, sa nouveauté, ses aventures. Autres » étaient les impressions des barbares ; c'est la civilisation qui les » frappait, qui leur semblait grande et merveilleuse : les monu- » ments de l'activité romaine, ces cités, ces routes, ces aque- » ducs, ces arènes, toute cette société si régulière, si pré- » voyante, si variée dans sa fixité, c'était là le sujet de leur » étonnement, de leur admiration. Vainqueurs, ils se sentaient » inférieurs aux vaincus ; le barbare pouvait mépriser individuel- » lement le Romain ; mais le monde romain, dans son ensemble, » lui apparaissait comme quelque chose de supérieur ; et tous les » grands hommes de l'âge de la conquête, les Alaric, les Ataul- » phe, les Théodoric (1) et tant d'autres, en détruisant et foulant

(1) L'édit de Théodoric est le recueil le plus ancien qui fut fait par les barbares ; il fut promulgué, à Rome même, en l'année 500 de notre ère. Théodoric se proposait la fusion des vainqueurs et des vaincus, et il décla-

» aux pieds la société romaine, faisaient tous leurs efforts pour » l'imiter.

» C'est là un des principaux faits qui éclatent dans l'époque » que nous venons de parcourir, et surtout dans la rédaction et » la transformation successive des lois barbares. »

Ainsi les barbares laissèrent subsister le droit romain pour la nation vaincue, ils lui firent des emprunts, et leurs coutumes s'imprégnèrent, même à leur insu, des principes de cette législation. A côté de l'influence qui modifiait le droit barbare, il en était une autre non moins puissante, celle de l'Eglise chrétienne. Les règles (κανὼν), spéciales d'abord au clergé, s'étendirent insensiblement aux laïques et apportèrent de graves modifications à la loi civile.

Tous les monuments du droit, dans l'époque barbare, se rapportent à trois grandes divisions, selon leur origine romaine, germanique ou chrétienne; c'est ce triple élément que je vais parcourir avec détail.

CHAPITRE PREMIER.

DROIT ROMAIN.

En vain, aux derniers âges de l'empire, les praticiens avaient-ils réduit toute la jurisprudence à une grossière combinaison des codes Grégorien, Hermogénien, Théodosien avec les ouvrages de Paul, Papinien, Gaïus, Modestin, Ulpien; ces abrégés étaient encore trop compliqués pour des temps de décadence; le bréviaire d'Alaric et le Papien furent deux compilations destinées à rendre de grands services et à remplacer le code de Théodose.

rait son édit applicable aux Goths et aux Romains. Ce principe distingue le royaume des Ostrogoths des autres États germaniques, où chaque peuple conserva son droit particulier. Les Romains et les barbares eurent en général des mœurs et des droits distincts.

§ Ier. — *Code Théodosien.*

L'empereur Théodose le Jeune avait publié en 438 un code pour l'Orient, et, en 443, il l'avait envoyé à son gendre Valentinien III, qui l'adopta pour l'Occident, et le présenta au sénat, où il fut reçu avec acclamation (1).—L'autorité du code Théodosien en Gaule est établie par une lettre de Sidoine Apollinaire de 471, dans laquelle il dépeint l'oppression des Visigoths dans l'Arvernie, auxquels s'alliait un gouverneur d'Auvergne insultant aux Romains, foulant *aux pieds les lois théodosiennes* (2). Grégoire de Tours nous offre un nouveau témoignage de l'observation des constitutions de Théodose; il dit, en parlant des études au ve siècle, qu'on instruisait les jeunes gens dans les ouvrages de Virgile et les livres de *la loi théodosienne* (3).

§ II. — *Breviarium Alaricianum.*

Cet abrégé, qui n'était que le recueil destiné à l'usage des Romains soumis aux Visigoths, ne reçut point ce nom lors de sa rédaction; on l'appelait simplement *lex romana* (4). Au moyen âge, il était souvent désigné sous le titre de *lex Theodosii*, parce que le code Théodosien en formait la plus grande partie. Ce n'est qu'au XVIe siècle que l'usage s'introduisit de lui donner le nom de *Breviarium Alaricianum*. Cette dénomination tient-elle à ce qu'à cette époque un moine, faisant un extrait de cette compilation sur l'ordre de son abbé, dit : « *De hoc breviario nostro*? » je

(1) Voir la constitution publiée par Hœnel dans son édition du code Théodosien.

(2) Sid. Apollin., lib. II, ep. I.

(3) Greg. Tur., IV, 47.

(4) *Lex romana* ne désignait pour les barbares aucun recueil spécial, mais le droit romain opposé à leur droit particulier. *V.* M. Savigny, Hist. du droit rom. au moyen âge, t. 1, ch. 3, § 37, p. 100, édition Guenoux

l'ignore; ce qui est certain, c'est que l'écrivain ne parlait pas du recueil, mais de son travail. — Quoi qu'il en soit, ce titre, tout inexact qu'il est, a été accepté dans la pratique, et il n'en a pas reçu d'autre. Certains jurisconsultes, trompés par la suscription qui se trouvait au bas des exemplaires officiels : *Anianus... hunc codicem... edidi atque subscripsi*, ont cru qu'*Anianus* était le rédacteur du recueil, qu'ils intitulèrent *Breviarium Aniani*. Anien était simplement référendaire, et n'apposait sa signature que pour certifier les exemplaires officiels; son visa était nécessaire pour leur donner force obligatoire.

Le recueil envoyé à chaque comte était précédé d'un rescrit (*commonitorium*) qui exposait son origine et en prescrivait l'usage exclusif sous les peines les plus sévères. C'est dans le préambule qu'il faut chercher l'historique de cette compilation. — Elle fut publiée en 506, par les ordres d'Alaric II, après l'approbation d'une assemblée d'évêques et de nobles laïques romains. C'est un extrait des codes Grégorien, Hermogénien et Théodosien, de certains écrits de Gaïus, Paul et Papinien, fait par une commission de jurisconsultes romains dont les noms sont inconnus, sous la direction de Goiaric, comte du palais.

Le *Breviarium* a été traité avec peu de ménagements par certains jurisconsultes, qui ont taxé les compilateurs de barbarie et d'ignorance. J'avouerai qu'il n'est pas à l'abri de critiques fondées; les textes ont été souvent mutilés; une paraphrase destinée à les éclaircir les remplace souvent; le choix n'en est pas toujours heureux, eu égard surtout aux immenses trésors que les rédacteurs avaient sous la main. Mais les changements de textes n'étaient-ils pas exigés par les mœurs du temps? et si l'exposition historique est mauvaise, ne faut-il pas tenir compte des documents précieux que nous fournit le code d'Alaric sur l'organisation sociale (1)?

J'admets bien encore que les extraits de Gaïus ne peuvent nous

(1) *V.* M. Savigny à cet égard, *ibid.*, p. 202.

être fort utiles, surtout depuis la découverte du manuscrit de Vérone, dans lequel il serait difficile de retrouver le Gaïus des Visigoths. Mais ne nous est-il pas encore indispensable pour connaître des sources précieuses, telles que les *Sentences de Paul* et une partie des cinq premiers livres du code Théodosien?

Les différents textes devaient être copiés fidèlement sans subir aucune altération; ils devaient être accompagnés d'une simple interprétation destinée à développer la pensée de la loi. Seulement des changements ont été introduits par des lois plus récentes, ou sont survenus par suite du renversement du système administratif romain.

Au point de vue des renseignements sur la constitution politique, le *Breviarium* est instructif et digne de foi. Si les jurisconsultes chargés de cette compilation n'avaient pas les connaissances techniques indispensables pour bien apprécier la portée des décisions des vieux jurisconsultes romains, ils étaient imbus des institutions du droit public en vigueur au moment où ils rédigeaient leur recueil; et si l'on peut n'accepter qu'avec grande défiance les textes du droit privé empruntés aux sources, du moins est-il permis de se fier aux détails que donne le commentaire du *Breviarium* sur la constitution politique des Visigoths (1).

La méthode est mauvaise; les compilateurs n'ont su ni tracer un ordre général, ni mettre de l'unité dans l'exécution; leur œuvre n'est qu'une mutilation restreinte ou étendue selon leur caprice. Ils ont été copistes plus ou moins fidèles; mais ils ne sauraient recevoir le titre de législateurs.

Le bréviaire d'Alaric a exercé sur notre droit national une influence considérable (2). Il est devenu la loi générale du clergé;

(1) *V.* M. Savigny, Hist. du droit romain au moyen âge, t. 1, § 90 et suiv. — Sichard en a donné une édition complète, Bâle, 1528, in-folio. — En 1822, Haubold a publié quelques fragments inconnus dans les manuscrits de la bibliothèque de Paris et d'Orléans, et qui ont été découverts par Hœnel.

(2) M. Laferrière, Hist. du dr. franç., t. 2, p. 402.

il a souvent servi de base aux canons de l'Eglise gallicane, aux formules de Marculfe, à d'autres formules *secundum legem romanam*, et aux Capitulaires des rois de la deuxième race.

Charlemagne en a promulgué une édition nouvelle comme roi des Francs, des Lombards et patrice des Romains.

§ III. — *Papiani responsa.*

Encore un titre qui n'appartient en aucune manière aux sources, qu'une méprise seule a fait naître, et qui est cependant celui que l'usage a consacré ! Cujas découvrit un manuscrit qui commençait par un fragment de Papinien, et à la suite duquel venait immédiatement, sans séparation aucune, ce recueil, qui semblait ainsi faire avec lui un seul et même ouvrage. En tête étaient écrits ces mots : *Papiani responsa*, par contraction de *Papiniani*, comme cela se pratique dans tous les vieux manuscrits, à la lecture desquels Cujas n'était point encore habitué. Il attribua donc ces divers textes à un jurisconsulte inconnu, et il publia en 1566 cette compilation sans en connaître l'origine et le but. Plus tard il découvrit son erreur ; après le fragment de Papinien, le copiste avait inscrit la *lex romana Burgundorum*, qui conserva néanmoins chez les modernes le nom que la méprise du grand jurisconsulte lui avait donné.

Tout concourt pour démontrer que c'est bien là la loi romaine des Bourguignons. Ceux-ci en effet, après avoir rédigé leurs lois nationales, songèrent à publier pour les Romains qu'ils avaient vaincus un code qui leur fût particulier, comme les Visigoths avaient fait rédiger le *Breviarium*, et en 517, dans la seconde préface des lois bourguignonnes, ce recueil était annoncé. Nul doute que le Papien ne soit ce code; l'ordre des matières y est absolument le même que celui de la loi des Bourguignons, quoiqu'il représente des bizarreries, comme la réunion sous un même titre de matières essentiellement dissemblables. — Les principes sur la composition due par le meurtrier ne se rencontrent pas dans les autres lois germaniques; ils ont un cachet particulier à la loi nationale des Bourguignons, dont plusieurs titres ont passé textuellement dans le Papien (1). Le *Breviarium*, quoique antérieur au Papien, n'en est cependant pas la source unique, l'original, ainsi que l'ont pensé certains jurisconsultes. L'auteur inconnu de cette compilation a puisé dans les lois bourguignonnes, le code Théodosien, les novelles de ce code, les Institutes de Gaïus, les *Sententiæ* de Paul, les codes Grégorien et Hermogénien, enfin dans le *Breviarium* visigoth.

Malgré la connaissance des sources qui facilitaient l'exécution d'une bonne compilation, l'auteur du Papien ne nous a laissé qu'un recueil d'une valeur bien minime et qui n'a pour la science qu'un intérêt fort secondaire. De beaucoup inférieur au *Breviarium*, son autorité pratique s'évanouit bientôt devant la *lex romana* des Visigoths; il n'avait obtenu faveur qu'à cause de ses rapports avec le droit des Bourguignons; cette cause de préférence disparut avec le royaume de Bourgogne, et le *Breviarium* fut seul suivi. C'est ainsi que ce dernier recueil se répandit dans toutes les parties de l'empire franc et finit par pénétrer jusqu'en Italie.

§ IV. — *Epitome Juliani.*

L'Epitome novellarum Juliani antecessoris est un abrégé, composé en l'an 570 de notre ère par un professeur de Constantinople, qui contient les principes des novelles. Ce résumé, distribué en deux livres de peu d'étendue, était joint quelquefois, depuis Charlemagne, dans le *livre des lois*, à la *lex romana* d'Alaric, qui avait pris, dans la pratique générale, la place du code Théodosien.

(1) M. Savigny, Hist. du droit romain au moyen âge, t. 2, ch. 7, § 4 et suiv., donne un tableau comparatif du Papien et de la loi bourguignonne, qui établit entre ces deux recueils une conformité frappante.

Vers la même époque, dans l'empire romain, l'activité législative enfantait le code de Justinien, dans lequel le législateur avait voulu reproduire l'esprit du droit romain tout entier. Malgré la supériorité incontestable de cette nouvelle compilation, elle ne présentait pour les barbares guère plus d'intérêt que les extraits qu'ils possédaient. Ce qu'ils voulaient, c'était une coutume qui les guidât ; qu'elle fût écrite dans le Bréviaire, le Papien ou le code de Justinien, c'était pour eux chose fort peu importante ; le recueil le plus court était le meilleur ; aussi le Digeste fut-il beaucoup moins connu (1). Les traces du droit de Justinien dans l'empire franc sont fort peu nombreuses, et ce n'est que dans les périodes suivantes qu'il prendra la place que la supériorité de la forme et du fond lui assignait.

CHAPITRE II.

DROIT NATIONAL.

En entrant dans la Gaule, les Francs trouvèrent la population vaincue régie par la loi romaine ; ils respectèrent son droit autant par politique que par nécessité. Les coutumes, probablement non écrites, qu'ils apportaient, n'auraient pu être acceptées par une nation dont les intérêts civils compliqués étaient réglés par une législation savante et complète. Bien plus, elles devenaient insuffisantes pour les barbares eux-mêmes. De nouveaux besoins nés au contact de la civilisation romaine engendraient des rapports nouveaux. Les coutumes germaniques ne pouvaient y pourvoir, ni

(1) D'après M. Laferrière, le code de Justinien aurait été complétement ignoré dans l'empire franc jusqu'à la fin du IXe siècle ; le droit des novelles aurait seul été connu, et de nombreux emprunts y auraient été faits. Un manuscrit du IXe siècle, qui se trouve à la bibliothèque impériale, n° 4418, contient, sous le titre de *Lex Justinianea*, un abrégé des novelles d'après l'*Epitome novellarum Juliani antecessoris*. Hist. du droit français, t. 4, p. 283 et suiv.

directement ni par analogie; le droit romain seul offrait aux vainqueurs des règles en harmonie avec cette civilisation dont ils éprouvaient le besoin sans pouvoir encore l'adopter.

La législation romaine ne devait donc pas dominer immédiatement, d'une manière absolue, les Francs encore imbus de leurs usages et de leurs coutumes. Ils empruntèrent à la loi romaine d'abord par nécessité, pour statuer sur les cas que leurs lois n'avaient pas prévus, plus tard par utilité, pour corriger leurs usages anciens. Aussi le droit des Francs a-t-il moins subi cette influence sous la première race que sous la seconde; mais, sous la troisième race, elle s'est accrue au point de faire peu à peu disparaître dans les coutumes, successivement révisées et réformées, bien des traditions germaniques que contenaient les rédactions primitives.

SECTION PREMIÈRE.

MONUMENTS LÉGISLATIFS.

Les coutumes barbares, rédigées en lois, formaient l'élément principal de la législation. Cependant le jurisconsulte qui se bornerait à l'étude de ces sources ne pourrait connaître d'une manière exacte les principes du droit chez les Francs. Il ne saurait se contenter de la connaissance des lois barbares (1); en effet, il doit encore étudier avec soin les formules. Quels services immenses rendent aux savants les travaux des jurisconsultes qui avaient développé et mis en œuvre les règles puisées dans les usages ou écrites dans les lois! Combien de fois n'a-t-on pas été forcé de chercher dans ces recueils de la pratique judiciaire et du notariat la solution de graves questions relatives au droit observé

(1) Les principaux recueils où les lois barbares sont contenues en tout ou en partie sont ceux de Sichard, 1530; Herold, 1577; du Tillet, 1573; Lindenbrog, 1607-1613; Baluze, 1677; Eccard, 1720; Georgisch, 1738; Canciani, 1781-1792; Walter, 1824.

sous la première et même sous la seconde race? Aussi les formulaires sont-ils un élément reconnu, du reste, par les barbares eux-mêmes comme une véritable source du droit pour la pratique, et il est impossible de les négliger lorsqu'on s'occupe de notre ancien droit français. A ces documents il faut ajouter les *Capitularia*, ou ordonnances émanées des rois, que j'aurai à distinguer des lois proprement dites.

Telles sont les trois classes de monuments qui contiennent l'élément germanique, et ce n'est qu'après les avoir étudiées que j'examinerai les lois canoniques, dont l'influence fut si grande sur les coutumes barbares.

ARTICLE PREMIER.

LOIS BARBARES.

Ces lois (1), qui ne nous sont parvenues que sous la forme latine, et qui peut-être n'en eurent jamais d'autre, sont bien inférieures aux collections de Justinien. La rédaction en est généralement mauvaise; des détails inutiles abondent sur des points peu importants, et, à côté, des lacunes considérables empêchent de connaître les matières essentielles. Aussi furent-elles révisées, remaniées, complétées plusieurs fois. C'est une des gloires de Charlemagne d'avoir, le dernier, porté sur cet objet important son infatigable activité.

Je n'aurai point à m'occuper des lois germaniques en dehors de la France, telles que celles des Lombards, des Frisons, des Anglo-Saxons, etc.; je dois me restreindre dans le droit germanique qui a été en vigueur dans les Gaules. J'examinerai seulement :

(1) Il ne faudrait pas donner à ce mot *lex* la signification moderne d'une loi proprement dite; cette expression désigne, pendant l'époque barbare, l'ensemble du droit en vigueur chez tel ou tel peuple. *Lex* doit donc en général se traduire par droit et non par loi.

La loi salique;
La loi des Ripuaires;
La loi des Burgundes,
Et la loi des Visigoths.

§ Ier. *Loi Salique.*

On entend par *lex Salica*, ou *pactus legis Salicæ*, le recueil de la plupart des coutumes qui réglaient le droit criminel et le droit civil des Francs sous les deux premières races. Les dispositions contenues dans cette loi formaient la base de la législation franque; mais elles n'étaient pas les seules, car plusieurs titres de ce code renvoient à des règles qu'elle ne contient pas, par cette expression *secundùm legem Salicam;* et M. Pardessus (1) fait observer que plusieurs documents de la première race, notamment les formules de Marculfe, de Lindenbrog, citent, sous le nom de *lex Salica*, des principes non écrits dans les rédactions qui nous sont parvenues.

Le véritable objet de la loi salique est loin des idées que ce nom éveillait jusqu'à nos jours; pendant longtemps elle a été considérée comme ayant proclamé la règle fondamentale du droit public français : l'exclusion des femmes et de leurs descendants de la couronne de France. Mais rien de relatif à cette question n'est écrit dans les documents qui nous sont parvenus sous le

(1) *Loi salique*, dissertation 1re, p. 416. — Dans ce travail remarquable, M. Pardessus a donné toutes les rédactions connues de la loi salique, et, sous le titre modeste de notes, il a écrit un véritable commentaire qui laisse bien loin les explications de Fr. Pithou, Jérôme Bignon et autres. Il a indiqué les rapports avec la loi salique des codes des Ripuaires, des Bourguignons, des Allemands et des Bavarois, qui furent en vigueur dans l'empire franc en même temps que la loi salique. Enfin, dans un appendice, M. Pardessus a réuni quatorze dissertations sur les matières les plus importantes qui forment le complément obligé de ses notes. L'ouvrage du savant membre de l'Institut est un beau monument élevé à la science, que tout homme qui veut connaître notre ancien droit français ne peut se dispenser de lire et de méditer.

nom de loi salique. La disposition à laquelle les publicistes rattachaient le principe politique de l'hérédité masculine de la couronne était tout simplement une règle de droit privé applicable aux successions des particuliers; c'était même une exception dont l'objet était d'appeler les mâles à recueillir, par préférence sur les femmes du même degré, une certaine classe de biens appelés *terra salica*, sur la nature et la dénomination desquels les savants ont longtemps disputé et disputent encore.

Il n'est guère probable que les coutumes des Francs aient été rédigées par écrit dès l'origine; ils confiaient, selon toute apparence, comme tous les peuples du Nord, à leur mémoire les traditions et les usages de leurs ancêtres. L'idée d'une rédaction ne dut leur venir qu'à l'époque où, abandonnant leur vie aventureuse pour une vie sédentaire, ils sentirent le besoin de donner quelque fixité à leurs coutumes nationales.

La première rédaction fut-elle faite en langue germanique ou en langue latine? grave question sur laquelle les jurisconsultes sont divisés et qu'il est difficile de décider autrement que par des conjectures. MM. Pardessus, Guérard admettent une rédaction primitive en langue franque; M. Laferrière (1) repousse cette solution... Ce qu'il y a de certain, c'est qu'il ne nous est parvenu que des rédactions latines. La plus ancienne date d'une époque antérieure à la conversion de Clovis au christianisme, c'est-à-dire de 481 à 496; ce fut ce roi qui, comme chef de la tribu salique, promulgua le *Pactus legis Salicæ* et en ordonna l'exécution (2).

Il existe soixante-cinq manuscrits de la loi salique, qui représentent six textes de la loi rédigée avant Charlemagne et deux

(1) Hist. du dr. français, 2e édit., t. 3, p. 78.

(2) L'épilogue de la loi salique porte *statuit*. M. Pardessus, p. 421, *loc. cit.*, fait remarquer que, sous les deux premières races, le roi, n'ayant pas seul le pouvoir législatif, ne faisait que promulguer ce qui avait été décidé par le peuple : c'est le sens de *statuit*. — C'est dans les prologues et l'épilogue de la loi salique que l'on peut trouver les documents historiques propres à éclairer les questions les plus difficiles.

depuis cette époque. Sous le rapport des matières, ces textes diffèrent peu entre eux ; mais leur dissemblance dans l'ordre, le nombre des titres et dans la rédaction, a déterminé M. Pardessus à les diviser en *sept familles* distinctes. Plusieurs textes reproduisent des mots barbares d'origine allemande, et qui, étant destinés à expliquer le mot latin pour ceux qui n'étaient pas encore assez familiarisés avec cette langue, sont appelés *gloses malbergiques*.

En 768, ou peut-être 778, Charlemagne ordonna la révision de la loi salique ; elle prit dès lors le nom de *lex emendata*. A cette époque, les gloses malbergiques avaient perdu toute utilité ; les rédacteurs choisis par Charlemagne les supprimèrent, laissant, soit dans le texte, soit dans les rubriques seulement, certains mots de l'ancienne langue qu'ils désespéraient de pouvoir traduire en latin.

Il en résulte qu'il y a, à vrai dire, deux lois saliques fort différentes, l'une glosée, l'autre qui ne l'est pas et qui est la *lex emendata* de Charlemagne. Lorsque la première est intelligible, elle doit être préférée ; elle reproduit fidèlement le droit des Francs dans les premiers temps de la conquête.

Des documents législatifs vinrent se grouper autour de ce recueil des coutumes des Francs ; c'est ainsi que, d'après le grand prologue de la loi, Childebert et Clotaire auraient fait des additions qu'un savant, M. Pertz, a voulu déterminer d'une manière précise. M. Pardessus combat avec une grande vigueur et une grande netteté cette attribution de tels ou tels titres ; il va même jusqu'à nier ces additions comme faisant partie de la loi salique ; il ne reconnaît que douze titres ajoutés par Clovis. L'auteur du *Recueil des anciennes rédactions de la loi salique* pense que l'opinion commune s'est basée sur deux actes complétement étrangers à cette loi. Le premier serait un traité entre Clotaire et Childebert, intitulé *Pactus pro tenore pacis*, dont le but était de maintenir la paix entre les deux pays limitrophes ; le second, appelé *Decretio*, serait une loi par laquelle Clotaire assurait dans ses États l'exécution du *Pactus pro tenore pacis*. Selon lui, l'affinité de ces documents avec certains titres de la loi salique serait la seule cause qui aurait fait attribuer à Childebert et à Clotaire plusieurs additions. Ces actes législatifs étant étrangers à la loi salique, il leur faut conserver leur individualité.

Enfin, comme monuments accessoires de la loi salique, je citerai deux documents, l'un portant le titre de : *Sententia de septem septennis* (1) ; l'autre : *Recapitulatio legis Salicæ*, ou *solidorum*. C'était une espèce de tarif relatif aux sommes de compositions pour crimes et délits, et destiné évidemment aux praticiens. L'auteur énumère certaines compositions que la jurisprudence avait probablement introduites, car elles ne sont point contenues dans la loi salique ; et, sous ce rapport, ce résumé peut en être considéré comme le complément.

§ II. — *Loi des Ripuaires.*

Eginhard, en parlant du projet qu'avait Charlemagne de fonder l'unité de législation dans son empire, s'exprimait ainsi : *Cum adverteret multa legibus populi sui deesse, nam Franci DUAS HABENT LEGES, plurimis in locis valde diversas, cogitavit quæ deerant addere et DISCREPANTIA UNIRE* (2). Les deux lois auxquelles fait allusion l'historien sont la loi des Francs Saliens et la loi des Ripuaires ; les uns avaient conservé leur nom (3) et leurs coutumes essentiellement germaniques ; les autres avaient subi l'influence romaine dans leur nouvelle déno-

(1) Ces dernières expressions indiquent qu'on a voulu recueillir sept catégories de compositions semblables au nombre de sept, ou, pour traduire plus littéralement, sept septaines.

(2) Eginharti vita Caroli Magni, c. XXIX. (Bouquet, t. 5, p. 100.) Le véritable sens de ce passage est dans la note de Bouquet. Ritter l'a appliqué à tort au droit romain. C. Theod, p. 227, note *e*.

(3) Les Francs Saliens tiraient leur nom de la rivière de l'Yssel (*Ysala*), sur les bords de laquelle ils s'étaient établis, à la suite du mouvement des peuples qui les fit passer dans la Batavie.

mination (1) et dans plusieurs dispositions de leur droit (2). D'autres différences justifient encore ce passage d'Eginhard : la loi ripuaire annonce peut-être une civilisation plus avancée. Ainsi le droit civil y tient plus de place que dans la loi salique, quoique le droit pénal y domine toujours; la royauté et l'Eglise y trouvent quelques priviléges qui attestent les progrès du pouvoir et l'influence de l'élément chrétien; enfin les dispositions sont plus précises que celles de la loi salique.

Cependant ces deux lois ne sont pas tellement différentes qu'elles n'aient aucun point de contact; leurs rapports sont, au contraire, fort nombreux; elles reproduisent l'esprit et les mœurs guerrières de la race germanique (3). La loi ripuaire a même des textes spéciaux sur le combat judiciaire dont il n'est pas question dans la loi salique. Du reste, la première était d'une application beaucoup moins générale que la seconde; elle présente moins d'importance pour nous : aussi ne trouvons-nous pas pour cette loi les immenses travaux dont la loi salique a été l'objet.

La date de la rédaction primitive ne peut être fixée d'une manière précise. A en croire le prologue écrit en tête de la loi des Bavarois, Thierri, roi d'Austrasie, fils de Clovis, en avait ordonné la publication. Plus tard, Childebert et Clotaire y apportèrent des modifications assez graves; et Dagobert Ier la soumit à une complète révision (628-638), confiant la rédaction au *majordome* Claudius, Romain de naissance, au référendaire Chadoin, à l'*évêque* Agillofus, et à un quatrième *personnage* appelé Domagnus. Enfin, au commencement du IXe siècle, Charlemagne y introduisit divers changements et additions.

(1) Les Francs Ripuaires reçurent évidemment leur nom des Romains; ils habitaient les bords du Rhin.

(2) Guizot, Histoire de la civilis. mod., t. 1, p. 369.

(3) La loi des Ripuaires présente une originalité incontestable dans ses trente-trois premiers titres, qui portent sur le droit pénal et les institutions judiciaires. Les titres 31 à 62 ont des rapports certains avec la loi salique, mais ils ne lui sont pas empruntés, comme le prétend Rogge, *Observationes de peculiari legis ripuariæ cum salico nexu.*

Les recueils font suivre ordinairement la loi des Ripuaires de celles des Bavarois et des Allemands, qui devinrent en 534 les alliés des Francs; mais elles ne doivent point m'occuper spécialement, puisqu'elles ne peuvent être considérées comme ayant régi l'empire franc (1).

La loi des Bourguignons et celle des Visigoths sont les seules dont il me reste à parler pour compléter la liste des monuments législatifs de l'époque barbare.

§ III. — *Loi des Bourguignons.*

Cette loi, appelée aussi *loi gombette* (*lex Gondobalda*), du nom de son auteur Gondebaud, n'est point une œuvre unique, mais successive; c'est un recueil d'anciennes coutumes des Bourguignons et de lois des prédécesseurs de Gondebaud. Les jurisconsultes, sans préciser l'époque de sa rédaction, pensent qu'elle eut lieu de 501 à 517 (2).

(1) C'est par la même raison que je crois devoir passer sous silence les lois des Thuringiens, des Frisons, des Saxons et des Lombards. Ces peuples furent bien alliés des Francs ou soumis à leur domination; Charlemagne revisa même certaines de leurs lois; mais elles ne constituent pas, à proprement parler, des monuments de notre droit national. Si ces lois n'ont point eu d'autorité législative en Gaule, elles n'en seront pas moins consultées avec fruit pour l'histoire du droit français. Klimrath, t. 1, p. 323, Travaux sur l'histoire du droit français, dit en parlant des différents peuples que je viens de nommer : « De ces diverses » lois, les unes ont été en vigueur dans la Gaule, les autres ont été » rédigées sous l'autorité des rois francs; les dernières ont été confirmées » et complétées par eux après la réunion de l'Italie et de leur empire : » toutes, à quelques différences près, rendent témoignage des *mœurs,* » *des institutions communes* aux peuples germaniques de l'époque » barbare. »

(2) Klimrath, Travaux sur l'histoire du droit français, t. 1, p. 326, dit : « Les Bourguignons durent leur loi au roi Gondebaud, qui la pu» blia à Lyon, la seconde année de son règne (467-468). » M. Savigny, Hist. du dr. romain au moyen âge, la place en 517, et l'attribue à Sigismond, fils de Gondebaud. Cette opinion n'est point généralement admise. — Voici ce que dit M. Laferrière, Histoire du droit

En tête de la loi se trouvent deux préfaces, dont l'une appartient à Gondebaud, et l'autre, selon l'opinion commune, à son successeur Sigismond (1). L'ordonnance (2) qui sert de préambule a pour but de donner des règles générales sur l'administration de la justice et sur les peines à appliquer aux juges prévaricateurs; c'est un fait d'autant plus remarquable, que les autres lois barbares ne contiennent guère que des coutumes juxtaposées sans que le rédacteur ait formulé de véritables dispositions législatives.

Le principe dominant de cette loi est l'égalité entre le Romain et le Bourguignon; aussi Grégoire de Tours écrivait-il : « Le roi » Gondebaud institua, dans le pays qu'on nomme actuellement » la Bourgogne, des lois plus douces afin qu'on n'opprimât pas » les Romains. »

Le droit civil y tient plus de place que dans les autres lois; le droit pénal est encore empreint de la bizarrerie sauvage qui caractérise les législations primitives; et quoique certaines peines morales soient ajoutées aux peines corporelles, celles-ci sont toujours barbares (3).

français, t. 3, p. 101 : « Un texte inséré dans le recueil de D. Bouquet » peut faire présumer que, dès le temps de Childéric, roi des Bourgui- » gnons, résidant à Genève (466-491), le droit public des Burgondes » avait été mis par écrit. Mais le rédaction de la loi germanique telle » que nous la possédons, sous le titre de *Liber constitutionum de præ- » teritis et præsentibus atque in perpetuum conservandis*, doit être » reportée au temps du roi Gondebaud..... Quant à la période de temps » pendant laquelle les lois auraient été codifiées, elle s'étend de l'an 501 » à l'an 517; en effet, deux lois sont datées du consulat d'Avienus, qui » fut consul en 501; les autres sont postérieures à 506, car elles contien- » nent des emprunts faits visiblement au code d'Alaric relativement aux » secondes noces et au divorce; enfin, une loi est datée du consulat » d'Agapitus, qu'une chronologie un peu flottante place de 508 à 517. »

(1) Quelques manuscrits ne parlent que de Gondebaud. Klimrath, *loc. cit.*, p. 326, note 3, suit cette dernière leçon.

(2) Elle est signée de 32 comtes qui s'obligent pour eux et leurs héritiers à observer la loi de Gondebaud.

(3) Par exemple, si un épervier de chasse a été volé, le voleur est

Si, dans la loi ripuaire, il est difficile de reconnaître les traces du droit romain, les emprunts faits à cette législation par la loi gombette sont positifs et même assez nombreux; elle renvoie aussi parfois au code Théodosien.

Deux suppléments sont ajoutés à la loi sous le nom d'*Additamenta;* ils paraissent avoir été rédigés, le premier sous le roi Sigismond (517-523); le second sous Godomar, dernier roi des Burgondes (523-534.)

Le prologue de cette loi promettait un code aux sujets romains; c'est le recueil connu aujourd'hui sous le nom de Papien. La comparaison de ces deux lois, rédigées par l'ordre des rois bourguignons, montre que quelques dispositions du droit germanique avaient trouvé place dans le code destiné aux Romains, et que de nombreux textes de droit romain étaient venus modifier la législation barbare.

§ IV. — *Loi des Visigoths.*

J'ai dit que la loi des Bourguignons marquait un progrès à l'égard des autres lois barbares; ce progrès est encore plus sensible dans la loi des Visigoths. C'est un code complet partagé en douze livres par ordre de matières; les auteurs ont visé à en faire un ensemble de législation originale. A côté des dispositions législatives, cette loi place des conseils, des exhortations morales, j'allais presque dire un système de philosophie (1).

La prétention de tout régler en fait un recueil long et diffus, que Montesquieu a jugé trop sévèrement. « Ces lois, dit-il, sont » puériles, gauches, idiotes; elles n'atteignent pas le but;

condamné à se laisser manger sur le corps, par l'épervier, six onces de chair, ou à payer six *solidi*.

(1) Pour en faciliter la connaissance, chaque exemplaire devait ne coûter que douze sous, et cent coups de fouet étaient infligés au vendeur qui en exigerait davantage. L. Visig., v, 4, c. 22. — D'après M. Guérard, ces douze sous représentent 1,080 fr. de notre monnaie. (Polypt., Proleg., p. 142.)

» pleines de rhétorique et vides de sens, frivoles dans le fond et » gigantesques dans le style (1). »

Eurich est le premier roi sous lequel le droit goth ait été rédigé par écrit; au reste, il n'est pas certain qu'un véritable recueil ait été composé avant le milieu du VIIe siècle. Le code que nous connaissons a été promulgué sous le règne de Chindaswinde et Receswinde (649-652). Les lois postérieures ne sont que de simples intercalations, des additions isolées. — Tous les fragments qui n'émanent d'aucun roi connu, ou qui ont leur origine dans la législation romaine, les anciennes coutumes nationales, ou celles qui ont été empruntées au droit des autres tribus germaniques, sont classés sous le titre d'*Antiqua*.

La loi des Visigoths présente une faible importance pour l'histoire du droit français; en effet, les Visigoths, établis d'abord dans la Gaule, en furent chassés en 507 par Clovis; ils ne conservèrent, au nord des Pyrénées, que la Septimanie. C'est surtout pour l'histoire du droit en Espagne que ce recueil offre de l'intérêt; aussi des travaux importants ont-ils été faits sur cette loi par les jurisconsultes espagnols (2).

ARTICLE II.

CAPITULAIRES.

Sous la première et même sous la seconde race, le roi n'avait pas seul le pouvoir législatif. Le principe *lex fit consensu populi et constitutione regis* (3), emprunté à l'usage des Ger-

(1) Esprit des lois, 28, 1.

(2) Une traduction en a été donnée sous le titre : *Fuero Juzgo, y castellano, cotejado con lomas antiguos y preciosor codices por la Real academia Espannola*, Mad., 1815. C'est la plus récente et la meilleure édition, tant du texte latin que de la traduction. En 1579, Pithou avait publié la loi des Visigoths avec la chronique d'Isidore de Séville; elle fut encore publiée par Lindenbrog, Georgisch, Cauciani.

(3) Ch. IV, Capitul. de 864.

mains conservé par les Francs (1), était reconnu par le chef de l'Etat le plus puissant de la monarchie franque, par Charlemagne. Ainsi, à une époque où l'autorité centrale était excessivement forte, où l'extension considérable du territoire rendait les grandes convocations nationales très-difficiles, des documents authentiques prouvent que les seuls actes qui eussent un caractère immuable étaient les résolutions consenties dans l'assemblée générale. S'il est vrai que les rois fissent des *decreta, edicta, præcepta, capitularia* (2), quelquefois de leur propre inspiration, le plus souvent par l'avis des grands, ces actes, tout en recevant une exécution provisoire, n'étaient pas des lois proprement dites; revocables par la seule volonté du roi, sans qu'il fût nécessaire de consulter l'assemblée nationale, ils n'acquéraient le caractère de loi que par l'acceptation des intéressés, *consensu omnium;* alors ils cessaient d'être appelés *Capitularia* pour prendre le nom de *leges* (3).

Ces principes sont confirmés par les Capitulaires eux-mêmes. Ainsi on lit dans le chapitre XIX du IIIe capitulaire de 803: « *Ut populus interrogetur de capitulis quæ in lege noviter » addita sunt, et postquam omnes consenserint, subscriptiones » et manufirmationes in ipsis capitulis faciant.* » Le chapitre V d'un capitulaire de 821 est encore plus explicite: « *Generaliter omnes admonemus et capitularia quæ, præterito » anno legi salicæ per omnium consensum adventa esse censuimus, non ulterius capitula, sed tantum lex dicantur, » immo pro lege teneantur.* »

(1) Tacite, ch. XI : *De minoribus rebus principes consultant, de majoribus omnes.*

(2) On désignait primitivement sous le nom de *Capitularia* tout ouvrage divisé en chapitres. Ce mot reçut une signification technique lorsque depuis Charles-Martel il désigna spécialement les édits des rois francs.

(3) M. Pardessus, Loi salique, dissertation première, p. 428.

Les assemblées des Francs où se traitaient les affaires publiques se tenaient dans les premiers jours de mars; aussi les appelait-on assemblées du Champ de mars. Ces réunions devinrent de simples cérémonies, à cause de l'extrême difficulté de réunir tous les hommes libres pour délibérer sur des règles de droit. — L'autorité royale dut pourvoir à la législation, et les édits émanés du chef de l'État, sans être précisément des lois, n'en étaient pas moins mis à exécution par les comtes.

Les Capitulaires statuaient ordinairement sur quelque objet d'intérêt général civil ou ecclésiastique; mais ce n'étaient pas les seuls objets de ces édits, qui traitaient d'une variété infinie de matières. M. Guizot (1) a rangé les Capitulaires de Charlemagne sous huit chefs, qui sont: 1° la législation morale; 2° la législation politique; 3° la législation pénale; 4° la législation civile; 5° la législation religieuse; 6° la législation canonique; 7° la législation domestique; 8° la législation de circonstance.

Les Capitulaires nous offrent des traces irrécusables du droit romain, et les formules attestent la connaissance et l'application immédiate de la législation romaine au IXe siècle (2).

Les rois francs n'ont jamais pensé à faire publier un recueil officiel des Capitulaires; seulement ces actes étaient conservés en original à la chancellerie. Les fonctionnaires en faisaient des collections plus ou moins complètes. Les besoins de la pratique exigeaient que les édits des rois fussent réunis de manière à faciliter les recherches; il était indispensable d'avoir une collection des Capitulaires. Plusieurs jurisconsultes se mirent à l'œuvre, et leurs ouvrages acquirent promptement une grande autorité.

Ansegise, abbé de Fontenelle et de Flavigny, l'un des conseillers de Charlemagne, mort en 833, fit un recueil composé de

(1) Hist. de la civil. mod., t. 2, p. 324.

(2) *V.* Savigny, Hist. du dr. rom. au moy. âge, t. 2, § 35, p. 61 et 63. On trouve des constitutions impériales copiées textuellement dans les Capitulaires.

quatre livres et trois appendices comprenant les Capitulaires de Charlemagne et de Louis le Débonnaire. Il obtint une si grande célébrité, que Charles le Chauve le cite et s'y réfère comme il eût pu le faire pour un code officiel.

Deux livres sont consacrés aux intérêts de l'ordre ecclésiastique, les deux autres aux intérêts de l'ordre temporel ; mais les articles des deux premiers sont sans contredit les plus nombreux.

Un diacre de Mayence, appelé Benoît Lévite, ajouta, vers 842, à la demande de son archevêque Otger, trois nouveaux livres au recueil d'Ansegise. Il ne se contenta pas, comme son prédécesseur, de recueillir les Capitulaires omis ou d'en ajouter de nouveaux, il y entremêla des canons des conciles, des décrétales, des fragments des lois barbares et du droit romain. Parmi tous ces matériaux amoncelés avec plus ou moins de discernement, il en est plusieurs dont l'authenticité est très-contestable et très-contestée, et qui semblent se rattacher à un système général développé dans son recueil de décrétales sur lequel je m'expliquerai bientôt.

Enfin, aux sept livres des Capitulaires, quatre suppléments ont été joints plus tard sans que les auteurs soient connus.

Les derniers Capitulaires sont de Louis le Bègue et de Carloman son fils (884) ; les documents postérieurs qu'a publiés Baluze (1) sont la preuve qu'après Carloman il n'y a plus de Capitulaires qui nous soient parvenus.

SECTION II.

COUTUMES.

Pour connaître d'une manière complète la législation de l'empire

(1) L'édition des Capitulaires par Baluze, 2 vol. in-folio, Paris, 1677, est la meilleure ; elle est beaucoup plus soignée que celle de Lindenbrog, Pithou, Herold, du Tillet. *V.* Guizot, Hist. civil. mod., t. 2, p. 314 ; l'excellente collection de Pertz : *Monumenta german.*, Hist., t. 1 et 2 des lois hanov., 1835 et 1837.

franc, il ne faut pas s'en tenir aux lois barbares et aux Capitulaires. Ne consulter que ces sources conduirait souvent à l'erreur, et l'on rencontrerait de nombreuses lacunes sans pouvoir les combler. C'est qu'en effet bien des usages n'avaient point été consignés dans les lois écrites ; ils vivaient dans le souvenir du peuple. De nouveaux besoins avaient fait naître de nouvelles exigences que la pratique et la jurisprudence s'étaient chargées de satisfaire. Il est donc indispensable, pour constater et éclaircir une foule de points relatifs au droit observé chez les Francs sous les deux premières races, d'avoir recours aux formules, actes, diplômes et polyptiques.

I. *Formules.* — Les formules étaient des modèles d'actes, de contrats et de procédures dressés pour servir de guide aux praticiens. Rédigées ordinairement par des clercs, elles reflètent admirablement l'état social sous le rapport juridique. Demi-romaines, demi-barbares, elles sont l'image de la lutte de l'élément romain et de l'élément germanique, dominés l'un et l'autre par l'influence des principes du christianisme.

De nombreuses collections de formules ont été faites, et de nouvelles publications ajouteront encore aux sources précieuses que nous avons sur notre ancien droit; mais toutes n'ont pas le même caractère de généralité et d'importance. Je me borne à signaler les principales (1).

Les plus anciennes paraissent être celles découvertes par Baluze à la fin d'un manuscrit de la bibliothèque Colbert, publiées par lui pour la première fois sous le nom de *Formulæ veteres*, et reproduites plus tard sous celui de *Formulæ Arvernenses* (2). Chose remarquable, la première contient une date :

(1) *V.*, pour plus de détails, M. Laferrière, t. 3, p. 364 et suiv.

(2) *V.* Etudes sur l'hist. du droit en Auvergne, discours de rentrée prononcé à la cour de Riom par M. l'avocat général Bayle Mouillard, le 5 novembre 1842.

Fecimus ista principum Honorio et Theodosio comitibus. Or Théodose et Honorius furent consuls ensemble pour la première fois en 407, pour la dernière fois en 422. Si nous ne connaissons pas l'année précise, au moins y a-t-il des limites entre lesquelles les conjectures peuvent se restreindre (1). — Quoique le langage de ces formules soit devenu barbare, on reconnaît facilement que l'influence romaine a survécu à l'invasion. L'organisation politique s'y est conservée, et dans le droit privé les formes prescrites par Théodose devaient être suivies pour donner aux actes le caractère authentique.

Au VIe siècle, des formules furent rédigées pour l'Anjou, *Formulæ Andegavenses*, publiées par Mabillon, et de nos jours par M. de Rozière (2). Elles contiennent certainement des coutumes non écrites, et se réfèrent souvent à la loi romaine; enfin l'auteur les a placées sous l'invocation de Dieu.

Un moine appelé *Marculfe* rédigea, vers le VIIe siècle, des formules principalement pour le territoire de Paris; celles du droit public forment le premier livre de son ouvrage, celles du droit privé forment le second (3). Elles offrent un caractère germanique et une filiation franque qui en fait le complément de la loi salique. L'auteur nous apprend qu'il a réuni les formules transmises par ses pères *suivant la coutume du lieu.*

Sous le titre d'appendice à l'ouvrage de Marculfe, sont rangées des formules d'un auteur inconnu, rédigées à différentes époques;

(1) Cette date a provoqué une discussion entre les savants allemands. Savigny, Hist. du dr. rom., t. 2, ch. 9, § 44; Eichorn Rechts Geschichte, 4e édit., p. 657; et Seidentsicker, *De Marculfinis similibusque formulis*, p. 11.

(2) Professeur à l'école des chartes.

(3) Marculfe prit pour base de la division de son travail la distinction des deux modes solennels de transférer la possession ou de traiter les affaires, soit dans le palais et en présence du roi, soit en jugement et devant le comte et ses assesseurs. Il coordonna ainsi dans le premier livre les chartes royales, dans le second les chartes de comté.

les plus récentes remontent au règne de Louis le Débonnaire.

Beaucoup d'autres encore ont été publiées sous les noms des éditeurs, parce que celui des auteurs est resté ignoré. C'est ainsi que Sirmond en publia quarante-six; J. Bignon, vingt-six. En 1615, Lindenbrog, de Hambourg, publiait cent quatre-vingt-cinq formules, parmi lesquelles il y en a trente-quatre nouvelles qui jettent un grand jour sur des points obscurs du droit barbare. Baluze a revisé les formules publiées par Bignon et Lindenbrog. Enfin, de nos jours, M. Pardessus a publié quinze formules inédites d'après divers manuscrits dont l'un avait appartenu à P. Pithou.

Les formules connues jusqu'à ce jour étaient surtout applicables à l'Auvergne, l'Anjou, le Berri, la Touraine, le pays chartrain, le territoire parisien, c'est-à-dire aux contrées qui ont été qualifiées par excellence pays de droit coutumier.

II. *Actes.* — *Diplômes.* — Sous le titre général d'actes originaux il faut comprendre les contrats, les chartes et les actes de procédure et de jugements qui font connaître les dispositions des lois sur lesquelles chacun d'eux a été assis.

Les diplômes (1) étaient les actes de l'autorité du prince qui ne faisaient pas partie de la législation (2); ce ne sont pas des lois, mais un témoignage des lois, des règles et des principes dont ils sont l'application.

Ces documents précieux pour l'histoire de notre droit sont réunis dans plusieurs collections parmi lesquelles je citerai celle de Bréquigny, commencée à la fin du dernier siècle, refondue par M. Pardessus. — Cet honorable savant dirigeait aussi une collection sous le titre de *Table des diplômes*, qui est continuée par M. Ed. Laboulaye.

Il y a encore beaucoup à apprendre dans une foule d'écrits des-

(1) La diplomatique, ou l'art de lire les diplômes et les manuscrits de tous les siècles, est une science qui nous a valu de précieuses découvertes.

(2) *V.* Mlle de Lezardière, Lois politiques de la France, t. 1, p. 84.

tinés à l'histoire des provinces ou des anciennes familles, dans les anciens cartulaires (1) des abbayes, tels que ceux de Saint-Père de Chartres, de Saint-Bertin.

D'anciens recueils de ces différents documents existent; ce sont : 1° le *Spicilegium* de d'Achery, auquel a concouru Mabillon; — 2° le traité *De re diplomatica* de ce dernier, et les *Vetera analecta*; — 3° le *Thesaurus novus*, de Martenne; — 4° les *Formules* d'Alsace, publiées par Eccard à la suite de la loi des Ripuaires; — 5° les *Formules* de *Goldast*, propres à l'Austrasie et à l'Allemagne jusqu'en 1067; — 6° le *Trésor des antiquités germaniques*, qui était le livre des possessions et traditions de l'Eglise de Fulde (2).

III. *Polyptiques.* — Ce mot, qui dans son sens général signifie livre composé d'un nombre indéterminé de feuillets (πολύπτυχος), désignait, sous Théodose, le registre du cadastre et des impôts; il s'applique particulièrement, d'après les Capitulaires de Charlemagne, à la description des possessions et cens appartenant aux églises et monastères.

Les polyptiques fournissent de curieux renseignements non-seulement sous le rapport de la division, de la culture, de l'administration des terres, mais encore sur la composition de la famille et la division des personnes (3).

Deux polyptiques ont été imprimés de nos jours : celui de l'abbé *Edelin*, composé pour le monastère de Wissembourg; celui de l'abbé *Irminon*, pour le monastère de Saint-Germain-des-Prés. Ce dernier est le seul qui ait été l'objet de travaux scientifiques en

(1) Quelques-uns ont été publiés par fragments : ainsi celui de l'abbaye de Redon dans les Preuves de l'histoire de Bretagne, par D. Morice; quelques-uns ont été compris intégralement dans la collection des Documents inédits de l'histoire de France dirigée par M. Guérard.

(2) On a publié de nos jours à Spire un recueil de *traditions et possessions* qui contient une série de chartes mérovingiennes et carlovingiennes de l'an 693 à 861; elles sont relatives à l'Alsace.

(3) *V.* M. Laferrière, Hist. du dr. franç., t. 3, p. 375 et suiv.

France (1). Il paraît que nous sommes loin de le posséder en entier, et que c'est à peine si nous avons le quart du recueil fait au commencement du IXe siècle par les soins d'*Irminon*. Bien supérieur au travail de l'abbé *Edelin*, ce recueil offre plus qu'une statistique des personnes et des choses; il permet de pénétrer dans l'intérieur de ces petites sociétés qui vivaient sur les terres des riches abbayes.

CHAPITRE III.

DROIT CANONIQUE.

Les barbares, en se précipitant sur l'Occident, semblaient, dans leur course rapide, devoir anéantir les divers éléments qui constituaient la société soumise à leurs armes. Mais une puissance nouvelle domina le peuple conquérant : la religion chrétienne lui imposa la civilisation.

L'Eglise, sortie des villes à l'approche des barbares, s'était portée arbitre entre les vainqueurs et les vaincus; sa protection salutaire s'étendit à tous. « L'Église, dit M. Michelet (2), fut un » immense asile : asile pour les vaincus, pour les Romains, pour » les serfs des Romains ; les serfs se précipitèrent dans l'Église ; » plus d'une fois on fut obligé de leur en fermer les portes; il » n'y eût eu personne pour cultiver la terre. Asile pour les vain- » queurs ; ils se réfugièrent dans l'Eglise contre le tumulte de la » vie barbare, contre leurs passions, leurs violences dont ils souf- » fraient autant que les vaincus. Ainsi les serfs montèrent à la » prêtrise; les fils des rois, des ducs, descendirent à l'épiscopat; » les petits et les grands se rencontrèrent en Jésus-Christ. En » même temps, d'immenses donations enlevaient la terre aux

(1) *V.* les Prolégomènes, commentaires et éclaircissements de M. Guérard, de l'Institut (1836-1844).

(2) Hist. de France, t. 1, p. 253.

» usages profanes pour en faire la dot des hommes pacifiques,
» des pauvres, des serfs. Les barbares donnèrent ce qu'ils
» avaient pris; ils se trouvèrent avoir vaincu pour l'Église.

» Et il devait en être ainsi; comme asile, comme école, l'Église
» avait besoin d'être riche. Les évêques devaient marcher de
» pair avec les grands pour en être écoutés. Il fallait que l'Eglise
» devînt matérielle et barbare pour élever les barbares à elle,
» qu'elle se fît chair pour gagner ces hommes de chair. De même
» que le prophète qui se couchait sur l'enfant pour le ressusciter,
» l'Eglise se fit petite pour couver ce jeune monde.

» Les évêques du Midi, trop civilisés, rhéteurs et raisonneurs,
» agissent peu sur les hommes de la première race. Les anciens
» siéges métropolitains d'Albe, de Vienne, de Lyon même et
» de Bourges, perdent de leur influence. Les évêques par excel-
» lence, les vrais patriarches de la France, sont ceux de Reims
» et de Tours. Saint Martin de Tours est l'oracle des barbares,
» ce que Delphes était pour la Grèce, l'*ombilicus terrarum*,
» l'οὖθαρ ἀρούρης. »

Cette influence avait tout pénétré; elle avait absorbé toutes les classes de la société, depuis les rois qui consultaient les évêques sur leurs affaires et même sur leurs crimes, jusqu'aux serfs, qui, en se plaçant sous la protection de l'Église, faisaient la conquête de leur liberté. Mais le clergé subit à son tour l'influence de la barbarie; il emprunta les mœurs de la société nouvelle au sein de laquelle il vivait, et sa puissance augmenta en raison du rapprochement qui s'opérait entre l'Église et les barbares.

Une circonstance devait favoriser le développement de l'influence des lois de l'Église, c'était la juridiction attribuée aux évêques. Saint Paul avait recommandé autrefois l'usage des sentences arbitrales pour terminer les contestations entre chrétiens; ce fut le fondement d'une juridiction des évêques qui s'étendit plus tard même aux affaires mondaines. A l'époque où nous sommes, il est bien vrai que la justice ecclésiastique n'est point encore une juridiction de droit commun, obligatoire pour tous ; mais elle s'exerce dans des cas fort nombreux. Plusieurs Capitulaires réglementent les causes dans lesquelles les laïques sont justiciables des tribunaux ecclésiastiques. C'est ainsi qu'un capitulaire de Charlemagne (789) décidait que, « conformément au » concile de Chalcédoine, si les clercs ainsi que les moines » avaient entre eux quelque affaire, ils devaient la porter devant » leur évêque et non devant les tribunaux séculiers. » Un capitulaire de 794 organisait la justice criminelle des évêques à deux degrés, et statuait sur les conflits d'attribution, dont l'empereur se réservait la connaissance en dernier ressort. Enfin un capitulaire de 801 donnait force obligatoire, pour des matières purement civiles, à l'excommunication appliquée à des laïques.

Les ordonnances de l'Eglise peuvent donc être considérées, dès ce moment, comme une nouvelle source du droit (1).

Originairement les règles imposées à la conscience et à la foi par l'autorité ecclésiastique ne reposaient que sur la coutume ; elles prenaient le nom de canon (κανων, règle). Lorsque le culte chrétien, obéissant à la nécessité sociale, se fut immiscé aux affaires temporelles, l'ensemble des règles prescrites par l'Église fut appelé *jus canonicum*.

Il ne faut pas confondre le droit canonique avec le droit ecclésiastique.

Le droit *ecclésiastique* est l'ensemble des règles par lesquelles l'Église est gouvernée, quelle qu'en soit l'origine. Par conséquent ce droit comprend un grand nombre de dispositions émanées de l'ordre civil, et qui ont pour objet de protéger et de réglementer les cultes.

Le droit *canonique* est l'ensemble des règles formulées par l'Église, qui gouvernent cependant des rapports qui ne sont pas de l'Église même.

(1) *Voir* pour les preuves Mlle de Lezardière, Lois politiques, t. 2, p. 150.

Ainsi les règles du droit ecclésiastique émanées du souverain de l'Etat n'ont trait qu'à l'Eglise, et ne concernent pas seulement l'Église catholique, mais encore toute autre Église dont l'existence a été reconnue par le droit public. — Les règles du droit canonique se rapportent *exclusivement* à l'Église catholique, apostolique et romaine, émanant des chefs de l'Eglise en tant qu'ils jouissent dans l'Etat d'une juridiction temporelle.

L'influence politique et morale du clergé pendant une longue suite de siècles explique le développement des sources du droit canonique et l'extension que ce droit prit dans les affaires temporelles. C'est par l'Eglise et en grande partie par ses lois et ses tribunaux que l'élément civilisateur a pénétré dans le monde.

Au moment de l'invasion des Germains, le clergé était jugé et le fut encore quelque temps après par la loi romaine. Plus tard les canons, qui complétaient sa législation, furent réunis en recueils ; mais les uns sont de source authentique, les autres de source apocryphe. Ces derniers méritent aussi bien que les premiers notre attention, car ils ont exercé une influence dominante en Europe au moyen âge.

I. *Monuments de source authentique.* — Les lois canoniques dérivent de deux sources distinctes : ou des conciles généraux dont les résolutions obligent l'Eglise universelle, ou des conciles particuliers à une nation déterminée et même à certaines provinces. Ainsi, en dehors des grands principes proclamés dans les conciles et qui étaient obligatoires pour tous les fidèles, il y avait des dispositions spéciales pour telle nation ou telle province.

La réunion des évêques ne pouvait alors avoir lieu qu'avec la permission expresse du monarque (1).

Les canons gallicans (2) étaient promulgués par les conciles

(1) *V.* Mlle de Lezardière, Lois politiques, t. 2, p. 154.

(2) Il ne faudrait pas croire que le droit de promulguer des canons appartînt à l'Église gallicane seule ; c'eût été un dangereux privilége. Les Églises d'Afrique, d'Espagne, d'Angleterre, avaient leurs

nationaux et provinciaux. Quant aux décisions des conciles généraux, elles ont été réunies dans plusieurs recueils. Une première collection, rédigée en grec, contenait les quatre conciles œcuméniques de Nicée (325), de Constantinople (384), d'Ephèse (431), de Chalcédoine (451). Des traductions latines en furent faites, mais sans autorité suffisante. En 460, le pape saint Léon ordonna la publication d'une traduction nouvelle dans laquelle il comprit le concile de Sardique (344) (1), auquel avaient assisté trente-quatre évêques de la Gaule. C'est ce recueil qui est connu sous le titre de *Codex canonum universæ Ecclesiæ*.

A cette collection, restée la base du droit canonique dans les Gaules à partir du ve siècle, il faut en ajouter une autre publiée, vers l'année 500, sous le titre de *Corpus canonum* et de *Codex vetus Ecclesiæ romanæ*. Cette compilation est due au moine DENYS LE PETIT, originaire de Scythie; il y joignit les lettres des évêques de Rome, *leges decretales*, qui peuvent être presque comparées aux *responsa prudentum* des Romains.

L'ouvrage de Denys reçut de nombreuses augmentations, et ce ne fut que vers la fin du VIIIe siècle qu'il fut observé d'une manière générale dans les Gaules. Les éditions reproduisent le texte de l'exemplaire que le pape Adrien donna, en 787, à Charlemagne. C'est à cause de ce don solennel que le recueil a reçu quelquefois le titre de *Codex Adrianus*.

Les évêques firent faire plusieurs extraits de ces compilations générales, renfermant ce qui concernait plus spécialement leurs provinces et contenant des instructions spéciales. Tels étaient les Capitulaires de Boniface, évêque de Mayence; de Téodulfe, évêque d'Orléans; de Hérard, évêque de Tours, et de plusieurs autres.

II. *Monuments de source apocryphe*. — Un recueil analogue

canons propres et leur liturgie particulière. — M. Laferrière, Hist. du droit français, t. 3, p. 439.

(1) Sardique, ville de la Dace, en Illyrie. — La date vulgaire de 347 est fautive, ainsi que le prouve le P. Mansi.

à celui de Denys le Petit avait été composé, vers 633, pour l'Espagne, par Isidore de Séville; il fut apporté en France, de 787 à 814, par Riculfe, évêque de Mayence.

En 788, une collection qui semble n'être que la copie du recueil d'Isidore fut composée par l'ordre de Rachion, évêque de Strasbourg, qui, comme l'évêque de Séville, prit le nom de *Peccator* (1). Les rapports intimes qui existent entre ces deux collections autorisent à croire que Rachion, suffragant de Riculfe, avait reçu communication du manuscrit apporté d'Espagne, et avait ordonné d'en faire une copie. La division du recueil, le choix des matériaux démontrent son identité avec celui de saint Isidore, et prouvent qu'au VIIIe siècle les décrétales mises en ordre par l'évêque de Séville étaient connues dans l'empire franc.

Mais, vers le milieu du IXe siècle (2), parut une collection de décrétales sous le nom de saint Isidore, dans laquelle, à côté d'une partie des matériaux que contenait le recueil fait pour l'Espagne, se trouvaient intercalées de nouvelles pièces. Cette collection fut prise pour le véritable recueil d'Isidore, et elle passa pour l'exemplaire que Riculfe avait reçu ou rapporté d'Espagne.

Les fausses décrétales ne contenaient rien de contraire aux textes qu'elles accompagnaient; elles ne pouvaient donc être suspectées à une époque où les jurisconsultes cherchaient un texte à appliquer sans se préoccuper de son origine. Mais, au XVe et au XVIe siècle, les savants d'Allemagne et de France constatèrent la fausseté des décrétales, et la collection appelée *Pseudo-Isidorienne* fut rejetée de la pratique.

Les auteurs n'ont pas été d'accord sur l'origine de ce recueil; quelques-uns, confondant cette collection avec le manuscrit pos-

(1) Le plus ancien manuscrit de la collection d'Isidore porte le nom de *Mercator*, au lieu de *Peccator*.

(2) La date de ce recueil se place entre 836, puisqu'il y a des textes du concile d'Aix-la-Chapelle de cette année, et 857, époque à laquelle le synode de Cress fait usage pour la première fois des fausses décrétales.

sédé par Riculfe, ont pensé qu'elle venait d'Espagne, où elle aurait été fabriquée. Il est plus naturel de croire, puisque Riculfe possédait le véritable recueil, que les fausses décrétales ont pris naissance dans le pays où elles ont paru pour la première fois, et où elles commencèrent à être connues. Indépendamment des modifications apportées au manuscrit espagnol pour l'adapter à la monarchie des Francs, il est une autre considération puissante en faveur de cette opinion : ce sont les rapports intimes de cette collection avec celle des faux Capitulaires dont la rédaction est avouée par Benoît Lévite, diacre de Mayence. Cette corrélation est telle, qu'il est permis de regarder, avec une sorte de certitude, Benoît comme l'auteur des fausses décrétales (1).

Les nouvelles dispositions ne changeaient rien d'essentiel à la discipline ecclésiastique (2); leur auteur avait surtout pour but de donner des lois uniformes à la société ecclésiastique et à la société civile; son action était plutôt l'expression des besoins de l'époque qu'une téméraire innovation.—Les faibles successeurs de Charlemagne n'ont plus la force de tenir les rênes de l'État; à la société en dissolution il faut une puissance qui la protége. Benoît a compris que l'Eglise seule peut être cette puissance, et ses recueils sont rédigés dans le but d'augmenter l'influence qu'elle avait déjà. Il les place sous le patronage d'Isidore, ce saint vénéré dans toute l'Église d'Occident, et, pour en augmenter l'autorité, il invoque les noms de Pepin et de Charlemagne.

III. *Autres sources.* — Indépendamment des recueils des lois ecclésiastiques, des hommes voués à la science publièrent des ouvrages concernant les formes et règles des actes et pratiques d'une nature uniforme, vrais tableaux du droit en vigueur dans son application immédiate. Il y avait dans la monarchie des Francs plusieurs formulaires contenant la pratique des affaires tant civiles

(1) *V.* M. Walter, Manuel de droit ecclésiastique, traduction de Roquemont, p. 105, note *m*.

(2) *Ibid.*, p. 111 et suiv.

qu'ecclésiastiques, tels que ceux du moine Marculfe, composés vers 660. D'autres ont été édités par Sirmond, Bignon, Lindenbrog, Baluze, Lepelletier. Les éditions les plus complètes de ces formulaires se trouvent dans les recueils publiés par Canciani et Walter.

L'Église gallicane était encore gouvernée par la Bible, les *Canones apostolorum;* sous ce dernier titre, on comprenait des collections de canons empruntés à des recueils particuliers sanctionnés dans les conciles des IIe et IIIe siècles.

Parmi les documents qui présentent une importance réelle pour le droit canonique, il ne faut point oublier les Capitulaires des rois francs. De nombreuses dispositions de droit canon passèrent dans les articles des Capitulaires; la législation canonique y occupe une place qui révèle la prépondérance du clergé dans les affaires civiles. L'influence de l'Église se manifeste partout dans les règles de l'administration, cette partie originale des Capitulaires. Les Carlovingiens, héritiers du gouvernement municipal, employaient tous les moyens pour contenir la société prête à se fractionner. A l'activité du gouvernement qui s'épuise à mettre un peu d'ordre dans le désordre toujours croissant, à imprimer quelque unité à un ensemble hétérogène dont toutes les parties tendent à l'éloignement et se fuient, on reconnaît aisément la présence de la société chrétienne, dont la puissance s'élève sur les débris de l'empire. C'est au moment où l'unité politique périt que l'Église proclame l'unité de sa doctrine, l'universalité de son droit.

La puissance temporelle, qui allait s'évanouissant, voulut se rattacher à la nouvelle puissance. Pepin et Charlemagne avaient trouvé un ferme appui dans le chef de la chrétienté; leurs successeurs implorèrent sa protection tout en combattant parfois la prépondérance de l'Église. — Le pouvoir temporel et le pouvoir spirituel eurent des points de contact trop fréquents; les limites des deux gouvernements disparurent. De cette coexistence mal réglée des deux pouvoirs naquirent les usurpations; des usurpations, les luttes, et les luttes engendrèrent à leur tour ces événements, ces théories qui ont joué un si grand rôle dans notre histoire. C'est à notre époque qu'il faut rapporter l'origine de toutes les grandes questions, objet d'études intéressantes, qui ont divisé chez nous les jurisconsultes les plus éminents.

TITRE III.

CARACTÈRE GÉNÉRAL DE LA LÉGISLATION.

Le caractère saillant de cette époque est le principe commun à tous les codes barbares, la personalité des lois (1). « Ces lois, a » dit Montesquieu (2), ne furent point attachées à un certain ter- » ritoire. Le Franc était jugé par la loi des Francs, le Bourgui- » gnon par la loi des Bourguignons, le Romain par la loi romaine; » et, bien loin qu'on songeât alors à rendre uniformes les lois des » peuples conquérants, on ne pensa pas même à se faire législa- » teur du peuple vaincu. » Il eût été difficile aux barbares de songer à une pareille entreprise; peu nombreux, d'abord, ils avaient à se ménager l'affection des vaincus et surtout de l'Église, si influente sur les Romains; ensuite, peu civilisés, ils ne pouvaient imposer leurs coutumes, qui s'harmoniaient mal avec les besoins d'une société trop avancée pour les accepter; attachés à leurs usages, ils les conservèrent tout en respectant, autant par politique que par nécessité, la loi romaine. Mais les Romains étaient disséminés sur toute la surface de l'empire, et les Francs habitaient partout

(1) *V.* M. Pardessus, loi salique, 2e dissertation, et les travaux de M. Kœnigswarter publiés dans les t. XIV, XVI, XVII et XIX de la Revue de législation et de jurisprudence, et qui forment aujourd'hui un volume spécial.

(2) Esprit des lois, liv. 28, ch. 2.

à côté des Romains ; chacun observait sa loi nationale ; sa qualité personnelle seule déterminait le droit à lui appliquer, abstraction faite du territoire sur lequel il se trouvait. Aussi le chapitre IV d'un édit de Clotaire Ier (560) constate-t-il que les Romains suivaient les principes de leur législation.

Deux lois se partagent l'empire des Francs dans son origine : la loi romaine, applicable aux vaincus ; la loi salique, qui régit les Francs et ceux *qui lege salica vivunt;* dénomination sous laquelle le titre XLIII de la loi désigne probablement ces Germains auxquels les empereurs romains avaient antérieurement concédé des terres, et qui s'étaient associés à leurs compatriotes après la victoire ou avaient passé sous leur domination. Plus tard, Clovis réunit à son empire les provinces occupées par les Ripuaires, les Allemands, les Bavarois, les Visigoths, dont les lois différaient de celles des Francs ; mais ils stipulèrent la conservation de leurs usages nationaux, et, comme les Romains, ils obtinrent le droit de les invoquer ; aussi Marculfe (1) a-t-il écrit : *Et omnis populus ibidem commanentes tam Franci, Romani, Burgundiores quam reliquæ nationes sub tuo regimine et gubernatione degant et moderentur, et eos recto tramite secundum legem et consuetudinem eorum regas.* La même règle est écrite dans les paragraphes 3 et 4 du titre XXXI de la loi des Ripuaires, dans des Capitulaires de Charlemagne (803-813) et de Louis le Débonnaire (817-819).

L'application simultanée des lois barbares, franques, bourguignonnes, gothiques et de la loi romaine, fut la règle jusqu'à la fin de l'empire franc. Aussi est-il facile de comprendre comment Agobard pouvait écrire à Louis le Débonnaire : « On voit souvent » converser cinq personnes dont aucune n'obéit aux mêmes lois. »

Le principe de la personnalité des lois était incontestable ; mais

(1) Formule, I, 8.

c'est à tort que Montesquieu (1), Mably (2), de Gourcy (3), Bernardi (4) l'ont regardé comme un droit auquel il était toujours permis de renoncer : il faut y voir une règle imposée par les Francs aux vaincus (5). Le choix de la loi n'était pas libre ; l'origine, la nationalité, d'autres causes encore la déterminaient, indépendamment de la volonté de chacun.

La loi était celle que donnait la naissance. Cette règle ne présentait pas de difficulté pour l'enfant légitime et l'enfant naturel avoué par son père ; si le père était inconnu, il suivait probablement la condition de la mère ; la mère était-elle inconnue comme le père? M. de Savigny pense que chez les Lombards l'enfant pouvait choisir la loi qu'il voulait suivre. Chez les Francs, il ne paraît pas en avoir été ainsi : celui qui l'avait élevé pouvait le considérer comme esclave ou comme libre ; une sorte d'adoption plaçait l'enfant sous la loi de l'adoptant.

L'affranchi suivait la loi de l'Église, le droit romain (6), s'il était placé sous le *munderbunde* ecclésiastique ; si son patron se le réservait, il suivait sa loi ; dans le cas où la réserve n'était pas faite, ou lorsque l'affranchissement avait lieu *ante regem*, l'affranchi appartenait au roi et suivait la loi salique.

La femme passait de plein droit sous la loi de son mari. Devenue veuve, elle y restait soumise, car elle était sous le *mundium* de la famille de son mari tant qu'elle ne se remariait pas (7). Le principe établi par M. de Savigny, que la femme veuve pouvait revenir à sa loi d'origine, n'était donc point appliqué sous la législation franque.

(1) Esprit des lois, 28-4.

(2) Observations sur l'histoire de France, liv. 1, ch. 2, note 7.

(3) De l'état des personnes.

(4) Essai sur les révolutions du droit français, p. 37.

(5) Pardessus, loi salique, 2e dissertat., p. 443 et suiv.

(6) Le § 1 du tit. LVIII de la loi des Ripuaires reconnaît formellement que l'Église suivait le droit romain.

(7) Loi salique, tit. XLVI. *V.* dissertation 13e de M. Pardessus.

Pour bien comprendre la règle de la personnalité des lois, il faut la restreindre dans ses véritables limites, et ne pas lui donner un sens absolu qu'elle ne comporte pas. Deux restrictions me paraissent devoir être faites, l'une par rapport aux personnes auxquelles la loi pouvait s'appliquer, l'autre par rapport au fait qui devait être jugé.

Sous le premier rapport, les lois n'étaient pas personnelles, en ce sens qu'il fût loisible à l'étranger, toujours et dans tous les cas, d'invoquer la loi de son pays; pour exercer ce droit, il devait appartenir à une nation incorporée à l'empire des Francs et reconnue pour en faire partie. C'est à quoi Marculfe fait allusion quand il dit *Franci*, *Romani*, *Burgundiones*, *cæteræque nationes*, *etc.* L'homme d'une tribu non soumise à la domination franque ne pouvait invoquer sa loi personnelle; il était jugé d'après la loi salique.

Quant aux faits à juger, une distinction me semble indispensable. S'il s'agissait de mettre en mouvement les principes du droit privé, la loi était bien personnelle; mais que décider s'il s'agissait d'appliquer des règles ayant trait à l'état politique ou à la législation pénale?

En ce qui concerne l'état politique, les vainqueurs ne pouvaient emprunter à une législation étrangère les règles à suivre : c'eût été aliéner leur souveraineté. La loi politique a dû régir tous les habitants de l'empire sans distinction.

Sous le rapport du droit répressif, nul doute quand le crime était commis contre un Franc par un Romain, ou par un Franc contre un romain : il fallait appliquer la loi salique (1). Mais le fait avait-il été commis par un Romain contre un Romain, la solution devient embarrassante. Cependant je serais porté à croire que la loi salique devait être encore suivie, car le § 3 du titre XVI de cette loi consacre ce principe pour le crime d'in-

(1) Loi salique, tit. XV et XLIII.

cendie, et le § 2 du titre LXVI de la loi des Ripuaires contient une disposition analogue.

Il me semble donc que le principe de la personnalité des lois n'était vrai que pour le droit privé, et qu'il ne s'appliquait point aux dispositions législatives concernant le droit politique ou le droit répressif (1).

En procédure, la première question à examiner était celle de savoir par quelle loi il fallait juger; c'était le préliminaire de tout procès qui était porté au *mallum* (2), afin de désigner les rachimbourgs instruits dans cette loi. — Si les plaideurs étaient tous soumis à la même loi, pas de difficulté; mais l'embarras commençait avec la diversité des lois des parties. — Dans les affaires personnelles, le juge appliquait la loi du défendeur (3); en matière de succession, probablement la loi du défunt. Lorsque les plaideurs, n'ayant point une position bien tranchée, pouvaient être considérés à la fois comme demandeurs et défendeurs, les formes de la convention influaient peut-être sur la détermination de la loi; les usages locaux étaient aussi probablement consultés. Enfin, il est à croire que la composition du tribunal était mixte quand les parties avaient une nationalité différente; c'est ce qu'on induit d'un récit d'Adrevalde, moine de St-Benoît-sur-Loire, qui vivait au temps de Charles le Chauve. « Il y eut, dit-il, » un différend entre l'associé de Saint-Benoît et celui de Saint-» Denis, touchant quelques serfs; pour le terminer, l'on tint » des plaids, où se trouvaient plusieurs juges et docteurs ès lois, » et de la part du roi, un évêque et un comte. Mais l'on ne put » rien conclure en la première assemblée, parce que les juges de » la loi salique n'entendaient rien à régler les biens ecclésiasti-

(1) Le § 1 de l'art. 3 C. Nap. consacre la même règle : « Les lois de police et de sûreté obligent tous ceux qui habitent le territoire. »

(2) *Mallum, publicus conventus, in quo majores causæ disceptabantur, judiciaque majoris momenti exercebantur a comitibus, missis hominibus, aliisque judicibus.* Ducange, v° *Mallum.*

(3) Tit. XLIX, loi salique.

» ques, qui se réglaient par la loi romaine. Les envoyés du roi » assignèrent une autre assemblée à Orléans, où l'on fit venir, » outre les juges, des docteurs ès lois, tant de la province d'Or- » léans que du Gâtinais. Et, après tout cela, peu s'en fallut que » le différend ne se terminât par un duel entre les témoins. » N'est-ce pas là le trait saillant de la mise en action de la personnalité des lois, et ces longueurs ne devaient-elles pas souvent se reproduire?

Pourtant ce principe resta en vigueur jusqu'à la féodalité, quoique en fait, il faut bien le reconnaître, la loi barbare ou la loi romaine se trouvât plus fréquemment appliquée, selon les pays. Dans une partie du territoire, l'élément romain dominait, et les lois nationales ne s'appliquaient qu'exceptionnellement; dans l'autre, au contraire, le droit romain ne recevait que de rares applications. Cette distinction se faisait par la force des choses, insensiblement, tout en conservant le principe général; et déjà Charles le Chauve a exprimé ce fait dans l'édit de Pistes : *In illa terra in qua judicia secundum legem romanam terminantur, secundum ipsam legem judicetur. Et in illa terra in qua judicia secundum legem romanam non judicantur.....* En droit, il n'y a pas encore de pays de droit écrit et de pays de droit coutumier; en fait, la distinction existe.

Les lois des barbares présentaient dans les détails des diversités assez nombreuses; mais elles s'appuyaient sur des principes communs ou analogues qui me serviront pour esquisser les traits fondamentaux de cette époque juridique. La loi salique sera toujours celle que j'invoquerai, en cas de conflit avec les autres, comme étant celle qui a eu le plus d'influence dans l'empire franc.

I. *Droit civil.* — La liberté est la règle chez les Germains, et le droit privé des lois barbares est, en général, le droit des hommes libres. Cependant entre les hommes libres et les esclaves existait une classe intermédiaire, les *liti* (1), qui, tout en jouis-

(1) Les titres XIV, XXVIII, XXXVII, XLIV et LII opposent les *ingenui*

sant de la liberté, n'avaient pas tous les avantages attachés à la qualité d'*ingenui* ou de *Franci* (1); la qualité de citoyens, pour me servir d'une expression moderne, leur était refusée.

Les ingénus constituaient seuls le corps politique; ils prenaient part à la confection des lois, recrutaient la milice nationale, et remplissaient de préférence les charges publiques, quoique l'ingénuité ne fût peut-être pas une condition nécessaire et exclusive pour l'admission à ces fonctions.

Les *liti*, *læti*, que la loi salique appelle *lites* ou *lides*, ne participaient pas au droit politique; ce nom était donné aux barbares enrôlés au service de l'empire et qui avaient reçu des bénéfices militaires (2).—Il est facile de se faire une idée de leur position sociale, car pour l'apprécier il suffit de connaître la valeur de la composition payée en cas d'offense. Le *lite* n'avait droit qu'à la moitié de la composition due à un homme libre, et il profitait d'une quote-part du *wehrgeld* attribué au maître; l'esclave, au contraire, ne profitait jamais de la composition, qui était bien inférieure à celle du lite.

Le lite pouvait être fort riche; mais, à la différence de l'ingénu, il devait *obsequium et servitium* à un patron; pourtant il était loin d'être réduit à la condition d'esclave; on le considérait moins

et les *liti* de manière à ne pas faire douter qu'il n'y eût entre eux des différences légales.

(1) Ces deux expressions sont employées indifféremment. *V.* § 11, tit. XIV, et § 3, tit XVII, loi salique; § 2 du document appelé *Septem septennas*, ch. 3 et 6 du 3e capitulaire de 819. C'est à tort que l'abbé de Gourcy a cru que l'expression de *Francus* désignait une noblesse qui mettait les *ingenui* dans une classe inférieure.

(2) C'est l'opinion de l'abbé Dubos dans le chapitre X du livre I de son Histoire critique de l'établissement de la monarchie française. J. Godefroy l'avait émise dans sa note sur la constit. 12, tit. XX, liv. VII code Théodosien. Il faut rejeter l'opinion de Perreciot, De l'état des personnes et de la condition des terres, tit. I, liv. IV, qui en a fait une nation qui avait occupé des *lètes*, terres vacantes et en friche, et qui, ne pouvant résister aux Francs, avait perdu une partie de sa liberté. — Sur les différentes étymologies du mot *leti*, *v.* Pardessus, 4e dissertat., 473 et suiv., loi salique.

comme une chose que comme une personne; il exerçait les droits civils, sauf certaines restrictions à cause des rapports qui l'attachaient au *dominus* (1).

L'esclave, réduit à la condition d'une chose, n'avait aucun droit; sans famille, sans capacité pour acquérir, il était incapable de transmettre entre-vifs ou par testament; son maître recueillait à sa mort ce qu'il avait gagné, au préjudice même de ses enfants. M. Naudet (2) pense que ce principe était modifié pour les *servi coloni;* certains passages du polyptique d'Irminon ont fait naître, à tort selon moi, cette opinion, car ce document ne parle que de *coloni.* Or les colons pouvaient être esclaves, mais il y en avait de libres; les lites étaient souvent colons; pourquoi ne pas entendre plutôt les termes du polyptique selon cette distinction, qui a l'avantage de présenter, au lieu d'une exception, l'application du principe général?

Si la loi refusait à l'esclave le droit de propriété, l'union de l'homme et de la femme fut élevée à la dignité du mariage, grâce à l'influence du christianisme; seulement, le consentement du maître était requis pour sa validité.

L'esclave ne pouvait aspirer à acquérir une propriété qu'autant qu'il avait été affranchi (3); jusque-là il était à la merci du maître. En cela, le lite ne différait guère de l'esclave; lorsqu'il détenait des terres d'un propriétaire qui ne pouvait les cultiver toutes, les actes de concession n'étaient point réglés par le droit national; la volonté et le caprice du maître faisaient seuls la loi.

A côté de ces concessions purement arbitraires, il en existait d'autres moins dépendantes du caprice du maître; c'était l'abandon des terres que le chef faisait à ses leudes.

(1) Le *dominus* soutenait probablement seul les procès relatifs aux biens qu'il avait donnés à son lite pour les gérer.

(2) T. VIII des nouveaux Mémoires de l'Académie des inscriptions, p. 584.

(3) *V.*, sur les modes d'affranchissement, Pardessus, 7e dissertat., p. 526 et suiv., loi salique.

D'après un usage de la Germanie, les hommes libres s'engageaient sous un chef par un serment de fidélité; chez les Francs, ils abdiquaient leur indépendance au profit du roi; ils étaient *in truste* (1) *regis*, d'où leur nom d'*antrustions*. Childebert et Clotaire les qualifiaient de *leudes* ou *fidèles;* et parfois ils sont désignés par l'expression de *vassi*, réservée d'abord à la domesticité privée. — Ce lien contracté à l'égard du roi ne diminuait en rien l'ingénuité; la composition attribuée au *leude* était même égale à celle fixée pour les magistrats publics. Les antrustions recevaient des titres dont les formules de Marculfe (2), les diplômes des rois de la première race donnent la nomenclature; les plus illustres portaient le nom d'*optimates* (3). Telle est l'origine d'une aristocratie toute privilégiée dont le lite et le Romain n'étaient point exclus, et dans laquelle furent bientôt compris les membres du haut clergé. Sous le rapport du droit privé, l'antrustion et l'homme libre non engagé dans la foi toute spéciale du roi étaient sur la même ligne; il n'y avait nulle différence entre eux.

Pour assurer la fidélité des antrustions, les rois leur faisaient des concessions territoriales considérables (4), qu'ils devaient abandonner pour recouvrer leur indépendance absolue. Ces donations, faites rarement en pleine propriété, n'étaient ordinairement que viagères; ce dernier usage était tellement constant, que, sous la première race, le mot *beneficium* désignait un usufruit.

Les bénéfices étaient-ils révocables à la volonté du roi? Sur

(1) *Trustis*, fidélité, dévoûment.

(2) Formule xxv, liv. 1.

(3) Il ne faut pas confondre, comme l'a fait Garnier dans un mémoire couronné en 1761 par l'Académie, ceux qui étaient *in truste regis* et ceux qui étaient *in verbo regis*. Ces derniers recevaient la protection du roi à cause de la faiblesse du protégé; étaient comprises dans cette classe, par exemple, les femmes sans parents qui pussent exercer le *mundium*.

(4) Formule III, liv. 1, Marculfe. Grégoire de Tours parle souvent des biens que les antrustions, les grands avaient obtenus du roi.

cette question, les historiens sont divisés (1). Il faudrait peut-être distinguer : les concessions faites à certains dignitaires à raison de leurs fonctions tombaient évidemment avec la charge, que le roi pouvait toujours enlever. La question ne se présente donc pas ici. Quant aux bénéfices concédés à vie ou à perpétuité, ils ne pouvaient, en principe, être révoqués, comme ceux pour lesquels le roi s'était réservé formellement ce droit, qui était peut-être sous-entendu toutes les fois qu'il n'était pas exprimé que la concession serait pour toute la vie du donataire ou passerait à ses héritiers. La loi des Ripuaires et les formules de Marculfe supposent même qu'il fallait demander la confirmation au nouveau roi.

Quoi qu'il en soit, sous les fils de Clovis, les rois révoquaient souvent en fait les bénéfices, puisque par le traité d'Andelau de 587 ils renoncèrent à user de ce droit. Mais il arriva encore souvent que des révocations de bénéfices eurent lieu *pro lubitu;* car une constitution de 615 et des capitulaires de 844, 851, 860 et 867 renouvelèrent les promesses contenues dans la constitution de 587 (2).

La lutte entre le roi et les bénéficiaires était incessante. Si d'un côté les rois saisissaient tous les prétextes non-seulement pour constater la précarité des concessions, mais même pour les révoquer arbitrairement ; d'un autre, les bénéficiaires voulaient les conserver sans remplir les conditions du bénéfice ; ils prétendaient même les convertir en biens libres de toute réversion et transmissibles à leurs enfants, c'est-à-dire en faire des *alodes*.

(1) Dans le sens de la révocation arbitraire sous les rois de la première race, *v.* Montesquieu, Esprit des lois, liv. 30, ch. 16 ; Mably, Observations sur l'histoire de France, liv. *1*, ch. 3, note *d*; Robertson, note 8 de l'Introduction à l'histoire de Charles-Quint.—Pour l'opinion contraire, Mlle de Lezardière, Lois politiques, t. VI, partie I, p. 11 ; M. Guizot, Essai sur l'histoire de France, p. 123 ; M. Laboulaye, Mémoire sur la propriété foncière, couronné par l'Académie en 1838, p. 340.

(2) *V.* Pardessus sur cette question, 5e dissertation, p. 491 et suiv., loi salique ; et sur les effets de la concession des bénéfices, *ibid.*, p. 496 et suiv.

On appelait *aleu* (*alodis*) (1) l'ensemble des biens, meubles et immeubles, possédés en propriété par une personne de condition libre. — Ce mot *alodis*, qui signifie *tout propre*, *al-od*, désignait dans le principe les biens qui avaient été pris ou donnés après la conquête, et qui constituaient une propriété parfaite. Par une légère déviation de son étymologie, *alodis* fut employé pour désigner une propriété complétement libre, et l'*aleu* fut opposé à la propriété grevée de charges qui obligeaient le propriétaire de reconnaître un supérieur, c'est-à-dire au *beneficium*.

Le propriétaire de l'*aleu* ne reconnaissait aucune supériorité individuelle ; il n'était tenu que des obligations sociales envers l'État. « Tout guerrier, dit M. Guizot (2), qui prit ou reçut du » sort une terre, en fut maître comme de sa personne. La plénitude et l'entière liberté de la propriété fut le caractère fondamental des premiers aleux et la conséquence naturelle du mode » d'acquisition. »

Les propriétaires libres et indépendants n'avaient pas tous une égale puissance ; les plus faibles vinrent demander protection aux plus forts ; ceux-ci exigeaient des garanties. L'homme qui implorait secours et assistance devait faire donation de ses biens propres au seigneur dont il voulait devenir le vassal (3) ; celui-ci les lui rendait à titre de bénéfice, et devenait un véritable donateur. — Souvent aussi des hommes libres cédaient leurs biens à titre précaire ; les Capitulaires leur accordaient pour les reprendre un certain délai passé lequel ils avaient perdu la propriété, et leur seule ressource consistait alors à implorer de la générosité du nouveau propriétaire la remise de ces biens à titre de bénéfice. La vassalité se développait avec une rapidité qui aurait dû inquiéter les rois ; c'était la création prochaine d'une foule de petits

(1) *V.* Lehuerou, Histoire des institutions mérovingiennes, t. 1, p. 353 ; Pardessus, 14e dissert., loi salique, p. 691 et suiv.

(2) Essai sur l'histoire de France, p. 90.

(3) Formule XIII, liv. 1, Marculfe.

souverains prêts à absorber la puissance royale; mais elle ne s'aperçut du mal que quand il n'y eut plus moyen d'y remédier.

Les grands propriétaires, dans l'impossibilité de cultiver eux-mêmes leurs biens, et ne voulant pas en confier l'administration aux esclaves colons, abandonnaient à des hommes libres certaines terres moyennant des prestations de fruits ou de services appelés plus tard *corvées*. Le droit concédé était perpétuel et rendait, en quelque sorte, l'acquéreur copropriétaire; seulement celui-ci était ordinairement obligé, par la convention, à ne pas aliéner son droit sans le consentement du concédant; quelquefois même ce dernier se réservait la faculté de rentrer dans son domaine à sa volonté, en remboursant les dépenses faites sur le fonds. C'est encore la théorie des domaines *congéables* en Bretagne.

Des concessions pareilles furent faites aux affranchis; dans ce cas, les patrons avaient des droits plus étendus que n'en auraient eus les concédants ordinaires; par conséquent, si les redevances n'étaient pas payées, l'affranchi ne pouvait pas se libérer en abandonnant le bien; il retombait en servitude. Mais c'était une situation personnelle, qui ne se transmettait pas aux héritiers; ceux-ci étaient donc dans la position des hommes libres qui s'étaient rendus concessionnaires (1).

La transmission de propriété avait lieu avec des formes solennelles et symboliques; le vendeur devait *tradere per suam festucam*, et par ce moyen il se devêtissait au profit de l'acheteur (2). La tradition se faisait encore *per herbam et terram*. Ces formalités n'étaient pas spéciales à la translation de propriété; on les employait pour constater toutes les conventions qui étaient, en principe, verbales; les Francs les conservèrent même après l'emploi de l'écriture comme moyen de garantir l'intention sérieuse des parties de s'engager, et de fixer l'attention des témoins. La loi ripuaire indique un singulier moyen de graver dans la mémoire

(1) *Lex Burgundorum*, tit. 40.

(2) Formule XIX de l'Appendice de Marculfe. — Diplôme de 703.

les différents faits dont on voulait conserver la preuve : le juge appelait des enfants à qui il donnait des soufflets ou à qui il tirait les oreilles pour qu'ils gardassent ce souvenir de ce qu'ils avaient vu ou entendu (1).

Après l'aveu, qui formait la preuve la plus complète, la législation barbare admettait, en première ligne, la preuve orale : les témoins devaient déposer à jeun et prêter serment de dire toute la vérité, d'après les capitulaires de 801, 805 et 809. Des peines étaient prononcées pour faux témoignage, et si les preuves se balançaient, il fallait recourir à un combat singulier entre deux témoins pris de chaque côté. Pour corroborer la déposition des témoins, des *conjuratores* intervenaient ; leur mission était d'affirmer que la personne qui faisait un serment méritait la confiance et était incapable de se parjurer. La preuve littérale, inconnue dans le principe, devint une mesure de précaution, mais non une condition essentielle pour obliger les parties ; et à part les actes émanés du pouvoir royal et les jugements qui constituaient des actes authentiques, et qui ne pouvaient être annulés que sur la preuve de la fausseté de la signature ou de l'altération de la pièce (*falsare chartam*), le titre écrit servait de renseignement, mais aucune présomption légale de vérité n'y était attachée.

Les Francs, sous l'influence du paganisme, croyaient au sort ou à certaines épreuves comme manifestant les arrêts du ciel ; devenus chrétiens, ils conservèrent ces idées superstitieuses, que ne réprouvaient pas certains ministres de la religion chrétienne, tel que Hincmar (2), tandis que d'autres, saint Avit et Agobard (3), les condamnaient comme impies. Les vieilles traditions l'emportèrent, et les épreuves de l'eau froide ou de l'eau bouillante, du feu, du fer rouge, de la croix, du combat singulier, appelées

(1) Dans le principe, tout consentement s'appelait *adhramitio*, l'action de l'énoncer, *adhramire*. — Plus tard on désigna les conventions relatives à la transmission par le mot *affatimia* ou *affatimus*.

(2) Opp., t. 1, p. 598.

(3) Opp., t. 1, p. 120 et 320.

primitivement *sortes*, furent admises comme preuves sous le nom de *jugements de Dieu* ou d'*ordalies*.

Les engagements étaient exécutés sur la personne; le débiteur insolvable subissait l'esclavage, et son créancier acquérait sur lui le droit de vie et de mort, dans le cas au moins où la cause de la dette reposait sur une action illicite. La caution pouvait être contrainte par voie de gagerie (saisie des biens); mais ses obligations ne passaient pas à ses héritiers (1).

La solidarité entre les parents était un des caractères essentiels de la constitution de la famille; c'était un principe fondé sur un système de protection commun aux peuples du Nord. Cette protection, *mundium* ou *mainbour*, appartenait au roi sur ses antrustions, au chef de bande sur ses compagnons d'armes, au père de famille sur ses enfants mineurs, au mari sur sa femme.

La famille formait une association étroitement liée, et le chef exerçait une autorité toute dans l'intérêt des personnes soumises à son *mundium* (2). Aussi, quoique pour contracter un mariage le consentement du père ou du parent investi du *mundium* fût nécessaire, le juge pouvait apprécier les causes du refus de consentement. De plus, nul ne pouvait être forcé de se marier contre sa volonté, le *mundium* fût-il au roi. C'est ce qu'atteste l'édit de Clotaire Ier de 560.

Les coutumes des Francs, tout en conservant le nom de puissance paternelle, étaient loin d'y attacher le même sens que le droit romain; aussi un vieux commentateur disait-il, en parlant des Lombards dont les principes étaient identiques à ceux des Francs : *Jure Longobardorum filii non sunt in patris potestate*; ce que Loysel a répété en donnant comme maxime : *Puissance*

(1) L. Burgund., tit. 82, c. 2.

(2) Le code Napoléon a conservé les principes germaniques sur la puissance maritale et sur la puissance paternelle; il s'est éloigné sous ce rapport du droit romain.

paternelle n'a lieu (1). Accurse, au titre *de patria potestate*, reproduisait la même pensée en écrivant : *Quædam gentes ut servos tenent filios, sicut Slavi; aliæ, ut prorsus absolutos, sicut Francigenæ* (2).

Le *mundium* supposait dans celui qui l'exerçait (*mundoaldus*) : 1° une autorité spéciale sur la personne et les biens de tous ceux qui dépendaient de lui ; 2° une tutelle qui conférait certains droits; ainsi il percevait un 10e des revenus du mineur, à la charge de certains devoirs ; 3° une responsabilité civile et politique qui donnait à l'institution sa véritable physionomie.

Cette espèce de tutelle sous laquelle se trouvaient les membres de la famille prit plus tard le nom de *garde ;* elle se dissolvait pour la femme par le mariage, pour le fils par un établissement séparé qui rompait la communauté existant entre le père et ses enfants. Telle est l'origine de cet adage de notre vieux droit coutumier : « *Feu et lieu séparés font émancipation.* »

L'âge était encore une des causes de dissolution du *mundium;* mais il est très-difficile de fixer l'époque de la majorité dans la législation germanique; elle n'était point uniforme ; les Francs Ripuaires, les Bourguignons et les Visigoths l'avaient fixée à 15 ans.

Pour être sous la garde paternelle, il fallait être né d'un mariage légitime ; le bâtard était dans la garde du roi ; ses biens revenaient au fisc, s'il mourait. Cependant le père pouvait acquérir le *mundium* sur ses enfants par la légitimation.

L'adoption n'était pas connue dans les mêmes conditions qu'à Rome ; néanmoins les formules de Marculfe et de Sirmond nous la montrent en usage chez les Francs pour les personnes qui n'avaient pas d'enfants (3).

Le mineur (4) privé de son père avait besoin d'un protecteur.

(1) Liv. 1, tit. 1, 37. — Ce sont ces idées qui ont présidé à la rédaction des articles 371 et suiv.

(2) M. Laboulaye, Condition des femmes, p. 80 et suiv.

(3) C'est la condition exigée par l'art. 343 C. Nap.

(4) Notre législation actuelle a encore emprunté aux lois germaines la

La protection était due par tous les membres mâles de la famille; pour les cas ordinaires, ils nommaient un mandataire qui les consultait dans les causes graves : de là l'institution germanique du conseil de famille (1). C'était généralement le parent mâle le plus proche, l'héritier direct du mineur, sur lequel reposait le devoir de vengeance, qui devenait tuteur jusqu'à la majorité. La femme veuve était aussi en tutelle, et elle y restait jusqu'à un nouveau mariage ou jusqu'à son décès.

L'union légitime était nécessairement précédée de fiançailles dans lesquelles intervenait la famille de la future (2) ou celui qui avait la garde sur elle. Le mari payait un prix dont une partie formait la dot de la femme, et l'autre appartenait au *mondowald* pour l'indemniser de sa renonciation au *mundium* qui passait au mari. Ce prix s'appelait *pretium emptionis nuptiale*, quelquefois *dos*, *witemon* chez les Bourguignons, *meta* chez les Lombards.

Lorsqu'il se mariait avec une veuve, le nouvel époux était obligé de payer aux parents du premier mari trois sous et un denier, sous le nom de *reipus*, pour désintéresser la famille et acquérir le *mundium* sur la veuve; de son côté, la veuve payait une somme appelée *achasium*, proportionnée à la dot, aux héritiers de son premier mari, et, à leur défaut, au fisc, pour acheter la paix de la famille. Quant à la dot et à toutes autres donations faites par le premier mari, elle devait les conserver et les rendre aux enfants du premier lit. *Sic tamen*, dit le titre VII de CAPITA EXTRAVA-

distinction entre les majeurs et les mineurs, et n'a pas reproduit les distinctions et sous-distinctions de la loi romaine des pubères, impubères, mineurs de vingt-cinq ans, etc.

(1) Selon M. Kœnigswarter, les dispositions 405 et suiv. C. Nap., sur le conseil de famille, ont pour type la législation germanique. M. Benech ne peut accepter cette solution, parce qu'il pense que, si un des parents était chargé de la tutelle, la famille n'était point consultée. — Revue de législation, année 1853, t. 1, p. 39.

(2) La loi salique exigeait la présence des parents de la future aux fiançailles.

GANTIA, *ut dotem quam maritus anterior dedit, filii sui post obitum matris, sine ullo consortio sibi vindicent ac defendant, de qua dotem mater nec vendere nec donare præsumat.*

Ce caractère de la vente dans le mariage a été admirablement reproduit par Tacite (1): « Ce n'est pas l'épouse qui apporte une » dot à son époux, dit-il, c'est le mari qui l'apporte à la femme. » Les parents et les proches sont présents; ils jugent si les offres » sont suffisantes. Ces cadeaux de noces n'ont rien qui soit fait » pour flatter la sensualité vaniteuse ou pour relever la parure » de la jeune épouse. Ce sont des bœufs, c'est un coursier avec » son frein, un bouclier avec un glaive et une framée. — Voilà » les auspices sous lesquels l'homme prend sa fiancée; et la » femme, à son tour, apporte quelques armes à son mari : sym- » boles à leurs yeux des liens indestructibles, mystérieuses in- » fluences qui consacrent l'union des époux, divinités qui y pré- » sident. »

Le souvenir de cette tradition primitive se retrouve dans le sou et le denier que le mari continua de donner aux parents de la femme en l'épousant, comme signe du *mundium* qu'il acquérait sur elle et ses enfants. C'est ainsi que Clotilde la Bourguignonne fut achetée par Clovis.

Outre ces présents, la femme recevait de son mari, le matin du jour où elle s'éveillait pour la première fois à ses côtés, le *morgengab, virginis defloratæ pretium*, qui lui appartenait en propre et qu'elle ne partageait point avec ses parents comme la dot.

La femme est sous la puissance du mari quant à sa personne et quant à ses biens, *ut maritus ipse de facultate ipsius mulieris, sicut in eam habet potestatem, ita et de rebus suis habeat. — Flagellando uxorem... propter immoderatam corruptionem* (2).

(1) Germ., 18.
(2) L. Burgund., add. I, c. 13.

Le mari administrait donc la dot de la femme; en cas de décès de leur mère, les enfants y avaient droit, ainsi que l'attestent les formules de Marculfe et un capitulaire de Clovis. *Si quæ mulier vidua post mortem mariti sui ad alterum se dare voluerit... sic tamen ut dotem quam anterior maritus dedit, filii sui post obitum matris sine ullo consortio sibi vindicent.*

Quand la femme mourait sans enfants, ou quand elle leur survivait, on se demandait si la dot appartenait aux héritiers de la femme. Il fut décidé en dernier lieu qu'elle serait partagée entre le mari et les héritiers de la femme, ou entre la femme et les héritiers du mari (1). Dans tous les cas, lorsque des conventions avaient été faites, il fallait les exécuter, et si le mari avait imprimé à la dot le caractère de gain de survie, les héritiers de la femme, quels qu'ils fussent, n'y pouvaient rien prétendre (2).

Lorsque le mari n'avait pas constitué de *morgengab*, la femme avait droit à une part dans les biens qu'il acquérait. C'est par application de ce principe que la fortune du roi Dagobert fut partagée entre ses enfants, et la troisième partie des conquêts faits pendant le mariage avec Nantilde fut réservée à cette dernière. Chez les Francs Ripuaires, la femme avait le tiers des conquêts à défaut de *morgengab* constitué. Un capitulaire de Louis le Pieux établit une proportion analogue, et Frodoard raconte que le roi Raoul, ayant donné aux églises tous ses biens pour le recouvrement de sa santé, avait réservé la part de sa femme, et il ajoute : *Ubi per uxoris partem intelligit tertiam partem collaborationis quam uxores defunctorum post obitum maritorum accipiebant ex lege Ludovici Pii.*

La solidarité établie entre tous les membres de la famille créait en leur faveur un droit éventuel aux biens possédés par le *mundowald ;* aussi leur consentement était-il nécessaire pour la

(1) Chilperici edictum, 4 ; Pertz, Monument., t. IV, p. 10.

(2) *V.* Pardessus, loi salique, 13e dissert., p. 683 et suiv. — *V.* encore M. Laferrière, Hist. du droit français, t. 3, p. 161 et suiv.

transmission de propriété, à quelque titre que ce fût, vente, échange ou donation. La vente ne devait avoir lieu qu'en cas de nécessité, et encore existait-il un droit de préemption au profit des héritiers légitimes. C'était un dédommagement pour toutes les charges de famille : la vengeance mutuelle, le payement des amendes encourues par un des membres de l'association, la protection de ceux qui ne pouvaient se défendre eux-mêmes. Voici en quels termes M. Lehuerou (1) trace les règles de la propriété germanique : « Longtemps après que la terre fut devenue une » propriété transmissible par vente, donation, succession et » hérédité, elle resta comme suspendue entre deux principes, » entre deux tendances contraires qui se la disputaient. Elle tou- » chait d'un côté à l'époque où elle appartenait à tout le monde, » et d'un autre à celle où elle n'appartiendra plus qu'à un seul ; » mais elle avait cessé d'être commune sans devenir pour cela » une chose individuelle. Dans cette ère de transition qui lie le » régime actuel de la propriété à celui où l'histoire nous la montre » au berceau des nations germaniques, il n'y avait point de biens » personnels, il n'y avait que des biens de famille. Tous les » membres de la famille, sur toutes les branches, à tous les » nœuds de l'arbre généalogique, étaient copropriétaires à des » degrés différents, mais en réalité au même titre. »

L'ensemble du patrimoine du défunt, que la loi salique appelle *alodis* (2), appartenait aux héritiers reconnus par la loi, sans qu'il fût possible de les en priver par des dispositions testamentaires. *Hæredes successoresque sui cuique liberi, et nullum testamentum*, dit Tacite ; *si liberi non sunt, proximi gradus in successione, fratres, patrici, avunculi*. Cependant, à défaut d'héritiers légitimes et en dehors des prescriptions des lois salique et ripuaire, il s'introduisit d'abord l'usage d'une donation à cause de mort (*afatomia*), entourée de nombreuses formalités.

(1) Histoire des institutions carlovingiennes, t. 2, p. 52.
(2) *V.* M. Pardessus, loi salique, 14e dissert., p. 692 et suiv.

Cet usage se développa sous l'influence des formules de Marculfe et des Capitulaires; mais le principe resta toujours le même, le père ne put déshériter ses enfants même au profit de l'Église.

La succession était déférée en première ligne aux enfants, et il est à croire que chez les Francs Saliens et les Francs Ripuaires il n'y avait point de privilége de masculinité, comme chez les Burgondes et les Thuringiens; ou du moins, si ce privilége existait dans le principe, il disparut sous l'influence des mœurs, car rien n'indique dans la loi salique l'exclusion des femmes au profit des mâles. Il y a même mieux : c'est que le texte qui accorde la préférence aux hommes pour la *terra salica*, appelée ailleurs *hæreditas aviatica*, procède par les termes restrictifs *sed vero*, qui indiquent la modification d'une règle générale. Voici, du reste, le passage qui a donné lieu à tant de difficultés : *De terra vero salica nulla portio hæreditatis mulieri veniat, sed ad virilem sexum tota terra hæreditatis perveniat* (1).

Il serait difficile de dire si, dans le principe, la *terra salica* comprenait tous les immeubles; mais, depuis l'établissement des Francs en Gaule, je serais fort porté à croire que cette expression, qui a pour synonyme, dans la loi des Ripuaires, *terra aviatica*, ne s'appliquait qu'aux propres, c'est-à-dire aux biens paternels et maternels, par opposition aux biens advenus à tout autre titre et appelés acquêts (2).

Ainsi l'ensemble du patrimoine (*alodis*) d'un défunt se divisait en biens propres, *terra salica*, *aviatica*, dont les femmes étaient exclues, et en acquêts, au partage desquels, meubles ou immeubles, elles étaient admises. Mais, dans le cas même où les femmes se trouvaient exclues, il n'est guère probable qu'elles le fussent indéfiniment; il devait y avoir une restriction analogue

(1) § 6, tit. LXII, *lex salica*. — *V.* Pardessus, 14ᵉ dissert., loi salique, p. 704 et suiv.

(2) C'est l'opinion de Mably, de de Laurière, d'Heinneccnia, de M. Eichorn.

à celle portée par la loi des Thuringiens, la plus défavorable aux femmes, et qui cependant fixait le sixième degré comme limite à laquelle les immeubles passaient *à lancea ad fusum*. Chez les Francs, je supposerais volontiers que, comme chez les Bourguignons et les Bavarois, les filles n'étaient exclues que par leurs frères, et qu'elles étaient préférées aux collatéraux.

L'influence du droit romain et du droit canonique apporta dans les mœurs de graves modifications aux principes rigoureux, et les formules de Marculfe nous présentent tous les moyens employés par le père pour rendre à ses filles leurs droits naturels. Les Capitulaires, imbus des mêmes idées, furent favorables aux femmes; et désormais l'ancien usage sera qualifié de *diuturna sed impia consuetudo*.

C'est en s'appuyant sur l'exception apportée aux règles des successions que fut admise la maxime de notre vieux droit public : *La couronne ne tombe pas en quenouille;* principe tellement consacré par l'usage, que les rois ne tentèrent même pas d'appeler leurs filles au trône, comme ils auraient eu le droit de les appeler au partage de la terre salique. Chilpéric, ayant deux filles, répondait aux envoyés de Childebert : « Puisque je n'ai pas de » postérité, le roi votre maître, fils de mon frère, doit être mon » seul héritier. » Ainsi encore Clotilde ne figura pas au partage de la succession de Clovis son père, et son époux ne réclama pas. Des femmes régnèrent pour des enfants au berceau, témoin les régences *mâles, hardies et insolentes* de Frédégonde et de Brunehaut; mais jamais en leur propre nom. Ce ne fut que longtemps après l'établissement de cet usage, consacré par les faits, que les légistes eurent la pensée de l'appuyer sur un texte de la loi salique, étranger à ce point de droit public.

La loi appelant en première ligne les enfants à la succession, les petits-enfants en étaient implicitement exclus : cette rigueur du droit se maintint jusqu'en 595, où un édit de Childebert admit le principe de la représentation. En seconde ligne venaient ceux qui descendaient avec le défunt de la souche la plus proche, tels que le père, la mère du défunt, les frères, sœurs et neveux. Au troisième rang étaient placés les grand-père et grand'mère du défunt. Dans chacune de ces catégories ou *parentèles*, le plus proche en degré excluait les autres.

La copropriété (*condominium*) que les parents avaient sur les biens de la famille engendrant au profit des enfants un droit dont le père ne pouvait les priver, ils ne faisaient, après la mort du chef de famille, que continuer sa possession et sa propriété; l'adition d'hérédité était inutile; ils étaient *saisis* de plein droit : *Et si liberi non sunt*, dit Tacite, *proximus gradus* IN POSSESSIONE, *fratres, patrui, avunculi*. La condition essentielle pour obtenir cette saisine (*gewer*) était de se trouver dans la famille (1). Plus tard, ce droit fut étendu au profit de ceux qui recevaient les donations à cause de mort connues sous les noms de *affatomia, adfatimire, thinx, garathinx*, et qui remplaçaient les testaments. La volonté du père aurait-elle eu le même effet au profit d'un enfant naturel? l'aurait-elle rendu habile à lui succéder? Aucun texte ne résout la question, mais l'affirmative peut s'induire de la formule 47 dans l'appendice de Marculfe.

L'égalité dans les partages est le principe qui domine toutes les successions. L'usage avait cependant introduit quelques ex-

(1) M. Kœnigswarter voit dans le *gewer* l'origine de l'article 724, cod. Nap. — M. Benech repousse cette opinion, par la raison que, si la copropriété germanique avait engendré une institution analogue à la saisine, elle avait disparu dans les premiers temps de la féodalité, où le suzerain était censé seul et unique propriétaire. C'est pour éviter le payement des droits féodaux que les légistes français créèrent la maxime *le mort saisit le vif*; elle prévalait donc *indépendamment* de son caractère germanique, et elle renaissait par des causes étrangères à son origine. — Quoique ces deux opinions soient moins opposées entre elles qu'elles ne le paraissent au premier abord, cependant l'avis de M. Benech me semble plus vrai; car, pour trouver dans une législation l'origine d'une disposition actuellement en vigueur, il faut pouvoir suivre l'institution sans interruption, modifiée ou non, depuis le droit auquel on la rattache jusqu'à nos jours.

ceptions : ainsi la fille ne rapportait pas les cadeaux de noces faits par son père, ni le fils le don à lui fait dans la fête de famille appelée la première coupe de cheveux, *capillatoriæ* (1). — A côté de cette dispense légale de rapport, il pouvait y en avoir une prononcée formellement par le père; nous en ignorons les limites.

Le système de la réserve ou de la légitime resta longtemps ignoré; mais, lorsque l'influence de la législation romaine eut consacré l'usage des testaments, l'introduction de la *Falcidie* en fut la conséquence : plusieurs donations à cause de mort ou testaments (2) en fournissent la preuve.

Enfin la renonciation à la succession paraît avoir été admise au profit des héritiers dans la législation germanique, et le titre XLIII de la loi salique, *de eo qui se de parentilla tollere vult*, autorise à penser qu'elle était en vigueur chez les Francs, surtout si l'on remarque que le § Ier de la loi des Ripuaires déclarait obligé à toutes les dettes l'héritier qui prenait un objet dans la succession, ne fût-il que de la valeur d'un sou.

II. *Droit pénal.* — Chez les Francs, les actes illicites donnaient lieu à une action dont le but était un *weregeldum* ou *compositio*, peine pécuniaire qui garantissait l'intérêt privé sans que le magistrat intervînt dans un intérêt social. Ainsi, dès qu'une transaction était faite entre l'offenseur et l'offensé, toute action était éteinte, et le magistrat perdait le droit de poursuivre. Mais l'offenseur ne pouvait forcer l'offensé à recevoir une composition ; si celui-ci la refusait, l'offenseur qui ne se croyait pas en état de soutenir la guerre privée n'avait d'autre ressource que de s'expatrier jusqu'à ce que l'entremise d'amis communs eût produit une réconciliation. C'est ainsi que celui qui avait violé la sépulture d'un mort était exilé, *lege antiqua*, dit le texte, jusqu'à ce qu'il fût entré en composition avec les parents du défunt. C'était là une

(1) *V.* art. 852 C. Nap.
(2) *Diplomata*, 2e édit., t. 1, p. 135, et t. 2, p. 5 et 9.

notable différence avec les autres coutumes germaniques : les unes admettaient la poursuite au nom de la société par des magistrats institués à cet effet; les autres reconnaissaient le droit d'accuser à tout membre de la tribu, lorsque l'offensé gardait le silence.

Quand par suite de vengeance l'une des parties avait été tuée, sa tête était exposée sur un pieu : le meurtrier appelait ainsi l'intervention du juge pour lui rendre compte de sa conduite et se justifier; car le meurtre était licite tant qu'il n'y avait point eu composition, et tant que l'offensé n'avait point renoncé à son droit de vengeance en intentant une demande en justice. Aussi la loi salique punissait-elle celui qui enlevait la tête du vaincu exposée *in palo, sine permissu judicis*, car alors il avait créé contre le meurtrier une présomption de crime. Si, sur un faux rapport, un innocent avait été tué, le dénonciateur payait la moitié de la composition, et le meurtrier était tenu de la totalité pour avoir ajouté foi trop légèrement au calomniateur; ce qui ne lui serait point arrivé s'il eût agi en justice.

M. Pardessus pense que le droit de vengeance étant exclusivement réservé aux barbares *ingénus*, les Romains étaient obligés de se contenter des compositions fixées par la loi. Le *dominus* du lite aurait pu exercer la vengeance ; mais très-probablement il préférait aux chances d'une guerre privée une composition acquise et exigible sans péril.

D'après la loi salique, une part de la composition était attribuée au fisc (*fredum*) (1) : elle semble avoir été, suivant un placité de Clovis de 693, du tiers du total fixé par la loi, et le surplus, formant la part due à l'offensé, prenait le nom de *faida* (2).

Le payement d'une somme d'argent comme punition d'un

(1) En allemand *friede*, *paix*, parce que le magistrat intervenait pour garantir la paix jurée.

(2) Du mot allemand *fehde*, *querelle*, *inimitié*, parce que la composition y mettait fin.

crime commis était un progrès dans la législation; car la vengeance privée fut, dans le principe, la seule réparation connue. L'Eglise favorisa ce progrès en protégeant le coupable contre la vengeance privée et en ne lui donnant plus asile dès que l'offensé avait juré de se contenter d'un *werhgeld*. La paix une fois faite, l'affaire était *civilisée*, toute guerre privée cessait, et l'offensé qui eût voulu exercer sa vengeance eût été lui-même coupable. Un capitulaire de Charlemagne punit dans ce cas le meurtrier par l'amputation du poing, outre le *werhgeld*. Du reste, les dangers et les difficultés de la vengeance individuelle, le taux élevé de la composition, que ne pouvait éviter l'offenseur, déterminèrent facilement l'offensé à opter pour cette voie plus sûre et souvent plus efficace (1).

Sans vouloir entrer dans les détails des différentes compositions, je dois faire remarquer que le taux était plus ou moins élevé, suivant la qualité de l'offensé, quand il s'agissait d'attentats contre la personne : ainsi la composition d'un antrustion du roi était triple de celle accordée à un simple particulier; et c'est avec raison que certains auteurs ont considéré les différentes compositions comme pouvant servir de base pour classer les individus dans l'état social (2).

Un principe qui dominait le payement du *werhgeld* était la solidarité active des parents de l'offensé, qui se partageaient l'indemnité, et la solidarité passive des parents de l'offenseur (*chrenecruda*), qui obligeait les parents du meurtrier de compléter le payement lorsqu'il ne pouvait l'effectuer en entier.

La *chrenecruda* fut abolie par un édit de Childebert II (595), quoiqu'il en soit fait mention dans la loi salique réformée.

Charlemagne fit de louables efforts pour comprimer les suites désastreuses des vengeances privées; il couvrit de sa protection le

(1) Pardessus, loi salique, 12e dissertation, p. 653 et suiv.

(2) M. Guizot, Essai sur l'histoire de France, p. 192 et suiv., élève quelques doutes à cet égard. M. Pardessus, 12e diss., p. 661, le réfute.

payement des compositions (1); et Louis le Débonnaire développa les mêmes principes dans un capitulaire daté de Worms en 829. Mais comment extirper ces usages qui avaient pénétré si profondément dans les mœurs germaines, qu'aujourd'hui encore il en reste quelques traces dans le duel, que le jury ne peut se décider à punir?

La gravité matérielle du crime préoccupait plus le législateur barbare que la criminalité intrinsèque de l'agent. Cependant il ne faut pas dénier à l'imputation morale toute influence sur les lois franques; elles renferment la distinction entre le crime commis volontairement et l'acte involontaire.

Quoique le système des compositions fût la règle générale, néanmoins les barbares n'ignorèrent pas entièrement les peines capitales et les peines corporelles, mais pour quelques crimes seulement qui attaquaient le gouvernement ou la religion (2) : ainsi la loi des Francs punissait de mort le coupable de magie ou de sorcellerie, et la loi des Visigoths, l'esclave qui avait violé la sépulture. La loi salique réformée mettait hors la loi le violateur des sépultures jusqu'à ce qu'il eût payé la composition. L'homme libre était puni de mort quand il avait porté une accusation calomnieuse d'un crime *unde debeat mori;* probablement, dans le principe, il s'agissait seulement du crime de haute trahison.—Le condamné à mort pouvait être racheté par un étranger dont il devenait alors l'esclave.

Enfin le talion fut un progrès dans la pénalité; le législateur s'efforça de donner de la régularité aux représailles, en empêchant que, dans la vengeance, le mal infligé fût plus grand que le mal éprouvé.

Quel chemin encore à parcourir avant d'arriver à un système

(1) Capitul. *Caroli M. anni* 779, c. XXII; *anni* 789, c. LXV; *anni* 802, c. XXXII; *anni* 809, c. XIII.

(2) M. Kœnigswarter développe cette opinion dans la Revue de législation, année 1849, t. 2, p. 370 et suiv.

de pénalité proportionné au trouble moral et au trouble social !

III. *Procédure.*—Les droits de chacun ainsi établis étaient-ils violés ou méconnus, il fallait recourir à l'intervention des magistrats : de là certaines règles de procédure que je vais examiner rapidement, et qui, du reste, tenaient peu de place dans la législation barbare.

La juridiction commune était celle des *mâls*, présidée par le comte ou centenier assisté des rachimbourgs au nombre de sept au moins. Au président du mâl appartenait le droit de diriger les débats, de décider les questions préliminaires ; mais il ne prenait pas part au jugement. La première question, nous l'avons déjà dit, était celle de savoir quelle loi suivaient les parties, afin de choisir des rachimbourgs capables de juger la difficulté. Aussi les Capitulaires et d'autres textes imposent-ils aux comtes l'obligation d'avoir des livres de lois et de veiller à ce que chacun soit jugé suivant sa loi.

Cette question préalable une fois décidée en dernier ressort probablement par le comte, les parties étaient renvoyées devant les rachimbourgs, qui étaient chargés de statuer au fond.

Pour traduire son adversaire devant le mâl, il fallait lui donner un ajournement, *mannire* (1) ; une permission, *lex dominica*, était nécessaire pour la comparution devant le placité royal, ou pour un plaid extraordinaire dont le jour ne pouvait être fixé à l'avance. La non-comparution était punie d'une amende de XV sous; et après plusieurs non-comparutions successives, qui variaient selon les lois, le comte opérait une mainmise sur les biens du défaillant, à moins que celui-ci ne présentât des excuses. Si c'était le demandeur qui faisait défaut, le juge délivrait au défendeur une attestation appelée *solsadia*, parce que la partie avait dû attendre son adversaire jusqu'au coucher du soleil.

La personne devait comparaître elle-même, sauf le cas où le

(1) On trouve aussi avec la même signification : *mallare*, *admallare*, *homallare*, *obmallare*.

roi avait donné une autorisation spéciale de confier la défense à un mandataire (1).

L'ajournement n'était point notifié par des officiers ministériels ; le demandeur, assisté de trois témoins, devait aller trouver l'ajourné, et, en cas d'absence, parler à sa femme ou à quelqu'un de sa maison.

Le demandeur était tenu, dans chaque affaire, d'assigner sa partie adverse jusqu'à quatre fois devant le comte : la première fois avec un délai de sept nuits (2) ; la seconde, de quatorze ; la troisième, de vingt et une ; la quatrième, de quarante-deux. A la quatrième sommation, sa propriété ou son bénéfice était *banni*, et, si elle laissait écouler une année sans comparaître, il fallait demander au roi ce qu'il lui plaisait d'ordonner. D'après la loi salique, il suffisait de deux assignations préalables dans un intervalle de quarante nuits. La troisième se faisait devant le roi dans un délai de quatorze nuits, et à chaque assignation le demandeur devait prendre trois nouveaux témoins (3).

Les rachimbourgs, choisis suivant la loi des parties, rendaient leur jugement, dont l'appel était porté directement devant le roi quand il était attaqué pour violation de la loi. L'exécution de la sentence se traduisait par la restitution de la chose ou l'expropriation du débiteur.

En matière criminelle, il n'y avait point à choisir des rachimbourgs instruits dans telle ou telle loi ; tous les individus ingénus habiles à siéger au mâl, à quelque tribu qu'ils appartinssent, étaient aptes à juger un procès criminel ; ils avaient tous le même intérêt au maintien de l'ordre public. De même l'o-

(1) Formule 21, tit. 1, Marculfe.

(2) Le délai se mesurait par nuits, comme au temps des vieux Germains. (Tacit., Germ., II.) Les phases de la lune, sa figure qui change chaque jour est un indicateur plus sûr que le soleil pour les peuples barbares, et les Germains comptaient par *lunaison*. *V.* Lehuerou, Hist. des instit. carlov., t. 2, p. 376 et suiv.

(3) *Lex salica*, tit. 59.

rigine du coupable ne changeait rien à la nature du fait commis ; il était d'une manière absolue licite ou illicite ; le taux seul de la composition différait. L'assignation avait lieu en la même forme qu'en matière civile, seulement à sept jours pour la première fois, à quatorze jours pour la seconde ; mais, si l'accusé était en état d'arrestation, il n'y avait plus d'ajournement *cum testibus* ; il était amené par la force publique. — Le demandeur et le défendeur devaient chacun fournir des cojurateurs, mais en nombre différent qui variait, pour le demandeur, de cinq à douze ; pour le défendeur, de douze à vingt-cinq, selon l'importance du procès.

Souvent l'accusé était obligé de se justifier par des cojurateurs ou par des épreuves, comme celle de l'eau bouillante ; s'il ne le faisait pas, il était ajourné devant le roi, et, à défaut d'obtempérer à cette assignation, il était mis *extra sermonem regis*, c'est-à-dire proscrit ; nul ne pouvait lui fournir ni asile ni nourriture, pas même sa femme ; sa mort restait impunie ; la loi ne le jugeait plus digne de la protection du roi. Cette proscription ne cessait que par l'exécution de la sentence prononcée contre lui.

Lorsque le plaideur qui avait succombé était mécontent de la sentence, il avait deux moyens de la faire réformer : s'inscrire en faux contre elle (*blasphemare*), ou porter directement appel devant le roi. — Dans le premier cas, le juge procédait à un supplément d'instruction, à moins que le condamné n'eût jeté le gant devant son juge, et alors c'était Dieu lui-même qui décidait en dernier ressort ; si le plaideur succombait, il était condamné pour son fol appel, d'après la loi salique, à une amende de quinze sols au profit de chacun des premiers juges. Les *additions* de Charlemagne lui offrent l'alternative de quinze coups de bâton. — Dans le second cas, l'affaire était portée au tribunal du roi. Mais, pour empêchr l'encombrement des procès, défense fut faite de rien déférer à cette cour avant d'avoir épuisé préalablement la juridiction du comte. Plus tard, on exigea même que le plaideur réclamât jusqu'à trois fois la justice du comte avant de former appel ; et pour éviter toute difficulté, le comte dut tenir un registre (*breve*) des affaires portées à son tribunal, afin de prouver qu'il avait écouté la plainte ou que la cause n'avait pas été portée devant lui. Il n'était pas tenu de venir se défendre en personne; il avait le droit de se faire représenter par des mandataires.

En résumé, la législation barbare, tout en conservant son caractère propre et national, se modifia profondément au contact des Romains et de l'Église. Les changements furent d'abord timidement introduits dans les lois (1); plus tard, la pratique, par ses formules, par ses recueils; les fausses décrétales et les faux Capitulaires, par leur autorité usurpée, apportèrent des changements plus importants dans le droit privé et le droit public, et ils altérèrent, sous certains rapports, la physionomie des lois barbares. Le principe de la personnalité des lois, quoique subsistant encore, reçut de graves atteintes et s'effaça progressivement par la force des choses; le fameux édit de Pistes de Charles le Chauve, de 864, contenait déjà en germe le principe de la réalité des lois. Au moment où l'empire franc va succomber entre les mains faibles et inhabiles des successeurs de Charlemagne, la féodalité est dans les mœurs, et nul ne s'étonnera de la voir passer dans les institutions.

TITRE IV.

ORGANISATION INTÉRIEURE DE L'ÉTAT.

Au moment où les Germains apparaissent en Gaule, la famille n'est point encore absorbée dans l'État; mais la civilisation

(1) Louis le Débonnaire, dans une assemblée tenue à Thionville, ordonna d'appeler désormais LOIS, les Capitulaires, afin de les mieux identifier avec la loi salique qu'ils complétaient.

élargira bientôt les bases de la société. « Les nations germaniques, » a dit M. Lehuerou (1), en étaient arrivées à ce moment solennel » du développement social où la famille va disparaître dans la » cité, tout en conservant encore, au sein d'une association plus » vaste, les traits distinctifs qui en avaient fait jusqu'alors une » sorte d'individualité isolée dans sa sphère, et comme une » monde à part qui ne tournait que sur lui-même. Déjà l'État » est constitué, puisqu'il y a des réunions générales sur la colline » du parlement (2), des délibérations communes, des jugements » publics, des chefs et des magistrats chargés de veiller à la » défense et aux intérêts de tous. Mais la famille est restée ce » qu'elle était, c'est-à-dire un organisme complet, vivant d'une » vie indépendante, ne tenant à l'enveloppe qui le recouvre que » par des liens peu nombreux, mal noués, et qui pourraient se » briser d'un moment à l'autre, sans que l'existence de la famille » en fût compromise ou l'harmonie essentiellement troublée. »

ARTICLE PREMIER.

ORGANISATION POLITIQUE.

Les Francs avaient vécu, dans leurs forêts d'outre-Rhin, sous une espèce de république ; après la conquête, ils considéraient encore cette forme de gouvernement comme la meilleure. Mais les Mérovingiens, qui avaient trouvé sur les champs de bataille les dépouilles des empereurs romains, voulurent s'en parer. Ils s'entourèrent d'officiers, *palatini*, *ministeriales*, et, se posant en successeurs des Césars, ils s'armèrent des terreurs de la législation romaine pour assurer l'inviolabilité de leur personne sacrée.

La royauté n'est plus un don de la fortune, mais un patrimoine qui se transmet, se partage et doit rester inviolable. —

(1) De la famille et de la propriété germanique, Revue bretonne, juin 1842, p. 333.

(2) *Malberg* signifie à lettre colline du parlement.

Ce n'est plus la tribu qui choisit ses magistrats; c'est le roi qui les impose. — Ce n'est plus la nation qui décide et qui vote sur les grandes questions gouvernementales, ce sont les favoris du prince qui forment sa cour. Les leudes restent comme souvenir des institutions germaniques. L'aristocratie militaire essaye d'enchaîner la volonté des rois, et pour elle la royauté n'est qu'un pouvoir consenti, une autorité conditionnelle et dépendante, malgré les formes monarchiques qui l'entourent : de là une rivalité entre l'aristocratie et la royauté, dont les maires du palais profiteront un jour.

Les assemblées des hommes libres, cette grande institution politique de la Germanie disparaît du sol gaulois. Sous Clovis, le *Champ de mars* existe encore, et le *Champ de mai* est institué par Pepin; mais ce ne sont plus des assemblées où tous les hommes libres délibèrent sur les affaires concernant l'intérêt général. Au Champ de mars, le roi soumet les déclarations de guerre sans qu'il soit question de droit civil ou pénal. Au Champ de mai il n'appelle plus que les grands, les évêques, et en 751 le changement de dynastie s'opère sans l'assentiment du peuple, comme, depuis le milieu du VIe siècle, les constitutions du roi ne sont plus approuvées que par les leudes et les grands.

Le rétablissement des assemblées de la nation, édicté dans le capitulaire de 769 par Charlemagne : *Ut ad mallum venire nemo tardet*, reste sans exécution; et lorsque l'édit de Pistes de 864 se termine par ces mots : *Lex fit consensu populi et constitutione regis*, il ne désigne plus que les grands et les évêques, dont le consentement suffit pour la perfection de la loi.

Les Francs, dès les premiers temps de la conquête, eurent des chefs de troupes appelés *duces*, auxquels, suivant les circonstances et d'après la volonté du roi, était confié le gouvernement de certaines contrées, mais sans que le nombre en fût déterminé. Lorsque, vers la fin du IXe siècle, les duchés devinrent héréditaires, ils étaient au nombre de sept, en tête desquels se trouvait le duché de France (1).

La division romaine du territoire en provinces se maintint dans le gouvernement ecclésiastique, mais disparut dans l'ordre civil. Lors de l'invasion, les barbares ne firent point de partage régulier; ils occupèrent la Gaule septentrionale militairement, et les divisions et subdivisions de leurs bandes devinrent la base des institutions locales.

Les anciennes cités, sous le nom de comtés, formèrent une division civile et ecclésiastique (2). Le territoire fut subdivisé en vue des bénéfices concédés par les rois; il y eut dès lors des *pagi majores* et des *pagi minores*. « Le comté, dit M. Guérard (3), qui comprenait d'abord tout le territoire de la cité ou » du diocèse, ne comprit souvent qu'un district de la cité; puis » il s'en forma d'autres aux dépens des anciens, et ces nouveaux comtés ne s'étendaient que sur des cantons ou subdivisions de district. — Enfin, au milieu du bouleversement général » qui précéda la chute de la seconde race, on vit naître des comtés qui ne renfermaient fréquemment qu'une ville, un bourg, » un château. »

Les comtes furent établis non-seulement aux chefs-lieux des cités, mais encore dans des localités moins importantes, qui prirent dès cette époque le nom de châtellenies *(castella)*. Les châtellenies qui n'avaient point de comte particulier étaient soumises à des viguiers ou vicomtes *(vicarii, vice-comites)* investis d'une juridiction inférieure.

Le chef du comté était le *graf* ou *gravion*, autrefois nommé en Germanie par l'assemblée des hommes libres, plus tard

(1) Les six autres étaient les duchés de Bretagne, de Gascogne, de Bourgogne, de Normandie, de Lorraine et d'Aquitaine.

(2) Les anciens auteurs, Grégoire de Tours par exemple, l'appellent *pagus*, pris pour *civitas*, *comitatus*.

(3) Essai sur les divers territ. de la Gaule, p. 53.

par le roi. A la différence de l'administration romaine établie dans les Gaules, le principe de la nouvelle organisation fut la réunion de tous les pouvoirs dans la main du chef : comme le roi dont il était le délégué, le *graf* confondait dans sa personne les pouvoirs militaire, civil, judiciaire et administratif.

Cette multiplicité d'attributions ne permettait pas toujours au comte de présider le *mâl ;* il se faisait alors remplacer par des hommes recommandables, choisis par lui, ou même élus par les hommes libres, et qui, d'après M. Pardessus (1), prenaient le nom de *sagibarons*.

Le comte siégeait à des intervalles peu réguliers ; mais il pouvait tenir ses assises de sept en sept jours. Charlemagne l'obligea à juger au moins une fois par mois. Sur le sol gaulois, tous les hommes libres ne purent, comme autrefois, se rendre au *mâl ;* ce qui était possible à des bandes armées ne l'était plus pour ceux qui se livraient à la vie agricole. Les réunions obligatoires pour tout le monde furent réduites à deux, l'une au printemps, l'autre en automne (2) ; et encore cette nécessité n'exista-t-elle que pour les assises des comtes ; pour toutes les autres, les juges, les parties ou les témoins étaient seuls forcés de s'y rendre.

Le comte ou son suppléant, le sagibaron, ne prenait point part au jugement ; il se bornait à présider les citoyens appelés *rachimbourgs*, qui étaient chargés d'entendre les parties et juger les causes (3). Le tribunal, ainsi composé, jugeait les Romains en leur appliquant les lois romaines, car les barbares avaient respecté leur droit tout en abolissant leur organisation judiciaire (4).

(1) Loi salique, dissert. 9e, p. 574. *V.* p. 572 et 573, les opinions de Pithou et de Eichorn. *V.* aussi Lehuerou, *loc. cit.*, p. 386, qui appuie cette opinion de nouveaux arguments.

(2) Capit. de 755-769-817.

(3) *V.* Mlle de Lezardière, t. VIII, part. III, p. 25 et suiv.

(4) *V.* Pardessus, loi salique, 6e dissert., p. 524, où il combat M. Savigny.

Un comté pouvait être réuni à d'autres, sous la puissance d'un comte, d'un duc ou d'un *marchio*, marquis. Le marquisat n'était autre chose qu'un district militaire, *marche*, situé sur la frontière du royaume, et dont le chef était chargé de faire respecter les limites. Les royaumes formés dans l'intérieur des Gaules avaient leurs marches : ainsi la Bretagne et l'Aquitaine. Il y avait aussi des marches de provinces, comme celles du Poitou, de la Gascogne. Cette division territoriale et irrégulière se trouvait tantôt à l'intérieur, tantôt sur les frontières des Gaules ou de la France.

Les comtés se subdivisaient en *centenies* ou *vicairies* et *décanies*. Les chefs de ces subdivisions, *centeniers* (1), *vicaires*, *dizainiers*, étaient seuls soumis à l'élection du peuple, et conservaient ainsi les traditions des mœurs germaines.

La *centaine* était primitivement une division numérique qui devint sur le sol gaulois une division territoriale, à partir du commencement du IXe siècle, sous Louis le Débonnaire, si l'on en croit M. Guérard, et dès 595, sous Clotaire II, d'après M. Laferrière (2). La *centaine* prenait parfois le nom de *vicairie;* certains auteurs croient la trouver ainsi dénommée dans des chartes de 832 et 834.

La *décanie* ne paraît être qu'une subdivision civile et géographique de la *centaine*. Le dizainier était probablement, dans le principe, un officier inférieur au comte en pouvoirs militaires, judiciaires et administratifs. Plus tard il devint un officier domanial, *decanus*, doyen, attaché au fisc du roi, aux domaines des grands et des monastères ; il était ordinairement choisi parmi les serfs et les colons. Il agissait sous les ordres d'un officier du même

(1) Le centenier est désigné par la loi salique sous le nom de *tunginus*, selon MM. Savigny et Pardessus. M. Guizot applique cette expression au dizainier. *V.* Pardessus, loi salique, 9e dissert., p. 579 et 580.

(2) Hist. du droit français, t. 3, p. 284.

ordre, *major* ou *villicus*, et sa juridiction se restreignait à l'administration du domaine et au recouvrement des redevances. La décanie n'était, à cette époque, qu'une division domaniale et d'ordre privé.

Une division ecclésiastique importante était la paroisse, qui passa plus tard dans l'ordre administratif et qui devint l'origine de nos communes rurales (1).

L'État est divisé en deux zones quant à son organisation intérieure : le nord des Gaules abandonne l'administration romaine; toute la hiérarchie d'officiers impériaux disparaît pour faire place à une division tirée des usages et des coutumes des vainqueurs. Dans le midi, au contraire, le système romain survit à la conquête. Non-seulement les habitants de cette partie de la Gaule conservent leur curie, leurs magistrats municipaux sous les Bourguignons et les Francs; mais, débarrassée de l'oppression des officiers romains, la curie acquiert plus d'indépendance. Les décurions sont affranchis de la solidarité en matière d'impôts, les Francs ne voulant point faire, comme les Romains, du système municipal un mécanisme administratif applicable surtout au recouvrement des impôts. La perception des revenus publics est désormais confiée au comte, soumis à la responsabilité dont étaient déchargées les anciennes curies, et il doit en diriger le montant vers le trésor royal. La répartition se fait à l'aide du cadastre dressé sous les empereurs romains, mais revisé à cause des changements survenus dans les situations personnelles et réelles. Les populations résistent aux opérations des commissaires du cadastre, et Grégoire de Tours s'oppose énergiquement à ce que l'impôt ordonné par le roi Childebert soit levé sur la ville de Tours, prétendant qu'après la mort du roi Clotaire, Charibert, en recevant le serment du peuple, avait promis de ne rien entreprendre contre ses droits; et il ajoute :

(1) *V*. le travail de M. Beugnot sur les paroisses rurales (Revue française, 1839).

« Nous envoyâmes des messagers au roi pour avoir sa décision » sur ce sujet. Mais bientôt nous reçûmes des lettres en forme, » portant que, par respect pour saint Martin, le peuple de » Tours ne serait point soumis au recensement (1). »

Le système électif en vigueur au IVe siècle fut remplacé par le principe d'hérédité proclamé par le droit romain au profit des décurions, principe qui s'alliait si bien aux mœurs gauloises. Le *defensor civitatis*, longtemps étranger à la curie, en fut un des membres; mais cette fonction perdit de son importance quand elle ne fut plus réunie à la dignité épiscopale.

La garantie mutuelle avait été la base des associations diverses qui formaient le caractère propre de la vieille société germaine; elle a passé dans les nouvelles circonscriptions administratives; elle existe entre tous les habitants de chaque canton. Les membres de ces associations sont libres, indépendants; ils se nomment *arimani, herimani, boni homines, prudhommes*. Quelques auteurs (2) pensent que la qualité d'homme libre est aussi désignée par l'expression de *rachimburgi;* d'autres (3), au contraire, sont d'avis qu'il ne faut accorder cette épithète qu'aux hommes libres exerçant les fonctions de juge, et lorsqu'ils étaient appelés au *mâl*.

Indépendamment des rapports personnels qui liaient les barbares, vivant presque toujours épars sur les terres dont ils étaient devenus propriétaires par la conquête ou par la concession de bénéfices, il en était d'autres qui reposaient sur la possession d'une ferme, d'une manse, *mansus*, jointe à une certaine mesure de terre, *huba*. Les habitants placés dans une circonscription comprenant plusieurs dizaines et même un canton tout entier, *confines, commarchani*, avaient la copropriété indivise de tout ce qui n'était pas mis en culture. Proportionnellement à l'étendue de sa

(1) *Greg. Tur.*, IX, 30.
(2) M. Savigny, Hist. du droit romain, t. 3, § 61 et suiv.
(3) M. Pardessus, loi salique, 9e dissert., p. 57 et suiv.

terre, chacun avait les droits de chasse, de parcours, de glandage sur tous les domaines limitrophes, et même dans les forêts communales; chacun pouvait en défricher une partie, la convertir en terre labourée, à la condition de laisser aux autres *commarchissans* une part égale (1).

Lorsque plusieurs manses appartenaient à un seul propriétaire, il en donnait à cultiver soit à des personnes de condition servile, *mansi serviles*, soit à des personnes libres, mais auxquelles il ne faisait qu'une concession précaire, *mansi ingenuiles*. Si la concession était faite à vie ou héréditairement, les concessionnaires étaient dits *mansi vestiti*; ils prenaient le nom de *mansi apsi*, si la concession était révocable.

La grande propriété territoriale entraînait à sa suite des priviléges, par exemple le droit d'immunité. En vertu de ce bénéfice, le propriétaire d'une *villa* pouvait défendre l'entrée sur son territoire à tout officier public, qui devenait incapable d'y exercer aucun acte de juridiction volontaire ou gracieuse. Les habitants de la *villa* étaient sous la juridiction du propriétaire, auquel il fallait s'adresser pour les plaintes à faire ou les réclamations à exercer. Le comte lui-même ne pouvait entrer sur les terres de l'immunité pour poursuivre le coupable qu'après trois sommations consécutives adressées au propriétaire (2).

ARTICLE II.

ORGANISATION ADMINISTRATIVE ET JUDICIAIRE.

Les hommes libres en Germanie n'étaient point soumis au payement des tributs; ils offraient au roi des dons gratuits réputés volontaires, lors de leurs réunions au Champ de mars. Cet usage se continua naturellement sur le sol conquis avec d'autant plus de

(1) L. Burg. 13, *de exortis*.

(2) *Voir*, sur cette question controversée, M. Laferrière, Histoire du droit civil de Rome, t. 3, p. 332.

facilité que les barbares s'emparèrent des biens du fisc et des terres vacantes que le système romain n'avait pas frappées d'impôts.

Les Gallo-Romains ne jouissaient probablement pas du même privilége; ils ne participèrent à la loi d'exemption que par faveur ou par récompense, et à la condition de renoncer à leur nationalité en demandant à vivre sous la loi salique, *francitate uti*. Une charte accordée par Clovis à Euspicius, pour la fondation d'un monastère, est conçue dans cet esprit : « Cessez d'être étranger, » dit la charte, et que les concessions qui vous sont faites vous » tiennent lieu de patrie (1). »

L'Eglise, qui avait été toute-puissante lors de l'avénement de Clovis au trône, perdit au VIe siècle toute son influence. Les rois francs se plaignirent que leurs richesses et leur pouvoir avaient passé entre les mains des évêques. — Chilpéric les persécuta; Dagobert Ier confisqua les biens ecclésiastiques, et Charles-Martel distribua les domaines et même les dignités de l'Église à ses hommes de guerre. Charlemagne restitua aux Eglises les biens que Charles-Martel avait donnés à ses guerriers; il fit des libéralités considérables aux monastères, et la dîme devint une institution civile, tentative essayée déjà sous la première race; toutes les terres, même celles du domaine royal, durent acquitter ce nouvel impôt.

Sous les Mérovingiens, l'Église payait les tributs; seulement des immunités spéciales (2) lui avaient été concédées successivement, et elles étaient devenues si nombreuses, que l'usage s'était établi de la considérer comme affranchie de toutes redevances.

L'impôt, qui primitivement ne portait pas sur les biens des

(1) Capit. 2, a. 803, ch. 2. *Edict. Pist.*, ch. 18.

(2) L'exemption s'appliquait aussi, par des concessions spéciales, aux contributions indirectes qui nous sont connues par le droit de *tonlieu*, *teloneum;* c'était un droit sur les marchandises transportées par terre ou par eau. Il y avait encore des droits de péage sur les ponts et les chemins. *V.* Sur le système général des impôts à cette époque, M. Laferrière, Hist. du dr., t. 3, p. 299 et suiv.

Francs, fut cependant levé dans la suite par les rois, malgré les protestations du peuple; les grands, *optimates*, en furent seuls exemptés avec l'Eglise, dont le privilége était si bien établi que le roi Clotaire fut réduit à l'impuissance par la résistance que fit un seul évêque, *Injuriosus*, au rétablissement de l'impôt. Les luttes étaient continuelles; le peuple, soumis à des charges souvent excessives, se plaignait. Les évêques intervinrent, les conciles s'associèrent même à ces réclamations, et le concile national de Paris, en 615, dénonça assez énergiquement la surcharge des impôts pour qu'un édit de Clotaire II ordonnât la révision des cens injustement (*impiè*) établis.

La royauté en arriva au point d'être en quelque sorte forcée d'abandonner la perception des impôts, et elle en fit la concession aux évêques. C'est ainsi que Dagobert Ier, successeur de Clotaire II, signa un semblable abandon à la métropole de Tours. L'impôt direct devint désormais un cens privé dont la perception fut permise non-seulement aux églises et aux monastères, mais encore aux propriétaires des bénéfices laïques qui avaient des colons ou tenanciers inférieurs. Ce n'est plus qu'en cette dernière qualité que le roi exige dans ses domaines le *census regalis*.

Les revenus du trésor se composaient encore des impôts indirects, des redevances sur les mines; mais ils ne suffisaient plus aux besoins du royaume et aux exigences des leudes. Dagobert, vers la fin de son règne, s'indemnisa des concessions qu'il avait faites en inscrivant sur les tables du fisc la moitié des biens ecclésiastiques.

L'administration romaine, dont les Mérovingiens prétendaient continuer les traditions dans la Gaule barbare, ne produisit que désordre et misère. L'aristocratie, dans sa lutte contre la royauté, visait à l'indépendance, si contraire aux principes du gouvernement impérial, et elle amena la chute d'une royauté qui n'avait pas eu la force d'accomplir la transformation de la société germanique qu'elle avait entreprise.

Sous l'apparence du gouvernement impérial se retrouve le régime primitif des tribus germaniques ; la guerre privée et l'ancien *compagnonnage* d'outre-Rhin se sont implantés sur le sol gaulois. Le service militaire est un lien qui rattache le vassal à son seigneur ; tout homme libre est contraint de marcher quand le chef en a donné le signal. Mais cette obligation est restreinte aux propriétaires ; ceux qui ont moins de trois manses ne doivent plus qu'une contribution qui leur épargne des déplacements onéreux pour leur petite fortune. Les hommes libres qui demeurent auprès du seigneur marchent en personne ; ils doivent tous l'accompagner à l'ost, excepté ceux qu'il désigne pour la garde du château.

Lorsque la patrie était en danger, tout habitant qui recevait l'ordre de marcher devait obéir, sous peine d'être déclaré traître et mis à mort immédiatement.

Les centeniers, dizainiers, comtes qui rendaient la justice, étaient chargés des commandements militaires : la société était encore trop jeune pour séparer les attributions judiciaires et administratives ; ces deux pouvoirs restèrent confondus dans la même main pendant de longues années.

A côté des juridictions publiques existait une juridiction domestique s'étendant sur tous ceux qui dépendaient des seigneurs : conséquence nécessaire de la constitution intérieure de la famille, et du grand principe de la responsabilité légale qui la rattachait à l'organisation politique de la tribu.

Bien plus, la concession royale d'une propriété entraînait le droit de justice sur tous ceux qui vivaient avec le propriétaire, ou qui n'étaient même que momentanément dans sa maison et sous sa sauvegarde. Ces justices privées paraissent avoir été limitées dans leur compétence aux affaires purement civiles, laissant aux justices publiques la connaissance des affaires importantes et des procès criminels.

Une nation turbulente, difficile à discipliner, des institutions locales avec des formes monarchiques, tel est le tableau de la société franque pendant toute la période barbare ; sauf quelques modifications de détail, l'organisation intérieure de l'Etat n'a pas éprouvé dans son ensemble de changements considérables. Cependant quelques historiens ont vanté outre mesure l'administration de Charlemagne et ont beaucoup parlé de l'ordre qu'il aurait rétabli dans ses États. Pour apprécier cette assertion, je ne puis que citer M. Guizot (1). Voici comment il s'exprime : « ... Malgré l'unité, malgré l'activité de sa pensée » et de son pouvoir, le désordre était autour de lui immense, invincible ; il le réprimait un moment sur un point; mais le mal régnait partout où ne parvenait pas sa terrible volonté ; et là où » elle avait passé, il recommençait dès qu'elle s'était éloignée. Il » ne faut pas se laisser tromper par les mots. Ouvrez aujourd'hui » l'almanach royal ; vous pouvez y lire le système de l'administration de la France ; tous les pouvoirs, tous les fonctionnaires, » depuis le dernier échelon jusqu'au plus élevé, y sont indiqués » et classés selon leurs rapports. Et il n'y a point là d'illusion ; » les choses se passent en effet comme elles sont écrites : le livre » est une fidèle image de la réalité ! Il serait facile de construire » pour l'empire de Charlemagne une carte administrative semblable, d'y placer des ducs, des comtes, des vicaires, des » centeniers, des échevins *(scabini)*, et de les distribuer sur le » territoire hiérarchiquement organisés. Mais ce ne serait qu'un » vaste mensonge ; le plus souvent, dans la plupart des lieux, » ces magistratures étaient impuissantes ou désordonnées elles-mêmes. L'effort de Charlemagne pour les instituer et les faire » agir était continuel, mais échouait sans cesse... »

Ces observations devaient précéder les quelques détails que je vais donner sur l'ensemble de ce système administratif.

La concentration du pouvoir dans la main du roi, tel était le but vers lequel convergeaient tous les efforts de Charlemagne ;

(1) Hist. de la civilis. en France, t. 2, p. 278 et suiv.

aussi faut-il distinguer alors le gouvernement local et le gouvernement central.

Dans les provinces, le pouvoir de l'empereur s'exerçait par des agents locaux et permanents, et par des envoyés chargés de surveiller.

Parmi les agents locaux et permanents, il y avait les comtes, les vicaires des comtes, les centeniers. Les ducs, qui commandaient, sous la race mérovingienne, à plusieurs comtés, ont presque disparu sous Charlemagne; ils ont été remplacés par des magistrats nommés par lui; et l'autorité royale, qui a centralisé l'action gouvernementale, n'a plus à redouter les empiétements de ses agents.

Vers la fin du VIIIe siècle, les hommes libres ne remplissent plus les fonctions judiciaires; la justice est rendue au nom de l'empereur; ils sont remplacés par les *scabini*, magistrats permanents.

Ce grand changement ne s'opéra pas d'une manière brusque; Charlemagne l'amena sans secousse. Les hommes libres négligeaient de se rendre aux plaids de justice; on ne leur enleva pas le droit d'y paraître; seulement, pour suppléer à leur incurie, le roi donna aux comtes le droit de nommer des juges royaux, *scabini*, qui pour rendre la justice devaient être sept dans les grandes assemblées, et dont le nombre était abandonné à la volonté du comte pour les plaids ordinaires (1). On vit siéger à côté d'eux des hommes du comté, *pagenses;* mais cette coutume disparut bientôt en présence d'une organisation régulière de la justice.

Les agents locaux ne se bornaient pas à exercer une certaine

(1) *V.* sur les *scabini* M. Savigny, Hist. du moy. âge, t. 1, p. 162. Cet auteur a voulu établir une différence entre les *scabini* et les *rachimburgii.* Ces deux mots sont pris l'un pour l'autre dans les formules de Marculfe; seulement l'institution a pris un nouveau caractère. *V.* Lehuerou, *loc. cit.*, p. 382 et suiv.

juridiction; ils avaient encore pour mission de lever des forces, maintenir l'ordre et percevoir les tributs.

Enfin, les bénéficiers ou vassaux de l'empereur exerçaient presque tous les droits de souveraineté dans l'étendue de leurs terres. Leur position n'a rien de bien déterminé; mais ils étaient certainement les préposés du prince dans la distribution de la justice.

Au-dessus des agents locaux et résidants étaient les *missi dominici*, envoyés temporaires chargés, au nom de l'empereur, d'inspecter la province quatre fois par an, aux mois de janvier, avril, juillet et octobre. Leurs pouvoirs étaient extrêmement étendus : opérer immédiatement les réformes nécessaires dans le service public ou l'administration de la justice; examiner comment la justice avait été rendue; reviser les jugements qui leur paraissaient injustes; hâter la solution des procès pendants; ouvrir à cet effet des plaids extraordinaires, telle était leur mission. A eux et aux comtes étaient réservées les questions graves : ainsi les causes relatives à la propriété des héritages ou à la liberté des citoyens. Toutes les affaires criminelles sans exception étaient enlevées au centenier (1), au viguier ou vicomte. C'était dans ces assises que le *missus*, assisté de tous les prélats, seigneurs, évêques, comtes, vassaux du prince, examinait avec soin la conduite de chaque agent du pouvoir, prononçant des peines sévères contre ceux qui avaient commis des abus ou des prévarications.

Son droit s'étendait jusqu'aux détails minutieux de l'administration : le *missus* se faisait rendre compte des crimes et délits; il indiquait les moyens de répression, punissait souvent lui-même, par exemple, en soumettant à une amende ceux qui ne s'étaient pas rendus avec le comte à l'armée lors de l'appel qui leur était fait. Les seigneurs avaient-ils dispensé les vassaux soumis à leur puissance, par faveur ou par présents, de se rendre au ban? il leur appliquait une amende sévère sous le nom d'*hériban*.

(1) Capit. 810.

En général sa mission consistait à faire sentir à tous la puissance et la protection du souverain.

Son contrôle atteignait même le clergé, non-seulement sous le rapport de la juridiction, qui avait pris à cette époque un accroissement considérable (1), mais encore sous le rapport de la discipline ecclésiastique.

Cependant la juridiction épiscopale, reconnue par le code d'Alaric et les Capitulaires, se maintint malgré l'étendue des pouvoirs attribués aux *missi dominici;* les églises et les monastères continuèrent à jouir des priviléges d'immunité, *emunitas*, que les Capitulaires ordonnaient de respecter.

La justice épiscopale embrassait toutes les causes concernant les intérêts civils des clercs, et le droit carlovingien l'étendit aux délits ecclésiastiques. Pourtant nous ne pouvons considérer encore la juridiction épiscopale comme étant de droit commun; ce résultat ne s'est produit d'une manière positive que plus tard.

L'inspection régulière des *missi*, revêtus de pouvoirs illimités, était un moyen puissant de contenir l'ambition remuante des vassaux qui luttaient pour se séparer du centre de la souveraineté. De cette façon, le gouvernement reliait entre eux les membres de ce corps politique compliqué de tant de parties, divisé par l'intérêt, et qu'une main vigoureuse pouvait seule avoir la force de maîtriser.

D'après un capitulaire de 802, les *missi dominici* avaient des ressorts déterminés, et Louis le Débonnaire avait suivi comme division générale les circonscriptions des provinces ecclésiastiques, qui représentaient les anciennes provinces romaines.

(1) L'apparition des fausses décrétales fut une des causes de l'accroissement de l'autorité des tribunaux ecclésiastiques. — Les Capitulaires, du reste, avaient fait des concessions importantes; aussi un capitulaire de 769, art. 17, et un de 789, art. 37, défendent aux tribunaux séculiers de juger des ecclésiastiques, même en matière criminelle. C'est la conséquence du système général de Charlemagne, qui tendait au développement de l'influence du clergé.

Charles le Chauve, en 853, tenta de réaliser la pensée de centralisation ébauchée par Charlemagne, et il divisa les départements des *missi dominici* en douze régions. Mais l'institution des *missi dominici*, que le génie de Charlemagne avait créée (1) dans l'intérêt de sa puissance, ne pouvait résister à l'état d'affaiblissement du pouvoir royal; elle cessa d'exister au moment où les rois de la deuxième dynastie cessèrent de publier de nouveaux capitulaires, c'est-à-dire vers 888. Le capitulaire de 877, qui rendait les fiefs héréditaires, avait apporté un dérangement fatal pour les rouages du gouvernement. A partir de cette époque, l'unité dans l'administration de la justice devait disparaître, comme elle venait de s'éteindre dans le pouvoir royal.

L'empereur résumait en sa personne toute l'action gouvernementale; à lui venaient aboutir tous les ressorts de la société. Ainsi, en matière de juridiction, il recevait les appels de toutes les justices du royaume; il s'était réservé, en outre, la connaissance personnelle de quelques causes d'ordre public (2); d'autres étaient évoquées à son tribunal en vertu d'un privilége accordé à certaines personnes ou à certaines corporations.

Le gouvernement central était donc le caractère dominant de ce système; son organisation était forte. Les officiers du palais, attachés à la personne de l'empereur, n'avaient point d'influence directe sur l'administration générale (3); il en était autrement de l'apocrisiaire ou chapelain du palais, du comte du palais et du chancelier.

(1) Sous les Mérovingiens, il y avait eu des *missi dominici;* une formule de Marculfe (Lindenbrog, 170) l'atteste; mais Charlemagne seul en fit un ressort régulier de gouvernement.

(2) Toutes les causes du fisc étaient dévolues à la justice du palais. Le capitulaire *de Villis*, art. 57, declare que les serfs eux-mêmes sont admis à réclamer contre leur juge, intendant de la terre fiscale.

(3) On peut citer dans cette catégorie le sénéchal, qui remplaçait l'ancien majordome des Mérovingiens et était loin d'en avoir la puissance. Il était préposé en chef au domaine du prince et à la défense du palais, à

L'apocrisiaire, intendant de toutes les affaires ecclésiastiques, chargé de la discipline du clergé, réglait les différends de tous ceux qui se présentaient au palais pour ces causes. Plusieurs affaires ne pouvaient être jugées que par le roi en personne ; mais l'apocrisiaire décidait préalablement si la question devait être portée à l'audience royale.

Le comte du palais présidait aux affaires séculières et à la distribution de la justice. Il était juge de toutes les contestations légales portées à la cour du roi, soit directement dans les causes des grands et des officiers de la couronne, soit par appel des tribunaux des comtes, et même des assises des *missi dominici*.

Il y avait eu aussi sous la première race des comtes palatins, dont les attributions diminuèrent depuis l'édit de 615 ; ils furent obligés de céder la place aux maires du palais. Mais, sous les Carlovingiens, ces derniers officiers étant simplement préposés à la gestion économique de la maison du roi et exclus de toute participation aux affaires publiques, les comtes recouvrèrent la présidence de la cour supérieure en l'absence du roi.

Outre les appels, le comte palatin était encore chargé de juger, en présence du roi ou hors sa présence, en premier et dernier ressort, les séditions, les révoltes, les résistances par attroupements et à

l'exception des boissons et des fournitures de chevaux, dont le soin appartenait au bouteiller et au connétable.

Le mansionnaire ou maréchal des logis du palais devait prévenir les intendants royaux et les personnes qui, suivant l'antique usage, devaient héberger le prince. — Le camérier était chargé, sous les ordres spéciaux de la reine, de la décoration du palais, des dons annuels des serviteurs et vassaux.

Venaient ensuite le sacellaire ou trésorier, l'économe, quatre veneurs principaux, le gardien de la vaisselle, les gardiens des chiens de chasse, de pelleterie et autres.

Adalard dit que tout ce luxe de la cour avait pour but de rehausser la dignité impériale; il indique le grand nombre de pages et de vassaux qu'entretenaient les seigneurs, et qui montraient par leur concours la puissance de Charlemagne. *V.* Annales du moyen âge, t. VIII, *passim* ; et surtout p. 445 et suiv.

main armée, et en général toutes les causes où la paix publique était intéressée.

Le comte était assisté d'assesseurs, évidemment pris parmi les officiers et les vassaux du roi qui résidaient auprès de lui. Le choix de ces assesseurs paraît avoir été fort arbitraire; les Capitulaires et les diplômes ne nous laissent aucun document qui permette d'assigner à quelles personnes pouvait appartenir la préférence; ils se bornent à nommer des évêques, des comtes, des *optimates*, des *domestici*, des *seniscalci*, des référendaires, des chambellans et d'autres fidèles. Les hauts dignitaires, tels que le sénéchal, le chambellan, le connétable, l'échanson, le référendaire, devaient y avoir leur place marquée, ce qui n'empêchait pas les dignitaires palatins d'un ordre inférieur d'y siéger habituellement.

Lorsque les difficultés n'avaient point été prévues par les lois en vigueur, c'était au prince lui-même qu'il fallait avoir recours. L'apocrisiaire et le comte du palais traduisaient les parties devant lui, ou leur procuraient une audience après en avoir référé au roi.

Le chancelier rédigeait les ordonnances royales, et s'occupait spécialement de l'expédition des actes émanant du prince. Il ne fut pendant longtemps que le chef des scribes et des notaires royaux.

Enfin au-dessus de cette hiérarchie compliquée se plaçaient les assemblées nationales, destinées à sanctionner les décisions prises par le prince, et à leur imprimer le caractère sacré et inviolable attaché à l'expression de la volonté publique. Ces assemblées, nous le savons, n'étaient plus la réunion du peuple tout entier; les grands et les évêques seuls donnaient des avis, sans entraver l'autorité de Charlemagne, car la résolution définitive lui était toujours réservée.

La volonté d'un seul s'imposant à tous, tel est l'unique mobile de ces assemblées telles que nous les représente le tableau tracé

par Hincmar. « Charlemagne le remplit seul, dit M. Guizot (1);
» il est le centre et l'âme de toutes choses : c'est lui qui veut que
» les assemblées se réunissent, qu'elles délibèrent; c'est lui qui
» s'enquiert de l'état du pays, qui propose et sanctionne les
» lois ; en lui résident la volonté et l'impulsion ; c'est de lui que
» tout émane pour revenir à lui. Il n'y a point là de grandes
» libertés nationales, point d'activité vraiment publique; il y a
» un vaste moyen de gouvernement. »

C'est ainsi qu'après avoir partagé son royaume entre ses trois enfants, il convoqua les prélats et les grands (806) pour ratifier son testament qui contenait des dispositions de droit privé à côté des principes de droit public dont il imposa l'observation à sa famille. Le peuple fut consulté pour ce dernier acte, comme il l'avait été pour tous les actes importants du règne.

Charlemagne voulait établir les assemblées d'une manière régulière ; les guerres continuelles qu'il soutint empêchèrent la réalisation de ce projet. Il y en eut encore sous ses successeurs (2); mais quelle différence avec les anciennes réunions des Germains (3) !

A côté des assemblées où se discutaient les grands intérêts de l'Etat, il en était d'autres qui, dans le principe, n'avaient eu pour but que le règlement des intérêts particuliers, et qui, sous les Carlovingiens, prirent une extension nouvelle; de leur sein sortirent des décisions qui formèrent une partie intégrante de la législation : je veux parler des conciles nationaux.

(1) Hist. de la civil., t. 2, p. 288.

(2) Capit., C. calv., 873, art. 8.

(3) Adalard, conseiller de Charlemagne, abbé de Corbie, avait écrit un traité *De ordine palatii*, destiné à faire connaître l'intérieur du gouvernement de Charlemagne, et spécialement des assemblées générales. Ce traité a été perdu; mais, vers la fin du IXe siècle, Hincmar, archevêque de Reims, l'a reproduit en entier dans une instruction écrite à la demande de quelques grands du royaume, qui le consultaient sur des questions relatives au gouvernement de Carloman. M. Guizot la donne dans le t. 2, Hist. de la civil. en France, p. 284 et suiv.

L'Eglise gallicane, si forte lors de l'invasion, s'était affaiblie au contact des barbares; les évêques, devenus possesseurs de bénéfices, leudes du roi, virent leur influence morale disparaître, et au VIIe et au VIIIe siècle l'épiscopat était réduit à l'impuissance.

La seconde dynastie dirigea tous ses efforts vers le rétablissement du pouvoir de l'épiscopat, dans lequel elle voyait la seule chance de régénération sociale. Pepin, en 755, veut qu'il y ait toujours un évêque par cité, suivant l'ancienne organisation, et Charlemagne rétablit les évêques comme magistrats égaux ou même supérieurs aux comtes. C'était créer l'union des puissances temporelle et spirituelle. L'immixtion de l'Eglise dans les affaires temporelles imprima aux conciles nationaux une nouvelle direction. Sous les Mérovingiens, ils s'étaient occupés d'objets concernant l'ordre civil de l'Etat, respectant la séparation des pouvoirs qui était nettement tranchée; le roi approuvait avec ou sans modification les canons des conciles et leur donnait force obligatoire; souvent même c'était sur sa convocation que les évêques se réunissaient; enfin un édit créait la sanction pénale pour l'inobservation des résolutions des conciles. Mais à partir du concile de Soissons, 744, il n'en fut plus ainsi; ces assemblées ne se composèrent plus seulement d'évêques; des grands en firent partie, et la confusion du spirituel et du temporel pénétra dans la législation elle-même. Le grand concile de Mayence, de 813, convoqué par Charlemagne, offre une division assez remarquable des personnes appelées à la délibération; trois sections différentes se partagèrent les affaires : dans la première, les évêques discutaient les dogmes de l'Eglise; dans la seconde, les abbés et moines s'occupaient des règles de la vie monastique; dans la troisième, les comtes et juges traitaient des lois *mondaines*.

Charlemagne avait dépassé le but qu'il se proposait; en voulant combattre l'ambition de ses leudes, il avait créé une nouvelle puissance qui devait bientôt dominer l'Etat.

Il fallait, pour assurer la régularité dans les services publics, un moyen de remplacer l'impôt direct et personnel aboli sous les Mérovingiens ; la confiscation des biens de l'Eglise, opérée par Dagobert, ne pouvait plus se renouveler ; du reste ce moyen eût été contraire à la politique générale. Cependant l'Etat avait besoin de revenus; on parvint à suppléer à l'ancien impôt direct et personnel. Les ressources du trésor public se composèrent : 1° des fruits, revenus des domaines royaux ; 2° des dons gratuits que Charlemagne prescrivait aux grands et aux comtes d'apporter lors des assemblées du Champ de mai ; 3° des services personnels et réels des comtes et possesseurs des bénéfices obligés de fournir des hommes au roi pour le service militaire ; 4° des chevaux et moyens de transport dus au roi et aux magistrats auxquels le droit de *cursus* était conféré; 5° du cens ou redevances que les serfs, colons ou tenanciers payaient au roi comme propriétaire, à titre de redevance privée.

Ajoutez à cela le droit de tonlieu, que percevait le pouvoir central, et le droit de mutation en matière de succession, qui, comme les autres impôts, s'absorbèrent incessamment dans les droits féodaux.

Quel fut le sort de cette organisation gouvernementale? L'administration centrale, que le génie de Charlemagne pouvait seul rendre pratique, ne put survivre à son fondateur. Déjà disloquée sous Louis le Débonnaire et Charles le Chauve, elle marchait de plus en plus vers sa ruine. Aussi voit-on disparaître peu à peu les assemblées générales, les *missi dominici*, tout ce qui, en un mot, formait le gouvernement central. — L'administration locale a seule survécu; les ducs, comtes, vicaires, centeniers, bénéficiers et vassaux continuent à exercer leurs pouvoirs ; ils vont même juqu'à les étendre au préjudice de la royauté.

Chose remarquable ! tous les efforts de Charlemagne n'ont qu'un but, la centralisation; il semble un moment l'atteindre, et il n'arrive qu'au morcellement de la souveraineté et du territoire ! La division administrative des Capitulaires sera la base des divisions de la féodalité, et les grands officiers carlovingiens deviendront les grands feudataires.

Avant Charlemagne, le désordre est partout ; les propriétés, les magistratures changent sans cesse de mains ; point de régularité, point de permanence dans l'Etat, dans les situations, les influences locales. Quarante-six ans de son règne ont eu pour but de les affermir ; mais, en acquérant la stabilité, elles deviennent indépendantes et héréditaires ; elles constituent déjà un des éléments essentiels du régime féodal.

« Rien ne ressemble moins (1) à la féodalité que l'unité sou-
» veraine à laquelle aspirait Charlemagne, et pourtant il en est
» le véritable fondateur ; c'est lui qui, en arrêtant le mouvement
» extérieur de l'invasion, en réprimant jusqu'à un certain point
» le désordre intérieur, a donné aux situations, aux fortunes,
» aux influences locales le temps de prendre vraiment possession
» du territoire et de ses habitants après lui ; son gouvernement
» général a péri comme ses conquêtes, la souveraineté unique
» comme l'empire ; mais, de même que l'empire s'est dissous en
» Etats particuliers qui ont vécu d'une vie forte et durable, de
» même la souveraineté centrale de Charlemagne s'est dissoute
» en une multitude de souverainetés locales qui avaient puisé
» dans sa force et acquis, pour ainsi dire, sous son ombre, les
» conditions de la réalité et de la durée. »

Les moyens mêmes employés pour consolider le gouvernement central conduisaient nécessairement à la constitution de ce nouvel état de choses. Pour se prémunir contre les troubles intérieurs et l'envahissement des ennemis du dehors, il fallait que les plus faibles se missent sous la protection des plus puissants en se recommandant aux comtes ou aux seigneurs. Cette *commendise* prenait sa source dans les vieilles coutumes germaniques, où l'idée de clientèle était un des éléments inhérents à la constitution politique. Celui qui avait besoin de protection recherchait le pa-

(1) Guizot, Hist. de la civil. en France, t. 2, p. 295.

tronage d'un homme puissant auquel il abandonnait ses alleux à titre de recommandation, et des mains duquel il en reprenait la possession à titre de commendise.

Les Capitulaires encouragent ce système de protection, ainsi que le prouve la charte de 806, relative à la division de l'empire. Mais les hommes libres qui reconnaissent un seigneur sont de véritables vassaux, comme le dit le capitulaire de 815, publié par Louis le Débonnaire pour les Espagnols établis au pied des Pyrénées. C'est l'ancienne clientèle germanique transformée en vassalité.

A cette époque, la recommandation est ainsi répartie : les ducs ont la commendise royale ; les comtes tiennent leurs bénéfices directement du roi ou des ducs ; les vassaux inférieurs relèvent des comtes.

Cette hiérarchie est la base du système féodal ; pour l'établir définitivement, il ne fallait plus que la transformation des duchés et comtés en propriété héréditaire. Charles le Chauve compléta l'œuvre de Charlemagne. Désormais la terre est la preuve de la souveraineté ; l'homme soumis au seigneur s'immobilise ; l'empire franc expire ; la féodalité commence.

LIVRE DEUXIÈME.

FÉODALITÉ.

(888 - 1461.)

Le droit va prendre un développement qu'il n'avait pu recevoir pendant la période barbare. Les clercs se jettent dans l'étude des lois de Justinien avec une ardeur que les papes sont souvent obligés de modérer, et le droit romain reçoit au XIIe siècle une extension inconnue jusque-là. Les universités sont remplies d'auditeurs; l'enseignement crée des jurisconsultes. La pratique s'élève à la hauteur de science; les légistes acquièrent autant d'influence dans les régions de la politique que dans le domaine du droit privé; auxiliaires de la royauté, ils deviennent les adversaires acharnés du système féodal, qu'ils parviennent à démolir après d'étranges vicissitudes et de cruels revers.

A mesure que le pouvoir royal reprend un peu de force, les actes législatifs imposés par le roi deviennent plus nombreux et revêtent un caractère plus général. — Lorsque, dans la lutte contre la féodalité, la royauté est parvenue à reconquérir son antique puissance, une pensée d'organisation s'attache aux bases de la société civile, et la grande idée d'unité de législation se manifeste dans les ordonnances, sans pouvoir toutefois encore se réaliser.

La jurisprudence aspire déjà à participer au pouvoir législatif; les parlements, par leurs arrêts, minent la féodalité jusque dans ses fondements. L'administration de la justice tend à l'unité, à la monarchie absolue, et la juridiction des grands seigneurs s'éteint, malgré leurs nombreux efforts, sous la puissance de la justice royale.

Voyons au milieu de quels événements politiques se sont opérés ces grands faits juridiques et sous quelle influence ils se sont accomplis.

TITRE PREMIER.

APERÇU DES PRINCIPAUX FAITS POLITIQUES.

Des symptômes de faiblesse et de division s'étaient manifestés dans l'empire carlovingien du vivant même de son fondateur. Aux causes intérieures, qui amenaient d'une manière irrésistible la séparation des éléments discordants dont ce grand corps était composé, vinrent se joindre des causes extérieures, qui contribuèrent à développer le germe de dissolution : je veux parler des excursions des Normands.

Ces hommes du Nord, originaires de la Cimbrie et de la Scandinavie, qui n'avaient paru sur nos côtes qu'une seule fois sous les Mérovingiens, vers le milieu du VIe siècle, commencèrent leurs terribles descentes sous Charlemagne; mais ils ne pénétrèrent dans l'intérieur du pays que sous Charles le Chauve. En 872, ils avaient occupé Angers, et seize ans après ils mettaient le siége devant Paris. Leurs ravages continuèrent avec tant d'impétuosité, que les ressources ordinaires de l'État ne suffirent plus aux frais de la guerre. Les abbayes avaient été ruinées soit par l'ennemi, soit par les impôts extraordinaires; et c'est à peine si, en 860, Charles le Chauve put réunir trois mille livres employées à soudoyer un corps de Normands contre leurs compatriotes. Les rois de France, trop faibles pour prévenir ou pour repousser ces usurpateurs, furent obligés d'acheter la paix, et Charles le Simple leur abandonna, en 918, une vaste province qu'ils avaient dévastée; elle prit d'eux le nom de Normandie. Rollon, le chef des

Normands, et tous ses sujets, devinrent chrétiens et Français; le royaume fut délivré d'un ennemi terrible et fortifié par une race de braves colons.

Les invasions de ces nouveaux barbares, en rendant l'action du pouvoir nécessaire sur tous les points, favorisèrent puissamment le principe de division qui avait déjà donné naissance à tant de royaumes indépendants : la Germanie, la France, l'Italie, la Bourgogne cisjurane, la Bourgogne transjurane, la Navarre, etc. De là un démembrement universel des États carlovingiens, et par suite une nouvelle organisation politique qui, sous le nom de féodalité, embrassa dans une même chaîne de devoirs réciproques et dans une vaste hiérarchie de suzerains, de vassaux, arrière-vassaux, toutes les classes et tous les individus de l'État, depuis le monarque, suprême seigneur, jusqu'au serf attaché à la glèbe.

La transmission héréditaire des comtés avait consacré l'aliénation du pouvoir royal, et le capitulaire de Quiersy avait déjà préparé l'établissement du nouveau système gouvernemental. Les offices des ducs et des comtes devinrent dès lors de véritables fiefs, qui eurent sous leur mouvance les anciens fiefs territoriaux compris dans le ressort de leur juridiction.

Les comtes, les seigneurs, voilà les véritables héritiers de Charles le Chauve. Effrayé lui-même des concessions qu'il avait consenties, il leur avait défendu de bâtir des châteaux. Vaine défense d'un roi qui a presque abdiqué ses pouvoirs, et qui n'a plus la force de protéger ses sujets! Les courses des barbares sont incessantes; le peuple souffre des ravages que le pouvoir royal ne peut arrêter; il a besoin de défenseurs, il implore la protection des seigneurs, et tous s'unissent pour le salut commun. Mais bientôt ces défenseurs du pays occuperont les défilés des montagnes, les passes des fleuves; ils y dresseront leurs forts, ils s'y maintiendront et contre les barbares et contre le prince qui viendra, mais en vain, tenter de ressaisir un pouvoir qu'il n'abandonne qu'à regret.

Après l'établissement des Normands sur le territoire, les seigneurs conservent l'autorité que les circonstances leur avaient conférée; elle se développe, et sur toutes les frontières s'élèvent les tours des grandes seigneuries féodales. La France retrouve quelque sécurité dans la formation des puissances locales, dans le morcellement de l'empire, dans la destruction de l'unité. S'il existe quelque trace de la centralisation carlovingienne, c'est dans les grands siéges ecclésiastiques, et encore partout le pouvoir féodal limite celui des évêques.

La royauté, absorbée par la puissance des seigneurs, semble s'affaisser sur elle-même; elle ne donne plus de signes de vie que par les concessions de plus en plus énormes qu'elle fait pour gagner les uns et retenir les autres dans le devoir. Les ducs et les comtes lèvent à chaque instant l'étendard de la révolte; ils ne laissent reposer le pouvoir royal que pour se faire la guerre entre eux. Nous sommes en pleine anarchie féodale. Voici comment Richer peint les calamités du xe siècle : « Les grands du royaume, » poussés par une ardente cupidité, se disputaient le pouvoir, » et par tous les moyens augmentaient leurs possessions..... » Acquérir des biens au détriment d'autrui était le but suprême » de chacun, et celui-là seul ne savait point régir son patrimoine » qui n'ajoutait pas au sien celui des autres. De là le changement » de la concorde en discorde universelle; de là les pillages, les » incendies, les invasions (1). »

En 942, l'anarchie était au comble. Le pape Étienne VIII envoya en France un légat pour enjoindre aux seigneurs de cesser la guerre contre le roi Louis d'Outre-mer, et de se soumettre à son autorité, sous peine d'anathème et d'excommunication. Mais la jussion ou menace apostolique fut impuissante. Ce n'est qu'en s'alliant étroitement avec son puissant vassal, le duc de Normandie, que le roi parvint à inspirer de la crainte aux ducs d'Aquitaine et de Bretagne et aux autres possesseurs des grands

(1) Richer, I, ch. IV, t. 1, p. 12.

fiefs, que Richer comprend sous la dénomination de tyrans (1).

L'hérédité des bénéfices avait ruiné la première dynastie, l'hérédité des gouvernements perdit la seconde. Les Héristal, maires du palais, avaient préparé la chute et recueilli l'héritage des Mérovingiens; les ducs de France marchèrent sur leurs traces et obtinrent le même succès.

Hugues Capet, choisi par l'assemblée des grands à défaut d'héritiers directs de Louis V, tout en appuyant sa nouvelle puissance sur un principe certain de droit public (2), n'a point encore la force de rétablir l'autorité royale en France. Le désordre est partout; il a gagné le clergé. Tandis que l'archevêque de Reims, Arnoul, viole les promesses les plus solennelles données par écrit à Hugues Capet, en livrant la ville à Charles, duc de Lorraine, le prétendant; de son côté Adalberon, évêque de Laon, se parjure au profit du roi.

L'aristocratie féodale au xe siècle, c'est le principe de la force qui s'enracine dans la propriété territoriale, l'hérédité et le droit d'aînesse. La souveraineté s'enferme dans chaque grand fief; les droits de guerre et de justice, le privilége de battre monnaie, de donner des lois, d'imposer des tailles, des corvées, des coutumes, se concentrent, à des degrés inégaux, sur plusieurs points du territoire. La royauté a perdu sa suprématie. Quand Hugues Capet réunit son fief à la couronne, le royaume était au pouvoir

(1) Richer, II, ch. 28, t. 1, p. 162. *V.* M. Laferrière, Hist. du droit français, t. 4, p. 25.

(2) La couronne, héréditaire quand il y avait des héritiers directs, devenait élective quand il n'y avait que des collatéraux. M. Laferrière, Hist. du droit franç., t. 4, p. 9 et suiv.

Richer, IV, c. 28, t. 2, p. 180, met dans la bouche de Hugues Capet un discours devant les grands, qui présente ce principe comme incontestable et incontesté : « Si le roi Louis, fils de Lothaire, dit-il, avait en » mourant laissé un fils, c'est lui seul qui aurait le droit de lui succéder; » mais comme il n'existe aucun successeur direct de la race royale, et » que c'est un fait connu de tous, j'ai été choisi par vous, par les autres » seigneurs, par ceux qui étaient le plus élevés dans l'ordre militaire, et, » de votre volonté, je marche à votre tête. »

d'un petit nombre de grands vassaux, tels que les comtes de Flandre, de Champagne, de Toulouse, les ducs de Normandie, de Bourgogne, de Gascogne, et d'autres encore. Aussi la suzeraineté de ces différents fiefs fut presque le seul attribut de la souveraineté du roi de France pendant la féodalité absolue. Les traités conclus entre le roi et certains comtes ou ducs semblaient plutôt inspirés par la politique d'États indépendants que par la nature des relations qui doivent exister entre un monarque et ses sujets.

Pourtant, il faut le reconnaître, le règne de Hugues Capet est le point de départ d'un changement dans les mœurs et la civilisation. « Dans cette mémorable révolution, a dit Montesquieu, tout » se réduisit à deux événements : la famille régnante changea, et » la couronne fut unie à un grand fief. » Et de là des conséquences fécondes : l'union de la couronne à un grand fief donna un nouvel appui au trône ; l'équilibre féodal fut rompu, et la royauté héréditaire, mise hors de tutelle, put songer à constituer un nouvel ordre de choses.

Pendant quelque temps encore, les rois de France seront plus préoccupés de se maintenir et de consolider leur puissance que de prendre part au mouvement considérable qui s'opère dans la nation. Ainsi Philippe Ier restera étranger et indifférent à la conquête de l'Angleterre, que sa jeunesse ne lui permet ni d'empêcher ni de rendre profitable à sa puissance; à la conquête de l'Italie méridionale, l'ouvrage de quelques aventuriers normands; à l'établissement du royaume du Portugal, fondé par un prince du sang à son insu ; enfin à la croisade, qui remue si profondément toute l'Europe et fera éclater tant de beaux faits d'armes.

Les successeurs de Hugues Capet livrèrent un long combat à la féodalité; le progrès de la puissance royale était lent. A l'avénement de Louis VI, en 1108, les villes de Paris, d'Orléans et de Bourges, avec les districts immédiatement adjacents, constituaient la majeure partie du domaine royal. Les seigneurs de Montlhéry et quelques autres des environs de Paris le tenaient en échec ; cependant ce prince, plus actif que ses prédécesseurs, contribua avec efficacité au rétablissement de l'autorité souveraine. Il faut arriver jusqu'en 1180 pour trouver le gouvernement à la hauteur des circonstances. Philippe-Auguste, par l'ascendant de son génie militaire et l'élévation de ses vues, devait rendre à la monarchie française sa splendeur. Il arracha au comte de Flandre le Vermandois, le comté d'Artois ; au roi d'Angleterre, la Normandie, et bientôt le Maine et l'Anjou furent annexés au domaine royal. La conquête du Poitou était réservée à Louis VIII, et la Guienne devait être bientôt réunie aussi à la couronne de France.

C'est au milieu de cette lutte de la royauté contre l'aristocratie féodale qu'un grand événement vint faire diversion aux guerres intestines, donner à l'activité des seigneurs un nouvel élément, et permettre à la royauté de reconquérir une prépondérance perdue depuis longtemps : je veux parler des croisades.

En effet, ce fut alors un spectacle extraordinaire et comme un renversement du monde. On vit subitement les hommes prendre en dégoût tout ce qu'ils avaient aimé, leurs riches châteaux, leurs épouses, leurs enfants ; ils avaient hâte de tout abandonner. La prédication du clergé était inutile ; ils se prêchaient tous les uns les autres, dit un contemporain, de parole et d'exemple. « C'était, » continue-t-il, l'accomplissement du mot de Salomon : Les saute- » relles n'ont point de rois, et elles s'en vont entre elles par bandes. » Grands et petits, seigneurs et vassaux, tous se confondaient dans un enthousiasme commun, tous étaient impatients de combattre les infidèles. Pierre l'Hermite marcha à la tête des premiers, pieds nus, ceint d'une corde ; d'autres suivirent un pauvre chevalier, Gautier *Sans-Avoir*, avec cet élan qui fait faire les grandes choses.

Mais quel changement s'est opéré dans cette première expédition, où la chrétienté, réunie un instant sous un même drapeau, a connu une sorte de patriotisme européen : le seigneur se rapprochant de son vassal, — le vassal s'élevant jusqu'à son seigneur, — la communauté de périls et d'extrêmes misères unissant leurs destinées; — loin de ses vieilles tours féodales, le comte oubliant sa morgue orgueilleuse; — le riche, au milieu de pays inhospitaliers, comprenant le prix de l'hospitalité. Les sentiments d'humanité, de charité et d'égalité chrétiennes se sont développés au milieu des combats livrés pour le triomphe d'une religion de paix et d'amour. — Le jour où, sans distinction d'hommes libres et de serfs, les puissants appelèrent *nos pauvres* ceux qui suivaient leurs bannières, fut le point de départ d'une ère d'affranchissement.

« Le grand mouvement de la croisade, a dit M. Michelet,
» ayant un instant tiré les hommes de la servitude locale, les
» ayant menés au grand air par l'Europe et l'Asie, ils cherchaient
» Jérusalem, et rencontrèrent la liberté. Cette trompette libéra-
» trice de l'archange que l'on avait cru entendre en l'an 1000,
» elle sonna un siècle plus tard dans la prédication de la croi-
» sade. Au pied de la tour féodale, qui l'opprimait de son ombre,
» le village s'éveilla. Cet homme impitoyable qui ne descendait
» de son nid de vautour que pour dépouiller ses vassaux, les
» arma lui-même, les emmena, vécut avec eux, souffrit avec
» eux; la communauté de misères amollit son cœur. »

De leur côté les peuples pensèrent que l'état de servage auquel ils étaient soumis pouvait bien être contraire à la nature; ils se demandèrent si la suprématie du seigneur n'était pas usurpée, et s'ils n'étaient pas tous égaux. Jusque-là ces idées n'avaient été que confuses; une fois développées, tous les efforts devaient se réunir pour les mettre à exécution.

La royauté, investie d'une suzeraineté trop souvent fictive et nominale, trouva une force inconnue dans son alliance intime avec le sacerdoce, qui avait senti toutes les souffrances du peuple et entrepris d'y porter remède. Elle défendit les faibles et les opprimés; le pouvoir royal prit un caractère de médiation et de protection. C'est ainsi que l'abbé Suger dit dans la Vie de Louis le Gros : « Jeune encore, ce prince se montrait déjà, pour le royaume

» de son père, un défenseur courageux, pourvoyait aux besoins » des églises, et, ce qui avait été trop longtemps négligé, il » veillait à la sûreté des laboureurs, des artisans et des pau» vres (1). » Les villes, tyrannisées par les seigneurs, secouèrent le joug féodal en se déclarant *villes de communes*.

Les révolutions communales datent de là; inspirées par les idées que les croisades avaient fait naître, elles trouvent un point d'appui dans cette royauté féodale qui commence dans les premières années du XIIe siècle, et dont le progrès s'arrêtera au XVe.

Les idées d'affranchissement fermentaient surtout dans les bourgs populeux établis au pied du château et autour des églises. Le grand mouvement partit du centre de la France; l'occasion fut la défense des populations contre les brigandages des seigneurs. « A cette époque, dit Orderic Vital, la commu» nauté populaire fut établie par les évêques, de sorte que les » prêtres accompagnaient le roi aux siéges et aux combats, avec » les bannières de leurs paroisses et tous leurs paroissiens. » Rentrées dans leurs murailles, ces communes voulurent des franchises, des priviléges; les pauvres artisans se privèrent de tout pour les acheter; au nom du droit et de la religion ils les exigèrent, et les obtinrent. Comment les leur refuser? Ne pouvaient-ils pas dire avec le poëte du XIIe siècle : *Nous sommes hommes comme ils sont, nous avons corps et membres comme ils ont, tout autant souffrir nous pouvons, il nous manque le cœur seulement* (2)?

Ce mouvement fut général; amené par la force des choses, il s'accomplit partout sans beaucoup de bruit. Il n'a été remarqué que dans quelques petites villes de l'Oise et de la Somme, qui, placées dans des circonstances moins favorables, partagées entre deux

(1) *Vita Ludov. Crass.*, D. Bouquet, t. X.

(2) Nous sumes homes cum il sunt
Tex membre avum cum il unt
Et altresi granz cor avum,
Et altretant sofrir poüm ;
Ne nus faut fors cuer sulement.
(Wace, roman de Rou, t. 1, p. 306.)

seigneurs laïque et ecclésiastique, furent obligées de s'adresser au roi pour garantir solennellement des concessions souvent violées, et maintenir une liberté précaire achetée au prix de plusieurs siècles de guerres civiles. Ce sont ces villes qui prirent plus particulièrement le nom de communes.

Tous les événements politiques concourent au développement et à l'agrandissement de la monarchie. A l'intérieur, les seigneurs n'inquiètent plus la royauté; la lourde féodalité s'est déracinée de la terre, et, pendant qu'elle court des lointaines aventures, le pouvoir a le temps de se reconstituer. A l'extérieur, les Normands ont cessé d'être redoutables; l'Angleterre les convie à de bien autres expéditions. Le roi seul reste fidèle à la France, et sur les débris de l'aristocratie des barons il établit son pouvoir devenu de jour en jour plus ferme, parce qu'il prend pour point d'appui les libertés populaires.

Une des causes les plus actives de l'accroissement de l'autorité royale fut la création d'une armée permanente. Le service militaire ne pouvait plus être fourni par les barons, guerroyant en terre sainte. Cette circonstance permit à Philippe-Auguste et à ses successeurs d'établir un nouveau système pour la défense du pays : au lieu de vassaux qui ne venaient que sur une convocation expresse, pour retourner dans leurs foyers dès qu'ils avaient acquitté le service militaire, l'armée du roi se recruta d'hommes destinés à composer des compagnies permanentes. Ce n'était rien moins que le bouleversement de tout le système féodal, et la rupture de l'équilibre des pouvoirs établis. Ce fut bien pis encore lorsque St Louis eut une garde qui nuit et jour veillait auprès de sa personne, pour la garantir de toutes surprises contre les perfidies des seigneurs. « *Toutes voies il prit conseil de soi* » *garder*, dit Guillaume de Nangis, *et eslut serjans à mace et* » *bien armés, qui jour et nuit étoient en cure diligente de son* » *corps bien garder.* »

Tout en donnant au roi des forces morales sur le peuple dont il était l'espoir, et en lui permettant de réprimer les séditions à l'aide des forces militaires mises à sa disposition, les croisades produisaient encore un autre résultat non moins important pour la monarchie : l'augmentation de sa puissance territoriale. La mort qui frappait les seigneurs sur les champs de bataille opérait le retour de leurs fiefs au trône; ceux même qui revenaient de leurs expéditions d'outre-mer étaient hors d'état de dégager leurs fiefs, qui devenaient la propriété définitive de ceux à qui ils avaient été donnés en nantissement. Cette vieille aristocratie de la terre se voyait privée des éléments nécessaires pour se soutenir, divisée, morcelée en présence d'un pouvoir unique à qui sa persévérance promettait le triomphe de tous les obstacles.

Du reste, la rapidité des progrès de la royauté sous Philippe-Auguste et son fils avait à peine laissé aux grands vassaux le temps de réfléchir aux changements qui s'opéraient dans leur condition. Autrefois, quelques-uns d'entre eux auraient lutté seuls contre la couronne; maintenant, elle pouvait résister à leur masse conjurée. Comment d'ailleurs réunir dans un sentiment commun des hommes divisés par l'intérêt et des animosités personnelles? La minorité de Louis IX parut cependant favorable pour tenter la restauration des libertés féodales; les comtes de Bretagne, de Champagne, de la Marche et quelques autres levèrent l'étendard de la révolte; mais l'adresse de Blanche détacha de la ligue quelques-uns des conjurés, et sa fermeté fit rentrer les autres dans l'obéissance. Pendant les quinze premières années de ce règne, la lutte se renouvela souvent, mais des humiliations réitérées apprirent enfin aux rebelles que le trône était désormais affermi sur sa base.

Ce fut moins par la force des armes que Louis IX conserva et augmenta l'ascendant du pouvoir, que par la puissance de l'équité et du droit. Ennemi de la féodalité plutôt par raison que par calcul, il en blâme les principes, non pas en tant qu'ils s'opposent à sa puissance, mais surtout en ce qu'ils constituent un système d'oppression digne des temps barbares. Il détruira cette vieille organisation, non plus par des guerres individuelles, comme toutes celles qui embrassent cette période de l'histoire depuis la déposition de Charles le Gros jusqu'à lui, et qui en font une époque essentiellement guerrière, mais par l'influence du droit qu'il veut faire dominer. Les officiers décideront désormais les questions que jadis les champions vidaient en champ clos; aux légistes est réservé le premier rang : leur règne se prépare.

L'esprit de modération et de justice dont saint Louis était animé, son désir d'étendre sa protection aux classes souffrantes, inspirèrent une juste confiance en lui; le peuple respira librement, et c'est avec raison que l'histoire honore le saint roi comme le fondateur des libertés publiques. Grâce à sa protection, les communes acquirent de jour en jour plus d'importance. A l'instar des assemblées qu'il avait trouvées en usage depuis un temps immémorial dans ses nouveaux États du Languedoc, il tenta d'introduire dans l'Ile-de-France les assemblées d'états. En 1256 et 1262, il appelait au conseil des barons des députés de quelques villes. Cinquante ans plus tard environ, la représentation des communes devenait générale dans les provinces royales; Philippe le Bel convoqua les premiers états généraux (1302).

Louis IX avait agrandi le domaine royal en y annexant plusieurs comtés et d'autres fiefs moins importants; mais cet accroissement fut beaucoup plus considérable sous Philippe le Hardi, qui reçut par voie de succession le Poitou, une partie de l'Auvergne et de la Saintonge, et le surplus du grand fief de Toulouse. — Il existe déjà un germe de pouvoir absolu, une tendance vers le despotisme. Le règne de Philippe le Bel en est le développement. Dépourvu de talents militaires et sans vues élevées, il obtint par la dissimulation ce que son prédécesseur avait exigé par la force; ambitieux, violent, égoïste, indifférent pour le bien de ses sujets et l'intérêt général, il n'avait qu'un but, qu'une pensée, l'absolutisme de son autorité. Il s'empara de la ville de Lyon et du territoire adjacent après un siége assez court, et se fit attribuer les comtés d'Angoulême et de la Marche par une sentence que l'on put qualifier de fort rigoureuse, pour ne pas dire injuste.

C'est qu'alors les légistes, qui avaient gouverné l'État au XIIe et au XIIIe siècle, devinrent les tyrans de la France. Ces chevaliers ès lois, les Plasian, les Nogaret, les Marigny, procédaient avec un cruel sang-froid dans leur imitation fausse du droit romain et de la fiscalité impériale. Les Pandectes étaient leur Bible, leur Évangile... Rien ne les troublait dès qu'ils pouvaient répondre *Scriptum est*... Avec des textes, des citations, des falsifications, ils démolirent l'édifice du moyen âge, pontificat, féodalité, chevalerie. Ils brisèrent les priviléges les plus respectés, et, la loi en main, ils justifièrent facilement toutes leurs rigueurs. Poussant les principes jusque dans leurs conséquences les plus éloignées, leur logique était impitoyable; minutieux à l'excès, ils faisaient intervenir le pouvoir royal dans une multitude d'affaires et de détails auxquels sans eux il serait resté complétement étranger.

N'allons pas toutefois condamner ces légistes comme indignes de toute réhabilitation; sur les ruines qu'ils amoncelaient ils ont su réédifier. Ces démolisseurs du moyen âge sont les fondateurs de l'ordre civil des temps modernes. Sur les débris de ce que l'on peut appeler, à juste titre, l'anarchie féodale, s'élève par leurs soins l'unité monarchique; ils couvrent la France d'une vaste hiérarchie d'officiers royaux qui relieront les provinces les plus éloignées à la royauté. Une immense juridiction, représentée par les baillis, sénéchaux, prévôts, verdiers, gruiers, se pose en rivale de la juridiction féodale, et parvient facilement à l'absorber. Puis, au sommet de ce vaste ensemble, siége le conseil des légistes sous le nom de parlement, qui résume en lui toutes les forces de la royauté. Le nouveau pouvoir veut tout régler, tout absorber; il lutte contre le droit ecclésiastique au profit du droit laïque; il veut renverser tout ce qui l'entrave, et lorsque l'autorité morale lui fera défaut, il appellera à lui la bourgeoisie, cette nouvelle puissance inconnue dans les siècles précédents, qui sera le plus rude antagoniste des seigneurs et le plus ferme appui du trône.

Mais l'heure du châtiment a sonné; les légistes, qui ont mis la justice au service de la politique et aux ordres du roi, vont déchoir de la suprématie dont ils étaient fiers. Philippe le Bel meurt; l'aristocratie féodale reparaît. Malheur aux parvenus légistes! les barons retourneront contre eux les armes dont ils ont abusé. Ils seront jugés à leur tour, la loi en main. Le baron leur fera subir les humiliations et les tortures, et, sans respect pour la justice, pour l'humanité, il leur dira à eux aussi : *Scriptum est*... Enguerrand de Marigny, condamné par une commission composée seulement de chevaliers, sera pendu le 30 avril 1315 au gibet de Montfaucon, après une odieuse procédure et sous le coup de la plus absurde accusation (1).

Désormais, la lutte sera incessante entre l'aristocratie féodale et le clergé d'un côté, la royauté et les légistes de l'autre. Chaque parti s'appuiera sur des textes du droit romain, du droit ecclésiastique, des coutumes féodales, falsifiés, dénaturés, souvent même inventés pour les besoins de la cause; et, quel que soit le parti vainqueur, le vaincu sera soumis aux condamnations les plus arbitraires et les plus violentes. Ce triomphe du système, voilà le but qu'il faut atteindre; peu importe les moyens employés.

Mais ce dernier effort de la féodalité contre la royauté reste impuissant; réaction violente de l'esprit local qui veut briser l'unité encore mal affermie, il ne saurait entraîner le peuple, fatigué de l'anarchie et du chaos. On l'a dit avec raison : toute

(1) Sous le même règne, Pierre de Latisly, chancelier de France, et Raoul de Presles, avocat du roi au parlement, sont mis à la torture; Gérard de la Guette, ministre de Philippe le Long, meurt à la question en 1322; Pierre de Fremy, ministre de Charles le Bel, est pendu en 1328.

l'histoire de ce temps est dans le combat à mort du baron et du légiste; mais la victoire était assurée à ce dernier, parce qu'il s'appuyait sur les forces vives du pays, le peuple et la royauté.

Pendant tout le reste de cette période, les guerres étrangères auraient dû absorber toutes les ambitions, détruire toutes les rivalités; malheureusement les scènes tumultueuses de la capitale prouvèrent que les divisions intestines faisaient oublier qu'Édouard était l'ennemi commun. Et cependant les prétentions du roi d'Angleterre à la couronne de France ont soulevé entre les deux nations une guerre plus que séculaire. Des prodiges de valeur viennent rappeler à l'étranger que la France divisée est encore redoutable; par deux fois, il est vrai, la dynastie de Hugues Capet est ébranlée, mais deux fois, par des retours glorieux et inespérés, le trône de nos rois s'affermit, et la nation échappe à l'ignominie d'une domination étrangère.

Un moment la France paraît menacée d'une catastrophe imminente; de sinistres événements semblent présager sa chute sous le fardeau de toutes les calamités qui l'accablent. Elle a perdu, à la bataille de Crécy (1346), ses princes les plus illustres; ses plus nobles chevaliers expirent dans les champs de Poitiers (1356); l'étranger est au cœur du royaume, son roi dans les fers, la capitale révoltée, un prince du sang en armes contre l'autorité souveraine, et, pour comble de désastres, la famine désole le pays pendant plusieurs années. En 1348, la peste étend ses ravages sur la population entière et détruit ceux que la famine et l'épée ont épargnés. — Paris est en proie aux conspirations de Marcel, les provinces aux dévastations des *routiers* ou *malandrins*, les châteaux de Picardie aux ravages de la *Jacquerie;* les paysans, irrités par tous ces maux, indignés de l'insolence et du luxe de leurs seigneurs, se joignent à ces bandes d'aventuriers et se livrent à toutes les horreurs qui accompagnent le soulèvement d'une populace ignorante et exaspérée.

Enfin, les *grandes compagnies* (1), que la paix de Brétigny (1360) avait laissées oisives, dévastent le royaume jusqu'au moment où du Guesclin leur donne un nouvel élément d'activité en les conduisant en Espagne (1366), et parvient ainsi à en purger la France.

Les guerres contre l'Angleterre avaient développé le sentiment de l'honneur national, et ceux même qui, à raison de leur dépendance féodale, étaient obligés de marcher contre leur souverain, ne supportaient pas l'idée de se voir détachés de la monarchie. Les provinces cédées par le traité de Brétigny suppliaient le roi de ne pas les abandonner; d'un autre côté, les enfants des chevaliers morts dans la journée de Poitiers étaient en armes. Un roi qui, sans être naturellement belliqueux, était éminemment sage et populaire, avait remplacé Jean, prince téméraire et fougueux. La victoire se tourna du côté de la France, qui dut son salut à Charles V et à l'épée de du Guesclin. Quelques campagnes suffirent pour enlever aux Anglais la presque totalité de leurs conquêtes, et même une grande partie de leurs possessions primitives en Guienne. Grâce à sa fertilité naturelle et à l'accroissement de sa population, la France recouvrait ses forces avec une étonnante rapidité; sans les calamités du règne de Charles VI, elle eût probablement chassé l'ennemi de son territoire. Mais pendant les quarante années (1380-1422) que Charles VI porta le titre de roi plutôt qu'il n'en exerça l'autorité, la France fut réduite à un état encore plus déplorable que pendant la captivité du roi Jean.

(1) Les grandes compagnies étaient composées de gens de guerre qui s'assemblaient sans être autorisés par le roi; elles élisaient leur chef. Selon le continuateur de Nangis, elles commencèrent à paraître en 1360; il les appelle *filii Belial*, *generatores de variis nationibus*, *non habentes titulum*. Ceux qui les composaient se nommaient aussi les tard-venus, malandrins, routiers, etc. V. Abrégé chronologique de l'hist. de France, par le président Hénault, t. 1, p. 366, édition de Walckenaer.

La démence du monarque, son abandon par ceux-là même qui devaient le plus soutenir sa faiblesse; l'assassinat d'un prince du sang, Louis, duc d'Orléans, dans les rues de Paris (1407); la guerre civile avec toutes ses horreurs, dirigée par le comte d'Armagnac contre le duc de Bourgogne; le massacre de ces deux chefs de faction; la ruine du peuple par des impôts qui ne profitaient qu'à quelques concessionnaires, voilà le tableau navrant que la France présente pendant le règne de Charles VI; enfin, pour mettre le comble au désastre, la bataille d'Azincourt (1415), où l'élite de la chevalerie française succombe, et où les chefs de la faction d'Orléans et les princes du sang royal sont presque tous tués ou faits prisonniers; l'ignominieux traité de Troyes (1420), par lequel le duc de Bourgogne et la reine accordent au roi d'Angleterre Henri V la succession à la couronne de France après la mort de Charles VI, à l'exclusion du Dauphin et de toute la famille royale.

Le jeune Henri VI fut proclamé roi de France et reconnu comme tel par les provinces du Nord, excepté dans quelques forteresses, et par la majeure partie de la Guienne et les états de Bourgogne. Epuisée par les guerres civiles, la France ne pouvait entretenir le peu de troupes qui défendaient les débris de la monarchie. Charles VII vivait à Bourges dans la plus profonde misère. La noblesse, depuis la sanglante défaite d'Azincourt, avait à peine guéri ses blessures, et les quelques secours obtenus péniblement des Ecossais se payaient fort cher. Aussi vit-on le duc de Bedfort, maître de presque toutes les forteresses de la Loire, placer le siége devant Orléans (1428). La prise de cette ville, ouvrait les places du centre de la France à l'ennemi. On assure qu'à ce moment Charles VII, au comble du désespoir, projetait de se retirer dans le Dauphiné. Mais tout à coup paraît une jeune fille guidée par les inspirations de Dieu; par ses discours, par son exemple, elle rassure les défenseurs du trône : le succès couronne ses efforts; la pieuse héroïne chasse les Anglais du territoire, rend le trône à son roi et ne trouve qu'un bûcher pour prix de tant de services !

Jeanne n'a point en vain réveillé l'esprit national. La France reprend cette confiance que de longs revers avaient glacée. Les Anglais sont haïs dans la partie même du royaume qui avait reconnu Henri. Charles VII n'a plus qu'à conduire ses sujets au combat pour secouer le joug étranger. Désormais la France a atteint un degré de force et de puissance tel, qu'elle n'a plus à redouter les attaques de ses ennemis, et la royauté s'établit sur les ruines de l'indépendance féodale, en s'appuyant sur les franchises de la nation.

Délivrée des Anglais, la France sort du chaos, et son gouvernement paraît avec une physionomie nouvelle. L'autorité royale et la juridiction suprême du parlement sont universellement reconnues. Il existe bien encore dans les rangs de la noblesse une insubordination, reste des vieux priviléges féodaux, entretenue surtout par la faiblesse d'une administration qui s'était relâchée pendant les convulsions de la guerre. Quelques séditions éclatent; mais le peuple, fatigué des dissensions civiles, n'aspire qu'à l'établissement d'un gouvernement assez fort pour lui assurer une protection efficace. Charles comprend ce besoin; pour préserver les campagnes du pillage de ces bandes de brigands armés, effroi du pays, il crée les compagnies d'ordonnance, qui deviennent une armée nationale permanente. Pour payer ces troupes, un impôt également permanent, appelé *taille*, est établi; et le peuple l'accepte sans murmurer, puisqu'il est destiné à sa protection.

La féodalité s'en va! C'est qu'aussi les éléments de force qui l'avaient fondée n'existent plus; les rivalités des seigneurs les ont détruits.

Ce qui avait fait la puissance de la féodalité primitive, ce qui lui avait concilié le respect, l'amour même de ceux sur qui elle pesait, c'est qu'elle était profondément naturelle; c'est que la famille seigneuriale, née de la terre, y était enracinée, qu'elle vivait d'une même vie, qu'elle en était pour ainsi dire le *genius loci* (1). « C'est » elle le plus souvent qui avait en quelque sorte fait la terre; » elle y avait bâti ses murs, un asile contre les païens du Nord, » où l'agriculteur pouvait se retirer, ramener ses troupeaux. Les » champs avaient été défrichés, cultivés aussi loin qu'on pouvait » voir la tour. La terre était fille de la seigneurie, et le seigneur » était fils de la terre; il en savait la langue et les usages, il en » connaissait les habitants, il était des leurs. — Son fils grandis- » sait parmi eux, était l'enfant de la contrée. — Le blason d'une » telle famille devait être non-seulement révéré, mais compris » du moindre paysan. Il n'était ordinairement que l'histoire du » pays. Le champ héraldique était visiblement le champ, la terre, » le fief; ces tours étaient celles que les premiers ancêtres avaient » bâties contre les Normands; ces besans, ces têtes de Mores, » étaient un souvenir de la fameuse croisade où le seigneur avait » mené ses hommes, et qui faisait à jamais l'entretien du pays. »

Mais au quinzième siècle les choses ont bien changé de face; les mariages, les héritages, les dons des rois ont tout bouleversé. Les familles féodales, malgré leur intérêt à concentrer les fiefs, ont travaillé elles-mêmes à leur dispersion; séparées par de vieilles haines, elles se sont rarement alliées aux voisins: tout voisin est ennemi; — elles ont plutôt cherché hors du royaume l'alliance du plus lointain étranger. De là des réunions de fiefs bizarres, étranges. Aussi est-il vrai d'ajouter avec l'historien que j'ai déjà cité: « Mêmes blasons au xve siècle, toutes autres fa- » milles. Il serait facile de prendre tous les fiefs de France et de » montrer que la plupart sont alors entre les mains de familles » étrangères, que tous les noms, tous les blasons sont faux. » Anjou n'est pas Anjou; ce ne sont plus les Foulques, les infa- » tigables batailleurs de la lande bretonne; ce ne sont plus les » *Plante-genets*, plantés dans la Loire, transplantés glorieuse-

(1) Michelet, Hist. de France, t. 5, p. 391.

» ment en Normandie, en Aquitaine, en Angleterre. — Bretagne
» n'est pas Bretagne; la race indigène du vieux chef de clan,
» Homenoé, s'est mariée en Capet, et les Capets bretons en
» Montfort, véritable vaisseau de Thésée où toute pièce change
» et le nom subsiste. — Foix n'est plus Foix, la dynastie des
» Phébus, gracieuse, spirituelle, à la béarnaise; ce sont les rudes
» Graillis de Buch, farouches capitaines mêlés de l'âpreté des
» landes et de l'orgueil anglais. »

La nationalité française est constituée; elle s'est formée et développée dans les grandes guerres nationales soutenues pour l'indépendance du territoire et du nom français contre une domination étrangère. La nation est divisée par l'ambition personnelle des seigneurs, partagée en une foule de castes armées les unes contre les autres; pas de pouvoir central pour maintenir tous ces éléments superposés, sans cohésion intime; pas de force supérieure pour les diriger; et pourtant qu'il est grand l'enthousiasme avec lequel, au milieu des dissensions et des trahisons, toutes les classes de la société en France prennent part à la lutte contre l'étranger! Que de patriotisme dans la noblesse féodale, la bourgeoisie, les paysans eux-mêmes!

Voyez Jeanne d'Arc: sortie des rangs du peuple, elle est à son apparition l'objet de la méfiance et de l'inimitié même. Les seigneurs de la cour et les chefs de l'armée sont incrédules quand ils ne sont pas hostiles. Mais elle a pour elle constamment l'appui des soldats et du peuple. La France, humiliée, se relève, et la nation, confiante dans une femme, expulse du territoire les Anglais épouvantés des sortiléges auxquels ils attribuent des succès si extraordinaires. Est-il un événement qui fasse éclater davantage le caractère populaire de cette guerre et le sentiment qui y portait le pays tout entier?

Jusqu'à l'avénement des Valois (1328), le caractère féodal domine en France; la nation française, l'esprit français, le patriotisme français n'existent pas encore. Avec les Valois commence la France proprement dite; dans le cours de leurs guerres, à travers les chances de leurs destinées, pour la première fois, la noblesse, les bourgeois, les paysans ont été réunis par un lien moral, par le lien d'un nom commun, d'un honneur commun, d'un même désir de vaincre l'étranger. L'unité, pour la France de cette époque, résidait dans son nom, dans son honneur national, dans l'existence d'une royauté nationale. C'est en ce sens que la lutte contre les Anglais a puissamment concouru à former la nation française et à relier sous la domination d'un seul tous les gouvernements locaux de la féodalité!

La carte de France se formait encore; le territoire se réglait, s'étendait, s'affermissait. Après l'expulsion des Anglais, presque toutes les anciennes provinces qu'ils avaient occupées devinrent françaises d'une manière définitive, telles que la Normandie, l'Angoumois, le Poitou, la Touraine, etc.

Nous touchons à l'unité; un pas de plus et nous trouverions la France définitivement constituée. Nous avons suivi les différentes phases par lesquelles la royauté a dû passer pour conquérir la prépondérance sur la féodalité; la paix la lui assure. Nous sommes arrivés à la monarchie absolue.

TITRE II.

SOURCES DU DROIT.

Pendant l'anarchie féodale, le droit fut peu cultivé; les monastères conservaient seuls le dépôt de la science; les ecclésiastiques étudiaient les lois romaines, et, à la fin du IXe siècle et au commencement du Xe, parurent des recueils de lois canoniques mélangés de quelques textes romains. Mais le droit romain en lui-même n'était pas encore l'objet d'études sérieuses ; il faut arriver au XIIe siècle pour trouver de l'activité dans la science juridique. L'Italie est le centre de ces grands travaux ; les élèves des universités de Bologne, de Pavie, de Padoue, de Perruggia, etc., vont porter dans les autres parties de l'Europe leur ardent amour pour les recherches juridiques, et la France suit le mouvement général. Les compilations de Justinien deviennent l'objet d'un enseignement dont l'attrait attire dans chaque université un nombre considérable d'élèves.

Le droit national a pour base la coutume, et des jurisconsultes tâchent de monumenter par écrit les usages de leurs provinces pour en faciliter la connaissance pratique. — Les ordonnances des rois, obligatoires pour tout le royaume au XVe siècle, avaient-elles un caractère de généralité pendant les Xe, XIe et même pendant le XIIe siècle? Il est, au moins, permis d'en douter. Le roi, tant qu'il ne fut qu'un grand feudataire, n'avait probablement d'autres droits que ceux qui appartenaient aux autres grands seigneurs ; législateur pour le territoire dont il était le maître, il ne pouvait guère imposer sa volonté aux barons et aux ducs, qui ne reconnaissaient dans son pouvoir qu'une suzeraineté nominale, et devant lesquels il était souvent obligé de s'incliner. — Les actes royaux de cette première partie de la période consistent surtout en chartes, priviléges, franchises octroyés ou stipulés.

Au nombre des sources du droit, il faut encore compter les arrêts ou jugements établissant des règles nouvelles, obligatoires comme la loi, et les arrêts rendant notoires les coutumes établies.

Un troisième élément vient imprimer une impulsion plus vive à la science juridique : ce sont les recherches scientifiques, les travaux des interprètes du droit. Aussi essayerai-je de donner une idée exacte de ce progrès, en traçant l'esquisse des ouvrages écrits sur les coutumes et de l'état de l'enseignement, ce qui me donnera l'occasion de reproduire quelques traits saillants de la vie des principaux jurisconsultes. Ce procédé permettra au lecteur de se rendre compte de la culture du droit, et d'apprécier comment plusieurs règles de notre législation actuelle se sont établies et sont parvenues jusqu'à nous après avoir subi des modifications plus ou moins profondes.

CHAPITRE PREMIER.

DROIT ROMAIN.

Le droit des novelles était le seul connu dans l'empire franc, et encore ne l'était-il que d'après l'*Epitome* de Julien. Le recueil de Justinien ne fut introduit en France qu'à la fin du XIe siècle. Les plus anciens manuscrits du Code et du Digeste connus en France, sont ceux que possède la bibliothèque de Montpellier; ils datent des XIe et XIIe siècles : à partir de cette époque, le droit romain fut considéré comme un type de législation. Ce fait peut s'expliquer par plusieurs causes principales : 1° la création de l'université de Bologne, dans laquelle une grande partie de l'Europe alla puiser ses premières connaissances juridiques; 2° l'établissement d'autres associations constituées dépositaires de la science; 3° l'absence de tout autre recueil de textes propre à servir de base à l'enseignement; 4° le caractère religieux imprimé au droit romain par les derniers empereurs; 5° la rénovation des études littéraires. Aussi, depuis le XIIIe siècle, voit-on le droit romain absorber l'enseignement, et cette législation recevoir une application pratique.

C'est surtout à partir de l'année 1125 (1) que l'étude des lois

(1) Avant *Irnerius*, on peut trouver à Bologne et à Ravenne des traces du droit romain; mais ce n'est que du moment où le protégé de la comtesse Mathilde monta en chaire pour expliquer les lois de Justinien, que les études juridiques prirent une nouvelle direction. Les historiens rattachent généralement cette vive impulsion dans les travaux scientifiques à la découverte d'un manuscrit des Pandectes, contemporain de Justinien, qui aurait été trouvé en 1135 dans la ville d'Amalfi, assiégée

romaines prit une grande importance; on les lisait dans les universités d'Occident, principalement dans les provinces méridionales de la France. Cependant il ne nous est parvenu aucun monument législatif qui ait autorisé l'enseignement du droit romain au XIIe siècle et lui ait donné force de loi. Mais, dans les siècles suivants, de nombreuses ordonnances le supposent depuis longtemps en vigueur : ainsi les lettres de saint Louis, du mois de juin 1230, permettent à l'évêque de Maguelonne de recevoir le serment des professeurs en droit canon et en droit civil de Montpellier; des ordonnances des mois d'avril 1250 et juillet 1254 *confirment* les habitants de Beaucaire et de Carcassonne dans leur usage *ancien* de droit écrit; celles de Philippe le Bel et Louis le Hutin, du 23 mars 1302, art. 59, de juillet 1312, et du 17 mai 1315, constatent le même fait.

Une traduction française des textes du droit romain fut publiée sous saint Louis (1226-1279), et Pierre Desfontaines, un de ses conseillers intimes, établit, dans son livre de la *Royne Blanche*, le parallèle du droit coutumier français avec le droit romain.

Les compilations de Justinien ne furent jamais promulguées en France; unanimement acceptées, elles n'eurent que la force du droit non écrit ou coutumier. Leur autorité doctrinale n'était pas restreinte à telle ou telle province; elle s'étendait sur la partie

et prise d'assaut par Lothaire II, aidé de la flotte des Pisans. Ils ajoutent que ce manuscrit resta à Pise jusqu'en 1406, époque à laquelle les Pisans furent soumis à la domination de Florence, et qu'il fut emporté dans cette dernière ville, où il reçut le nom de Pandectes florentines. La transmission du manuscrit de Pise à Florence est incontestable et incontestée; mais, pour la première partie du récit, il en est autrement. M. Laferrière, Hist. du droit, t. 4, p. 312, admet la version que Sigonius le premier publia au XVIe siècle, sur la foi de la voix publique. M. de Savigny, Hist. du dr. rom. au moyen âge, t. 3. p. 71, le considère comme une fable. D'après Bartole et *Odofredus*, les Pisans auraient possédé ce manuscrit depuis le VIe siècle, et l'auraient reçu directement de Justinien. Ce qu'il y a d'intéressant pour nous, c'est que Pise possédait au XIIe siècle certainement, si ce n'est à une époque encore plus reculée, un manuscrit complet des Pandectes, cité souvent dans le moyen âge sous le nom de *Littera pisana*.

septentrionale comme sur la partie méridionale, toutefois avec une différence : dans les pays du midi, le droit romain, corrigé par les usages nationaux, les doctrines de la religion chrétienne et les arrêts de règlement, formait la coutume générale de la langue d'oc ; — dans les pays du nord, au contraire, il n'était considéré que comme droit supplétif, complément des coutumes de la langue d'oil, et ce n'était qu'accessoirement qu'il était invoqué. Tel est le sens du chapitre 22, livre 2 des Établissements de saint Louis, ainsi conçu : *Quant l'on n'use pas du droict escrit l'on doit avoir recort à la coutume du pays et de la terre.*

ARTICLE PREMIER.

RECUEILS.

Jusqu'à la fin du XIe siècle, les monuments législatifs invoqués et cités dans les actes furent le code de Théodose et les novelles de Justinien, d'après l'*Epitome* de Julien (1). Mais, vers l'année 1150, parut un livre dont les citations étaient empruntées aux collections de Justinien ; je veux parler du recueil de *Petrus.*

§ Ier. — *Petri exceptiones legum romanarum.*

Tel est le titre d'un exposé systématique du droit, et en grande partie du droit romain, composé dans le territoire de Valence (2), L'ouvrage, divisé en quatre livres, traite des personnes, des contrats, des délits et de la procédure. Quoique tracé avec une grande précision par son auteur, cet ordre n'a pas été toujours rigoureusement suivi. On trouve dans le recueil de Petrus quelques dispositions empruntées aux coutumes locales, au droit

(1) *V.* les preuves, M. Laferrière, t. 4, p. 287.

(2) Ce territoire fut soumis d'abord à la domination bourguignonne et conquis plus tard par les Francs.

féodal et au droit ecclésiastique. Il mentionne la distinction des pays de droit écrit et de droit coutumier.

Comme œuvre originale, le livre de *Petrus* mérite une place à part, et doit être considéré comme supérieur aux premiers essais d'Irnerius. Son auteur se distingue par une connaissance approfondie des sources; s'il commet certaines inexactitudes, il les rachète par son talent de mise en œuvre, sa science et sa sagacité.

Petrus énumère les sources auxquelles il a puisé : les Institutes, les Pandectes, le Code et les Novelles; mais, pour ce dernier texte, tout porte à croire qu'il a plutôt suivi l'*Epitome* de Julien que le texte original. Du reste, les lois sont très-rarement copiées; elles sont pour la plupart abrégées et modifiées.

§ II. — *Collection de Justinien.*

Les jurisconsultes du XIIe siècle possédaient les Pandectes, le Code, les Institutes, l'*Epitome* de Julien et le texte primitif des Novelles. Quant aux autres sources du droit romain que nous connaissons aujourd'hui, elles leur étaient complétement inconnues.

I.— Les *Pandectes* étaient dans la main des jurisconsultes dès la fondation de l'école de Bologne; les citations d'Irnerius en sont la preuve; seulement il était d'usage de les diviser en trois parties : la première, appelée *Digestum vetus*, comprenait depuis le livre 1er jusqu'au titre 2 du livre 24 (*De divortiis et repudiis*); la seconde, nommée *Infortiatum*, commençait au titre 2 du livre 24 et allait jusqu'à la fin du livre 38 (*Ad S. C. Tertyllianum*); la dernière, sous le nom de *Digestum novum*, s'étendait du livre 39 jusqu'à la fin (1).

(1) C'est à cette division que Corneille fait allusion quand il dit :

Si vous avez besoin de lois et de rubriques,
Je sais le Code entier avec les authentiques;
Le Digeste nouveau, le vieux, l'Infortiat,
Ce qu'en ont dit Jason, Balde, Accurse, Alciat.

(*Menteur*, acte 1.)

On a beaucoup discuté sur la dénomination et le but de cette division, surtout sur le nom d'*Infortiatum*. — L'explication suivante me semble la plus simple. — Les glossateurs possédaient un manuscrit en trois volumes que le hasard et non l'intelligence du copiste avait divisés. Le Digeste nouveau commençait, au livre 35, tit. 2, dans la loi 82, *ad legem Falcidiam*, aux mots : *tres partes*. Avec cette classification, la seconde partie finissait au milieu d'une phrase; pour ne pas scinder les matières, les jurisconsultes ne firent commencer le Digeste nouveau qu'au titre 39. La partie moyenne des Pandectes reçut alors une augmentation (*infortiare*, augmenter), et on l'appela *Infortiatum*. L'addition forma une subdivision de l'infortiat sous le nom de *Tres partes*.

II. — Le *Code* n'avait existé, dans les premiers temps du moyen âge, qu'à l'état de mutilation (1). Ensuite, quand il fut découvert en entier, les neuf premiers livres furent seuls enseignés, pendant longues années, à l'école de Bologne, peut-être parce que les trois derniers, consacrés au droit public, n'offraient plus d'intérêt pratique.

III. — Les *Novelles* ne furent connues d'abord que par l'*Epitome* de Julien, qui avait servi seul aux différentes compilations rédigées depuis sa confection. Aussi, lorsque plus tard parut une collection comprenant les anciennes traductions données à différentes époques et les novelles écrites originairement en latin, Irnerius soutint-il qu'elle était l'œuvre apocryphe d'un moine. Mais, ayant reconnu ensuite son erreur, il proclama que c'était bien là le texte original et que l'*Epitome* n'était qu'un résumé fait par un jurisconsulte; peut-être est-ce à partir de cette époque que le texte prit le nom d'*Authentique* (2). L'*Epitome* perdit bientôt son importance et finit par tomber dans l'oubli.

(1) Niehbur a trouvé à Peruggia un vieux manuscrit très-remarquable où les constitutions ne sont données que par extrait.

(2) D'après Johannes, les glossateurs désignent par *Authenticum* la collection originale, et par *Novella* le recueil de Julien.

Les manuscrits de cette époque ne portent que 97 novelles, au lieu de 168 que nous connaissons. Les glossateurs ne s'occupaient pas de cette partie de la législation impériale, parce qu'elle n'offrait qu'un intérêt local et ne pouvait servir dans les luttes du barreau.

IV.—Enfin les *Institutes* étaient complètes; leur clarté et leur brièveté ne donnèrent pas lieu à de nombreuses explications.

L'ensemble de ces sources était désigné sous le titre de *Corpus juris*, mais ne formait pas, comme aujourd'hui, un seul volume. Le Digeste en comprenait trois; les neuf premiers livres du Code étaient renfermés dans un quatrième, et le cinquième, appelé *Volumen*, à cause de la diversité des matières, contenait les Institutes, l'Authentique divisé en neuf collations, et enfin les 10e, 11e et 12e livres du Code omis dans l'enseignement, et qui, dans cette collection, portaient le nom de *Tres libri*.

ARTICLE II.

CULTURE DU DROIT.

Tels sont les matériaux sur lesquels travaillèrent ces hommes dont l'intelligente initiative permit d'éclairer la législation nationale à la lumière des principes d'un droit plein de raison et de sagesse (1).

L'école de Bologne se proposa d'étudier le droit romain sous le rapport pratique. *Irnerius*, *Warnerius* ou *Garnerius*, que l'on a décoré du surnom de *lucerna juris*, fut le premier qui ranima l'étude de la législation romaine; il est le fondateur de l'école connue sous le nom de *sommistes* (*summæ*) ou glossateurs (2).

(1) *V.* sur les interprètes du droit romain, Histoire du droit romain, de M. Berriat Saint-Prix, professeur à la faculté de droit de Paris, p. 278 et suivantes.

(2) Ainsi nommés parce que leurs commentaires, originairement très-courts, consistaient dans l'explication d'un mot difficile, sous le nom de *gloses*. Ce mot, qui signifie, chez les grammairiens, expression inintelli-

Ses ouvrages et ceux de ses successeurs, Azon, Martin Gosias, Bulgare, révèlent une connaissance profonde des sources, et un jugement sûr dans la critique des textes. Leurs explications faisaient autorité dans la pratique, et la Somme d'Azon (1), qui se distingue des ouvrages de ses prédécesseurs en ce qu'elle forme un commentaire suivi, indépendant de l'ordre des textes *(apparatus)*, jouissait au palais d'un tel crédit qu'on ne pouvait être juge, dans plusieurs tribunaux, sans l'avoir en sa possession.

§ Ier. — *Universités.*

L'enseignement du droit, si florissant en Italie, languissait en France (2); la célébrité de l'école de Paris se renfermait alors dans la théologie et la philosophie. — Le clergé s'était cependant porté avec enthousiasme vers l'étude des lois romaines; mais l'autorité spirituelle blâmait sa conduite; elle lui reprochait de se passionner pour des intérêts mondains, et, vers le milieu du XIIe siècle, saint Bernard se plaignait « que, dans le palais du pape, » on étudiât plus les lois de Justinien que les lois du Seigneur. » En 1131, le concile de Reims en défendit l'étude aux moines;

gible ou obscure, reçut de l'extension, car on l'appliqua à l'interprétation de cette expression. Plus tard, on désigna sous le nom de glose tout commentaire, même celui qui avait pour objet, non plus seulement les mots du texte mais encore le fond des choses.

(1) On a prétendu qu'Azon avait 10,000 élèves, et qu'il était obligé d'enseigner dans la rue. Ce qui a donné lieu à cette fable, c'est qu'il y avait ce nombre d'écoliers à Bologne, et que ses élèves le prièrent de changer de salle et de transporter son cours dans une autre rue.

(2) Des jurisconsultes français, après avoir étudié en Italie, s'y fixèrent. Ainsi *Bagarot* enseigna à Bologne; il a fait des traités *De dilatoriis exceptionibus*, et *De reprobationibus artium*. Dans la même université, *Jean de Blanasque* ou *de Blanay*, né à Autun en Bourgogne, enseignait le droit. Adonné à la philosophie, ses ouvrages s'en ressentent par l'ordre et la netteté. Il a composé un traité *De actionibus*, un *De ordine judiciorum*, un livre *Variarum quæstionum*. Terrasson, Hist. de la jurisp. rom., p. 596.

des dispenses furent accordées pour Bologne, pour Rome, mais non pour la France. Une décrétale d'Honorius III, de 1220, proscrivit l'enseignement du droit romain à Paris et dans son voisinage, parce qu'il ne faisait pas loi devant les tribunaux.

Dans la France méridionale, cette étude était permise. En 1254, il est vrai, Innocent IV voulut l'interdire en France d'une manière générale; mais cette prohibition, dont les motifs sont inconnus, resta sans effet.

Il est certain qu'en 1180 le droit romain était professé à Paris; à cette époque, *Giraldus Cambrensis* y suivait des cours, et un autre Anglais, *Daniel Merlacus*, parle avec détail des leçons de Pandectes qui s'y faisaient à la même époque. La décrétale d'Honorius est donc importante en ce qu'elle prouve l'existence d'un enseignement qu'elle voulait abolir. Du reste, elle ne prohibait que l'étude exclusive du droit romain, dont il était indispensable de connaître certains principes pour l'interprétation de la législation canonique.

Les cours publics sur le droit romain en France n'ont guère pu commencer avant le XIIe siècle. Sous Charlemagne, Louis le Débonnaire et Charles le Chauve, les érudits cultivaient avec ardeur les arts libéraux (1); mais aucun document ne parle de l'enseignement de la loi romaine. En effet, les quelques recueils puisés dans le droit romain ne pouvaient être la base de leçons suivies; il aurait fallu un certain nombre de monuments législatifs et une richesse de matériaux qui manquaient sous les Carlovingiens. Que dans les monastères et les abbayes la loi romaine ait été étudiée, cela est possible, probable même; mais elle n'a pu devenir sérieusement l'objet des méditations des jurisconsultes qu'au moment où la connaissance des sources s'est propagée en France.

I. — La première école française où le droit romain ait fait l'objet d'un cours spécial est, selon toute apparence, celle de Montpellier, vers 1180. Les dogmes de l'université de Bologne y furent

(1) *V.* à ce sujet M. Laferrière, t. 4, p. 192 et suiv.

apportés peut-être en même temps que les textes de Justinien, par un jurisconsulte originaire de Plaisance, *Placentinus*, obligé de fuir de Bologne pour se soustraire à la colère de *Henri de Baila*, dont il avait réfuté une opinion par de mordants sarcasmes. Après avoir enseigné quelque temps à Montpellier, il retourna dans son pays, et revint ensuite mourir en France (1192). Pendant son premier séjour il composa la *somme* sur le Code et les Institutes, et pendant son second, la somme sur les *Tres libri*, dont il n'acheva qu'une faible partie.

Azon professa pendant dix années à Montpellier, à la suite des troubles qui l'avaient éloigné de l'Italie. Il citait le droit coutumier de la France dans ses leçons, ainsi que le prouve le résumé qui en a été fait par ses élèves de 1191 à 1229 (1).

II.—L'université de Toulouse fut fondée en 1228. L'enseignement du droit commença en 1251, suivant les conjectures de Caseneuve (2), conjectures d'autant plus vraisemblables, que Toulouse était l'une des villes les plus importantes des pays de droit romain. De 1273 à 1281, Accurse, fils de l'auteur de la Grande Glose, y donna des leçons, et à propos de la loi unique au Code *de sententiis*, il trouva un vif et habile contradicteur dans son collègue *Jacobus de Ravanis*, qui avait étudié sous *Odofredus* à Bologne.

III. — Orléans possédait aussi une école de droit. L'histoire en parle pour la première fois en 1236, à propos d'un combat entre les bourgeois et les étudiants, où périrent plusieurs étrangers de distinction. Pierre de Belle-Perche, qui fut successivement conseiller au parlement, chancelier de France, évêque d'Auxerre en 1306, avait enseigné le droit à Orléans vers la fin du XIIe siècle. Bartole reproche aux professeurs de cette université de tenir trop peu de compte des textes, de les détruire souvent

(1) C'est à cette université qu'un siècle plus tard (1318), Pétrarque venait suivre les cours de droit en étudiant volontaire.

(2) *V.* M. Laferrière, t. 4, p. 354.

par la glose, et d'introduire la langue vulgaire à la place de la langue latine dans la science du droit. Jean Faber leur adressait le même blâme; d'autres jurisconsultes critiquaient avec non moins de vigueur la liberté d'interprétation dont l'école d'Orléans usait à l'égard de la loi romaine au XIVe siècle. La glose d'Orléans était si suspecte, que *glossa aurelianensis* était synonyme de fausse interprétation, si j'en crois Pierre de Belle-Perche (1). *Hæc esset*, disait Bartole (2) en rejetant une interprétation, *glossa aurelianensis quæ textum destruit*. Etait-ce un reproche fondé, quand il s'agissait d'un droit purement auxiliaire? Le seul tort de cette école n'était-il pas de vouloir devancer un progrès que l'état de la science ne comportait pas encore? Quoi qu'en aient dit les anciens romanistes, il y avait une tentative heureuse dans cet essai de transaction entre le droit coutumier et le droit romain; mais il était réservé au plus illustre professeur (3) d'Orléans, une des gloires de la France, de faire triompher seulement au XVIIIe siècle la nouvelle méthode.

IV. — Les XIVe et XVe siècles virent naître beaucoup d'autres écoles de droit dont la plupart ont disparu : ainsi Avignon, en 1303; Cahors, en 1332; Angers et Valence, en 1452; Nantes, en 1460. D'autres ont conservé leur existence jusqu'à nos jours : Aix, créée en 1409; Poitiers, en 1431; Caen, en 1452; Rennes, en 1460.

Les actes de fondation de l'université de Poitiers ont cela de remarquable qu'ils distinguent très-nettement la puissance temporelle de la puissance spirituelle (4); elle fut établie par Charles VII et le pape Eugène IV, au moment où l'envahissement de la France par les Anglais avait nécessité la translation du parlement à Poitiers. La bulle de création la considère comme

(1) *Menagiana*, édit. Paris, 1729, p. 177.
(2) *Bartolus*, Comment. ad Instit., tit. *de just. et jure*.
(3) Pothier.
(4) Pasquier, Recherches, p. 894, liv. IX.

destinée à devenir une pépinière de savants : *Illam tanquam locum ad multiplicanda semina... germina salutāria producenda magis accommodare fore comperimus*. Elle eut une grande renommée, et le commentateur de l'ancienne coutume de Bourgogne, Chassannée, assure y avoir vu, sous Louis XII, pendant qu'il y étudiait, plus de quatre mille élèves venus d'Angleterre, d'Allemagne, d'Ecosse, de Flandre et de toutes les parties de la France. — C'est à l'université de Poitiers que se formèrent Brisson, Tiraqueau, Achille de Harlay, Sainte-Marthe, Pasquier. L'oracle du droit coutumier, Dumoulin, vint y terminer ses études juridiques.

§ II. — *Jurisconsultes.*

Les universités françaises (1) avaient subi l'influence de Bologne; des élèves étaient allés y puiser la science pour la rapporter dans leur patrie; des professeurs eux-mêmes étaient venus en France développer leurs doctrines; l'enseignement des glossateurs dominait universellement chez nous comme en Italie. — Voyons quelle direction ces jurisconsultes imprimaient à la science.

1. *Glossateurs.* — Leur école, qui a duré près d'un siècle (de 1178 à 1227), tendait à faire du droit romain une science pratique. L'esprit français s'assimila facilement cette idée, et des efforts inouïs furent tentés dès les XIIe et XIIIe siècles pour faire passer dans la langue vulgaire les lois romaines. De nombreuses traductions furent entreprises; sous Philippe-Auguste, on avait des versions des trois derniers livres du Code et des Novelles; très-anciennement, *Nicolas de l'Escut* et *Gui de la Roche* avaient traduit les Institutes. Cujas, Brodeau, Bouhier, d'Aguesseau, Montesquieu et d'autres savants ont possédé quelques-unes

(1) *V.* sur les universités de Paris, Caen, Angers, Poitiers, Montpellier, Recueil des ordonnances du Louvre, t. 13, préface de *Bréquigny*, p. LIJ.

de ces traductions, et la bibliothèque nationale conserve des manuscrits du XIIIe siècle contenant la traduction du Digeste et du Code. La bibliothèque de Montpellier est dépositaire de deux manuscrits de la même époque, qui sont, l'un la traduction du Code, l'autre celle des Institutes, entreprise par ordre de la reine Blanche et de saint Louis.

Malgré les services que cette école a rendus à la science, de combien de mépris n'a t-elle pas été accablée? Des critiques sérieux n'ont rien ménagé dans leurs imputations, moins grossières pourtant que celles du curé de Meudon. Barbarie de langage, défaut de logique, de tact, de bienséance, de critique, puérilités, inepties, ignorance totale de l'histoire et des antiquités, de la littérature et des notions les plus vulgaires, tel est l'acte terrible d'accusation rédigé contre les disciples d'Irnerius.

Sans doute, la réunion des explications bizarres contenues dans les ouvrages de tous les glossateurs formerait un recueil fort excentrique. Je sais bien que leur latinité n'est pas exempte de tout reproche (1), qu'ils donnent souvent des commentaires inutiles (2), puériles, empreints d'ignorance en histoire et dans les autres sciences (3), qu'enfin ils manquent parfois de bien-

(1) Ils disent *bursa*, une bourse; *corda*, une corde.

(2) Ils remarquent gravement que *uti* est pour *ut*; *etiamsi* pour *quamvis*; *nec* pour *non*, etc.

(3) Si Justinien, dit un glossateur, parle de l'amour inné pour l'étude, c'est qu'il avait été studieux *avant* et après sa naissance.—L'explication de l'origine de la loi des XII Tables est encore plus curieuse. Les Grecs, avant d'accorder aux Romains le droit d'emporter les lois qui devinrent les XII Tables, voulurent s'assurer si ceux-ci étaient dignes de ce bienfait. Ils chargent un sage de leur faire subir un examen; les Romains, voulant sauvegarder l'honneur de la nation tout entière en cas d'insuccès, lui opposent un fou. — Le sage commence la dispute en s'expliquant par signes. Il lève un doigt vers le ciel pour montrer qu'il n'y a qu'*un Dieu*.—Le fou, s'imaginant qu'on veut lui crever un œil, répond qu'il en crèvera deux pour un, et l'annonce en levant deux doigts, et, par un mouvement naturel, il lève en même temps le pouce. — Le sage croit que le fou fait allusion à la sainte Trinité; il riposte en ouvrant la main pour montrer que tout est découvert à Dieu. — Le fou

séance et de tact (1). Mais ceux qui ont traité si sévèrement ces premiers interprètes n'ont-ils pas exagéré la critique en relevant dans chaque glossateur ses défauts particuliers pour les imputer à la masse? ont-ils bien tenu compte du temps où vivaient les glossateurs et de l'état de la science à cette époque? N'était-ce pas déjà un service immense que d'avoir éveillé l'activité dans toutes les branches des connaissances humaines? Doit-on oublier qu'une foule de notions si faciles à acquérir aujourd'hui étaient presque inaccessibles au XIIe siècle?

La glose est l'expression la plus étroite de l'exégèse, je le veux; mais l'enseignement des irnériens s'est développé. A l'aide de sommaires (*summæ*), ils expliquent les titres des livres et les autres divisions des textes; ils tirent des règles générales (*brocarda, brocardi, brocardica*) qui résultent des dispositions législatives; les espèces (*casus*) qu'ils imaginent font ressortir le sens précis des textes; enfin les questions (*quæstiones*) sont soumises à l'examen avec les argumentations destinées à les éclairer. Leurs formulaires de procédure (*ordo judiciarius*) jettent du jour sur les lois qu'ils ont expliquées, et dont souvent ils ont fait une saine et judicieuse critique. Les ouvrages originaux des glossateurs offrent des matériaux précieux encore pour nous, et certains traités, tels que celui de Bulgare (2), *De*

s'imagine qu'on veut lui donner un soufflet; il se met en défense en présentant le poing fermé — Le sage interprète ce signe en ce sens que Dieu tient tout dans sa main, et sur ce il juge les Romains dignes de recevoir les lois.— M. de Savigny pense que la glose sur la l. 2, § 4, *De origine juris*, qui rapporte cette histoire, était une tradition populaire étrangère aux glossateurs. — D'après eux, Jésus-Christ n'était pas né quand Justinien monta sur le trône, ce qui empêcha cet empereur de se servir de l'ère vulgaire.

(1) Du principe qu'il faut faire les lois pour les cas les plus communs, la glose conclut qu'il n'en faut pas faire pour les bonnes femmes, parce qu'elles sont rares, mais bien pour les méchantes, parce qu'elles sont en très-grand nombre.

(2) Une lutte très-vive s'est élevée entre Bulgare et *Martin Gosias*. Ces deux jurisconsultes, à l'exemple de Labéon et de Capiton, avaient

regulis juris, et celui de Placentinus sur les actions, ne sont point à dédaigner. Combien n'aurions-nous pas encore à apprendre dans leurs écrits, si nous avions assez l'amour de la science pour les lire ! Chose remarquable ! celui auprès duquel les glossateurs ont trouvé le plus de justice, c'est Cujas, qui écrivait à une époque où les jurisconsultes appliquaient à la science du droit toutes les connaissances dont étaient dépourvus les premiers interprètes du droit romain. Sachons donc apprécier à leur juste valeur ces hommes dont les nombreux travaux ont enrichi la science, et, pour être moins ingrats envers eux, demandons-nous ce que nous saurions sur l'histoire intérieure du droit romain, si, indépendamment des découvertes modernes, Ulpien et quelques autres jurisconsultes antérieurs à Justinien n'eussent été retrouvés au XVIe siècle.

II. *Accursiens.* — Vers le milieu du XIIIe siècle, le progrès scientifique s'arrête ; plus d'œuvres personnelles, la théorie est négligée ; on n'a qu'un but, se procurer un recueil commode pour les praticiens. Les magistrats et les jurisconsultes vivent sur un passé glorieux, et, exagérant la portée des travaux des glossateurs, ils mettent les anciennes gloses sur la même ligne que les textes eux-mêmes, quand ils ne les préfèrent pas.

formé deux écoles, les bulgariens et les gosiens. Bulgare, auquel est resté le surnom de *Os aureum*, est vanté pour la noblesse de son caractère : ainsi il enseignait que la dot profectice devait revenir au père quand la femme était morte sans enfant, contrairement à l'opinion de Martin et aux arrêts de la jurisprudence. Lorsque sa femme mourut, il mit en pratique les principes qu'il enseignait ; il restitua la dot, que les tribunaux lui eussent certainement permis de garder. — Son élève *Albericus* n'eut pas, dans une occasion semblable, la même délicatesse ; il aima mieux renier ses doctrines que de restituer la dot à son beau-père. — Les historiens racontent une autre anecdote. Un de ses élèves, se promenant avec lui dans la campagne, vit un sanglier pris dans un filet ; il voulut appliquer les principes développés par le maître dans une leçon précédente, et s'emparer de l'animal en vertu du principe que la chose *nullius* appartient *primo occupanti*. Bulgare l'en empêcha en lui disant : *Nous ne craignons pas les lois, mais ayons soin de notre réputation*.

Jusqu'en 1340, la science demeure stationnaire; l'esprit scientifique de l'école de Bologne s'est éteint. La décadence se révèle dans l'ouvrage d'Accurse, qui, sous le nom de *Glossa*, ou *Glossa ordinaria*, a fondé sa célébrité.

Son but était de donner un commentaire complet des œuvres de Justinien, en embrassant toutes les gloses de ses prédécesseurs. Le choix des différentes interprétations pour les textes difficiles exigeait un jugement sûr; il fallait une science bien digérée pour apprécier parmi tant de matériaux ceux qui devaient être mis en œuvre. L'exécution ne repondit pas à la conception du plan. Dépourvu d'esprit de critique, Accurse a entassé dans son recueil toutes les explications bonnes ou mauvaises; il a préféré des jurisconsultes d'un rang secondaire à ceux qu'il aurait dû consulter en première ligne. Aussi est-ce dans cette lourde compilation que se trouvent réunies toutes ces taches qui ont fait porter un jugement sévère sur les glossateurs. Les citations n'ont pas toujours une exactitude parfaite (1), et leur trivialité rend encore plus saillants les défauts des auteurs dans lesquels il a puisé.

Au point de vue historique, Accurse a rendu un grand service, car il nous a conservé des commentaires qui sans lui eussent été entièrement perdus. Mais, pour ses contemporains, la glose méritait moins de retentissement; car on ne peut guère y apprendre l'état des questions théoriques, et le but pratique n'était point atteint, à cause de la diversité des opinions qui y étaient relatées, sans que rien indiquât celle qu'il fallait préférer; de là le plus étrange amalgame de systèmes aussi contradictoires que bizarres.

Cependant la compilation d'Accurse eut un immense succès,

(1) Placentinus, critiquant une novelle de Justinien, dit : *Profecto dicemus esse speciale, vel Justinianum de Letheo fonte potasse.* Accurse traduit ainsi : *Secundum Placentinum Justinianus biberat, et non recordatur de illis legibus.* Ce qui était de l'emphase devient une plate trivialité.

et jamais jurisconsulte ne jouit d'une réputation égale à la sienne. C'est que la glose, qui embrassait, du reste, le corps de droit tout entier, paraissait à une époque de décadence où une compilation commode est préférée à l'œuvre du génie. L'enthousiasme a été porté au point d'entourer la composition de son recueil de mystérieux événements. Il s'était retiré, après quarante ans d'enseignement, à la campagne pour y composer son ouvrage. Benevenutus d'Imola, commentateur du Dante, ajoute : « Accurse, pour tromper son rival *Odofredus*, feignit une fièvre » quarte, et appela tous les jours un médecin, pendant qu'il tra- » vaillait à sa glose. — Dès qu'elle fut achevée, il la présenta à » l'assemblée du peuple, qui lui donna force de loi. *Odofredus*, » désespéré, composa une glose beaucoup plus complète; mais il » était trop tard. »

Cette fable n'a pas besoin de réfutation; mais si Accurse ne fit jamais sanctionner sa glose par l'autorité législative, elle obtint pourtant une si grande importance, que les textes de Justinien glosés avaient seuls force de loi devant les tribunaux, en vertu du principe *Quidquid non agnoscit glossa, non agnoscit curia;* et lorsque quelques villes lui donnèrent force de loi, ce ne fut que la reconnaissance d'un fait accompli depuis longtemps.

La Grande Glose a favorisé la décadence des études juridiques; depuis la mort d'Accurse, arrivée en 1263, il n'y a plus de traité profond, d'œuvre vraiment scientifique; les jurisconsultes méritent à peine ce nom; et si les ouvrages d'*Odofredus*, qui exerça la profession d'avocat en France (1260), décèlent quelque mérite, c'est dans des détails historiques entièrement étrangers au droit. Cependant quelques ouvrages méritent d'être mentionnés; ainsi on peut citer un jurisconsulte français, *Guillaume Durand*, connu sous le titre de *Speculator*, à cause d'un traité qu'il avait mis au jour, en 1273, sous le nom de *Speculum juris*. Ce livre, qu'il avait dédié au cardinal *Ottoboni*, depuis devenu le pape Adrien V, a été comblé d'éloges par les jurisconsultes les plus célèbres. Paul de Castro, sur la loi *Properandum*, au Code *De judiciis*, regarde le *Speculum* comme le meilleur traité sur le droit après les écrits du savant Bartole. Pourtant Dumoulin le blâme de s'être approprié beaucoup de choses déjà dites dans d'autres livres. *Guillelmus Durandus*, dit-il, *prolixum illud Speculum ex scriptis potissime aliorum et praxi sui temporis compilavit.*—Durand avait étudié le droit à Lyon, en 1250, sous *Henri de Suze*, célèbre canoniste, connu sous le nom d'*Ostiensis;* il avait enseigné le décret de Gratien à Modène, et avait été nommé auditeur de la rote. Revenu en France, il avait obtenu le décanat de l'église de Chartres, et plus tard l'évêché de Mende. Il mourut fort jeune, ne pouvant survivre à la perte qu'il croyait avoir faite d'une personne qui lui était chère, si l'on en croit l'histoire romanesque racontée par Pasquier (1).

Le *Speculum*, son titre de gloire, appartient à cette école de Bologne qui avait su donner à l'étude du droit romain, par l'alliance établie entre le droit canonique et le droit civil, un intérêt immédiat et pratique. La législation de Justinien devenait une force active et agissante en se coordonnant avec les préceptes du droit canonique.

Le *Miroir judiciaire* avait pour but de faciliter la connaissance des décrétales de Grégoire IX. L'ouvrage, divisé en quatre livres, est d'un ordre et d'une logique remarquables.—Le second livre, qui contient les règles de la procédure contentieuse et de la juri-

(1) Recherches, ch. 35, liv. 9. Il raconte que Guillaume Durand s'était attaché à une demoiselle en l'honneur de laquelle il fit plusieurs beaux poëmes en langage provençal. Pendant une de ses absences, cette demoiselle tomba dans une si grande défaillance, que, la croyant morte, on la porta à l'église et on la mit dans un caveau. Durand, en apprenant cette nouvelle, en fut si frappé, qu'il mourut quelques heures après. La demoiselle, qui était en léthargie, fit du bruit dans le caveau ; on vint l'en retirer. Revenue à la santé, et ne pouvant oublier le souvenir de Durand, elle voulut quitter le monde, et se jeta dans un cloître, où elle mourut à l'âge de soixante ans.

diction volontaire, lui a mérité le nom de *Père de la pratique:* précision, clarté, profondeur, telles sont les qualités éminentes qui le distinguent. Aussi le *Speculum*, enseigné dans les écoles, cité devant les tribunaux, fut-il bientôt dans toutes les mains, et peu de livres ont eu autant d'éditions (1).

Pour résumer les principes du droit canonique, Durand fit un répertoire des questions qui se rattachaient au décret de Gratien et aux décrétales de Grégoire IX, et qu'il publia sous le nom de *Repertorium aureum*. Il ne contient pas la solution des difficultés, mais indique seulement les sources où elle se trouve.

Enfin, en 1286, Durand publiait, sous le titre de *Rationale divinorum officiorum*, une exposition en huit livres de tout ce qui concerne le culte et la liturgie. Ce n'est plus le jurisconsulte écrivant pour la pratique, mais l'évêque qui expose avec une grande simplicité la cérémonie religieuse dont l'ensemble fait la grandeur du culte catholique.

Guillaume Durand est un des hommes qui ont le plus contribué à l'accomplissement de la haute mission de l'Eglise romaine pendant le moyen âge.

Quelques années plus tard, un docteur, plus hardi que les autres, abandonnait la méthode dominante, et faisait de louables tentatives pour appliquer la dialectique au droit; je veux parler de *Jacobus de Ravanis*, né à Revigny-aux-Vaches, petite ville située à quelques lieues de Bar-le-Duc, ou à Varennes-Fontaine, qui enseignait en 1274 le droit à Toulouse.

Plusieurs jurisconsultes, tels que *Cynus* et *Valentin Forster*, l'accusent d'avoir commencé à embrouiller la jurisprudence en y introduisant les disputes, les distinctions, les arguments subtils et les sophismes; d'autres, tels que Dumoulin, le nomment *doctissimus*, et le louent à l'occasion des ouvrages qu'il a faits sur le Code (2).

Après ces auteurs, il ne faut point oublier *Petrus de Bella-*

(1) *V.* M. Laferrière, Hist. du droit français, t. 4, p. 390.
(2) Traité *de eo quod interest*, nº 23.

Pertica (Pierre de Belle-Perche), élève de Ravanis, qui professa longtemps à Toulouse et à Orléans, et fut plus tard doyen du chapitre de Paris, évêque d'Auxerre et chancelier de France.

Les ouvrages de *Belle-Perche* sont devenus fort difficiles à trouver, même incomplets; il en est ainsi de ceux de *Guillaume Cumo*, qui enseignait vers 1310 à Orléans, et que Dumoulin appelle, dans le paragraphe Ier de la coutume de Paris, glose 5, n° 63 : *Doctissimus Galliæ Belgicæ juris professor*. Cumo est auteur de commentaires sur le Digeste ancien et sur le Code. A Toulouse, où il enseigna quelques années, il soutint des discussions célèbres avec un jurisconsulte, *Pierre Bertrand*, qui avait été professeur à Montpellier vers 1320, mais dont il ne nous reste aucun ouvrage.

Johannes Faber (Jean Faure), né à Montbron (1), dans le diocèse d'Angoulême, professa à Montpellier et fut sénéchal de la Rochefoucault en Angoumois. On a prétendu, mais à tort, qu'il avait été chancelier de France. Doué d'un tact et d'un goût parfaits, il critiqua vivement la prolixité des auteurs de son époque; attaché aux doctrines des universités de la France méridionale, il blâma les professeurs d'Orléans d'avoir abandonné dans leur enseignement le latin pour le français.

Ses commentaires sur le Code et les Institutes sont fort estimés. Dumoulin l'appelle *subtilissimus et consummatissimus juris doctor* (2), et Tiraqueau, *unus omnium apud nos maximæ authoritatis* (3). Il mourut en 1340. L'autorité de ses ouvrages s'est conservée d'autant plus longtemps qu'il recherchait et exposait avec soin les principes de droit coutumier, et, selon l'expression de Loyseau, *il ne s'est guère trompé en la pratique de France*.

(1) C'est probablement par erreur que M. Savigny, Hist. du droit, t. 4, p. 209, dit *Mons Dulphi*, car il n'y a pas de localité de ce nom dans l'Angoumois.

(2) Titre des fiefs, § 1, glose 5, n° 63.

(3) Traité de la noblesse, ch. 33, n° 4.

Au milieu du XIVe siècle, les études juridiques se réveillèrent moins actives, moins puissantes qu'au temps des glossateurs ; mais les ouvrages des jurisconsultes de cette époque sont bien supérieurs aux travaux stériles que la routine avait fait éclore à la fin du XIIIe siècle. Malheureusement plus d'un auteur abusa de la dialectique, et ce défaut rend insupportable la lecture des ouvrages écrits au XIVe et au XVe siècle. A force de divisions, subdivisions, distinctions et sous-distinctions, d'ampliations et de limitations (1), les jurisconsultes oublièrent l'origine des principes, et ils perdirent de vue le sens et la réalité du droit. Gravina, malgré son admiration pour Bartole, avoue qu'il fait un tel abus des divisions et subdivisions, *qu'il pulvérise une matière plutôt qu'il ne la divise, et qu'il la réduit en quelque sorte en atomes que le vent emporte et disperse.* Hottoman, après avoir apprécié les bartolistes, ajoute : « Voilà le pauvre état qu'on a vu depuis » deux cents ans entre ces docteurs scolastiques, qui les a rendus si odieux, qu'à la fin on ne les a pas tenus seulement pour » gens de gros et lourds cerveaux, mais pour sophistes, chicaneurs, abuseurs et imposteurs de justice; car, quant à la lourdise de leurs cerveaux enrouillés, quel est l'homme de sens » qui puisse lire une seule page de tout ce qu'ils ont écrit, hors » les termes et questions de pratique, sans en rire comme d'un » badinage, ou sans en avoir mal au cœur comme d'une ordure? » Et si quelqu'un veut en avoir le passe-temps, qu'il prenne la

(1) Bartole, voulant expliquer le *Proœmium des Institutes*, après avoir exposé que c'est une lettre, ajoute qu'elle a trois parties : la première va jusqu au mot *Theophilo*, indiquant les titres et qualités de celui qui écrit; la seconde va jusqu'à *salutem*, et énumère ceux des personnages à qui on écrit; la troisième, comprenant le mot *salutem*, indique la salutation à eux faite. — Quel intérêt pour la science! — Un contemporain de Bartole, *Albéric de Rosate*, voulant donner une idée de son livre sur le Code, dit qu'il sera : *liber libans*, *librans*, *liberans*: 1° *libans*, parce qu'il délectera le lecteur; 2° *librans*, parce qu'il pèsera les opinions des docteurs; 3° *liberans*, parce qu'il délivrera les étudiants de leurs opinions erronées.

» peine de lire ce que Bartole, Balde, etc., ont écrit sur la pré-
» face des Pandectes, ou bien le procès où Bartole introduit le
» diable disputant contre la Vierge Marie (1). »

Bartole, que l'on s'accorde à reconnaître comme le chef de cette école, n'est pas exempt des défauts de son siècle; cependant il abuse moins des divisions que les autres jurisconsultes. Ses ouvrages sont importants, surtout à cause de l'influence qu'ils ont conservée même dans les temps modernes.

Le défaut capital de l'école bartoliste consiste à ne pas assez s'attacher aux textes, à leur préférer les gloses et les commentaires, et surtout à compter les opinions sans les peser; ce qui a fait dire à Arthur Duck : *Nos docteurs ressemblent à des grues ou à des étourneaux qui vont toujours à la suite des premiers oiseaux de la troupe.* Au XVIIe siècle, les jurisconsultes jugeaient avec sévérité la méthode qui consistait à transcrire toutes les opinions. Thomas Delorme, avocat à Grenoble, disait : « J'ai connu un
» fameux jurisconsulte qui avait fait des recueils immenses de
» raisons pour et contre, et qui ne pouvait se déterminer à prendre
» un parti; semblable à l'âne de Buridan, qui mourut de faim
» entre deux picotins d'avoine, ne sachant auquel s'attaquer. Un
» peu de bon sens ne vaudrait-il pas mieux que tout ce fatras de
» doctrine sans discernement? »

Les principaux adeptes de cette école sont : Balde, qui enseigna en Italie; Paul de Castro, qui donna des leçons à Avignon et alla mourir à Padoue en 1429 : ce jurisconsulte a laissé des com-

(1) Le procès que Bartole suppose avoir été agité devant Jésus-Christ est un des jeux de l'imagination les plus bizarres qu'on puisse créer. — Le genre humain y est en cause La sainte Vierge plaide pour les hommes; le diable lui oppose des exceptions péremptoires et dilatoires, et ensuite demande le possessoire et la réintégrande. Tout cela est appuyé de lois romaines et canoniques que le diable repousse avec d'autres textes. —Cette fable offre de l'intérêt en ce qu'elle donne une idée de l'instruction et de la discussion d'une affaire devant la justice à cette époque. *V.* les Mémoires de l'Académie des inscrip. et belles-lettres, t. 18, p. 366; Terrasson, Mélanges, p. 161.

mentaires fort clairs et fort instructifs sur le Code et sur le Digeste; Cujas les a jugés si bons, qu'il a dit de leur auteur : *Qui non habet Paulum de Castro, tunicam vendat et emat.* Jason, qui appartient aussi à l'école bartoliste, enseigna à Padoue et à Pavie, et fit, en 1507, une leçon devant Louis XII, roi de France, assisté de cinq cardinaux et cent personnes de sa cour, lorsqu'il revenait de la conquête de Gênes.

La fin du XIIIe siècle avait été une époque de décadence; le XIVe et le XVe signalèrent un progrès, sans pourtant que la science se rétablît au niveau où les glossateurs l'avaient laissée. Les ouvrages de cette période sont d'une prolixité rebutante; ils manquent d'originalité et de profondeur; les argumentations seules révèlent quelque intelligence et quelque activité. Les commentaires sont devenus l'objet principal de l'enseignement, au lieu de n'en être que l'auxiliaire pour l'explication des textes. Les jurisconsultes n'ont plus d'opinions personnelles; leur unique soin consiste à ramener tout à la *communis opinio*, sans faire attention qu'ils cherchent la réalisation de l'impossible.

Heureusement la pratique vint donner quelque vie à la science du droit; elle apporta le remède le plus efficace à l'action pernicieuse du formalisme dialectique.

L'école bartoliste s'est maintenue jusqu'en 1518; mais déjà le besoin impérieux d'une réforme s'était manifesté dès la fin du XVe siècle; le vieux système perdait chaque jour de sa prépondérance; une nouvelle méthode allait supplanter la routine, et la science du droit allait recouvrer sa véritable dignité.

Ce serait une grave erreur de penser que les légistes du moyen âge eussent assez approfondi le droit romain pour lui conserver la physionomie que nous ont révélée une patiente étude de l'histoire et des antiquités secondée par les découvertes nouvelles. Les textes de Gaïus et de Papinien pouvaient-ils être appréciés par les docteurs des XIIe, XIIIe, XIVe et XVe siècle comme ils le sont au XIXe? Les jurisconsultes de la féodalité lisaient le *Corpus juris* à travers le prisme des mœurs et des idées de leur temps. Aussi, que d'étranges erreurs échappées à leur plume et qui excitent la colère des romanistes modernes! mais aussi, pour l'application immédiate, quelle heureuse aberration! Le droit romain, expliqué dans son véritable sens, eût été abandonné, parce qu'il n'eût pas répondu aux besoins de la pratique; tandis que, grâce à cette altération involontaire, ses dispositions, devenues applicables, étaient acceptées avec reconnaissance.

Voici un exemple frappant de ces méprises heureuses qui permettait d'en faire le droit commun de la France : « Jamais les dis- » positions rigoureuses du droit romain, en fait de testaments et » d'institution d'héritiers, dit Klimrath (1), n'ont pu pénétrer » dans notre droit français; mais le droit romain accordait de » grandes facilités aux testaments des soldats. Dans les vieilles » traductions françaises du corps de droit, le titre *de militari* » *testamento* est rendu par ces mots : *des testaments aux che-* » *valiers*. Or, tout ce qui était de quelque poids dans la société » féodale était chevalier. Ainsi les légistes se trouvaient à l'aise » au milieu des prescriptions rigoureuses concernant les testa- » ments ordinaires, qu'ils éludaient de la meilleure foi du monde. » Et ce qui fut ignorance d'abord, devint subtilité et subterfuge » dans la suite, si bien qu'à la fin du seizième siècle, Antoine » Loisel pouvait dire que les Français, *comme gens de guerre*, » ont reçu divers patrimoines et plusieurs sortes d'héritiers d'une » même personne. »

Voilà comment le droit romain a servi de base au développement de notre droit national; les atteintes que les légistes lui portaient étaient dissimulées le mieux possible, ou au moins justifiées; car elles n'étaient, en général, qu'une satisfaction donnée à de légitimes intérêts ou aux besoins de l'époque. C'est ce droit ainsi *francisé*, qu'on me pardonne l'expression, qui nous a été con-

(1) T. 2, p. 9, Travaux sur l'histoire du droit.

servé dans les chartes et statuts locaux du midi de la France, et d'une manière plus complète dans les nombreux ouvrages des jurisconsultes dont je parlerai dans le chapitre suivant.

CHAPITRE II.

DROIT NATIONAL.

Sous l'influence des principes que les légistes puisaient ou qu'ils croyaient puiser dans les collections justiniennes, notre droit s'est dégagé de la rudesse que lui avaient imprimée les coutumes de la Germanie sans en perdre complétement l'empreinte, et la science a atteint un développement inconnu dans la période barbare.

Les coutumes forment la source la plus abondante de la législation ; aussi les besoins de la pratique ont-ils amené de nombreux travaux destinés à les faire connaître et à les préciser. C'est dans ces ouvrages qu'il faut aller chercher les monuments du vieux droit féodal ; les coutumiers ont été l'objet d'études scientifiques qui nous ont mis à même de les apprécier et nous ont dévoilé bien des parties de cette législation restées jusque-là dans l'ombre. Les anciens usages se lient intimement aux travaux des jurisconsultes qui les ont réunis avant que le recueil officiel en ait été fait ; aussi traiterai-je en même temps des principaux recueils de coutumes et de leurs auteurs, associant, ainsi que le veut la nature des choses, les sources et la culture du droit.

Les jugements établissaient aussi le point de droit en s'appuyant sur les coutumes reconnues ou jugées notoires, et, à leur défaut, sur des usages établis à nouveau, soit que les juges consultassent l'esprit général de la coutume primitive, soit que, pour sortir d'embarras, ils eussent recours au combat judiciaire.— Ces arrêts formaient une autre nature de sources, objet de travaux que j'aurai aussi à analyser.

Les actes émanés de l'autorité législative constituent une troisième classe de monuments du droit français, dont je ne puis donner qu'une idée générale, sans essayer d'entrer dans les détails.

D'abord la nature du gouvernement féodal avait donné naissance à une diversité considérable de lois. Le territoire, partagé entre de grands seigneurs qui avaient la prétention de n'obéir à personne et d'être maîtres absolus sur leurs domaines, formait presque autant de petits États indépendants. Les barons, les communautés, les communes, les corporations, les universités, les chapitres, etc., avaient le droit de faire des établissements obligatoires pour leurs membres. Le *livre de la justice et du plet* fournit de nombreux exemples de pareils établissements ou statuts. Le roi, il est vrai, cassait, quand il était assez puissant, ces décisions comme *dommageuses* au peuple, contraires à ses droits et à la loi divine; mais le droit en lui-même était formellement reconnu, comme le prouve le passage suivant du *livre de la justice et du plet* : « Len n'a pas demande contre » cels qui font etablissements, fors li sires don leu. Mes, à re» queste de bones genz, li sires a demande, et s'ele est niée, » li sires puet fere en querre de sa autorité, et par sa quete fere » la amander. »

A côté des statuts imposés par les seigneurs à ceux qui étaient sous leur mouvance, se placent les conventions, les transactions intervenues de seigneur à vassal, les établissements faits avec les hauts barons.

Les franchises octroyées, stipulées et souvent arrachées augmentaient encore le nombre des seigneurs qui prétendaient se soustraire, eux et leurs sujets, à l'action du gouvernement. La puissance législative était morcelée comme le pays lui-même; pour reconstituer le droit avec sa véritable physionomie à cette époque, il faudrait analyser tous les statuts des communautés, des barons, de tous ceux enfin qui s'érigeaient alors en législateurs : travail immense, qui exigerait des recueils spéciaux, et peut-être n'offrirait qu'une utilité fort secondaire pour le résultat général d'une histoire juridique.

En second lieu, les actes législatifs émanés de la couronne sont aussi nombreux que variés; le recueil des ordonnances, commencé par M. de Laurière, et encore inachevé, en est la preuve irrécusable. S'appesantir sur beaucoup d'entre eux serait chose peu profitable; mieux vaut s'attacher à quelques actes saillants dont l'influence sur l'ensemble de la législation est évidente, et qui présentent dès lors un intérêt scientifique sérieux. En effet, s'il est douteux que, pendant les premiers temps de la féodalité, les actes de l'autorité royale aient eu le caractère de lois générales, il est pourtant incontestable qu'ils ont exercé sur la législation une action qui s'est développée avec la puissance royale; et étendue à mesure que les provinces ont été réunies à la couronne. Aussi, depuis Philippe-Auguste, et surtout depuis saint Louis, le roi ne se contenta plus de faire, comme les hauts barons, des établissements pour ses domaines; il s'arrogea le droit d'en publier *pour le commun profit.*

Les monuments législatifs signés par le roi de France prennent différents noms, suivant l'objet de leur contenu; ils se divisent en édits, ordonnances, déclarations, mandements, instructions, règlements, chartes, priviléges, statuts, lettres patentes.

Les anciens docteurs comprenaient sous le terme générique de constitutions « tout ce que le prince veut avoir force de loi, » dit Néron. Ils les divisaient en constitutions générales et constitutions particulières. — Dans la première classe étaient les ordonnances, édits, déclarations que le roi faisait publier dans son royaume pour y avoir force de loi. — La seconde comprenait les lettres royaux, qui ne se publiaient point, parce que, ne regardant que les personnes ou les communautés qui y étaient désignées, ils ne faisaient pas loi à l'égard de toutes autres.

Les *édits* étaient des actes rendus spontanément, *proprio motu*, et qui ne concernaient ordinairement qu'une seule matière.

Ils portent le nom du lieu où ils ont été donnés : édits de Crémieu, de Nantes, de Moulins, de Blois, etc. ; quelquefois des matières qui y sont traitées : édits des duels, des secondes noces, des présidiaux.

Les *ordonnances* étaient des lois émanées du prince, provoquées le plus souvent par les remontrances qui lui étaient adressées; il était rare qu'elles ne continssent pas plusieurs dispositions sur des matières différentes. —On cite pourtant quelques ordonnances rendues sur un seul point, spontanément et sans aucune remontrance.

Les *déclarations*, au lieu de contenir une nouvelle loi, comme les ordonnances et les édits, avaient pour objet d'interpréter, modifier, étendre ou restreindre les dispositions contenues dans des ordonnances ou des édits antérieurs. Elles différaient de ces deux actes législatifs en ce qu'elles étaient datées du jour, du mois et de l'année, tandis que les édits et ordonnances ne portaient que l'indication du mois et de l'année. D'autres différences existent encore entre les édits, les ordonnances et les déclarations. Les ordonnances et les édits commençaient par ces mots : *A tous présents et à venir, salut, etc.*, et devaient être expédiés au grand sceau, signés par le roi, visés par M. le chancelier, scellés en cire verte sur des lacs de soie verte et rouge. Les déclarations commençaient ainsi : *A tous ceux qui ces présentes lettres verront, salut, etc.;* elles étaient signées par le roi, visées par le chancelier, scellées de cire jaune sur une double queue de parchemin. Quelques édits ont été rédigés en forme de déclarations, en ce sens qu'ils ont été datés du jour, du mois et de l'année : ainsi l'édit de Crémieu, daté du 19 juin 1536 et intitulé : *A tous ceux qui ces présentes lettres verront, salut.*

Les *mandements* ou *rescrits* avaient pour objet d'ordonner l'exécution d'un acte précédent; ils étaient adressés aux fonctionnaires tels que les baillis, sénéchaux, prévôts, etc.

Les *instructions* étaient données aux commissaires délégués par le pouvoir pour l'exercice de leurs fonctions habituelles ou de missions extraordinaires.

Les *règlements* étaient des actes de pure administration : ainsi le règlement du 25 mars 1294, qui détermine la place des vendeurs, tels que fripiers, bouchers, etc., aux marchés de Paris.

Les *statuts* étaient un ensemble de règles spéciales établies pour régir certaines corporations.

Les *chartes* réglaient les concessions octroyées par le roi aux communes pour les protéger contre l'oppression des seigneurs, concessions qui n'étaient souvent que des franchises arrachées par l'insurrection.

Les *priviléges* avaient pour but de conférer des droits à certaines corporations ou compagnies, et d'établir en leur faveur des exceptions au droit commun plus ou moins importantes.

Les *lettres patentes* contenaient la concession ou la confirmation de quelques droits ou priviléges en faveur de certaines personnes. — Quelquefois cette expression avait un sens plus étendu, et signifiait toute sorte de lettres du grand sceau, parce qu'elles étaient ouvertes, à la différence des lettres de cachet, qui restaient closes.

Enfin, tous les actes quelconques émanés du roi prenaient souvent le nom générique de *lettres royaux*.

SECTION PREMIÈRE.

ACTES LÉGISLATIFS.

Je ne veux point parler des actes particuliers d'administration ; je me bornerai à faire connaître quelques ordonnances relatives au droit public et au droit privé, certaines chartes et quelques statuts de corporations. Les exemples que je donnerai suffiront pour faire apprécier l'ensemble de ces monuments, qu'on trouvera en détail dans des recueils particuliers (1).

(1) Recueil des ordonnances commencé par de Laurière. 23 v. ont paru

ARTICLE PREMIER.

ORDONNANCES (1).

La matière des ordonnances est vaste; elles statuaient sur l'ensemble du droit en général : législation pénale, administrative, droit public et droit privé, tout y était compris, mais dans des proportions fort inégales. Quelquefois leurs dispositions renfermaient plutôt des préceptes de morale que des règles de droit positif : telles sont l'ordonnance du 12 avril 1254, décrétée pour la réformation des mœurs en Languedoc, et celle du 8 avril 1268, rendue à l'occasion de ceux qui blasphémaient contre Dieu, la

sous la surveillance successive de MM. Secousse, Vilevault, Bréquigny, Pastoret et Pardessus. Différentes compilations avaient été déjà tentées; on peut citer Guillaume Dubreuil (1315). En 1549, Dumoulin avait fait quelques additions et tenta une nouvelle division. Quelques années après, les Etienne faisaient sortir de leurs presses deux petits volumes in-folio des ordonnances. — En 1549, Pierre *Rebuffi* fit des commentaires fort larges, et ajouta quelques ordonnances. Pour compléter ce recueil, Fontanon, avocat au parlement, en fit paraître une nouvelle édition en 1580, avec l'aide de Pierre Pithou, Bergeron et autres. Par ordre du chancelier de Sillery, de la Roche-Maillet, avocat au parlement de Paris, en donna une seconde édition en 1611.—En 1587, Henri III chargea Brisson, avocat général, de faire un nouveau recueil qui prit le nom de Code Henri.— En 1596, Guénois fit une conférence des ordonnances.— En 1620, un nouveau recueil distribua des ordonnances par ordre chronologique; Néron et Girard le perfectionnèrent. — D'après l'ordre de Louis XIV, un recueil parut en 1686, sous les auspices du chancelier *de Pontchartrain*.—Ajoutez le recueil du tiers état, dont la publication est confiée à M. Augustin Thierry.

(1) Ce mot n'a pas toujours été la dénomination officielle des actes législatifs de nos rois. D'après quelques jurisconsultes, cette expression fut donnée pour la première fois à un acte de Philippe le Bel arrêté au parlement de la Pentecôte, en 1227, qui intéressait les bourgeois; il commence ainsi : « C'est l'ordonnance faite par la cour de notre seigneur » le roi, et de son commandement. » Cependant l'expression *statutum regium* est encore employée postérieurement, comme dans l'acte du 3 mai 1302, relatif aux églises du Languedoc; d'autres portent *ordinationes*.

Vierge et les saints. Des peines sévères furent même établies contre les blasphémateurs par des ordonnances successives que Charles VII crut devoir rappeler en 1437 et en 1460.

§ Ier. — *Rédaction.*

La langue latine, affectée exclusivement aux actes officiels sous les deux premières races, fut insensiblement abandonnée sous la troisième. Des ordonnances parurent en français au XIIe siècle, et le nombre s'en augmenta jusqu'à ce que la langue nationale, ayant prévalu en fait, devint la seule dont l'emploi fut autorisé pour la rédaction des monuments législatifs.

La première ordonnance que le recueil donne en français est de l'an 1168, et encore une rédaction latine est-elle écrite à côté. L'ordonnance de 1245, sur la *quarantaine le roy*, et une autre du mois de décembre 1254, rendue pour la réformation des mœurs en Languedoïl et en Languedoc, présentent aussi cette double rédaction. « En sorte que cette ordonnance, » dit de Laurière, fut faite pour le *Languedoc*, c'est-à-dire pour » le pays où pour *ouy* l'on disait *oc*, au lieu que la française » fut faite pour le *Languedoïl*, c'est-à-dire pour le pays où pour » *oc* on disait *ouy*, ou *oïl*. » Pour le Languedoc, les ordonnances devaient toujours être envoyées en latin; c'est ainsi qu'en tête d'une déclaration de Philippe le Bel (15 décembre 1310) sur les monnaies, on lit ces mots : *Super facto monetarum fuit scriptum, prout sequitur, bonis villis, videlicet Gallicanis in gallico, et Occitanis* (1) *in latino, prout sequitur de utroque.* Il était naturel d'envoyer un texte latin aux pays de droit écrit, à une

(1) La langue d'oc s'appelait en latin *lingua occitana. V.* ord. février 1356; ord. 5 juillet 1359; ord. 18 février 1357. — *Per totam linguam occitanam.* — La langue d'oïl prenait le nom de *lingua gallicana.* Recueil ordonn., t. 3, p. 602, note *a.*

La langue d'oïl se nommait encore le pays *par deçà* (par deçà la

époque où la langue française n'y était pas encore d'un usage général. Mais est-ce à dire que les ordonnances pour la langue d'oïl fussent toujours publiées en français? Les monuments de notre vieux droit résistent à cette proposition. Il est bien vrai que, depuis l'ordonnance de 1256, rédigée par saint Louis pour *l'utilité générale du royaume*, la première que le recueil donne en français et sans traduction latine, la rédaction française devint de plus en plus usitée; cependant beaucoup d'ordonnances publiées exclusivement pour la langue d'oïl furent écrites en latin.

§ II. — *Confection de la loi.*

A qui appartenait le pouvoir législatif? Pour résoudre cette question, il faut se rappeler que la France était alors divisée en pays du domaine du roi, et en pays de barons ou baronnies, ou, pour se servir des termes des Etablissements de saint Louis, en pays *de l'obéissance le roi* et en pays *hors l'obéissance le roi* (1).

Le gouvernement féodal avait constitué la puissance publique dans chaque seigneurie et suzerainie. Hugues Capet, en montant sur le trône, n'exerçait donc que les mêmes droits dont il jouissait comme duc et comte. Le principe qui, dès l'origine de la monarchie, avait partagé la puissance entre le roi et le peuple, se conserva sous la troisième race (2) pour les provinces qui restèrent soumises à l'autorité immédiate du monarque. Les lois des premiers Capétiens furent rendues après la délibération du corps des grands et des membres de la cour du roi.

Loire); le Languedoc, le pays par delà. — *V*. ord. 23 nov. 1356; Recueil ordonn., t. 3, p. 89, note *h*.

(1) Liv. 2, ch. 10, 11, 15.

(2) *V*. pour les preuves, Mlle de Lezardière, t. 4, p. 416 et suiv. Ce fait est reconnu par une lettre de Hugues Capet, par des chartes de Louis le Gros, Louis le Jeune, Philippe-Auguste, Louis VIII, saint Louis, et le titre de ses Établissements.

Quant aux terres possédées par les feudataires de la couronne, le roi n'y était considéré que comme seigneur dominant, et n'avait qu'un simple droit seigneurial. Les ordonnances royales ne faisaient autorité dans les baronnies dépendantes de la couronne qu'autant qu'elles y avaient reçu une sanction expresse (1). Il était, en effet, de principe que la puissance législative qui s'exerçait dans les baronnies n'atteignait les membres des juridictions inférieures qu'autant que ceux-ci y avaient expressément consenti. Aussi, quand le roi voulait rendre une loi exécutoire dans les terres de ses vassaux, devait-il les réunir dans des *cours plénières*, et demander leur adhésion. Les barons n'étaient point obligés, par réciprocité, d'obtenir la sanction royale pour leurs établissements; leur droit était égal à celui du roi; seulement ils implorèrent quelquefois son intervention pour donner plus d'authenticité à leurs actes.

Peu à peu la différence des domaines de la couronne avec ceux des seigneurs s'effaça, et la puissance législative du roi s'étendit à mesure que le pouvoir des barons disparaissait. Lorsque le nouvel élément de la société française, le tiers état, se fut formé, que les états généraux furent convoqués, nul doute que les décisions sorties de ces assemblées, acceptées et ratifiées par le roi, ne devinssent des lois et n'eussent force obligatoire pour tout le royaume. Mais le roi avait-il le droit de faire seul des édits, ordonnances et déclarations? C'est une des plus graves questions qui aient été agitées dans notre vieux droit français. Les parlements, à qui appartenait le droit d'enregistrer les ordonnances royales, prétendaient que ce droit emportait pour eux la faculté de les discuter, de les contrôler, de les modifier et même d'en suspendre l'exécution. Ils partaient de cette idée que les états généraux partageaient le pouvoir législatif avec le roi, et qu'en leur absence, les

(1) *V.* pour les preuves, Mlle de Lezardière, Théorie des lois politiques de la monarchie, t. 4, p. 412 et suiv.

parlements en tenaient lieu : aussi reçurent-ils le surnom d'états généraux *au petit pied*.

La première fois que le parlement réclama l'enregistrement comme une condition essentielle pour la perfection de la loi, ce fut à propos d'une ordonnance faite, *sans délibération préalable*, en présence du comte de Saint-Pol, du chancelier et du sire de Montberon ; la protestation fut consignée le lendemain 31 mars 1418 sur les registres du parlement.

En quoi ces prétentions étaient-elles fondées (1) ? Il est assez difficile de le dire ; en fait, de nombreuses ordonnances portent cette formule : *De l'avis de notre conseil et de notre pleine autorité ;* et les anciens auteurs disaient : *Si veut le roi, si veut la loi*. Les pouvoirs étaient encore mal définis, ainsi que l'attestent les monuments législatifs de cette époque. Ce qu'il y a de certain, c'est que le roi avait souvent exercé seul le pouvoir législatif, puisqu'on lit dans une ordonnance du 27 janvier 1359 : « *Dores-en-avant nous ne ferons aucunes ordonnances, ne* » *n'ottroierons aucuns privilèges, que ce ne soit par deliberation* » *de ceuls de nostre conseil.* » Ce n'était, du reste, qu'une formule analogue à celle de l'ordonnance de Philippe III, du mois de mai 1204, qui portait : *De l'avis des grands du royaume*, et à celle de l'ordonnance de saint Louis contre les juifs, de décembre 1230 : *De sincera voluntate nostra et de communi consilio baronum*.

Lorsque le parlement devint sédentaire, le roi siégea souvent avec lui ; il délibérait avec les barons qui faisaient partie de la cour, et l'ordonnance se terminait par ces mots : *Ordinatum per regem et ejus consilium*.

Le conseil du roi ne se tenait pas toujours au parlement ; il se transportait parfois à la cour des comptes. « Lorsque les ordon-

(1) M. Pardessus, préface des XXI volumes du Recueil des ordonnances, pense que l'enregistrement n'était pas nécessaire. — *Hallam*, t. 1, p. 342, penche vers l'opinion contraire.

» nances, ou d'autres *lettres royaux*, dit Secousse (1), avoient » passé au conseil, soit qu'il se fût tenu dans son siége ordinaire, » soit qu'il se fût tenu au parlement ou à la chambre des comptes, » elles estoient escrites par un notaire du roy, et elles estoient » portées à la chancellerie pour y estre scellées; mais en l'absence » du chancelier elles estoient scellées du sceau du Chastelet de » Paris. » Enfin, le droit du parlement d'examiner, admettre, rejeter ou corriger les requêtes adressées au roi et présentées par des maîtres, résulte des lettres du mois d'août 1361, au bas desquelles on lit : *Après ce, de vostre commandement veüe, et les articles contenüs en ycelles corrigiez par le conseil et par le procureur du Roy en parlement, et depuis rescrite, à moy ainsi bailliée pour signer.*

L'examen de l'ordonnance par le conseil était mentionné même lorsque le roi était absent de Paris : ainsi des ordonnances du roi Jean portent : *Ces lettres ont été données le conseil estant à Paris.* M. Secousse (2) explique cette formule en disant que le roi y avait laissé une partie de son conseil auquel il avait conféré le droit « de passer des lettres royaux, de mettre » son nom à la teste, et de les faire sceller du sceau du Chastelet » de Paris, afin de leur imprimer le mesme caractère de l'autho- » rité royale, qu'elles auroient eues si elles eussent esté passées » et scellées par son ordre. »

Si le parlement n'avait pas le droit de refuser l'enregistrement, au moins avait-il un droit de contrôle en faisant des remontrances sur les inconvénients que présentait soit l'ensemble de la loi, soit quelqu'une de ses parties. L'envoi des lois aux cours souveraines avait encore pour effet de leur donner de la publicité. Pour les porter à la connaissance des tribunaux et des jurisconsultes, voici les formalités usitées : l'ordonnance était présentée par le chancelier au parlement; elle y était lue en présence des pré-

(1) Recueil ord., t. 3, préface, p. v.
(2) Recueil des ord., préface, t. 3, p. IX.

lats, barons, prévôts et conseillers (1), et soumise à l'enregistrement : « Afin que ce soit ferme chose et stable à perpétuité, dit » l'ordonnance du mois de mars 1356, nous voulons... qu'elle » soit entre les autres choses enregistrée. »

Le roi faisait-il droit aux remontrances en modifiant ses lettres? elles étaient écrites par l'ordre des maîtres des requêtes, approuvées et corrigées au conseil, et envoyées au sceau. D'après l'article 44 du mois de mai 1356, les fonctions du chancelier consistaient à *voir, corriger et examiner, passer et sceller les lettres qui seront à sceller*, et l'article 2 de l'ordonnance du 14 mai 1358 lui défendait de sceller les lettres passées au conseil, lorsque certaines formalités prescrites n'avaient point été observées. Cet examen et cette correction formaient la sanction royale. C'était le grand scel du roi qui était apposé; mais, *en l'absence du grand scel de nostredit seigneur* (2), il fallait avoir recours *au scel du Chastelet en cire vert et en las de soye* (3).

Quelquefois l'enregistrement avait lieu à la chambre des comptes (4), *ad fin que de ladite ordonnance soit greigneur mémoire, et soit diligemment gardé sans enfraindre.*

Les ordonnances et autres lettres royaux n'étaient pas datées du jour où elles étaient *passées* au conseil, mais de celui où elles étaient scellées; c'était le sceau qui, imprimant aux lettres le caractère de l'autorité royale, complétait la loi et en permettait l'exécution. Aussi plusieurs ordonnances ont-elles deux dates, comme les lettres données aux habitants de la ville de Fleurence en Languedoc (5); quelquefois la date de la passation

(1) Ord. de mai 1355.

(2) Ord. de mai 1355; — du 7 mai 1357.

(3) Pendant la captivité du roi Jean en Angleterre, les lettres royaux furent donnés au nom du Dauphin prenant le titre de régent; on ne scella plus du sceau du Châtelet, mais du *scel du duc en cire jaune*, disent les chroniques de Saint-Denis.

(4) Ord 13 oct. 1361; — de janvier 1362.

(5) Pour les preuves, *v.* Recueil ord., t. 3, préface, p. v, vj.

au conseil était biffée pour ne mettre que celle de l'apposition du sceau.

§ III. — *Publication.*

L'ordonnance rendue obligatoire par l'apposition du sceau devenait exécutoire quand elle avait été publiée. La publication se faisait ordinairement au parlement, dans son sein et à sa porte (1); mais il arrivait parfois que l'enregistrement seul avait lieu. C'est ainsi qu'une ordonnance du 14 octobre 1360 porte : *Registratæ fuerunt presentes littere sine de publicatione precepto curie... et collatione facta diligenter cum litteris originalibus hec dein littere reddite et tradite fuerunt magistro de Augneranto clerico et consiliario regis.* A la place de l'arrêt d'enregistrement, on lit dans le recueil du Châtelet : *Collacion faicte à l'original de ces lettres qui furent publiées en jugement le mercredy*, etc. Dans certains cas, la publication était simultanée au parlement et au Châtelet de Paris, ainsi que cela eut lieu pour la déclaration du 22 décembre 1355.

L'enregistrement seul se constatait souvent par ces mots: *Veüe corrigiée et leüe en parlement;* lorsque la publication avait eu lieu, au bas de l'ordonnance étaient écrits: *Lecta et publicata, in camera parlamenti, etc.*

La formule exécutoire commençait : *Ludovicus Dei gratia rex Francorum.* Pepin et Charlemagne l'avaient déjà employée; les rois de la troisième race s'en servirent toujours. Le dispositif se terminait par la formule : *Mandamus*.. puis *Actum*, ou *Datum Parisiis*, etc.

Le mandement contenait l'ordre de publication: « Mandons, » dit l'ordonnance du 5 décembre 1363, aux gens du parlement, » au prévôt de Paris et à tous autres justiciers et officiers de notre » royaume ou à leurs lieux-tenants de faire publier solennelle-

(1) Ord. du 16 décembre 1364.

» ment en notre parlement et ailleurs par tous lieux notables de » leurs juridictions accoutumés à faire criz, etc. »

Les ordonnances devaient être criées *publiquement* (1) à Paris, dans les autres cités, *chasteaulz et bonnes villes du royaume*, par les bailliages, *ès lieux* solennels, et *même toutes fois qu'il plaira aux bonnes genz* (2). Mais quels étaient les officiers chargés de cette publication? Il faut distinguer entre les différentes ordonnances, car elles n'avaient pas toutes la même portée. En effet, dit Beaumanoir (3), « quand li rois fesoit » aucun establissement espéciamment en son domaine, li barons » ne laissoient pas pour che à user en leurs terres, selon les an- » cienes coûtumes, mais quand li establissement estoient géné- » raux, il devoit courre par tout le royaume, et que len devoient » croire que tel establissement est fait par tres grand conseil, » et pour le commun pourfit. » Ainsi, lorsque le roi faisait l'ordonnance ou l'établissement pour ses domaines, il l'adressait à ses officiers pour le faire publier et exécuter. Mais lorsque l'établissement était pour tout le royaume, il l'adressait à ses officiers, et l'envoyait aux grands barons, avec ordre et injonction de le faire publier et observer dans leurs terres.

La chambre des comptes envoyait des commissions (4) aux baillis et sénéchaux pour publier les ordonnances, les lettres et les mandements du roi.

Il paraît que, dans les domaines du roi, plusieurs ordonnances avaient été publiées *par inadvertence par les baillis ou autres officiers d'aucuns des subgiez* du roi; c'était là *diminucion des droits et noblesse* de la couronne de France, ce qui *pouvoit tour-*

(1) Ord. mars 1356.

(2) Ord. 28 déc. 1355. — Quelquefois les anciennes ordonnances étaient publiées à nouveau, ainsi que cela eut lieu, après le sacre du roi Jean, pour les ordonnances confirmées dans les états généraux tenus à Amiens. Ord. 5 déc. 1363.

(3) Cout. de Beauvoisis, ch. 48.

(4) Ord. 2 février 1356.

ner à grand préjudice ou temps avenir; par conséquent les officiers royaux en furent seuls chargés (1). La chambre des comptes reçut la mission spéciale de remédier à ces inconvénients et de les prévenir.

Pendant longtemps il n'y eut rien de fixe ni de régulier sur les moyens de conserver le texte original de la loi pour y recourir au besoin; tantôt l'envoi en était fait directement aux baillis, sénéchaux et autres juridictions qui ne possédaient pas la justice souveraine, tantôt au parlement, qui en délivrait des copies vidimées aux tribunaux inférieurs.

Des expéditions pouvaient encore être exigées par les évêques, archevêques, ducs, comtes, barons, notables, chapitres, cités, bonnes villes et tous autres qui en voulaient avoir lettres; ils pouvaient en faire faire *vidimus soubz cel authentique senz qu'ils en paient rien des sceaulz, et len adjoutera len (tel) aultre foy au vidimus comme à l'original* (2). Ces lettres étaient délivrées en payant seulement les frais de l'écriture, et encore pouvait-on les éviter en prenant copie soi-même. Aucun salaire n'était dû au chancelier pour la signature de cette expédition, qui avait la même authenticité que l'original.

Tous ces moyens de publicité ne suffisaient pas encore, si l'on en croit le règlement du 16 décembre 1364 sur l'expédition des affaires pendantes au parlement; car il y est dit qu'au commencement de chaque parlement le greffier lira publiquement les ordonnances devant les conseillers, avocats et procureurs. Le roi s'y plaint que trop souvent, dans les affaires, les hommes de loi eux-mêmes ignoraient les ordonnances en vigueur.

§ IV. *Objet des actes législatifs.*

Les différents monuments législatifs que renferme le recueil des

(1) Ord. 20 mars 1361.
(2) Ord. 28 décembre 1355.

ordonnances sont l'expression vraie de la situation de la royauté comme pouvoir politique : ils reflètent exactement l'état de la puissance royale.

I. — Jusqu'au milieu du XIIIe siècle, l'action législative s'est bornée aux chartes, franchises, priviléges stipulés ou accordés aux villes, communautés, corporations, et aux statuts réglant les rapports du roi et des barons. — La royauté essaye de se maintenir au milieu de l'anarchie politique ; ses actes doivent tendre nécessairement à se créer des alliés à s'entourer de protégés qui la défendront contre les agressions des seigneurs, et l'aideront au besoin à étendre sa puissance.

Aussi le droit privé occupe-t-il une place peu importante pendant les premiers temps de la féodalité, et souvent même les dispositions législatives qui y ont trait sont-elles restreintes à certaines villes ou à certaines classes. C'est ainsi que l'ordonnance de 1128 admet les serfs de l'Église de Chartres à rendre témoignage en jugement et à combattre contre des personnes franches. Une ordonnance du 1er mai 1209 modifia le principe emprunté au droit de transmission du trône, qui accordait à l'aîné, dans les successions féodales, la fortune entière du défunt, et le faisait considérer comme seul héritier; mais cet acte ne fut observé que dans quelques provinces du royaume ; il n'était point général, et ne s'appliquait qu'aux barons et seigneurs qui l'avaient demandé. Je pourrais citer encore deux ordonnances, l'une de 1145, l'autre de 1168, abrogeant plusieurs mauvaises coutumes qui s'étaient établies, la première à Bourges, la seconde à Orléans.

D'autres ordonnances réglèrent certains points de droit privé qui soulevaient des difficultés sérieuses : le douaire de la femme fut fixé à la moitié des immeubles dont le mari était propriétaire au jour du mariage (ord. de 1214) ; les héritiers des femmes mariées décédées avant leur mari sans enfants n'avaient aucun droit aux conquêts (ord. de juillet 1219). — Le duel, ce moyen de preuve des temps barbares, subit plusieurs restrictions. Louis le

Jeune le défendit pour une dette de cinq sols et de moins (ord. 1168); Philippe-Auguste en régla les conditions par son ordonnance du mois d'août 1215. Les guerres privées furent défendues par une ordonnance de Philippe le Bel de 1296, et déjà elles avaient été restreintes par l'obligation de rester quarante jours sans pouvoir se venger, et de faire une *trêve de par le roy*, obligation que saint Louis renouvela sous le nom de *quarantaine le roy* par son ordonnance de 1245.

Mais, à part quelques actes relatifs au droit privé, tous les autres avaient pour but d'établir les relations de la royauté avec ceux qui imploraient son appui ou dont elle voulait gagner l'alliance.

II. —Les monuments qui embrassent un ensemble de dispositions législatives s'appliquant d'une manière plus ou moins étendue aux provinces du royaume, ne datent que du règne de saint Louis. Néanmoins, avant cette époque, nous rencontrons des actes législatifs qui, sans être encore généraux, présentent cependant des idées gouvernementales inconnues jusque-là. Ce n'est pas encore le roi de France imposant sa volonté aux feudataires indépendants, mais c'est le plus grand suzerain de France régularisant le pouvoir législatif dans ses domaines et dans ses rapports avec les autres suzerains. Philippe-Auguste est le premier des Capétiens qui ait fait des actes de législation proprement dite; jusqu'à lui tout était local, et chaque suzerain exerçait le pouvoir législatif dans ses domaines. Avant lui, la royauté s'était peu inquiétée de régulariser les relations sociales; elle n'avait pas songé à y introduire de l'ordre, de la fixité, et à leur donner des lois. Dans les cinquante-deux ordonnances de Philippe-Auguste que nous possédons, et dont la plupart n'ont qu'un intérêt fort secondaire, treize peuvent être classées parmi les actes de législation politique et de gouvernement. Le plus remarquable est son testament, rédigé en 1190, au moment où il allait entreprendre son voyage d'outre-mer : il contient plusieurs règlements pour l'administration du royaume (1), et révèle des idées de gouvernement régulier. La royauté progresse non-seulement sous le rapport de l'étendue territoriale, mais encore sous celui de la puissance.

Ce développement se produit surtout au milieu du XIIIe siècle, c'est-à-dire à l'époque où saint Louis imprime à la royauté une vie nouvelle. Il était assez fort pour entrer plus franchement dans la voie d'ordre et de régularité ouverte par Philippe-Auguste; aussi plusieurs ordonnances du roi présentent-elles un caractère de généralité qu'il est impossible de rencontrer sous les premiers Capétiens; les principales sont:

L'ordonnance pour la réformation des mœurs tant en Languedoc qu'en Languedoïl, contenant trente-huit articles (décembre 1254): c'est une de ces ordonnances de réformation si communes au moyen âge, documents précieux qui font connaître l'état imparfait des institutions et les tentatives d'amélioration conçues, mais demeurées trop souvent sans résultat, par les chefs de la société;

L'ordonnance de 1256 en vingt-six articles, faite pour l'utilité du royaume;

Une autre ordonnance de la même année, touchant les mairies dans toutes les bonnes villes du royaume;

La Pragmatique, ou ordonnance de 1268, contenant six articles sur les élections, les promotions, les collations de prélatures; elle mettait fin aux abus des impôts levés par la cour de Rome: tout en respectant l'autorité du saint-père, Louis IX défendait l'indépendance de la royauté;

Les établissements de Paris, d'Orléans et de cours de baronnies, publiés, en 1270, en deux livres dont le premier comprend 168 articles, le second 42. — L'importance de ce document me force à m'y arrêter et à entrer dans quelques détails sur sa rédaction et son contenu.

(1) Rec. ord., t. 1, p. 18.

Cette ordonnance est considérée, selon l'expression de de Laurière, comme une espèce de « loy generale du droit françois et » comme une espèce de code (1). » Cependant une opinion accréditée lui refuse le titre de loi, et plusieurs savants ne voient dans les Établissements que l'œuvre libre de quelques jurisconsultes de l'époque. M. Beugnot (2) suppose qu'ils furent élaborés au sein du parlement, et cette supposition n'est pas dénuée de preuve. En effet, plusieurs dispositions sont empruntées au Digeste, au Code et aux décrétales, et presque tous les hommes instruits en droit romain avaient été placés par saint Louis dans le parlement. Ajoutez que les dispositions du droit coutumier qui s'y trouvent ont été évidemment rédigées par des membres de ce corps judiciaire, puisque saint Louis ordonna une enquête pour constater les coutumes, et que cette enquête dut être adressée aux membres qui le composaient; or ce fut cinq ans après que les Établissements parurent. Enfin de Laurière atteste qu'il existait à Amiens un manuscrit portant pour titre : *Établissements de France confirmés en plein parlement par les barons du royaume.*

Du reste, des auteurs, tel que Beaumanoir, et plusieurs ordonnances de saint Louis, les citent comme un monument ayant la même force que les autres lois du royaume.

Ce recueil commence ainsi : « *L'an de grâce 1270, li bon roy Louys fit et ordonna ces Establissements, avant ce que il allast en Tunes, en toutes les cours layes du royaume et de la prévosté de France.* — Il se divise en deux livres, sans que cette division soit amenée par l'ordre des matières. L'esprit qui y domine, c'est la réaction contre les principes de la féodalité, mais une réaction modérée. Aussi, au lieu d'accepter

(1) Recueil des ord., t. 1, préface, p. vj et suiv.

(2) *V.* son livre remarquable sur les Établissements de saint Louis. — M. Pardessus, Institutions judiciaires, p. 26, pense que les Établissements ne sont qu'un remaniement des livres de droit composés antérieurement à saint Louis.

immédiatement les règles du droit romain en ce qu'elles avaient de contraire au régime féodal, saint Louis essaye-t-il de combiner ses dispositions avec la législation en vigueur. Il veut unir les lois féodales aux lois romaines et aux lois canoniques, et il cherche à établir l'harmonie entre ces différents éléments.

Les Établissements de saint Louis ont été appréciés avec une sévérité trop rigoureuse quand on considère le milieu dans lequel cette œuvre a pris naissance. St Louis avait hâte de substituer aux usages des barons une législation plus appropriée aux besoins de l'époque et au progrès de la civilisation. Il ne pouvait se résigner à abandonner son peuple aux incertitudes qui accompagnent toujours le passage d'une législation à une autre. Sans doute son œuvre lui paraissait à lui-même bien imparfaite; mais il comptait sur une révision opérée par lui ou ses successeurs.

Ces imperfections en font-elles « un code obscur, confus, » ambigu, où l'on mêle sans cesse la jurisprudence française » avec la loi romaine? » comme l'a dit Montesquieu; — les » Etablissements, tels que nous les possédons aujourd'hui, » forment-ils un ouvrage très-bizarre? le compilateur inepte » a-t-il tout confondu? » ainsi que l'a prétendu Mably. — Un rapide examen suffit pour montrer que saint Louis n'a rien négligé pour mettre son œuvre à la hauteur du progrès que son siècle cherchait à atteindre.

Le droit civil, féodal, criminel, la procédure, l'administration, tout y trouve sa place. Les études récentes sur la législation de Justinien ont fait faire à la science du droit un pas rapide; saint Louis s'empare de ces résultats. Les décrétales avaient conservé un esprit de justice au milieu de la barbarie; il les invoque pour modifier d'anciens usages et en corriger la dureté, ou pour justifier des règles nouvelles introductives d'une amélioration incontestable.

Cette époque est la plus importante peut-être pour la législation; le règne de saint Louis signale le point de départ de la puissance légale en France. Toutes les fois qu'on veut acquérir des notions exactes sur une partie de la législation, il faut remonter jusqu'à ce règne comme à la source unique de tout ce qui compose notre civilisation. Saint Louis attaque et mine la féodalité; ce que ses prédécesseurs ont essayé par les armes, il le fait plus sûrement par ses lois. Tous les éléments du système féodal, il les disperse peu à peu : tantôt ce sera le combat judiciaire dont il prononcera l'abolition, quand nul autre avant lui n'avait osé l'attaquer, et ce sera du sein de l'assemblée même de ses barons que sortira l'ordonnance (1260) qui leur enlèvera une des prérogatives auxquelles ils tenaient le plus; tantôt il absorbera la puissance féodale en forçant les barons à reconnaître au sommet de la hiérarchie judiciaire la royauté; l'appel au roi, consacré dans les articles 8 et 9 de ses Établissements, sera le coup de mort porté à la féodalité! La législation, jusque-là *parcellaire*, s'il est permis de parler ainsi, deviendra désormais générale.

Les changements les plus graves apportés par saint Louis dans la législation consistent :

A avoir dépouillé les seigneurs du profit qu'ils retiraient du droit d'aubaine, et adouci la sévérité des lois qui refusaient la consolation de tester à ceux qui mouraient sans les secours de la religion;

A avoir, en réglant avec soin le retrait lignager, préparé la législation qui assura plus tard la conservation des biens dans les familles;

Enfin, en ne permettant la contrainte par corps que pour des dettes personnelles, saint Louis apporta des adoucissements à l'état des débiteurs, qui, dans tous les autres royaumes de l'Europe, étaient l'objet des plus affreuses vexations.

III.—Ce grand mouvement législatif s'arrête; les coutumiers vont le continuer et le développer dans le droit privé. Quelques ordonnances auront bien pour but le droit civil : il y en aura sur les usures, comme celle de 1299; sur les amortissements, comme celle de 1291; quelques-unes auront même pour but le *bien*, l'*utilité* et la *réformation* du royaume, en se modelant sur celles des 25 mars 1302, 15 mai 1315, et décembre 1358;

mais d'autres idées dicteront les actes législatifs de nos rois.

Leur principe dominant est l'immixtion de la royauté dans une foule de minutieux détails; les ordonnances se multiplient, mais elles renferment peu de vues générales. Ainsi, sous Philippe le Bel, l'action du pouvoir royal est plus étendue, plus décisive que sous ses prédécesseurs; et cependant, en analysant les 354 actes du gouvernement qu'il a rendus dans les trente années de son règne, on cherche en vain les dispositions dictées par le désir de procurer le bien de ses sujets. Fort différent de saint Louis, dont le but était l'intérêt général, Philippe le Bel ne se préoccupe que de l'accomplissement de sa propre volonté. Un des actes les plus importants de son règne est l'ordonnance de 1287, qui exclut les clercs des fonctions judiciaires; il témoigne de la puissance de la royauté.—En 1291, une ordonnance organise d'une manière précise pour la première fois le parlement de Paris.—Viennent ensuite des actes relatifs à la pêche, établissant des peines contre les voleurs de poissons (1299).—En 1300, il fixe le nombre des notaires du Châtelet; en 1302, il s'approprie la vaisselle de ses baillis et en partie celle de ses sujets, moyennant une indemnité qui sera fixée ultérieurement. — Mais l'acte qui révèle au plus haut degré son intervention minutieuse, c'est l'ordonnance somptuaire que la Thaumassière rapporte dans ses notes sur Beaumanoir, dont le but était de faire cesser les *superfluitez*. J'en cite quelques articles (1) :

« Art. 1er. Nulle bourgeoise n'aura char.

» 2. Nul bourgeois, ne bourgeoise, ne portera vair, ne gris, » ne ermines, et se delivreront de ceux que ils ont, de Pâques » prochaines en un an... »

« 4. Li duc, li comte, li baron de six mille livres de terre, » ou de plus, pourront faire quatre robes par an, et non plus, et » femmes autant... »

« 11. Garçons n'auront qu'une robe l'an.

(1) Rec. ord., t. 1, p. 541 et suiv.

» 12. Nulle demoiselle, si elle n'est chastellaine, ou dame de » deux mille livres de terre, n'aura qu'une paire de robe par » an..... »

« 14. Nul ne donnera aux grands mangiés que deux mez, » et un potage au lard, sans fraude. Et au petit mangier un » mès et un entremès. Et se il est jeûne, il pourra donner deux » potages aux harens, et deux mès, ou trois mès et un potage. » Et sera comptée toute grosse char pour mès. Et n'entendons » pas que fromage soit mès, se il n'est enpaste, ou cuit en » yaue. »

« 22. Clercs qui sont en dignitez, ou en personaiges, ne pour- » ront se faire robes pour leur propre corps de plus de *seize sols* » tournois, l'aune de Paris, et pour leurs compagnons *douze sols* » l'aune.

» *Et sont ces ordonnances commandées à garder... en telle ma-* » *nière que li baron, li ducs... qui fera contre cette ordonnance,* » *paiera cent livres tournois pour poine... Et ce fut fait et or-* » *donné à Paris l'an de grâce 1294.* »

Cette formule révèle un fait nouveau qui s'est reproduit dans beaucoup d'actes législatifs de Philippe le Bel : c'est l'absence du consentement et même du conseil des barons et autres grands possesseurs de fiefs. La royauté s'affranchit du contrôle des seigneurs; elle ne délibère plus qu'avec les conseillers de son choix : le roi seul agit. Pour faire la guerre, il était bien obligé de demander à ses vassaux des subsides et des soldats; mais, dans les rapports civils, il négligeait de les consulter, parce qu'il pouvait se passer de leur secours.

Ses conseillers politiques étaient les ecclésiastiques, quoiqu'il les eût exclus de l'ordre judiciaire, et les légistes. Cette double influence devait conduire la législation dans les détails minutieux que j'ai signalés. Préoccupés de l'appréciation des différents actes de la vie humaine, les clercs s'efforçaient de faire passer dans la législation pénale toutes les prévoyances, toutes les distinctions, toutes les prescriptions de la discipline ecclésiastique. — De leur côté, les légistes, fidèles à leur habitude de pousser un principe jusque dans ses dernières conséquences, d'appliquer un axiome fondamental à une multitude de cas différents, faisaient pénétrer le pouvoir royal dans une foule d'affaires dont il n'aurait pas dû connaître.

Ce pouvoir qui conduisait au despotisme ne put demeurer dans les mêmes conditions entre les mains des successeurs de Philippe le Bel; sans cesse réduits à des expédients pour résister à l'étranger et contenir le peuple toujours disposé à l'émeute, ils s'occupèrent surtout de maintenir leur puissance et de régulariser l'action gouvernementale. Aussi, pendant le XIVe siècle, voyons-nous une série considérable d'actes de législation destinés à organiser l'administration et à assurer l'exercice du pouvoir. Les émeutes entravent souvent l'action de la royauté; la bourgeoisie acquiert une influence qui, dans quelques circonstances, s'impose au roi lui même; les dissensions des princes du sang donnent à la législation un caractère de mobilité inévitable, et le peuple se demande souvent à quelle autorité il doit obéir. Cependant, malgré ces oscillations, le droit public, sans reposer sur des principes nets et déterminés, prend une extension considérable; du chaos se dégagent certaines règles qui, coordonnées et appliquées plus tard, viendront se réunir à d'autres pour former un système complet d'administration. Jetons un coup d'œil rapide sur les ordonnances de ce siècle, pour en apprécier la nature et l'importance.

A part les actes de législation proprement dite de Philippe-Auguste et de St Louis, les lettres royaux du XIIIe siècle nous ont montré la royauté exerçant surtout le pouvoir exécutif; ce caractère sera encore celui de la législation jusqu'à Charles VII.

IV. — Au milieu des désastres de la France, la royauté se vit souvent obligée de recourir à des moyens extrêmes pour obtenir les ressources nécessaires à son existence. De fréquentes variations dans la valeur des monnaies créaient un profit et un revenu que nos rois considérèrent trop souvent comme un droit domanial et un moyen plus prompt et plus facile de lever des impôts, surtout depuis que l'ordonnance de Philippe de Valois du 16 janvier 1346 avait enlevé aux seigneurs le droit de battre monnaie (1).

Cédant aux plaintes du peuple, qu'obérait ce nouveau genre d'impôts, le Dauphin décida que la monnaie resterait stable, *en esperance d'avoir les plus grans et bonnes finances*, est-il dit dans un mandement du 25 mars 1359. Mais ces promesses n'étaient que passagères, puisqu'on lit, dans une ordonnance de 1364, que *à grant peine étoit homme qui en juste paiement des monnoies de jour en jour se put connoître.*

Il serait impossible de donner ici l'énumération du nombre prodigieux d'ordonnances relatives aux monnaies; dans la seule année 1360, onze mandements furent publiés pour la fabrication de nouvelles espèces.

Les mêmes causes amenèrent des résultats analogues dans un ordre d'idées différent. Le domaine de la couronne, inaliénable en principe, fut souvent en fait l'objet d'aliénations; des ordonnances en prononcèrent la nullité. Ainsi Philippe le Long révoqua, par son ordonnance du 29 juillet 1308, les aliénations du domaine faites depuis St Louis. Une ordonnance de Charles le Bel, 5 avril 1321, contient des dispositions semblables. — De nouvelles aliénations avaient été faites par Charles VII depuis 1418, sous la pression des besoins les plus urgents. Ses lettres du 15 décembre 1438 révoquent et annulent tous dons, cessions et transports de terres, de droits ou revenus du domaine. Celles du 8 avril

(1) « On ne peut *douter qu'à nous et à nostre majesté royale, n'ap-* » *partiengne seulement et pour le tout en nostre royaume, le mes-* » *tier, le fait, la provision et toute l'ordonnance de monnoye et de* » *faire monoyer teles monnoyes, et donner tel cours, pour tel prix* » *comme il nous plaist et bon nous semble.* » Ce que répétait d'une manière encore plus précise le roi Jean dans une déclaration du 20 mars 1361.

1456 ou 1457 appliquent ces principes aux aliénations considérables que son fils aîné le Dauphin avait faites d'une partie du Dauphiné.

V. — Le manque de ressources conduisit la royauté à un acte autrement grave que les précédents; les serfs purent acheter leur liberté. L'ordonnance de Louis le Hutin, du 3 juillet 1315, renferme toute une révolution sociale. Écoutez plutôt le préambule : « Comme, selon le droit de nature, chacun doit naistre franc; et » par aucuns usages et coutumes, qui de grant ancienneté ont » esté entroduites et gardées jusques cy en nostre royaume, et » par avanture pour le meffet de leurs prédécesseurs, moult de » personnes de nostre commun peuple, soient enchües en lieu de » servitudes et de diverses conditions, qui moult nous desplaît : » nous considérants que nostre royaume est dit, et nommé le » royaume des Francs, et voullants que la chose en vérité soit » accordant au nom, et que la condition des gents amende de » nous et la venüe de nostre nouvel gouvernement; par délibe- » ration de nostre grant conseil avons ordené et ordenons, que » generauement, par tout nostre royaume de tant comme il peut » appartenir à nous et à nos successeurs, telles servitudes soit » ramenées à franchises, et à tous ceuz qui de origine, ou de » ancienneté, ou de nouvel par mariage, ou par résidence de » liens de serve condition, sont enchües, ou pourroient escheoir » ou lieu de servitudes, franchise soit donnée à bonnes et con- » venables conditions (1). » Déjà une ordonnance de Philippe le Bel (1311) (1) avait dit : « Attendu que toute créature humaine, » qui est formée à l'image de Notre Seigneur, doit généralement » être franche par droit naturel, et, en aucuns pays, de cette » naturelle liberté et franchise, par le joug de la servitude qui » tant est haineuse soit effacée et obscurcie; que les hommes et

(1) Rec. ord., t. 1, p. 583.
(2) Rec. ord., t. 12, p. 387.

» les femmes qui habitent ès lieux et pays dessus dits, en leur » vivant soient réputés ainsi comme morts (1)...»

Une ordonnance de Philippe le Long, du 23 janvier 1318, consacrait les mêmes principes.

« C'est un grand spectacle, dit Michelet (2), de voir prononcer » du haut du trône la proclamation du droit imprescriptible de » tout homme à la liberté. Les serfs n'achètent pas, mais ils se » souviendront de cette leçon royale, et du dangereux appel » qu'elle contient contre les seigneurs. »

VI. — A tous ces actes, qui indiquent les efforts de la royauté pour anéantir la puissance féodale, s'en ajoutent d'autres dont le but est le même; je veux parler de ceux qui régularisent l'exercice du pouvoir.

Un essai de centralisation, pour employer une expression moderne, se révèle dans des actes successifs que je vais énumérer.

Qui ne reconnaîtrait cette pensée dans la déclaration de Louis X, du 19 novembre 1315, qui restreint le droit accordé aux barons par Philippe le Hardi et Philippe le Bel de frapper monnaie? Désormais elle n'aura plus cours que sur leurs terres.

Une ordonnance de février 1350, en 252 articles formant la matière de 30 pages in-folio, fut rendue pour la police du royaume, et l'article 65 porte : « Nous voulons et ordonnons que » si en nos présentes ordonnances ou en aucunes d'icelles, avoit » aucune correction, ou aucune chose à *adjouster*, ou à *oster*, » ou à *muer*, *interpréter*, ou de *nouvel faire*, tant pour le temps » présent comme pour celui à venir, que les commissaires qui » sont par nous députez le puissent faire, ou la greigneur partie » d'iceux et sur ces choses délibèrent, et conseillent avec les » genz de nostre parlement (3). » On lit dans cet acte une foule

(1) Rec. ord., t. 1, p. 653.
(2) Hist. de France, t. 3, p. 243.
(3) Rec. ord., t. 2, p. 350.

de détails réglementés aujourd'hui par les arrêtés des maires. Il y a des peines contre les mendiants *sains de corps et de membres*, contre les *talmeliers* qui ne donnent pas le poids de la pâte et du pain cuit selon l'estimation faite en 1311. Tous les métiers y sont passés en revue, jusqu'aux *vidangeurs*, appelés *maistres fifi;* les salaires des artisans fixés ; les conditions pour la vente du poisson d'eau douce et du poisson de mer minutieusement indiquées. Enfin plusieurs dispositions sont relatives à l'entretien des rues ; les *gravoirs* ne peuvent être déposés sur la voirie du roi ; nul ne pourra, pendant l'hiver, balayer devant sa porte qu'après la pluie finie, et il est défendu de nourrir des porcs dans l'intérieur de la ville de Paris. Quels détails minutieux ! comme on est loin encore de la hiérarchie administrative qui existe aujourd'hui !

Plus tard une ordonnance du 6 mars 1363 (1) décréta de nombreuses dispositions sur le guet de Paris, et le règlement fait pour *la garde et la seurté* de la *bonne ville* de Paris eut pour but de protéger les habitants contre les *roberies, murtre, larrecins, efforcemens et ravissemens* de femmes, et de prévenir *les hostes et hostesses qui de nuit vuidaient les maisons et hostels qu'ilz tenoient à loüiers pour défrauder leurs hostes.* Une ordonnance de 1367 régla le nombre des officiers du guet et fixa leur salaire (2).

VII. — Les revers de la France avaient facilité l'introduction d'abus criants; les états généraux s'assemblèrent.

Les représentants de la bourgeoisie, habitués à une administration scrupuleuse, intègre, équitable, furent vivement frappés du désordre qui régnait dans l'administration royale, de ses tentatives hasardées, de ses expédients équivoques, de ses abus anciens ou nouveaux. Le danger qui menaçait le peuple fit éclater avec énergie l'esprit d'innovation que la bourgeoisie n'avait pas encore osé manifester. Les états généraux de 1355 prirent des résolutions

(1) Rec. ord., t. 3, p. 668.
(2) Rec. ord., t. 5, p. 97.

auxquelles une ordonnance (1) donna immédiatement force de loi, et qui procuraient des garanties sérieuses : l'autorité est partagée entre le roi et les trois états représentant la nation, qui délèguent neuf membres pour concourir à l'action gouvernementale; l'assemblée fixe elle-même l'époque de ses réunions; l'impôt atteint toutes les personnes, même le roi; les taxes sont perçues par les délégués des états, et l'administration financière est soumise à leur contrôle; une milice nationale s'organise; désormais tout plaideur doit être jugé par la juridiction ordinaire.

L'expérience administrative du tiers état imprimait à ses délibérations une initiative dont la royauté savait profiter.—De nouveaux événements forcèrent le pouvoir à faire appel au concours des bourgeois avant le terme fixé; les mêmes députés revinrent au nombre de huit cents, dont moitié prise dans les rangs de la bourgeoisie.

C'était un mois après la bataille de Poitiers; le roi était prisonnier en Angleterre, une partie des seigneurs subissait le même sort; les députés des villes, dans ces circonstances, étaient en position de conquérir la prépondérance; ils la conquirent. Le Dauphin fut obligé de signer l'ordonnance du 3 mars 1357, qui continua la réforme commencée. Le gouvernement passa aux mains de députés des trois états choisis par le Dauphin, qui eurent le droit de surveiller l'emploi des subsides votés pour la guerre. Les états purent se réunir sans convocation du roi à Paris ou dans une autre ville, comme ils le jugeraient convenable, deux fois *et plus se métier est*, pour *pourveoir et adviser sur le gouvernement du royaume* (art. 5). Ils se réservèrent le droit d'accorder ou de refuser au roi la convocation de l'arrière-ban (art. 32). — Les dépenses du Dauphin, de la Dauphine et des autres seigneurs du sang furent restreintes, et il fut enjoint aux maîtres d'hôtel *de payer bien diligemment ce qu'ils achèteraient*. On révoqua les aliénations du domaine de la couronne depuis Philippe le Bel, à l'exception des donations faites aux

(1) Rec. ord., t. 3, p. 22.

églises, de celles faites aux membres de la famille royale par forme de douaires ou d'apanages, et aux particuliers en récompense des services rendus à l'État.

Ceux des officiers royaux qui ne sont pas frappés de destitution sont mis en suspicion, et obligés de jurer de ne rien demander au roi, si ce n'est en présence du grand conseil. Ils ne seront plus chargés de lever les impôts; ce soin sera confié à des *gens sages, loyaux et solvables* désignés par les états. Chacun devra se contenter d'un seul office. Le nombre des gens de justice sera réduit; les prévôtés, vicomtés, cesseront d'être données à ferme, et les prévôts ne seront plus nommés dans les pays où ils sont nés.

De nombreuses dispositions sont consacrées à l'organisation de la justice et à sa distribution. Les juges ordinaires jouiront de la plénitude de leur juridiction (art. 25), et un plaideur ne sera distrait de ses juges naturels qu'en vertu d'une disposition formelle; plus de jugement par commission, instrument trop docile de la vengeance des partis.

La magistrature est traitée avec sévérité, quoique l'ordonnance ait eu pour rédacteur Lecoq, avocat et président au parlement. On s'y plaint que des arrêts qui devraient *avoir été rendus il y a vingt ans, sont encore à rendre;* on blâme la négligence des conseillers qui arrivent tard à l'audience, dont les *dîners sont longs* et les *après-dîners peu profitables.*

Les gens du grand conseil ne sont pas plus épargnés; ils sont coupables de *tout plain* de négligence sur le gouvernement du royaume, *de venir tard en besoigne, et quant on y est venu de petitement besoigner* (art. 42). Ils devront à l'avenir terminer une affaire avant d'en commencer une autre, à moins de nécessité absolue. Pour assurer un service régulier, *le roi leur a constitué, establi et ordennez bons gages et salaires grants et souffisans pour porter ladite charge;* mais celui *qui deffaudra de venir bien matin au conseil et à l'eure susdite perdra les gages entièrement de ladicte journée.*

Une si sévère réforme devait appeler des représailles de la part des officiers destitués de leurs fonctions. Des actes de violence avaient été déjà exercés contre les députés; l'ordonnance les place sous la sauvegarde du roi; le peuple, les officiers royaux doivent leur prêter *confort et aide*, et l'article 52 leur confère le droit de se faire escorter par tout le royaume par six *compagnons* pour la *seureté, deffense et tuicion de leur corps*.

Cette ordonnance, que l'on a appelée la *charte politique et législative* de la vieille France, établissait un ordre de choses mal concordant avec les mœurs et les idées de l'époque. La monarchie dégénerait en une véritable république; le gouvernement de tous était substitué au gouvernement d'un seul. L'acte émané de la puissance des états généraux était considéré comme une œuvre admirable; en réalité il ne pouvait produire d'effets sérieux. Le Dauphin avait signé le 3 mars, et dès le 6 avril il défendait de payer l'aide que les états avaient voté. Il est vrai que le 8 le prévôt obtenait la révocation de cette défense. Mais bientôt le Dauphin voulut gouverner seul, et il se débarrassa des tuteurs que les états lui avaient imposés. Les dissensions intestines désolaient Paris; mais la crainte de l'étranger rallia autour du roi ses sujets, et l'ordonnance de 1357 fut abandonnée dans ses principes fondamentaux. Cependant le prince, qui avait lutté pendant deux ans contre la bourgeoisie parisienne, emprunta quelque chose à ses tendances politiques. Charles V, devenu roi, s'imposa volontairement une partie de la tâche que, régent du royaume, il avait exécutée malgré lui. Son gouvernement fut arbitraire, mais régulier, économe, imbu de l'esprit d'ordre et surtout de l'esprit national. Avec lui la royauté présente un caractère nouveau qui la sépare des idées du moyen âge et la rattache aux temps modernes. Il fut un prince éminemment politique, le premier de ces rois que la Providence appelait à réparer les désastres de la société après une époque de crise, appliqués aux affaires, et chez qui la maturité de la réflexion précédait toujours l'action.

Le roi Jean avait dépensé une activité stérile dans des guerres désastreuses ; son successeur dirigea la sienne vers des conquêtes paisibles, et Édouard disait *qu'il n'y eut onc roi qui si peu s'armât et qui lui donnât tant d'affaires.* La sagesse de son administration rendit la France plus forte au dehors, plus civilisée au dedans ; sous le nom d'aides ordinaires, il parvint à établir la permanence de l'impôt, violant ainsi tout à la fois les franchises féodales et les franchises municipales.

VIII. — Les ordonnances de Charles V s'occupent peu de droit privé ; elles ont presque toutes pour objet de remédier à des abus ou de créer de nouveaux rapports nécessités par les besoins du moment.

Le premier soin du roi est d'assurer la défense du pays, que désolent les compagnies ; les forteresses devront être relevées pour leur résister, et en même temps l'ordonnance du 19 juillet 1367 lève des subsides pour la *défense générale* du royaume (1). La garde des villes est confiée au patriotisme de leurs habitants.— Tous doivent confondre leurs efforts dans un intérêt commun ; plus de jeux inutiles, frivoles, auxquels préside le hasard ; ils sont défendus ; et les ordonnances des 23 mai et 3 avril 1369 enjoignent aux hommes valides de s'exercer à des jeux qui développent l'adresse ou la force du corps, l'arc et l'arbalète (2). — Les guerres avec les Anglais rappellent au roi la nécessité de donner une nouvelle vie à la marine, oubliée à peu près depuis Charlemagne, et que ses successeurs commettront la faute de négliger encore.

L'épuisement de la France réclame des ressources nouvelles ; de nombreuses ordonnances (3) favorisent le commerce dans ses rapports avec les différentes villes du royaume et certains pays voisins. Charles V protége les négociants étrangers, et quand

(1) Rec. ord., t. 5, p. 14.
(2) Rec. ord., t. 5, p. 172.
(3) *V.* plusieurs ordonnances de 1369.—V. *passim*, Rec. ord., t. 5.

la guerre est déclarée avec leur nation, il leur accorde le droit de sortir librement du royaume, en emportant leurs effets, et, s'ils viennent à mourir, tous leurs biens sont conservés à leurs héritiers (1).

Mais c'est surtout sous le rapport financier que l'administration de Charles V prend un développement considérable.

D'abord il veut se rendre compte de l'étendue des domaines de la couronne et de l'importance de leurs revenus. Le 20 novembre 1374, il rend une ordonnance (2) pour qu'il soit fait des aveux et dénombrements de tous les fiefs relevant du roi, et de tous les arrière-fiefs relevant de ces fiefs.

Plusieurs actes législatifs règlent successivement l'administration financière : ainsi une ordonnance du 13 novembre 1372 indique le mode de perception de l'impôt, et désigne les fonctionnaires qui doivent hiérarchiquement transmettre les aides perçues. La vérification des recettes se fait tous les mois par la chambre des comptes, qui envoie le relevé au roi; les quittances ne sont données à ces officiers qu'après cette vérification. Enfin le receveur général ne doit se dessaisir des deniers qu'il a entre les mains que sur lettres signées par le secrétaire et les conseillers généraux (3).

La solde des gens de guerre attire l'attention du roi ; une ordonnance du 6 décembre 1373, qui reproduit plusieurs dispositions d'ordonnances antérieures, organise le payement des *genz d'armes*, et tâche de prévenir les nombreux abus que les trésoriers des guerres commettaient à leur encontre.—Puis, comme complément de l'ordonnance, le roi publie un règlement spécial pour les troupes le 13 janvier 1373; elles reçoivent exactement leur paye, et doivent en échange un service plus régulier. Ce règlement organise les com-

(1) *V.* l'Abrégé chronologique du président Hénault, édition Walckenaer, t. 1, p. 374.

(2) Rec. ord., t. 5, p. 432.

(3) Rec. ord., t. 5, p. 539.

pagnies, détermine le nombre des revues auxquelles elles seront soumises, décrète des règles sévères sur la discipline, et indique les hommes aptes à servir. Le capitaine, qui a au moins cent hommes sous ses ordres, est responsable des désordres commis par sa compagnie; la nomination des officiers appartient au roi (1).

Ce n'est pas tout que d'avoir organisé l'administration des finances; il faut encore réprimer les abus. Les officiers chargés de la perception des aides, profitant des temps de guerre, avaient commis *exacions, extorcions, pilleries, avoient opprimé les riches, foulé les povres*. Des réformateurs pour cette partie du service sont créés par l'article 16 de l'ordonnance du 13 novembre 1372 (2) et l'article 18 de l'ordonnance du 6 décembre 1373 (3). Les lettres du 6 avril 1374 les autorisent à poursuivre ceux qui auraient commis des malversations dans les finances (4).

D'autres réformateurs généraux sont nommés pour les monnaies par une ordonnance du 11 août 1374 (5), et, dans les années suivantes, cette institution s'étendra à tous les services publics (6).

La perception est soumise à de nouvelles règles; des dispositions sévères sur la tenue des registres des receveurs sont écrites dans l'ordonnance d'avril 1374 (7). Ce système est complété par une ordonnance générale de février 1378, portant règlement des domaines du roi sur les finances, les recettes royales, la chambre des comptes, les généraux maîtres des monnaies et les maîtres des eaux et forêts (8). Cet acte résume tout le système financier et règle la hiérarchie des administrateurs des deniers

(1) Rec. ord., t. 5, p. 657.
(2) Rec. ord., t. 5, p. 540.
(3) Rec. ord., t. 5, p. 649.
(4) Rec. ord., t. 6, p. 514.
(5) Rec. ord., t 6, p. 17.
(6) Rec. ord., t. 6, *passim*.
(7) Rec. ord., t. 6, p. 2.
(8) Rec. ord., t. 6, p. 379.

publics. Deux lettres successives, l'une du 4 mars, l'autre du 22 mars 1378 (1), prescrivirent les moyens d'exécution.

Les eaux et forêts formaient une partie importante du domaine de la couronne; aussi des ordonnances vinrent-elles successivement réglementer cette matière. L'ordonnance de septembre 1376, en 52 articles, reproduisant un règlement de juillet 1376 (2), contient des dispositions essentielles qui ont été à peu près copiées en 1669, et ont laissé des traces profondes jusque dans notre législation actuelle. — Cette ordonnance fixe le nombre des maîtres des eaux et forêts, assigne une résidence aux verdiers, gruyers, gardes et maîtres sergents, détermine les conditions pour leur nomination, établit leur juridiction, et leur donne la surveillance des usagers dans l'exercice de leurs droits, de manière qu'ils ne nuisent pas au roi; enfin, elle détermine leur traitement. — Viennent ensuite plusieurs articles pour régler les droits et obligations des marchands de bois, la forme de la vente, qui doit se faire aux enchères; le bois vendu est marqué au marteau; mais, avant l'abatage, les officiers des eaux et forêts avec les maîtres des bâtiments choisiront les bois de marine. Au sommet de la hiérarchie, la chambre des comptes examine le produit des amendes, confiscations, ventes, et régularise la situation des différents officiers comptables. — Enfin, cette ordonnance impose certaines obligations aux propriétaires des bois dans un intérêt général.

Non content d'un système financier ainsi établi, Charles V voulut contrôler les opérations de ses agents, et nomma des commissaires avec des pouvoirs fort étendus pour examiner la conduite des officiers royaux : ils avaient *le droit d'oster et suspendre lesdits officiers de leurs offices, de mettre et establir aultres en leurs diz offices, de les punir et corrigier*. Cette ordonnance, du 23 avril 1380 (3), est remarquable en ce qu'elle

(1) Rec. ord., t. 6, p. 383-384.
(2) Rec. ord., t. 6, p. 222.
(3) Rec. ord., t. 6, p. 467.

place entre les mains du roi un pouvoir que n'avait eu aucun de ses prédécesseurs.

Charles V, prévoyant l'avenir, frappé des inconvénients qu'entraînerait la fixation de la majorité à vingt-deux ans, la fixa à quatorze par une ordonnance du mois d'août 1374 (1), enregistrée devant l'université, le prévôt des marchands et les échevins de la ville de Paris réunis au parlement. Au mois d'octobre 1374, il avait réglé (2) l'ordre dans lequel la régence serait déférée, dans le cas où la mort le frapperait avant que son fils aîné n'eût atteint l'âge de majorité.

Ce prince, en mourant, espérait que son successeur trouverait des amis dévoués dans les bourgeois qu'il avait comblés de priviléges; mais le peuple, ruiné, cherchait il ne savait où un bien-être qu'il ne trouvait nulle part. Aussi, malgré l'ordre apparent du règne de Charles V, le système général du gouvernement avait-il quelque chose de faible et de faux. De suzeraineté féodale la royauté s'était transformée, sous l'influence des légistes, en monarchie romaine; le roi avait réduit la féodalité à l'impuissance, si bien que lorsque les Anglais traversèrent la France en 1380, il ne pouvait plus implorer le secours des seigneurs; et avec cela son successeur devait être un enfant de douze ans condamné à rester mineur toute sa vie!

IX. — Quarante-deux ans de malheurs, de guerres, de dissensions, voilà à peu près le résumé du règne de Charles VI! Qu'allait devenir le pouvoir législatif sous l'influence de pareils faits? un moyen pour celui qui arrivait au gouvernement de s'y maintenir, un instrument pour détruire la puissance de ceux que la fortune venait d'abandonner. Des lettres d'abolition (3) étaient accordées par intervalles pour calmer les masses exaspérées, et

(1) Rec. ord., t. 6, p. 26.
(2) Rec. ord., t. 7, p. 518.
(3) Les registres du trésor des chartes de ce temps-là sont presque entièrement remplis par les lettres d'abolition.

des traités de paix entre les princes du sang permettaient au peuple de respirer quelque peu.

Le droit politique forme donc presque toute la législation de ce règne; le droit administratif n'y a qu'une part très-secondaire, et le droit privé semble oublié au milieu des graves événements qui se succèdent avec une rapidité inouïe.

Les trois premières années du règne de Charles VI furent marquées par les dissensions des princes et les révoltes des populations accablées sous le poids des impôts. Le premier acte des princes chargés de gouverner consista dans l'abolition des contributions établies, sous quelque titre que ce fût, depuis Philippe le Bel; l'ordonnance du 16 novembre 1380 fut réitérée en janvier et mars de la même année (1)! Le peuple voulait, pour compléter la réforme, l'expulsion des juifs, qui le ruinaient par des usures énormes; mais le gouvernement tenait à les conserver, parce qu'ils faisaient fleurir le commerce, et surtout augmentaient le revenu du roi, qui retirait d'eux des redevances annuelles considérables. Sur le refus de les expulser du royaume, Paris entre en insurrection; leurs maisons sont pillées, et le pouvoir, trop faible pour punir l'émeute, se contente de déclarer, par des lettres du 26 mars 1380, que les juifs pourront se dispenser de restituer les gages qui leur ont été confiés, en affirmant par serment qu'ils leur ont été enlevés pendant l'émeute et ne leur ont pas été rendus. Ils sont maintenus dans les priviléges concédés par une ordonnance du 14 octobre 1380 (2), et leur résidence en France ne doit plus être inquiétée.

L'abolition des impôts avait ruiné le trésor; il fallait les rétablir, et la sédition des maillotins contraignit le roi à convoquer les états généraux pour leur demander des subsides. Les désordres les plus graves se renouvelèrent, et le roi, entrant dans Paris comme dans une ville conquise, brisa par une ordonnance

(1) Rec. ord., t. 6, p. 527-552-564. On sait que l'année commençait à Pâques.

(2) Rec. ord., t. 6, p. 563.

du 27 janvier 1382 (1) les priviléges de la ville de Paris, la prévôté des marchands, l'échevinage, le greffe de la ville et la maîtrise des métiers. Il concentra ces pouvoirs dans sa main et s'en attribua les revenus; supprima les quarteniers, cinquanteniers, dizainiers établis pour la sûreté de la ville, à laquelle il se chargea de pourvoir, et défendit à toutes personnes de convoquer aucune assemblée. — Puis de nombreuses lettres de rémission arrêtèrent les exécutions, et commuèrent la peine corporelle en une amende pécuniaire.

Dix années de tranquillité succédèrent à ces orages; aussi, dans cette période, les ordonnances ont-elles pour but de régulariser l'action du pouvoir. Plusieurs actes sont relatifs aux impôts, à l'autorité, à la juridiction des conseillers généraux des aides, tels que ceux des 21 et 26 janvier 1382 (2). Les conseillers généraux de finances trouvaient les règles auxquelles ils étaient astreints dans l'ordonnance du 11 avril 1390 (3); les règlements des eaux et forêts étaient inscrits dans les lettres du 29 mai 1385 (4).

Quelques règlements furent rendus sur la justice; ainsi une ordonnance du 15 août 1389 (5) défendit au parlement d'avoir égard aux lettres royaux quand elles auraient pour but d'entraver la marche des corps judiciaires.

Enfin, à côté des nombreux priviléges octroyés aux villes, aux corps de métiers, à côté des lettres sur les monnaies, on trouve quelques ordonnances ayant trait au droit privé : par exemple, celle du 11 février 1385 sur les francs fiefs et les amortissements (6); une autre qui abolit plusieurs procédures inutiles pratiquées au Châtelet de Paris, du 5 juin 1391 (7); une troisième qui

(1) Rec. ord., t. 6, p. 685.
(2) Rec. ord., t. 7, p. 746; — t. 6, p. 705.
(3) Rec. ord., t. 7, p. 336.
(4) *V.* t. 7, p. 121-770; — t. 9, p. 695.
(5) T. 7, p. 290.
(6) T. 7, p. 143; — t. 9, p. 319.
(7) T. 7, p. 785.

défend d'obtenir plusieurs sentences par défaut (3 juin 1389) (1); enfin l'ordonnance du 12 février 1392 (2), confirmant celle de 1324 (3), en vertu de laquelle la partie qui succombe doit être condamnée aux frais du procès.

La France avait cru pouvoir respirer un instant; mais, pendant vingt-neuf années encore, aux désordres d'une administration sans règles, aux dilapidations de tous genres, devaient se joindre, comme surcroît de malheur, la folie du roi, les querelles des princes, et le plus cruel de tous les fléaux, l'invasion étrangère.

X. — Quel navrant spectacle présente cette trop longue période! Le roi signe les actes législatifs quand il a quelques heures de santé, et c'est pour détruire les lois rendues pendant *son absence* (4) par ceux à qui il a confié le pouvoir. Selon les impressions du moment, il élève ou abaisse tour à tour le duc d'Orléans et le duc de Bourgogne, se confie dans la reine ou lui inflige le blâme le plus sévère. Pour lui procurer l'oubli, on le mène aux mystères que les confrères de la Passion représentaient alors rue St-Denis. Dans l'ordonnance de décembre 1402 (5), par laquelle il les autorise à jouer, il les appelle *ses amés et chers confrères*. « Quoi de plus juste en effet? s'écrie Michelet (6).
» Triste acteur lui-même, pauvre jongleur du mystère historique,
» il allait voir ses confrères, saints, anges et diables, bouffonner
» tristement la passion. Il n'était pas seulement spectateur, il
» était spectacle. Le peuple venait voir en lui la passion de la
» royauté. Roi et peuple, ils se contemplaient l'un et l'autre. Le
» roi y voyait le peuple misérable, déguenillé, mendiant. Le
» peuple y voyait le roi encore plus pauvre sur le trône, pauvre

(1) Rec. ord., t. 7, p. 290.

(2) Rec. ord., t. 7, p. 5 1.

(3) Rec. ord., t. 1, p. 784.

(4) C'était l'expression du temps, quand le roi était malade. *V.* Secousse, préface du 8e vol. des ord., p. v.

(5) Rec. ord., t. 8, p. 555.

(6) Hist. de France, t. 4, p. 90.

» d'esprit, pauvre d'amis, délaissé de sa famille, de sa femme, » veuf de lui-même et se survivant, riant tristement du rire » des fols, vieil enfant sans père ni mère pour en avoir soin. »

Dans ces temps de malheur, les lois se multipliaient comme les désordres ; elles en étaient toujours la preuve, rarement le remède ; impunément violées, elles étaient toujours renouvelées sans fruit ; dictées par des intérêts particuliers, elles se détruisaient comme les brigues qui leur avaient donné naissance ; enfin la forme du gouvernement éprouvait des variations continuelles.

Cette instabilité dans la législation se révèle à chaque page des ordonnances de ce règne : ainsi une ordonnance du 27 avril 1402 nomme le duc d'Orléans gouverneur de toutes les finances, et le 24 juin de la même année il est remplacé par le duc de Bourgogne (1). Dans les intervalles que lui laisse sa cruelle maladie, Charles VI sent qu'on abuse de sa faiblesse. Le 26 avril 1403 (2), il publie le plan d'une nouvelle forme de gouvernement pour assurer *le repos et le bonheur* de la France. Il se réserve le pouvoir suprême ; quand il ne pourra l'exercer lui-même, *en cas d'absence*, il en partage l'exercice entre ses oncles et son frère, essayant d'apaiser leur rivalité en nommant la reine son épouse chef de l'administration, et en accordant un droit de contrôle aux princes du sang, aux grands officiers de la couronne et aux membres de son conseil.

Sachant qu'il n'a pas la force de résister aux importunités, il donne à la reine, par lettres du 15 mai 1403 (3), le pouvoir de s'opposer aux dons qu'il pourra faire du domaine, aimant mieux prévenir ces aliénations que d'avoir à les révoquer, comme il l'avait fait par sa lettre du dernier février 1401 (4).

A la même époque, poursuivant la même pensée d'organisa-

(1) Rec. ord., t. 8, p. 498-588. *V.* d'autres variations, préface du tome 3, p. xij.

(2) Rec. ord., t. 8, p. 577.

(3) Rec. ord., t. 8, p. 586.

(4) Rec. ord., t. 8, p. 484.

tion gouvernementale, dépassant son ordonnance du mois de novembre 1392 (1), qui confirmait celle de Charles V sur la majorité du roi de France, il veut, par ses lettres d'avril 1405 (2), que le fils qui devra lui succéder, *en quelque minorité et en quelque petit âge qu'il soit à son décès, use pleinement du droit qui lui sera acquis par sa mort*, composant pour l'administration un conseil des mêmes éléments que ceux qui formaient son conseil en *son absence*. Une autre ordonnance du 26 décembre 1407 reproduit à peu près les mêmes dispositions.

Les actes de Charles VI contenaient le germe de bonnes lois, quand la raison ne l'abandonnait pas; il avait la pensée du bien; mais, hélas! la force lui manquait pour l'accomplir!

L'administration du royaume fut confiée dès 1405 à la reine, qui put expédier les affaires à la place du roi; puis partagée entre le Dauphin et la reine par l'ordonnance du 15 décembre 1408 et par les lettres du 27 décembre 1409 (3). Le roi « considérait l'amour et l'obéissance que la reine sa compagne » avait toujours eus pour lui, son grand sens, sa grande dis» crétion, les grandes dépenses qu'elle avait faites pour soutenir » son état et celui de plusieurs de ses enfants. Il lui avait déjà » accordé, par plusieurs autres lettres, diverses prérogatives, » prééminences et autorités dans les conseils et le gouvernement » du royaume, et avait augmenté ses revenus. » Mais le roi finit par découvrir les infidélités de son indigne épouse, et le 14 juin 1417 (4) il nomma le Dauphin *seul et pour le tout son lieutenant général par tout le royaume, mettant à néant, révocant d'abondant et de rechef toute lieutenance, et puissance générale donnée précédemment à la reine ou à autres.*

La reine, liguée avec le duc de Bourgogne, publiait des lettres

(1) Rec. ord., t. 9, p. 267.
(2) Rec. ord., t. 8, 577.
(3) Rec. ord., t. 9, p. 488.
(4) Rec. ord., t. 10, p. 416. — *V.* aussi t. 10, p. 427, ord. 27 nov. 1417.

en vertu des *pouvoirs irrévocables* (1) qu'elle tenait du roi. Celui-ci, de son côté, tâchait, par des actes royaux, comme celui du 27 novembre 1417, d'en détruire les effets; ce qui n'empêchait pas la reine de *casser, annuler, abolir* la cour de parlement et les autres cours établies à Paris. La capitale, en proie à l'émeute la plus sanglante, massacrait le connétable d'Armagnac, et le parti triomphant signalait son avénement au pouvoir par de nombreuses ordonnances. La reine était maintenue dans ses pouvoirs, et les lettres du 22 juillet 1418 (2) ratifiaient les suppressions des cours qu'elle avait prononcées. Le Dauphin, de son côté, annulait, par ses lettres du 21 septembre 1418 (3), en qualité de lieutenant général du royaume, tout ce que faisait le duc de Bourgogne. Il révoquait les nouveaux officiers, déclarait qu'il n'y avait plus de parlement à Paris, et commettait *diverses personnes* pour tenir et exercer à Poitiers la cour et juridiction souveraine du royaume, avec les mêmes pouvoirs et ressorts que le parlement de Paris, à partir du 1er décembre 1418.

Cette lutte parut cesser par la médiation de deux cardinaux envoyés de Rome, et sous la pression toujours croissante des Anglais qui envahissaient le territoire. Des lettres de pacification, enregistrées au parlement le 1er octobre 1418 (4), furent acceptées par le Dauphin, et le 19 juillet 1419 (5) le roi confirmait les arrêts rendus par la cour établie à Poitiers; seulement les affaires non encore jugées devaient être portées au parlement de Paris. Mais l'assassinat du duc de Bourgogne réveilla des dissensions mal éteintes; des lettres de septembre et de mars 1420 (6) nommaient des commissaires pour *punir, tant criminellement que civilement,*

(1) *V.* lettres de la reine, ord., t. 10, p. 429-431; lettres du 30 janvier 1417 ou 1418; — ord., t. 10, p. 436; lettres du 16 février 1417.

(2) Rec. ord., t. 10, p. 459, 460, etc.

(3) Rec. ord., t. 10, p. 477.

(4) Rec. ord., t. 11, p. 473.

(5) Rec. ord., t. 11, p. 15-18.

(6) Rec. ord., t. 11, p. 56.

le soi disant Dauphin, régent notredit royaume contre notre gré et volonté. — De son côté, le Dauphin agissait comme régent, *attendu les notoires exoines et empêchements du roi*, et créait, le 20 mars 1420, un parlement à Toulouse (1), tandis que des lettres du 8 janvier 1421 (2) commandaient à toutes personnes de dénoncer les *biens des partisans de Charles, soi disant Dauphin, et tenant de présent le parti contraire à Nous.*

Ce n'était pas assez de voir publier des ordonnances émanées du roi, du Dauphin, de la reine, se contredisant, se combattant avec une fureur égale à celle que les armées des princes du sang mettaient dans leurs rencontres avec les troupes du roi; ce n'était pas assez d'humiliation pour la France: sans doute un châtiment plus dur lui était réservé, pour la punir des désordres qu'elle laissait croître dans son sein; elle était encore condamnée à subir l'ignominie d'un roi étranger établi dans la forteresse du Louvre, dictant de sa royale demeure des lois à une partie du royaume; parade déshonorante à laquelle Paris ne rougissait pas d'applaudir!

Le honteux traité de Troyes, du 21 mai 1421 (3), assurait à Henri V la couronne de France après la mort de Charles VI, et, pendant la vie de celui-ci, le droit d'expédier toutes lettres en son nom joint à celui du souverain, et de porter le titre de *très-cher fils du roi, héritier de France* (art. 22 du traité). Cependant, comme si ce n'était pas assez, il prit la qualité de roi de France sur les monnaies qu'il fit battre en vertu des lettres du 16 juin 1420 (4), rendit des ordonnances pour certaines provinces, accorda des priviléges, régla la levée des impositions (5), enfin exerça le pouvoir législatif; et ses ordonnances forment pour nous

(1) Rec. ord., t. 11, p. 74.
(2) Rec. ord., t. 11, p. 113.
(3) Rec. ord., t. 10, p. 86. *V.* t. 12, p. 284.
(4) Rec. ord., t. 10, p. 91.
(5) Rec. ord., t. 10, p. 112-118, et *passim.*

une partie des monuments importants de l'ancienne administration.

A cette époque, la confusion est au comble, et, si nous n'avions pas des preuves incontestables du désordre qui régnait dans l'exercice de la puissance législative, nous serions tentés de nous demander, avec nos idées actuelles, si une pareille anarchie dans les rapports gouvernementaux a pu réellement exister. L'histoire ne nous fournit pas un second exemple d'une aussi profonde perturbation dans le gouvernement.

Du reste, la désorganisation se manifeste dans tous les actes du pouvoir.

Les intrigues des princes du sang avaient nécessité plusieurs ordonnances qui formèrent une législation de circonstance. Ainsi, après les défenses faites le 12 octobre 1405 au Dauphin et au duc de Bourgogne d'en venir aux mains, il fallut rendre, le 6 novembre de la même année, une ordonnance (1) pour prohiber les assemblées des gens d'armes qui, licenciés par les princes, ravageaient le royaume. Nul ne devait quitter le päys sous prétexte de mandement donné même par les princes du sang; obéissance n'était due qu'aux lettres patentes émanées du roi. — Les mêmes défenses, reproduites le 15 juillet 1410, renouvelées le 19 août suivant (2), ne purent arrêter les armements des princes, et ne produisirent pas plus d'effet que les lettres du 28 février 1410 (3), par lesquelles il était enjoint aux princes du sang de ne lever des troupes qu'avec le consentement du roi exprimé dans des lettres scellées du grand scel.

Quand le roi n'avait plus de troupes, il recourait aux ordonnances; et, dans des lettres analogues à celles du 3 octobre 1411 (4), adressées au parlement, il déclarait rebelles le duc d'Orléans et ses partisans, et donnait autorité et puissance *de leur courir sus, et les prendre et emprisonner.* — Plusieurs ordonnances furent rendues pour assurer la tranquillité publique : les unes

(1) Rec. ord., t. 9, p. 96.
(2) Rec. ord., t. 9, p. 515.
(3) Rec. ord., t. 9, p. 573.
(4) Rec. ord., t. 9, p. 685.

sur le guet et les gardes de Paris pendant le jour, et dans l'intérieur de la ville pendant la nuit ; les autres pour créer un conseil destiné à connaître des entreprises, rébellions et désobéissances faites au roi et à son royaume ; d'autres pour confisquer les biens des princes ligués (1). Les censures ecclésiastiques elles-mêmes furent invoquées, et les lettres du 5 novembre 1411 rappellent la bulle d'Urbain V, excommuniant les *grandes compagnies* qui ravageaient le royaume.

Le peuple de Paris, dont les priviléges avaient été révoqués, les recouvra le 20 janvier 1412 (2), grâce au crédit du duc de Bourgogne dont il avait soutenu la cause; et des lettres d'abolition, qui peignent avec vérité les désastres de cette époque, furent expédiées en grand nombre.

Aux malheurs politiques se joignit la disette, qui avait motivé en 1410 la défense de laisser sortir les grains du royaume (3).

C'est au milieu de ces douloureux événements que la population parisienne, rendue à la vie publique, fut appelée à jouer un rôle politique. Les élections municipales donnèrent un échevinage et un conseil de ville presque entièrement composé des gens des métiers. Aux passions de parti s'associèrent les violences démagogiques. L'homme d'action de cette seconde époque révolutionnaire fut le boucher Simon Caboche ; l'esprit de réforme de 1357 reparut un moment pour être aussitôt compromis par les actes sauvages de la faction dominante.

Etrange alliance! les gens lettrés s'unissaient à la portion ignorante et passionnée de la populace. L'université demandait, tant en son nom qu'en celui du corps de ville, le redressement des abus, et invoquait sans résultat l'appui du parlement, pour lequel l'heure de l'ambition n'avait pas encore sonné. Un plan de réforme administrative et judiciaire fut présenté par l'université et la ville au milieu

(1) *V.* Rec. ord., t. 9, p. 680, et *passim*.
(2) Ord., t. 9, p. 668.
(3) *V.* Rec. ord., t. 9, p. 510.

d'émeutes sanglantes qui menacèrent la vie du roi, et, le 25 mai 1413, les résolutions des nouveaux réformateurs, rédigées comme en 1357 sous la forme d'une ordonnance royale, furent lues devant le roi siégeant en son lit de justice, et déclarées obligatoires et inviolables (1).

Cette ordonnance, en 258 articles, compose un code complet d'administration; quoique rendue au milieu des événements les plus critiques, elle ne porte pas le cachet du moment. C'est une sage et impartiale fusion des meilleures ordonnances du XIVe siècle. Elle est divisée en dix chapitres généraux qui traitent successivement du domaine, des monnaies, des aides, des trésoriers de guerre, de la chambre des comptes, du parlement, de la justice, de la chancellerie, des eaux et forêts, et enfin des gens d'armes. En voici le préambule: « Savoir faisons..... afin que doresenavant lesdicts abus et inconvénients cessent de tout en tout, et » que tous les fais de la chose publique de nostre dict royaume, » tant au regard de noz dictes finances et de nostre dicte justice » comme autrement, soient remis en bon estat et deuement gouvernez au bien de nous et de nostredict peuple... » L'ordonnance entre dans les détails les plus minutieux; elle établit une hiérarchie de fonctionnaires électifs, impose des règles de gestion et de comptabilité, limite les offices quant au nombre et quant au pouvoir, et assure aux sujets de toutes les classes une garantie contre l'injustice, l'oppression, l'abus de la force ou de la loi.

Deux idées dominent dans cet acte législatif: la centralisation de l'ordre financier et la centralisation de l'ordre judiciaire. Dans le premier, tout aboutit à la chambre de comptes; dans le second, tout au parlement.

L'élection pourvoit aux offices de judicature, la vénalité des charges est abolie; les lieutenants des prévôts et des baillis sont élus par les gens de loi et les avocats du district. Pour la nomination d'un prévôt, les gens de pratique et autres notables

(1) Rec. ord., t. 10, p. 70 et suiv.

désignent trois candidats parmi lesquels le chancelier choisit, assisté des commissaires du parlement. Pour la prévôté de Paris, le parlement nomme sans présentation; il élit de la même manière ses propres membres, sans pouvoir les prendre dans la même famille. Les prévôts, baillis, sénéchaux, doivent être nés hors la province où ils exercent leurs fonctions; il leur est défendu de s'y marier, d'y marier leurs filles, d'y rien acquérir. — La juridiction des eaux et forêts, souvent tyrannique, est soumise en appel au parlement. Les paysans pourront s'armer pour courir sus aux pillards; ils auront le droit de poursuivre les loups, de détruire les nouvelles garennes faites par les seigneurs, et de refuser tout péage établi sans titre.

La diminution des impôts, l'économie dans l'administration, la responsabilité des officiers mieux assurée, tels sont les principes qui ont présidé à la rédaction de ce code; la justice royale est restreinte; les plaideurs ne seront plus enlevés à leurs juges naturels, ni ruinés par les dépenses énormes qu'entraînait l'obligation de venir des provinces les plus éloignées implorer à Paris une justice aussi tardive que coûteuse.

Cette grande ordonnance n'institue rien de nouveau, sauf l'élection pour les emplois judiciaires; elle laisse le pouvoir intact, en se bornant à lui tracer des règles administratives.

Tous les ordres de l'État sont soumis à la réforme; le parlement lui-même n'est point épargné. On se plaint de l'ignorance de quelques-uns de ses membres; d'autres sont accusés de recevoir avec trop de facilité des présents; on reproche aux avocats, aux notaires, aux greffiers une paperasserie ruineuse pour les plaideurs; les gens de compte sont vus avec défiance; à l'avenir, ils décideront *en plein bureau*. Les prêtres ne pourront plus exercer la profession d'avocat.

En dépit de la domination anarchique de la municipalité parisienne, maîtrisée elle-même par des hommes aussi grossiers que violents, des idées d'ordre et de bien public ont triomphé. La violence a exigé ou dicté ; mais c'est la modération qui a tenu la plume (1) ; et quoique l'ordonnance de 1413 ne soit pas née viable à cause de son origine révolutionnaire, elle n'en est pas moins un point de départ pour les améliorations nouvelles. C'est là qu'un jour on viendra puiser les vrais principes sur la séparation des pouvoirs administratif et judiciaire, des pouvoirs judiciaire et municipal.

S'il s'était rencontré des conseillers assez sages pour concevoir cette loi administrative de la vieille France, il ne s'en trouva point d'assez fermes pour la faire exécuter et la maintenir. Les hommes d'expérience, consommés dans la pratique des affaires, manquaient de volonté et d'énergie politique ; l'action resta aux bouchers et à leurs alliés : aussi s'opéra-t-il bientôt une réaction qui amena l'abandon des réformes obtenues à si grand'peine. Trois mois après qu'elle avait été promulguée, l'ordonnance du 25 mai était abolie avec les mêmes solennités qui avaient été employées pour la publier le 5 septembre 1413 (2).

Le sage historien du temps, étonné de cette versatilité, demanda compte de cette conduite à quelques-uns du conseil ; ils répondirent : « Nous voulons ce que veulent les princes. — A qui » donc vous comparerai-je, répliqua le moine, sinon à ces coqs » de village qui tournent à tous les vents. »

Des événements extérieurs augmentèrent encore le nombre des ordonnances exceptionnelles. Le schisme qui divisa l'Église à la fin du XIVe siècle et au commencement du XVe fut la source de plusieurs actes législatifs, tels que les lettres du 27 juillet 1398, par lesquelles le roi, l'Église et le peuple de la France se soustraient à l'obédience de Benoît XIII (3). Mais le roi ne veut point s'appliquer les revenus des biens du clergé ; les élections et collations de bénéfices se feront librement ; les officiers du pape ne pourront intervenir dans les affaires qui regarderont les sujets du royaume ; ceux-ci pourront se pourvoir devant les ordinaires. —

(1) Michelet, Hist. de France, t. 4, p. 245.
(2) Rec. ord., t. 10, p. 140.
(3) Rec. ord., t. 8, p. 258, 269, 270, 271.

Dans le mois de mai 1403, le retour à l'obédience de Benoît XIII eut lieu, et des lettres du 29 décembre suivant (1) portent que ceux qui ont été pourvus des bénéfices par les ordinaires les conserveront sans payer aucuns droits au pape, et sans pouvoir être inquiétés par le saint-siége. Le 9 juin 1404, ces lettres étaient révoquées par de nouvelles (2). — D'autres lettres du 5 avril 1407 annulent les actes et procédures émanés du pape Benoît XIII. — Déjà, le 18 février, Charles VI avait menacé de se délier de l'obédience, si Benoît ne faisait la cession du pontificat dans le délai qui lui serait imparti (3). — Le 5 mai 1408 (4), il déclare sa neutralité, attendu qu'il n'y a pas de pape reconnu unanimement dans l'Église. — Le 5 juin suivant, il annule la bulle qui excommunie le roi, le prince et le royaume (5). Il serait facile de citer encore un grand nombre d'actes ayant rapport au schisme, mais ils n'apprendraient rien de nouveau.

Cette législation de circonstance disparut avec les causes qui lui avaient donné naissance. Que reste-t-il donc pour la législation régulière et normale? Les changements continuels d'où naissait cette variation inouïe dans l'action de la royauté, et qui constituaient une véritable anarchie législative, laissaient peu de place aux ordonnances destinées à régler l'administration et surtout les rapports des citoyens entre eux. Aussi, dans ce nombre considérable de monuments législatifs, en rencontre-t-on rarement quelques-uns sur le droit civil, tels que : l'ordonnance du 30 janvier 1397, d'après laquelle toutes les obligations pour prêt passées par des chrétiens au profit des juifs doivent être retirées, déchirées et brûlées (6); celle du 11 juillet 1401,

(1) Rec. ord., t. 8, p. 622.
(2) Rec. ord., t. 9, p. 14.
(3) Rec. ord., t. 9, p. 294.
(4) Rec. ord., t. 9, p. 342.
(5) Rec. ord., t. 9, p. 346.
(6) Rec. ord., t. 8, p. 181.

qui refuse aux créanciers d'un mari tout droit sur les biens dotaux et paraphernaux de sa femme, lorsqu'elle ne s'est point personnellement obligée à la dette (1); les lettres du 24 mars 1402 (2), qui nomment une commission chargée de rechercher les contrats usuraires et frauduleux, et principalement les aliénations entachées d'une lésion d'outre moitié du juste prix. Le duc de Bourgogne en avait désigné une avec mission d'obtenir par des amendes l'argent dont l'Etat avait un pressant besoin et qu'il n'osait demander à un nouvel impôt. Cette commission, dont le but parut équitable, fonctionna jusqu'au 1er janvier; mais l'arbitraire auquel elle se livra fit éclater une sédition à Reims. Le peuple réclama vivement; il soutint que les ordres du roi étaient méconnus et que les commissaires abusaient de leur mandat. Charles VI, s'étant assuré que cet impôt déguisé ne rentrait pas dans ses coffres, révoqua les commissions le 28 janvier 1403 (3).

Une ordonnance du 23 décembre 1401 (4) fut rendue au profit des marchands de vin de Paris, à l'encontre desquels de nombreuses fraudes étaient pratiquées quand ils vendaient *sanz jour et sanz terme*. Pour garantir leur payement, l'ordonnance leur accorda le droit de contraindre les acheteurs à payer le prix dû, même par saisie de corps, sans pouvoir, par rapport à ces dettes, faire abandonnement et cession de biens.

Des lettres du mois d'octobre 1402 (5) réglèrent les droits d'amortissement. — D'autres du 9 juillet 1407 défendirent, sous peine d'amende, aux acquéreurs des héritages relevant immédiatement du roi, de se mettre en possession sans avoir au préalable payé les lods et ventes (6).

L'ordonnance la plus importante de cette époque, et qui entre dans le plus de détails, est celle rendue en février 1415 pour régler

(1) Rec. ord., t. 8, p. 446.
(2) Rec. ord., t. 8, p. 574.
(3) Rec. ord., t. 8, p. 626.
(4) Rec. ord., t. 8, p. 481.
(5) Rec. ord., t. 8, p. 546.
(6) Rec. ord., t. 9, p. 249.

la juridiction des prévôts des marchands et échevins de la ville de Paris, et établir plusieurs officiers pour la police des ports et marchés de la même ville (1). Elle se compose de 700 articles, dans lesquels le roi fixait certains usages, rappelait des priviléges tombés dans l'oubli, et coordonnait les anciennes ordonnances intervenues à ce sujet. Jean Mauloue, conseiller au parlement, fut chargé de concert avec le prévôt et les échevins de réunir toutes les anciennes lois, et de constater par enquête les anciens usages. Puis *après meure délibéracion du grant conseil en enssuivant les constitutions, ordonnances et statuts anciens,* le roi *ordonna de sa certaine science, plaine puissance et auctorité royale que ces statuts, ordonnances, édits fussent irrévocables pour le bien publique, gouvernement et bonne police de ladicte ville.*

A l'effet d'en assurer l'exécution, le prévôt devait jurer de l'entretenir, la faire garder et publier à ladicte prévôté et ailleurs où il appartiendrait, afin qu'aucun n'en pût prétendre ignorance; et l'enregistrement avait lieu *ès registres* de la prévôté. Aussi lit-on sur l'original déposé aux archives de l'hôtel de ville : *Publiées en jugement en l'auditoire de la prévosté des marchands et échevinage de la ville de Paris les jeudi, vendredi, lundi et mardi des* 12, 13, 14, 17 *jours du mois de... l'an de grâce de mil cccc et quinze.*

A part quelques ordonnances de cette nature, c'est-à-dire rendues sur des objets spéciaux, sans idée générale et suivie, la législation civile est presque laissée dans l'oubli. Le droit public n'était guère mieux partagé. Plusieurs ordonnances sur la perception des aides; une autre ordonnance posant les vrais principes sur l'inaliénabilité du domaine royal; quelques actes sur les eaux et forêts; des concessions et des retraits de priviléges à des particuliers et à des villes, voilà, dans ces temps de désorganisation sociale, les seuls actes de législation normale et régulière.

(1) Rec. ord., t. 10, p. 257.

XI.—Le triste spectacle donné sous Charles VI, de plusieurs souverains rendant des lois pour le même royaume, se renouvela pendant les premières années du règne de son successeur. Après la mort du roi de France, que précéda d'un mois celle du roi d'Angleterre, un moment d'hésitation se manifesta dans les esprits; le Dauphin, réfugié dans son apanage, s'y maintenait par la force des armes; le peuple de Paris, n'osant pas donner immédiatement au jeune Henri VI le titre de roi de France, attendait que l'étranger lui dictât ses ordres, et depuis la mort de Charles VI jusqu'à l'arrivée de Bedford les lettres furent scellées en cire blanche du sceau de la prévôté de Paris, et expédiées au nom du chancelier et du conseil. C'est avec ces formalités exceptionnelles que furent publiées les lettres du 22 octobre 1422 (1), pour maintenir les officiers royaux dans leurs fonctions et autoriser les trésoriers à continuer leurs payements.— A partir seulement du 9 novembre, les lettres furent expédiées au nom de Henri VI, roi de France et d'Angleterre.

N'est-ce pas un sujet de bien amères réflexions que cette législation éditée en double partie, par deux princes revendiquant chacun le gouvernement d'un grand peuple qui n'ose pas prononcer entre le roi national et l'usurpateur anglais? De 1422 à 1423, tous les actes législatifs promulgués soit par le prince qui pendant longtemps avait été dédaigneusement nommé le *soi-disant Dauphin*, soit par le compétiteur que Charles qualifiait à son tour de *soi-disant roi de France*, révèlent chez celui qui les promulgue le désir de se créer des partisans. Chacun des prétendants cherche à se concilier la faveur du peuple par une sage et bonne administration; ce que l'un fera, l'autre voudra l'imiter; les améliorations que celui-ci aura projetées, celui-là s'empressera de les réaliser.

Un rapide coup d'œil sur les ordonnances de ces deux princes suffira pour établir ce curieux rapprochement.

(1) Rec. ord., t. 13, p. 8.

Charles VII, dès le début, écoute les réclamations qui lui sont adressées et y fait droit. Une de ses ordonnances, du 16 novembre 1422 (1), réforme les abus énormes de la procédure suivie en Dauphiné. — Le 11 décembre suivant, il confirme (2) les priviléges des capitouls et des habitants de Toulouse, qu'il avait concédés (3) en mars 1420 comme Dauphin. En 1423, 1424 et 1425, il en accorde de nouveaux pour les villes de consuls (4). Il abolit en juillet 1423 les droits (5) de mortaille et toute servitude en faveur des habitants d'Issoudun, qui avaient souffert pour sa cause des dommages *piteux à ouïr et lamentables à réciter*. — Il s'engage, par les lettres du 5 août de la même année, à remédier aux inconvénients de la monnaie faible (6) : c'est à cette condition que les états du Languedoc lui accordent des aides pour soutenir la guerre. Plusieurs lettres sur le commerce permettent à des étrangers de venir en France : c'est ainsi que, renouvelant en mars 1424 (7) les lettres que les Castillans avaient déjà obtenues en avril 1364 (8), il leur octroie l'exemption de tout impôt jusqu'à la fin de son règne (9), leur réservant, en vertu des principes antérieurement admis (10), le droit de ne point être inquiétés en cas de guerre.

La variation dans la valeur des monnaies est une plaie de l'époque à laquelle Henri VI veut aussi remédier. L'année 1423 contient douze lettres de lui sur ce sujet (11). — De son côté, il confirme de nombreux priviléges accordés aux corps et communautés. La

(1) Rec. ord., t. 13, p. 2.
(2) Rec. ord., t. 13, p. 10.
(3) Rec. ord., t. 11, p. 75.
(4) Rec. ord., t. 13, p. 18, 43, 64.
(5) Rec. ord., t. 13, p. 32.
(6) Rec. ord., t. 13, p. 34.
(7) Rec. ord., t. 13, p. 44.
(8) Rec. ord., t. 4, p. 423.
(9) Rec. ord., t. 13, p. 209.
(10) Rec. ord., t. 4, p. 425; — t. 3, p. 573; — t. 13, p. 58.
(11) Rec. ord., t. 13, *passim*.

corporation des bouchers, redoutable à la royauté, avait été brisée en 1416 (1), puis rétablie en 1418; Henri VI s'empresse de confirmer leurs priviléges par lettres de janvier 1423, en considération de *leurs bons et agréables services* (2).— La misère de Paris est au comble; les maisons délaissées tombent en ruines, les propriétaires emportent les portes et les fenêtres de ces habitations vides; de nombreuses lettres sont publiées pour apporter un remède à ces maux, celles, par exemple, des 31 juillet 1428 et 31 janvier 1432 (3). — Au milieu de ces désastres, des lois concernant les mœurs et la décence sont publiées en avril 1424; les courtisanes sont reléguées dans un quartier de la ville, et les lettres du mois de mai 1425, reproduisant les ordonnances de saint Louis de 1254, déterminent leur costume, avec défense de porter celui réservé aux femmes honnêtes (4).

Le même objet attire aussi l'attention de Charles VII; à Toulouse, les femmes perdues de mœurs habiteront une maison commune; mais, pour les soustraire aux mauvais traitements, le roi les prend sous sa protection moyennant une redevance assez considérable, fixée par les lettres du 13 février 1425 (5). — La moralité est une condition nécessaire pour obtenir certains droits; en vertu des lettres de décembre 1437, confirmant les statuts des artisans d'Issoudun (6), un ouvrier qui a une concubine ne peut devenir maître; et d'après le règlement du 19 mai 1438 pour les barbiers (7), ceux qui ont de mauvaises mœurs sont privés de leur métier, et leurs outils confisqués.

Henri VI, effrayé des succès de Charles VII, réchauffe le zèle des Parisiens en leur accordant des priviléges plus étendus que ceux dont ils avaient joui jusque-là, et dans son ordonnance du 26

(1) Rec. ord., t. 11, p. 361-373.
(2) Rec. ord., t. 13, p. 16.
(3) Rec. ord., t. 13, p. 135, 174, 109.
(4) Rec ord., t. 13. p. 46-89.
(5) Rec. ord., t. 13, p. 75.
(6) Rec. ord., t. 13, p. 532.
(7) Rec. ord., t. 13, p. 265.

décembre 1431 il les félicite de leur *loyauté vraie et ferme obéissance.* L'université reçoit, à la même époque, de nouvelles faveurs; elle sera désormais exempte des tailles, aides et subsides de toute espèce (1). — Ces priviléges seraient-ils le prix de sa lâche complaisance à appuyer l'odieuse et cruelle procédure instruite par l'évêque de Beauvais contre la vierge de Vaucouleurs, l'ange libérateur de la France?... — La Normandie, restée fidèle au parti anglais, n'est point oubliée dans la distribution des faveurs, et en janvier 1432 une université est installée à Caen pour l'étude du droit civil et du droit canonique (2).

Charles VII imite la conduite de son compétiteur. Orléans, qui l'a si vaillamment secondé, est exemptée, par lettres du 16 janvier 1430, de toutes tailles, impositions, arrière-ban et service de guerre pendant tout son règne (3). — D'autres villes, en récompense de leur dévoûment, reçoivent de nombreux priviléges, telles que Montargis, Mehun-sur-Yèvre. Cette dernière ville achète l'affranchissement des serfs de toute la châtellenie moyennant 700 réaux d'or (4), comme autrefois Louis X permit aux serfs d'acheter leur liberté (5). — L'université de Poitiers est fondée le 16 mars 1432; celle d'Angers reçoit des augmentations (6). Enfin Nîmes reprend son droit de cloches (7), signe distinctif des villes de conseils et d'échevinage, qu'elle réclamait en vain depuis plusieurs années.

Cette ressemblance si parfaite dans les actes s'arrête aux matières ecclésiastiques; au lieu d'une identité absolue, nous rencontrons une opposition complète. Henri VI favorise les prétentions du pape, ainsi que l'attestent ses lettres du 12 mai 1432; tandis

(1) Rec. ord., t. 13, p. 169.
(2) Rec. ord., t. 13, p. 176-182.
(3) Rec. ord., t. 13, p. 144.
(4) Rec. ord., t. 13, p. 167-152.
(5) Rec. ord., t. 1, p. 583; — t. 11, p. 434.
(6) Rec. ord., t. 13, p. 179-182.
(7) Rec. ord., t. 11, p. 68-81; — t. 13, p. 196.

que Charles VII les combat avec énergie dans ses lettres du 10 mars de la même année (1).

La législation de Henri VI, qui n'a pour nous qu'un intérêt purement historique, disparaît au moment où la mort de Bedford enlève au roi d'Angleterre l'appui du ministre qui avait réellement exercé à sa place le pouvoir royal en France. Cet événement présage à Charles VII la soumission prochaine de Paris, et aussitôt, le 15 mars 1436, il fait publier des lettres dans lesquelles, *préférant l'équité et le bien de ses sujets aux rigueurs de justice, il veut tolérer et permettre l'exécution des jugements rendus en un autre nom que le sien* pour les personnes non soumises à son obéissance (2). Au mois de mars de la même année, il signe des lettres d'abolition, et confirme les priviléges de l'université de Paris; mais il dissout en même temps le parlement de l'usurpateur, et, le 6 novembre 1436, il ordonne que le véritable parlement sera transféré de Poitiers à Paris (3). Enfin il concède, d'abord à toutes les villes restées fidèles, ensuite à celles qui se soumettent, des priviléges auxquels Poitiers, Bourges, Lizieux, Rouen, Caen, Bordeaux et bien d'autres prennent part (4).

XII. — A partir de cette époque, Charles VII exercera seul le pouvoir législatif; il semblera bien, par ses lettres du 28 juillet 1440, concéder au Dauphin le pouvoir de rendre des ordonnances obligatoires (5) pour le Dauphiné soumis à son administration, sous la seule condition qu'il ne destituera pas les officiers royaux en exercice; mais d'autres lettres du 2 septembre suivant indiqueront que le roi exerce seul le pouvoir exécutif dans le Dauphiné, comme dans tout son royaume (6), car il défendra d'y publier des lettres de suspension ou de privation de bénéfices,

(1) Rec. ord., t. 13, p. 181-177.
(2) Rec. ord., t. 13, p. 216.
(3) Rec. ord., t. 13, p. 219. 218, 229.
(4) Rec. ord., t. 13, p. 226-233; — t. 14, p. 14, 65, 71, 74, etc.
(5) Rec. ord., t. 13, p. 318.
(6) Rec. ord., t. 13, p. 319-321.

enjoindra d'y reconnaître pour pape Eugène IV, et, le 12 août 1445, il déterminera la valeur de la monnaie qu'il permettra au Dauphin de faire frapper dans ses Etats sous son nom et avec ses armes.

Je vais passer en revue les différents monuments législatifs de cette seconde période de l'administration de Charles VII, et en apprécier la nature et le caractère.

Le règne de ce monarque est une époque d'élan national ; il occupe une grande place dans notre histoire, non pas tant à cause de l'action personnelle qu'exerça ce prince faible et indolent, que parce qu'il fut comme le signal d'une sorte d'inspiration publique d'où sortirent le mouvement, les idées, le conseil. Après ce long et pénible travail de délivrance nationale, les traditions d'ordre, de régularité, d'unité qu'avait créées le gouvernement de Charles V prirent, sous son petit-fils, un nouveau développement. Ce nouvel état de choses eut pour représentants des hommes sortis des classes moyennes de la société d'alors, la petite noblesse et la haute bourgeoisie; ministres du roi, ils travaillèrent pour lui, dans la guerre, avec toute l'énergie de l'instinct patriotique; dans la paix, avec toutes les lumières de l'opinion nationale.

Un fait qui caractérise parfaitement les réformes accomplies sous Charles VII, c'est le pouvoir considérable dont furent investis deux roturiers : Jacques Cœur, formé à la science de l'homme d'État par la pratique du commerce, et Jean Bureau, qui cessa d'être homme de robe pour devenir, sans préparation, grand maître de l'artillerie, et fit de cette arme, encore peu connue, un emploi habile et méthodique.

C'est sous l'influence de ces hommes nouveaux que se réalisèrent les améliorations dans l'administration du royaume, les finances, la justice et la police générale, améliorations écrites dans l'ordonnance de 1413, mais dont l'origine révolutionnaire avait empêché l'exécution. Une fois les dissensions intérieures étouffées, l'étranger vaincu et chassé du territoire, la France respira librement; les réformes et le progrès devinrent possibles, et la royauté put songer à fonder quelque établissement durable.

Les ordonnances de cette époque se distinguent par une précision, une netteté qui manquent aux monuments antérieurs; la forme renferme même quelque chose d'impérieux qui révèle un talent pratique et une volonté sûre d'elle-même parce qu'elle a le pouvoir.

Le désordre s'était glissé dans toutes les parties de l'administration, et surtout dans les finances; une réforme était urgente. Charles VII la commença en ordonnant par des lettres du 20 février 1438 la rentrée des censives et de tous droits féodaux qui lui étaient encore dus (1), faisant grâce de l'amende à ceux qui exhiberaient leurs titres dans un délai fixé. En même temps, des commissaires étaient chargés de prendre tous les renseignements nécessaires pour renouveler les terriers négligés depuis 1391. Les ordonnances du 16 juillet 1439 enjoignaient à chaque bailliage et sénéchaussée (2) de faire des registres vrais et certains de tous les fiefs et arrière-fiefs tenus de lui.

Puis, *comme il estoit besoing et grande nécessité de pourveoir au fait et gouvernement des finances, et en icelles mettre ordre et bonne provision*, Charles VII publia l'ordonnance du 25 septembre 1443, fixant les règles et les formes pour la comptabilité de ses revenus (3); il détermina les pouvoirs des trésoriers, et leur enjoignit d'adresser régulièrement les recettes à la chambre des comptes; enfin, plusieurs dispositions eurent pour but de prévenir les fraudes et les malversations. — D'autres lettres avaient développé les principes contenus dans cette ordonnance. *Il sembla estre expédient*, comme le dit Charles VII, *pour le bien de nous et de nosditz revenus et finances, icelles ordonnances amplier, accroistre, et interpreter sur aucuns points plus avant, et particulièrement que fait n'avoist esté;* en con-

(1) Rec. ord., t. 13, p. 258.
(2) Rec. ord., t. 13, p. 299.
(3) Rec. ord., t. 13, p. 372.

séquence de quoi la déclaration du 10 février 1444 compléta le système de l'administration financière (1).

Le 28 février 1436, le roi avait rétabli les aides (2), que les événements politiques lui avaient fait supprimer en 1418, pendant qu'il était régent du royaume; et une déclaration du 18 septembre 1460 régla la manière de procéder devant la cour des aides (3).

La taille votée par les états généraux de 1439 pour l'entretien des troupes devint perpétuelle; la répartition et la perception, confiées dès St Louis à des prudhommes élus dans des assemblées de communautés, le furent à des officiers royaux par les lettres du 19 juin 1445 (4). Ces fonctionnaires, nommés par le roi, tout en conservant le nom d'*élus*, avaient pour les tailles une juridiction déterminée par cette ordonnance; elle indique encore les exemptions, qui sont très-restreintes, et l'article 5 pose cette règle : *Voulons et ordonnons que tous nosditssubjects de quelque estat qu'ils soient contribuent aux tailles*, sauf les quelques exceptions énumérées dans le préambule. — L'assiette des tailles et leur répartition avaient soulevé de nombreuses réclamations; plusieurs habitants avaient été surchargés outre mesure; d'autres s'étaient soustraits sans cause légitime à la perception. L'ordonnance fort étendue du 3 avril 1460 eut pour but de remédier à ces abus, et de rétablir l'égalité proportionnelle dans la répartition de l'impôt.

Au système financier se rattachait intimement la question de la milice destinée à protéger l'indépendance nationale qui venait d'être conquise; aussi Charles VII déclare-t-il, par ses lettres du 15 décembre 1428, portant révocation des aliénations du domaine de la couronne (5), qu'il a fait, de l'avis de son grand conseil, *plusieurs ordonnances sur le fait et gouvernement des*

(1) Rec. ord., t. 13, p. 414.
(2) Rec. ord., t. 13, p. 232.
(3) Rec. ord., t. 14, p. 496.
(4) Rec. ord., t. 13, p. 428.
(5) Rec. ord., t. 13, p. 294.

finances, afin d'i donner bon ordre, et pourvoir au fait desdictes gens de guerre, en manière qu'ilz puissent estre entretenuz ez frontières à l'encontre de l'ennemi, et que ses païs et subjiez en sont de tout dechargiez. A partir de ce moment, le système de la milice subit un changement radical : jusque-là les armées ne se composaient que des vassaux du roi ; elles se séparaient aussitôt que les causes qui avaient motivé leur convocation avaient cessé ; désormais il y aura une milice nationale permanente.

Le 9 novembre 1439, sur les remontrances des états assemblés à Orléans, Charles VII publie une loi pour obvier aux pilleries et vexations des gens de guerre (1) : il supprime les *compagnies* qui dévastent le royaume, et nomme directement les capitaines ; nul ne peut lever des gens d'armes sans des lettres patentes expresses ; les seigneurs qui pourront en avoir répondent de leurs faits et ne peuvent, sous ce prétexte, lever aucune taille sur leurs sujets. Les règles générales sur l'organisation de la nouvelle milice étaient contenues dans l'ordonnance de 1439 ; mais l'organisation des *compagnies d'ordonnance* ne fut définitive qu'en 1445. Ce corps, composé seulement de cavaliers et encore peu nombreux, ne suffisait pas à toutes les nécessités du service, surtout à une époque où les villes avaient grand besoin de se garder ; aussi trouve-t-on dans les recueils de 1436 à 1447 de nombreuses lettres qui accordent aux villes le privilége d'avoir des compagnies d'arbalétriers et d'archers (2).

Charles VII compléta l'organisation militaire en créant, par son ordonnance du 28 avril 1448 (3), sous le nom de *francs archers*, un corps d'infanterie prêt à se rassembler au premier ordre, exercé journellement, vêtu d'une manière convenable et payé seulement lorsqu'il serait employé. On l'appelait le corps des *francs*

(1) Rec. ord., t. 13, p. 306.
(2) Rec. ord., t. 13 : pour Paris, p. 240 ; pour Tournai, p. 283 ; — la Rochelle, p. 521 ; pour Euregnies, p. 456.
(3) Rec. ord., t. 14, p. 1.

archers parce que ceux qui le composaient étaient affranchis de toutes tailles et subventions, excepté des aides pour la guerre et de l'impôt sur le sel.

Enfin, dans le cas de guerre, les seigneurs étaient obligés d'amener leurs hommes au roi *lorsqu'il les mandait pour la défense et recouvrement de sa seigneurie*. Un règlement du 30 janvier 1455 les divisa en plusieurs classes distinguées par la diversité de leur habillement et de leur armure. Chacun eut la liberté de choisir celle dans laquelle il voulait entrer, et qui convenait le mieux à l'état de sa fortune. — La milice féodale, unie à la milice nationale créée par Charles VII, formait l'ensemble de l'armée française.

En même temps que l'activité législative réformait les finances, organisait une armée assez forte pour affermir la paix intérieure et faire respecter le territoire par les étrangers, elle se montrait plus grande peut-être dans l'organisation de la justice.

Les malheurs du règne de Charles VI avaient fait transporter le parlement à Poitiers, tandis que les ennemis du Dauphin en avaient constitué un nouveau à Paris. Celui établi temporairement à Toulouse n'était qu'un démembrement de celui de Poitiers, auquel il fut réuni par les lettres du 7 octobre 1428.

Aussi, lorsque la capitale eut ouvert ses portes à Charles VII, le *véritable* parlement, qui siégeait à Poitiers depuis 1418, fut transféré à Paris le 29 novembre 1436, et il n'y en eut plus qu'un pour tout le royaume. Mais le territoire soumis au roi s'était considérablement agrandi ; les distances devenaient pour certaines contrées beaucoup trop considérables ; enfin, comme le firent remarquer les états du Languedoc, une partie de la population était régie par le droit écrit, bien différent des coutumes suivies à Paris. Une seule cour ne suffisait plus ; la bonne administration de la justice exigeait la création d'une cour nouvelle. Des lettres du 18 avril 1437 établirent un second parlement à Toulouse (1) et

(1) Rec. ord., t. 13, p. 231.

en nommèrent les officiers. Mais le parlement de Paris, craignant de voir diminuer son influence, réclama contre cette mesure, et Charles VII choisit en attendant, pour rendre la justice, des commissaires dont les arrêts devaient avoir la même autorité que s'ils étaient émanés d'une cour souveraine, ainsi que le portent les lettres du 30 janvier 1438 (1).

Cet état de choses ne pouvait durer; sur les instances des représentants du Languedoc, Charles VII organisa définitivement le parlement à Toulouse par ses lettres du 31 octobre 1443, et révoqua les commissaires nommés provisoirement (2). Ces lettres, enregistrées au parlement de Paris le 4 juillet 1444, contiennent l'ordre de renvoyer les affaires à Toulouse (3) et de ne plus en recevoir de nouvelles. Cette injonction ne fut point immédiatement exécutée; il fallut de nouvelles lettres du 17 mars, enregistrées le 19 avril 1445, pour assurer l'exécution des premières (4).

Voulant faire disparaître toute distinction entre les deux parlements, et établir une identité parfaite entre les membres de ces deux cours, Charles VII publia des lettres le 24 novembre 1454 *touchant la fraternité des officiers* qui les composaient (5). Les membres du parlement pourraient siéger aussi bien à Toulouse qu'à Paris, quand leurs affaires les y appelleraient. Pour cimenter cette union, plusieurs conseillers furent envoyés à Toulouse; mais déjà l'on ne quittait la capitale qu'à regret.

La chambre des comptes, forcée de fuir pendant les troubles civils, s'était réfugiée auprès du Dauphin, qui l'avait installée à Bourges le 21 septembre 1418 (6), et elle ne fut rétablie à Paris que par les lettres du 28 novembre 1446 (7). Le

(1) Rec. ord., t. 13, p. 257.
(2) Rec. ord., t. 13, p. 384.
(3) Rec. ord., t. 13, p. 395.
(4) Rec. ord., t. 13, préface, p. LXXIJ.
(5) Rec. ord., t. 14, p. 332.
(6) Rec. ord., t. 10, p. 478.
(7) Rec. ord., t. 13, p. 229.

23 décembre 1454, parut un long règlement pour la chambre des comptes (1); il avait pour but de remédier à de graves abus, et ses dispositions passèrent dans deux déclarations : l'une du 12 avril 1460, instituant les gens des comptes juges souverains en matière de finances dépendantes du domaine et du fait des comptes (2); l'autre, datée du 25 décembre 1460, sur l'autorité et la juridiction de la chambre des comptes (3), dans laquelle est rappelé le principe que leurs sentences n'étaient sujettes à appel devant aucune juridiction.

La hiérarchie des tribunaux civils et administratifs étant fixée, des ordonnances déterminèrent les formes dans lesquelles la justice serait rendue. Je ne citerai que les principales. — L'administration de la justice avait été fort négligée pendant les troubles et les guerres. Le roi publia, le 28 octobre 1446, une grande ordonnance touchant le style du parlement (4), d'après un projet rédigé par les parlementaires, qui y avaient réuni les principales dispositions des anciennes ordonnances, en y ajoutant de nouveaux articles et apportant les changements que les circonstances exigeaient. L'article 1er renouvelle le mode de procéder à l'élection des membres du parlement; l'article 25 impose la brièveté aux avocats, et reproduit les articles 12 et 38 de l'ordonnance de 1363 (5). Aux termes de l'article 26, une cause une fois commencée ne peut être interrompue, à moins qu'une des parties ne requière un délai. Cet article est rédigé en faveur des plaideurs contre les abus de la chicane, et les articles 29 et 31 punissent d'une amende sévère les avocats et procureurs qui multiplient les procédures sans motifs légitimes.

Cette ordonnance avait été publiée à un moment où une grande partie de la France était encore au pouvoir des Anglais. Lorsque

(1) Rec. ord., t. 14, p. 341.
(2) Rec. ord., t. 14, p. 489.
(3) Rec. ord., t. 14, p. 510.
(4) Rec. ord., t. 13, p. 471.
(5) Rec. ord., t. 3, p. 654-681.

Charles VII fut maître de tout le royaume, il dut réprimer les abus qui s'étaient introduits sous la domination étrangère; après avoir pris l'avis des *princes de son sang, des prélats, des barons, des gens de son conseil et de son parlement et autres juges et prud'hommes*, il publia la belle ordonnance du mois d'avril 1454, pour la réformation de la justice, en 125 articles (1). — Le premier règle la composition du parlement et le nombre des juges; l'article 5 énumère les causes portées au parlement en première instance; l'article 9 contient des règles sur l'évocation; la procédure criminelle est traitée avec détail dans les articles 25 et suivants; et l'article 34 exige la célérité, non en faveur de l'accusé, mais pour qu'il n'ait pas le temps de combiner une défense mensongère.

Les articles 49 et suivants apportent à la procédure civile de notables améliorations; l'article 53 punit les avocats *de la privation de postuler* quand ils se permettent d'insulter leurs parties adverses, abus qui n'était que trop habituel *contre toute bonne observance et en grande esclande de justice.*

Les articles 55, 56 défendent aux juges de s'arrêter aux lettres d'État que les plaideurs obtenaient souvent sur de faux rapports pour retarder le procès.

Enfin, les articles 82, 87 règlent l'élection aux offices; la vénalité est formellement interdite.

Avec le système d'unité qui régnait dans l'administration, les prétentions que manifesta l'université en 1446 parurent exorbitantes. A propos d'une sédition d'écoliers, la justice régulière étant intervenue, l'université protesta en cessant ses leçons et prédications, disant qu'elle *n'était en rien sujette du parlement, que le roi seul pouvait connaître de ses causes.* Des lettres du 26 mars 1446 abolirent un des plus précieux priviléges de l'université, et proclamèrent (2) que le parlement, qui est « *la cour souveraine » et capitale de tout le royaume, à laquelle répondent et obéis-*

(1) Rec. ord., t. 14, p. 284.
(2) Rec. ord., t. 3, p. 457.

» *sent les princes du sang, pairs, ducs, comtes, et autres* » *grands seigneurs, connaîtrait des causes de l'université et* » *de ses suppôts.* »

Le roi, tout en montrant le désir de conserver des rapports d'amitié avec le saint-siége, manifeste la volonté très-ferme de réprimer les empiétements du clergé, « *l'intention et ferme propos* » *de garder et défendre les franchises et libertés de l'Église* » *gallicane dont il est le protecteur*. Ainsi s'expriment les lettres du 8 février 1423, données à Bourges et enregistrées à Poitiers (1).

Ces principes sont reproduits dans la fameuse ordonnance du 7 juillet 1438, publiée après délibération tenue à Bourges par l'assemblée du clergé sur la discipline ecclésiastique, et qui porte le nom de *Pragmatique sanction* (2). Cet édit rappelle les dispositions des conciles sur la discipline de l'Église avec les modifications introduites par les usages du royaume et les circonstances. Plein de déférence pour l'Église, mais jaloux de conserver l'autorité temporelle, Charles VII approuve tous les décrets utiles sans rien concéder aux prétentions exagérées du saint-siége relativement à certaines prérogatives; il supprime beaucoup de tailles perçues au nom du pape, et restreint le nombre des causes portées devant les tribunaux ecclésiastiques, tout en leur laissant encore une juridiction.—La pragmatique sanction rétablit au profit du clergé le droit de nommer ses évêques sur la convocation du roi, droit auquel les papes avaient depuis longtemps porté atteinte. —Ce qui frappe dans ce grand monument législatif, c'est l'esprit de modération, de discernement, d'impartialité!

Tous les actes législatifs rendus sur le même objet attestent dans le pouvoir temporel une grande fermeté, unie au respect vrai pour le chef de l'Église et pour ses représentants. Sans énumérer toutes les lettres publiées en matières ecclésiastiques, je me borne à citer l'ordonnance du 14 février 1452, qui a pour but de préciser

(1) Rec. ord., t. 13, p. 22.
(2) Rec. ord., t. 13, p. 267.

les droits du roi en cas de vacance d'un évêché (1). Cette *ordonnance, unique dans son espèce,* selon l'expression de Pasquier (2), établit très-nettement qu'au roi appartiennent les revenus d'un évêché vacant jusqu'à ce que le nouvel évêque ait fait serment de fidélité *en personne*, et c'est à partir de cette époque que le droit de *régale* est établi d'une manière incontestable. — Charles VII sauvegarde les intérêts de l'Église tout en réservant les droits de l'autorité temporelle; ses lettres du 3 avril 1457 déclarent que la dîme levée sur les églises pour la croisade contre les Turcs n'a pu en aucune façon préjudicier aux priviléges de l'Eglise gallicane (3).

Comme complément des ordonnances générales sur les différentes branches de l'administration, viennent se grouper une foule d'autres actes qui ont pour but de régler l'exécution des dispositions décrétées, ou d'entrer dans de minutieux détails d'administration locale, tels que les règlements des foires, des marchés, des places assignées aux différents vendeurs, du péage sur les rivières, dont l'abolition est prononcée dans beaucoup de localités.

Les ordonnances relatives au droit privé manquent presque absolument; je ne puis guère en citer d'autres que : un règlement des droits du trésor perçus pour l'exploitation des mines (4), fixés à la dixième partie de leur produit; des lettres sur les règles à suivre, de la part des officiers publics, pour la réception des actes, par exemple celles de 1437, qui obligent les notaires du Châtelet à conserver des registres ou protocoles des contrats qu'ils passent, avec obligation de les transmettre à leurs successeurs (5).

Mais la législation civile proprement dite, vous la chercheriez en vain dans le recueil des ordonnances; elle n'y est pas; elle ne se trouve que dans les coutumiers. Au XIIIe siècle, nos jurisconsultes

(1) Rec. ord., t. 14, p. 190.
(2) Recherches, t. 1, col. 306.
(3) Rec. ord., t. 14, p. 443.
(4) Rec. ord., t. 13, p. 236.
(5) Rec. ord., t. 13, p. 429.

sultes français sont pleins d'originalité et de vigueur; au XIVe et au XVe, leurs efforts se concentrent vers un but unique, la collection des différentes coutumes pour donner de la netteté, de la précision à la pratique dans la direction des procès, aux tribunaux dans la prononciation de leurs sentences. Ce mouvement vers une rédaction des coutumes, sorti des nécessités de la pratique, s'est fait ressentir dans les sphères plus élevées du pouvoir législatif. La rédaction officieuse de certaines coutumes a fait comprendre toute l'utilité d'une rédaction officielle et s'appliquant à toutes les provinces du royaume. La pensée d'organisation qui a déjà réalisé tant d'améliorations dans la société politique a projeté sa lumière sur les bases de la société civile. Dans la célèbre ordonnance du 17 avril 1454, sur la réformation de la justice (1), rendue à une époque « *où le royaume a été moult opprimé et* » *dépopulé par les divisions et guerres qui ont été en icelui....* » Charles VII considère « *que les royaumes sans bon ordre de jus-* » *tice ne peuvent avoir de durée ni fermeté aucune;* » en conséquence l'article 125 ordonne que « *les usages et stiles du par-* » *lement de tous les pays du royaume, soient rédigés et mis* » *en écrit, accordés par les coutumiers, praticiens, et genz* » *de chascun desdicts païs du royaume,* » afin que, examinées et autorisées par le grand conseil et le parlement, les coutumes aient force de loi.

Affranchie des embarras d'une guerre étrangère, la royauté, maîtrisant la féodalité, prépare les matériaux d'un grand édifice dans lequel le droit coutumier et le droit romain se réuniront pour composer le monument national de la science juridique : pensée grandiose, mais trop progressive pour le XVe siècle, et que le temps seul pourra réaliser ! Si l'unité législative n'a pu se constituer en même temps que l'unité politique, chaque siècle apportera du moins son contingent de matériaux qu'une civilisation plus avancée

(1) Rec. ord., t. 14, p. 284.

mettra en œuvre, et ce ne sera qu'après de pénibles efforts tentés par de nombreuses générations qu'il sera permis d'élever ce monument impérissable de l'expérience des hommes !

ARTICLE II.

CHARTES.

Nous venons de le constater, l'action législative du pouvoir royal, fort restreinte d'abord, a pris, vers la fin du XIIIe siècle, un caractère de généralité qui s'est accru graduellement, et le règne de Charles VII a exécuté dans les différentes branches de l'administration des réformes qui ont assuré à la royauté une suprématie désormais incontestée. Mais, avant St Louis, quelle était l'autorité des actes émanés du roi de France? Elle fut profonde sans doute sous le rapport politique, quoique l'action législative parût essentiellement locale; c'est à l'aide des chartes octroyées par le roi que sa puissance s'est établie, et qu'il a pu dicter des lois non plus obligatoires seulement pour certaines localités, mais exécutoires pour toute la France.

Les chartes, que leur grand nombre ne permet pas de passer toutes en revue, se classent en trois catégories : les unes accordées par le roi contre la tyrannie des seigneurs, et constitutives des communes proprement dites; les autres reconnaissant des coutumes municipales comme des faits antérieurs, mais les modifiant, les étendant, les adaptant à des besoins nouveaux; les dernières, enfin, créant des priviléges et des exemptions au profit de tel ou tel bourg, mais sans lui conférer soit une juridiction indépendante, soit des libertés politiques : elles formèrent les communes, les municipalités et les villes de bourgeoisie.

I. *Communes.* — Les actes qui les constituent permettent aux habitants de se confédérer, de se promettre réciproquement secours et assistance contre toute violence extérieure, de nommer leurs magistrats, de se réunir, d'exercer enfin dans leurs murs une souveraineté analogue à celle des possesseurs des fiefs dans l'intérieur de leurs domaines.

L'intervention du roi pour protéger le peuple contre les excès des seigneurs, *intuitu pietatis et pacis conservandæ*, comme le dit la charte de Philippe-Auguste, accordée en 1189 à la ville de Sens (1), s'est surtout manifestée au XIIe siècle. Depuis Louis VI jusqu'à Philippe le Bel, les recueils fournissent deux cent trente-six actes de cette nature. On cite Noyon, Laon, Nantes, comme les premières villes auxquelles le droit de communes fut accordé; le nombre des concessions augmenta ensuite en raison des avantages que le roi en retirait. Au moment de la concession, une somme lui était payée (2); des redevances annuelles augmentaient les revenus du trésor; enfin le service militaire était dû dans des limites plus ou moins restreintes. Ce service était alors imposé directement par le roi à la commune (3); à la différence de ceux qui, n'ayant pas de commune, marchaient sous les ordres du seigneur dont le fief relevait du roi.—Les acquisitions se renouvelaient si la commune troublée avait besoin d'une nouvelle protection, comme l'attestent les lettres de 1133, qui confirment la charte accordée à Laon en 1128 (4). — Et ces concessions chèrement achetées, plus chèrement conservées encore, étaient révoquées quand la commune ne pouvait plus payer, comme cela arriva à la ville de Neuville-le-Roy en Beauvoisis, à qui Charles V retira ses franchises (5) en 1373.

Avant qu'un acte législatif vînt établir son existence légale,

(1) Rec. ord., t. 11, p. 262.

(2) Rec. ord., t. 4, p. 55; — t. 11, p. 311-228.

(3) *Et ipsi debent exercitus et equitationes sicut aliæ communes nostræ*, dit la charte de 1215, accordée par Philippe-Auguste à la ville de Crespy en Valois. — Rec. ord., t, 11, p. 308, art. 32.

(4) Rec. ord., t. 11, p. 660.

(5) Rec. ord., t. 5, p. 662.

la commune existait souvent en fait, et jouissait des franchises par tolérance du roi. Ce qui constituait légalement la commune, c'était le serment que prêtaient les habitants nobles et bourgeois, et qui leur faisait donner le nom de *jurés;* l'acte fondamental était approuvé *communi consilio tam militum quam burgensium* (1).

Deux choses distinctes font l'objet des chartes : d'un côté, l'acte ou l'obligation de la confédération et du serment; de l'autre, la rédaction écrite des coutumes ou lois municipales, anciennes ou nouvelles, confirmées ou adoptées. C'est ainsi qu'au bas de la charte concédée à Soissons par Philippe-Auguste en 1181, et confirmative de ses anciens priviléges, sont écrits ces mots : *Chartam super communia et communes consuetudines* (2); et la charte de Poix, de 1393, après la clause du serment, ajoute : *Nunc vero per capitula consuetudines communiæ sunt numerandæ* (3).

C'est parce qu'on sentait l'inconvénient de confier les usages à la mémoire des hommes que les populations cherchaient à leur donner plus de fixité en les transcrivant dans les chartes, après s'être réservé le droit de suivre les usages attestés par les magistrats de la communauté, ou établis par suite d'une information judiciaire. L'article 28 de la charte de la commune d'Athyes porte : *Omnes insuper legitimas et rationabiles consuetudines quas Burgenses... hactenus tenuerunt, eis concedimus... per legitimam recordationem majoris et juratorum* (4). La concession était-elle faite à des villes nouvelles? la charte empruntait les usages des communes voisines : c'est ainsi que, pour les communes de Nonancourt, Niort, Crespy, une clause porte qu'elles seront régies *selon la disposition, selon le modèle de telle ou telle ville* (5).

(1) Rec. ord., t. 11, p. 197.
(2) Rec. ord., t. 11, p. 219.
(3) Rec. ord., t. 7, p. 603.
(4) Rec ord., t. 11, p. 301.
(5) Rec. ord., t. 11, p. 298, 289, 235.

Quoique la rédaction de ces coutumes soit dépourvue d'ordre et de méthode, cependant il est facile de retrouver dans leur ensemble cinq objets différents : les règlements civils et criminels, la juridiction municipale, les franchises, les réserves, les charges.

1° *Règlements civils et criminels.*—Ils offrent la première trace de nos coutumes générales et particulières ; les dispositions locales portent l'empreinte du caractère des vieux usages germaniques, la superstition, la cruauté; les amendes sont la punition des crimes; le serment est la preuve principale en matière civile et criminelle.

2° *Juridiction municipale.* — La juridiction propre à la commune était parfois antérieure à sa création ; les magistrats s'appelaient maires ou échevins dans la France septentrionale ; syndics ou consuls dans la partie méridionale. Ce dernier titre, plus honorifique, était parfois réclamé par les habitants, comme le firent, en 1366, ceux de Marjevols (1). L'élection des officiers municipaux était ordinairement réservée à la commune ; quelquefois le roi choisissait dans un nombre déterminé de présentations : c'est ainsi que le maire de Falaise était nommé par le roi entre trois notables présentés par les cent pairs de la ville (2).

Pendant longtemps le roi ne conférait la charte que du consentement du seigneur immédiat; plus tard il agit seul, et les consuls de Lautrec reconnaissent, en 1440, tenir leur consulat du roi, non en vertu de son droit féodal et comme suzerain, mais en vertu de son droit de souveraineté et de son titre de roi : *Consules recognoscunt ipsum consulatum tenere in solidum a domino rege ut rege* (3). — Un autre monument du XVe siècle constate encore la souveraineté du roi, en déclarant que le seigneur ne peut créer une commune et qu'au roi seul appartient ce droit. Les habitants de Boussac s'excusent d'avoir cru que leur *seigneur avait eu le pouvoir de les affranchir et manumettre et leur octroyer au-*

(1) Rec. ord., t. 4, p. 671.
(2) Rec. ord., t. 5, p. 671.
(3) Rec. ord., t. 9, p. 557.

tres priviléges. Les lettres de novembre 1447 leur accordent les franchises, et le roi s'engage à ne rien exiger d'eux pour le temps passé (1) : c'est un acte de faveur.

3° *Franchises*. — Outre le droit de juridiction, il y avait des concessions diverses fort nombreuses, exprimées par cette formule générale : *Quod homines communiæ cum omnibus rebus sui liberi permanebant* (2); d'autres chartes portaient : *Ab omni talliata injusta, captione, creditione et universa irrationabili exactione* (3). Quelquefois c'était cette clause : *Mortuas autem manus omnino excludimus* (4), comme dans l'article 12 de la charte de Laon. L'article 11 de la charte de la commune de Bray prouve que la mainmorte n'était pas toujours complétement abolie; il dit : *Nullus dominus nisi NOS... mortuam manum capiat in villa ab homine de communia* (5). Pour tenir lieu des tailles, la charte réservait quelquefois, à titre d'abonnement, une somme payable chaque année, comme cela se pratiqua pour les tailles de Laon (6).

Certains droits civils étaient assurés aux jurés : ainsi le droit de marier leurs enfants et d'avoir leur tutelle. La charte de Saint-Jean-d'Angély, en 1204; celles de Laon, art. 10; de Sens, art. 5; de Soissons, art. 5, stipulaient formellement (7) la liberté pour la veuve de disposer de sa personne.

Des articles relatifs au droit de guerre, au changement de monnaies, se rencontrent dans presque toutes les chartes. — Plusieurs stipulent le droit d'avoir un hôtel commun et une cloche pour les assemblées : celui de sonner le tocsin dans le cas de meurtre ou d'incendie devait être expressément concédé par le roi (8).

(1) Rec. ord., t. 14, p. 522.
(2) Rec. ord., t. 11, p. 228-270.
(3) Rec. ord., t. 11, p. 197-225.
(4) Rec. ord., t. 11, p. 186-246-306.
(5) Rec. ord., t, 11, p. 296.
(6) Rec. ord., t. 11, p. 187, art. 18.
(7) Rec. ord., t. 11, p. 188, 262, 219.
(8) Rec. ord., t. 11, p. 514.

Philippe VI priva, en 1331, la ville de Laon de ses cloches, et défendit de donner à l'avenir le nom de *beffroi* à la tour qui les contenait (1).

4° *Réserves.*—Les concessions de priviléges étaient faites sous la réserve des droits féodaux; aussi le serment était-il prêté *sauf la foi due au seigneur*, comme le disent les chartes de Saint-Quentin en 1195, et d'Amiens en 1190 (2). —Un article des chartes de plusieurs villes du Laonnais, de Crespy, de Vaisly, de Soissons, de Compiègne, porte la clause suivante : *Sauf notre droit, celui des évêques, du clergé, des nobles et des ingénus* (3). — Une des réserves les plus importantes consistait à défendre d'admettre dans la commune des vassaux des seigneurs voisins, et spécialement des hommes de corps du roi et de ses domaines: *De hominibus nostris de corpore... nullum recipient*, disent les articles 5 de la charte de Saint-Quentin et 21 de celle de Neuville-le-Roy (4).

5° *Charges.* — La commune s'obligeait à payer des redevances au roi, à réparer les murs, portes, rues, places de la ville, et à pourvoir à sa propre garde (5).

Les charges qui grevaient ces communes, les guerres extérieures qui épuisaient leurs revenus, souvent aussi la mauvaise administration de leurs magistrats, déterminaient les communes à réclamer la suppression des chartes avec plus d'instance peut-être qu'elles n'en avaient mis à les obtenir. Sans énumérer les nombreuses lettres de nos rois relatives à ces suppressions, je citerai celles de janvier 1374 pour la ville de Neuville-le-Roy, pillée en 1373 par les Anglais, en vertu desquelles Charles V, *de son autorité royale et pleine puissance, abolit la commune, jurage et échevinage, déclarant que les habitants de roye demeurent*

(1) Rec. ord., t. 11, p. 79.

(2) Rec. ord., t. 11, p. 265, 270, 296.

(3) Rec. ord., t. 11, p. 187, 232, 237, 239, 221, 242.

(4) Rec, ord., t. 11, p. 270-279.

(5) *V.* art. 8 de la charte de Montauban, confirmée en 1328 par Philippe de Valois. —Rec. ord. t. 11, p. 65. — *V.* t. 4, p. 46; — t. 5, p. 679.

simples habitants, ses-sujets en prévôté, sans moyen comme avant la création et tolérance desdites coutumes (1).

Le roi supprimait parfois les franchises pour méfaits commis contre lui, tout en conservant *les usages et coutumes de la ville* (2); l'obligation du service militaire subsistait toujours, malgré le retrait des concessions.

La charte acceptée était une loi véritable à laquelle les communes ne pouvaient se soustraire qu'avec le consentement du roi, mais que celui-ci avait le droit d'abolir par l'effet de sa seule volonté. A partir de saint Louis, des ordonnances générales modifièrent les concessions, les réglèrent d'une manière uniforme: telle est l'ordonnance de 1256, touchant les mairies de toutes les bonnes villes du royaume; celle de 1287, de Philippe le Bel, sur les bourgeoisies (3). Ces actes avaient surtout pour but de déterminer les élections des maires, les comptes qu'ils devaient rendre, et de tracer des prescriptions pour la sûreté de la ville, l'administration des deniers communs, et l'économie à apporter dans les dépenses faites dans l'intérêt de la ville.

Mais lorsque l'autorité royale s'attribua le droit de modifier seule une loi qui ne devait son existence qu'au concours de la volonté des autres parties intéressées, les principes du droit public en furent profondément altérés, et la forme du gouvernement se trouva modifiée; les libertés communales disparurent, et la royauté s'établit sur leurs débris. Sans rappeler tous les actes des XIVe et XVe siècles, qui, tout en confirmant d'anciennes chartes, ont manifestement dévié de leur caractère primitif, je me borne à *la charte aux Normands*. Accordée en 1315, par Louis X, sur les plaintes des états, dont les priviléges avaient été méconnus depuis saint Louis, elle fut confirmée successivement par Philippe VI en 1339, Charles VI en 1381,

(1) Rec. ord., t 5, p. 662. — *V*. t. 11, p. 278; — t. 6, p. 137.
(2) Rec. ord., t. 2, p. 77.
(3) Rec. ord., t. 1, p. 82, 315.

et Charles VII en 1458 (1). Philippe VI, malgré l'exemption de toutes tailles et impositions, s'était réservé le droit de convoquer l'arrière-ban, si une première convocation ne suffisait pas. Charles VII renonça à cette clause, s'engageant, lui et ses successeurs, à ne rien exiger au delà des subsides ordinaires, *si ce n'est dans le cas de nécessité ou d'une grande utilité, et de l'avis de l'assemblée des trois états de ce duché, selon ce qui s'était pratiqué dans l'ancien temps.* Mais la royauté était assez forte pour ne pas se croire liée par ces concessions. Quelques jours après, Charles VII, brisant l'article 18 de la charte qu'il venait de signer, attribua *les causes des régales venant dudit duché* au parlement de Paris; celles relatives à son domaine, à la chambre du trésor; celles des officiers ordinaires, aux requêtes du palais; et l'année suivante, par des lettres du 29 mai 1459, il déclarait qu'en confirmant la charte normande il n'avait entendu préjudicier en rien aux priviléges, franchises et libertés de l'université de Paris (2).

II. *Municipalités.* — La persistance de l'organisation romaine, démontrée d'une manière irréfutable par M. Raynouard dans son *Histoire du droit municipal en France*, explique l'absence de monuments formels et précis sur l'organisation des municipalités. L'administration, essentiellement romaine, n'est point écrite dans telle ou telle charte du moyen âge. Ainsi Périgueux, qui conserva le gouvernement municipal dans toute sa pureté, n'eut point de charte pour le régler ou le modifier. Les magistrats existaient sans que nulle part leurs fonctions fussent définies et déterminées.

La royauté ne créait pas les municipalités, elle confirmait leurs droits quand celles-ci imploraient sa protection; mais ces chartes de confirmation donnaient une nouvelle origine aux anciens priviléges et en devenaient le titre propre et fondamental.

Le caractère saillant des municipes qui les rapprochait beaucoup

(1) Rec. ord., t. 1, p. 587, 594; — t. 6, p. 549; — t. 14, p. 465.
(2) Rec. ord., t. 14, p. 476.

de la commune, c'était d'avoir des magistrats tirés de leur corps, de rédiger leurs statuts en matière civile et criminelle, et de jouir de l'indépendance politique. Les chartes qui leur étaient octroyées n'instituaient chez eux aucun pouvoir public; la réforme portait seulement sur quelques mauvaises coutumes, comme le prouve la charte de 1145, en faveur de la ville de Bourges, confirmative de celle précédemment accordée par Louis VI (1); les lettres de Philippe-Auguste, de 1197, ne font porter les nouvelles concessions que sur des objets de législation et de police locale (2).

III. *Villes de simple bourgeoisie.* — Les communes et les municipalités avaient leur juridiction propre; les unes étaient gouvernées par des maires, des échevins ou des jurés; les autres, par des syndics ou des consuls. Les villes de simple bourgeoisie, au contraire, étaient soumises à des officiers royaux; l'administration appartenait à un prévôt nommé par le roi : aussi les ordonnances opposent-elles le gouvernement en mairie ou échevinage au gouvernement en prévôté; les lettres du 4 novembre 1325, de Charles IV, substituent pour la ville de Soissons le gouvernement par prévôté à celui par commune (3).

Orléans nous offre un exemple frappant des villes qui ne pouvaient être classées ni parmi les communes, ni parmi les municipes (4); ses chartes successives ne contiennent que des dispositions relatives au commerce et à la sécurité des habitants. Louis VII défend aux *prévôts et sergents*, par ses lettres de 1137, de vexer les bourgeois et d'altérer les monnaies; mais il se réserve en retour un droit sur le blé et sur le vin. En 1147, le même roi abolit l'impôt de mainmorte; en 1168, il abroge plusieurs mauvaises coutumes qui s'étaient introduites dans la

(1) Rec. ord., t. 1, p. 9.

(2) Rec. ord., t. 1, p. 22.

(3) Rec. ord., t. 11, p. 500. *V.* encore t. 5, p. 660, 333; — t. 2, p. 78.

(4) *V.* la charte que lui accorda Henri Ier en 1051. — Rec. ord., t. 1, p. 1.

ville (1), et favorise le commerce en déchargeant de certaines taxes les marchands de vin ; les duels et les combats judiciaires, pour une somme de cinq sous et au-dessous, sont interdits. En 1178, plusieurs taxes sont encore supprimées, et en 1183 Philippe-Auguste exempte les Orléanais de toute taille moyennant une redevance. — Ces priviléges, contenus et répétés dans sept chartes, de 1057 à 1300, ne constituent pas l'indépendance politique, caractère auquel on reconnaît la vraie commune.

Une autre charte de même nature, qui a joué un grand rôle parce qu'elle a servi de modèle pour le gouvernement intérieur de plusieurs autres villes, est celle concédée par Louis le Jeune. Cette charte, qui semble n'être que la répétition d'une autre donnée par Louis le Gros aux habitans de Lorris en Gâtinais, en 1155 (2), et que les recueils désignent sous le nom de *coutumes de Lorris en Gâtinais, consuetudines lauriacenses*, trace certaines règles d'administration, mais n'accorde ni juridiction propre, ni magistrature indépendante. Les concessions se réduisent à trois principales : protection contre l'arbitraire des taxes et les abus de juridiction, garanties en faveur de la liberté individuelle et du droit de propriété, garanties en faveur du commerce. Charles VII les confirma en décembre 1448 (3), sans aucune modification.

Ces monuments législatifs, différents quant à leur contenu, avaient pourtant un point de contact, à savoir les priviléges qu'ils concédaient sous le nom de *droits de bourgeoisie*. Ces priviléges appartenaient nécessairement aux communes, aux municipes et aux villes à qui ils étaient spécialement conférés ; mais ils n'emportaient pas pour ces dernières les droits de commune ou municipe.

Voici le résumé des dispositions principales qui constituaient,

(1) Rec. ord., t. 1, p. 15.
(2) Rec. ord., t. 11, p. 200, 248.
(3) Rec. ord., t. 14, p. 36.

d'après les chartes, les priviléges communs aux trois classes de villes dont je viens de parler :

Octroyée pour soustraire les habitants aux vexations des seigneurs, la charte supprimait d'abord les toltes, tailles, questes, les droits de gîte, les prêts forcés, etc (1).

La législation civile n'y était pas oubliée; les droits de famille y trouvaient leur consécration : le père pouvait corriger et marier ses enfants, le mari battre sa femme (2); la veuve était maîtresse de disposer de sa personne (3).

Des règles organisaient la transmission des biens à titre gratuit; les donations entre-vifs, les testaments étaient autorisés (4); un acte écrit n'était point une condition essentielle pour la validité de la disposition testamentaire : *in præsentia testium fide dignorum valeant, licet non fuerint facta secundum solemnitatem legum, dum tamen liberi non defraudentur portione legitima* (5). Pour mettre des bornes aux prétentions exorbitantes des seigneurs qui s'emparaient du patrimoine des défunts, les chartes exigèrent qu'un inventaire fût dressé, si l'héritier absent ne pouvait appréhender immédiatement la succession, et que l'hérédité restât vacante pendant un an et un jour (6). Enfin elles réglaient avec quelques détails l'ordre des successions.

Quant au droit répressif, le talion, les amendes, les épreuves appelées jugements de Dieu (7), toutes les peines empruntées à la rudesse des temps primitifs étaient maintenues dans les chartes. L'épreuve du duel était exceptionnellement défendue dans quelques

(1) Rec. ord., t. 12, p. 376; — t. 11, p. 222, 208 et suiv.

(2) *Dum tamen correctionis modum non excedat*, dit l'art. 15 de la coutume de Troyes, confirmée en 1315.

(3) Rec. ord., t. 11, p. 222; — t. 12, p. 382, 492.

(4) Rec. ord., t. 11, p 337, et *alibi*.

(5) Rec. ord., t. 12, p. 343, 363.

(6) Rec ord., t. 12. p. 363; — t. 11, p. 495.

(7) Rec. ord., t. 12, p. 289, 243; — t. 11, p. 248.

villes, par exemple à Tournay, d'après la charte octroyée par Philippe-Auguste en 1187, et confirmée en 1370 (1). D'autres, comme celle de Charroux, permettaient de refuser le duel, sans que ce refus entraînât une preuve de culpabilité (2).

Les seigneurs n'accordaient de chartes que dans leurs fiefs ; les rois, en vertu de leur suzeraineté, non-seulement en concédaient en dehors de leur domaine, mais encore confirmaient celles données par les seigneurs. Bientôt ce droit ne leur suffit plus : ils en invoquèrent un autre plus puissant, celui de leur souveraineté. Louis VII avait déjà regardé les communes comme *siennes ;* dans une instruction de 1372, Charles V proclama le droit exclusif du roi à octroyer des chartes, et se réserva *tous les droits de souveraineté, lesquels sont toujours appartenant au roi dans tout son royaume.*

Est-il des monuments de notre législation qui constatent d'une manière plus sûre l'accroissement du pouvoir royal ? Rapprochées des ordonnances générales rendues sur le droit public au XIVe et au XVe siècle, les chartes forment une suite non interrompue d'actes législatifs dans lesquels se manifeste le progrès lent mais continu de la puissance royale en France.

Pourtant elles fournissent plus de renseignements sur le droit privé que sur le droit public. Je prends pour exemple la charte de Laon, donnée en 1128 par Louis le Gros (3) sous le nom d'*Établissement de la paix*, parce qu'elle est l'un des types de notre ancien droit ; on y trouve un code pénal, un code civil, une législation sociale tout entière, mais fort peu de chose sur la constitution politique. Aussi les chartes sont-elles un document utile pour qui veut apprécier nos anciennes coutumes, et se rendre compte de cette variété infinie d'usages locaux qui, malgré leur diversité,

(1) Rec. ord., t. 11, p. 248, 250 ; — t. 5, p. 378.
(2) Rec. ord., t. 11, p. 408.
(3) Rec. ord, t. 11, p. 185.

offrent un fond commun et des traits de ressemblance, indice d'un caractère éminemment national. Elles forment la transition de l'époque barbare à la féodalité; elles sont les archives de la législation privée jusqu'à la fin du XIIIe siècle, époque à laquelle les lettres royaux prennent une extension considérable et posent nettement les principes de droit public.

Quant au droit civil, si les ordonnances le négligent presque complétement, les jurisconsultes s'en emparent : ils réunissent à leur tour les coutumes, les expliquent en s'aidant des textes du droit romain et du droit canonique; et leurs travaux scientifiques continuent l'œuvre des chartes. Rattachant le passé au présent, fidèles aux traditions de notre vieux droit, ils préparent cette grande œuvre de la rédaction officielle des coutumes que la royauté, affranchie de la crainte de l'étranger et des dissensions civiles, accomplira comme un acheminement vers l'unité de la législation.

ARTICLE III.

STATUTS DES MÉTIERS.

L'attention du législateur s'est encore portée sur les règlements donnés aux *corps d'arts et métiers*, la partie la plus active des populations urbaines.

Sous la féodalité, le seigneur de la terre était le maître des métiers; pour exercer une profession, il fallait l'acheter. Le roi se mit à la place des seigneurs, et vendit les métiers moyennant une redevance perpétuelle. C'est ainsi qu'une charte de 1160, de Louis VII, vidimée par Philippe le Hardi en 1276, donna à la femme Yves Lacoche et à ses héritiers cinq métiers, ceux de mégissiers, boursiers, baudroyers, savetiers et scieurs.

Les chartes pour les corporations de métiers, rares au XIIe et au XIIIe siècle, devinrent fort nombreuses au XIVe. Philippe-Auguste en avait concédé quelques-unes; ce n'est qu'à partir de saint

Louis que cette partie de la législation attira l'attention sérieuse du gouvernement.

Les corporations étaient régies par des usages incertains et confus ; il importait de les réunir et de les ramener à des dispositions précises.

Etienne Boileau, prévôt de Paris, qui jugeait en véritable *prud'homme* les difficultes relatives aux métiers, fut choisi par saint Louis pour accomplir cette réforme dans les statuts des corporations; il dut coordonner et modifier les anciennes coutumes pour en faire un code des marchands (1).

On ouvrit au Châtelet de Paris un registre destiné à recevoir les déclarations des différentes corporations sur les règles suivies et pratiquées par chacune d'elles; les commissaires préposés à cette enquête devaient y consigner le tarif des droits prélevés au nom du roi, et tenir note des priviléges dont se prévalaient les abbés et autres seigneurs.

La rédaction des statuts faite sous la surveillance d'Etienne Boileau réunit à la précision et à la clarté l'avantage de réaliser, non pas les innovations hasardées d'une folle théorie, mais les usages sanctionnés par une sage pratique, et de n'accueillir en fait de réformes que celles éprouvées par une longue expérience.

En tête de ce recueil sont écrits ces mots : « *Ci commencent li*
» *establissement des mestiers de Paris une fois asamblé, ordenné,*
» *nous le feimes lire devant grant plenté des plus sages des plus*
» *beauz et des plus anciens homes de Paris et de ceux qui plus*
» *devoient savoir de ces choses, liquel tout ensamble lierent moult*
» *ceste œvre, et nos quemandames à touz les mestiers de Paris à*
» *touz les paagiers et les coustumiers de cel meesme lui, et à touz*
» *ceus qui justice et juridiction ont dedans les murs et dedens la*
» *banlieue de Paris que ils ne feisent et n'alaisent encontre, et*

(1) *V.* pour les détails, l'introduction du *Livre des métiers de Paris*, publié parmi les Documents inédits de l'histoire de France, par M. Depping.

» *que si il le faisoient à leur tort, que il l'amendioient à la vo-*
» *lenté le roy, et rendroient à la partie tous les couz, touz les de-*
» *pens et tous les domages qu'il i auroient euz et faiz pour cele*
» *ochoison, par le beau taxement de nous et de nos sucesseurs.* »

Boileau n'avait pour réunir les statuts des corporations d'autre titre que la délégation du roi; ce qui ne l'empêcha pas de les publier en son nom, comme on le voit par ce préambule : « Etienne Boileau, garde de la prévosté de Paris, à touz les bour-
» geois et à touz les résidens de Paris, à touz ceus qui dedens
» les bornes de cel meisme lui venront, as quex ce apartendra,
» saluz. » Les statuts furent rendus exécutoires en 1258, sous le titre de *Registre des métiers et marchandises* (1).

Ce registre est divisé en deux parties : la première traite des différents métiers et de leurs statuts; la seconde, des différents droits à percevoir sur les marchandises.

A côté de règles communes à toutes les corporations, le *Livre des métiers* renferme des dispositions exceptionnelles et des priviléges particuliers.—Chaque statut commence par cette formule, ou par toute autre analogue : *Nuz ne peut être... se il n'achate le métiers du roy* (2). Viennent ensuite les conditions générales pour obtenir la permission d'exercer le métier : *Quiconques veut être troifilier de fer estre le puet par tant qu'il sache le mestier et ait de coi;* des règles variables dans les détails sur la capacité, l'apprentissage et le domicile, sur les heures de travail et de repos, enfin sur les jours fériés.

Divers articles sur la surveillance de l'exercice du métier, sur les peines à appliquer en cas de contravention, et la juridiction qui doit en connaître, forment une assez notable partie de ce recueil. Une institution analogue à celle de nos conseils de prud'hommes semble se trouver dans le passage suivant, relatif aux *talmeliers* ou

(1) Rec. ord., t. 2, p. 575, note *a*.

(2) Livre des métiers, p. 4. — Je suis l'édition donnée par M. Depping, Documents inédits de l'histoire de France.

boulangers : « Quant li mestre panetier est venus, il doit faire venir » les parties par devant lui, et oïr la cause et terminer le par » le conseil aux jurés du mestier, selonc les us et les coustumes » du mestier devant dit (1). » A propos du pain qui ne serait pas bien *conréé*, l'article ajoute : *Et se li mestres et li juré treuvent pain trop petit, il le puent prendre et doner le por Dieu si come il est dit par desus* (2).

Plusieurs exemptions sont accordées aux corps de métiers : *Li mestre et li juré devant dit sont quite du guet por la paine et le travail... et ce establi la roiene Blanche que Dieu absoille* (3). — La veuve participe aux priviléges de son mari : *Se li mestre meurt, sa fame puet tenir le mestier... les enfans de son seigneur* (mari) *nés de loial mariage* (4).

Enfin, des articles déterminent l'âge auquel les apprentis sont admis dans les ateliers, et les heures de travail que le maître peut exiger d'eux; d'autres tracent leurs devoirs envers les maîtres : *Et se aucun vallet feut contre cet establissement il paiera* v s. *d'amende au roy*, est-il dit à propos des foulons (5).

La seconde partie, dont le titre Ier a pour rubrique : *Ce titre parole des chauciés de Paris*, commence par cet exposé : « Nous » avons tretié en la partie devant ceste des metiers de Paris, de » leurs ordenances, des entrepresures que l'en i fait, et des » amendes de chascun mestier. Or volons en ceste seconde partie » tretier des chausiés, des tonlius, des travers, des conduis, » des rivages, des halages, du pois, des botages, des rouages » et de tout celes autres choses qui à coustume ou à droiture apar- » tienent dedans la vile et dedans la banliue de Paris. »

Les trente-deux titres de cette seconde partie forment un véri-

(1) Livre des métiers, p. 15.
(2) Livre des métiers, p. 17.
(3) Livre des métiers, p. 13.
(4) Livre des métiers, p. 131.
(5) Livre des métiers, p. 132.

table code des contributions indirectes. Chaque objet soumis à des droits est indiqués, et le tarif fixé avec précision. Je cite quelques exemples :

Le droit de *chaucié* (chaussée) est une contribution perçue pour l'entretien des routes, ponts, chemins, sur les charrettes, chevaux et tous moyens de transport, proportionnellement à la marchandise et à sa nature. L'homme est lui-même atteint pour l'objet qu'il porte; seulement le droit varie : *Hom qui porte à col et qui treuve alegement de charrete ne doit paier que denier de chaucié*. Ce titre fut vidimé dans les lettres patentes du 28 mai 1400 (1).

Les droits de péage du petit pont pour l'entrée des denrées à Paris, ceux de tonlieu sur le vin, le blé, la fourrure, le fer, l'acier, le bois, l'épicerie, la vaisselle, le drap, la toile, le lin, le chanvre, etc., sont établis dans un tarif, ainsi que *le rouage*, droit perçu sur le vin vendu en gros et transporté par voiture, et *la monte*, c'est-à-dire la somme à payer pour remonter la rivière. — L'embarquement et le débarquement donnaient encore lieu à une perception nommée *rivage*.

Outre les impôts dont étaient grevées les marchandises transportées par terre ou par eau, d'autres droits les atteignaient dans la circulation : ainsi *le chantelage* était dû par les possesseurs de vins posés sur les chantiers pour être revendus; *le halage* était la somme payée par le marchand qui voulait vendre aux halles; *le minage* était perçu au profit du seigneur, qui fournissait la mine ou mesure; il servait aussi à payer le mesureur, qui constatait légalement la quantité de grains vendue.

Le *Livre des métiers* énumère ensuite les exemptions résultant de l'usage ou de la loi. N'étaient pas soumises au droit de *conduit* de Paris (2) *toutes marchandises achetées au samedi en hales*

(1) Rec. ord., t. 8. p. 377.

(2) C'était un droit imposé par le seigneur de la terre aux denrées que les habitants transportaient au delà des limites de cette terre.

ou en marchiet de Paris; en étaient exemptés les habitants de *Lorris en Gastinois*, de la Rochelle, de St-Germain-en-Laye, etc., et tous ceux qui achetaient *por leur user* (1).—*Les bourgeois de Paris puent avoir mines pour mesurer les blez de leurs terres*... (2).

Les cent métiers dont Étienne Boileau avait publié les statuts étaient soumis à cette législation; ceux même qui étaient dispensés de l'autorisation royale pour se constituer en corporation suivaient les règles recueillies dans le registre des métiers.

Les successeurs de Boileau, continuant l'œuvre qu'il avait commencée, enregistrèrent les règlements des nouvelles corporations qui n'avaient pas encore de statuts légaux, ou constatèrent les modifications que les corporations anciennes apportaient à leurs règlements primitifs. — Les ordonnances prévôtales de 1270 à 1300, conservées dans le recueil de M. Depping, complètent les statuts compris dans les registres des marchands; elles étaient ordinairement rendues *par le commun assent de tout le commun du mestier* (3). La corporation envoyait des délégués, comme le prouvent les statuts des épingliers: « Et ce fut fet et ordené par ledit commun, par le pouer que il donnèrent au iiij preudes home mestres du mestier. »

A l'instar du livre de Boileau, les ordonnances prévôtales traitent des devoirs des apprentis, de leurs salaires, de l'âge auquel ils sont admis. De nombreuses dispositions sont communes aux apprentis et aux maîtres, telle que celle-ci: « Nuz des mestres ne des ouvriers du mestier desusdit ne puent ne ne doivent jouer aux dez à argent sec (4). » C'est l'application de l'ordonnance de saint Louis sur les jeux de hasard.

Outre le tarif de l'amende encourue pour chaque infraction aux règlements, les ordonnances prévôtales indiquent à quelles personnes

(1) Livre des métiers, p. 309.
(2) Livre des métiers, p. 313, 316.
(3) Livre des métiers, p. 391.
(4) Livre des métiers, p. 351.

cette amende doit profiter : *Y amendes qui escheuront ou metiers li roy en aura les ij pars, et les jurés le tiers por lor paine* (1).

Le but de ces ordonnances était d'améliorer la législation sur les métiers, législation qui cependant, lors de la rédaction des statuts, avait été considérée comme parfaite, tant il avait régné jusque-là d'incertitude et d'obscurité sur cette matière. Nos rois furent obligés d'intervenir plus d'une fois pour remplir des lacunes et apporter les modifications nécessaires; car, ainsi que le disait Charles, pendant sa régence : « Ces règlements sont en greigneur partie fais plus en faveur et prouffit des persounes de chascun mestier que pour le bien commun (2). »

Dans le principe, l'autorité royale se bornait à interposer sa médiation pour faire cesser les querelles des différents corps de métier, comme celle qui s'éleva en 1279 entre les teinturiers et les drapiers; mais le différend n'était souvent qu'assoupi, comme le prouvent les nombreuses ordonnances qui se succédèrent sur le même sujet. En 1303, Philippe le Bel essaya de mettre fin à la contestation qui s'était élevée entre les lormiers et les selliers, à propos de la confection des mors et des freins. En 1358, le régent régla encore une difficulté qui divisait les couturiers et les doubletiers sur leurs attributions respectives (3).

Les ordonnances royales accordaient aussi des statuts à des métiers qui n'en avaient pas encore; par exemple celle de 1302, rendue en faveur des faiseurs *de tapis notrés*.

Enfin plusieurs ordonnances étaient empreintes d'un esprit vraiment charitable pour les classes pauvres. Je cite à cet égard celle rendue par le prévôt Pierre le Jumeau, en 1302, sur le commerce des fripiers; elle reproduisait et expliquait en partie les dispositions de l'ordonnance rendue en 1279 par Philippe le Hardi

(1) Livre des métiers, p. 409.
(2) Rec. ord., t. 3, p. 262.
(3) Rec. ord., t. 3, p. 262.

sur le même sujet : *les poures fames lingières et piétables personnes* pouvaient vendre sous une halle bâtie exprès sur une place tenant aux cimetières des Innocents (1).

A partir du XIVe siècle, les ordonnances royales remplacèrent les ordonnances prévôtales, et la royauté exerça directement sur cette matière l'action législative que saint Louis avait déléguée au prévôt de Paris. — L'ordonnance la plus importante qui ait trait à cette matière est celle de Charles VI, publiée au mois de février 1415, en 700 articles (2); elle donne des statuts à des métiers qui n'en avaient pas, tels que les courtiers de vin; elle établit les conditions d'existence de chaque corporation et fixe le taux des salaires en général (3).

L'esprit légiste, qui envahissait tout, se manifeste avec évidence dans les détails des règlements relatifs à la police et à l'administration.

SECTION II.

COUTUMES.

Les sources les plus fécondes de la législation privée, au temps de la féodalité, étaient les coutumes. « Par une contradiction plus » apparente que réelle, dit Klimrath (4), cette époque de vio-

(1) Livre des métiers, p. 411.

(2) Rec. ord., t. 10, p. 257.

(3) On trouve dans les archives de plusieurs municipalités des livres constatant les ordonnances relatives aux corps et métiers, leurs priviléges et statuts. Il existe à Poitiers un recueil de cette nature qui remonte au XIVe siècle. — Bien d'autres villes possèdent des documents plus précieux ; le Châtelet de Paris avait des registres qui sont aujourd'hui déposés à la bibliothèque nationale sous la dénomination de *livres de couleurs*, ainsi nommés à cause des couvertures qu'ils portaient autrefois : ainsi il y a le *livre vert vieil premier*, le *livre vert ancien*, le *livre bleu*, le *livre rouge neuf*, le *livre jaune petit*, le *livre blanc*, le *livre gris*, le *livre noir*, le livre appelé *Doulx Sire*, du nom du greffier ou du copiste : le *livre des métiers*, le *cahier neuf*, le *Répertoire général des livres estans en la chambre du procureur du roi nostre sire ou Chastelet de Paris.*

(4) T. 2, p. 1 et 4.

» lences et de guerres privées a eu, plus peut-être qu'aucune
» autre, le respect des droits fondés sur la possession et le long
» usage, et l'horreur de ce que l'on appelait alors les *nou-*
» *velletés.* »

Mais la coutume confiée à la mémoire des hommes était incertaine; les seigneurs, dont elle gênait les prétentions, pouvaient la nier, et le pauvre roturier sans défense succombait malgré la justice de sa cause: — de là, l'habitude de faire constater les usages dans les chartes, dont la royauté assurait la stricte observation.

Les coutumes ainsi rédigées et publiées au nom du roi devenaient une partie intégrante de la législation écrite. — C'était déjà un progrès; mais la rédaction présentait trop de lacunes pour suffire à décider toutes les questions; dans les cas qu'elle avait omis, il fallait s'en rapporter au record ou à la déclaration des magistrats chargés de prononcer la sentence, ainsi que nous l'avons vu (1) dans la charte d'Athyes.

Lorsque les juges eux-mêmes doutaient de la coutume, la difficulté était portée au *parloir aux bourgeois* (2); le prévôt et les principaux bourgeois donnaient leur avis par écrit. Chopin a conservé quelques-unes de ces décisions (3).

Plus tard, les coutumes furent vérifiées par témoins. Quel devait en être le nombre? — Les auteurs étaient divisés. Jean Faure soutenait que deux suffisaient. Il reconnaissait pourtant que, d'après les usages de la cour de France, les témoins étaient entendus par *tourbes* composées de dix personnes, dont une seule portait la parole pour les autres. — Jean Desmares exigeait au moins une tourbe: « Pour prouver coustume deu-
» ment, usage ou util alleguiez, il convient nécessairement que
» ladite prove soit faite et rapportée en tourbe, par dix sages

(1) *V.* plus haut, p. 251.

(2) C'est-à-dire au lieu où le prévôt des marchands et les principaux bourgeois de Paris s'assemblaient pour les affaires de la ville. C'est ce qu'on appelle aujourd'hui *hôtel de ville*.

(3) Institutes de Loysel, édition de Laurière, t. 2, p. 286, 291.

» coustumiers, rendans certaine et affirmative cause de leurs dé-
» positions, ou par plus; et se par mens de dix personnes en
» tourbe la coustume étoit témoignée, cette prouve ne suffiroit
» pas, mais seroit ainsi comme nulle de soi (1). » — D'après les coutumes notoires du Châtelet, la preuve devait se faire ou *per quatuordecim advocatos* ou par deux tourbes. Ce ne fut que plus tard, sous Louis XII, que la nécessité de deux tourbes fut établie en règle générale.

D'un autre côté, les décisions que rendaient les tribunaux n'étaient pas écrites, et lorsqu'un plaideur obstiné niait la condamnation prononcée contre lui, il était encore besoin de *recorder* le jugement, c'est-à-dire de consulter les souvenirs des magistrats qui l'avaient rendu. Mais ce record, ou témoignage des hommes qui *furent au jugement faire*, présentait de graves inconvénients, *quoniam memoria hominum est labilis*, selon l'expression de Dubreuil en son style du parlement. Les clercs sentirent le besoin de consigner par écrit, dans des registres plus ou moins exacts, les décisions les plus importantes.

Des jurisconsultes, obéissant à la même pensée, recueillirent les usages de leurs provinces, les coordonnèrent et en firent l'objet de traités dans lesquels ils mêlaient leurs appréciations personnelles, tout en conservant le texte de la coutume reconnue par tous et appliquée par les tribunaux.

De là deux classes d'ouvrages bien distinctes quant à leur forme, quoique identiques dans leur but : les recueils d'arrêts et les coutumiers, dont je vais indiquer les principaux.

ARTICLE PREMIER.

RECUEILS D'ARRÊTS.

L'usage si défectueux qui subordonnait le sort des arrêts à la

(1) Décision 275.

mémoire des juges, pouvait convenir à une époque où l'action de la justice était rarement invoquée; mais, lorsque le droit romain eut développé les idées d'organisation judiciaire, on comprit l'insuffisance du record et la nécessité d'écrire les arrêts. Aussi, longtemps avant le XIIIe siècle, les juges et les avocats de l'échiquier de Normandie avaient-ils recueilli un grand nombre de jugements rendus par ce tribunal. Le livre de *Saint Just*, déposé aux archives de la cour des comptes, et beaucoup de manuscrits de l'ancienne coutume de Normandie nous ont conservé quelques arrêts de l'échiquier. Ainsi encore il existe une collection de sentences rendues dans les assises tenues, en 1234, 1236, 1237, à Caen, à Lisieux, à Bayeux, à Falaise et à Avranches. Mais la collection officielle n'est point antérieure à 1336 (1).

Les recueils d'arrêts offraient aux jurisconsultes de grands avantages, et c'est ce qui explique cette masse prodigieuse de monuments judiciaires que renferment les registres, copies et extraits des archives du parlement de Paris, de l'échiquier de Normandie, du parlement de Toulouse pour la langue d'oc, des grands jours de Troyes pour le comté de Champagne, de la cour du Châtelet pour la prévôté de Paris, etc. Ne pouvant m'étendre sur ces nombreux documents recueillis sur tous les points de la France, je m'arrête à celui de tous qui est le plus célèbre, je veux dire les registres des arrêts rendus par la cour du roi, et connus sous le nom d'*Olim* (2).

I. *Olim*. — Ces registres, formant 4 volumes écrits en latin, sauf quelques pièces rédigées en français, remontent au milieu du XIIIe siècle. Leur importance, déjà si grande à cause des renseignements précis qu'ils nous fournissent sur l'histoire, l'administration, l'économie politique, le droit en vigueur à cette époque, s'accroît

(1) M. Beugnot, *Olim*, t. 1, p. 77.

(2) *V*. Klimrath, t. 2, p. 58 et suiv.; — la publication, par M. Beugnot, des *Olim*, qui fait partie des monuments inédits de l'histoire de France.

encore pour le jurisconsulte curieux de suivre la marche de la législation. Ils renferment les sentences d'une cour à laquelle venait aboutir la variété infinie de juridictions qui se partageaient le territoire. Tous les principes de droit féodal et de droit civil, de droit public et de droit privé, toutes les formes de procédure y prenaient corps et vie. Les coutumes locales, encore incertaines, y recevaient le caractère d'authenticité qui leur manquait. Et au milieu de cette diversité, de cette obscurité de la législation qui était la négation d'un droit commun, la cour employait tous les moyens pour faire accepter comme lois générales certains principes déjà en vigueur dans quelques provinces. C'est ainsi que le parlement favorisait les tendances vers l'unité de législation.

Les registres que nous possédons ont-ils un caractère officiel, ou ne faut-il y voir que l'œuvre de quelques membres du parlement dépourvus d'une mission spéciale? — Klimrath (1) adopte d'une manière absolue l'opinion qui donne un caractère officiel à ce recueil. — D'un autre côté, M. Beugnot (2) ne pense pas que l'organisation judiciaire de l'époque fonctionnât avec assez de régularité pour que la cour créât un greffe auprès d'elle et instituât des officiers chargés de recueillir et enregistrer ses arrêts. Le premier volume lui paraît dépourvu d'authenticité. Le savant éditeur des *Olim* appuie son opinion de plusieurs preuves; ainsi le record, admis dans ce premier volume, est à ses yeux un moyen judiciaire exclusif de la tenue d'un registre officiel. Il remarque avec raison que plusieurs procès importants ont été omis, que les dates sont mal indiquées, et que l'ordre chronologique n'est pas observé d'une manière rigoureuse. Autre raison : de 1254 à 1258, la concision du registre est telle, que le lecteur est réduit à deviner les faits de la cause et les moyens des parties; et de 1258 à 1273, le registre présente souvent des développements inutiles, et un défaut d'harmonie dont les autres volumes sont exempts. — L'enregistrement

(1) T. 2, p. 59.
(2) *Olim*, t. 1, p. 78 et suiv., préface.

des statuts royaux a dû naître avec la tenue des registres du parlement; eh bien! les *Olim* ont négligé de relater plusieurs actes législatifs, ou n'en ont donné qu'un extrait; quelquefois même ils ont à peine mentionné des ordonnances importantes. —Aux yeux de M. Beugnot, les *Olim* n'ont jamais été un registre officiel.

Quel que soit le caractère que l'on veuille attribuer à ce recueil, il n'en est pas moins un monument digne de toute notre attention, parce que l'histoire entière du temps s'y trouve retracée avec une vérité si saisissante, qu'il nous fait assister, pour ainsi dire, aux différentes phases de la vieille procédure.

Le premier rédacteur des *Olim* est Jean de Montluc, ou plutôt de Montluçon, maître en la cour du roi; il avait écrit *in rotulis*, sur des rouleaux, les arrêts de la cour qui lui avaient paru les plus saillants, *quædam judicia* (1); plus tard, pour en assurer la conservation, il les transcrivit sur des cahiers qui furent réunis après sa mort en un seul. C'est ce qui donna, quelques années après, l'idée de tenir un registre officiel des arrêts et d'établir un greffe pour la cour.

Klimrath a recherché quels avaient été les successeurs de Montluçon dans sa charge. Il est difficile d'arriver en pareille matière à la certitude; qu'importe, au reste, à l'autorité des arrêts, le nom de ceux qui les ont transcrits?

Le second volume comprend les années 1274 à 1278; à la différence du premier, qui contient des enquêtes des arrêts, il ne rapporte aucune enquête, les premiers mots qui le commencent sont ceux-ci : *Olim homines de Bajona regni nostri, etc.* C'est de là, selon quelques auteurs, qu'aurait été tiré le titre donné à ce recueil. D'autres, avec plus de raison peut-être, expliquent tout simplement le nom d'*Olim* par l'ancienneté des arrêts qu'ils reproduisent.

Le second et le troisième volume renferment, l'un les enquêtes, l'autre les arrêts des années 1299 à 1318 inclusivement.

(1) *Olim*, t. i, p. 440, note.

Ces registres, dans leur ensemble, embrassent donc une période de plus de soixante ans (1255-1318).

Leur division s'explique par les habitudes judiciaires du temps; elle correspond à deux formes de procédure essentiellement différentes. La procédure ordinaire consistait en un débat oral où les parties *barroyaient* jusqu'à ce que l'une d'elles *mit en ni* l'assertion de son adversaire. Alors il fallait faire la preuve par acte authentique, ou par le serment de la partie, à laquelle devaient s'adjoindre quelquefois des garants. — Mais, dans certains cas exceptionnels, la cause était mise en enquête. On déléguait un ou deux auditeurs pour entendre les témoins, et prendre sur les lieux les renseignements nécessaires : la cour prononçait ensuite sur le vu du procès-verbal dressé par les enquêteurs.

Aussi les premiers arrêts notés par écrit furent-ils des arrêts sur enquêtes. Cette habitude de rédiger des procès-verbaux prit naissance lorsque la procédure devint plus régulière, et que la magistrature sentit le besoin de rompre avec les traditions judiciaires de la féodalité. La cour chargeait alors quelques-uns de ses membres de conserver les déclarations des témoins, qui étaient probablement déposées au trésor de la Sainte-Chapelle; et il est assez naturel de croire que les conservateurs des enquêtes écrivirent au bas de chaque procès-verbal la décision de la cour. — L'analogie conduisit bien vite à appliquer aux arrêts sur plaidoiries les mesures de conservation employées pour les arrêts sur enquêtes.

Image fidèle de l'époque où ils ont été écrits, les *Olim* représentent les efforts de l'Église pour maintenir en état de soumission les vassaux devenus de jour en jour plus indépendants. Leur étude permet de se faire une idée exacte des liens hiérarchiques qui unissaient les seigneurs les uns aux autres en remontant jusqu'au roi. Il est facile, en compulsant les arrêts, de connaître le mode de perception des redevances féodales, les droits de justice, l'état des serfs, des affranchis et des cultivateurs libres. Outre les principes de droit public, les règles générales du droit privé s'y trouvent consignées; les renseignements sur la procédure et l'administration de la justice y sont encore plus nombreux : le caractère des *Olim* est celui d'un registre judiciaire.

Les arrêts civils composent à peu près tout le recueil; quelques-uns prononcent des peines, mais ce ne sont que de simples amendes. C'est tout au plus si l'on y rencontre quelques arrêts criminels; l'auteur a cru pouvoir les négliger sans que la science du droit en souffrît : c'est une lacune regrettable pour l'histoire.

Enfin les *Olim* ont le précieux avantage de nous faire connaître soit les coutumes acceptées par tous et que les arrêts consacraient sans contestation, soit celles dont ils fixaient les dispositions quand elles étaient encore incertaines. La cour éprouvait-elle des doutes sur l'existence d'une coutume alléguée par l'une des parties et niée par l'autre? elle ordonnait une enquête, et transformait en loi souveraine des traditions, *consuetudines patriæ*, comme les appelle le rédacteur des *Olim*, qui jusque-là avaient été livrées à l'instabilité de la mémoire des hommes.

Quand le greffe du parlement fut établi, on y déposa ces premiers monuments de la jurisprudence française. « Les *Olim*, » dit M. Beugnot (1), devinrent donc l'introduction de cet immense recueil d'arrêts, qui, augmenté d'année en année, » formait, lors de la destruction du parlement, une collection de » plus de 9,000 volumes qui existe aujourd'hui dans la section » judiciaire des archives du royaume, et qui y est conservée avec » autant de soin et de respect que si le parlement veillait encore » sur elle. »

II. *Registres de la cour des aides.* — Les avantages obtenus par la tenue régulière des registres du parlement déterminèrent les autres juridictions à adopter un système analogue. Aussi, lorsque la cour des aides fut établie, vers 1355, eut elle son greffe et ses registres dans lesquels elle consignait ses arrêts et les ordonnances royales relatives aux impôts.

(1) *Olim*, t. 1, p. 98, préface.

En 1732, au moment où M. Secousse travaillait à la réunion des ordonnances royales, les anciens registres avaient disparu; il existait seulement au greffe de la cour des aides un manuscrit ayant appartenu à Abel de Ste-Marthe, qui était probablement le résumé des anciens registres rédigés vers 1360, et sur lequel le recueil des ordonnances du Louvre donne une notice (1). Plus tard les registres originaux furent retrouvés en 1734 par M. Boulin, conseiller à la cour des aides, au mémoire duquel j'emprunte textuellement la partie qui a trait à cette découverte (2) : « Les anciens » registres des aydes ont été retrouvez. Le premier commence au » 11 mars 1383. les suivants vont jusqu'au 7 de novembre 1416, » où il se trouve une lacune considérable, occasionnée, sans doute, » par les différentes factions qui divisèrent le royaume, et par la » translation de la cour des aydes en la ville de Poitiers, puis- » que depuis le mois de novembre 1416 jusqu'au rétablissement » de ladite cour en la ville de Paris, qui se fit le 1er décembre » 1436, il ne se trouve qu'un seul registre fait à Poitiers, » qui commence au 5 d'aoust 1428 et qui finit le 21 juin » 1434; mais depuis le 1er décembre 1436 jusqu'à présent » (1734), il n'en manque aucun et ils sont en bon ordre; à » l'exception toutefois de trois années et neuf mois qui sont en- » core en déficit depuis le 19 décembre 1453 jusqu'au 16 de » septembre 1457.

» Les premiers registres sont intitulez : *Registres des plai-* » *doiries en la chambre de la justice des aydes*, et contiennent » les institutions des anciens généraux et autres officiers de ladite » chambre en ce temps-là, et les arrêts rendus sur les plaidoiries, » et sur les rapports en la chambre du conseil, etc.; au surplus » ils ne contiennent aucune ordonnance. »

Les arrêts du parlement constataient le droit civil; ceux

(1) Rec. ord., t. 4, p. 201, note *a*.
(2) Rec. ord., t. 4, préface, p. iij.

de la cour des aides, juridiction régulière créée en matière d'impôts, appliquaient la loi fiscale.

Les registres du parlement qui viennent d'être transportés de la Sainte-Chapelle dans les bâtiments des archives de l'empire forment une collection très-précieuse, puisque la juridiction du parlement s'étendait d'abord à tout le royaume, et que, même depuis la création des parlements provinciaux, il eut souvent à intervenir dans les affaires des localités les plus éloignées de la capitale, à cause des appels au conseil privé, au grand conseil, au Châtelet, à la cour des monnaies et à celle des aides. Cette collection se divise en neuf séries : 1° les *Olim*; 2° les jugés; 3° le conseil; 4° les plaidoiries; 5° le conseil secret; 6° le criminel; 7° les ordonnances; 8° les après-dîners; 9° les accords et transactions. Ces monuments n'ont point encore été tous explorés d'une manière complète; ils serviraient pourtant à faire mieux connaître l'état de la législation politique, civile, administrative et fiscale, et leur étude permettrait sans doute de suivre plus sûrement les progrès du droit aux diverses époques de la législation.

ARTICLE II.

COUTUMIERS.

Les travaux entrepris par les jurisconsultes sur le droit romain furent favorisés par l'existence d'un recueil complet et méthodique, qui, malgré ses défauts, n'en présentait pas moins un ensemble de règles de droit déduites avec une logique irréprochable. Les légistes, au contraire, qui s'appliquèrent à rédiger les pratiques ou coutumiers, ne trouvèrent rien de semblable pour les guider dans leur travail. Ils rattachèrent bien leurs études aux monuments de droit romain, mais il n'occupa dans leur travaux qu'une place secondaire, parce que le droit français était leur objet principal; souvent même les dispositions qu'ils lui empruntaient s'harmonisaient mal avec les coutumes françaises, et n'étaient que d'une rare application. Ce furent les arrêts qui leur servirent de point de départ pour exposer le droit ou une partie du droit dans son ensemble, et pour systématiser les règles qui ressortaient de ces décisions enregistrées isolément.

Plusieurs coutumiers ont emprunté leur forme au droit romain, dont ils copient presque tous un nombre plus ou moins grand de dispositions. Les uns embrassent l'ensemble du droit politique, civil, criminel et même canonique; tandis que les autres se bornent à explorer des parties spéciales de la législation.

Tantôt ils s'attachent au fond du droit, tantôt, suivant la marche de la pratique judiciaire, ils expliquent les règles du droit à l'occasion de la procédure.

Dans certains cas le jurisconsulte raconte, explique, commente, discute; dans d'autres, il imite le langage impératif du législateur.

Quelle que soit la forme adoptée par l'auteur, son œuvre ne saurait avoir le caractère d'une coutume officiellement rédigée; mais ces traités n'en présentent pas moins un grand intérêt pour nous, puisqu'ils reproduisent fidèlement des usages que chacun savait par expérience, mais qui n'étaient écrits nulle part Aussi l'autorité d'un coutumier n'était-elle pas restreinte à un ressort particulier; les juges et les parties consultaient les solutions qu'il renfermait, et l'identité des principes généraux qui dominaient toutes les coutumes permettait d'adapter à l'usage de plusieurs localités ce qui n'avait été destiné originairement qu'à une seule.

Ce fut l'influence de l'école des glossateurs qui forma l'école pratique des légistes français. L'honneur de ceux-ci est d'avoir travaillé constamment à effacer la rude empreinte de la féodalité, pour mettre à sa place l'esprit de justice et d'équité qui anime les lois romaines. Pierre de Fontaines et Philippe de Beaumanoir sont tous les deux la vivante expression de ce mouvement qui portait les esprits vers l'étude scientifique et pratique du droit. Jurisconsultes élevés d'après les principes de l'école d'Irnerius, ils ont apporté dans leurs travaux sur notre droit national la sagacité, la science et la profondeur que l'illustre Bolonais avait déployées dans l'étude des lois romaines.

Les principaux coutumiers français ne remontent pas au delà du XIIIe siècle; pour entreprendre une œuvre aussi sérieuse, il fallait un progrès scientifique qui ne s'était pas encore réalisé sous les premiers Capétiens. A partir de saint Louis, les travaux sur les coutumes abondent, et c'est une intéressante étude que de suivre le développement des connaissances juridiques dans les traités où se reproduit le droit en vigueur au moment de leur rédaction. J'essayerai donc de mettre en lumière l'individualité et l'originalité des principaux jurisconsultes dont les écrits nous permettent aujourd'hui de reconstruire l'édifice législatif du moyen âge, et je terminerai par les coutumiers qui, quoique rédigés en dehors du territoire de la France, n'en ont pas moins une valeur réelle pour l'histoire de notre droit national.

§ Ier. *Monuments français.*

I. *Le Conseil de Pierre de Fontaines* (1). — Cet ouvrage, rédigé vers 1253, est le plus ancien coutumier que nous possédions; il a d'autant plus d'importance pour nous, que, comme le dit son auteur dans le prologue, *nul n'en prist oncques mais devant moi ceste chose dont j'ai exemplaire* (2). Conseiller de saint Louis, Pierre de Fontaines fut chargé par ce prince de diriger son fils et de l'instruire dans l'art de bien gouverner (3); c'est à cette occasion qu'il composa le livre auquel il donna pour titre : *Le Conseil que Pierre de Fontaines donna à son ami.* — Si l'on en croît de Laurière (4), le Conseil ne serait que la traduction d'un

(1) *V.* Klimrath, t. 2, p. 22 et suiv.; — l'édition donnée par M. Marnier en 1846.

(2) P. 5, édit. Marnier.

(3) Henrys, préface de ses œuvres.

(4) T. 1, p. 477; — t. 2, p. 68. — Glossaire.

ouvrage qu'avait composé un avocat de Paris, Gui Foulques, élevé plus tard à la papauté sous le nom de Clément IV. Ce recueil, aujourd'hui perdu, aurait été intitulé : *Quæstiones juris.*

Quoique le Conseil de Pierre de Fontaines soit souvent rédigé en forme de questions, il porte un cachet assez original pour donner à croire qu'il est autre chose qu'une simple traduction.

Entre le Conseil et les Établissements de saint Louis l'analogie est frappante; c'est le même esprit qui a présidé à leur rédaction; un mélange de la loi romaine et coutumière forme la transition de l'ancienne législation à la nouvelle. Le jurisconsulte s'applique à fusionner les doctrines féodales et les principes du droit romain : « Plus certainement ne te puis respondre que par lui puisque » nostre usage s'accorde à lui (1). » Cherchant dans le Code et dans le Digeste les paragraphes qui renferment un principe clair et équitable, il s'en empare pour rendre le droit coutumier plus conforme à la loi naturelle. — Tout en s'inspirant des lois de Justinien, de Fontaines ne dédaigne pas les anciennes coutumes; il se plaint au contraire qu'elles sont *molt anéanties, et presque totes faillies*; résultat dont il accuse les prévôts et les baillis, *qui plus entendent à lor volenté fère que à user des coutumes*, de telle sorte que *li païs est à bien près sanz coustume* (2). Sincèrement attaché aux vieux usages qui lui paraissent bons, il dit, comme le grand coutumier de Charles VI : « Es pays coutumiers, » les coutumes qui sont contraires au droit escript, gastent et dé- » truisent le droit, et sont appelés hayneux droit, et quand la cou- » tume s'accorde au droit escript, l'on le dit droit commun (3). »

Cependant les emprunts qu'il fait à la loi romaine sont fréquents, même dans le cas où elle ne concorde pas avec la coutume; et s'il fait un contre-sens dans l'explication de certaines

(1) P. 103.
(2) P. 4.
(3) Liv. 2, ch. 1.

lois, c'est afin de mettre en harmonie les deux législations; car son œuvre n'est point une simple traduction, mais une paraphrase appropriée au droit du moyen âge, qu'il veut mettre sous les yeux de ces jugeurs ignorants dont il dit : *Cil qui jugent les quereles ès cors laies ne sont mie legistre, dont ne puent-il si soutilement treitier les querelles come la letre* (1).

Ce livre se compose de 35 chapitres, dont le premier, qui est un prologue, commence par l'invocation suivante : *El non del Père et del Fil et del Saint-Esperit.*—Dans le second, l'auteur énonce quelques préceptes de religion et de morale; puis dans les autres il traite de la procédure, des preuves à administrer en justice, du serment, de la plégerie à droit, c'est-à-dire du cautionnement donné pour assurer la comparution de la partie en justice. Vient ensuite l'exposé des principes sur lesquels reposent les obligations, et des vices qui altèrent le consentement, ainsi que des règles sur la compétence civile et criminelle, matière qui le conduit à traiter des incapables. Les testaments, les principes sur la quotité disponible, les donations faites par un père à ses enfants, sont l'objet des chap. 33 et 34; le 35e et dernier traite de la matière la plus usuelle et la plus difficile, la possession et les actions possessoires.

L'origine de plusieurs coutumiers est fort incertaine : cette incertitude tient à la diversité des manuscrits, aux différences essentielles qu'ont introduites dans les copies du même ouvrage l'ignorance, la distraction des copistes, et surtout l'habitude où ils étaient de ne jamais corriger les fautes les plus grossières, dans la crainte d'altérer la beauté du manuscrit. C'est surtout au livre de Pierre de Fontaines que s'applique cette réflexion.

Sans rappeler les discussions qui se sont produites à ce sujet, je me borne à constater les faits. — Il existe plusieurs manuscrits d'un livre composé sous le règne de saint Louis, et intitulé : *Li livres la Roine*, dans lequel se retrouvent plusieurs dispositions

(1) P. 131, 318.

consignées dans le *Conseil;* circonstance qui l'a fait attribuer par Ducange, la Thaumassière, Maillard, Chopin et Galland, à Pierre de Fontaines. — Mais Pithou, qui soutient une opinion contraire, cite plusieurs passages de ce livre complétement étrangers au *Conseil à un amy.*

Enfin, la bibliothèque impériale possède un manuscrit ayant pour titre le *Livre la Roine*, et contenant quatre parties : la première reproduit mot à mot le Conseil ; la troisième est le grand coutumier de Normandie; la deuxième et la quatrième se composent de textes traduits de droit romain ; les Institutes forment le fond de ces deux derniers livres, avec quelques textes du Digeste. Au premier feuillet est une miniature représentant une reine assise, derrière laquelle se tient un chevalier; devant elle un homme à genoux, suivi de quatre autres, lui présente un livre. Au-dessous on lit : « Ci commence li livre des usages et des cou-
» tumes de France et Vermandois selonc court laie, et fut fez
» pour une roine de France très gentil et très noble et le fist à sa
» requeste li plus sage hons qui à son sans vesquist selon les lois,
» et par ce est-il apelez li livre la roine. »

M. Marnier (1) pense que ce livre de la reine a été composé en partie des ouvrages de Pierre de Fontaines, et en partie des œuvres d'autres jurisconsultes anonymes qui vivaient de son temps. Klimrath croit, de son côté, que ce livre a pour auteur Pierre de Fontaines, mais qu'il était plus ample que le Conseil. Les nombreuses ressemblances qui existent entre ces deux ouvrages me font considérer cette opinion comme la plus probable.

Du reste, le *Livre la Roine* a subi plusieurs remaniements.

A la même époque, Pierre de Fontaines fut chargé de coordonner les usages de l'Ile de France et de Vermandois; les coutumes de ces deux grandes divisions du domaine de la couronne offraient de trop nombreuses analogies pour qu'on dût rédiger des coutumiers différents; en même temps, selon Klimrath, messire Robert le

(1) Préface, p. XVIII.

Normand reçut la mission de s'occuper des coutumes particulières de la Normandie. Pierre de Fontaines ne put compléter son œuvre. L'ouvrage fut continué par d'autres légistes, qui réunirent le Conseil et le grand coutumier de Normandie au livre de la reine Blanche. Un manuscrit de cet ouvrage montre que le but était d'en généraliser l'application, car il est dit dans le prologue : *Ce sont les us es coustumes de France, de Champagne, de Vermandois et d'autres cours laies.* La coutume de Normandie, quel que soit son auteur, eut autant d'autorité que si elle avait été arrêtée dans une assemblée des barons et du peuple normand. On l'enregistra au parlement de Paris, à l'échiquier et à la chambre des comptes de Rouen. Le manuscrit du XIVe siècle, qui a pour titre : *Lois, coustumes et usaiges du païs de Normendie*, contient cent vingt-quatre titres; les emprunts faits à la loi romaine sont fort rares; c'est le droit germanique qui en a été la principale source.

Un autre remaniement digne de remarque eut lieu; il est connu sous le nom de livre de *Guido*, dont plusieurs passages ont évidemment été copiés dans le Conseil, entre autres celui-ci : *Por que nuz n'en prist devant moy oncques ceste chose, dont je aye exemplaire.* Le Conseil avait été augmenté des coutumes particulières de Paris.

Enfin, un auteur anonyme a amplifié l'œuvre de Pierre de Fontaines par l'addition des coutumes d'Artois. Ce traité reproduit, comme le livre précédent, des phrases textuelles du Conseil, et surtout celle où l'auteur déclare être le premier qui ait écrit un ouvrage de ce genre. Le coutumier d'Artois donne un exposé complet et intéressant des formalités de la tradition judiciaire des immeubles et de ses effets, formalités adoptées autrefois d'une manière générale, mais qui ne se sont conservées que dans les coutumes dites de *saisine* et de *nantissement.* L'auteur, tout en copiant de Fontaines, ajoute presque toujours quelque détail explicatif, une définition ou un exemple. Dans les cinquante-quatre chapitres de son livre il met à profit ses connaissances pratiques, et rapporte fréquemment ce qu'il a vu *en la court le comte à Arras* ou en *la court le roi à Dorlens.*

II. *Les Estatu dou royaume de France* (1). — Ce coutumier n'est point parvenu jusqu'à nous; il n'est connu que par les citations assez fréquentes qu'en a faites Chopin; les passages qui nous ont été ainsi conservés sont presque tous copiés dans les Établissements de saint-Louis; ce qui pourrait jusqu'à un certain point déterminer à n'y voir qu'un même ouvrage qui aurait subi plusieurs remaniements. Cette opinion trouverait un appui dans les nombreuses variantes qui existent entre tous les manuscrits du moyen âge, et laissent souvent régner le doute sur l'identité du travail.

L'avis contraire me paraît préférable, car Chopin mentionne les variantes, la différence dans l'ordre des matières et dans les rubriques, et distingue ce coutumier d'avec les Établissements. Ce jurisconsulte avait sans doute de graves motifs pour insister sur cette distinction.

III. *Li livres de jostice et de plet* (2). — Ce coutumier, dont l'origine est incertaine, a dû être composé vers le milieu du XIIIe siècle. Sa date, si l'on en juge par les différents documents qu'il renferme, ne peut guère être antérieure à 1254, ni de beaucoup postérieure à 1260 : quant à son auteur, il est resté inconnu. Pourtant le fond et la forme de l'ouvrage présentent certains traits caractéristiques qui peuvent servir, sinon à faire reconnaître le jurisconsulte qui l'a écrit, du moins à indiquer le lieu où il a été composé, et à mettre sur la trace de l'idée dominante et systématique qui a présidé à sa rédaction.

Ce livre n'appartient ni à un théoricien ni à un praticien; rien dans les détails ne révèle la condition de son auteur;

(1) Klimrath, t. 2, p. 42.

(2) Klimrath, t. 2, p. 44 et suiv.; — p. 127 et suiv. — M. Rapetti, édition qui fait partie des Documents inédits pour servir à l'histoire de France.

c'est « le résultat transmis, refroidi dans la transmission, » du travail dont un autre a gardé l'idéal et la passion (1). » On peut y reconnaître la rédaction plus ou moins soignée de notes recueillies par un étudiant. Outre la division tripartite du Digeste empruntée aux glossateurs, on y retrouve les exercices familiers à l'enseignement de leur école, les *lectiones* représentées par la traduction du texte, les *quæstiones* et les *brocardi* (2).

Ce qui frappe par-dessus tout dans cette composition, c'est une tentative de transaction entre le droit romain et le droit français, le point de départ d'une fusion qui ne doit s'opérer que six siècles après. Le droit canonique et le droit romain y sont sacrifiés aux coutumes françaises, et les nombreuses mutilations de la loi ancienne ne sont que l'aspiration vers une loi nouvelle, vers un droit national. A cette prééminence accordée à la coutume française, joignez une indépendance d'interprétation des lois de Justinien bien rare à cette époque; remarquez encore que la coutume locale invoquée par l'auteur est celle d'Orléans, et alors vous acquerrez la conviction que l'auteur du livre de *jostice et de plet* appartient à cette université que Faber et Bartole accusaient de hardiesse, et dont les professeurs n'avaient pas craint d'enseigner le droit romain en langue vulgaire (3).

Sous ce rapport, le livre de *jostice et de plet* est d'une frappante originalité; il n'est pas, comme les *Établissements de saint Louis* et le *Conseil de Pierre de Fontaines*, une simple juxtaposition de l'élément romain et de l'élément coutumier.

Le titre manque au commencement, mais il est à la table; on y lit en effet : *Ci commence li livres de jostice et de plet.* Vers la fin de cette table on trouve la rubrique suivante : *Ci commence li*

(1) M. Rapetti, p. XXVIII.
(2) *V.* plus haut, p. 171.
(3) *V.* plus haut, p. 168.

livres de la première partie des coutumes de France. Mais les titres qui suivent, numérotés jusqu'à douze, et dont deux manquent, sont placés au commencement de l'ouvrage de manière à former une espèce de livre préliminaire.

Les vingt livres dont le traité se compose ne sont point classés dans un ordre propre à l'auteur; il a suivi dans l'exposition des matières le classement du Digeste et la division de l'école d'Irnerius; ainsi on lit au commencement du livre 12 : *Ci commence li livres d'enforçade;* puis plus bas : *Ci commence li livre du digeste nove.* Enfin, lorsqu'un livre du Digeste commence, serait-ce au milieu d'un livre du coutumier, il est dit : *Ci commence li livre de...*

De même que l'ordre du livre de la reine Blanche a été calqué sur les Institutes, et celui du Conseil de Pierre de Fontaines sur le Code, de même l'auteur du livre de *jostice et de plet* a suivi les Pandectes scrupuleusement, malgré l'omission de quelques titres. Mais si le droit romain sert de base à ces travaux, il n'en a pas moins été diversement mis en œuvre. Si dans les *Établissements* et le *Conseil* il domine les coutumes, dans le livre de *jostice* il est absorbé par elles; l'auteur l'y glisse sans le nommer, en le pliant aux usages locaux : les noms de *prætor*, *præses*, *senator*, etc., sont rendus par ceux de prévôt, *bailli*, *seigneurs;* — les décisions empruntées à Ulpien, Pomponius, Florentinus, sont attribuées à Geoffroy de la Chapelle, Jehan de Beaumont, Renaud de Trirecot; et les édits des préteurs, les constitutions impériales sont cités comme des établissements de la reine Blanche, du roi Loys, parfois du roi Philippe.

Les décrétales sont aussi mises à contribution moins fréquemment que le droit romain, mais avec le même système d'altération des textes et de dissimulation d'origine. L'auteur applique aux matières civiles des dispositions relatives aux affaires ecclésiastiques, et ce qui a été décrété par Grégoire IX, il l'attribue au roi *Loys*. Les principes de l'élection et de la transmutation des évêques deviennent des prescriptions faites pour les magistrats municipaux.

Quant au droit coutumier, cette partie est morcelée, incomplète, et surtout altérée par la fréquente introduction des préceptes de droit romain.

Le livre préliminaire reproduit une partie des Établissements (chapitres I—VII) et quelques ordonnances, dont l'auteur n'adopte cependant pas toutes les dispositions. Ainsi, après avoir rapporté le chapitre de : *Deffandre bataille et d'amener li aux proves*, il maintient le duel judiciaire. Il est vrai que Beaumanoir a écrit : *Quand li roys Loys les ostat de sa cor, il ne les osta pas des cours à ses barons* (1).

Le droit civil, le droit criminel et le droit politique sont traités dans des proportions inégales. Le premier est l'objet des prédilections de l'auteur; de nombreux chapitres sont consacrés au mariage, aux conventions, à la propriété : quelques-uns seulement se rapportent au droit criminel; d'autres concernent les communes, les fiefs et la hiérarchie féodale. Des détails nombreux sont fournis sur l'organisation politique, sur le droit appartenant au roi et aux divers corps ou communautés de faire des établissements, sur les impétrations de lettres royaux, les élections, postulations et translations des maires, et les droits du roi dans les villes du domaine de la couronne.

L'autorité des jurisconsultes est souvent invoquée, et presque tous les légistes cités figurent dans les *Olim* comme maîtres de la cour du roi ou comme baillis. — De tous les documents de notre vieux droit féodal, c'est celui qui reflète peut-être le mieux l'état de la société au moyen âge. Le désordre, qui a tout atteint, les rélations de famille, la propriété, les conventions, la police, excite des plaintes dans l'ordre civil comme dans l'ordre politique. Le livre de

(1) Ch. 61, § 15, édit. Beugnot.

jostice et de plet dévoile toutes ces misères; mais on y entrevoit un exemple de cette vitalité des sociétés, chez qui le désordre est presque toujours le prélude de la mystérieuse recomposition d'un ordre nouveau et plus complet.

IV. *Coutumes d'Amiens.* — Parmi les monuments de notre vieux droit coutumier, je signalerai deux rédactions des coutumes d'Amiens du XIIIe siècle, dont M. Augustin Thierry vient de donner le texte dans son recueil des Monuments de l'histoire du tiers état, et qu'il a classées parmi les actes nombreux relatifs à la Picardie.

Mais il paraît qu'antérieurement à cette époque il avait été rédigé un recueil portant pour titre: *Livre de la juridiction de la loy et de l'usage de la commune de la cité d'Amiens et des coutumes de toutes les choses qui coutumes doivent dans ladite cité d'Amiens.* — Un inventaire fait aux archives de l'évêché, en 1744, en constate l'existence; à en juger par la table qui reste, c'était une espèce de code politique et financier, contenant les droits de la juridiction des communes, le mode de nomination des magistrats municipaux, avec un traité de droit civil reposant sur la première charte octroyée en 1057 et sur la coutume traditionnelle.

M. Augustin Thierry (1) pense que la rédaction première remonte au XIIe siècle. Le cartulaire de l'évêché renfermait en outre: 1° la charte communale d'Amiens de 1190, en latin et en langue vulgaire; 2° celle de Saint-Quentin; 3° les ordonnances ou *établissements* de Philippe-Auguste, de Louis VIII et de saint Louis.

Cette compilation, qui semble avoir été faite pour la pratique judiciaire, ne nous est pas parvenue, et le premier coutumier de Picardie dont nous ayons le texte date de la fin du XIIIe siècle, ainsi que ses nombreuses dispositions sur le duel judiciaire autorisent à le croire.

Il existe plusieurs manuscrits de ce livre à la bibliothèque impé-

(1) T. 1, p. 88.

riale, les uns réunis aux Établissements de St Louis; d'autres au Conseil de Pierre de Fontaines, au livre de la reine Blanche, ou aux *Institudes en roumans*.

Vingt-deux titres embrassent les diverses dispositions de droit civil et de droit pénal, mais sans ordre méthodique. — Deux grandes divisions dominent les autres : la première est intitulée : *Li usages de la cité d'Amiens de coi on plaide devant le maïeur*; — la seconde : *Li usages le prévost de coi on plaide devant li.* L'auteur entre dans (1) des détails sur la juridiction criminelle et contentieuse de l'échevinage, mais sans déterminer d'une manière positive son étendue et sa nature, tout en constatant quelques innovations à ce sujet. — Dans ce livre, on ne trouve guère plus de renseignements sur la juridiction du prévôt royal que dans la charte de Philippe-Auguste. — La législation civile y est plus développée; de nombreux articles traitent des incapables, de la tutelle des enfants orphelins, de la puissance paternelle, du douaire, des successions. Les points contenus déjà dans la coutume sont tracés ou reproduits sans commentaire. La procédure n'y est point oubliée; elle fournit à l'auteur l'occasion de donner des renseignements assez curieux sur le duel judiciaire (art. 49, 72, 80, 60) (2).

Une seconde rédaction fut faite au commencement du XIVe siècle par un jurisconsulte dont le nom est inconnu. Son œuvre a la forme d'un discours et se termine par cette formule : « Les coutumes et » les usages ci-dessus exposés ont été bien souvent et bien long- » temps mis en pratique et la plupart approuvés en jugement; » c'est pourquoi ils sont à tenir. »

Ce coutumier se compose de trois parties distinctes : la première, intitulée : *Coustumes notoirement approuvées en la court de Ponthieu, de Vimeu, de la baillie d'Amiens et en plusieurs autres lieux,* renferme un recueil d'arrêts et de jugements

(1) M. Augustin Thierry, Tiers état, t. 1, p. 122 et suiv.
(2) M. Augustin Thierry, t. 1, p. 137-138, note 3, 145-147.

rendus de 1300 à 1323. La seconde, précédée de cette rubrique : *Chi après ensievent notaule sur les coustumes de Ponthieu, de Vimeu, des castellenies de le bailli d'Amiens et des aultres lieux, de quoy on use communément*, renferme un traité de droit rédigé d'après les règles de la jurisprudence du temps, les décisions des cours et tribunaux et les ordonnances de l'autorité souveraine. La troisième, purement dogmatique, est intitulée : *Che sont les coustumes et li usages de la chité d'Amiens* (1).

On trouve dans cette nouvelle rédaction le complément de l'ancienne coutume; aussi est-elle très-explicite sur la constitution politique de la ville, que la première avait à peu près négligée.

L'auteur indique le nombre des échevins, le mode de leur élection qui se faisait à deux degrés, celui de la nomination aux autres emplois, les règles de compétence et les limites des deux juridictions rivales, l'échevinage et la justice temporelle de l'évêque. — La police et l'administration municipale font l'objet d'articles spéciaux ; l'auteur fournit sur la voirie, les poids et mesures, l'organisation des arts et métiers, et les droits de chaque confrérie ou bannière, des renseignements aussi précis que nombreux.

Le droit civil y est fort développé ; les dispositions de l'ancienne coutume sur les successions, le douaire, le retrait lignager, le partage des acquêts, sont reproduites, avec des articles nouveaux relatifs : 1° au *quint*, c'est-à-dire à la faculté laissée au propriétaire d'un immeuble patrimonial de disposer à son gré du cinquième de ce bien, mais une fois seulement, pendant le temps qu'il reste dans la même ligne ; 2° au droit d'aînesse, qui est formellement proscrit; 3° au bornage, aux servitudes;

(1) *V.* le texte de cette dernière partie dans M. Augustin Thierry, t. 1, p. 157 et suiv. — Klimrath avait fait une notice sur ce coutumier, t. 2, p. 51; mais il ne paraît pas avoir connu la première coutume, ni la table de la rédaction, qui remonte au XIIe siècle.

4° enfin au louage. — Un article indique au propriétaire le moyen de se débarrasser sans forme de procès d'un locataire qui ne paye pas; il consiste à enlever les portes et fenêtres (art. 74). Aujourd'hui encore M. Troplong, dans son Commentaire du louage sous l'article 1737 code Napoléon, ne trouve pas de meilleur conseil à donner au locateur (1), et tel est l'usage suivi à Bordeaux.

V. *Coutumes de Beauvoisis* (2). — Le monument le plus important du XIIIe siècle, le coutumier qui atteste le plus d'originalité chez son rédacteur, est sans contredit l'ouvrage de Philippe de Beaumanoir, intitulé : *Des coustumes et usages de Beauvoisins selonc ce qu'il corroit au temps que cest livre fut fez : c'est à savoir en l'an de l'incarnation de Notre-Seigneur* 1283.

Le titre de ce livre, que Montesquieu appelle *admirable*, donne une idée complète de son caractère et de son objet. Les coutumes de Beauvoisis forment le point de départ des investigations de Beaumanoir; mais, s'appuyant sur le droit naturel, il généralise les principes, et déclare lui-même « qu'une partie de » son livre reposera sur le droit qui est communz à toz ès cou» tumes de France. » Aussi Loysel, son compatriote, dit-il que ce livre « est le premier et plus hardy œuvre qui ait été composé » sur les coutumes de France : car c'est lui qui a rompu la glace » et ouvert le chemin à Jehan le Bouteillier et tous ceux qui sont » venus depuis. Car Messire Pierre de Fontaine... n'avoit point » passé si avant. Il appert par son livre qu'il étoit grand légiste, » canoniste et coutumier. »

Le Conseil à un ami et le livre de la Reine sont une tentative trop peu ménagée de fusion entre le droit romain et le droit coutumier;

(1) Traité du louage, t. 2, p. 240. — Walter Scott raconte que ce moyen, fort employé autrefois en Écosse, est encore d'un usage assez fréquent (Guy-Mannering, ch. 8).

(2) *V.* la préface de l'édition qu'a donnée M. le comte Beugnot; — un article de M. Éd. Laboulaye, dans la Revue de législation et de jurisprudence, t. 11, p. 433; — un mémoire couronné par l'Athénée de Beauvoisis, de M. Morel, licencié ès lettres.

le livre de *jostice et de plet* marque un progrès dans cette voie; mais c'est un travail encore trop abstrait. Les coutumes de Beauvoisis semblent affranchies de l'influence directe du droit romain; l'auteur s'élève au-dessus de la raison écrite, et, tout en s'inspirant de la législation modèle, il remonte jusqu'au droit naturel. Lors même qu'il ne reproduit que des dispositions du droit de Justinien, il rencontre une originalité sous laquelle se dissimulent les emprunts qu'il lui fait.

Bailli de Senlis en 1273, de Clermont en Beauvoisis, ensuite sénéchal de Saintonge, bailli de Normandie, il pouvait, par son expérience, faire la lumière au milieu de l'obscurité qui entourait la législation. Jurisconsulte, politique, magistrat, négociateur (1), il est, avec une tendance modérée vers la réforme, le type de ces esprits honnêtes et sages qui, sans devancer la pensée de leur temps, la résument dans ce qu'elle peut avoir à la fois d'antique et de nouveau. Il appartient surtout par ses idées à cette grande génération du XIIIe siècle dont saint Louis fut le plus digne représentant, génération religieuse qui la première sut fixer le point précis où confinent les droits de l'Église et de l'État.

Son livre, composé principalement en vue de la législation privée, ne se borne pas à une sèche énumération des coutumes de l'époque; embrassant un plus vaste plan, il veut améliorer la législation; et il y parvient, car souvent en signalant des changements à introduire il constate ceux qu'il a déjà opérés: « Une mauvaise » costume, répète-t-il souvent, soloit corre, que noz avons ostée » de nostre tanz. »

Trois éléments ont servi à la composition de l'ouvrage: 1° les jugements rendus en Beauvoisis; 2° le droit canonique; 3° le droit romain. L'œuvre de Beaumanoir est écrite avec fermeté, netteté et précision: la noblesse de la pensée le dispute à la vivacité de l'expression. Publiciste autant que jurisconsulte,

(1) Il fut envoyé par le roi à la cour de Rome; on ignore quelle était sa mission.

il attaque avec force tous les abus, s'indigne contre les usuriers qui ne voulaient pas prêter *à deniers secs*, et n'épargne pas ses railleries à la justice temporelle. Beaumanoir fait un heureux usage de ces tournures piquantes, familières au vieux génie gaulois, et dont La Fontaine semble avoir emporté le secret avec lui. Sous forme d'anecdote, il critique certaines manières de procéder contraires à la justice et à la raison. Ainsi il raconte qu'un pèlerin, étant venu s'asseoir dans une taverne en compagnie de voleurs qu'il ne connaissait pas, fut pris avec eux et pendu sans forme de procès. « En ceste aventure, dit Beaumanoir, on peut » prendre deux exemples : l'un que la justice qui prend planté » de gens pour soupçon de meffet, devroit savoir le meffet de » chacun avant qu'il soit justicié ; l'autre que l'on se garde d'en- » trer en mauvaise compagnie, tant soit que l'on ne pense si » bien non, pour les peines qui en peuvent avenir. »

La méthode, qui manque chez les autres coutumiers, n'est pas encore irréprochable dans les coutumes de Beauvoisis ; pourtant le défaut d'ordre y est moins saillant que dans les œuvres de ses devanciers, car chacun des soixante-dix chapitres de son travail renferme un traité complet sur une matière déterminée.

Le droit civil forme la partie la plus considérable de l'ouvrage; la propriété foncière y est l'objet d'une attention toute spéciale. Minée par l'affranchissement des communes et par l'influence des idées que les croisés rapportaient de la terre sainte, la féodalité ne pouvait conserver intacts les principes sur lesquels elle était établie. Beaumanoir proclame que les bourgeois et même les vilains (*gens de poeste*) ont le droit de tenir des fiefs.

Tout en admettant l'esclavage, il reconnaît que « cascuns est » francs selon le droict naturel, mès ceste francise s'est corrom- » pue. »

L'acquisition et la transmission de la propriété, les successions, l'échange, la vente, sont les points sur lesquels il répand le plus de lumières ; il consacre de nombreuses pages au *rescousse* ou retrait lignager, faculté accordée à tout membre d'une famille de rentrer dans un héritage vendu par un de ses parents, en désintéressant l'acquéreur.

Les contrats sont l'objet d'explications étendues ; l'auteur en examine successivement les formes, les effets, les moyens d'exécution ; après avoir critiqué avec énergie la dureté des procédés employés contre les débiteurs, il signale les réformes à introduire. Enfin le contrat de société, fort en usage alors pour les besoins de l'agriculture, est traité avec d'intéressants détails.

L'exposé de la procédure civile révèle la science du théoricien et l'habileté de l'homme pratique. Les ajournements, ou *semonces*, dont les formalités rigoureuses exigeaient un soin tout particulier, puisque leur inobservation emportait la perte de tout droit féodal, y sont développés avec subtilité ; et, en étudiant les formules que donne Beaumanoir, on voit qu'en procédure la forme emportait presque toujours le fond. — Il donne des notions sur les jugements, leur formation, le nombre des juges qui devaient y assister, leurs fonctions. Avec Pierre de Fontaines et les coutumes de Beauvoisis, il serait facile de reconstituer toute la procédure civile au moyen âge.

Le droit criminel présentait des règles plus incertaines que le droit civil ; Beaumanoir blâme les rigueurs inutiles et déplore l'impunité trop souvent consacrée par la loi. Son livre proclame un principe qui ne devait être compris que deux siècles plus tard : pour lui, la peine ne doit pas être une représaille ; la société punit et ne se venge pas ; la peine doit être exemplaire. Le talion, les épreuves judiciaires, la question, toutes les institutions de cette nature, il les réprouve ou les passe sous silence.

Quoique le but de l'ouvrage de Beaumanoir ait été d'expliquer la législation civile, il était impossible que ce jurisconsulte, dont les vues élevées faisaient du bailli de Normandie un homme d'État, ne fût pas entraîné, souvent à son insu, à traiter les questions les plus ardues de droit public. Aussi trouvons-nous tout un système sur l'action législative du roi. Attaché sincèrement à la royauté, dont il reconnaît la suprématie, il n'en reste pas moins le défenseur zélé des antiques usages qui forment la coutume : « 1° parce qu'ils sont généraux por tout le conté, et » maintenus de si lonc tans come il pot sovenir à home sans nul » débat ; 2° ou parce que quant debas en a esté, fu approuvé » par jugement. »

Aussi, après avoir reconnu le principe que « li rois ne tient » fors de Dieu et de son espée, » comme le portent les Établissements de saint Louis (1), et ajouté : « Ce qui li plest à fere doit » estre tenu por loi, » Beaumanoir restreint néanmoins ce pouvoir aux « establissements pour le commun profit. » Tout ce qui tendrait à détruire des usages constants, tout ce qui blesserait les bonnes mœurs, ne devrait point être accepté par les sujets. Mais, d'un autre côté, Beaumanoir ne laisse pas de recommander la soumission à la royauté : « Nuz ne puet fere vile de queumune ou » royaume de France, sans l'assentiment du roy, fere que li rois, » parce que toutes *novelletés* sont défendues. »

Les querelles entre le pouvoir temporel et le pouvoir spirituel ont occupé le bailli de Vermandois. Voyez, dans le passage suivant, le témoignage du respect que montre pour l'Église le chrétien profondément religieux, et en même temps la noble indépendance dont fait preuve le bailli, maintenant les droits du pouvoir temporel tout en craignant les excommunications, *qui, de quelque manière qu'elles soient jetées, sont toujours à redouter.* « Deux espées sont par lesquelles tous les peuples doivent être » gouvernés spirituellement et temporellement ; car l'une des es- » pées si doit être spirituelle et l'autre temporelle, la spirituelle » si doit être baillée à sainte Église, et la temporelle aux princes » de la terre ; et celle qui est baillée à sainte Église si est ap- » pelée spirituelle, parce que celuy qui en est féru est péri en la » vie spirituellement, si comme ceux qui meurent en vilains

(1) Liv. 1, ch. 76.

» péchés ou en excommuniement, ou qui ont œuvré contre la foi, » et de toutes telles choses appartient la connoissance à sainte » Église. Et pour ce que leur espée spirituelle est plus cruelle » que la temporelle pour ce que l'âme y encourt, doivent-ils moult » regarder ceux qui l'ont en garde qu'ils n'en fèrent (frappent) » sans raison, si come des excommuniés qu'ils font trop légère- » ment; et ne pour quant en quelque manière que excommunie- » ment soit jetté, il est à redouter, il doit estre l'excommunié en » grand pourchas de querre absolution, car s'il dédaignoit l'ex- » communiement et désobéissoit au commandement de sainte » Église, adonques seroit-il excommunié et à Dieu et au siècle, » et feroit de sa bonne cause mauvaise; ni les enfants ne sont pas » bons qui désobéissent à leur mère, et sainte Église est notre » mère spirituellement, si devons nous obéir à elle et à ses en- » seignements et en ses commandements qu'elle nous fait pour » la sauveté de nos âmes.

» L'espée temporelle si est d'autre attrempure, car par elle » doit être faite droite justice sans délai, et vengeance prise des » malfaiteurs corporellement; et quand l'une espée a mestier de » l'autre, elles s'entredoivent aider, sauf ce que l'espée spiri- » tuelle ne se doit entremettre de nulle justice temporelle dont » nul puisse perdre vie ni membre; mais spécialement l'espée » temporelle si doit toujours être appareillée pour garder et dé- » fendre, toutes les fois que mestier en est. »

Beaumanoir se recommandait par une piété profonde, sans fanatisme et sans superstition. Ce caractère domine dans tout son ouvrage, que le prologue place sous la protection divine; l'auteur demande comme une grâce de faire un livre utile pour ceux qui voudront se défendre contre les agressions injustes; s'il l'a entrepris, c'est à cause de « la grans espérance que nous avons dans » l'ayde de celi par qui toutes cozes sont fetes et sans que riens » ne pot estre fest, celi est li Peres, li Fieux, et li sains Es- » peris. »

En terminant, Beaumanoir rend grâce à Dieu de l'avoir soutenu dans une entreprise aussi difficile. Rien de plus noble et de plus touchant que cette hymne de reconnaissance dont je ne puis citer que quelques passages : « Vous, roi des rois, sire des » seigneurs, vrai Dieu, vrai homme, Père et Fils et saint Esprit ; » et vous, très-glorieuse mère, reine et princesse de celui qui » tout fit et qui tout peut, je vous gracie et vous adore de ce » que vous m'avez donné espace de temps et volonté de penser, » tant que je suis venu à la fin de ce que j'avais propos de faire » en mon cœur, c'est à savoir un livre des coutumes de Beau» voisis.....

» ..... Ici définе Philippes de Beaumanoir son livre, lequel il » fit des coutumes de Beauvoisis en l'an 1283.

» Que Dieu lui octroie bonne fin,
» Qui règne et régnera sans fin. — Amen. »

Irréprochable dans sa vie privée, Beaumanoir était doué de cet esprit calme, sévère, juste, qui fait les magistrats accomplis. Sa froide sagesse ne l'égara dans le domaine de la perfection imaginaire qu'une seule fois ; c'est quand il traça le portrait du bailli : exiger les dix vertus qu'il impose à celui qui veut remplir ces fonctions, c'est ne pas connaître l'humanité ; mais cette illusion n'est-elle pas bien pardonnable à l'homme dont la vie entière, consacrée à l'accomplissement du devoir, nous représente le bailli qu'il a dépeint, ce magistrat sans amour et sans haine !

VI. *Practica aurea* (1). — Tandis que dans les pays coutumiers des jurisconsultes essayaient de modifier les principes des coutumes par ceux du droit romain ; à peu près vers la même époque, dans les pays de droit écrit, des légistes adonnés à

(1) *V.* un article de M. Esquirou de Parieu, auquel j'ai emprunté ces détails. —Revue de législation et de jurisprudence, t. 20, p. 417 et suiv.

l'étude des lois romaines tâchaient d'en exposer les règles, tout en y introduisant les modifications que les mœurs de la nation exigeaient. L'école d'Orléans avait produit le livre de *jostice et de plet*, cette tentative de la fusion de l'élément romain dans l'élément national; Montpellier et Toulouse produisaient à leur tour un jurisconsulte représentant des traditions romaines, imbu des principes du droit de Justinien, et qui les exposait empreints du caractère des coutumes locales.

Petrus Jacobi, originaire d'Aurillac, élève des universités de Toulouse et de Montpellier, composa, vers 1311, un traité des actions nommé plus tard *Practica aurea*. Un des manuscrits lui donne le titre de : *Subtilissimi et acutissimi legum interpretis Petri Jacobi utriusque juris meritissimi professoris aurea et famosa practica.*

Exposer la procédure d'après la loi romaine, tel est le but que se propose l'auteur, dans un ouvrage qu'il a écrit, dit-il, pour l'instruction des avocats et des étudiants qui lisent les Instituts : *Pro instruendis advocatis et etiam pro proversis scholaribus librum institutionum legentibus et specialiter super titulo de actionibus.*

Humbertus de Villa-Nova, conseiller à la sénéchaussée de Lyon, recommandait la Pratique dorée comme étant aussi indispensable au jurisconsulte que le bréviaire l'est au prêtre : seulement il avait peut-être tort de dire qu'elle renfermait toute la pratique du pays de droit écrit et du pays coutumier, *curiarum tam utentium jure scripto quam consuetudine.* C'était avant tout aux tribunaux de la France méridionale que *Petrus* s'adressait. Du reste, tout, dans cet ouvrage, annonce le jurisconsulte, disciple d'Irnerius, voulant introduire sur le sol français les lois de Justinien et leur donner une application pratique. — L'appel y est traité suivant le Code ; les Institutes lui fournissent la distinction entre les droits des militaires et des autres citoyens, la classification des actions pénales au double, au triple, au quadruple, et des actions persécutoires de la chose; enfin les notions sur l'origine de la servitude personnelle.

Petrus Jacobi, en adoptant la théorie romaine comme règle générale, constate cependant des dissemblances : ainsi il signale lui-même les différences frappantes entre les charges municipales de son temps et le décurionat romain. Déterminant aussi les droits résultant de la coutume, non-seulement il reconnaît que le système de pénalité établi par le droit romain a été profondément modifié, mais encore il démontre que c'est la coutume qui a introduit les formalités judiciaires pour la cession de biens(1).

Par dérogation au titre *de inofficioso testamento*, la coutume locale de Montpellier punissait d'une amende de cinq sols le fils qui se plaignait du testament paternel.

En commentant les formules qu'il trace, Petrus donne des détails sur l'ensemble du droit, et expose même certaines doctrines. C'est ainsi qu'il traite du serment et du duel judiciaire, ces deux preuves essentiellement coutumières. Après avoir exposé les règles minutieuses du combat, il le repousse avec énergie en invoquant l'autorité d'Aristote : *Aristoteles recitat in libro secretorum quod Hymogines doctor scripsit dicens quod quando creatura interficit creaturam sibi similem sine causa legitima, virtutes cœlorum clamant ad divinam majestatem*. Aux légistes, il conseille de ne point s'entremettre dans les duels, et de laisser ce genre de preuve à la routine coutumière. Aux plaideurs, il trace les formalités qu'ils doivent suivre pour éviter cette coutume : selon lui, le défendeur peut repousser ce moyen en répondant que

(1) Il l'accuse à ce sujet d'avoir imposé au débiteur certaines conditions humiliantes qu'il décrit : « *Introductum est in aliquibus locis ut cedens bonis vituperium habeat et sic tardius ad illud decurrat, quod cedens bonis, lassatis bracchiis, in curia ter de culo in quadam segula percutiat, dicendo qualibet vice : Cedo bonis. Item in quibusdam aliis locis ducitur in tunica sine capucio cum tubis in platea et ibi dicit : Cedo bonis. Et apud Avinionem bracchiis lassatis in peyrono curiæ scinditur sibi lumbarium.* »

le demandeur ne doit pas être admis à l'offrir ; que lui, dans tous les cas, ne saurait être forcé de l'accepter ; et si, après ces exceptions, le juge ordonne le duel, il aura une âme malheureuse, car il reniera le droit divin, le droit des Evangiles.

L'œuvre de Jacobi parut à un moment où s'agitaient les grandes questions des rapports de l'Église et de l'État ; zélé défenseur des immunités ecclésiastiques, partisan de la suprématie de la papauté, il soutenait le parti des prélats Roger et Pierre Bertrand contre Pierre de Cugnières. Et cependant il ne se dissimulait pas les abus de la juridiction ecclésiastique, ses détours et ses longueurs, et n'épargnait pas plus son blâme aux vices de la juridiction cléricale qu'à ceux de la justice laïque. — Son autorité égala son savoir, et Guy Coquille associe son nom aux noms les plus illustres dans la jurisprudence.

Esprit élevé et progressiste, Jacobi, tout en marchant à la tête de son siècle, n'en a pas moins payé le tribut au mauvais goût et aux préjugés de l'époque.

L'ordre adopté dans son livre est loin d'être satisfaisant ; un très-grand nombre d'actions y sont traitées sans méthode suivie ; et cependant il y a une division générale comprenant les actions réelles et les actions personnelles. Les interdits forment la dernière partie.

Les défauts de l'ouvrage sont nombreux : bizarrerie de style, abus des citations, idées médico-légales qui surprennent aujourd'hui, et qui étaient peut-être alors le résultat de préjugés populaires, notions historiques fort incomplètes, tels sont les traits saillants que peut relever la critique. Mais ces défauts, qui ont été reprochés avec amertume à l'école des glossateurs, étaient inévitables à une époque où toutes ces sciences, si faciles aujourd'hui à connaître superficiellement, étaient si difficiles à apprendre. Sachons rendre hommage au savoir de ces jurisconsultes qui, malgré le peu d'étendue des connaissances humaines, étaient parvenus par la force de leur génie à constituer la science du droit et à jeter les fondements de la législation civile; excusons leurs défauts, et n'allons pas, par une critique outrée, manquer de reconnaissance envers eux.

VII. *Songe du Verger* (1). — L'élément chrétien, qui avait répandu sur les lois barbares sa bienfaisante influence, et dont l'action tutélaire s'était étendue sur les populations souffrantes au détriment de la puissance féodale, avait pris une extension qui rompait l'équilibre entre le pouvoir temporel et le pouvoir spirituel. Je ne dirai pas, comme certains publicistes, que l'Eglise avait usurpé la juridiction; ce fut le peuple qui l'implora d'abord; et si les limites dans lesquelles elle aurait dû se renfermer furent bientôt franchies, ce résultat s'opéra sans préméditation, par la force des choses. Il serait peut-être plus vrai de s'étonner avec Hallam que « cette juridiction ne soit pas devenue plus universelle, et l'on serait tenté de donner des éloges à la modération » de l'Église. »

La lutte se manifesta dans toute sa force au XIVe siècle, lutte d'autant plus vive que la séparation de deux pouvoirs également nécessaires n'était pas encore une idée assez élaborée. Le principe n'ayant point encore été nettement formulé, comment aurait-on pu mesurer exactement ses conséquences?

Les jurisconsultes du XIIIe siècle, que leurs travaux sur le droit civil conduisaient à s'occuper du droit canonique, avaient déjà cherché les limites de la juridiction de l'Eglise. Beaumanoir surtout avait porté dans l'appréciation des rapports respectifs de ces deux autorités la hauteur de vues et l'impartialité qui caractérisent le bailli de Vermandois. Mais ce n'était encore qu'accessoirement que le légiste examinait cette difficulté destinée à grandir à mesure que le pouvoir temporel se régularisait et prenait un développement qui lui permettait de se suffire à lui-même.

Ecrivant au commencement du XIVe siècle, Jacobi s'étendit davantage sur les droits de la cour de Rome; son ouvrage, quoi-

(1) V. l'article de M. Laboulaye, Revue de législation, t. 13, p. 1 et suiv.

que composé pour la procédure, contenait de longues considérations en faveur de la juridiction ecclésiastique.—Quelques années plus tard, le pouvoir temporel trouva à son tour un champion dans un légiste dont le nom nous est inconnu (1). Son origine cléricale ne l'empêcha pas de publier un livre pour défendre les droits du pouvoir temporel et combattre les prétentions du clergé.

Ce livre, intitulé : *Le Songe du Verger qui parle de la disputation du clerc et du chevalier*, fut composé par ordre de Charles V (1364-1380) ; il fut traduit en latin et en anglais, et, deux cents ans plus tard, un arrêt du parlement de Paris, du 27 mai 1516, en ordonnait la réimpression officielle. C'est que ce livre d'or, *aureus de utraque potestate libellus*, ne se bornait pas à mettre en lumière les idées de l'époque sur l'indépendance des deux pouvoirs, à résumer toutes les discussions célèbres, à reproduire les fameux articles de Pierre de Cugnières, mais qu'il attestait encore un progrès que les jurisconsultes essayaient d'opérer et que le temps seul pouvait réaliser. Aussi est-ce avec raison que M. Laboulaye l'a appelé le *grand coutumier des libertés gallicanes*.

Tout en s'attachant principalement à la grande question du moyen âge, tout en s'appliquant surtout à déterminer les justes limites dans lesquelles l'autorité du pape devait se renfermer, l'auteur du *Songe* expose accessoirement certaines règles de droit civil sur lesquelles il nous a laissé des documents précieux. Ainsi il offre surtout de l'intérêt pour le droit féodal; certains chapitres traitant de l'inaliénabilité du domaine, de la valeur de l'hommage, du caractère féodal de la royauté, de l'usure et du duel judiciaire, seront encore consultés avec fruit.

L'auteur s'adresse au roi ; il suppose un songe « en un verger

(1) Cet ouvrage a été attribué à bien des jurisconsultes, à Alain Chartier, Raoul de Presle, Oresme Lefèvre, Guillaume de Dormans, Jehan Desmares, Philippe de Mézières. Ce dernier, qui vivait sous Charles VI, composa en effet un livre intitulé : *Songe du vieil pelerin*, qui traite allégoriquement, et dans le genre du roman de la Rose, les questions que le Songe du Verger traite avec gravité.

» très-délectable et très-beau, plein de roses et de fleurs et de » plusieurs autres délices ; car là, je vous vis en Votre Majesté » royale assise, et lors regardai qu'au côté de Votre Majesté aviez » deux reines très-nobles et dignes, l'une à dextre et l'autre à » senestre ... » La première était la puissance spirituelle ; « elle » avait un très-honnête et très-religieux habit ; » la seconde, la puissance temporelle. Toutes deux imploraient le roi, « qui est » vraie lumière de paix et de justice... car en latin *Carolus inter-* » *pretatur quasi clarâ lux.* »

Charles ne voulait pas les entendre sans que chacune eût son avocat, afin, dit-il, que les défenseurs ayant montré « de côté et » d'autre les griefs que les officiers de sainte Église ont faits au » préjudice de la juridiction séculière... je puisse... de paix et » de bon accord ramener, car votre juge ne puis-je pas être ; » car come le prêtre ne peut pas être juge de la temporalité, » aussi le roi ne peut juger la spiritualité. »

Le préambule pose le principe dont l'ouvrage sera le développement et l'application. En effet, après avoir mis en tête du livre cette devise empruntée à la Genèse, *Audite somnium quod vidi*, l'auteur dit au roi : « Oyez par manière de récréa- » tion et d'ébattement mon songe et ma vision laquelle m'est » apparue en mon dormant tout éveillé. Maintes fois, ajoute-t-il, » je me suis tout émerveillé comment c'est, ni par quelle aven- » ture, que si griève et si dure division soit entre les ministres de » sainte Église et ceux de séculière ; car mise en arrière toute » bonne fraternité et charité, chacun se peine et efforce contre » Dieu et contre vérité de passer les termes et les limites de la ju- » ridiction... » Et pourtant, selon lui, ces rapports sont faciles à régler : « Le prêtre prie Dieu pour le peuple, le roi si com- » mande au peuple.

» Et en ce faisant, chacun d'eux accomplit la loi divine et le » commandement. »

« Au prêtre appartient ouïr les confessions,
» Au roy des péchés les punicions;
» Le prêtre lie et absout les ames,
» Le roy pour péché tue hommes et femmes. »

La puissance spirituelle choisit pour défenseur un clerc, *homme de belle éloquence et de profonde science;* la puissance temporelle prend pour avocat un chevalier qui *en plusieurs sciences étoit merveilleusement doué et adonné.* Le premier livre est consacré à l'attaque du clerc, le second à la défense du chevalier.

Le débat, engagé par des épigrammes, devient peu à peu plus sérieux ; après avoir placé dans la bouche des deux antagonistes des reproches mutuels sur les vices des clercs et des chevaliers, l'auteur arrive à l'origine de la puissance temporelle du pape, et démontre qu'elle est l'œuvre des hommes : « Jésus-Christ au pre-
» mier temps d'humilité n'exerça point juridiction et seigneurie,
» et fit saint Pierre son vicaire, seulement aux choses spirituelles,
» lesquelles appartiennent à notre salut, et devons assez penser
» et peser qu'il ne fit pas saint Pierre chevalier, ni aussi ne le
» voulut-il pas comme roi couronner; mais il le fit prêtre et l'or-
» donna évêque. »

Ensuite il prouve les envahissements de la juridiction ecclésiastique; mais le moment n'était pas encore venu où les abus devaient être réformés; il fallait attendre avant de mettre en pratique sa conclusion. Après un assaut d'arguments pour et contre, le chevalier l'emporte, et le clerc s'avoue vaincu; il est démontré que *les biens des ecclésiastiques doivent être comme ceux des laïcs soumis aux impôts et que le pape n'a aucune juridiction sur le temporel.*

Ce livre, que nos pères avaient en grande vénération, n'échappe pas aux reproches de subtilité et de mauvais goût qui atteignent les ouvrages de ce temps-là. Il est rempli d'un fatras de citations inutiles, et de distinctions empruntées à la méthode de Bartole. Le lecteur est choqué de cette scolastique, qui ne peut faire un pas sans citer en même temps Aristote et la Bible, et s'évertue à opposer Ovide à saint Bernard, à concilier les décrétales et le Digeste.

Mais n'oublions pas que le songeur discutait une question intéressant toute l'Europe ; elle se formulait en ces termes : Les rois ne relèveront-ils que de leur épée, ou seront-ils les vassaux du saint-siége? Le problème y est traité avec indépendance, et c'est dans ce riche arsenal que Pithou a trouvé toutes les armes qui ont fait triompher la cause de la royauté.

Enfin, un dernier trait de l'ouvrage, c'est l'expression de la haine profonde que de longues et sanglantes rivalités avaient inspirée aux Français contre l'Angleterre ; le songeur se fait l'écho des idées de son époque : après avoir discuté les droits d'Édouard à la couronne, il décide que le roi de France peut toujours guerroyer contre celui d'Angleterre, *posé que présentement ce dernier ne lui fasse pas guerre, car nous devons imaginer qu'il la fera au plutôt qu'il aura pouvoir, car les Anglois si ont haine naturelle contre les François*. Tout est permis au roi pour soustraire à la honte d'une domination étrangère la nationalité naissante ! Divisés par leurs intérêts personnels, le *chevalier ès lois* et le baron suspendent leur lutte pour s'unir dans une pensée commune, la défense de l'indépendance nationale.

VIII.— Pour en finir avec les coutumiers, il me reste à passer en revue quelques ouvrages, écrits surtout pour la pratique, dans lesquels on trouve des arrêts, des jugements, quelques ordonnances, mais trop rarement des discussions approfondies. Cet examen nous offrira des traités composés par des praticiens habiles, versés dans la procédure, instruits dans la jurisprudence ; mais plus rien qui soit l'œuvre de théoriciens ou de publicistes éclairant le présent et préparant l'avenir (1).

(1) *V*. sur ces ouvrages les notices que M. Dupin a mises à la fin du 1er vol. de son édition des Lettres sur la profession d'avocat de Camus.

En suivant l'ordre chronologique, je place en première ligne les *Coutumes tenues toutes notoires et jugées au Châtelet de Paris*. C'est à Brodeau que la science du droit est redevable de la conservation de ce manuscrit, dont il a reproduit fidèlement la forme et le style. « Il a donné ces coutumes, dit la Thaumas-» sière, aux mesmes termes qu'elles sont conçues, c'est-à-dire, » dans la naïveté du langage, même de l'orthographe et façon » d'escrire du temps, qui fera respecter les rides de l'antiquité. »

Ces espèces d'actes de notoriété, au nombre de cent quatre-vingt-six, concernent les principales difficultés qui s'étaient élevées sur les usages de la prévôté et vicomté de Paris, et qu'avaient décidées des sentences des prévôts depuis l'an 1300 jusqu'en 1387.

La rédaction des *Coutumes notoires* a été précédée de l'avis des lieutenants, conseillers, avocats, examinateurs, procureurs, même des gentilshommes, chevaliers, écuyers, marchands, bourgeois, artisans et autres, suivant la forme observée à cette époque, *pour la preuve et vérification des coustumes, non encore rédigées par escript d'authorité publique et royale.* — Selon Brodeau, ce serait la vive source des cahiers présentés en 1510 pour la rédaction des coutumes.

D'après le manuscrit des *Coutumes notoires*, quand une coutume était constante pour tous, la cédule ou l'étiquette portait : *Notissima* ou *confessata per partem*. Si elle était contestée, il y avait lieu de procéder à une enquête, et sur la suscription étaient écrits ces mots : *Probata per quatuordecim testes*, ou bien : *Probata in turba prædicti viginti esse verum.*

IX. *Stylus parlamenti.* — C'est un recueil destiné aux praticiens ; composé en 1330, il contient les usages et les formules de cette époque. Les procureurs, pour lesquels il a été écrit, y sont assez durement traités ; l'auteur leur reproche d'avoir la conscience large et une déplorable tendance à soutenir les mauvais procès.

Ce formulaire, rédigé par Guillaume Dubreuil, avocat au parlement, nous a été conservé par Dumoulin dans le second volume de ses œuvres. L'éminent jurisconsulte, appréciant l'élégance du style de Dubreuil, a dit de lui qu'il est *omnis latinitatis bonarumque litterarum expertus.*

Dubreuil, à la pénétration duquel n'avait pas échappé la nécessité d'un recueil d'ordonnances royales, avait entrepris ce travail; un certain nombre de lettres royaux forment la troisième partie de son ouvrage.

X. *Anciennes constitutions du Châtelet de Paris.* — Cette collection a été conservée par de Laurière, qui l'a fait imprimer dans le troisième volume de son Commentaire sur la coutume de Paris. La date de sa rédaction nous est inconnue; il serait possible, à en juger par le style, qu'elle fût antérieure à celle des *Coutumes notoires*. Le préambule du livre indique suffisamment son objet :

« Ci parole et dist de plusors constitutions.

» C'est assavoir sur tous cas, et jusques là où il a péril de » perdre vie ou membre; et comment on doit plaidier en demandant et deffendant.

» Ci commence li livre qui enseigne comment l'on doit proposer à parler devant tous juges et espéciamment en cour laye. » Premièrement, comment li demandeur doit former sa demande, » et comment il doit plaidoier. Et après comment li defendeur se » doit deffendre, et comment l'on doit barroyer tantôt, car » l'on ne barroie en cour laye qu'une fois. Et comment l'on doit » faire les exceptions péremptoires et dilatoires, et déclinatoires, » et comment l'on doit former action péremptoire, et comment » li deffendeur s'en peut deffendre en lieu et temps; et comment » l'on doit former action réel. »

XI. *Décisions de Jean Desmares ou Desmarets.* — Ce jurisconsulte, suivant l'expression de Juvénal des Ursins, fut *notable clerc et de grande prudence;* successivement avocat, conseiller au parlement, avocat général sous les rois Charles V et Charles VI, il mourut en 1383, victime des discordes civiles. Son rôle de médiateur entre le peuple et les princes lui avait attiré la haine des ducs de Berri et de Bourgogne. Poursuivi, emprisonné, il eut inutilement recours à toutes les ressources de la procédure ; son habileté judiciaire ne put le sauver ; ses juges repoussèrent impitoyablement ses exceptions et défenses, et le condamnèrent à mort. Il était âgé de 70 ans.

Le but de son ouvrage était de réunir les usages et coutumes gardés au Châtelet de Paris, ainsi que plusieurs sentences intervenues dans de notables espèces. Cette compilation est postérieure à 1363, puisque la seconde décision qu'elle reproduit est du 17 avril de la même année. C'est un recueil d'arrêts, de consultations et de jugements sur arbitrages.

Desmares procède à peu près comme les rédacteurs du Digeste dans le titre *De regulis juris*. Ses 482 décisions sont plutôt des maximes de droit qu'une thèse développée. Quelques-unes ne sont même que de simples conseils, comme le n° 411 : « Li » advocats doivent acquérir et garder l'amour du juge. »

Brodeau a fait imprimer les *Décisions* à la suite de son Commentaire sur la coutume de Paris, « parce qu'elles contiennent, » dit-il, les principaux articles de la coutume de Paris, c'est-à- » dire le *droit commun et Coutumier de la France.* »

XII. *Grand Coutumier de France.* — L'auteur est inconnu, et rien dans l'ouvrage ne saurait servir à préciser la date de sa rédaction. Plusieurs jurisconsultes lui donnent le nom de grand coutumier de Charles VI, par suite d'une tradition qui le fait remonter au règne de ce roi.

L'ouvrage commence ainsi : « Le Grant Coutumier de France » et instruction de pratique et manière de procéder et pratiquer ès » souveraines cours de parlement, prévosté et vicomté de Paris » et autres juridictions du royaume de France,

» Adapte le droit, la coustume et ordonnances royaulx et » plusieurs arrêts de la court du parlement selon les matières et » ès cas occurens, avec l'extrait du style de la cour et manière

» de faire les assignations et appointements. Adjouste outre la » première impression, les ordonnances des eaux et forets, con- » tenant LXXV articles, avec l'arbre de consanguinité et affinité, » et plusieurs autres additions. »

L'auteur parle de lui-même fort modestement dans son préambule : « A tous ceux qui ce petit et très requis traictié vouldront » estudier, lire et revolver, salut et dilection. » Il ajoute que son but a été *d'endoctriner les jeunes hommes qui voudront avoir cognoissance des faict et instruction de pratique..... et comment elle peut être acquise pour être joïte le plus que faire se peut et en icelle vivre honnestement en cette vallée de misère sans mandier et sans faire tort à autrui.* »

Les lois romaines ont été mises à profit dans cet ouvrage, et certains titres sont un emprunt évident fait aux Institutes, quoique la division en quatre livres ne reproduise pas rigoureusement l'ordre des matières adopté par Tribonien. — Le premier livre contient des règles sur la juridiction, puis des extraits d'ordonnances, entre autres quelques unes sur les eaux et forêts. — Le second, après avoir établi les notions sur le droit, les coutumes, *les us* et *le stil*, traite, dans des titres séparés, de la division des choses, des biens corporels et incorporels, des servitudes, de la prescription et des obligations. Ne trouve-t-on pas là une imitation des Institutes? Le reste du livre est consacré au droit féodal, aux amortissements, aux droits de censive et de franc-alleu, aux retraits, à la garde et au bail, aux asseurements. — Le *Tiers livre* a pour objet principal les ajournements, les exceptions, les défauts, les jugements, les appellations.— Enfin le *Quart livre* comprend l'office du juge et des arbitres, les rapports de la justice du roi et de l'évêque, la haute, moyenne et basse justice, et, dans un dernier titre, les peines des délits.

L'ouvrage est terminé par des *extraits du style de la court de parlement.*

XIII. *Somme rurale*, ou *le Grand Coutumier général de*

practique civil et canon. — Jean Bouteillier, en composant cet ouvrage, a voulu enseigner les principes du droit et de la procédure, et les emprunts qu'il fait au droit romain révèlent le conseiller du parlement (1). Cujas appelle la Somme *optimus liber;* éloge mérité, parce qu'elle fournit en effet des notions très-exactes sur l'ordre judiciaire de ce temps-là.

Le premier livre a pour objet les juridictions, les actions civiles, au nombre de plus de quatre-vingts; les actions criminelles, qui sont aussi fort nombreuses; les différentes procédures, les obligations et les principaux contrats, tels que la vente, le louage, le dépôt, etc.; la distinction des meubles et des immeubles est établie nettement. Les successions et les testaments terminent, avec les fiefs, la première partie. — Le second livre explique les *cas royaux*, et, après avoir parlé de la profession des *advocats*, il trace des règles sur le mariage, les cas d'Église, les appels. — L'ouvrage contient un grand nombre de *brocards* en latin et en français.

C'est un exposé sommaire (*summa*) bien digéré: *Non immerito quidem hæc summa appellata est*, dit Denis Godefroy dans une préface qu'il avait faite à la Somme, *ut potè quæ de omnibus summatim et optime tractet* (2). Il exprime la même idée dans le distique suivant :

Quæ tibi dat codex, quæ dant Digesta, quod usus
Ruralis paucis hæc tibi summa dabit.

Des auteurs en ont placé la date en 1360; mais probablement la Somme rurale ne fut composée que plus tard, à en juger par le passage de Charondas, où il dit qu'*il estime grandement la somme de Jean le Bouteillier qui estoit environ* 1402.

(1) Mornac cite le livre en indiquant son objet : *Summa ruralis Joannis Butillarii, sub Carolo VI, consuetudines varias, legesque Franciæ in codicem titulosque idoneos redegit.*

(2) Pourquoi le titre de *rural?* peut-être parce qu'il fut composé à la campagne en temps de vacances.

XIV. *Practique de Masuer.* — Ce praticien vivait au commencement du XVe siècle (1). Il mourut en 1450 (2).

Son livre, sous le titre de *Practica forensis*, avait force de loi en Auvergne avant la promulgation de la coutume. Tout en voulant faire connaître les usages de son pays, Masuer écrivit la coutume de la France; aussi Dumoulin, Cujas et d'Aguesseau l'appellent-ils le *grand et ancien praticien de ce royaume.*

Les textes du droit, les opinions de Balde et Bartole sont invoqués à propos, et l'esprit généralisateur de Masuer reproduit avec lucidité le travail de fusion qui s'accomplissait entre le droit romain et les coutumes germaniques en France. L'auteur cite peu d'ordonnances, car il n'en existait guère alors sur *le fait de la justice.*

Les actions possessoires et les divers genres de preuve ont fixé son attention; il les traite avec soin, ainsi que les enquêtes *à futur*, devenues fréquentes depuis l'abolition du duel judiciaire. Une partie de l'ouvrage est consacrée aux matières criminelles.

Un livre imitant la *Practica forensis* fut publié sous le titre de : *Le Masuer en françoys suivant la coustume des haut et bas pays d'Auvergne.* Plus tard, Fontanon traduisit la *Practica forensis*, dont le style latin était assez pauvre, si j'en juge par le mauvais sonnet que Fontanon a placé en tête de son édition :

> Je l'ai fait cy-devant parler nostre langage,
> Marry qu'un bon auteur parlast si mal romain,
> Chascun l'a bien reçeu, et j'ay pris le courage,
> Pour la troisième fois d'y mettre encor la main.

Le traducteur a ajouté certaines solutions que ne donnait pas

(1) Et non au XVIe siècle, comme l'a écrit M. Dupin, car il dit lui-même qu'il était neveu de Pierre Masuer, professeur à Orléans, mort en 1391. Lettres sur la profession d'avocat, t. 1, p. 65.

(2) Études sur l'histoire du droit en Auvergne, discours de rentrée de M. Bayle-Mouillard, 5 nov. 1842, p. 49 et suiv.

l'original, et indiqué par des annotations les changements survenus dans la jurisprudence.

XV. *Ancien Style de Normandie* (1).—Tandis que Masuer, sous le titre modeste de *Pratique*, rédigeait la coutume de l'Auvergne et du Bourbonnais, un autre praticien, dans un ouvrage du même genre, exposait les usages et les coutumes de la Normandie. Les règles qu'il traçait n'étaient pas seulement celles d'une juridiction particulière : elles étaient empreintes d'un caractère de généralité qui embrassait les juridictions de la province entière.

Les modèles d'actes sont presque tous copiés sur des jugements rendus par l'échiquier de Normandie; les plus récents sont empruntés à la période comprise depuis 1425 jusqu'en 1448.

L'auteur établit la hiérarchie des magistrats, et indique la composition de l'échiquier et des autres tribunaux qui conservèrent jusqu'à la fin du XVe siècle la forme des anciennes cours féodales.

Toutes les phases de la procédure sont retracées dans 79 chapitres; le *Style* règle la tenue et la durée des *assises* (2), il expose les obligations du juge.

Le traité sur la procédure criminelle offre une règle pleine d'humanité : lorsque sur quatre chevaliers trois sont pour la condamnation, un seul pour l'absolution, cette voix unique doit l'emporter, *parce que tout bon juge doit être plus enclin à absoudre qu'à condempner, même en cas criminel.*

Le Style de Normandie n'est point un simple formulaire; c'est une œuvre de critique qui signale les abus existants. La chicane y est dénoncée comme compromettant les intérêts des plaideurs; car les procureurs *plaident en jugement, ne leur chaut* (importe) *qu'il soit bon ou mauvais, pourvu qu'ils aient l'écriture, le délai, etc.* Les appels ont l'inconvénient de retarder pendant deux et trois années, quand ce n'est pas indéfiniment, la solution du

(1) M. Marnier a donné une édition de cet ouvrage.
(2) Qui se tenaient de six semaines en six semaines.

procès ; aussi *à peine peut-on achever un jugement contre un bon tricheur;* d'où le proverbe normand : *Ou sais attendre, ou sais droit prendre, ou querelle perdre.*

Enfin des dispositions pénales sont appliquées à l'avocat convaincu d'avoir retardé le jugement d'un procès par ces mille détours fort en usage alors : *Et s'aucun advocat va encontre, soit eschellé* (mis au pilori sur une échelle) *s'il en est atteint, sans nul rachat qui soit prins de lui.*

Il a existé encore d'autres coutumiers, parmi lesquels je citerai celui de Senlis, intitulé *Li droict et les coutumes de Champaigne et de Brie que li roys Tiebaulx establit;* la très-ancienne coutume de Bretagne (1), l'ancienne coutume de Bourges.

La Bourgogne avait eu aussi ses coutumes, rédigées vers le milieu du XIIIe siècle. En même temps que les usages de Dijon étaient consignés par écrit, des praticiens écrivaient des manuels sur la coutume générale de Bourgogne, tant en latin qu'en français. Il y a quelques années, M. Ch. Giraud (2) a publié un manuscrit intitulé : *Coustumes et stilles gardez ou duchié de Bourgoine*, et composé probablement par un praticien de Beaune avant la translation du parlement à Dijon. Les sources auxquelles le praticien a puisé sont les coutumes en vigueur au XIIIe siècle, les *stilles* appartenant au XIVe siècle et le droit romain. C'est peut-être la seule coutume où il soit question de l'*intentio*. — Les titres en sont écrits en latin, et les articles en français.

Elle fut observée jusqu'au 3 novembre 1459, époque à laquelle Philippe le Bon, réalisant pour sa province la pensée conçue par Charles VII pour toute la France, fit publier à Dijon la rédaction officielle de la coutume de Bourgogne.

(1) *V.* les recherches historiques sur les coutumes de Bretagne, de M. Giraud, Revue de législation et de jurisprudence, t. 17, p. 300, 571.

(2) Revue de législation et de jurisprudence, t. 18, p. 292.

Un grand nombre de provinces avaient aussi leurs recueils de pratique, ainsi que l'attestent les procès-verbaux de la rédaction officielle des coutumes. — Mais il n'est point entré dans mon plan de passer en revue tous les coutumiers; j'ai voulu seulement indiquer ceux qui ont exercé le plus d'influence sur le droit. Je passe à quelques ouvrages qui, bien que rédigés hors de France, ont eu cependant des rapports directs avec notre législation, et peuvent servir à en éclairer les origines.

§ II. — *Monuments étrangers.*

Le système de la féodalité n'était point particulier à la France; il avait envahi l'Europe entière au moyen âge. Les principes sur lesquels il reposait étaient communs à toutes les nations européennes; aussi le jurisconsulte peut-il trouver des renseignements précieux dans des législations qui n'eurent cependant aucune force obligatoire dans le royaume. L'importance des documents augmentera encore, si les rédacteurs de ces lois sont des Français qui ont transporté à l'étranger les idées et les usages de la France; on y trouvera d'utiles matériaux avec lesquels il sera possible de combler de regrettables lacunes. Aussi ces monuments doivent-ils être classés en deux catégories : les uns entièrement étrangers à la France, les autres se rattachant à notre pays. Leur importance est loin d'être la même; car si le *Livre des fiefs*, quoique composé en Lombardie, peut éclairer les origines de notre droit féodal à cause des règles communes qui régissaient la féodalité et des rapports qui rattachèrent les provinces de l'Est et du Midi à l'empire germanique, un intérêt bien plus puissant s'attache aux *Assises de Jérusalem* et aux *coutumes anglo-normandes*, empreintes du caractère national.

Cependant n'exagérons pas la valeur de ces documents; publiés pour une nation ayant d'autres mœurs et d'autres habitudes, ils doivent présenter et présentent parfois en effet des différences notables avec nos usages. Il est donc nécessaire de tenir compte de ces faits pour discerner les règles spéciales à chaque nation, de celles acceptées par toutes d'une manière uniforme.

I. *Assises de Jérusalem* (1). — Ce monument législatif, rédigé à la fin du XIe siècle pour l'usage de l'Etat que les croisés venaient de fonder en Palestine, est l'expression des coutumes suivies en France; aussi sert-il à compléter les notions trop vagues que les chartes des communes et les coutumiers peuvent offrir.

Une observation est nécessaire pour apprécier ce recueil à sa juste valeur. Emané d'hommes appartenant non-seulement à toutes les parties de la France, mais encore à tous les pays de l'Europe, il présente bien le caractère général du droit coutumier au Xe siècle; mais il ne saurait le reproduire dans les détails. Pour le droit féodal, nul doute qu'il ne soit l'expression fidèle des usages de la France, car les principes de la féodalité avaient assez d'uniformité sur notre territoire. Quant au droit civil, il reflète les principes généraux en vigueur dans la mère patrie, mais il ne retrace pas ces usages locaux, type de notre législation des Xe, XIe et XIIe siècles, et si contraires à l'unité législative que les *Assises* voulaient fonder.

Godefroy de Bouillon se hâta d'établir successivement les grands fiefs d'Edesse, d'Antioche et de Tripoli, et plus tard ceux de la *ville sacrée*; désireux de constituer une colonie avant même d'avoir étudié ses besoins, il dut emprunter à la France son organisation et ses lois : l'Europe fut transportée en Orient. « Quand la cité » sainte fut conquise sur les ennemis de la croix (24 juillet 1099), » disent les Assises (2), et que les princes et barons eurent élu à roi » et à seigneur le duc Godeffroi de Bouillon, il ne voulut être » sacré et porter couronne d'or là où le roi des rois porta cou-

(1) M. le comte Beugnot a publié en 1841 les assises de la cour des barons; en 1846, celles de la cour des bourgeois. — *V.* encore M. Laferrière, Hist. du droit français, t. 4, p. 473 et suiv; — un article de M. Giraud, Revue de législation et de jurisprudence, t. 17, p. 22 et suiv.

(2) Ch. 1.

» ronne d'épines, et afin de mettre le nouveau royaume en bon » point et bon état, il désigna sages hommes pour s'enquérir des » gens des diverses terres qui étoient là, des usages de leurs » pays. Il recueillit dans leurs écrits qu'ils lui remirent ce que » bon lui sembla, et en fit assises et usages par lesquels le roi » de Jérusalem, ses gens, son peuple et toutes autres manières » de gens allant et venant ou demeurant fussent gouvernés et » menés à droict et à raison. » Les enquêtes faites pour fixer les dispositions des Assises ont servi de modèle pour la rédaction officielle des coutumes en France.

Le coutumier oriental fut divisé en deux parties, qui correspondaient à deux cours séculières : l'une, pour les nobles, résume le droit féodal; l'autre, pour les bourgeois, est une loi municipale.

Avec ces deux cours, qui siégeaient à Jérusalem à côté du roi, d'autres cours des bourgeois furent instituées dans les villes de quelque importance. Les naturels du pays conservaient entre eux leurs anciennes lois; les *Assises* servaient à régler leurs rapports avec les chrétiens.

Les usages de France, modifiés par les mœurs des provinces conquises et par les besoins nouveaux, furent donc la base du recueil dont on attribue la rédaction à Philippe de Navarre. Ce livre, rédigé « *par grant conseiller, et par grant esgart et par* » *grant estude et par grand ordonement,* » accepté dans les assises tenues par les grands du nouveau royaume, revêtu du sceau et de la signature du roi, du patriarche, du vicomte, fut renfermé dans un coffre et déposé dans le trésor de l'église du Saint-Sépulcre, d'où il ne pouvait être retiré qu'avec un grand cérémonial. C'est pour cette raison qu'il prit le nom de *Lettres du saint sépulcre.*

La rédaction fut retouchée, vers 1250, par Jean d'Ibelin, et, en 1359, une révision fut ordonnée par le roi de Chypre.

Ces statuts ayant péri en 1187, lors de la prise de Jérusalem par Saladin, les jurisconsultes s'occupèrent de recueillir les traditions de la loi vénérée. Cette œuvre restaurée jouit d'une autorité égale à celle de l'assise primitive; elle accompagna les croisés dans toutes leurs conquêtes, et fut transportée dans l'île de Chypre en 1193, à Constantinople en 1204, dans la Morée par Geoffroy de Villehardouin en 1210.

L'assise de Jérusalem a été reçue dans ces divers pays avec son caractère féodal et bourgeois, coutumier et municipal, parfaitement approprié à la nation nouvelle. « Ce document, a dit M. Dupin, » prouve que dans ces temps si maltraités par l'histoire, si les » lumières avaient cessé d'éclairer les masses, il était toujours » resté dans la société quelque esprit de science et de gouver- » nement, puisqu'au sein d'une expédition guerrière il se trouvait » des hommes capables de rédiger une pareille législation, et, » sur le trône naissant de Jérusalem, un prince assez éclairé pour » avoir ordonné cette rédaction, et assez puissant pour la faire » accepter. »

Ces statuts, empreints de l'esprit des peuples occidentaux, étaient tellement adaptés aux besoins de l'Orient, qu'en 1489, lorsque la république de Venise obtint la cession de l'île de Chypre, elle fut obligée de s'engager par un acte solennel au maintien de l'observation de l'ancienne assise. En 1531, une traduction officielle du texte original fut faite en dialecte vénitien, car la langue étrangère était un embarras pour les Italiens établis en Orient. Louis XVI en avait fait prendre une copie par les soins du savant Morelli sur l'original de Saint-Marc. Cette copie, remise au roi en 1791, disparut quelque temps après; elle passa successivement en Russie et en Pologne, où elle fut rachetée en 1828 par le gouvernement français. Quant au manuscrit vénitien, il a été dans notre possession jusqu'en 1815, époque à laquelle il a été rendu à ses anciens maîtres.

Les assises des barons, reproduction des principes de la féodalité primitive, ne disent rien du tiers état; ce nouvel élément, né sur le sol français, n'a jamais été connu en Orient. A Jérusalem, l'esprit de la féodalité militaire se maintint et se fortifia; en

France, ce fut la féodalité politique et civile qui se développa et domina.

Dans les assises des bourgeois, le droit civil a subi l'influence des idées chrétiennes; la condition de l'esclave éprouve une amélioration qui ne se réalisera que plus tard en France. Le mariage est un sacrement; la puissance maritale est réglée par la loi naturelle et la loi chrétienne; les rapports pécuniaires des époux subissent cette influence, et les successions sont soumises à des principes opposés à ceux que la France a adoptés. L'union des conjoints doit amener l'union des patrimoines; le mari et la femme ne forment qu'une seule et même personne; le conjoint qui prédécède ne laisse pas de succession à ses enfants, car son patrimoine appartient de plein droit au survivant.

Le commerce, languissant en Occident, florissait en Orient; aussi, de nombreuses dispositions sont-elles consacrées au règlement des intérêts commerciaux, pour lesquels deux juridictions spéciales sont établies : l'une, appelée *cour de mer*, pour la navigation; l'autre, appelée *fonde*, pour le commerce de terre.

Enfin, l'élément chrétien, dont la prépondérance était si grande dans le nouveau royaume, dut avoir sa juridiction spéciale : ce fut la *cour d'église*, qui exerça une justice pleine et entière en matière de foi, de mariage et de testament.

II. *Lois anglo-françaises.* — Lors de sa conquête de l'Angleterre en 1066, Guillaume fit rédiger quelques-unes des lois normandes sous le titre de *Loys et coutumes* ou *chartes du roy Guillaume.* Littleton, dans ses Institutes, composées vers 1475, donna les coutumes qui régissaient l'Angleterre, et dont l'origine était évidemment française.

Houard, avocat au parlement de Normandie, a publié deux ouvrages, l'un intitulé : *Anciennes lois des Français conservées dans les lois anglaises*, l'autre : *Traité sur les coutumes anglo-normandes publiées en Angleterre depuis le* XIe *jusqu'au* XIVe *siècle.*

C'est encore une mine féconde à exploiter pour qui veut approfondir les usages en vigueur au xᵉ et au xıᵉ siècle.

L'identité des principes féodaux est constante entre les deux peuples jusqu'au milieu du ıxᵉ siècle; mais Edouard l'Ancien donna vers cette époque des lois qui s'éloignaient des mœurs saxonnes et des usages féodaux. Ce n'est qu'après la conquête de l'Angleterre que l'analogie fut rétablie entre les deux législations. Leurs rapports avaient un instant disparu sous l'influence des lois nouvelles d'Édouard l'Ancien, et c'est dans les coutumes, les statuts publiés par Rollon qu'il faut aller puiser les dispositions qui unissent la féodalité du ıxᵉ siècle à celle qui fut transportée au xıᵉ en Angleterre.

Le droit de l'Islande a des points de contact évidents avec la législation normande. La communauté d'origine devait amener la communauté des principes législatifs; aussi n'est-il pas sans intérêt de comparer les usages de la Normandie aux coutumes des Norwégiens, mis en écrit vers 1117 sous le nom de *Gragas* (1), et observés jusqu'à la soumission de l'Islande à la Norwége. Mais ce travail, curieux pour l'historien antiquaire, me paraît étranger au plan que je me suis tracé. Je doute qu'il soit possible de retrouver dans ce droit l'origine d'institutions qui soient ou aient été en vigueur en France.

III. *Livre des fiefs.* — Ce recueil fut composé de 1158 à 1168, après la diète de Roncaglia, convoquée par Frédéric Iᵉʳ pour réprimer la désobéissance de ses vassaux. Les quatre docteurs (Martin, Bulgare, Jacob et Hugo) chargés de juger les réclamations des rebelles s'étaient adjoint vingt-huit assesseurs, parmi lesquels se trouvaient *Gerardius Niger* et *Obertus de Orto*, consuls de Milan. Ces deux fonctionnaires avaient recueilli plusieurs actes relatifs au droit féodal pour les guider dans leurs décisions; un de leurs compatriotes, dont le nom ne nous est pas

(1) M. Pardessus en a donné un compte rendu, *Journal des savants* 1834, p. 193, 206.

parvenu, en fit une compilation dans laquelle il réunit les constitutions impériales qui avaient trait au sujet, les usages et décisions de justice, en y introduisant les dispositions du droit romain qui pouvaient s'y adapter (1). L'auteur dédia son livre à Frédéric Ier, qui l'envoya à l'école de Bologne et en ordonna la *lecture publique*, qui fut faite par Hugo pour la première fois.

Cet ouvrage devint un monument législatif dont l'autorité s'augmenta par l'habitude de l'incorporer aux novelles et d'en faire la dixième collation. Il fut accepté avec d'autant moins de résistance qu'il répondait aux besoins de l'époque, et qu'il était pour la Lombardie ce que le *Miroir de Saxe* et le *Miroir de Souabe* étaient pour l'Allemagne.

Quelle fut son autorité en France? Il forma le *droit commun* dans les provinces de l'est et du sud-est, à cause de leurs rapports avec l'Allemagne, et, pour le reste de la France, il devint, ainsi que le dit Bouhier, le droit supplétif.

Cependant il était repoussé par *Jean Faber*, *Petrus Jacobi*, *Duaren*, par *d'Argentré* surtout, ce jurisconsulte breton tout dévoué aux principes féodaux, qui ne pouvait accepter le principe d'égalité proclamé par le *Liber feudorum* entre le seigneur et les vassaux. — *Cujas* et *Dumoulin*, tout en tenant compte de la différence entre la féodalité lombarde et la féodalité française, reconnaissaient son autorité, et Doneau déclarait « que presque toutes les nations en avaient approuvé l'usage (2). »

Ces jurisconsultes n'ignoraient pas les différences capitales qui séparaient les deux législations : la loi lombarde considérait le fief comme une concession d'usufruit, tandis que la loi française y voyait un bien essentiellement patrimonial. — La volonté du seigneur n'était pas exigée pour l'aliénation en Lombardie comme elle l'était en France. — Le retrait féodal créé chez nous pour

(1) Ainsi que l'atteste l'action qu'il accorde pour la répétition des fiefs; *causa data causa non secuta*.

(2) Pandect., cap. II, p. 14.

limiter les effets du droit d'aliénation était inconnu à l'auteur du *Livre des fiefs*.

Mais, à part ces différences, les rapports étaient si nombreux, que les feudistes durent s'occuper de ce livre.

Après cette longue revue des monuments de notre droit national, arrêtons-nous un instant pour constater le résultat obtenu et le principe qui se dégage des faits qui viennent de passer sous nos yeux. L'examen des actes législatifs, des coutumiers, des recueils de jurisprudence, nous a prouvé que c'est aux jurisconsultes et aux parlements que nous devons le perfectionnement du droit français. Les rois, à cet égard, ont eu un mérite : celui de n'avoir pas contrarié l'habile initiative des légistes, qui a donné à la France la plus sage des législations.

Les coutumes, voilà le droit privé dans notre pays ; elles varient suivant les localités ; et cependant au milieu de cette diversité infinie elles ont entre elles « un air de famille, une analogie si » évidente, qu'on ne peut l'expliquer que par une origine com- » mune et par un principe commun. Toutes les différences nées » naturellement du développement des mœurs germaniques et » franques parmi les populations gallo-romaines, toutes celles que » produisit l'interpolation inégale et souvent subreptice du droit » romain, ne purent jamais effacer de la conscience de nos an- » ciens jurisconsultes le sentiment plus ou moins clair, plus ou » moins vif de l'unité intrinsèque de notre droit français... C'est » cette unité qui a rendu possible la confection du code civil, qui » est devenu le droit commun de la France (1). »

CHAPITRE III.

DROIT CANONIQUE.

La puissance de l'Église avait grandi sous l'influence des faux

(1) Klimrath, t. 2, p. 4.

capitulaires et des fausses décrétales; le schisme d'Orient sembla donner encore plus de force et de supériorité à l'Église d'Occident pour la direction des esprits. Au xe siècle de nouvelles maximes s'introduisirent sur la discipline de l'Église, et sur la subordination des évêques, des conciles provinciaux et du pouvoir temporel à la suprême juridiction du saint-siége. Les conciles tenus à Rome dans l'église de Saint-Jean de Latran devinrent les conciles de l'Église universelle, et leurs décisions une source abondante de la législation ecclésiastique.

Les grandes questions des limites du pouvoir spirituel et du pouvoir temporel, qui agitaient si vivement le moyen âge, donnèrent lieu à des traités ou concordats conclus entre la royauté et la papauté. Ces concordats étaient une loi obligatoire pour les clercs et les laïques.

Des recueils importants continuèrent l'œuvre commencée par Denys le Petit et développée par les compilations apocryphes d'Isidore et de Benoît. J'indiquerai sommairement les différentes collections de droit canonique faites pendant la féodalité (1).

I. *Recueil de Reginon.* — Ce recueil, intitulé *De ecclesiasticis disciplinis et de religione christiana*, fut publié en 906. Reginon, abbé de Prums, son auteur, le divisa en deux livres : le premier, comprenant 443 articles, traite des rapports de l'évêque et de ses délégués avec les personnes ecclésiastiques ; — le second, en 446 articles, concerne les rapports de l'évêque et du clergé avec les laïques. — Les sources sont : les canons des conciles, les écrits des saints Pères. L'auteur fait peu d'usage des fausses décrétales ; le nouveau recueil lui paraît suspect ; aussi son œuvre n'a-t-elle joui que d'une autorité fort restreinte.

II. *Recueil de Burchard.* — Cette compilation, faite par l'évêque de Worms vers l'an 1020, contient les décrets ; divisée en vingt livres, elle reproduit les deux tiers du recueil de Reginon,

(1) *V.* M. Walter, Manuel de droit ecclésiastique.

mais dans un tout autre esprit. Burchard évite avec soin l'emploi des lois romaines, des capitulaires et de tout document non émané d'une autorité ecclésiastique; mais il fait d'amples emprunts aux fausses décrétales; 118 chapitres sont copiés dans la collection pseudo-isidorienne, 80 articles puisés à une source entièrement inconnue. —Il est facile de reconnaître que l'auteur veut établir la suprématie de la papauté.

III. *Décret d'Yves de Chartres.*—A la même époque, Yves de Chartres publiait un recueil en dix-sept parties, intitulé: *Excerptiones ecclesiasticarum regularum*, connu sous le nom de *Decretum*. Le progrès commencé dans le cours du XIe siècle continue, et le décret est le premier ouvrage dans lequel le code de Justinien, les Pandectes, les Institutes et les Novelles soient cités textuellement.

Les jurisconsultes allemands ont contesté à Yves de Chartres la gloire d'être l'auteur de cette remarquable collection. M. Laferrière (1) a victorieusement combattu cette opinion.

IV. *Décret de Gratien.* — Photius, patriarche de Constantinople, avait publié en Orient une compilation de lois et de canons ecclésiastiques appelée *Nomocanon*, et l'Italie avait vu naître sur le même sujet un recueil d'Anselme, évêque de Lucques. Quelques années après, de 1140 à 1151, parut, sous le titre de: *Concordia discordantium canonum*, un traité scientifique et pratique ayant pour objet le développement du pouvoir spirituel. Le principe qui domine dans ce livre, appelé plus tard *Decretum*, (on ignore pourquoi), est celui de la soumission absolue aux dogmes de l'Église et de la suprématie des papes sur les rois; aussi le Décret obtint-il une grande autorité, dont il fut redevable aux mêmes causes qui avaient autrefois favorisé l'influence des fausses décrétales.

Cette vaste compilation embrasse tous les recueils composés en Italie, en Allemagne, en Angleterre, en Espagne et en France; elle

(1) Histoire du droit français, t. 4, p. 364 et suiv.

met en œuvre tous les documents qu'elle rencontre : canons des saints Pères, décisions des papes, des rois, des empereurs, sentences, vrais ou faux capitulaires, lettres et œuvres d'Alcuin, recueil d'Yves de Chartres, etc. ; elle résume tous les travaux antérieurs, auxquels elle se montre supérieure par sa méthode d'ensemble et son esprit de conciliation.

C'est à ces qualités précieuses que le Décret doit l'autorité dont il jouit, malgré les erreurs qu'il renferme, et quoique aucune décision de l'Église ni aucune bulle du saint-siége ne lui ait donné un caractère d'authenticité.

Le Décret de Gratien est composé de trois parties. — La première comprend 101 titres, appelés *distinctions ;* elle traite du droit en général, de ses principales divisions, puis des personnes ecclésiastiques, des élections, consécrations, des droits et des devoirs des clercs, de la hiérarchie, de la juridiction, enfin de la puissance des princes par rapport aux choses spirituelles et temporelles.

La seconde partie, composée de 36 sections appelées *causes*, subdivisées en questions, a trait à la forme des jugements et aux appellations, aux droits des évêques, à la distinction des biens de l'Église, aux biens patrimoniaux des clercs, aux usures, aux usuriers, aux dîmes, aux patronages et aux prescriptions, etc. — Elle comprend encore des dispositions relatives aux personnes déclarées infâmes, aux libelles diffamatoires, aux élections des abbés, au mariage, aux serfs, aux prohibitions de mariage pour cause de parenté ou d'alliance, aux nullités pour cause d'impuissance, aux crimes des laïques, aux pénitences. Enfin, elle renferme les principes sur la juridiction, le dernier ressort, l'appel, les délais de l'appel, la compétence des juges civils et ecclésiastiques pour les clercs.

Dans ce second livre les détails sont confus ; c'est ce qui a fait dire à Antoine-Augustin, évêque de Tarragone : « Si vous y cherchez l'art et un ordre d'exposition, vous ferez d'inutiles efforts. »

La troisième partie, intitulée *De consecratione*, contient cinq distinctions qui traitent de la consécration des églises, de la célébration du mariage, de la publication des fêtes et cérémonies, et des sacrements.

Si la méthode n'est pas irréprochable, elle est pourtant supérieure à celle des autres recueils; si les subdivisions ne sont pas toutes heureusement établies, l'ordre général indique un esprit philosophique d'une haute portée.

Les citations manquent parfois d'exactitude, malgré la révision faite en 1580 par ordre du pape Grégoire XIII.

Cette œuvre, enseignée dans l'université de Bologne, constitua une véritable source du droit canonique. A partir de cette époque, les docteurs, rivalisant de zèle pour l'étude simultanée du droit de Justinien et des lois de l'Église, prirent le titre de *doctores in utroque jure.*

V. *Recueil de Grégoire IX.* — Le Décret de Gratien avait réuni les sources du droit canonique en vigueur lors de sa rédaction; mais de nombreuses décrétales furent publiées postérieurement, et beaucoup de rescrits émanant de la cour de Rome se répandirent dans toutes les directions. Ces pièces, circulant isolément, prirent le nom d'*extravagantes.* Il y eut nécessité de recueillir les décrétales (*epistolæ decretales*), qui allaient se multipliant. Plusieurs recueils furent rédigés dans ce but, tels que ceux de *Bernard de Pavie*, de *Bernard de Compostelle*, de *Jean*, *Joannes Vallensis* ou *Gallensis*, de *Pierre de Bénévent.* Le premier est un *breviarium* d'*extravagantes*, nommé *Compilatio prima*, auquel l'auteur ajouta quelques pièces qui manquaient au recueil de Gratien; le second est intitulé *Compilatio romana*, et le troisième, se rattachant au *breviarium*, reçut la dénomination de *liber secundus decretalium*, ou *secundæ decretales.* La compilation de *Pierre de Bénévent* prit le nom de *Compilatio tertia.* Ces ouvrages furent glosés et enseignés dans les chaires de l'université de Bologne;

d'autres recueils leur succédèrent et reçurent le même honneur.

Cependant, les décrétales étant disséminées dans de nombreuses compilations, il était nécessaire de les réunir. Grégoire IX fit rédiger, d'après les anciennes collections, un recueil augmenté de ses propres constitutions, et le soin de la rédaction en fut confié au grand pénitencier *Raymond de Pennaforte*, auditeur de la *rota*. Ce recueil, d'après la lettre d'envoi qui en fut fait aux universités de Bologne et de Paris, devait être seul employé dorénavant dans les écoles et les tribunaux, avec défense d'en composer aucun autre sans une autorisation spéciale du pape.

Suivant l'usage pratiqué pour les autres collections, cette compilation a été divisée en cinq livres : le premier est composé de dispositions générales empruntées aux collections de Justinien et aux recueils publiés antérieurement. Le second, qui règle l'instruction des procès, les jugements et les appels, offre un intérêt d'autant plus sérieux qu'il est le type de la procédure civile. Les règles sur la discipline, sur le mariage et les secondes noces, forment le 3e et le 4e livre; le cinquième traite de matières mixtes de droit ecclésiastique et civil. Enfin, le recueil se termine par deux titres : *de verborum significatione* et *de regulis juris*, comme le Digeste; mais cette tentative d'imitation n'est pas heureuse; le dernier titre surtout est fort insignifiant.

Trois petits recueils furent composés pour compléter l'ouvrage de *Raymond*, par ordre des papes Innocent IV, Grégoire X et Nicolas III (1243-1280). *Guillaume Durand*, qui avait assisté au concile de Lyon, commenta les décrets compris dans la seconde collection.

VI. *Recueil de Boniface VIII. — Sextus. —* Boniface VIII fondit la compilation dont je viens de parler et quelques autres décrétales dans un recueil nouveau qui, formant un supplément aux cinq livres de Grégoire IX, reçut le nom de *Sextus liber*, et fut enseigné à Bologne et à Paris, après avoir été publié à Rome en 1298. Cette collection de décrétales eut pour rédacteurs Guillaume de Mondagot, archevêque d'Embrun; Béranger Fredain, évêque de Béziers, et Richard de Senis, vice-chancelier de l'Église romaine.

Les divisions qui avaient éclaté entre le pape et le roi au moment de la publication du recueil n'étaient pas de nature à lui donner de l'autorité en France : la fameuse lettre de Pierre de Cugnières à Boniface VIII montre assez que Philippe le Bel n'acceptait pas la suprématie du saint-siége. Aussi ceux mêmes qui considéraient ce recueil comme devant être appliqué en France avouaient-ils que son influence était bien restreinte. « Ces décré- » tales devinrent haineuses, dit du Tillet, si qu'en ce royaume » l'autorité en est presque nulle. »

VII. *Clémentines.*—La lutte par suite de laquelle la résidence papale avait été transférée à Avignon, en 1305, prit de grandes proportions : trois papes se disputaient la chaire de saint Pierre. Au milieu de ces dissensions, Clément V assurait sa prééminence par la publication de ses décrétales. Cependant les *Clémentines* ne purent être envoyées à Paris avant sa mort, arrivée en 1314; ce fut Jean XXII qui les adressa, en 1317, à l'université de Paris et à celle de Bologne.

Cette compilation, divisée en cinq livres comme les premières, renferme les canons du concile de Vienne, tenu en 1311 et 1312, sur l'abolition de l'ordre des Templiers et la réformation des mœurs. Jean Andréa en a fait la glose (1).

VIII. *Extravagantes.* — Dans le principe, ce nom désigna toutes les décrétales qui, n'ayant point été comprises dans le *Decretum* de Gratien, avaient été réunies ensuite au recueil de Grégoire IX. Ce titre leur fut enlevé et ne servit plus qu'à désigner les

(1) Les décrétales contenaient 185 titres, le *Sextus* 77, les *Clémentines* 52; c'est ce qu'on exprima dans les vers suivants :

Centum rubricas octogintaque volumen
Gregorii noni ponit, quinas superaddens.
Ac septuaginta septem tibi numerat Sextus.
Ex Clemente duas quinquagintaque notabit.

A quoi nos pères dépensaient leur verve poétique!

constitutions pontificales qui n'étaient pas entrées dans les compilations postérieures. Ces constitutions, émanées toutes de Jean XXII, furent glosées séparément, trois par *Guillelmus de Laudano*, vingt par *Zenzelinus de Cassanis;* leur autorité n'est pas incontestée, à la différence de celles contenues dans les recueils authentiques.

Sous le titre d'*Extravagantes communes* parut en 1488, à Paris, un recueil de décrétales composé de lettres de vingt-cinq papes, depuis Urbain V jusqu'à Sixte V.

La lutte des papes et des antipapes avait éloigné d'eux les nations; l'esprit des prélats et l'intérêt des princes avaient porté ceux-ci à pourvoir par eux-mêmes aux besoins de l'Église dans leur pays; par suite, les individualités de nations se produisirent dans le sein de l'Église universelle d'une manière plus saillante qu'auparavant. Ce fut au concile de Constance (1414) que ce résultat devint fort sensible pour la première fois; l'assemblée se constitua par nations : Anglais, Français, Allemands, etc.

Les traités entre le roi et le pape furent plus fréquents, et certaines conventions intervenues entre eux devinrent lois de l'État. Déjà le zèle avec lequel saint Louis se consacrait à toutes les branches de l'administration l'avait conduit à s'occuper des choses de l'Église et du clergé, ainsi qu'il le fit dans ses Établissements de 1255 sur la réformation des mœurs, et dans la pragmatique sanction de 1268 sur la provision des offices ecclésiastiques et la liberté d'élection. Mais ce fut surtout sous Charles VII que ces conventions prirent une importance réelle; ce roi fit accepter à Bourges, en 1438, vingt-trois résolutions du concile de Bâle, qui furent enregistrées, sur son ordre, au parlement de Paris comme pragmatique sanction. Elle resta quelque temps en vigueur, même après que sa révocation eut été prononcée par Louis XI, en 1461.

TITRE III.

CARACTÈRE GÉNÉRAL DE LA LÉGISLATION.

Pendant l'époque barbare, la nationalité du plaideur déterminait la loi qui devait le régir ; il était soumis à la législation que lui imposait son origine, quelle que fût la circonscription territoriale dans laquelle il avait établi son domicile : les lois étaient personnelles. — Sous la féodalité, c'est le principe contraire qui domine ; la justice devient patrimoniale, le seigneur a le droit d'imposer sa loi à sa terre : le caractère de la législation féodale est la prédominance de la réalité sur la personnalité, de la terre sur l'homme.

Plusieurs causes expliquent ce changement profond dans la législation. L'action du temps fut puissante pour miner le système de la personnalité des lois. A mesure que l'on s'éloignait des premiers temps de la conquête la loi d'origine devenait de plus en plus difficile à constater ; les preuves de la nationalité manquaient fréquemment ; était-elle certaine ? la loi personnelle était souvent insuffisante : il fallait pour la compléter recourir aux Capitulaires et à la jurisprudence, qui prenaient dès lors le caractère territorial. J'ajoute encore que la concession des bénéfices établit entre le donateur et le donataire des rapports inconnus jusque-là, et que ne pouvaient régler ni les lois germaniques ni le droit romain ; à l'imitation des bénéfices, des immeubles furent concédés moyennant une rente foncière, sans services individuels. Pour statuer sur les contestations que les nouvelles relations créaient, un droit nouveau s'introduisit, et c'était celui de la situation de l'immeuble concédé que l'on appliquait sans aucune considération de la loi personnelle des parties. Dès 864, le système de la personnalité des lois tombait évidemment en décadence (1).

(1) Capitulaire de Charles le Chauve de 864, ch. 13, 16, 23, 31.

A la fin du IXe siècle, les fiefs sont héréditaires; chaque seigneur s'arroge la souveraineté du territoire qu'il possède; les anciennes lois fondées sur la liberté ne sont plus en harmonie avec les rapports de dépendance qui relient aux grands feudataires leurs vassaux et arrière-vassaux. Dans cet ensemble d'une hiérarchie fortement constituée, la loi ne distingue plus les Francs d'avec les Romains et les Visigoths; elle ne reconnaît que des seigneurs et des sujets. Les vassaux sont soumis à la juridiction de leur suzerain : les hommes ne naissent plus sujets de telle ou telle nation, mais de telle ou telle juridiction; l'action du pouvoir judiciaire anéantit l'ancien système. Aussi n'est-il pas étonnant de trouver dans des formules postérieures au capitulaire de Quiersy, relatives au territoire de Tours : « Telle chose y est » constante par la coutume du lieu et par la justice de la loi » terrienne, *justitia terrenæ legis.* »

Mais quelle loi les barons appliquaient-ils aux situations nouvelles? Le droit romain, le droit canonique, les lois barbares, tous ces vieux monuments de législation étaient impuissants pour déterminer les effets et les conséquences d'un système qui leur était inconnu; ce fut la jurisprudence des cours féodales qui détermina les conséquences que devaient entraîner les devoirs réciproques de protection et de fidélité, et cette hiérarchie graduelle qui rapportait tout à la suzeraineté (1).

Quant au droit purement civil, il fallut s'en rapporter aux lois antérieures, sauf les cas exceptionnels régis par le droit féodal. Les juges appliquèrent, selon toute apparence, les lois personnelles suivies par le plus grand nombre des habitants du territoire. Les principes féodaux modifiaient les anciens usages, tout en laissant une grande latitude à la jurisprudence quand le seigneur n'avait pas un intérêt direct à la consécration de tel ou tel système.

(1) *V.* le Mémoire de M. Pardessus sur l'origine du droit coutumier. p. 21 et suiv.

Les personnes et les biens furent donc régis, indépendamment de l'origine germaine ou romaine des parties, par la loi du territoire. Ce fut alors que se manifesta la grande division que le code Napoléon n'a pu faire disparaître totalement entre les pays coutumiers et les pays de *droit écrit*.

Après la conquête, la partie septentrionale de la Gaule fut occupée par les barbares, et les anciens habitants disparurent en partie. Les familles des vainqueurs et des vaincus se confondirent, et les juges étant plus familiarisés avec leurs anciens usages qu'avec la loi romaine, le droit germanique fut généralement appliqué et domina la loi des vaincus.

La partie méridionale ne fut soumise que plus tard, à une époque où les vainqueurs étaient déjà imbus des idées du christianisme; ils respectèrent la loi en vigueur dans le pays vaincu, et empruntèrent même celles de ses dispositions qui étaient fondées sur le droit naturel. Remarquez encore que les anciens habitants avaient la prépondérance numérique; leur droit, presque constamment invoqué, ne pouvait manquer de devenir la coutume territoriale.

Pourtant le droit romain ne pouvait être accepté et pratiqué tel qu'il l'avait été dans l'ancienne Rome; de nouveaux besoins exigeaient des principes nouveaux, et les mœurs des peuples barbares se pliaient difficilement au joug des lois romaines. Pour combler les lacunes et répondre aux exigences de l'époque, la jurisprudence introduisit des règles particulières modificatives du droit romain.

A la différence des pays coutumiers, cette contrée de la France, que le continuateur de Frédégaire appelle le *pays des Romains*, observait une grande uniformité dans la législation. L'unité juridique, résultat obligé des compilations qui avaient été faites, amenait une application plus régulière de la loi; les textes prévenaient les divergences; le Midi préféra des règles fixes à la diversité des coutumes locales. Puis, ce droit avait été créé pour un peuple façonné à la servitude ; favorable par lui-même au pouvoir, il répondait mieux aux besoins du système féodal, surtout après les modifications que lui avaient fait subir au VIe siècle la loi des *Burgondes* et le *Bréviaire d'Alaric*. Voilà pourquoi le midi de la France le conserva sans modifications fondamentales ; il s'imposa aux mœurs germaines plutôt qu'il n'en subit réellement l'influence.

Il est difficile de reconstituer les règles de droit coutumier qui furent en vigueur pendant l'anarchie féodale, cette période si obscure de notre histoire ; pourtant les *Assises de Jérusalem* fournissent des renseignements précieux et deviennent un fanal pour guider nos pas, selon l'expression de M. Pardessus.

Mais une triple influence, le droit canonique, le droit romain, les ordonnances royales, a modifié successivement les règles arbitraires, quelquefois barbares de la féodalité.

La religion chrétienne devint l'appui des serfs ; la juridiction ecclésiastique offrit une justice réglée, et propagea les notions du droit et de la raison.

L'étude du droit romain, unie à l'enseignement des lois canoniques, conduisit à la résurrection du pouvoir monarchique et à l'égalité civile. Les légistes, s'immisçant dans toutes les parties de la législation, inspirèrent des ordonnances pour combattre le droit féodal en même temps qu'ils restreignaient la juridiction ecclésiastique. — Grâce à ces *chevaliers ès lois*, la législation française prit un caractère de bon sens et de droiture qui empêcha les fictions et les subtilités de la déparer. Jamais nation n'eut une magistrature plus éclairée ; les juges étaient des jurisconsultes profonds qui créaient une législation en rendant des arrêts.

Enfin le droit subit une nouvelle influence, celle des ordonnances royales. Toutefois elles n'apportèrent d'innovation sérieuse que dans l'administration, en rendant le gouvernement plus régulier ; mais elles n'eurent qu'accessoirement une action directe sur le droit privé. Pourtant, à partir du XIIIe siècle, la royauté proclame un principe qui ne sera point encore appliqué d'une manière absolue, mais qui produira d'importantes conséquences dans l'avenir : les ordonnances ne seront plus locales ; elles auront force exécutoire dans tout le royaume, indépendamment de la diversité des seigneuries. Ainsi s'établira l'unité ; les ordonnances contiennent le germe de l'uniformité de législation, et la diversité des coutumes, qui fait le fond du droit pendant l'époque féodale, tend à disparaître.

En parcourant les principes généraux du droit coutumier, j'essayerai d'indiquer les changements introduits par ces nouveaux éléments dans la législation. Et d'abord, quelques mots du droit féodal.

CHAPITRE PREMIER.

DROIT FÉODAL.

L'élément territorial portait le nom de fief, *feudum* (1). Ce mot désignait la concession libre, gratuite, perpétuelle d'une chose immobilière ou réputée telle, avec translation du domaine utile et rétention du domaine direct à charge de fidélité et de secours.

L'irrévocabilité du fief érigée en règle générale, tel est le caractère qui le distingue des concessions temporaires faites pendant la période barbare sous le titre de bénéfices.

Celui qui recevait le fief était obligé au service personnel de manière à être à la disposition du seigneur toutes les fois que celui-ci le réclamait ; il s'appelait homme lige, *liguis à ligamine*, disent les feudistes ; — quand il n'était tenu qu'à raison du fief, il prenait le nom de vassal simple. — Quiconque s'était soumis à l'hommage lige était tenu personnellement et réellement, sans pouvoir se soustraire à son obligation autrement que par l'abandon du fief : — celui qui n'avait fait que l'hommage simple

(1) D'après certains auteurs, fief a pour étymologie *feh-od*, solde en terre.

était autorisé à se substituer une personne pour le service militaire.

Le contrat n'était parfait qu'après une cérémonie dans laquelle le vassal prêtait foi et hommage au seigneur, qui de son côté le mettait en possession du fief et lui en donnait l'*investiture*. A chaque mutation de seigneur ou de vassal, une nouvelle prestation de serment était nécessaire ; jusque-là le fief était dit *ouvert*, c'est-à-dire vacant, et le seigneur en avait la saisine jusqu'à ce qu'il fût *couvert*.

Ce contrat donnait naissance à des obligations réciproques dont l'inexécution eût entraîné la résolution : le droit de *commise*, ou de confiscation du fief mouvant de lui, appartenait au seigneur dont les droits avaient été méconnus ; de son côté, le vassal avait une action pour faire déclarer déchu de son droit de dominance le seigneur qui lui avait manqué et s'était rendu à son égard coupable d'injure ou de *félonie*.

Les droits et les devoirs réciproquement dus par le seigneur et le vassal dérivaient du principe de garantie mutuelle, principe fondamental des coutumes de la Germanie.

Dans ce système, les possesseurs d'alleux durent rechercher l'alliance des seigneurs plus puissants; ils leur abandonnèrent leurs biens libres pour les reprendre de leurs mains à titre de fiefs : c'était l'*inféodation par reprise*. Quelques provinces n'eurent plus que des fiefs, « car nul selon notre coutume, disait Beaumanoir, ne peut tenir d'alleux. » Et la maxime : *Nulle terre sans seigneur*, fut l'expression de la féodalité absolue.—Mais les Francs, établis en petit nombre dans le pays du midi, étaient régis par la loi romaine ; la présomption de la liberté fut admise en faveur de leurs héritages. Les coutumes du midi furent appelées *allodiales* par les légistes, celles du nord *non allodiales;* et à la maxime de la France septentrionale : *Nulle terre sans seigneur*, la France méridionale répondit par cette autre : *Nul seigneur sans titre.*

Les fiefs, primitivement constitués sur des immeubles, s'étendirent sur les choses incorporelles, droit de chasse, de pêche, droit de chercher des abeilles dans les forêts, de faire cuire son pain dans les villes, etc. : comme ils n'avaient pas d'appui sur la terre, ils recevaient le nom de *fiefs en l'air*.

Les croisades et l'affranchissement des communes amenèrent la division des fiefs ; des concessions successives furent faites de manière à former une longue hiérarchie de vassaux et arrière-vassaux. Un fief fut dominant et servant tout à la fois ; mais un vassal n'avait pas le droit d'imposer à son seigneur un arrière-vassal contre son gré, à cause du principe : *Vassalus mei vassali non est meus vassalus.*

Ces concessions accessoires entraînaient des droits de mutation, tels que ceux de *quint*, qui attribuaient au seigneur le cinquième du prix de vente ; ceux de *relief*, ou droits payés par les héritiers pour obtenir la saisine.

En cas de vente, le vassal remettait le fief entre les mains du seigneur, en lui disant : « *Sire, j'ai vendu tel héritage mouvant en fief de vous à tel pour tel prix.* » Aussitôt l'acquéreur se mettait à genoux, nu-tête et sans éperons, et disait : *Monseigneur, je deviens votre homme de tel héritage, mouvant en fief de vous, assis en tel lieu, lequel j'ai acheté de tel prix, et vous promets foi et loyauté* (1). Si le seigneur voulait retenir le fief entre ses mains, il n'acceptait pas l'hommage et exerçait le *retrait féodal*, appelé aussi *droit de retenue*.

Dans la succession féodale, l'aîné avait droit au manoir principal et à un préciput, et le reste était partagé entre ses puînés et lui (2).

Cependant, vis-à-vis du seigneur, l'aîné était seul repré-

(1) *Grand Coutumier*, liv. 2, tit. 21 ; Beaumanoir, ch. 51.

(2) Le principe du partage ne fut point admis pour la succession à la couronne, ni, à ce qu'il paraît, pour les baronnies et chevaleries de Bretagne, en vertu des *assises* du comte Geofroy de l'an 1185.

sentant du fief. Sa part prenait le nom de *mirouer de fief*, parce qu'elle était l'image du fief tout entier. Seigneur dominant vis-à-vis de ses puînés, il les garantissait à l'égard du suzerain : de là le droit de *parage* ou de *frèrage* que ceux-ci lui payaient.

Cet état de choses cessa pour certaines provinces par l'ordonnance de Philippe-Auguste, du 1er mai 1209 (1), qui voulut que les puînés tinssent leur part directement et sans intermédiaire du chef seigneur de qui le fief relevait avant le partage. Mais l'ordonnance n'était pas générale ; elle ne regardait que les terres des barons et seigneurs qui l'avaient demandée, tels que le duc de Bourgogne, le comte de Nevers, etc. Dans d'autres provinces, au contraire, les puînés relevaient à leur choix de leur aîné ou du seigneur suzerain.

Dans le Poitou, le Maine, l'Anjou, la Touraine, le Loudunois et la Normandie, le droit d'aînesse était excessif ; mais l'aîné garantissait ses puînés des droits de relief, de rachat et autres droits féodaux ordinaires, tels que les gants, les sonnettes d'épervier, les éperons, les roussins de service, etc. (2).

Les filles partageaient par tête ; cependant l'aînée était tenue au droit de parage pour l'*hébergement* et le vol du chapon qu'elle avait en préciput. « Se il n'a que filles, autretant prendra l'une comme » l'autre. Mais l'aînée aura les hebergemens en avantage, avec un » coq, se il y est. Et gara (garantira) les autres en parage (3). »

La femme, exclue de la propriété germanique, reprit ses droits ; l'élément chrétien lui restitua l'égalité avec l'homme que les siècles précédents lui avaient déniée. En 1134, Ermengarde de Navarre, héritière de son frère, siégeait dans sa cour féodale, et en 1315 Mathilde, comtesse d'Artois, assistait au parlement en qualité de pairesse, au jugement prononcé contre Robert,

(1) Rec. ord., t. 1, p. 29.
(2) Rec. ord., préface, t. 1, p. xxj.
(3) Etablissements de St Louis, liv. 1, ch. 10.

comte de Flandre. Mais, au XIVe siècle, les principes du droit romain recouvrèrent leur empire, et *la dame de fief n'eut plus le droit d'aller à plet et à jugement* (1); elle fut déclarée incapable d'exercer des fonctions publiques.

Le droit de successibilité, invariablement refusé aux femmes pour la couronne de France, finit par leur être enlevé aussi pour les fiefs concédés à titre d'apanage par les rois à leurs enfants ou à leurs frères puînés. Cette exclusion date de l'an 1225, et le principe fut confirmé comme loi de l'État par Charles V.

L'héritier du fief était-il mineur? voici comment les droits du seigneur étaient garantis : si le mineur était mâle, le seigneur conservait, jusqu'à ce qu'il eût atteint la majorité féodale (2), l'administration du fief, et il en percevait le revenu à titre de gardien ou *baillistre;* la *garde noble* lui appartenait. Dans le cas où l'héritier mineur était une femme, le seigneur conservait la garde du fief jusqu'à ce que la femme eût accompli l'âge de treize ans, et il avait encore le droit de lui choisir un époux capable de rendre le service militaire.

Les immeubles du seigneur, et même ceux du vassal, étaient cultivés par des serfs, des colons ou des mainmortables, qui exploitaient une certaine quantité de terre, une ou plusieurs manses; car la *manse* (*mansus, huba*) formait l'unité de mesure territoriale. Dans la période barbare, on distinguait les manses en *ingenuiles, lidiles* et *serviles;* les unes étaient héréditaires, les autres essentiellement amovibles. Les tenanciers ne pouvaient transmettre celles-ci à leurs enfants; mais en retour ils avaient l'avantage de ne pas être attachés à la glèbe, et de pouvoir abandonner leurs tenures pour fixer leur résidence dans une autre contrée. (3)

Une dérogation au droit commun s'était introduite au profit

(1) Très-ancienne coutume de Bretagne, art. 80.
(2) Vingt et un ans accomplis.
(3) Polyptique d'Irminon, M. Guérard, p. 584 et suiv.

des serfs ecclésiastiques, dont la condition était supérieure à celle des autres : ils purent devenir propriétaires ; toutefois leur propriété n'était que très-imparfaite, comme le prouvent les dispositions du concile tenu à Pavie en l'année 1020 par le pape Benoît VIII.

Toutes ces distinctions disparurent sous la tyrannie des seigneurs ; tous *gens de poeste*, taillables et corvéables à merci et miséricorde, devinrent égaux devant la glèbe. Quelle que fût en droit leur condition, en fait ils étaient tous attachés à la terre, et leurs biens formaient des héritages serviles.

Leur affranchissement partiel dès le xe siècle dans le midi, devenu général au moment des croisades (1095), créa de nouveaux rapports pour la transmission des biens. Ces gens de *poeste*, devenus libres, ont sacrifié leur pécule pour acheter leur indépendance. Comment payeront-ils la terre destinée à les faire vivre eux et leur famille ? s'adresseront-ils aux possesseurs territoriaux que l'affranchissement a laissés sans bras pour cultiver leurs terres, défricher leurs landes et dessécher leurs marais ? Une concession moyennant une redevance périodique leur assurera un morceau de pain ; le bail à cens est constitué.

Les nouveaux rapports entre le seigneur et le roturier seront calqués sur ceux qui réglaient les relations du seigneur et du vassal. A l'image des fiefs, les terres concédées roturièrement, sous le nom de *censives*, seront héréditaires ; le domaine utile appartiendra au concessionnaire, le domaine direct au seigneur. — *L'ensaisinement* sera nécessaire comme *l'investiture* pour la perfection du contrat ; l'héritier du censitaire payera un droit de *rachat* identique au droit de *relief* pour obtenir la saisine de l'immeuble resté dans la *mouvance* seigneuriale, et dont plus tard les héritiers en ligne directe seront affranchis. — Le concessionnaire ne pourra disposer de l'immeuble sans une autorisation du seigneur ; il devra payer pour vendre, comme l'acquéreur pour acheter, un droit de mutation connu sous le nom de *lods et ventes*, image parfaite du droit de *quint* pour le fief. — Enfin, lors de la vente, il sera loisible au seigneur de conserver l'immeuble, en exerçant le *retrait censuel*, imitation du *retrait féodal;* seulement le premier, à la différence du second, n'était admis que dans quelques coutumes.

D'autres droits accessoires étaient réservés lors de la concession : les corvées, inhérentes d'abord à la personne des mainmortables, furent ensuite attachées à l'immeuble ; le cens, qui, dans ses diverses dénominations de *gros cens*, *menu cens*, *chef-cens*, représentait à la fois une portion des revenus du terrain concédé (*gros cens*), et l'autorité seigneuriale ou le domaine direct de l'ancien propriétaire (*chef-cens*), constituait un droit essentiellement réel, auquel le censitaire pouvait se soustraire en abandonnant l'immeuble (1).

Cet abandon, appelé *déguerpissement*, avait lieu en justice; il anéantissait tous les droits du seigneur ; aussi, pour indemniser celui-ci, le déguerpissant devait-il payer les arrérages de l'année courante et un terme en sus (2).

On connaissait encore le champart, qui consistait en une redevance foncière ou une certaine quotité de fruits recueillis sur l'héritage.—Ce droit n'était seigneurial, d'après le Grand Coutumier, que dans le cas où l'héritage n'était chargé d'aucun cens, et que le champart formait la première redevance établie. S'il existait déjà un cens, il était récognitif de la seigneurie, et le champart ne constituait qu'une simple redevance foncière. Quand le champart était seigneurial, il participait aux prérogatives des autres redevances seigneuriales. Imprescriptible comme elles, il ne se purgeait point par décret, et emportait les profits de vente à chaque mutation de l'héritage.

(1) M. Laferrière, Hist. du droit français, t. 4, p. 441.

(2) Desmares, décis. 124, 125, 183 ; — Grand Coutumier, liv. 2, ch. 33 ; — Coutumes notoires, art. 97-98 ; — ord. de Charles VII, art. 20, de 1441 ; — Rec. ord., t. 13, p. 339.

Enfin la concession pouvait être faite, à titre collectif, à des villages, à des communautés; ces biens constituaient des *communaux* que ne pouvaient aliéner ni les individus *ut singuli*, ni la communauté elle-même; elle devait jouir, comme personne morale, de la concession dans le présent et l'avenir, et les individus en profitaient proportionnellement à l'importance des héritages qu'ils possédaient dans l'enclave du fief.

Les successions féodales étaient partagées ordinairement par tête entre les roturiers; il ne semble donc pas qu'il ait pu y avoir entre eux un droit de parage, d'autant mieux que les roturiers qui possédaient des fiefs n'en devaient ordinairement que la foi sans l'hommage. Cependant il s'introduisit une espèce de parage, ainsi que l'attestent les Établissements de saint Louis (1).

Ainsi les deux classes de terre étaient régies par des principes qui, malgré leur diversité, présentaient néanmoins quelque analogie. Dans les premiers temps du régime féodal, l'aliénation du fief ne pouvait être consentie qu'au profit d'un noble; la concession faite à un roturier formait une rare exception dont on ne tenait pas compte. Cependant les dépenses énormes que les croisades imposaient aux barons les forcèrent à aliéner souvent leurs fiefs au profit de possesseurs non nobles. Pour obvier à la confusion que ces faits réitérés allaient amener entre les deux ordres, saint Louis déclara les roturiers incapables d'acquérir des fiefs tant qu'ils ne se feraient pas relever de leur incapacité en payant le droit de *franc-fief* à la couronne. D'après les Etablissements, le payement ne conférait pas de suite les droits attribués aux biens nobles; ce n'était qu'à la troisième génération que les descendants de l'acquéreur pouvaient suivre les règles du partage noble, « c'est-à-dire, dit de Laurière (2), par les deux parts et par le » tiers; en sorte que l'aîné, réputé gentilhomme, et qui avait

(1) Liv. 1, ch. 143.

(2) Rec. ord., t. 1, préface, p. XIV; — Bouteillier, Somme rurale, liv. 2, ch. 1, p. 654, 657.

» seul, par cette raison, les deux tiers avec le chezé, c'est-à-
» dire le principal manoir et le vol du chapon, garantissait ses
» puînés en franc parage, non plus sous sa foi seulement, mais
» encore sous son hommage, auquel, presque partout, il n'y
» avait que les nobles d'admis. »

Le roi accordait quelquefois l'exemption du droit de *franc-fief* à des villes, à des provinces entières, comme il le fit pour Toulouse le 25 janvier 1297, pour Paris le 9 août 1371, et plus tard pour la Normandie, en 1470.

Quant au partage entre les héritiers des deux premières générations, il s'opérait d'après les règles applicables aux non nobles, c'est-à-dire par tête, quoiqu'en principe les fiefs communiquassent leur noblesse aux roturiers qui y demeuraient, et que, par réciprocité, les nobles perdissent leurs franchises tant qu'ils résidaient sur les héritages tenus en censive, ainsi que l'attestent Pierre de Fontaines (1) dans le *Conseil à son ami*, et Beaumanoir (2) dans les coutumes de Beauvoisis. Pour éviter cette usurpation de noblesse, les rois exigeaient de temps en temps des roturiers une redevance, afin d'interrompre la prescription qu'ils auraient pu faire de la noblesse; selon Bouteillier, cette redevance devait être payée tous les quarante ans. Les lettres (3) de Philippe de Valois du 18 juin 1328 exigèrent des non nobles la valeur des fruits de trois ans pour les biens qu'ils avaient acquis depuis trente, sans le consentement du roi ou celui de ses prédécesseurs, dans ses fiefs et arrière-fiefs, à moins qu'entre le roi et celui qui avait fait l'aliénation il n'y eût eu trois seigneurs, ou un plus grand nombre. Un règlement postérieur, du 28 novembre 1328, fixa la finance (4) à la valeur des fruits de quatre années. Ces deux ordonnances dispensaient le propriétaire qui

(1) Ch. 3, art. 3, 4, 5, 6.
(2) Chap. 48.
(3) Rec. ord., t. 1, p. 7.
(4) Rec. ord., t. 1, p. 14.

n'était pas noble de payer finance pour un fief acquis d'un autre non noble, si celui-ci l'avait possédé pendant trente ans, ou avait payé finance par rapport à ce fief.

Il y avait donc quatre *tenures* principales dans le royaume, c'est-à-dire quatre manières de posséder ou de tenir des héritages, savoir : la tenure *à cens*, ou *villenage*, qui était roturière ; — la tenure en *franche aumône* et en *franc-alleu*, ou possession franche, pour laquelle il n'était rien dû à aucun seigneur féodal ou censier (1); — la tenure par *hommage*, possession féodale pour laquelle le tenancier ou vassal était obligé au *service militaire* ou à d'autres devoirs envers le seigneur dont il relevait; — la tenure en *franc parage*, dans laquelle l'aîné noble garantissait ses puînés sous son hommage au seigneur féodal pour leurs parts dans les fiefs, et dans laquelle les puînés garantis étaient *pairs* ou égaux entre eux et avec leur aîné.

Les églises avaient acquis sous les deux premières races des biens considérables, grâce aux priviléges, *immunitates*, qui leur étaient concédés et à la protection que leur accordaient les rois par leurs *lettres de garde*. Libres de tout impôt sous les Carlovingiens, elles furent soumises plus tard aux obligations imposées à la propriété territoriale. Elles eurent recours, en Languedoc comme en Bretagne, à des seigneurs puissants auxquels elles conféraient la dîme que leur avaient accordée les Capitulaires.

(1) *Allodium est terra libera*, dit Jean Desmares, Déc. 371, *hoc est talis terra de quâ nemini debetur servitium nec census, nec tenetur ab aliquo domino.*

Galland raconte, dans son Traité du franc-alleu, l'insolence d'un alleutier qui, lorsque l'empereur Frédéric Ier passa sur ses terres devant lui, « ne se leva ni ne salua; mais seulement, par forme de courtoisie, » remua son chapeau. » L'empereur s'étant enquis de ce manque de respect, il lui fut répondu que « ce personnage était si franc et si libre, » qu'il ne rendait à aucun ni redevance ni hommage. » L'empereur consentit à pardonner l'insolence de l'alleutier, qui conserva le droit de battre monnaie, mais fut soumis à l'hommage. — Tous ne furent pas aussi heureux !...

Cette *inféodation* ne pouvait être faite à titre de fief que par les évêques; les seigneurs et le roi ne la cédaient qu'à titre d'arrière-fief. Plusieurs conciles, ceux de Rome de 1078, de Latran 1137, de Reims en 1148, ordonnèrent la révocation de ces aliénations; cette décision n'ayant point été exécutée, le second concile de Latran, de 1179, se borna à les prohiber pour l'avenir (1).

Ce concile avait défendu aux laïques de vendre ou transmettre héréditairement à d'autres laïques les dîmes inféodées; mais un bref de Clément V, 1305, rendu sur les instances de Philippe le Bel, révoqua cette disposition. Le chapitre 34 des Libertés de l'Église gallicane met au nombre de ses priviléges « le droit de retenir » les dîmes en fief par gens purs laïcs (2). »

Un grand nombre de dîmes inféodées furent rachetées, et saint Louis favorisa ce rachat en les dispensant, par son ordonnance de 1269, du payement des droits auxquels était soumise l'acquisition ecclésiastique des autres propriétés féodales.

L'Église subissait l'influence du nouveau système; elle devenait féodale; les monastères et les populations qui vivaient sur leurs terres furent inféodés; l'administration laïque les régissait concurremment avec le pouvoir ecclésiastique. Les communautés nommaient ordinairement des *vidames* pour les défendre et administrer leurs propriétés, qui s'accroissaient chaque jour. En effet, des possesseurs, mus par la piété, abandonnaient leurs biens aux abbayes, aux églises, à la charge de les reprendre, et constituaient ainsi des *fiefs de dévotion*. D'autres venaient implorer le secours des vidames et se mettre sous la protection ecclésiastique. L'Église succédait seule à ces *fiefs de reprise*, si le vassal mourait sans postérité masculine. — De petits propriétaires d'alleux conféraient encore leurs biens aux églises à titre de donation, à la condition de retenir la jouissance d'une plus grande étendue de terre

(1) *V.* M. Laferrière, t. 4, p. 427 et suiv.
(2) Libertés de l'Église gallicane, par Pithou, ch. XXXIV.

pendant leur vie et celle de leur femme. Ce contrat, appelé *precaria*, était ordinairement consenti moyennant un *cens annuel* à prélever sur la terre détenue à titre précaire. Il s'étendait non-seulement sur les terres, mais encore sur les serfs. — Les églises s'enrichissaient aussi par l'abandon que faisaient de leurs biens certains propriétaires opprimés ou pieux, et qui devenaient serfs avec leur famille. Une charte de Saint-Aignan en Berri, en 1080, représente un homme libre se donnant dévotement, la corde au cou, avec toutes ses possessions. Beaumanoir fait allusion à ces *votivi homines* quand il dit (1) : « La seconde » manière dont servitute de cors est venue si es por ce que el » sans cha en arrière, par grant dévotion, moult se donnoient » aus et lor oir et lor cozes, as sains et as saintes. »

D'autres libéralités augmentaient ce patrimoine : un seigneur fondait une église, ou bien il donnait à titre de *bénéfice-cure* des biens à une église déjà établie; dans ces deux cas, il se réservait le droit de patronage, en vertu duquel il nommait aux charges de l'église, et qui lui conférait des droits honorifiques attachés à la terre, transmissibles au propriétaire, à quelque religion qu'il appartînt (2).

Outre ces constitutions féodales, les ecclésiastiques étendaient encore leurs domaines par des acquisitions à titre gratuit ou à titre onéreux, d'après les principes du droit commun, dans les fiefs et arrière-fiefs du roi, dans ses censives et arrière-censives, dans les alleux situés dans les terres, fiefs et arrière-fiefs du roi, dans les fiefs et arrière-fiefs d'églises voisines.

Lorsque furent établis des impôts sur les transmissions de propriété, les seigneurs s'inquiétèrent de ces acquisitions considérables faites par l'Église; ils allaient perdre pour l'avenir les droits importants de *lods et ventes*, de *rachat*, de *relief*, puisque les biens passaient dans les mains de personnes qui

(1) T. 2, p. 225, édit. 1842.

(2) M. Laferrière, t. 4, p. 430, note 46.

ne *meurent jamais*, qui n'aliènent presque jamais. Ces biens étaient, en quelque sorte, retirés de la circulation ; ils tombaient en *mainmorte*, car les mains des propriétaires s'ouvraient pour acquérir et jamais pour transmettre.

Les réclamations incessantes des seigneurs éveillèrent l'attention de saint Louis, qui obligea les églises à traiter avec eux pour continuer à posséder les héritages acquis dans leurs mouvances, sinon à les mettre, dans l'an et jour, hors de leurs mains, sous peine de confiscation. Pour conserver leur possession paisible, les églises traitèrent avec les seigneurs *immédiats*, en leur payant deux ou trois années de revenu sous le nom de *droit d'indemnité* ou de *nouvel acquêt*. Mais comme ces conventions étaient des diminutions, des *abrégements* de fiefs, les seigneurs *médiats* s'en plaignirent, et, prétendant que ces abrégements n'avaient pu se faire à leur préjudice, ils s'emparèrent des biens acquis nouvellement. Cette prétention était ruineuse pour l'Église; si elle eût été forcée de financer au profit de chaque seigneur, en remontant de degré en degré jusqu'au roi, l'acquittement de tous ces droits successifs eût absorbé la valeur des propriétés qu'elle voulait garder.

Cette prétention des seigneurs médiats se reproduisit encore dans une autre occasion,

Les ecclésiastiques et les bourgeois acquéreurs de fiefs, ne pouvant accomplir le service militaire, en achetaient l'affranchissement; chacun des seigneurs médiats voulut exiger une indemnité particulière.

Voici comment Beaumanoir décrit cet état de choses : « Tout » aussint comme nous avons dit ichy dessus, que aucuns ne puet » franchir son serf, sans l'autorité de son pardessus, aussint nul » ne puet donner abriégement de serviches de fief, ne franchise » de heritage, sans l'autorité de son pardessus. Et se aucun » abriège le fief, qui est tenu de luy, ou franchist aucun heritage, » li sires, de qui chez niciet, a gaingné l'homage et est à plain

» serviche. Et l'heritage, qu'il trouve franchi ensement, et le » fief que il trouve donné en villenage tout aussint, etc. (1). »

Les prétentions excessives des seigneurs furent restreintes dans de justes bornes par une ordonnance de Philippe le Hardi de 1275. Le consentement des seigneurs fut nécessaire pour que la chose tombât en *morte main*, ou fût *amortie* par la possession de l'église ou du monastère qui l'enlevait à la circulation; un droit d'*amortissement* était dû en principe; mais des lettres de trois seigneurs suzerains, en remontant de degré en degré, suffirent pour consolider le droit de propriété en faveur de l'Église.—Pour les biens que les abbayes possédaient dans les fiefs et arrière-fiefs du roi, elles les conservèrent en lui payant tantôt deux, tantôt trois années de revenus, suivant que les fonds leur avaient été *aumônés* ou que l'acquisition avait eu lieu à titre onéreux.

Quant aux personnes non nobles possesseurs de fiefs, elles ne pouvaient être inquiétées si elles les possédaient à *services compétents*, c'est-à-dire sans diminution ou *abrégement* de services militaires. — En cas d'abrégement sans qu'il y eût eu trois seigneurs intermédiaires, elles devaient payer les revenus de deux années pour être maintenues en possession.

Les héritages féodaux avaient-ils été convertis et *changés en censives?* les choses étaient rétablies dans leur premier état, à moins que les possesseurs n'aimassent mieux payer au roi quatre années de revenus.—De cette dernière disposition se déduit le principe général que les héritages nobles donnés en censives malgré le consentement des seigneurs immédiats devaient être *partagés noblement*, si la féodalité n'en avait été amortie par le roi souverain *fieffeux* du royaume.

Le roi, au XIVe siècle, exerça sans conteste le droit d'amortissement, et le droit d'*indemnité* pour les nouveaux acquêts resta seigneurial.

Plusieurs ordonnances réglèrent le premier de ces droits;

(1) Beaumanoir, ch. 45.

ainsi celles des 18 juin et 23 novembre 1326 exigèrent les revenus de quatre ou six années, suivant que l'acquisition avait eu lieu à titre gratuit ou à titre onéreux; ceux de trois années pour les acquisitions faites dans les arrière-fiefs et les arrière-censives, et de deux années dans les lieux où l'Église n'avait que basse justice. Enfin les églises étaient affranchies de tous droits pour l'acquisition des biens situés dans les fiefs et arrière-fiefs d'une autre église dont les possessions auraient été amorties.

Une ordonnance de Charles VI, de 1402, avait fixé au tiers de la valeur de la chose le droit d'amortissement pour les terres tenues immédiatement de lui.

Il est un point important à signaler; c'est que l'amortissement entraînait une extinction générale et perpétuelle de tous droits seigneuriaux, d'après l'article 10 de l'ordonnance de Philippe de Valois de 1328. Mais les amortissements, réels dans le principe, devinrent plus tard personnels, et ne profitèrent qu'aux communautés à qui ils avaient été accordés.

L'ordonnance de 1275 prononça contre les roturiers l'incapacité d'acquérir des fiefs à titre d'achat ou d'échange, leur réservant le droit de posséder ceux qu'ils recueillaient par succession. *La quinte reson comment li homs de poote puet tenir fief, si est quand li eschet de coté comme au plus prochain. Tout fut il ainsi, que cil de qui il cesseoit fust gentilomme, ou home de poote... Ain choés est pour che que il ne eust souffert, que s'il ne s'y accroissent par achat ou par eschange* (1).

A la division des terres correspondait la division des personnes; c'est toujours le même principe, la prédominance de la terre sur l'homme, de la *réalité* sur la *personnalité*.

Les biens formaient trois classes : les fiefs, les alleux du midi, les héritages serviles, auxquelles correspondaient trois classes de personnes : les nobles, les hommes libres et les mainmortables.

(1) Beaumanoir, ch. 48.

La noblesse devenait réelle et transmissible avec le domaine. Le roturier qui était *levant* et *couchant* sur un héritage noble devenait le noble de la terre. Si le fief concédé ou vendu au serf ne lui donnait pas immédiatement la noblesse terrienne, il l'affranchissait et anoblissait ses enfants. Ce n'est que beaucoup plus tard que ce mode d'anoblissement fut défendu. (Ord. de Blois 1579.)

Les hommes libres étaient les possesseurs des alleux qui n'existaient plus que dans le midi et quelques provinces de l'est et du centre, comme la Champagne et le Berri. La qualité de *terre noble*, s'unissant au droit de patronage et de justice foncière, communiqua aux propriétaires d'alleux un titre qui les faisait entrer dans la constitution de l'aristocratie territoriale. Comme les grands feudataires, ils exerçaient la justice terrienne sur les serfs et colons de leur terre, la justice féodale sur les hommes auxquels ils faisaient des concessions; seulement ils avaient en droit ce que les grands feudataires n'avaient qu'en fait, l'indépendance de leurs possessions.

Les mainmortables, serfs ou colons, peu importe, étaient alors des hommes de *poeste*, maîtres d'une propriété dont le servage était la condition. Ils se réunissaient pour former une communauté et partager le pain et les travaux pendant l'an et jour; c'était devenir *commun* ou *communiste*. « Compagnie se fait selon notre » coutume pour seulement manoir ensemble à un *pain* et à un » *pot*, un an et un jour (1). » Si l'un des *parsonniers* se retirait, la communauté était dissoute, d'après la rigoureuse maxime: « *Le chanteau part le vilain : un parti, tout est parti.* »

L'émancipation sociale qui se produisit au XIIe siècle transforma les serfs et mainmortables en censitaires ou tenanciers. « Les » censitaires, avec l'ardeur que donne la conquête d'un droit nou- » veau, dit M. Laferrière (2), vont rompre la terre qui leur est

(1) Beaumanoir, ch. 21.
(2) Hist. du droit français, t. 4, p. 444.

» concédée; ils seront roturiers, *ruptuarii*. Ils vont avec le
» temps et l'accroissement des familles multiplier leurs habita-
» tions et former de plus nombreux villages; ils en recevront la
» dénomination générale de *vilains*. Ils vivront selon les an-
» ciennes coutumes du pays, ils s'uniront diversement à la
» possession, aux droits, aux successions des censives, et ils de-
» viendront les *coutumiers*, selon la dénomination remarquable
» et certaine qui leur est donnée dans les Etablissements de saint
» Louis et plusieurs autres monuments. »

J'exposerai brièvement les principes généraux de ce droit particulier aux gens de *basse et vile condition*, différent du droit féodal, qui pourtant leur est applicable sous certains rapports quand ils détiennent un fief.

CHAPITRE II.

DROIT CIVIL OU COUTUMIER.

I. *Droit civil.* — Les Français étaient nobles ou roturiers. Régis ordinairement par le droit féodal, les nobles l'étaient exceptionnellement par le droit coutumier, quand il s'agissait de régler les intérêts en dehors de la féodalité; — les roturiers, au contraire, ne pouvaient user du droit féodal que dans des cas fort rares, et encore certaines modifications étaient-elles nécessaires, ainsi que je l'ai constaté pour le partage des successions féodales dévolues aux roturiers.

Les roturiers se divisaient en bourgeois et en vilains. — Les vilains étaient soumis aux corvées et mortailles; leurs droits avaient plus d'étendue que ceux des serfs, mais au milieu de l'anarchie féodale cette différence fut probablement nulle en fait; tous devaient être également écrasés sous les exactions des seigneurs. Uniquement attachés à la culture des terres, les vilains étaient comme incorporés au domaine, donnés ou vendus avec lui.

Sous l'influence des idées de justice développées par le droit canonique, la personnalité du vilain se dégagea; le villenage devint un « héritage tenu du seigneur à cens ou à rentes ou à » champart (1). »

De plus, les nobles et gentilshommes domiciliés dans les juridictions subalternes étaient justiciables des seigneurs et *demenés comme vilains, s'ils étoient couchans et levans sur leurs héritages en roture* (2).

Les vilains prenaient le nom de bourgeois quand ils avaient acheté leur affranchissement du seigneur ou du roi.

L'oppression seigneuriale enfanta une nouvelle classe de personnes; les affranchis des barons, pour se soustraire à leurs vexations, implorèrent l'autorité souveraine, et obtinrent moyennant finance la permission de s'*avouer* bourgeois du roi et d'être justiciables des juges royaux en *défendant* au civil et au criminel, quoique domiciliés dans les terres de leurs seigneurs. L'ordonnance de 1302 eut pour but de restreindre ces *aveux* qui anéantissaient les justices seigneuriales; mais elle demeura presque sans résultat.

Des différences existaient dans le servage : il y avait des *serfs de corps* et des *serfs de meubles et héritages*; ceux-ci n'étaient pas frappés d'une incapacité absolue comme les *serfs de corps*; leurs biens appartenaient à leur seigneur dans le cas de mortaille. Les *serfs de corps* étaient ceux sur le *corps* desquels la taille s'imposait; c'était la pire de toutes les conditions. Cette division répondait à celle des biens féodaux; il y avait en effet, outre les fiefs d'héritage, des fiefs de corps, dont les possesseurs étaient obligés *personnellement* au service du seigneur. « Les barons » sont hommes liges de monseigneur, dit un ancien registre d'Anjou » de l'an 1310, et li doivent service de corps, de chevaux et » d'armes. » Les fiefs de meubles et d'héritages étaient ceux

(1) Beaumanoir, ch. 14.
(2) Conseil à un ami, Pierre de Fontaines, ch. 3.

chargés de redevances en deniers ou en grains, mais dont le possesseur n'était pas l'*homme lige* du seigneur.

Les serfs étaient, dans le principe, frappés d'une incapacité absolue; successivement leur condition s'améliora. En 1108, Louis le Gros permit aux serfs de l'église de Paris de combattre en toute espèce de causes, et même de tester, déclarant par des lettres de 1114 qu'il n'était pas juste de les assimiler aux serfs séculiers. Des serfs d'autres églises et d'abbayes obtinrent en 1110, 1118, 1128, les mêmes prérogatives (1).— Sous saint Louis, leur capacité s'étendit, sans préjudice des droits du seigneur, qui continua à recueillir leur succession à défaut de postérité (2). — La prescription de vingt ans assura l'affranchissement.

Le vilain se trouvait, vis-à-vis de son seigneur, dans une dépendance voisine du servage; mais, à l'égard de tout autre, il exerçait les droits civils : il pouvait répondre à la citation du prévôt hors de la terre de son seigneur, et plaider contre un homme libre (3).

Le serf ne pouvait être affranchi par son seigneur immédiat sans retourner aux seigneurs supérieurs en remontant successivement jusqu'au roi; et ceux-ci ne manquaient pas de réclamer le payement d'une somme pour rendre l'affranchissement complet. Mais plus tard un principe d'humanité fit établir que le droit ne serait dû qu'au seigneur immédiat, et au roi comme souverain fieffeux. Le serf appartenait-il à des communautés ou gens de mainmorte? des lettres de 1372 déclarèrent qu'au roi seul il appartenait de régulariser l'affranchissement et d'en recevoir le prix, parce que l'*affranchissement d'un serf est un amortissement et un abrégement du fief*.

L'affranchi était tenu à des devoirs envers son patron, qui avait droit à une partie de son hérédité (4). Cette matière était en général régie par les principes du droit romain.

(1) Rec. ord., t. 1, p. 3.
(2) Établ., liv. 1, ch. 91.
(3) Pierre de Fontaines, Conseil, ch. 21.
(4) Assises des bourgeois, ch. 182-190, 214.

Une incapacité absolue frappait encore les étrangers (*aubains*) (1), dont la position civile était assimilée à celle d'un esclave sous la législation barbare. « Quand aucuns abbins vient » demeurer dans la justice d'aucuns seigneurs, et li sires, dessous » qui il vient, ne prend le service dedans l'an et jour, si les gens » du roi le savent, ils en prennent le service et est acquis au » roi (2). » Les seigneurs avaient le droit de les saisir et de les faire serfs ou *mainmortables de corps*, ainsi que le dit une charte de Philippe-Auguste (3).

Des améliorations s'introduisirent successivement dans leur condition : d'abord, par cela seul qu'un étranger avait fait son aveu au roi, il restait libre ; plus tard, le roi seul put être le seigneur des aubains (4).

Ce droit régalien était contesté par quelques seigneurs, qui prétendaient droit à la succession non-seulement au cas où l'aubain mourait *el cuer del castel*, mais encore dans tous les autres. Une ordonnance du 5 septembre 1386, rendue par Charles VI, appliqua au comté de Champagne le principe que le roi seul recueillait la succession de l'aubain. Au XVe siècle, ils étaient donc loin d'être assimilés aux serfs, quoiqu'ils fussent comme eux incapables de disposer par testament.

Ils ne pouvaient être nommés à des offices publics avant d'avoir obtenu des lettres de naturalité que le roi seul pouvait accorder ; cette obtention leur assurait la jouissance de tous les droits civils réservés aux nationaux : par exemple, le bénéfice de la cession de biens (5).

Les bâtards nés de femmes de corps étaient, dans plusieurs

(1) Sur l'origine de ce mot, v. *Institutes* de Loysel, t. 1, p. 80 et suiv.

(2) Coutumes de Champagne et de Brie, Philippe de Beaumanoir ; — Grand Coutumier, liv. 2, ch. 31.

(3) Rec. ord., t. 1, préface, XV.

(4) Établ., ch. 31.

(5) C'est encore la condition imposée par l'article 905, C. proc civ.

provinces, assimilés aux serfs, et les seigneurs acquéraient leur succession par droit de mainmorte (1). Mais les bâtards issus de femmes franches étaient au roi, en vertu des ordonnances de Louis le Hutin de mai 1315, de Philippe le Long du 20 août 1319, et de Charles VI de 1386 (2). Le droit de bâtardise était donc royal; l'auteur du Grand Coutumier le reconnaît en constatant qu'autrefois il avait été seigneurial, et il ajoute : *Que toutefois aucuns justiciers en avoient joui, mais qu'avant qu'ils deussent avoir la succession des bastards il convenoit qu'il y eut trois choses concurrement : que les bastards fussent nés dans leurs terres; qu'ils y fussent demeurant; et qu'ils y fussent trépassés. Aliàs non audirentur* (3).

La féodalité emprunta aux lois barbares le système de protection exercée à l'égard des membres de la famille incapables de se diriger eux-mêmes.

Le bâtard et la femme qui n'avaient pas de parents mâles étaient sous la garde du roi. — Les seigneurs, pour assurer la desserte du fief, conservèrent d'abord la *garde* du vassal pendant sa minorité; plus tard ils abandonnèrent le bail du fief, moyennant finances, aux plus proches parents; mais la *garde* du mineur était confiée à un parent plus éloigné, *car soupçons est,* disent les Etablissements, *que il ne voulust plus la mort que la vie des enfants pour la terre qui lui escherroit*. L'affection que les père et mère éprouvent pour leurs enfants les fit excepter de cette décision établie pour les collatéraux, et les ascendants eurent l'administration de la personne comme des biens du mineur; on les dispensa même de rendre compte des revenus (4). — La garde fut étendue par analogie aux biens roturiers, et les habi-

(1) Cout. de Champagne, art. 58; — Grand Coutumier, liv. 3, ch. 23.

(2) Rec. ord., t. 1, p. 574, 587.

(3) Ch. 3, liv. 1; — Bouteillier, liv. 1, tit. 95.

(4) Les principes de la garde noble et de la garde bourgeoise ont passé dans les articles 384, 385, 386, 387 du code Napoléon, avec le caractère germanique qui s'était conservé sous la féodalité.

tants de quelques villes obtinrent comme un privilége la *garde bourgeoise*. C'est ainsi que Paris se faisait octroyer ce droit par Charles V en 1371.

Soumise à l'autorité maritale, la femme était incapable d'ester seule en justice : *Qui fait appeler femme mariée, sans l'authorité de son mari follement la fait appeler;* à moins qu'elle ne fût marchande publique ou qu'il ne s'agît d'un délit par elle commis (1).—Il lui fut défendu de s'obliger et disposer de ses biens, car elle n'avait *aucune coze durant le mariage*, à moins qu'elle ne contractât pour le ménage, ou que l'acte ne profitât au mari (2).

La femme serve dépendait plutôt de son seigneur que de son conjoint; aussi la puissance maritale ne s'appliquait-elle réellement qu'aux femmes franches. Le pouvoir du mari était moins une tyrannie qu'une protection. Cependant, d'après Beaumanoir, « en plusieurs cas, puent li hommes être excusés de gise » qu'ils font à leur femme, ne s'en doit la justice entremettre, » car il l'hoist bien à un homme de battre sa femme sans mort » ni messang. » Les habitants de la petite ville de Flé, en Languedoc, tenaient tant à cette prérogative, qu'ils en firent une des conditions principales de leur soumission à Charles le Bel, et que le roi fut obligé de la leur accorder le 7 septembre 1325.

Le régime matrimonial dominant était la communauté, à laquelle les auteurs ont assigné tant d'origines différentes. L'opinion qui la rattache à la législation romaine me paraît la moins acceptable; la 75e épître du livre IV des Épigrammes de Martial et la loi 16, § 3, D. *de alimentis vel cibariis*, me paraissent peu concluantes, et je dirai volontiers avec Grosley : « L'exemple du mari dont parle Scévola est un fait singulier. » Quelle influence le caprice et la fantaisie d'un bourgeois de

(1) Cour des bourgeois, ch. 116; — Jean Desmares, décision 76. — N'est-ce pas reproduit dans nos art. 215, 216, 220 C. Nap.?

(2) Cour des bourgeois, ch. 117, 170; — Jean Desmares, décision 56. — N'est-ce pas 217 et 1419 C. Nap.?

» Rome, contemporain de Scévola, pouvaient-ils avoir sur les » mœurs des Gaulois (1)? » Je n'admettrai cependant pas l'origine gallique que cet auteur a voulu lui donner, quoique adoptée par d'éminents jurisconsultes modernes qui ont exagéré l'influence de l'élément gaulois sur notre législation. La communauté apparaît à mes yeux comme l'expression d'un droit civilisé, qui n'a pu prendre naissance qu'au contact du christianisme (2).

Déjà en germe peut-être dans la législation germanique, cette institution paraît s'être développée sous l'influence de l'esprit d'association, qui est le type du moyen âge. Ces communautés *taisibles*, établies par *l'an et jour* entre frères et même entre étrangers, ont développé l'association entre époux, que certaines coutumes, plus progressives que les autres, faisaient partir du jour de la célébration du mariage. Beaumanoir écrivait au XIIIe siècle : « Chacun sait que compeignie se fait par mariage; car, sitôt comme » mariage est fait, les biens de l'un et de l'autre sont communs » par la vertu du mariage. Mais voires est que, tant comme ils » vivent ensemble, l'homme est mainbournissière (3). »

La femme noble, qui primitivement n'avait qu'un tiers dans les conquêts, devint bientôt commune; le respect dont la femme était entourée, le sentiment d'égalité qui se propageait, l'exemple de la bourgeoisie, tout concourait à lui appliquer ce régime matrimonial. Aussi la Somme rurale, les Etablissements de saint Louis, les Assises des bourgeois nous représentent-ils la femme noble partageant la communauté. Une ordonnance de 1259 de Philippe-Auguste refusait ce droit aux héritiers de la femme; mais c'était une disposition spéciale à la Normandie, qui n'était pas un pays de communauté.

Appelée à profiter de la moitié des émoluments, la veuve devait

(1) Recherches pour servir à l'histoire du droit français, p. 18.
(2) M. Troplong, préface du Contrat de mariage, p. 95 et suiv.
(3) *V.* Assises des bourgeois, ch. 118, 165, 169, 172. — Les *Olim* présentent plusieurs arrêts qui constatent les mêmes faits, un de 1265, entre la veuve de Saverde, cuisinier de saint Louis, et ses enfants.

payer la moitié des dettes, lors même qu'elle se remariait : « Et bien sachés, disent les Assises de Jérusalem, que se il » avint que ele preigne autre baron, celui es tenus de paier tele » dete que la femme doit pour son autre baron, car se est droit » et raison par l'Asise de Jerusalem. » — Mais les dépenses excessives que faisaient les barons *ès guerres et voyages d'outre-mer, à cause de leurs rançons et de leurs plejeries*, compromettant la fortune de leurs femmes, elles obtinrent le privilége de la renonciation, qui les dispensait de payer les dettes de leurs maris. — Pour cela elles jetaient leur bourse ou *aumônière sur la fosse de leur mari*, et allaient *gesir autre part* qu'en la maison conjugale (1). Étrangères au passif de la communauté, elles devaient aussi l'être à l'actif; voilà pourquoi elles ne pouvaient emporter aucun meuble de la maison de leur défunt mari, si ce n'est *leur commun habit sans autre chose*, et s'il y avait fraude *tant soit petite, la renonciation ne valoit rien* (2).

Ce bénéfice ne fut étendu aux femmes roturières que beaucoup plus tard, c'est-à-dire vers le XVIe siècle.

La séparation de biens pouvait être demandée par la femme pour mauvaise administration de la part du mari (3). — Les sévices de l'un des époux contre l'autre autorisaient ce dernier à demander la séparation de corps (4). Cette action était jugée par les tribunaux ecclésiastiques, comme les nullités de mariage fondées sur le défaut d'âge ou sur des infirmités graves (5).

Dans l'ancien droit germanique, l'homme donnait ordinaire-

(1) Grand Coutumier, liv. 2, ch. 41. — « La chronique de Monstrelet » dit que Marguerite, femme de Philippe, duc de Bourgogne, qui mou- » rut en 1404, renonça à la communauté en mettant sur la tombe du » défunt sa ceinture avec sa bourse et ses clefs, comme il est de coutume, » et de ce demanda instrument à un notaire qui était là présent. »

(2) N'est-ce pas l'esprit de notre article 1492 Cod. Nap.?

(3) Assises des bourgeois, ch. 151. — *V.* l'art. 1443 C. Nap.

(4) Assises bourg., ch. 160. — *V.* art. 231, 306 cod. Nap.

(5) Ass. bourg., 155, 160 ; — Beaumanoir, ch. 57, § 3.

ment à sa femme une dot dont le montant était fixé de l'avis des amis communs; la constitution du douaire se faisait à la porte de l'église par ces mots : *Et du douaire te doue qui est devisé entre mes amis et les tiens* (1). Une ordonnance de Philippe-Auguste, de 1214, en fixa l'étendue à la moitié de la fortune que le mari possédait lors du mariage. Telle fut, au rapport de de Fontaines et de Beaumanoir, l'origine du douaire coutumier. Le chap. 14 des Etablissements l'avait réduit au tiers; mais l'usage maintint la fixation établie par Philippe-Auguste.

Le partage entre héritiers ne s'appliquait ni à la couronne ni aux forteresses, comtés et baronnies; c'étaient des droits indivisibles. Cependant Beaumanoir, dans son chapitre XIII, établissait des distinctions à cet égard; et il atteste que *les dames de Beauvoisis emportaient en son douaire le chief manoir, tout soit che que ce fut forteresse... Nous l'entendons de chelles forteresses qui ne sont pas chateaux, liquel sont appelés chastel...*

Dans le pays de droit écrit, le douaire était remplacé par l'augment de dot régi par d'autres principes : ainsi il n'existait qu'autant qu'il y avait une dot; — il appartenait en totalité à la femme; — il n'était pas viager. — Malgré ces différences, ces deux institutions se rapprochèrent d'autant mieux que le douaire était appelé *donatio propter nuptias*, comme l'augment de dot : témoin le contrat de mariage passé en janvier 1265 entre Jean, fils de saint Louis, et Yolande, comtesse de Nevers.

La légitimation par mariage subséquent fut empruntée aux lois de Justinien : peut-être est-ce *Yves de Chartres* qui introduisit en France cette institution, en inscrivant dans les chapitres XXXI et XXXII de son *Décret* les principes du droit romain (2).

Pour être légitimés, les enfants *étoient mis sous le poile en sainte Église, si devenoient-ils loyaux*, et *seroient ahérités*

(1) Etabliss., liv. 1, ch. 11.
(2) *V.* art. 331 C. Nap.

comme loyal hoir. La légitimation les plaçait sous la puissance du père, à l'instar des enfants légitimes, jusqu'à ce qu'ils fussent émancipés par mariage et par feu et lieu séparés. Ce droit du père, appelé *bail*, *garde*, *vourie* ou *mainbournie*, essentiellement différent de la puissance paternelle des Romains, se continuait jusqu'à vingt ans dans plusieurs coutumes, quoique la majorité ordinaire fût fixée à quatorze ans pour les hommes, douze ans pour les femmes. — Le mariage émancipait dès que le fils tenait un ménage séparé, *en faisant feu à part*, *au seu et au veu de son père*.

Le mariage ne produisait ses effets que lorsqu'il était légitime et contracté entre personnes capables. Quand toutes les conditions avaient été remplies, la femme franche passait sous la puissance du mari; mais la femme serve restait sous la puissance de son seigneur; il fallait que ce fût le seigneur lui-même qui épousât sa serve pour qu'elle fût affranchie et anoblie, ainsi que nous l'apprend Beaumanoir (1). D'autres coutumes accordaient le même privilége à la femme serve qui avait épousé un noble, quel qu'il fût, et le lui conservaient même pendant son veuvage.

Le mariage d'un franc avec une serve avait pour effet, sous les Carlovingiens, de réduire le franc en servitude: le droit canonique fit disparaître cet usage impie, et le mariage entre une personne franche et une personne serve fut permis. S'agissait-il *de serfs d'héritages*? l'abandon qu'ils faisaient de leurs *meix* ou héritages mainmortables faisait perdre au seigneur tout droit sur eux. Quant aux *serfs de corps*, qui appartenaient aux seigneurs, s'ils avaient épousé une personne franche sans autorisation, celle-ci était soumise à une peine pécuniaire appelée *formariage* (2).

(1) Ch. 45.

(2) *Formariage* signifie mariage contracté par des serfs avec une personne franche ou en dehors des terres, *foràs*.

Un mariage même annulé produisait encore des effets, si l'un des époux était de bonne foi ; la pratique suivait, en ce cas, les quelques dispositions du droit romain qui avaient trait au mariage putatif (1), et que le droit canonique avait développées surtout dans la décrétale *Qui filii sunt legitimi*. L'ancienne jurisprudence en fournit des exemples célèbres. Philippe-Auguste, après avoir épousé Engelberge, l'avait répudiée pour s'unir à Agnès. Innocent III cassa ce nouveau mariage ; mais une réunion d'évêques proclama à l'unanimité la légitimité des enfants d'Agnès. — En 1380, un chevalier de Saint-Jean de Jérusalem s'était marié au mépris de ses vœux ; l'enfant né de cette union illicite n'en fut pas moins admis à succéder au pécule de son père : « Se aucune feme prend un religieux que le cuide être habile à se marier, les enfants d'iceux, pour la bonne foi de leur mère, sont réputés légitimes et non bâtards (2). »

Les dispositions relatives à la nature des biens et aux droits de propriété furent en grande partie empruntées aux lois romaines, avec les modifications résultant du système féodal, et les principales divisions des biens répondaient aux idées dominantes à cette époque.

Les biens étaient nobles ou roturiers, — meubles ou immeubles (3) ; — cette dernière distinction n'avait pas alors toute l'importance qu'elle a acquise depuis.

Quoique les meubles fussent *toutes cozes movales,..... qui poent estre mues de lieu en autre* (4), cependant tous ceux qui formaient l'accessoire d'un héritage s'y incorporaient et prenaient sa qualité immobilière (5).

(1) L. 57, D. *de ritu nuptiarum*, liv. XXIII, tit. II.

(2) Desmares, décis. 11. — Les articles 201 et 202 cod. Nap. ne sont que la reproduction de ce passage.

(3) *V.* l'article 516 C. Nap.

(4) Beaumanoir, ch. 23, § 2, col. 3. — M. Zœpfl, professeur à Heidelberg, a voulu trouver, à tort, l'origine de cette distinction dans le droit germanique.

(5) Grand Coutumier, liv. 2, ch. 20. — *V.* art. 524 C. Nap.

La tradition était indispensable pour transférer la propriété à titre d'échange, vente, donation ou autrement ; *la saisine de droit* ne suffisait pas ; à défaut de tradition matérielle, il fallait attendre la possession d'an et jour (1) pour avoir l'action possessoire, et dix ans pour devenir propriétaire d'un immeuble.

La saisine, en matière mobilière, était moins étendue pour les meubles corporels, et surtout pour les meubles acquis à titre particulier ; celui qui était *dessaisi* d'un effet mobilier ne pouvait le revendiquer. — En général, celui qui avait la *saisine de fait*, la détention de la chose, était préféré (2) ; la *saisine de droit*, attribuée par continuation à celui qui n'avait plus la saisine de fait, n'était accordée pour meubles que dans le cas d'injuste dépossession. « Se aucuns les requiert une cose come siene, dit Pierre de Fon- » taines, ne ne dest plus. Nostre usage ne rechoit mie tel clain, se » le partie ne le rechoit par volenté ; mais si aucuns requiert chose » hi soit siene, il doit dire : Je te requière cele chose comme » miene, qui m'a été mantolue, ou ke j'ai desmanée, ou autre » reson par coi ele parti de lui outre son gré (3). »

Quant à celui qui n'avait jamais eu la saisine de fait d'un meuble, ou qui l'avait abandonnée sans condition, il était non recevable à la revendiquer. Voilà pourquoi le plaideur qui poursuivait un meuble entre les mains d'un tiers devait jurer sur les saints Évangiles qu'il ne *fit onques de quoi il dut perdre la saisine* (4).

Lorsque la chose était revendiquée comme *emblée* (volée), si on arguait de *roberie et de tolte*, la preuve du vol était admise ; mais si la chose avait été achetée de bonne foi en foire ou marché com-

(1) Grand Coutumier, liv. 2, ch. 21. —Jean Desmares, décisions 185, 189. — *V.* l'article 23 cod. procéd. civile.

(2) Voilà pourquoi, entre deux acquéreurs successifs d'un même meuble, celui qui le possédait était préféré, quoiqu'un autre l'eût acheté avant lui et ait eu la saisine de droit.—C'est encore la disposition de l'art. 1141 Cod. Nap.

(3) Ch. 12, § 3. — Cout. d'Artois, ch. 32, § 15.

(4) Établiss. de saint Louis ;— Grand Cout., Somme rurale, —Assises conformes.

mun (1), les Établissements (2) prescrivaient de rendre à l'acheteur son argent. Cependant, d'après la Somme rurale, il perdait la chose et le prix; il n'était que purgé de larcin (3).

La saisine de droit était attribuée par continuation à celui qui avait perdu la possession de fait *contre son gré*, et quand l'enlèvement n'avait pas eu lieu en *plein jour, au su et vu de chacun* (4); et, dans ce cas, la réclamation devait se faire en justice. « Je puis prandre à mon hoste pour le loïer de meson, en la » meson, dit le livre du plet et de jostice, et hors non sans jus- » tice. » Et Beaumanoir accorde au locateur de *gager* pour les termes échus et de saisir les récoltes en grange et sur pied (5). Cette action avait pour but de faire rentrer en la possession de fait la chose qui n'était pas sortie de la possession de droit (6). Beaumanoir applique le principe de la saisine de droit au cas où quelqu'un a pris le cheval de son ami absent : « Ce dernier, dit-il, » peut ravoir sa chose et en puet che li traire, en domage d'a- » mande d'autrui chose prise sans congié, lequele amande est » de 60 sols. »

Le livre de la justice et du plet en fait une autre application au cas où l'acheteur emporte la marchandise sans payer : « Se le mar- » chandise s'en est allée sans mon congié, et il ne me voille poier, » puis-je le suive et prandre? L'en dit que non sans justice. » Donc l'action en revendication pouvait être portée devant les tribunaux, quand le vendeur n'avait pas suivi la foi de l'acheteur, qu'il ne lui avait pas accordé de terme (7).

(1) Grand Coutumier, liv. 3, ch. 23; — Établiss., liv. 1, ch. 165; — Beaumanoir, ch. 34.

(2) Liv. 2, ch. 17.

(3) Liv. 1, ch. 35. — Cet ensemble de dispositions a passé dans nos articles 1141, 2279, 2280 cod. Nap.

(4) Beaumanoir, ch. 52; — Grand Coutumier, liv. 2, ch. 37.

(5) Beaumanoir, ch. 52, 34, 38.

(6) C'est l'origine de l'article 2102, § 4, *in fine*, où le mot revendication a évidemment le même sens.

(7) C'est le cas prévu *expressis verbis* dans l'article 2102, § 4, cod.

Le droit de suite sur les meubles était une dérogation aux règles générales de la législation. L'action en revendication ne s'exerçait pas régulièrement en matière mobilière; les meubles sortis des mains du débiteur ne pouvaient être poursuivis par l'action hypothécaire, ce qui a fait dire à Loysel : *Meubles n'ont pas de suite par hypothèque* (1). Pourtant, dans le cas où le vendeur avait saisi le meuble, il acquérait un droit de suite et de préférence.

La saisine accordée à celui qui avait perdu la possession lui permettait de la continuer; les jurisconsultes allèrent plus loin, et la concédèrent à celui qui ne l'avait jamais eue : ce fut la saisine par *anticipation*.

Les seigneurs avaient grevé la propriété de charges de toutes sortes, sous prétexte de faire reconnaître la prééminence de leurs terres et leur souveraineté; c'est ainsi que le vassal mourant était censé remettre entre les mains de son suzerain toute sa fortune, de telle sorte que ses héritiers étaient obligés, pour la recevoir, de rendre foi et hommage au seigneur, et d'acquitter les droits de *relief* pour les biens nobles, et ceux de *saisine* pour les biens de roture. A part quelques alleux situés dans la France méridionale, tous les héritages étaient frappés de cet impôt. Les légistes, ces habiles ennemis de la féodalité, firent triompher un principe contraire; ils décidèrent que le mourant était réputé avoir remis la *possession* de ses biens entre les mains de ses plus proches parents, et ils exprimèrent cette pensée par la maxime : *Le mort saisit le vif son hoir le plus proche habile à lui succéder*.

Ce principe, applicable aux biens roturiers en ligne directe dans toute la France, en collatérale dans quelques provinces, comme en Bretagne, étendu par quelques coutumes, comme celles de

Nap.—Cette rentrée en possession, qualifiée, *secundum subjectam materiam*, de revendication, me paraît exister encore dans l'article 576 C. de comm.

(1) Cette maxime est copiée textuellement dans l'art. 2119 cod. Nap. — *V*. Desmares, décis. 165, 195; — Coutumes notoires, art. 23, 141.

Bourgogne et du Nivernais, aux *héritiers testamentaires* et même aux *héritiers contractuels*, ne régissait point la transmission des fiefs à titre héréditaire. Mais les jurisconsultes, argumentant de textes de droit romain plus révérés que bien compris, firent accepter cette innovation pour les fiefs patrimoniaux en ligne directe, sauf dans quelques localités qui résistèrent à la nouvelle interprétation.

La règle était généralement acceptée en France au XIIIe siècle : *Per consuetudinem terræ mortuus vivum debebat saisire,* dit un arrêt de 1259, rendu par le parlement de Paris ; c'est aussi ce qu'attestent Pierre de Fontaines, Beaumanoir, le livre de la justice et du plet et le Grand Coutumier. La maxime s'étendit jusque dans les pays de droit écrit, seulement avec des différences puisées dans les idées romaines. C'était, en effet, l'héritier institué qui profitait de la saisine ; les légitimaires devaient s'adresser à lui.—En pays coutumier, au contraire, l'héritier légitime était saisi nonobstant la volonté du défunt ; proposition qui se traduisait par cet adage : *Institution d'héritier n'a pas lieu.*

Quelques coutumes donnaient aux mâles la saisine, à l'exclusion des filles dotées ; celles-ci n'en profitaient que quand la disposition de l'homme les rappelait à la succession. Entre nobles, l'aîné avait la saisine et faisait les fruits siens jusqu'à la demande en partage de ses frères.

La saisine héréditaire produisait des effets importants ; les héritiers, quoique n'ayant jamais eu la possession de fait, l'avaient par anticipation, ce qui leur permettait d'intenter toutes actions, même en complainte, sans s'adresser au juge, au seigneur, ni à aucun autre, ainsi que l'enseignent Pierre de Fontaines, Beaumanoir, le Grand Coutumier et Jean Desmares (1).

(1) Ce sont les principes reproduits par l'art. 724 C. Nap. — L'article 1006 C. Nap. accorde la saisine au légataire universel quand il n'y a pas d'héritier à réserve : c'est une transaction entre les principes des pays

La saisine entraînait pour l'héritier l'obligation de payer les dettes *ultra vires*, sans pouvoir renoncer, disent les Assises de Jérusalem (1); mais le bénéfice de la renonciation fut plus tard introduit en sa faveur, et la maxime : *Le mort saisit le vif*, fut tempérée par cette autre : *Nul n'est héritier qui ne veut* (2).

La saisine pouvait même être accordée à des personnes étrangères chargées d'exécuter ou de faire exécuter les dernières volontés du défunt; mais elle était restreinte aux meubles, et ne durait qu'an et jour (3). Elle était censée née de la tradition du testament faite par le testateur aux exécuteurs de sa volonté (4).

La translation de propriété subissait certaines restrictions; je les ai indiquées dans le droit féodal. Pour les roturiers, on en créa une à l'image de ce qui avait lieu pour les fiefs : je veux parler du retrait lignager; il fut le pendant du retrait féodal.

De même que celui-ci réservait au seigneur la faculté de reprendre le bien vendu par son vassal, en remboursant le prix de l'aliéna-

de droit écrit et ceux des pays coutumiers. — C'est donc sans raisons suffisantes que MM. Kœnigswarter, Zœpfl, Zachariæ, Klimrath ont écrit que la saisine est d'origine germanique. Il y avait bien un principe analogue dérivant du *condominium*; mais cette copropriété disparut sous la féodalité, où l'on suivait la maxime : *Nulle terre sans seigneur*.— *V.* plus haut, p. 105, note 1.

(1) Assises de la cour des bourgeois, ch. 172.

(2) Art. 784 C. Nap.

(3) *V.* art. 1027 C. N.

(4) Grand Coutumier, liv. 2, ch. 21 et 40.

Les détails dans lesquels entre Beaumanoir nous offrent l'origine de plusieurs dispositions de nos codes, ainsi qu'on peut s'en convaincre par les passages suivants : « Après avoir constaté ses volontés, le testateur » doit, dit Beaumanoir, nommer ses exécuteurs et donner pooir de rece- » voir et paier et plenere saisine de quoi li testament doit être paié. » *Les depenses resnables, toutes les fois qu'ils assanlent ou qu'ils vont ès affaires pour l'exécucion*, seront prises sur les biens *de l'exécusion*. Pour assurer les soins de chacun, il est bon *c'on donist pooir à tous ensanle et à çascuns par li, se li autre ne poent estre*. Enfin, il *l'oist bien à l'oir qu'il face contraindre les exécuteurs qu'ils rendent compte de ce qu'ils ont fet*.—Qui ne reconnaîtrait dans ces passages le type des art. 1032, § dernier, 1033 et 1034, C. N.?

tion, de même le retrait lignager accordait aux parents *lignagers*, c'est-à-dire de la ligne du vendeur, la reprise de la chose vendue : ce droit de préférence a été appelé avec raison *jus conservatorium in familiâ*. Les pays de coutume plaçaient l'aristocratie plus dans les familles que dans les individus. En cas de concours du retrait féodal et du retrait lignager, celui-ci avait la prééminence; les pays de droit écrit, qui avaient mieux conservé à l'homme son individualité, suivaient la règle inverse.

Une autre restriction au droit d'acquérir ou de transmettre la propriété reposait sur la qualité des personnes : comme celle d'étranger non naturalisé, de serf, et, dans les premiers temps, de bâtard. L'ancienne coutume de Laon portait, art. 6 : *Et ne peut espave, ne le bâtard tester, ne faire testament et par icelui disposer de ses biens fort de cinq sols* (1). De même aussi le droit d'acquérir des immeubles leur fut longtemps contesté, car il fallut une ordonnance de Philippe de Valois, de 1329, pour accorder à un nommé *Guillaume des Bordes* le droit *d'acquerre au royaume jusqu'à cent livres de terre tournois*... En 1328, un arrêt du parlement de Paris décida qu'un bâtard avait pu disposer entre-vifs et par testament, et la jurisprudence se fixa dans ce sens; les bâtards eurent la faculté de vendre, donner, léguer et disposer librement de leurs biens. C'était le droit qui régissait la moyenne partie de la France (2).

Quant à la forme extérieure des actes de disposition, il fallait suivre la coutume des lieux où l'acte était passé. Ce principe fut introduit par les romanistes, qui l'enseignaient unanimement, tels que Jean Faber, Guillaume de Cuneo, Guillaume Durand, Jason et Bartole.

Une mauvaise interprétation des règles du droit romain sur les donations amena dans notre législation l'établissement d'une

(1) Somme rurale, liv. 1, tit. 95.
(2) Jean Desmares, décis. 241.

nouvelle manière de disposer ; je veux parler de l'*institution contractuelle*.

Les compilations de Justinien contenaient plusieurs dispositions sur les pactes successoires ; défendus en principe, ils étaient permis dans certains cas exceptionnels (1). La loi 19, Cod. *de pactis*, validait les institutions d'héritier faites dans un contrat par des militaires, leurs testaments n'étant soumis à aucune forme extérieure. Les jurisconsultes du XIIe siècle en induisirent qu'à Rome les chevaliers (*milites*) pouvaient instituer un héritier par contrat, et ils appliquèrent ce principe aux vassaux et aux hommes d'armes du suzerain. — A côté de cette institution d'héritier faite par contrat, il arriva souvent que le seigneur qui, pour assurer la desserte de son fief, devait consentir au mariage de son vassal et de ses héritiers présomptifs mâles ou femelles, intervint pour dicter des dispositions sur la succession future, dans la prévoyance du cas où le fief ne pourrait être servi par les héritiers. Aussi, dit Montesquieu (2), « les seuls nobles eurent-ils d'abord la liberté de » disposer des successions futures par contrat de mariage, » comme l'ont remarqué Boyer et Aufrerius. »

Ces institutions étaient valables dans tout contrat, ainsi que le disent Masuer et Pierre de Fontaines (3), qui parle d'une *convenanche ke tu dis ki fut faite entre deux frères, ke li qués ki morust avant, ses hyretages revenist à l'autre.* — Ce ne fut que dans la période suivante que l'influence du droit romain fit restreindre le principe coutumier, et que l'institution contractuelle fut cantonnée dans le contrat de mariage avec le caractère qu'elle a conservé dans le code Napoléon (4).

Les dispositions testamentaires prohibées par les lois barbares

(1) L. 30, Cod. *de pactis*.
(2) Esprit des lois, liv. 31, ch. 34.
(3) Conseil, ch. 15, § 7.
(4) L'art. 1082 C. Nap. consacre l'institution; mais le législateur n'a pas osé reproduire le mot de féodale mémoire.

furent permises dans les pays de coutume, grâce au droit romain et au droit canonique. Mais un usage constant annulait les testaments des *déconfès*, et confisquait leurs biens; saint Louis, réformant ces abus, déclara que les volontés dernières seraient exécutées dans tous les cas, car *nule chose n'est si grande comme d'accomplir la volonté au mort* (1). En pays de droit écrit, les testaments avaient toujours été connus, et l'on tenait en principe absolu que *la cause d'intestat a lieu seulement si la cause de tester cesse.* — Les pays de coutumes, tout en acceptant les testaments, restreignirent dans l'intérêt des héritiers légitimes le pouvoir du testateur. Ainsi, les Etablissements de saint Louis défendaient à un père d'avantager un de ses enfants sans le consentement des autres. Quant aux gentilshommes, ils ne pouvaient disposer que de leurs achats et conquêts, car l'héritage propre de famille appartenait pour deux tiers au fils aîné, et le surplus aux autres enfants.

« Gentishome ne puet donner à ses enfants qui sont puînés » que le tiers de son heritage, disent les Établissements, mès il » bien puet dans ses achats et ses acquès, au quelque il voudra » se faire le voloir. » C'est par application de cette règle qu'au XIe siècle Guillaume le Conquérant laissa la Normandie, qu'il avait reçue de ses ancêtres, à son fils aîné, et l'Angleterre à son fils cadet Guillaume.

Pour recueillir une succession, il fallait être capable, et l'enfant conçu devait naître viable; ses cris attestaient sa viabilité. « Gentisome tient sa vie tout ce que l'en li donne à porte de moustier en mariage. Après la mort de sa femme, tout n'ait-il hoir; » pour qu'il en ait en hoir qui ait bré et crié (2). »

Les bâtards ne succédaient pas, à moins qu'ils n'eussent été légitimés du consentement de ceux qui y avaient intérêt, c'est-à-dire

(1) Liv. 1, ch. 1.
(2) Établiss., liv. 1, ch. 11.

de ceux de la succession desquels il s'agissait et de leurs héritiers (1). Les lettres de légitimation accordées par le roi ne leur profitaient que relativement aux honneurs et non aux successions.

La représentation, institution romaine admise dans les pays régis par le droit écrit, était repoussée dans les pays coutumiers, sauf quelques rares exceptions, comme elle l'avait été dans l'empire franc. La règle reconnue dans presque toutes les provinces au XIVe siècle est celle proclamée par Jean Desmares (2) : « Representation n'a point lieu en succession de ligne collatérale » ne directe, si ce n'estoit en cas que au traicté de mariage que » aucuns feroit de sa fille ou de son fils à autre, fut expressement » dit et accordé, que ès enfans d'iceux fils ou filles estant d'icelui » mariage, eust bien représentation en succession de leur aïol ou » aïole, père ou mère de leur père ou mère. »

Le droit romain n'avait pu détruire l'égalité des partages empruntée aux coutumes germaniques; ce principe reçut son application dans le parlement de la Toussaint de 1278, à propos de la question du double lien; il fut décidé, après une enquête par tourbe, que les frères utérins et consanguins partageraient avec leurs frères germains et ne seraient point exclus par eux (3).

La succession féodale devait passer à ceux qui étaient en âge et en force de défendre le fief, d'où l'incapacité des ascendants de succéder aux *alleux* ou aux *propres nobles* laissés par leurs descendants : le fisc leur était préféré (4); ce qui s'exprimait en ces termes : *Les propres ne remontent point*. Par analogie, ce principe fut étendu aux autres biens propres; mais ceux désignés sous le nom d'acquêts *montaient*, appartenaient aux ascendants

(1) Somme rurale, liv. 2, tit. 1; — Cour des bourgeois, ch. 158.

(2) Décis. 238.

(3) *Olim*, édit. Beug., p. 123. — Cette règle a passé dans l'art. 752 C. Nap.

(4) Masuer, *De successionibus*, n° 8.

quand les enfants étaient morts sans *hoir de leur corps* (1). Plus tard, lorsqu'à l'intérêt personnel du seigneur se substitua l'intérêt de la famille aristocratique, les propres qui auraient pu être ressaisis par le *retrait lignager*, s'ils avaient été aliénés, purent l'être dans l'hérédité du possesseur, par la succession lignagère des propres : de là le mode de succession collatérale déterminé par la règle *paterna paternis*, *materna maternis*. Ainsi, il fallait constater l'origine des propres pour les attribuer aux parents du côté et de la ligne d'où ils procédaient. Évidemment cet ordre de succession était dicté par une pensée aristocratique, celle de la conservation des biens dans la famille.

Mais les propres donnés par le père à ses enfants lui faisaient retour si le donataire décédait sans postérité; du moins telle était la règle généralement admise, au témoignage de Beaumanoir : « Aucuns ont douté que, puis que héritage est départi du père et » de la mère, et venu à leurs enfans par leur octroy ou par aucune » manière, que il ne puist revenir au père ne à la mère; mais si » fait quant l'enfant muert sans hoir de son corps, ses héritages, » ses acquêts et ses meubles reviennent à son père et à sa mère, » comme au plus prochain, tout soit il ainsi que il eut frères » et sereurs (2)... » Cependant quelques coutumes repoussaient ces principes. — Quant aux acquêts et aux meubles des enfants, les ascendants les recueillaient à titre héréditaire (3).

Les ascendants étant appelés par la loi salique à la succession de leurs enfants, il en résultait que le père recueillait la succession de sa femme si le fils avait survécu à sa mère de quelques heures seulement. Les Établissements de saint Louis (4) réduisirent à l'usufruit des biens laissés par la mère le droit du père survivant.

(1) Beaumanoir, ch. 14.
(2) Ch. 14. — C'est le principe qui a passé dans l'art. 747 cod. Nap.
(3) Jean Desmares, décis. 293; — Coutumes notoires, art. 30, 90, 194, 195.
(4) Liv. 1, ch. 11.

L'usage restreignit en général les droits des ascendants dans la succession de leur postérité aux propres conventionnels, aux acquêts et aux meubles; quelques coutumes accordaient en outre au survivant l'usufruit de l'héritage propre naturel délaissé par leur enfant et à lui *avenu* par le décès de l'un d'eux, lorsque les père et mère avaient acquis cet héritage pendant leur communauté (1).

Le droit de masculinité, consacré par les lois barbares, fut modifié par le droit canonique; mais le système féodal devait s'emparer de la règle, et un droit de préférence s'introduisit dans notre droit coutumier, ainsi que l'attestent les Assises de Jérusalem, les Etablissements de saint Louis, Beaumanoir, Pierre de Fontaines, la Somme rurale, et le Grand Coutumier.

Les mêmes considérations amenèrent la renonciation des filles dans leur contrat de mariage à la succession de leurs père et mère; et même, d'après certaines coutumes, les filles nobles qui avaient reçu de leurs ascendants une part quelconque de leurs biens étaient écartées de plein droit de leurs successions; une renonciation expresse était inutile dès qu'elles avaient reçu une dot, ne consistât-elle qu'*en un chapel de roses;* dans ce cas, la renonciation était dite coutumière (2).

Le principe de la conservation des biens dans les familles, qui avait donné naissance au retrait lignager, créa aussi le retrait successoral (3); chaque cohéritier eut le droit de désintéresser

(1) Beaumanoir, ch. 14; — Loysel, Instit., t. 1, p. 410.

(2) Etabliss., liv. 1, ch. 19; — Beaumanoir, ch. 13.

(3) Le code Napoléon l'a admis dans l'art. 841; mais, par d'autres motifs, il a voulu surtout écarter les étrangers du partage, et les rédacteurs n'ont point eu en vue les principes de la féodalité, mais ceux invoqués par les arrêts du parlement, et empruntés aux lois *per diversas* et *ab Anastasio*, qui furent étendues à la vente de droits successifs. *V.* rapport fait au tribunat par M. Chabot, Fenet, XII, n° 211, et un article de M. Brives-Cases, *Revue de législation*, 1851, t. 1, p. 69 et suiv.

l'étranger acquéreur de la part d'un de ses cohéritiers, et de conserver le bien dans la famille; il le recouvrera « de seluy ou selle » qui l'avera acheté, par ataine com il avera doné, dedans l'espace » de sept jours, puisque la vente averra esté faite; mais puisque » les sept jours passent, nul homme ne le peut tolir à seluy qui » l'avera acheté par droit et par l'asise (1). » Ce droit, qui dans le principe ne concernait que les propres, fut étendu dans la suite aux acquêts par certaines coutumes.

Une institution analogue existait dans l'ancien droit romain : *proximo consortibusque concessum erat, ad extraneos ab emptione removerent neque homines suo arbitratu vendenda distraherent.* Cette entrave parut aux empereurs Valentinien, Théodose et Arcadius contraire à la dignité humaine, *gravis hæc videtur injuria;* ils la supprimèrent (2). Mais la disposition insérée dans le code Théodosien eut force de loi dans le midi de la France; l'aristocratie du patriciat romain et le pouvoir absolu du seigneur féodal usaient des mêmes moyens pour assurer leur suprématie.

Je viens de signaler l'influence de la féodalité sur le droit coutumier; un exemple montrera avec quelle vivacité elle était combattue par les légistes, et avec quel empressement ils saisissaient la moindre occasion pour la miner et la détruire.

On sait que le consentement du seigneur était rigoureusement exigé pour l'aliénation, sous peine pour le vassal de nullité de la vente et de privation du fief, et, pour le notaire rédacteur de l'acte, d'infamie et de destitution, quelquefois même d'amputation du poing. Mais ce consentement devait-il être aussi obtenu par les héritiers pour le partage du patrimoine du défunt?—En fait, le vassal ne le demandait pas. Les hauts seigneurs réclamèrent; une lutte s'engagea, et dès son début le comte Godefroy convoqua ses barons, en déclarant dans l'assise tenue à ce sujet que la

(1) Assises des bourgeois, ch. 28.
(2) L. 14, Cod. *contrat. empt.*

division des fiefs *tournoit à grand détriment du pays*, que désormais dans *les baronies et fiefs de chevaliers il ne seroit plus fait de partage, que l'aîné auroit le domaine entier à la charge de pourvoir au besoin de ses puînés.*

Les petits seigneurs n'en continuèrent pas moins à partager comme auparavant, en réservant un avantage à l'aîné. Les jurisconsultes intervinrent dans le débat, prirent parti contre les suzerains, et, s'appuyant sur des textes de droit romain plus ou moins en rapport avec la question, ils déclarèrent que le partage était une aliénation nécessaire, placée en dehors des principes généraux, et qui ne devait pas être comprise sous la défense d'aliéner. — Le partage rentra donc dans la classe des actes pour la validité desquels le consentement du seigneur était inutile; mais comme cette catégorie ne comprenait que les actes non translatifs de propriété, les praticiens furent amenés tout naturellement à croire que si le partage n'était pas soumis au consentement du seigneur, et ne donnait pas lieu au payement des droits de mutation, c'était parce qu'il ne transférait pas la propriété. Ils formulaient cette pensée en disant : le partage n'est pas *translatif*, mais simplement *déclaratif* de propriété. Une théorie si peu juridique indignait les romanistes ; à leurs yeux, le partage ne pouvait pas ne pas être translatif de propriété, et leur discussion se terminait toujours par ces mots : *Soli Galli pragmatici contra sentiunt*. Cette utile erreur de nos vieux praticiens *haineux* de la féodalité a passé à travers les siècles et pris place parmi les dispositions de notre droit actuel (1).

Les obligations conventionnelles étaient régies, même dans le nord de la France, par les principes du droit romain : aussi les textes sur les conventions et les contrats sont-ils fort rares dans les coutumes, et ceux qu'on y rencontre parfois sont toujours

(1) Art. 883 C. Nap. — *V.* l'excellent article de M. Championnière, *Revue de législation*, t. 7, p. 412 et suiv.

empruntés aux collections de Justinien. On appliquait au louage des domestiques et des serviteurs les principes généraux de la législation romaine; j'en dirai autant de la société, ce contrat si usité au moyen âge, qu'il était nécessaire de le soumettre à une législation assez avancée pour établir avec précision non-seulement les droits respectifs des associés entre eux, mais encore les rapports des associés avec les tiers.

C'est aux mêmes sources que les règles du prêt furent puisées; mais le prêt sur gage avait subi l'influence des mœurs : ainsi, contrairement à la loi romaine, le créancier qui avait reçu en gage une chose empruntée pouvait la faire vendre, la possession du débiteur avait suffi pour valider le contrat : *En fait de meubles, possession vaut titre* (1). Les dispositions des Assises me portent à penser que l'hypothèque, qui était en pleine vigueur au XIVe siècle, n'était pas bien connue encore au XIIe, car ce code ne parle que de l'antichrèse.

A part donc certaines modifications adaptées aux usages nationaux, le droit romain régissait les contrats dans les pays coutumiers; aussi les Assises de Jérusalem contiennent-elles à ce sujet l'ensemble des principes de la législation romaine, et leur rédaction atteste même une étude assez approfondie de ce droit.

Un grand principe domine en matière d'obligations conventionnelles; c'est que le consentement suffit seul pour lier les contractants; il n'est pas besoin de paroles sacramentelles : ce que les glossateurs exprimaient par ces deux vers:

Verba ligant homines, taurorum cornua funes;
Cornu bos capitur, voce ligatur homo.

Impuissantes pour déroger aux lois d'ordre public, les conventions pouvaient modifier celles qui n'étaient établies que dans un intérêt particulier (2). Mais une renonciation générale, ne

(1) Assises des bourgeois, ch. 38, 80.
(2) Beaumanoir, ch. 34; — Pierre de Fontaines, Conseil, ch. 15,

portant sur aucun droit spécial et déterminé, restait sans effet (1).

Sous le régime de la féodalité absolue, la contrainte par corps était le mode de droit commun employé pour faire exécuter les obligations (2); plus tard, saint Louis ordonna aux juges, par les articles 19 de son ordonnance de 1250 et 17 de celle de 1256, de ne la prononcer que pour le recouvrement des deniers royaux (3). Philippe le Bel confirma ces sages dispositions par l'article 52 de l'ordonnance de 1302 et l'article 12 de celle de 1303, tout en permettant de stipuler dans les conventions la contrainte par corps (4). Dès lors la position des débiteurs s'améliora, et sous ce rapport la législation rentra dans les voies de la justice et de l'humanité.

II. *Droit criminel.* — Il n'avait pas plus d'uniformité que le droit civil. La plus affligeante diversité régnait dans les coutumes relativement à la punition des crimes et des délits : tantôt des supplices barbares, tantôt une impunité complète étaient réservés au même fait dans les mêmes circonstances et devant les mêmes tribunaux. Les pénalités outrées des lois germaines s'étaient encore maintenues dans les premiers temps de la féodalité; mais la rédaction des chartes communales réduisit le droit répressif à à une bien faible action : le coupable put se soustraire à la loi pénale par un pèlerinage ou un bannissement volontaire. Cet usage, admis dans toute la France, reposait-il sur un principe d'humanité excessive créé pour tempérer les rigueurs de la législation primitive? Non, puisque souvent une ville ou une province était tout à coup effrayée par l'aspect d'un supplice terrible qui n'avait d'autre cause que l'irritation populaire ou la cruauté

art. 6; — Pierre Faure, sur la loi *Nec ex prætorio;* — l. 27, D. *reg. juris*, nos 36, 37, etc.

(1) Beaumanoir, ch. 35.

(2) Assises des bourgeois, ch. 37, 54, 61, 74.

(3) Rec. ord., t. 1, p. 72, 80.

(4) Rec. ord., t. 1, p. 165, 399.

accidentelle d'un juge. — La peine était arbitraire, et son but était de rendre le mal pour le mal; le législateur ne pensait point encore à lui donner un caractère exemplaire. Enfin les épreuves judiciaires et la question étaient la conséquence habituelle des accusations même les moins graves. Le tribunal de l'inquisition établi en France arrachait par les tortures des aveux que réprouvait souvent la conscience de l'accusé (1).

La peine du talion était encore en pleine vigueur au XIIIe siècle, puisque Philippe-Auguste l'introduisit en Normandie lors de la conquête de cette province; condamnée par le droit canonique et les jurisconsultes, elle fut successivement abrogée dans toute la France. Beaumanoir la considère comme n'étant plus en usage. *On n'use pas selonc nostre coustume en tele manière, ains s'en passe par amende et par longue prison* (2). — C'était une amélioration; et pourtant la législation criminelle était bien peu avancée, car le même jurisconsulte rapporte que la peine de mort était appliquée dans certaines juridictions aux animaux qui avaient commis quelque dégât :.... *Si come se une truie tue un enfant, il la pendent et trainent, ou une autre beste* : absurdes condamnations, *car bestes mues n'ont nul entendement qu'est biens ne queitmans, et por ce est che justice perdue.*

Dans les premiers temps de la féodalité, le vol domestique et le vol commis sur les grands chemins étaient punis de mort. Cette peine était prononcée encore dans beaucoup d'autres cas, pour

(1) Les tortures furent employées dans le procès mémorable des templiers, sur lequel il règne encore tant d'incertitudes.—Les documents publiés, en 1841 et 1851, par M. Michelet, éclairent la question, et le premier volume contient le manuscrit le plus important; c'est l'interrogatoire de deux cent trente-deux chevaliers ou frères servants. Dirigé par la commission pontificale, lentement, avec douceur et ménagement, cet interrogatoire mérite plus de confiance que les aveux que les inquisiteurs et les gens du roi avaient arrachés par la torture aux accusés, immédiatement après leur arrestation.

(2) Ch. 30.

rapt, trahison, vol d'une jument (1); enfin, pour incendie et crimes d'hérésie. — Les mutilations étaient aussi fort en usage. L'homme coutumier qui avait frappé son seigneur sans provocation avait le poing coupé; celui qui volait de l'argent, des hardes, etc., perdait pour la première fois l'oreille, pour la seconde le pied, pour la troisième la vie. On arrachait les yeux aux faux monnayeurs (2) et à ceux qui volaient dans les églises. — Mais ces usages barbares furent modifiés par le droit canonique et les ordonnances. Tout en maintenant certaines peines trop sévères, saint Louis apporta d'utiles innovations dans cette partie de la législation. Des idées plus justes sur le but que doit se proposer le législateur dans la répartition des peines pénétrèrent dans les masses, et Beaumanoir proclamait que la punition devait être prononcée *que por le doute de le justice li autre en pregnent exemple, si que li se gardent de mefferre.*

Le talion disparut (3); les procès faits aux animaux tombèrent en désuétude (4); la peine de mort ne fut plus prononcée pour cause de vol; une amende pécuniaire la remplaça (5). Cependant les lois pénales portaient encore l'empreinte de grands défauts, tout en révélant d'incontestables progrès.

La peine du fouet était fréquemment employée au moyen âge; quand le coupable ne pouvait payer l'amende pécuniaire prononcée contre lui, il était fouetté : *Qui non habet in œre, luat in corpore,* telle était la règle générale (6).

On prononçait souvent la peine de l'exposition, qui consistait à placer le coupable pendant une heure au haut d'une échelle;

(1) Etabliss. de saint Louis, liv. I, ch. 25, 4; c. 149, 29, 56, 85, 88, 125.

(2) Etabliss., liv. 1, ch. 32, 29.

(3) Masuer., tit. 38, n° 8; — Desmares, décis. 89.

(4) *V.* un article de M. Berriat-St-Prix sur les procès des animaux, Thémis, t. 84, p. 8.

(5) P. de Fontaines, Conseil, ch. 15, art. 51.

(6) P. de Fontaines, Conseil, ch. 21, art. 16.

dans un lieu public, ce qui s'appelait *eschaller;* en descendant il était fouetté de la main du bourreau (1). Cette pénalité était surtout appliquée aux blasphémateurs.

L'emprisonnement, qui n'était pas une peine à Rome, eut ce caractère en France, et donna lieu à de vives réclamations. Les décrétales des papes avaient approuvé en cour d'Eglise la condamnation des clercs à la prison perpétuelle, quand le crime était *atroce,* avec *le pain de douleur et l'eau d'angoisse.* Les ordres religieux eurent aussi leurs prisons, qui n'étaient pas moins dures que les autres, car la cruauté de quelques abbés alla jusqu'à mutiler les membres et crever les yeux des moines coupables de fautes inexcusables. Une nouvelle prison fut inventée sous le nom de *vade in pace;* le jour n'y pénétrait jamais. — Des plaintes s'élevèrent de toutes parts contre la cruauté de ceux qui tenaient prison, et les registres du parlement de 1350 nous apprennent que les abbés et autres supérieurs eurent ordre de visiter les prisons deux fois par mois : un de leurs délégués devait même s'y transporter au moins une fois par semaine (2).

Quand les amendes et les peines étaient fixées par les coutumes, l'arbitraire du magistrat était impuissant pour les modifier; il en était autrement de celles qui n'avaient été déterminées par aucune loi (3). Du reste elles n'étaient jamais encourues de plein droit, et ne pouvaient résulter que d'un jugement.

Relativement à l'étendue de la peine ou à la quotité de l'amende, il fallait distinguer entre les nobles et les vilains. — Les amendes étaient moins fortes quand elles étaient prononcées contre un vilain que contre un noble : « Les non nobles, dit » Beaumanoir (4), à cause de leur subjecion, sont moins punis, » en pareil delict, que les nobles, si comme pour briser un

(1) Ord. de 1268-1269, art. 2, 3.
(2) Loysel, Instit., t. 2, p. 359 et suiv.
(3) Masuer, tit. 38, n° 8.
(4) Ch. 30.

» arrêt, les non nobles doivent 40 sols, et les nobles 60 liv. » Mais en revanche la punition corporelle était plus grave contre le roturier que contre le noble (1); là où le vilain perdait la vie ou un membre de son corps, le noble ne perdait que l'honneur (2) et le droit d'être témoin en justice. — Si le crime commis emportait d'une manière absolue la peine de mort, la différence entre le noble et le roturier ne consistait plus que dans le mode d'exécution : le vilain était pendu, et le noble décapité.

La peine variait suivant le lieu dans lequel le méfait avait été commis, ou la condition de la victime : ainsi les injures faites aux femmes étaient punies du double de la peine ordinaire; les *meffets* commis la nuit étaient aussi punis doublement de ceux commis pendant le jour.

Une peine inhérente en quelque sorte au système féodal, était la confiscation; elle était encourue pour crime de félonie. Le vassal mettait-il la main sur son seigneur, s'emparait-il de ses droits féodaux, tels que droits de pêche ou de chasse, portait-il atteinte à son honneur (3), les enfants ne succédaient ni à leur père condamné, ni même à leur mère, tant que le père criminel vivait, ainsi que le prouvent des lettres de Louis VIII accordées en 1225 à Marie, comtesse de Ponthieu, épouse de Simon, frère de René, comte de Boulogne.

La condamnation du mari pour crime de confiscation emportait non-seulement ses propres, mais encore tous les meubles et conquêts, au préjudice de la femme. Une ordonnance de 1431, de Henri VI, *soi-disant* roi de France, octroya aux femmes de Paris le privilége de conserver leur part dans la communauté malgré le crime de leur mari. Ce privilége est devenu plus tard le droit commun.

(1) Grand Coutumier, liv. 2, ch. 16.
(2) P. de Fontaines, Conseil, ch. 13, art. 22; — Beaumanoir, ch. 2.
(3) Grand Coutumier, liv. 2, ch. 27.

Quant au suicide, les lois civiles distinguaient : ou il avait été inspiré par le désespoir, et alors les biens passaient aux héritiers ; ou il avait eu pour but d'échapper à une accusation capitale, et dans ce cas il emportait conviction du crime et confiscation des biens (1).

Plusieurs coutumes avaient maintenu le système des compositions de la législation germanique : ainsi, à Tournay, celui qui avait été banni pour meurtre pouvait rentrer en payant quatre livres tournois (2) ; en Gascogne, le meurtrier s'exonérait de toute poursuite en payant trois cents sous (3).

Le système des compositions existait encore à la fin du XIVe siècle, car on voit une ordonnance de 1351 les admettre pour tous les crimes, excepté ceux de lèse-majesté. Charles V, par ordonnance de 1356, rendue sur les réclamations des états généraux, les défendit, il est vrai, d'une manière absolue dans tout le royaume (4); mais, quelques années après, en février 1361, Jean II donnait pouvoir à des réformateurs généraux de composer pour les crimes comme ils le jugeraient convenable.

Le droit d'asile dans les lieux saints, maintenu sous les Carlovingiens et réglé par plusieurs capitulaires, fut conservé au moyen âge, comme le prouve une charte de 1150, dans laquelle on lit : *Mansionem aut refugium concessit*. Mais c'était plutôt un souvenir qu'une réalité; car il résulte d'un arrêt rendu au parlement de la Chandeleur, de 1266, que les gens d'église étaient forcés de chasser le coupable de son lieu de refuge, afin que les officiers royaux pussent s'en emparer; et quand ceux-ci arrachaient l'accusé du saint lieu, ils en étaient quittes en payant un droit à ceux dont

(1) Grand Coutumier, p. 248.

(2) Cet usage fut abrogé par l'ordonnance rendue par saint Louis en 1267. — Rec. ord., t. 2, p. 340.

(3) Saint Louis abolit cette coutume par une ordonnance rendue de 1258 à 1264, en prescrivant au roi d'Angleterre, qui était duc de Guienne, de faire punir les coupables par son lieutenant de Gascogne.

(4) Rec. ord., t. 3, 130 ; — t. 4, 271.

le privilége avait été méconnu (1). L'auteur du Grand Coutumier (2) décide « que si quelqu'un tue un autre en lieu pro-
» fane, qui soit près d'une franchise, en intention de soi bouter
» en la franchise, quand il auroit fait, la franchise ne le doit
» point sauver. Exemple d'Estienne Belin et de Richard Berbel,
» qui fut tué devant St-Mery, et parce qu'on lui dit que cette
» franchise ne lui valoit rien, il s'enfuit à Sainte-Geneviève, où
» M. Thomas d'Armenoville et Adrien Daix l'allèrent prendre,
» car qui brise une franchise, il brise toutes les autres. Et tous
» les nommés les occiseurs furent pris et pendus. »

III. *Procédure.*— La féodalité, gouvernement de violence et d'oppression, ne pouvait se plier, surtout à son origine, aux formes lentes et régulières de la procédure : comment auraient-elles convenu à des hommes aux yeux desquels la force des armes devait décider de tout? De là deux institutions éminemment caractéristiques de cette époque, les guerres privées et les duels ou gages de bataille.

Au lieu de vider leurs contestations devant un juge, les adversaires se faisaient une guerre cruelle, acharnée, à laquelle ils associaient leurs parents jusqu'au quatrième degré (3). Pendant les IXe, X^{e} et XIe siècles, les guerres privées avaient passé dans la constitution politique du pays, et la France subissait les horreurs d'une guerre intestine générale. En 1032, un évêque d'Aquitaine publia un écrit qu'un ange lui avait, disait-il, apporté du ciel, et qui ordonnait de *faire la paix en terre ;* les conciles nationaux et provinciaux défendirent de s'armer pour venger la mort de ses parents. En 1041, les seigneurs convinrent d'un armistice pendant quatre jours chaque semaine, du mercredi au lundi. Cette trêve, librement consentie, semblait tenir du mi-

(1) *Olim*, 2, 3.
(2) Liv. 4.
(3) Beaumanoir, ch. 64-59.

racle, et s'appela la *trêve de Dieu*. — Mais, en Guienne et en Languedoc, les guerres se renouvelèrent si fréquentes, qu'un charpentier se prétendit aussi chargé d'une mission divine pour la paix ; en 1180, les prélats s'assemblèrent et jurèrent de ne plus combattre (1).

Lorsque la royauté fut assez forte pour intervenir, les ordonnances cherchèrent à obvier aux graves désordres des guerres privées. En 1245, saint Louis défendit aux parents d'entrer en campagne avant quarante jours depuis la déclaration de guerre. Cette trêve, appelée *quarantaine le roy*, permettait à la partie poursuivie de demander au seigneur un *asseurement*, c'est-à-dire d'empêcher la guerre (2). Quiconque n'observait pas la trêve était sévèrement puni (3).

Philippe le Bel prohiba, en 1303 et en 1314, les guerres privées sous peine de *confiscation de corps et de biens* (4). — Elles devinrent moins fréquentes, mais elles existaient encore, ainsi que l'attestent plusieurs ordonnances. La déclaration du roi Jean du 5 avril 1350 défendit les pilleries et molestations *des gens de pooste*; elle fut renouvelée le 19 septembre 1351, en 1353, 1354, 1361, et enfin Charles V mit fin à ces désordres par la déclaration du 17 septembre 1367.

Cette procédure barbare n'avait été employée d'abord qu'entre les gentilshommes seuls (5); mais, entraînés par l'exemple de la noblesse, les roturiers s'arrogèrent aussi le droit de déclarer et soutenir des guerres privées. L'article 17 de l'ordonnance de 1350 les leur défendit d'une manière formelle, avec prohibition en même temps pour les nobles de *les guerroyer*.

Les seigneurs moins élevés en autorité que les grands vassaux

(1) *V.* pour les détails, Rec. ord., t. 1 et 2, préfaces, p. XXV et V.
(2) Beaumanoir, ch. 59; — Assises de Jérusalem, ch. 220.
(3) Rec. ord., t. 1, p. 84.
(4) Rec. ord., t. 1, p. 328, 390, 538.
(5) Beaumanoir, ch. 59 et 61.

ne déclaraient pas de guerre, mais ils vidaient leurs querelles par le combat judiciaire. Le droit canonique fit disparaître assez facilement les épreuves par le feu, l'eau bouillante, les charbons ardents, que les Germains avaient transmises aux Français des IXe et Xe siècles (1); mais la preuve par les armes était trop bien dans les mœurs des seigneurs féodaux pour ne pas résister à la réforme. Grégoire IX tenta pour l'abolir un dernier effort, en réunissant dans son recueil toutes les décrétales de ses prédécesseurs qui ordonnaient aux parties de se purger seulement par le serment (2). — Cette preuve fut admise tant en matière civile qu'en matière criminelle (3).

En 1168, Louis le Jeune essaya de restreindre les duels en matière civile; ils ne furent plus autorisés pour une dette moindre de cinq sols. — Philippe-Auguste, par son ordonnance du mois d'août 1215, régla les formes du combat, et fixa à *trois pieds* la longueur des bâtons que les *champions* pouvaient employer.

D'après les Etablissements de saint Louis, chap. LXXX, il y avait une distinction à faire pour l'emploi des armes. — Etait-ce un roturier qui appelait un noble en duel? celui-ci combattait à cheval, le roturier à pied. — Le noble appelait-il en duel le roturier? il était obligé de combattre à pied comme lui (4).

C'est à tort qu'Hotoman a prétendu qu'il était permis en France d'employer dans tous les duels le ministère d'un champion (5). Beaumanoir enseigne positivement que l'appelé était obligé de combattre, à moins d'excuse légale : « Le chil qui ap-» pele ou qui est appelé, vient avoir avoüé qui se combatte

(1) Assises des bourgeois, ch. 231.

(2) Décret. 5, tit. 34 et 35.

(3) Nos rois accordaient comme un privilége aux serfs des monastères de témoigner en justice et d'y *combattre*.—*V.* plus haut, p. 351.

(4) Beaumanoir explique longuement cet usage dans le chap. 64.

(5) *De duello*, p. 901.

» pour lui, il doit montrer son essoine, quand le bataille sera » jugée. Pluriex essoines sont, par lesquelles, et par l'une du » quiex l'en peut avoir avoüé... »

Ces dispenses étaient : la faiblesse de constitution, l'âge de soixante ans, le sexe, les maladies, telles que *goutte arreticle*, *avertin*, *tierchaine*, *quartaine*; enfin l'appelé n'était forcé d'accepter le combat qu'après l'âge de vingt ans.

En 1260, saint Louis, après avoir aboli le duel dans ses domaines, fit accepter cette innovation à plusieurs barons, au dire de Beaumanoir (1), et ses Établissements le défendirent entre frères d'une manière absolue. — Des ordonnances de 1296, 1303, 1306, réglèrent le combat judiciaire (2); les jurisconsultes en traçaient minutieusement les formalités, qui étaient autant d'entraves à sa réalisation; ils déterminaient les affaires pour lesquelles il était admis, et les personnes qui en étaient exclues, tels que les mineurs et les femmes, quoique celles-ci empiétassent parfois sur le droit des hommes en se livrant des combats singuliers. Déjà ils insistent pour laisser l'option au défendeur entre le duel et la purgation par serment, et nous avons vu *Petrus Jacobi*, dans sa *Pratique dorée*, donner au défendeur des exceptions pour repousser ce moyen barbare, indigne de la méditation des jurisconsultes, et contraire au *droit de Dieu et à l'Évangile* (3).

Malgré les attaques des légistes et de nombreuses ordonnances, le duel judiciaire était un genre de preuve si enraciné dans les mœurs de la nation, qu'il ne disparut de nos tribunaux que vers 1386.

Le duel prenait le nom de gage de bataille, parce que, une fois que le juge l'avait autorisé, chaque plaideur jetait un gantelet, que l'adversaire relevait en signe d'acceptation de combat.

(1) Ch. 61.
(2) Style du parlement, part. 1, ch. 16.
(3) *V.* plus haut, p. 300.

En matière criminelle le vaincu, d'après Beaumanoir, devait avoir le poing coupé : le combattant qui était tué était réputé *avoir eu tort*, et son corps traîné au gibet ; en matière civile, le battu *payait l'amende*.

Les tribunaux ecclésiastiques essayaient d'abolir le duel judiciaire pour lui substituer des moyens plus raisonnables d'arriver à la preuve des faits allégués par les parties. Aussi les Assises de Jérusalem placent-elles à côté du combat judiciaire la preuve testimoniale, l'aveu, le serment, et il est facile de se convaincre que déjà les preuves écrites (1) avaient acquis une sérieuse importance. Peut-être le Coutumier oriental a-t-il devancé en cette matière la jurisprudence française ; ce qui est certain, c'est que, malgré l'aveugle attachement de la noblesse pour le combat judiciaire, dans lequel elle voyait un privilége, les légistes traçaient les formes de l'enquête qui devait faire oublier l'ancienne procédure.

Primitivement les témoins durent être préférés aux écrits, parce qu'il y avait peu de gens lettrés en dehors du clergé, qui seul savait rédiger un contrat. Cependant il n'en fut point toujours ainsi ; dès le XIIIe siècle, quoique l'écriture ne fût pas encore fort répandue, Beaumanoir donnait la préférence aux écrits (2). « Quand aucun s'est obligé par lettres, se il qui s'obligeoit nie » l'obligation, il ne lui convient prouver for par lettre en dehors » de l'écrit. » Mais, au XVe siècle, le principe opposé avait repris le dessus, et Bouteillier disait (3) : « Sachez que la vive voix passe » vigueur de lettres, si les témoins sont contraires aux lettres, » et se doit plus le juge arrester à la déposition des témoins qui, » de saine mémoire déposent et rendent sentence de leur déposi- » tion, que à la teneur des lettres qui en rendent cause. »

(1) Cour des bourgeois, ch. 50, 51, 101, 104, 123, 125, 126, 130, 133, 135, 137.

(2) Ch. 39.

(3) Somme rurale, art. 106.

Pourtant il ajoutait : « En fait de rentes annuelles, lettres sont plus » à croire que vive voix de témoins, si lettres sont contredites. » Étrange bizarrerie ! les témoins étaient préférés aux écrits, excepté pour la preuve des rentes, qui formaient alors la principale source de la richesse mobilière.

Du reste, l'importance des écrits augmentait de jour en jour ; l'article 16 de l'ordonnance de Philippe le Long, du 2 juin 1319, déclara que les sergents messiers et forestiers seraient crus en leur rapport jusqu'à cinq sols.

Les femmes pouvaient être témoins ; mais, d'après Beaumanoir, elles ne devaient pas être « reshues, se elles sont debattues » de cheluy en contre qui elles sont traites, pour nul estat » qu'elles ayent, soit qu'elles soient veuves, ou mariées ou » puchelles. » Une ordonnance de Charles VI, de 1394, admit leur témoignage à l'avenir dans toutes les causes civiles et criminelles.

Les Établissements de saint Louis (1) contenaient des règles sur les reproches ; aucun ne serait proposé contre un témoin après sa déposition.

Quoique la preuve écrite ne fût encore que secondaire, cependant des ordonnances réglaient déjà la forme et le mode de conservation des actes notariés. Selon quelques auteurs, saint Louis aurait créé les notaires ; mais c'est plutôt à l'ordonnance de Philippe le Bel de juillet 1304 (2) qu'il faut attribuer l'honneur d'avoir jeté les bases de l'institution actuelle du notariat. — Les notaires devaient rédiger eux-mêmes les actes, et veiller au bon ordre de leurs cartulaires. — Comme à cette époque il n'y avait pas de greffiers, les tabellions, qui en faisaient l'office, étaient obligés d'avoir des registres séparés pour tenir note des jugements.

En même temps que s'élevait une institution chargée de con-

(1) Etabliss., liv. 1, ch. 1.
(2) *Olim*, t. 3, p. 417.

server par écrit le souvenir des sentences, on sentait le besoin d'assurer l'exécution des conventions, en donnant aux juges un moyen plus sûr de connaître les obligations qu'avaient contractées les parties.

Pour traduire son adversaire en justice, il fallait lui faire donner une *semonce*, ou ajournement, dans un délai qui variait selon que le défendeur était roturier ou noble. Le vilain était *semond* par le seigneur du matin au soir ou du soir au matin. *Tu pues semondre ton vilain ki est tes koukans et tes levans du matin aux vêpres et des vêpres au matin*, disait P. de Fontaines (1); et cela, lors même que le roturier levant et couchant en vilenage aurait été homme féodal d'un autre seigneur. Si le vilain ou roturier possédait un fief relevant du même seigneur, sur lequel il couchait et levait, il n'était point semond du matin au soir et du soir au matin; mais il avait quinzaine comme les nobles (2).

Le noble, pour jouir de ce délai, devait demeurer sur son franc fief; — il possédait en roture des héritages sur lesquels il couchait et levait? soumis à la loi du vilain, il était semond du matin au soir et du soir au matin, ainsi que l'enseignaient de Fontaines, Beaumanoir et Bouteillier.

La forme de la demande variait selon qu'elle portait sur des meubles ou des immeubles, sur la simple possession ou la propriété. Beaumanoir donne toutes ces formules dans son chapitre VI, et ajoute (3) qu'en matière criminelle il y a deux voies à prendre : *l'une, por fere droite demande, come acuseur contre celi à*

(1) Conseil, ch. 3. — *V.* Somme rurale, liv. 1, tit. 3; — Beaumanoir, ch. 2; — Établiss., liv. 2, ch. 23.

(2) Cependant Desmares (décision 284) restreint le délai à huit jours : *Nul noble n'est adjousné souffisamment se entre l'ajournement et la journié n'a huit jours francs.*

(3) Art. 12.

qui on met sur le cas de crime..... l'autre voie, qui est fete de denonciation, si est d'autre maniere. Ordinairement la partie se bornait à dénoncer le coupable, *car tel fet... doivent estre vengié par l'office du juge, tout soit ce que nul ne s'en face partie droitement.*

L'instruction différait suivant que la demande était portée en cour de *crestienté* ou en *cort laie :* écrite devant les tribunaux ecclésiastiques, orale devant les tribunaux séculiers; mais *porce que mémoire sont essou lourians... li bailli ou le justice pot et doit arrester briévement en escrit ce sur quoi les parties entendent à avoir jugement. Les parties elles-mêmes poit baillier en escrit ce qu'il entendent à prouver et escrit apele ou rebrices...* Voilà les premières tentatives de la régularisation de la procédure! Voilà le but que se proposaient certains jurisconsultes du parlement de Paris, quand ils tenaient ces notes dont le recueil a formé les *Olim.*

Qui devait porter l'ajournement? Ici encore distinguons : le vassal voulait-il faire ajourner un de ses pairs? c'était par deux autres pairs que la *semonce* était signifiée.— Le seigneur même était-il partie contre son vassal? il le pouvait faire appeler à *semond* par son *sergent;* en sorte que son sergent était de pair à pair avec l'assigné (1). Un pair de France ne pouvait être ajourné que par deux de ses pairs; mais l'usage s'établit que les pairs seraient ajournés par des lettres de chancellerie, et qu'un bailli ou un autre officier serait commis pour présenter l'ajournement; en sorte que cet officier faisant l'office de sergent était *pair au comte qu'il adjournoit* (2), comme le disait Bouteillier.

En cas d'appel d'une sentence rendue dans une seigneurie, il fallait intimer le seigneur, qu'il fût pair ou non. Philippe de Valois abrogea cet ancien droit par l'art. 5 de l'ordonnance du mois de décembre 1344.

(1) Beaumanoir, ch. 2; — Établiss., liv. 2, ch. 66.
(2) Ancien Style de parlement, part. 1.

La comparution personnelle devant le juge, admise par la législation barbare, était encore en vigueur au XIIIe et au XIVe siècle (1) : en demandant *nul n'est ois par procureur; au procureur du demandeur en pays coutumier font grâce.* Pourtant Beaumanoir restreint la règle aux *gens de pooste*, car il excepte les gentilshommes, les clercs, les églises, les communautés et les villes. Il ne fallait pas non plus de lettres de *grâce* pour dispenser les baillis, vicomtes et autres officiers royaux, les tuteurs, curateurs et exécuteurs testamentaires, d'après l'auteur du Grand Coutumier. — Mais en défendant *chascun puet envoyer procureur par la coutume des Bauvoisins.* L'art. 19 de l'ordonnance de Philippe de Valois, du mois de juillet 1344, semble contraire à cette règle, car il fait une exception en faveur des *défendeurs qui seront reçus à plaidier par procureur sans grâce en la cour des foires de Champagne, ès cas qui ne deurent détention de corps, nonobstant coutume contraire.* Il est à croire qu'il y avait grande diversité sur ce point dans les coutumes, car Beaumanoir, qui considérait comme règle le droit de se faire représenter, avait dit plus haut : *Nous n'avons pas accoustumé que hoirs du pooste fasse procureur EN NUL CAS...* C'était donc un progrès que de les admettre à plaider par procureur, progrès qui probablement n'avait pas dépassé les limites du territoire de Beauvoisis.

Les pays de droit écrit et les *cours de chrétienté* suivaient les principes du Digeste, et admettaient à plaider les procureurs tant en demandant qu'en défendant, sauf à eux à donner caution *que chil sires tiendroit che qui seroit fait;* il ne fallait même pas distinguer entre les procès civils et les procès criminels; la règle était la même (2).

L'affaire portée devant le juge, le défendeur présentait sa dé-

(1) Beaumanoir, ch. 4; — Grand Coutumier, liv. 3, ch. 6.
(2) P. de Fontaines, Conseil, ch. 4, art. 15.

fense appelée *exception*, à quoi le demandeur répondait par la *réplication*. Puis venaient les exceptions ou *barres* dilatoires et péremptoires, qui devaient être précédées des déclinatoires (1).

Outre ces défenses, il y en avait d'autres, telles que la compensation, qui pouvait être opposée si la dette était liquide et par écrit (2); l'exception, qui permettait de repousser le cessionnaire d'un droit litigieux, afin que le cédé se trouvât en face de celui qui avait commencé le procès. Pour éviter cette *barre*, il fallait obtenir des lettres comme Philippe de Valois en accorda, en 1329, au seigneur de Garancières, parce que sa mère ne pouvait *bonnement poursuir ce plait pour la foiblesse et ancienneté de sa personne* (3).

En cour d'Église, on connaissait une exception qui ne pouvait être présentée en cour laie; c'était l'exception d'excommunication (4).

Les exceptions étaient limitées à un assez court délai; ainsi les *barres* fondées sur la violence ne duraient qu'un an. Les praticiens appliquaient en cette matière le droit romain, comme ils le faisaient en matière de *tricherie*. *Si vous vendist par force ou pour estable peur de mort, ou par tourment de corps... vostre adversaire sera condamné à quatre doubles. Après l'an vous doit demander le vostre sans plus et l'amende au seigneur* (5).....

Les actions, au lieu de se renfermer, comme à Rome, dans telles ou telles formules sacramentelles, étaient toutes de bonne foi; qu'elles eussent trait à des meubles ou à des immeubles, à la possession ou à la propriété, peu importait; on ne connaissait

(1) Grand Coutumier, liv. 3, ch. 3. — Ancien Style du parlement, partie 1, tit. 13, § 17-20. Beaumanoir a traité cette partie avec un soin tout particulier dans le chapitre VII des coutumes de Beauvoisis.

(2) Desmares, décis. 136, 187; — Coutumes notoires, art. 111 et 120.

(3) Cette pièce du Trésor des chartres est rapportée aux Institutes de Loysel, t. 2, p. 238.

(4) Grand Coutumier, liv. 2, ch. 45.

(5) Conseil, ch. 15, art. 52; — Beaumanoir, ch. 7.

pas de paroles déterminées dont il fût défendu de s'écarter. — Une division capitale pour les actions était celle en pétitoires et possessoires. Ces siècles de violence se distinguent par le respect des faits fondés sur la possession et le long usage, et par l'horreur des *nouvelletés*.

Deux voies étaient ouvertes pour intenter une action de nouvelleté : « l'une par manière de complainte, — l'autre par un » simple ajournement. — Et il y avoit plusieurs différences et » avantages de procéder entre une manière et l'autre. Car, en la » première manière de complainte, l'opposition faite, la chose » contentieuse étoit mise en la main du roi, pour le débat des » parties ; mais par l'autre manière, non. — Si, par manière d'a» journement la chose étoit commencée, le procureur du défen» deur avoit avis, et puis vue ; mais par la complainte, non ; car » l'opposition faite sur les lieux valoit vue. — Et parce que, par » l'autre voie, c'est à savoir par manière de complainte, l'oppo» sition faite sur le lieu, valoit vue, en quelque estat de la cause » qu'une des parties fût défaillante, elle perdoit sa cause, puis» qu'elles étoient l'une et l'autre également acertenées de la » cause et du lieu (1). »

La possession, c'était la grande question, la source d'une foule de droits. *Le possesseur est de meilleure condition*, disait l'auteur du Grand Coutumier,... car si le demandeur ne prouve pas, quel que soit le défaut de droit chez le défendeur, *la saisine sera adjugée au possesseur* (2).

La complainte ne pouvait être intentée pour simples meubles, mais seulement pour une universalité mobilière (3). — En cas de doute sur la possession réclamée par les deux parties, un tiers

(1) Grand Coutumier, liv. 2, ch. 21.

(2) Grand Coutumier, liv. 2, ch. 21, 22, 23 ; — Desmares, décis. 62, 185, 189 ; — Coutumes notoires, art. 44.

(3) Grand Coutumier, liv. 2, ch. 21, 18.

commis devait administrer pendant le procès, avec charge de rendre compte à la partie qui triomphait; mais si l'action était dirigée contre le roi, il avait toujours la saisine comme souverain, et c'était un prud'homme qui régissait les biens en son nom (1).

Le défendeur qui ne comparaissait pas sans avoir d'excuse *essoine*, telle qu'une maladie, était condamné, que sa cause fût bonne ou mauvaise; d'où l'ancien proverbe : *Il plaide bel qui plaide sans partie* (2); et ce principe était vrai au civil et au criminel. — Le défaut n'était établi que par trois ajournements et un jugement; il se prouvait par le serment déféré au défaillant en justice royale, par le duel en justice seigneuriale. — L'amende était de 50 sols pour le gentilhomme, 10 sols pour l'homme coutumier (3).

A l'époque où la preuve résultait du combat judiciaire, aucune voie ne pouvait être ouverte pour la réformation des jugements. Un peu plus tard, le perdant eut le droit d'attaquer la sentence qui le condamnait, en disant que le juge avait agi par méchanceté ou calomnie, et de lui présenter un gage de bataille dont le résultat était l'infirmation de la sentence si le juge succombait. Il lui était défendu de *fausser* le jugement de son seigneur, à moins qu'il n'eût obtenu par charte ou par usage ce privilége; alors le vilain et le chevalier combattaient l'un contre l'autre en personne (4).

Saint Louis, voulant supprimer le duel, ordonna, dès l'année 1270, que, « si aucun vouloit fausser jugement, il n'y auroit » point de bataille, mès que li, li repons, et li autre erment » du plet seroient portés en sa court (5). » Le vilain, qui ne

(1) C'est ce qui résulte d'une ordonnance de Philippe de Valois, rendue à Vincennes au mois de janvier 1338. — Rec. ord., t. 2, p. 124.

(2) Grand Coutumier, liv. 3, ch. 10.

(3) Etabliss., liv. 1, ch. 67, 66, 92; — liv. 2, ch. 10.

(4) P. de Fontaines, ch. 21, art. 21; — Beaumanoir, ch. 66, 67; — Établiss., ch. 81.

(5) Établiss., ch. 7, p. 81.

pouvait fausser le jugement de son baron, en pouvait appeler selon le *droit écrit*, et ces appellations allaient de degré en degré jusqu'à la cour du roi; ainsi l'enseignent P. de Fontaines et Beaumanoir (1).

L'attaque dirigée contre un jugement rendu en justice royale pour le faire réformer portait le nom d'*amendement*, et il devait être demandé le *jour meismes que le jugement sera fez*. Le perdant devait supplier que l'affaire fût portée en cour du roi.

L'appel en cour laie ne fut admis que tard, soumis à un très-bref délai, comme le prouve l'article 18 de l'ordonnance rendue par Charles VII en 1453, ainsi conçu : « Nous avons en-
» tendu que les procureurs de plusieurs, après que les sentences
» sont prononcées par nos juges et autres en pays coutumiers,
» en ce acquiesçant à icelles sentences reprennent leurs lais et
» procès des greffiers, et ung, deux, trois, quatre ou six mois
» après que les juges envoyent pour exécuter leurs sentences,
» les parties principales sur qui se doit faire l'exécution, en ap-
» pelent ou font appeler comme de nouvel venu à leur congnois-
» sance, combien que par la coutume de nostre royaume en pays
» coutumier l'en doit appeler incontinent après la sentence, ou
» appoinctement prononcé, autrement jamais on n'y est receu;
» decernons et déclarons, que doresnavant nul ne soit reçeu à
» appeller s'il ne appelle incontinent après la sentence donnée,
» sinon que par dol, fraude ou collusion du procureur n'eust
» appelé, ou qu'il y eust grande et évidente cause de relever
» l'appelant de ce qu'il n'auroit appelé incontinent. »

L'appel était déjà une entrave apportée à la décision des procès; pour ne pas les laisser traîner en longueur, l'appelant devait proposer de suite tous ses moyens, exceptions, défenses, sans rien retenir (2).

(1) Conseil, ch. 22, art. 7, 8; — Beaumanoir, ch. 61.

(2) *Stylus parlamenti*, tit. 13, § 17-20; — Beaumanoir, ch. 7; — Grand Coutumier, liv. 2, ch. 21.

Le gentilhomme qui succombait sur l'appel perdait ses meubles; le roturier payait une amende de cinq sols; le plaideur qui avait *faussé* le jugement de son seigneur en payait une de soixante (1). En Anjou, le noble qui succombait perdait, durant sa vie, tout ce qu'il tenait du comte, et l'usufruit en était acquis à celui-ci comme en cas de félonie, ainsi que l'établissent plusieurs lettres royaux, notamment l'ordonnance de Philippe de Valois de juin 1341 (2).

Du reste, antérieurement aucunes dépenses n'étaient dues par celui qui perdait son procès; il encourait seulement une amende du dixième de l'objet en litige, jusqu'à ce que l'ordonnance de Charles le Bel, rendue en janvier 1324, appliquât la règle du pays de droit écrit, *victus victori*. L'amende fut alors abolie (3).

Les jugements, comme les contrats grossoyés, étaient exécutoires, mais après l'entérinement. « Mandements royaux, dit » Desmares (4), sont expirés, ne euls ne sont à recevoir, quand » on passe un an, ne le juge ne le doit enteriner, ne accom- » plir, se euls ne leur sont présentés dedans l'an qu'ils furent » donnés. » Une fois scellés, ils étaient toujours exécutoires. — L'exécution, qu'un appel ne pouvait arrêter en matière de prise de corps, aux termes de l'article 13 de l'ordonnance de Charles VII de 1443, était suspendue au profit des personnes revenant des foires et marchés, même en matière de dettes privilégiées. L'ordonnance de Philippe de Valois de 1343 ne dérogeait au principe que pour le *meffect présent*.

Je termine en faisant remarquer que la procédure criminelle différait peu de la procédure civile; les mêmes tribunaux, les mêmes juges prononçaient sur les affaires de tout genre, et si, à la fin du XIIIe siècle, on institua une chambre civile et une chambre

(1) Etabliss., liv. 1, ch. 80, 138.

(2) Rec. ord., t. 2, p. 162, 163.

(3) Conseil, ch. 22, art. 3 et 8; — Ord. de saint Louis, décembre 1254; — *Stylus parlamenti*, part. 3, tit. 6, § 20.

(4) Décis. 383.

criminelle au sein du parlement, cette séparation ne fut établie que parce que ceux des membres de la cour qui étaient engagés dans les ordres ne pouvaient juger au criminel. Les baillis, les prévôts étaient, du reste, armés d'un pouvoir à peu près discrétionnaire au criminel, et les formes de la procédure variaient suivant les circonstances.

TITRE IV.

ORGANISATION INTÉRIEURE DE L'ÉTAT.

L'administration romaine, détruite par l'invasion des barbares, un instant reconstituée par Charlemagne, avait disparu une seconde fois sous ses faibles successeurs, et sur les ruines de cette grande société se fondèrent de petites associations, de petits gouvernements locaux. Le caractère essentiel de la féodalité consiste dans l'absence d'un corps de nation et de tout gouvernement central.

Deux causes avaient puissamment contribué à la création de ce nouvel ordre de choses : la concession des justices privées par les rois de la seconde race à leurs fidèles (1) sur les terres qu'ils leur transmettaient à titre de bénéfice, et la consécration de l'hérédité de ces mêmes bénéfices par le capitulaire de 877. Désormais la souveraineté et la propriété étaient confondues ; la justice, devenue patrimoniale, constituait chaque seigneur indépendant dans son fief ; aucun pouvoir extérieur n'y venait donner des lois, établir des impôts, rendre la justice. Les populations s'étaient habituées à ce nouveau régime que l'impuissance des derniers Carlovingiens

(1) M. Pardessus, Loi salique, p. 590 et suiv.

avait laissé établir ; il prit sans secousse la place de la dynastie qui périssait.

CHAPITRE PREMIER.

SYSTÈME FÉODAL.

L'élément primitif de la féodalité est le fief dont le seigneur a la souveraineté. — Les possesseurs de bénéfices concédés par le roi, ou de domaines obtenus par la conquête, comtes, ducs, gouverneurs de provinces, semés çà et là sur le territoire, devinrent les centres naturels d'associations correspondantes. Autour d'eux s'agglomérèrent de gré ou de force les habitants, libres ou esclaves ; et c'est ainsi que se formèrent, au milieu même de l'État, une foule de petits États indépendants les uns des autres.

§ 1er. — *Hiérarchie féodale.*

Le chef de chacun de ces gouvernements donnait des terres à des hommes libres qui devenaient ses vassaux, et sur lesquels il acquérait la suzeraineté. Leurs relations respectives dérivaient des engagements qui, d'après les mœurs barbares, rattachaient le chef à ses compagnons ; mais ce n'était plus un rapport purement personnel, comme dans la législation germaine ; la foi et l'hommage, le serment de fidélité que l'héritier devait renouveler pour succéder au défunt, n'en étaient qu'une réminiscence; car, une fois lié, le vassal était l'homme du seigneur; leurs relations prenaient un caractère de réalité inconnu jusque-là.

I. *Vassaux.*—Le vassal, à l'égard de son suzerain, était assujetti à des obligations, les unes morales, les autres matérielles, à des devoirs et à des services.

Les Assises de Jérusalem (1) reproduisent admirablement ces idées communes aux législations sorties de l'enfance, quoique éloignées encore de leur apogée : « Le vassal est tenu de non mettre, » ne faire mettre main sur son corps (du seigneur), ne consen- » tir, ne souffrir, à pooir, que autre li mette;... ne ne doit » home, ne feme conseiller contre son seignor... ne ne doit faire » à son escient, ne porchaser la honte ne le domage de son sei- » gnor, ne consentir que le autre li fasse. Ne ne doit à la feme de » son seignor, ne à sa fille requere vilainie de son cors, ne souf- » frir, ne consentir à son escient, ne à son pooir que autre li » fasse... Se il trouve son seignor en besoin d'armes à pié entre » ses ennemis, ou en lieu qui soit en perill de mort ou de prison, » de faire son loial pooir de remonter le, et rejeter le de celui » perill; et se autrement il ne peut le faire, il doit donner son » cheval ou sa beste, sur quoi il chevauche, se il la requiert, » et aider le à mettre dessus, et aider le, à son pooir, à son » cors sauver... » Je m'arrête ; ces citations suffisent pour montrer la nature de ces obligations, pour sanction desquelles le seigneur *pora faire de lui* (du vassal) *et de soues choses, comme home attaint de formentie*. De son côté, le seigneur devait employer tous les moyens pour délivrer de l'esclavage celui qui s'était donné en otage pour lui.

Les services dus par le vassal étaient de plusieurs sortes : en première ligne le service militaire, base de la relation féodale; tantôt fixé à vingt, quarante, soixante jours, tantôt imposé au vassal seul, tantôt à lui et à un nombre plus ou moins considérable d'hommes, soit dans les limites du territoire féodal, soit partout, quelquefois pour la défense seulement, d'autres pour l'attaque et la défense. — Les conditions de ce service variaient à l'infini.

En second lieu, le vassal était soumis à la *fiducia*, c'est-à-dire à l'obligation de servir le suzerain dans sa cour et ses plaids,

(1) Cour des barons, ch. 287.

toutes les fois qu'il le demandait pour donner des conseils ou assister à des jugements.

Venait ensuite l'obligation de plaider devant la justice du seigneur.

Enfin le vassal fournissait *auxilia*, des aides ou secours pécuniaires ; il devait les *aides légales*, en vertu de la convention intervenue avec son seigneur ; si les besoins augmentaient, le seigneur pouvait obtenir de la bonne volonté du vassal des aides dites *gracieuses*. Les croisades imposèrent à celui-ci des aides extraordinaires pour permettre au seigneur de prendre part aux guerres de la terre sainte.

Le vassal qui avait rempli ses devoirs était libre et avait droit à la protection du suzerain, qui, de son côté, devait le maintenir envers et contre tous en possession de son fief (1). — Manquait-il à ses devoirs féodaux, il tombait en forfaiture (*foris factura*, mise hors, déchéance), c'est-à-dire qu'il perdait son fief ou pendant un temps limité, ou pour la vie, ou même pour toujours. C'était une source de revenus, et les seigneurs savaient multiplier à l'infini les cas dans lesquels cette peine était encourue.

Les vassaux d'un même suzerain s'appelaient *pares*, pairs; plus tard, ils reçurent la dénomination de *covassali*. Leurs rapports réciproques étaient rares et peu importants; aucun devoir ne les unissant les uns aux autres; ils ne se rencontraient que sous la bannière du même suzerain ou dans les guerres qu'ils se livraient les uns aux autres.

II. *Cour féodale.* — Les égaux vivaient dans une indépendance complète, plus semblable à l'isolement qu'à la véritable liberté. Les possesseurs de fiefs essayèrent de se créer une activité dans l'intérieur du château, pendant les trêves qu'ils faisaient aux aventures et aux combats. Aussi vit-on autour d'eux un nombreux cortége et comme une petite cour. On y retrouvait le nom de plusieurs dignitaires de l'empire romain : le comte du palais,

(1) Beaumanoir, ch. 61.

les échansons, le fauconnier; encore des offices avaient été créés sous des noms nouveaux : varlets, écuyers de toute sorte, écuyer du corps, écuyer de la chambre, écuyer de l'écurie, de la paneterie, écuyers tranchants, etc. Toutes ces places étaient occupées par des hommes libres, souvent de même condition que le seigneur.

Quand on n'eut plus de terre à donner en fief, il fallut étendre les concessions à toutes choses, par exemple aux charges de la cour féodale, telles que celles de connétable, maréchal, sénéchal, chambrier, boutillier, etc.; c'était un moyen de lier plus intimement le compagnon au suzerain et de garantir ses services et sa fidélité. Les possesseurs d'offices s'efforçaient, à l'image des possesseurs de bénéfices, de les rendre héréditaires; prétention tantôt consacrée, tantôt repoussée par des monuments législatifs : ainsi l'office de connétable de Normandie fut proclamé héréditaire par une charte de 1190; mais, en 1223, Jean, maréchal de Louis VIII, se reconnut sans droit à transmettre sa charge à ses héritiers.

Pour resserrer les liens qui l'unissaient à ses vassaux, le suzerain recevait leurs enfants à sa cour; devenus hommes, il leur ceignait l'épée et les admettait au rang des guerriers ; l'assemblée du château, remplaçant la tribu germaine, assistait à cette cérémonie, et l'enfant du vassal était reçu chevalier :—espèce d'investiture anticipée; — avant d'être possesseur du fief, celui que le suzerain avait accepté pour son homme devenait son vassal.

Ainsi les chevaliers ne formaient pas une classe à part avec des fonctions et des devoirs distincts dans la société : la chevalerie était une dignité féodale à l'usage de presque tous les possesseurs de fiefs après un certain âge et sous certaines conditions. Au XIVe siècle, elle a disparu, mais après avoir enfanté les ordres religieux militaires, les templiers, les chevaliers de St-Jean de Jérusalem, les chevaliers teutoniques.

III. *Gouvernement local.* — Le roi, dans ce système, n'est

que le premier des hommes libres, son domaine le premier des alleux; chacun est maître sur son territoire et ne doit de service qu'à son suzerain. Quelquefois ces associations locales semblent tenir à un centre commun, la royauté. Mais quelle dérision! Si, par hommage pour le roi, le vassal inscrit son nom en tête des actes, c'est le nom d'un roi mort (1).

Le véritable lien dans le système féodal n'est pas celui qui unit les seigneurs entre eux, car ils se suffisent à eux-mêmes; leur pouvoir comprend tout : législation, administration de la justice, droit de lever des taxes, de faire la guerre, etc.; l'association des possesseurs de fiefs est plutôt nominale que réelle. Le véritable, le seul lien, c'est la relation qui existe de vassal à seigneur, en remontant jusqu'au roi, et qui forme au xe et au xie siècle une hiérarchie reconnue en principe, mais sans conséquences pratiques. Ceux qui tenaient des terres d'une personne libre, roi ou seigneur, étaient soumis à des obligations de même nature, sans que le vassal du roi perdît une part de sa souveraineté. Les alleux disparurent presque complétement dans la partie septentrionale de la France, et les progrès de la puissance royale permirent de voir dans le roi le souverain *fieffeux*, titre dont devaient sortir plus tard des conséquences fatales à la féodalité.

Quiconque tenait son fief immédiatement de la couronne, quel que fût son titre, appartenait à la classe des barons. Dans l'origine, les barons s'appelaient pairs de la cour du roi; ils avaient haute et basse justice, et le droit de porter en campagne une bannière particulière (2). Cependant les vassaux des seigneurs inférieurs prenaient aussi quelquefois ce titre.

Les vassaux de la haute noblesse étaient ordinairement désignés sous le nom de *vavasseurs*; dans cette classe figuraient les châtelains, qui, à cause de l'importance de leurs châteaux fortifiés et de l'étendue de leur justice territoriale, semblaient s'élever

(1) M. Guizot, Hist. de la civilisation, t. 4, p. 111.
(2) Beaumanoir, ch. 34; — Etabliss., liv. 1, ch. 24; — liv. 2, ch. 36.

au-dessus de leurs égaux dans l'échelle de la tenure. Le possesseur d'un château avait la haute justice, et pouvait nommer sous ses ordres un seigneur haut justicier. Une marque ridicule établissait l'étendue du pouvoir des seigneurs; elle consistait dans le nombre de poteaux que chacun pouvait mettre à son gibet. Celui d'un baron était soutenu de quatre poteaux, celui d'un châtelain de trois, et le seigneur inférieur qui exerçait la haute justice était réduit à pendre ses sujets à une machine à deux poteaux. Des peintures placées dans l'auditoire du tribunal indiquaient les différents attributs de la puissance seigneuriale. Ainsi les gages de bataille *n'echoient qu'en cas de haute justice;* le pilori était encore une marque de cette juridiction, et le seigneur ne pouvait avoir qu'*échelle* dans les bonnes villes où le roi avait pilori, *pour prouver la différence entre le sujet et le souverain* (1). Des tableaux représentant des champions combattants, des piloris ou des échelles indiquaient aux regards des plaideurs, comme le nombre de poteaux à celui des passants, une seigneurie de haute justice.

La hiérarchie féodale est ainsi établie dans le passage d'un vieux manuscrit cité par de Laurière (2) : « Duc est la première dignité,
» puis comtes, puis vicomtes, puis barons, et puis châtelains, et
» puis vavasseurs, et puis citoïens, et puis vilains. »

Cette organisation comprenait le clergé; les prélats et les abbés étaient nobles d'après le système féodal. — Ils juraient foi et hommage au roi ou à tout autre supérieur, et recevaient l'hommage de leurs vassaux, sans qu'il y eût aucune différence entre leurs priviléges, leur juridiction, leur autorité, leurs obligations, et ceux des seigneurs laïques. On ne faisait même pas exception pour le service militaire; soumis comme les autres à ce devoir féodal qu'ils remplissaient sans répugnance, les prélats accompagnaient souvent l'armée sur les champs de bataille. Un des exem-

(1) Grand Coutumier, liv. 4, ch. 5.
(2) Rec. ord., t. 1, p. 277.

ples les plus récents est celui de Jean Montaigu, archevêque de Sens, tué à Azincourt en 1415. Monstrelet dit « qu'il n'étoit non » pas en estat pontifical, car au lieu de mitre, il portoit une ba- » cinet, pour dalmatique portoit un haubergeon, pour chasuble » la pièce d'acier, et au lieu de croix portoit une hache. »

Les prélats trouvèrent plus tard le moyen de se soustraire à ces obligations en payant des taxes dont ils étaient même affranchis dans les tenures de *franche aumône*. Ils tâchèrent encore d'avoir des représentants pour défendre leurs domaines contre l'avidité des voisins; de là surgirent de nouvelles relations féodales. Les riches abbayes se donnèrent un avocat séculier chargé de soutenir leurs droits devant les cours séculières et même sur les champs de bataille.

Chaque baron, dans son fief, était, à proprement parler, un véritable roi indépendant de la couronne; ses priviléges constituaient la souveraineté complète: pouvoir de battre monnaie et de faire la guerre, exemption de tout tribut public, à l'exception des aides féodales, exercice du pouvoir législatif et judiciaire dans ses domaines.

L'individualité était protégée dans ce système qui n'établissait aucun lien social; le vassal n'était engagé que par sa volonté, sans que de nouvelles charges pussent lui être imposées arbitrairement; libre de rompre l'association s'il avait à se plaindre de son suzerain, il pouvait même, suivant quelques-uns (1), le faire sans motifs légitimes. Mais la force des choses établit une prodigieuse inégalité entre les possesseurs de fiefs; le nombre des petits seigneurs diminua, tandis que les grands fiefs s'agrandirent encore aux dépens de leurs voisins. Le suzerain intervint dans l'intérieur du fief pour y exercer un droit de surveillance et de protection; les priviléges de ceux qui étaient ainsi soumis à son contrôle diminuèrent, et l'on arriva insensiblement à des distinctions contraires au principe féodal.

(1) Ce que Beaumanoir blâme vivement, ch. 61.

Un droit commun à tous les possesseurs de fiefs consistait à imposer aux habitants de leur territoire des tailles et des corvées exorbitantes; ils allaient même jusqu'à s'emparer des biens des vilains, « ce qui, d'après de Fontaines, étoit contraire à la loi de » Dieu (1). » Mais comme il n'y avait « entre le seigneur et son » vilain de juge fors Dieu, » l'homme de pooste devait remettre à une autre vie l'espoir d'obtenir justice.

Les seigneurs établirent des péages et des tributs si énormes, que le concile de Latran de 1179 leur défendit de lever de nouveaux impôts dans leur terre sans la permission des princes souverains, sous peine d'excommunication. Plus tard, deux ordonnances, l'une de saint Louis, rapportée par Joinville, et l'autre de Charles VI, de 1408, essayèrent de remédier aux mêmes abus (2); mais elles furent impuissantes pour arrêter les exactions des seigneurs, qui se contentaient de charger leurs exécuteurs testamentaires du soin de les réparer, ainsi que l'attestent de nombreux testaments des XIIIe et XIVe siècles.

Les tailles étaient tantôt réelles, tantôt personnelles; les unes étaient dues tous les ans, les autres l'étaient au décès seulement des gens de condition servile: on les appelait pour cela *mortailles*, et ceux sur qui elles étaient levées, *mortaillables* ou *mainmortables*; leur variété infinie accablait la population agricole.

Un possesseur de fief se croyait-il assez fort pour résister à son suzerain, il cherchait à devenir à son tour le collecteur de tous ces impôts, et à élever une forteresse: car la construction d'un château, refuge des conquérants contre les vengeances de leurs adversaires, était le signe de l'indépendance; au pied de ses murailles se groupaient les colons et les hommes attachés à la culture de la terre, qui, sous le nom de *gens de pooste*, étaient tous astreints, colons ou serfs, aux tailles arbitraires des seigneurs. A cette époque, les conditions se réduisaient à deux classes de per-

(1) Conseil, ch. 21, art. 8.

(2) *Stylus parlamenti*, part. 3, tit. 36.

sonnes : « la première, libre, oisive, militaire, ayant sur ses » fiefs, grands ou petits, le droit de commandement, d'administration et de justice ; la seconde, vouée à l'obéissance et au » travail, soumise plus ou moins étroitement, sauf l'esclavage, » à des liens de sujétion privée (1). »

Les jurisconsultes cependant reconnaissaient une distinction que Pierre de Fontaines établit très-nettement dans le passage qui suit (2) : « Et sache bien ke selon Dieu, tu n'as nul pleine » poeste sur ton vilain. Donc se tu prens du siens fors les droites » redevances ki te doit, tu les prens contre Dieu et seur le péril » de l'âme et come roberies. Kon dit, toutes les coses ke vilain » a son seigneur, c'est voirs à garder. Car s'ils estoient son seigneur propre, il n'avoit nule différence entre serf et vilain ; » mais par nostre usage, n'a entre toi et ton vilain juge fors Dieu, » tant come il est tes coukans et tes levans, s'il n'a d'autre loi » vers toi, fors le commune. »

§ II. — *Population agricole.*

Dans toutes les choses de l'ordre civil et politique, l'avénement de la féodalité avait changé la jouissance précaire en usage permanent, l'usufruit en propriété, le pouvoir délégué en privilége personnel, le droit viager en droit héréditaire. D'un autre côté, selon une remarque judicieuse (3), « le serf soutint contre son » maître la lutte soutenue par le vassal contre son seigneur, » et par les seigneurs contre le roi. » Il devint propriétaire, il acquit des fiefs, et saint Louis s'en inquiéta, car « li bour- » geois et l'home de pooste si atraioient moult de fiés à ainsi que, » au loins n'aler, li prince peussent avoir meure service de gentix » homes (4). »

A ces améliorations graduelles qui s'opèrent dans la condition des

(1) M. Augustin Thierry, Tiers Etat, t. 1, p. XII.
(2) Conseil, ch. 21.
(3) M. Guérard, Polyptique d'Irminon, t. 1, p. XL.
(4) Beaumanoir, ch. 48.

laboureurs et des artisans ruraux, se joint un grand mouvement qui change la face des campagnes : des villages nouveaux se forment, les anciens s'agrandissent et des églises paroissiales sont érigées, centres de nouvelles circonscriptions à la fois religieuses et politiques. Mais il faut arriver à la fin du XIVe siècle pour rencontrer un ensemble de constitution politique pour les paroisses et les communes rurales. Le premier monument de leur indépendance se trouve dans les lettres patentes de 1380, conférant au duc de Berri, lieutenant général du Languedoc, le droit d'accorder des assemblées aux gens de la campagne (1). Ces communautés sont représentées par un syndic ou maire, nommé le plus souvent par les seigneurs. En Bretagne, la paroisse civile se confond avec la paroisse religieuse : les marguilliers administrent et forment un conseil sous le nom de *général* de la paroisse.

Mais, deux siècles avant que les habitants des campagnes eussent obtenu leurs franchises, les habitants des villes conquéraient une indépendance qui devait fournir à la constitution de la société un élément nouveau. Les possesseurs de fiefs encourageaient l'agglomération des populations dans une enceinte fortifiée dont les dévastations des Normands avaient rendu la création indispensable; ils concédaient certains priviléges à ceux qui se réfugiaient dans leurs châteaux, et se bornaient à exiger d'eux le service militaire.—D'autres bourgades, résistant à la tyrannie des seigneurs les armes à la main, obtinrent de plus larges concessions et se constituèrent en petites républiques.—Enfin, le régime municipal romain, qui s'était perpétué dans certaines villes, y prit une vie nouvelle lors de la révolution communale.

§ III. — *Communes.*

M. Augustin Thierry (2) a divisé le sol communal en trois zones :

(1) V. le travail de M. Beugnot sur les communautés rurales, *Revue française*, t. 9, p. 81, année 1839.

(2) Préface du second volume du recueil relatif au tiers état.

le nord, le midi et le centre, subdivisées elles-mêmes en cinq régions; il a marqué les différences d'origine et de système municipal correspondant à cette division topographique.

Dans la région du nord, qui comprend la Picardie, l'Artois, la Flandre, la Lorraine, la Champagne, la Normandie et l'Ile de France, les chartes des communes sont en général des traités de paix entre la ville et son seigneur, à la suite d'une insurrection populaire.

Dans celle de l'ouest, c'est-à-dire dans la Bretagne, le Poitou, l'Angoumois, l'Aunis et la Saintonge, on ne voit aucune intervention de la royauté pour l'affranchissement des communes; toutes les chartes primitives émanent de concessions seigneuriales.

Dans celle du centre, que composent l'Orléanais et le Gâtinais, le Maine, l'Anjou, la Touraine, le Berri, le Nivernais, le Bourbonnais et la Bourgogne, paraissent les grandes villes de bourgeoisie, privilégiées quant aux droits civils, mais sans libertés politiques.

Dans celle de l'est et du sud-est, qui s'étend sur l'Alsace, la Franche-Comté, le Lyonnais, la Bresse et le Dauphiné, domine le système régulier d'une double assemblée représentative, d'un grand et d'un petit conseil périodiquement convoqués.

La région du midi, que circonscrivent la Provence, le Comtat-Venaissin, le Languedoc, l'Auvergne, le Limousin et la Marche, la Guienne et le Périgord, le Béarn et la Basse-Navarre, le comté de Foix et le Roussillon, offre peu de chartes de commune proprement dite, mais en revanche une foule de grands monuments de législation municipale.

Il ne faut donc demander une organisation politique particulière qu'aux municipalités romaines et aux communes proprement dites; quant aux villes de bourgeoisie soumises aux officiers du roi et à ses prévôts, et connues sous le nom de *prévôtés* ou *villes prévôtales*, elles n'avaient point d'administration propre. Quelquefois il y avait partage entre la juridiction seigneuriale et la juridiction royale, lorsque le roi y avait concédé des droits de fief. Les bourgeois alors étaient soumis, quant aux choses, à la juridiction seigneuriale, et, quant aux personnes, à la juridiction royale.

Un point de ressemblance entre les municipalités et les communes proprement dites consiste dans la réunion des pouvoirs exécutif, législatif et judiciaire. Toutes exerçaient la justice civile, criminelle et de police (1), quelques-unes même la juridiction féodale : ainsi, dans la commune d'Abbeville, « les maïeurs, » et eschevins ont la cour, juridiction et connaissance de tous » leurs sujets, tant en action réelle que personnelle; et ils ont, » en ladite ville et banlieue, haute, moyenne et basse justice. » C'était la juridiction municipale avec toute l'étendue possible.

A côté de ce caractère commun à ces deux classes de villes il existe entre elles des différences qu'il faut signaler.

1° Dans le nord, le peuple, qui a conquis ses franchises, repousse comme associés ses anciens oppresseurs; une assemblée unique représentera la commune. — Au midi, les municipes romains, transformés en *consulats*, acceptent tous les habitants sans distinction pour concourir à l'administration; de là deux assemblées municipales : le petit conseil, de douze à vingt-quatre échevins ou jurés, et le grand conseil, composé de cent et même de trois cents bourgeois et chefs de métiers.

2° Dans le nord, c'est l'esprit démocratique qui domine; — dans le midi, c'est l'esprit aristocratique, modifié toutefois par les mœurs des populations.

3° Dans les villes du nord, les magistrats prennent ordinairement le nom de maire, échevin ou juré; — dans le midi, on les appelle syndics ou consuls.

(1) Quant aux crimes les plus graves, la connaissance en était ordinairement réservée au roi. A part cette restriction, les villes municipales et les villes de communes exerçaient leur pouvoir législatif, exécutif et judiciaire.

Le pouvoir des consuls est ordinairement plus étendu que celui des échevins; pour quelques villes, il s'élève presque à la plénitude de l'état républicain. C'est dans le midi qu'on retrouve les plus grands monuments de la législation urbaine : lois de justice et de police, lois d'élection pour les magistratures, et lois organiques pour des réformes constitutionnelles. Les anciens statuts, correspondant aux chartes des communes du nord, sont rédigés avec plus de science et d'ampleur. Un grand nombre d'entre eux sont de véritables codes civil et criminel, débris de la loi ou de la jurisprudence romaine conservés isolément comme droit coutumier.

Mais rien de plus variable que les noms, les rangs, les pouvoirs des magistrats qui, en apparence, exercent les mêmes fonctions. Partout la juridiction municipale est mise en regard de la juridiction seigneuriale, et nulle part leurs rapports ne sont réglés de la même manière. — Ici la municipalité jouit d'une juridiction absolue (1), là elle juge concurremment avec le prévôt (2); le plus souvent sa compétence n'est ouverte que quand les juges royaux ou seigneuriaux n'ont pas prononcé dans un délai déterminé (3). En certains endroits, les juges municipaux n'exercent que la basse et la moyenne justice; dans d'autres, ils possèdent même la juridiction capitale (4).—La divergence n'est pas moins grande dans la composition et l'organisation des tribunaux; il est impossible d'établir une règle générale en cette matière, parce qu'il y aurait autant d'exceptions que de principes.

Ordinairement tous les habitants majeurs et domiciliés dans la commune nomment leurs magistrats et les membres des conseils; mais les divergences recommencent sur le mode d'élection, qui

(1) Charte de Roye, Rec. ord., t. 11, p. 228.

(2) Charte de Chaumont, *id.*, p. 225.

(3) Charte de Mante, *id.*, p. 197; — de Crespy, *id.*, p. 235; — de Bruyères, p. 246; — de Laon, p. 249.

(4) Charte de Laon, p. 186.

s'opère tantôt par suffrage direct, tantôt à deux ou plusieurs degrés. A Amiens, chaque corporation ou bannière nomme son maïeur; les maïeurs choisissent le maire parmi trois candidats présentés par le maire et les échevins en exercice (1). — Souvent même des événements particuliers modifient la constitution politique de la commune, et l'on voit dans certaines villes, comme à Sommières en Languedoc, les magistrats, la population et le sort concourir à la nomination des magistrats (2). Le pouvoir essaye de corriger l'élection, qui est restée, pendant tout le moyen âge, le trait caractéristique des communes.

Le centre de la France ne fut soumis d'une manière absolue ni au régime municipal ni au nouveau système dérivant des mœurs germaines : certaines villes reproduisirent dans le nombre de leurs magistrats électifs des combinaisons analogues à celles qu'avaient présentées les curies gallo-romaines; d'autres acceptèrent dans leur constitution un mode uniforme, le gouvernement de quatre personnes choisies chaque année par la généralité des citoyens, exerçant tous les pouvoirs administratifs et judiciaires avec l'assistance d'un corps de notables.

Ces communes, dans leur isolement, n'avaient pas la force de lutter contre un puissant suzerain; elles devaient succomber; ajoutez que les dissensions intestines les ayant forcé de recourir au roi pour les soustraire à la tyrannie des seigneurs, leur protecteur devint bientôt leur maître. Combien de chartes furent décrétées pour retirer aux communes le droit de se gouverner elles-mêmes! elles achetaient au prix de leur liberté un peu de tranquillité et de repos.

Jusqu'au milieu du XIIIe siècle, la royauté est restée étrangère à la nomination et au choix des officiers et magistrats municipaux; à partir de cette époque, elle fait des règlements généraux. Saint Louis commence en rendant, en 1256, deux ordonnances sur ce

(1) Tiers Etat de M. Augustin Thierry, p. 36.
(2) M. Guizot, Hist. de la civilis., t. 5, p. 203.

sujet. L'élection du maire a lieu sur une liste de quatre prud'hommes présentée au roi qui choisit; les autres deviennent conseillers de la commune. Tous les ans, à la Saint-Martin, le maire et quatre notables, dont deux ont eu pendant l'année l'administration de la ville, sont obligés de venir rendre compte de leur gestion. Un notable, chargé des deniers de la commune, peut seul y toucher et ne doit pas garder plus de vingt livres entre ses mains.

Quant à ses biens, la ville est soumise à la tutelle du roi; elle ne peut donner ni prêter sans son autorisation autre chose *que du vin en baril et en pot;* toutes les questions relatives à l'administration des villes sont portées au parlement de Paris.

A ce moment, la commune disparaît; mais le tiers état a pris un développement qui lui permet, à partir du XIIIe siècle, de jouer un rôle important dans la société. La bourgeoisie, fille de la révolution communale, les légistes, les baillis, les sénéchaux, les officiers du roi, envahissent le pouvoir; ils ont soutenu la royauté au détriment des communes, et sur les ruines des libertés communales s'élève dans l'État ce nouvel ordre qui exercera une si grande influence sur la direction du gouvernement.

§ IV. — *Corporations.*

Les bourgeois, qui avaient gémi sous les priviléges excessifs de la féodalité, en obtinrent à leur tour, et finirent par abuser eux aussi de la part de souveraineté qui leur avait été départie. Les villes favorisées par leur position géographique, celles assises sur des fleuves, s'emparèrent de la navigation et attirèrent à elles le commerce fluvial. « A cet égard, a dit avec vérité M. Depping (1), » la bourgeoisie exerça des usurpations aussi manifestes que les » seigneurs spirituels et temporels en exercèrent sur leurs terres. » A Paris, il se forma de bonne heure une confrérie ou compagnie, sous le nom de *Marchands de l'eau de Paris*, qui recevait par

(1) Livre des métiers de Boileau, p. xxij.

la Seine les marchandises dont elle faisait le trafic. Une ordonnance de Louis VI, en 1121, lui concéda le droit de percevoir 60 sols sur chaque bateau qu'on chargeait de vins à Paris pendant la vendange. En 1170, elle obtint la confirmation des priviléges qualifiés alors d'*antiques*, qui consistaient à interdire à tout bateau l'entrée dans la banlieue de Paris sans appartenir à la hanse ou corps des marchands de l'eau, ou sans que le prévôt indiquât un marchand de Paris pour être son *compagnon*, qualité qui lui donnait droit à la moitié de la cargaison, ou, s'il préférait la laisser vendre, à la moitié du bénéfice. Celui qui osait s'approcher des limites du territoire des marchands sans avoir un compagnon était puni par la saisie de sa cargaison, et le prévôt des marchands, séant au parloir aux bourgeois, auprès du Châtelet, avec les échevins, déclarait la marchandise *forfaite*, c'est-à-dire confisquée au profit du roi et de la marchandise de l'eau.

En 1192, Philippe-Auguste augmenta les priviléges de la hanse parisienne, qui, du reste, n'étaient pas spéciaux à Paris, et qui se reproduisaient dans une infinité de localités, tantôt au profit des seigneurs, tantôt au profit des villes. — Plusieurs villes réclamèrent contre ces entraves au commerce; Rouen surtout fit une vive opposition; mais, en 1258 et en 1415, elle fut obligée de se soumettre aux *marchands de l'eau*, si jaloux de l'application de leurs priviléges, que la dignité de l'abbé de Saint-Germain-d'Auxerre ne les arrêtait pas (1).

Ce sont ces bourgeois qui, après n'avoir formé dans le principe qu'une corporation particulière, se placèrent à la tête de tout le commerce et envahirent la municipalité.

D'autres métiers, d'autres industries se réunirent en corporations : leur nombre, qui s'élevait à plus de trois cents du temps de Boileau, s'augmenta encore dans la suite; ils obtinrent des priviléges, parmi lesquels figurait le droit d'avoir une juridiction spé-

(1) *Olim*, t. 1.

ciale : malgré les vives réclamations du prévôt de Paris, les tonneliers faisaient juger leurs différends par le grand panetier du roi ; les bouchers, cette corporation si redoutable dans les émeutes populaires, ne reconnaissaient d'autre chef que celui de leur choix, et déniaient au premier magistrat de la capitale le pouvoir de modifier leurs statuts.

Tous les corps de métier, pour se constituer, payaient au seigneur ou au roi une redevance, et le prix d'*achat* procurait un revenu assez considérable à celui qui vendait le droit d'exercer le métier. Le roi aliénait souvent le métier en faveur des gens de sa cour, c'est-à-dire qu'il les préposait aux artisans d'un même état, et leur abandonnait son droit comme une source de revenus perpétuels. — La surveillance des métiers appartint aux ouvriers qui en exerçaient de pareils à la cour, comme étant les plus habiles ou les plus considérés dans leur profession : ainsi les boulangers relevaient du panetier du roi ; les forgerons et charrons, du maréchal de la cour ; les marchands de vin, de l'échanson ; les drapiers et tailleurs, du chambrier, etc. Quand un point était douteux, on consultait les anciens. — Comme bourgeois, les artisans étaient soumis au prévôt de Paris, qui siégeait au Châtelet et exerçait la police à Paris et dans la banlieue. C'était devant lui que les métiers portaient leurs contestations ; mais c'était au roi qu'ils s'adressaient pour faire reconnaître ou sanctionner leurs droits. Les XIIIe et XIVe siècles sont remplis de chartes royales en faveur des métiers.

Tandis que la plupart des métiers étaient sous les ordres du prévôt de Paris, les marchands de l'eau avaient à leur tête le prévôt des marchands ; la première de ces prévôtés fut supprimée, du moins de nom, mais la seconde fut maintenue, et sa compétence prit une extension nouvelle.

A cette époque d'oppression pour celui qui n'avait point de priviléges, chacun s'efforçait d'en conquérir pour ne pas rester dans la foule des opprimés. Bourgeois, artisans, chevaliers, légistes, tous mendiaient des franchises qui ouvraient au profit du pouvoir une source abondante de revenus. Une juridiction exceptionnelle était ordinairement le principal avantage de la concession : ainsi les templiers ne relevaient que du saint-siége ; les membres des universités, comme celle de Paris, ne pouvaient être traduits que devant la justice ecclésiastique pour plaintes de la part des tiers, et les causes qui intéressaient l'université en corps étaient jugées par le roi lui-même.

Cette imprudente et impolitique concession de priviléges donnait aux corporations assez de force pour lutter contre le pouvoir, et souvent avec avantage. Les corporations, les universités prenaient une part active à la politique, et gênaient souvent les vues de la royauté; aussi, lorsque les rois entrevoyaient le moyen de diminuer leurs droits, ou même de les anéantir, en saisissaient-ils l'occasion avec empressement, comme cela arriva sous Charles VI pour la ville de Paris et pour son université, en 1446 (1). — Les templiers, malgré leur privilége, qui consistait à ne reconnaître que la juridiction du pape, furent brûlés le 13 mai 1310 par sentence des juges ordinaires appliquant le droit commun en exécution d'une bulle de Clément V.

A côté de ces exemples du pouvoir royal punissant ses ennemis ou ceux qu'il croit l'être, je pourrais en citer d'autres de la même époque, qui montreraient ce même pouvoir souscrivant parfois à des conditions fort dures. Et cependant, à partir du XIVe siècle, la royauté s'affermit chaque jour ; son action gouvernementale prend une puissance qu'elle n'avait jamais eue au commencement de la troisième race. Étudions son influence politique sur les différents éléments qui composaient la société féodale, et, pour apprécier ses progrès d'une manière certaine, disons d'abord ce qu'elle fut au milieu de cette période appelée avec raison l'anarchie féodale.

(1) *V.* plus haut, p. 219.

CHAPITRE II.

ROYAUTÉ.

Après la déposition de Charles le Gros, les ducs, comtes, vicomtes, marquis, tous les bénéficiers enfin travaillaient à assurer leur indépendance pendant le cours de la lutte engagée entre les deux principes d'élection et d'hérédité qui donnaient tour à tour la couronne; la réalisation de ce dessein trouva d'autant moins d'opposition, que ni l'un ni l'autre des principes successivement appliqués n'attribua le pouvoir à un prince assez ferme pour reconstituer l'unité impériale. Aussi, lorsque l'élection plaça Hugues Capet sur le trône, en 987, la royauté se transforma-t-elle en élément de la féodalité : la cour du roi de France ne fut qu'une cour féodale. Cependant les différents souverains locaux se rattachaient à un centre commun bien faible à la vérité, mais qui n'en existait pas moins, le pouvoir suzerain et justicier de la royauté.

La renaissance d'une société urbaine prépara le renouvellement de la société politique; la royauté, sortant des limites que lui avait imposées le système féodal, changea sa suprême seigneurie, puissance à peu près inerte, en un pouvoir actif et militant pour la défense des faibles et le maintien de la paix publique. La révolution communale en fit un pouvoir central et souverain.

Au XIIe siècle, la royauté apparaît pleine de respect pour les droits des seigneurs féodaux et leurs principes; mais, se mettant en dehors de la féodalité, Louis le Gros peut déjà citer le seigneur de Montmorency devant sa cour et le condamner; pourtant il n'ose pas encore le faire arrêter pour le contraindre à exécuter la sentence, car c'eût été *contre la coutume des Français;* mais « ce rebelle éprouvera bien vite tous les maux et toutes les calamités dont la majesté royale *a droit de punir la désobéissance de ses sujets* (1). »

(1) Vie de Louis le Gros, par Suger, c. 2; — Collection de M. Guizot, t. VIII, p. 8.

Le roi maintenait à grand'peine un peu d'ordre dans les provinces éloignées; les évêques venaient bien en aide à la surveillance royale, mais leur action n'était pas toujours assez efficace. « Ce n'est plus évidemment, dit M. Guizot (1), ni la » royauté impériale, telle que la voulait ressusciter Charlemagne, » ni la royauté ecclésiastique, telle que l'auraient faite les prêtres; » c'est un pouvoir public dont on ne connaît pas bien l'origine » ni la portée, mais essentiellement distinct des pouvoirs féodaux, » et appelé à les surveiller, à les contenir dans un intérêt pu- » blic, à protéger contre eux les faibles, une sorte de juge de paix » universel au milieu de la France. »

Philippe-Auguste ne pouvait ériger la royauté en pouvoir central et absolu; mais il appela autour de lui les grands vassaux, pour les réunir en parlement et donner quelque vie aux cours féodales. Il essayait d'un autre côté de se soustraire à la suprématie du saint-siége avec l'appui des barons, et luttait contre le clergé national en le contraignant, malgré les bulles lancées par le pape, à s'acquitter des devoirs féodaux. La royauté prit un caractère *sui generis*, sans limites connues, définies, écrites dans les lois ou dans les coutumes, mais qui l'élevait au-dessus de la féodalité. Le roi, suzerain indépendant, ne *devait rendre hommage à personne*. Sous Philippe-Auguste, deux faits importants se produisent: commencement d'unité dans le gouvernement, qui devient un centre pour les grands barons; indépendance du pouvoir temporel, qui secoue le joug du pouvoir spirituel.

Resserrée pendant de longues années dans les limites du territoire appelé domaine *en l'obéissance le roy*, la puissance royale finit par s'étendre sur tous les domaines successivement réunis à la couronne. Le principe de réunion était la différence essentielle qui séparait la royauté de la féodalité.

(1) Hist. de la civilis., t. 4, p. 411.

ARTICLE PREMIER.

ORGANISATION POLITIQUE.

L'incorporation d'un fief par l'avénement au trône de son possesseur relevant immédiatement de la couronne s'opéra de plein droit, mais sans lui donner une prééminence sur les autres fiefs en parité de mouvance (1). De même, la réunion à la couronne ne changeait aucunement les rapports mutuels des fiefs relevant du comté de Paris ; les mouvances féodales restaient les mêmes. La justice s'exerçait dans les mêmes limites, sans que le ressort éprouvât aucune modification; plus tard, le prévôt royal remplaça le vicomte; le nom de vicomté de Paris se transforma en celui de prévôté, sans qu'il en résultât aucun changement, soit en dignité, soit en étendue, au ressort primitif du comté de Paris. Le même principe fut appliqué aux duchés ou comtés successivement réunis à la couronne, tels que les duchés de Bourgogne, Bretagne, Normandie et Guienne, les comtés de Toulouse, de Champagne, de Provence et de Poitou.

§ Ier. — *Officiers royaux.*

Le roi se faisait représenter dans ses terres par des *prévôts* chargés de pouvoirs administratifs et judiciaires. Dans les domaines où il n'exerçait que les droits de haute seigneurie, les officiers qui le représentaient s'appelaient *baillis;* ils percevaient les droits de mouvance et autres revenus, et exerçaient un droit de contrôle sur toutes les parties de l'administration (2).

Les prévôtés s'augmentèrent par les acquisitions que fit le roi

(1) L'avénement de Hugues Capet au trône ne modifiait en aucune façon la mouvance du comté de Paris.

(2) La différence notable entre les baillies et les prévôtés consiste en ce que celles-ci furent de bonne heure données à ferme, tandis que les *baillies* ne furent jamais soumises à ce régime.

dans les domaines où il n'était primitivement que seigneur suzerain, et qui, pour cela, étaient dits *hors l'obéissance le roy*.—De Hugues Capet à Philippe-Auguste le nombre des prévôtés s'éleva à trente-six; ce dernier roi en établit quarante et une autres, parmi lesquelles on peut citer Amiens, Eu, Montargis, Tours, Saumur, Poitiers, etc. Les nouvelles acquisitions faites sous Louis VIII et saint Louis, au nombre de soixante-cinq, donnèrent, à la fin du règne de ce dernier roi, un total de cent quarante-deux prévôtés (1). Rien de plus irrégulier que la division territoriale en prévôtés et baillies; cette circonscription administrative n'eut jamais rien de fixe.

Le domaine dont le roi était seigneur immédiat reçut de notables accroissements, et la réunion du Languedoc à la Touraine prépara la formation de l'unité territoriale du royaume qui conduisait inévitablement à l'unité gouvernementale.

La politique du sage conseiller de Louis VII posa le principe d'unité en proclamant comme maxime : que toutes les villes nouvelles relèveraient de la couronne de France; et saint Louis en assura le développement par la règle qu'au roi seul appartient le droit de faire une commune, et par la collation du titre de *bonnes villes* donné aux communes déjà existantes qui se placeraient sous le patronage direct et la protection du roi en prêtant serment de fidélité.

Les dissensions entre les maires, les échevins et les jurats, leurs luttes journalières pour obtenir ou conserver le pouvoir, exigèrent l'intervention d'une puissanec supérieure. La France en était arrivée, à la fin du XIIIe siècle, à cette époque de la civilisation où la securité ne s'achète qu'au prix de la liberté. Alors commence une série de règlements généraux sur les communes que publie la royauté, restée étrangère jusque-là au choix et à la nomination des officiers municipaux.

En 1262, les magistrats des bonnes villes durent soumettre

(1) V. M. Laferrière, Hist. du droit français., t. 4, p. 55 et suiv.

leur comptabilité à la vérification de la cour des comptes, et le principe se développa avec rapidité dans le siècle suivant par la conversion des *villes de communes* en *villes de bourgeoisie*. Les communes, souvent mal administrées par leurs représentants, implorèrent comme une grâce l'intervention des prévôts du roi. En 1325, la ville de Soissons, en 1330 celle de Meudon réclamaient cette grâce, et en 1366 une ordonnance (1) opposait l'état florissant des villes gouvernées par les prévôts royaux à l'agitation de celles qui avaient conservé leur organisation communale. — L'administration royale fit dans cette voie des progrès si rapides qu'elle finit par absorber les institutions municipales.

En agrandissant son domaine, saint Louis donna une nouvelle extension à son action gouvernementale; dans les provinces qui avaient autrefois appartenu aux seigneurs, il plaça des sénéchaux remplissant les fonctions assez indéterminées des baillis, et chargés, comme les comtes des deux premières dynasties, de percevoir les revenus royaux. — Venaient ensuite les prévôts et baillis inférieurs, ou *sous-baillis*, qui jugeaient les affaires peu importantes, sauf appel aux baillis, desquels ils relevaient ; enfin, en dernière ligne, les vicomtes, viguiers et maires, dont il serait assez difficile de préciser les attributions, variables d'après les localités et dépourvues d'un caractère uniforme.

Le prévôt s'occupait plus de politique que d'administration judiciaire ; il avait sous ses ordres les sergents d'armes, chargés de faire exécuter les arrêts du parlement. — Après lui, l'un des magistrats les plus importants de la ville de Paris était le *voyer*, chargé de la police des marchés et des rues, et assesseur du prévôt dans plusieurs circonstances (2).

La police de Paris était confiée à vingt sergents à cheval et quarante à pied, tous gens du roi ; mais les bourgeois, convaincus

(1) Rec. ord., t. 4. p. 706.
(2) M. Beugnot, Essai sur les institutions de saint Louis, p. 119 et suiv.

de l'insuffisance des moyens qu'on employait, obtinrent de saint Louis la permission de s'armer et de faire le guet à leurs dépens; on les organisa sous le nom de *guet des métiers* ou *guet bourgeois*. Ce système de police fut adopté dans toutes les villes du royaume, et cette adoption profita aux seigneurs, qui, à cette occasion, percevaient des impôts assez considérables. Obligeant sans nécessité les bourgeois à faire le guet jour et nuit, ils prononçaient contre les défaillants des amendes qui prirent des proportions telles, que les rois rendirent plusieurs ordonnances pour en restreindre le taux. Charles VI, le 23 mai 1383, ordonna (1) à ses baillis de déterminer le nombre des personnes nécessaires pour la garde, et voulut que les deniers prélevés sur les bourgeois qui désiraient s'en dispenser fussent distribués par ses officiers à ceux qui feraient le guet. Charles VII fit plus encore par ses lettres du 1er décembre 1451 : il décida qu'il n'y aurait de guet que dans les villes sérieusement inquiétées, que le tour de service de chacun ne reviendrait qu'une fois par mois au plus, et que l'amende n'excéderait jamais dix deniers tournois (2).

Condamnée longtemps à l'impuissance par la désorganisation sociale commencée sous Charles VI, et entretenue par les guerres avec l'Angleterre, la police se régularise sous Charles VII; en 1447, le prévôt de Paris est investi de la juridiction sur tous les vagabonds et malfaiteurs du royaume (3). C'était le seul moyen alors d'atteindre les brigands qui désolaient le pays et de les soustraire à leurs nobles protecteurs, à la faiblesse, et quelquefois même à la connivence des juridictions locales.

Saint Louis avait créé dans l'administration une institution qui ne se maintint pas sous ses successeurs : je veux parler des *enquêteurs*. Véritables *missi dominici*, comme ceux institués par Charlemagne, ils parcouraient le royaume, et « quant ils trou-

(1) Rec. ord., t. 7, p. 188.
(2) Rec. ord., t. 14, p. 185 et suiv.
(3) Rec. ord., t. 13, p. 509.

» voient chouse que on devoit amander, ils faisoient retablir tôt » et isuelement sans delay (1). » Du reste, si les *enquêteurs* disparurent sous les règnes suivants, de nombreuses ordonnances nommèrent des *réformateurs*, officiers chargés de surveiller les agents du gouvernement et de corriger les abus introduits dans l'administration des finances ou de la justice: c'est ainsi que Jean II envoya, le 26 février 1361, des réformateurs généraux dans le Languedoc et probablement dans les autres provinces, pour réparer « les exactions, injustices, malversations commises pen» dant sa captivité par les nobles, sénéchaux, baillis, juges, » viguiers, prévôts, maires, maîtres des eaux et forêts, gruyers, » trésoriers, receveurs ordinaires, collecteurs des subventions, » leurs commis et les autres officiers des bailliages. »

Les eaux et forêts étaient régies pas une administration particulière ayant pour chefs les maîtres élus et institués par le grand conseil du roi. Réduits à 10 par l'ordonnance (2) du 25 mai 1346, ils exerçaient une certaine juridiction, et avaient sous leurs ordres plusieurs officiers, les gruyers, verdiers, maîtres sergents et simples sergents des forêts. Ces derniers rendaient leurs comptes deux fois l'année aux maîtres, qui à leur tour présentaient chaque année les leurs à la chambre des comptes.

Presque toutes les grandes réformes administratives datent du règne de saint Louis; Philippe le Bel mit en œuvre peu d'idées générales sur le gouvernement; il transforma la royauté en despotisme. Sous Philippe le Long, le parlement, devenu tout-puissant, embrassait une des deux grandes divisions territoriales établies par l'ordonnance de 1316, qui prenait la Loire pour ligne de démarcation. — Le pays en deçà de la Loire, pays de la langue d'*oil* ou d'*ouy*, composa le ressort du parlement de Paris. — Le pays au

(1) Leur mission était de réparer les torts éprouvés par les habitants, surtout sous le règne de Philippe-Auguste. — Guillaume de Nangis, p. 236.

(2) Rec. ord., t. 2, p. 456.

delà, formant la langue d'*oc*, fut compris dans le ressort du parlement de Toulouse. Plusieurs parlements et cours souveraines furent créés successivement; je me borne à énumérer les cours existantes à l'époque dont je parle. Après les parlements de Paris et de Toulouse, on établit à Rouen l'échiquier en 1302, à Aix le conseil souverain en 1415, à Grenoble le conseil delphinal, remplacé en 1453 par le parlement, enfin le parlement de Bordeaux, promis par Charles VII dans le traité conclu avec cette ville en 1451, créé en 1460, et installé seulement en 1462.

Jusqu'à l'avénement de la monarchie absolue, les seuls règnes qui marquent le progrès de l'action gouvernementale sont ceux de Charles V, Charles VI et Charles VII. — Le premier eut plutôt pour résultat de conserver les améliorations acquises que de créer des institutions nouvelles; sous Charles VI, les guerres étrangères et les dissensions intestines ne permirent pas aux idées d'administration générale qui germaient dans l'esprit des masses de se réaliser. Dans la première partie du règne de Charles VII, les mêmes causes empêchèrent ces idées de se faire jour. Mais à peine l'étranger est-il chassé du territoire, que les réformes commencent; le pouvoir affermi, débarrassé de la féodalité qu'il domine, s'appuyant sur le clergé, dont il ne redoute plus les empiétements, imprime au gouvernement une régularité et une force nouvelles.

Les finances, organisées dans l'ordonnance de 1443 par les soins et l'activité de Jacques-Cœur, sont mises en meilleur état; l'habile ministre songe à réaliser des économies, et applique au royaume la sage et simple administration d'une maison de banque.

Le commerce extérieur nécessite quelques ordonnances destinées à encourager les relations avec les étrangers, mais elles sont encore en petit nombre. Le commerce intérieur donne lieu à d'importantes innovations; en 1430, les péages dus aux seigneurs sont abolis, la circulation devient libre, et les transports par terre et par eau, affranchis des droits énormes dont ils étaient grevés, impriment une impulsion favorable aux transactions commerciales.

Ainsi, à travers l'anarchie féodale, la royauté et les communes ont créé un nouvel ordre de choses; les idées gouvernementales se sont peu à peu produites; malgré la résistance des seigneurs, toutes les branches de l'administration ont été organisées; les attributions du pouvoir exécutif se sont dessinées nettement à mesure que l'action législative de la royauté s'est étendue, et sous Charles VII tous les grands moyens de gouvernement, la force militaire, l'impôt et la justice, sont établis sur une grande échelle et avec un ensemble satisfaisant. Nous suivrons les progrès de chacun de ces trois éléments d'organisation sociale; mais, avant, il faut déterminer la part qui revient dans ce développement des institutions régulières à un ordre politique nouveau connu sous le nom de *tiers état*, dont l'action imprime à la société française un cachet éminemment national.

§ II. — *Tiers état.*

Le peuple délibérait en armes dans la Germanie; les assemblées primitives, les *mâls*, éprouvèrent de profondes modifications sous les deux premières races, et Charlemagne, tout en donnant une vie nouvelle aux *placités* généraux, ne leur avait probablement pas restitué d'une manière complète leur ancien caractère. Les assemblées générales, condamnées à subir, sous ses successeurs, le même sort que les autres institutions dues à son génie, disparurent avec l'unité du pouvoir. En l'absence d'autorité centrale pour les convoquer, comment auraient-elles pu subsister? De leur côté, les seigneurs, de leur autorité privée, réunissaient autour d'eux leurs partisans, excluant par la violence ceux qui pouvaient être hostiles à leurs desseins : c'est une assemblée de cette nature qui décerna la couronne à Charles le Gros.

A l'avénement de Huges Capet, la France se divisait en sept

grands duchés, et, à l'imitation des rois, les hauts barons convoquaient leurs vassaux dans des assemblées appelées *plaids, assises, cours* et même *parlements,* où l'on délibérait sur ce qui concernait l'intérêt féodal du suzerain, c'est-à-dire sur la justice, les finances et, par extension, sur tout le reste : tels furent le *parlement* des comtes de Toulouse, l'*échiquier* du duc de Normandie, les *grands jours* des comtes de Champagne. C'est par application du même principe que Hugues Capet et ses successeurs immédiats convoquèrent des assemblées toutes féodales sous le nom de *parlements*, qui remplaçaient les champs de mars ou de mai des deux premières dynasties.

Les assemblées se composaient des princes du sang, d'archevêques, des grands vassaux de la couronne, des seigneurs relevant immédiatement du roi, et des officiers du palais. C'est dans des assemblées analogues que fut résolue la croisade de 1146 sous Louis VII, et votée en 1188 la dîme saladine que l'on préleva sur les ecclésiastiques comme sur les laïques ; mais les réunions étaient rares. Le roi semblait ainsi revêtu d'un pouvoir absolu, et pourtant il ne fallait voir là qu'une preuve de sa faiblesse ; car si les barons n'obéissaient que rarement à ses appels, c'était par mépris pour son autorité coercitive.

Dans le principe, deux ordres seulement composaient ces assemblées, le clergé et la noblesse ; mais la renaissance des municipalités, l'affranchissement des communes, qui avaient imprimé un nouvel essort à l'agriculture, au commerce, à l'industrie, et la multiplication des corporations d'arts et métiers, firent surgir une troisième classe d'hommes libres et propriétaires qui vinrent prendre place dans ces délibérations dont ils avaient été exclus tant qu'on les avait considérés comme serfs (1). La classe nouvelle, quoique inférieure aux deux autres,

(1) *V.* le mémoire de M. Rathery, couronné en 1844 par l'Académie des sciences morales et politiques, intitulé Histoire des états généraux de France.

participa dans sa sphère aux droits politiques et fut appelée à donner conseil dans les affaires importantes et à délibérer sur les taxes nouvelles.

Ce résultat ne se produisit point tout d'un coup d'une manière générale ; il fut amené par le rapprochement que les croisades établirent entre les différentes classes. En Languedoc, où l'organisation municipale s'était maintenue, le clergé et la noblesse délibéraient en commun avec la bourgeoisie sur les intérêts de tous ; on en trouve des exemples au XIe siècle. Au XIIe, l'influence de la bourgeoisie se manifesta dans les assemblées provinciales du nord. Aux barons que Philippe-Auguste groupait autour de lui sous le nom de pairs de France, saint Louis aimait à adjoindre les députés de ses bonnes villes, et son testament recommanda à son fils l'utilité de cette adjonction (1).

L'affranchissement des villes leur avait donné place dans la hiérarchie féodale, et la population urbaine exerçait, sans que personne songeât à le lui contester, un droit de contrôle qui consistait à consentir librement les impôts et les subsides. La convocation des représentants des bonnes villes n'eut lieu d'abord que dans des cas spéciaux et d'une manière isolée : « Les formules » de quelques chartes royales sont le seul témoignage qui nous » en reste avant Philippe le Bel, et il faut descendre jusqu'à ce » règne pour le voir se produire d'une façon éclatante, et marquer sa place parmi les grands faits de notre histoire nationale (2). »

Les créations administratives au milieu desquelles s'ouvrit le XIVe siècle, et l'épuisement du trésor, forcèrent la royauté, qui n'avait jusque-là à peu près exercé que des droits seigneuriaux,

(1) M. Rathery, p. 38. — Une ordonnance de 1262 sur les monnaies est contresignée par trois bourgeois de Paris, trois de Provins, deux d'Orléans, deux de Sens et deux de Laon. — Rec. ord., t. 1, p. 93.

(2) Tiers État, M. Augustin Thierry, préface.

à demander des secours en rapport avec ses nouveaux besoins. Le clergé et la noblesse refusaient de se soumettre à l'impôt ; leur exemption étant pour eux un privilége immémorial, force était de s'adresser aux bourgeois, à qui la royauté venait d'accorder leurs franchises. Au lieu d'envoyer de ville en ville des officiers pour exposer aux magistrats municipaux le besoin qu'il avait d'un subside, le roi trouva plus expéditif de convoquer les représentants des villes en assemblée générale. La nécessité rendit l'intervention du tiers état indispensable, et Pasquier a dit avec raison : « Celuy a bien faute d'yeux, qui ne voit que le roturier fut » après ajouté à cette assemblée, contre l'ancienne ordonnance » de France, non pour autre raison que c'estoit celuy sur lequel » devoit principalement tomber le faix et la charge. »

On peut assigner encore d'autres motifs à cet état de choses. « En admettant les communes au parlement ou à l'assemblée des » états généraux, dit Meyer (1), le roi y augmentait le nombre » de ses vassaux particuliers; il opposait les communes aux » nobles, parce qu'elles étaient composées de roturiers, et aux » grands seigneurs, parce qu'elles tenaient leurs franchises » immédiatement du roi; il s'affermissait contre les entreprises » des grands vassaux; il augmentait le contre-poids contre le » clergé, qui aurait voulu soutenir les prétentions ultramontaines; » il se ménageait un appui contre la noblesse, qui aurait entrepris » sur les extensions du pouvoir royal ; il se conciliait l'amour de » ses sujets ; il disposait de leurs secours pécuniaires partout où » il en aurait besoin. »

Les empiétements de Boniface VIII sur le pouvoir temporel amenèrent la convocation d'une grande assemblée comprenant les trois états : le clergé, la noblesse et la bourgeoisie des villes. Celles du nord envoyèrent leurs échevins, celles du midi leurs consuls, et, le 10 avril 1302, le *commun peuple* fut réuni avec

(1) Institutions judiciaires, II, 359.

lès barons et les grands dignitaires ecclésiastiques dans la basilique de Notre-Dame de Paris.

Le premier acte du tiers état fut l'émission d'un vœu pour l'indépendance de l'autorité temporelle, vœu qui est devenu l'un des principes fondamentaux de notre droit public. « A vous, disaient » au roi les représentants de la bourgeoisie, à vous très-noble prince, » nostre sire Philippe, par la grâce de Dieu roy de France, » supplie et requiert le peuple de votre royaume, pour ce qui l'y » appartient, que ce soit fait que vous gardiez la souveraine » franchise de votre royaume, qui est telle que vous ne recognois- » siez, de vostre temporel, souverain en terre, fors Dieu... ».

Les trois ordres délibérèrent séparément, et ils écrivirent au pape et aux cardinaux pour leur annoncer la ferme résolution de s'opposer à toute atteinte qui serait portée à l'indépendance de la couronne et le renouvellement qu'ils venaient de faire de leur serment de fidélité au roi.

Les élections du tiers état, pendant le XIVe et une grande partie du XVe siècle, se bornèrent aux *bonnes villes;* mais cette représentation, tout imparfaite qu'elle était, eut constamment le mérite de se croire chargée de plaider la cause de tout le peuple, sans distinction de francs ou de serfs, de bourgeois ou de paysans.

Pendant le règne de Philippe le Bel, les populations avaient été accablées sous le poids des impôts; aussi plusieurs provinces formèrent-elles une *ligue* dite du *bien public* qui se termina par des concessions, et Louis le Hutin se hâta, à son avénement au trône, de signer plusieurs chartes dont la plupart mentionnent qu'elles furent accordées *sur la demande des trois états* : la plus célèbre est la *charte aux Normands.* Mais comme les assemblées ne se réunissaient que quand la royauté avait besoin de subsides, la bourgeoisie, sous les successeurs de Philippe le Bel, parut ne pas tenir beaucoup à être consultée sur les affaires générales du royaume. — Les guerres avec l'étranger nécessitèrent, sous le règne du roi Jean, une convocation périodique pour obtenir des impôts, et le peuple, ivre de cette brusque initiation à la vie politique, saisit tout d'un coup et pour un moment une prépondérance que cinq siècles d'efforts ont seuls pu lui assurer.

C'est aux états généraux de 1355 qu'éclata cet esprit de réforme et d'innovation qui imposait au roi la volonté populaire. Nous connaissons l'ordonnance royale qui donna force de lois à ses résolutions hardies (1).

Le souffle révolutionnaire semblait animer les représentants; interprètes de la douleur nationale, ils accablaient de leur indignation et de leur mépris la lâcheté de la noblesse qui avait fui devant une armée étrangère. Un comité de quatre-vingts membres, délibérant sans distinction d'ordre, résumait toute l'action de l'assemblée; voici le programme menaçant qu'il publia: souveraineté des états en toute matière d'administration et de finance; — mise en accusation de tous les conseillers du roi; — destitution en masse de tous les officiers de justice; — nomination d'un conseil de réformateurs pris dans les trois ordres; — enfin défense de signer aucune trêve sans l'assentiment des trois états, qui pourront se réunir par leur seule volonté, sans convocation royale. L'ordonnance du 3 mars 1357 nomma pour surveiller l'administration du royaume trente-quatre personnes, dont la moitié fut prise dans la bourgeoisie (2). Le nombre des représentants des communes leur assurait la prépondérance, les nobles d'abord, le clergé ensuite se retirèrent et laissèrent aux députés des bonnes villes tous les embarras de la réforme et du gouvernement. La représentation de Paris obtint la prépondérance, et pendant trois années, 1356, 1357, 1358, la scène politique fut occupée par un homme dont l'instinct organisateur devançait son siècle, et qui rêvait l'égalité civile et politique, l'unité sociale, la substitution du gouvernement populaire au pouvoir royal. Ce

(1) V. plus haut, p. 209. — Rec. ord., t. 3, p. 22.
(2) V. plus haut, p. 210 et 211. — Rec. ord., t. 3, p. 128.

tribun aux vues élevées et hardies était Etienne Marcel, prévôt des marchands, c'est-à-dire chef de la municipalité de Paris.

A la nouvelle de l'insurrection de la capitale, les paysans se soulevèrent et, sous le nom de *Jacques*, dévastèrent les campagnes. Le pays, épouvanté, ne savait comment résister à cette nouvelle invasion de barbares, lorsque la chute de Marcel entraîna leur ruine; on vit en même temps expirer la *jacquerie* et la révolution bourgeoise.

Le tiers état perdit le pouvoir temporaire que les événements lui avaient donné; mais ses idées de réforme s'imposèrent en quelque sorte à la royauté, qui devait les mettre un jour en pratique.

La représentation nationale ne comprenait pas la France entière; les députés de la langue d'oil étaient seuls convoqués. Quelques états généraux réunirent cependant par exception les représentants de la langue d'oc et de la langue d'oil, par exemple ceux convoqués le 16 février 1351.

Le nord et le midi de la France différaient beaucoup l'un de l'autre : celui-ci comportait plus de civilisation et de liberté; l'action politique y était moins comprimée; aussi les révolutions administratives n'y prenaient-elles pas naissance; elles partaient du nord et ne se faisaient sentir que par contre-coup dans les régions méridionales. — C'est donc dans les états de la langue d'oil qu'il faut aller chercher les premières tentatives du tiers état sur la direction du gouvernement.

Quoiqu'il semblât admis en principe que les états généraux devaient consentir les subsides, Charles V ne les convoqua presque jamais. A sa mort, de nouveaux débats entre la couronne et le corps représentatif éclatèrent, et, dès la première assemblée réunie sous Charles VI, le gouvernement se vit forcé de révoquer toutes les taxes illégalement imposées depuis Philippe le Bel. Une ordonnance de 1380 déféra au vœu des états généraux en disant : « Ne aucun préjudice estre engendrez aux priviléges et immu-

» nités du pueple de nostre dit royaume dont il jouissoit du temps
» du roi Philippe le Bel (1)... »

Mais, les revenus ordinaires ne suffisant plus, le gouvernement frappa les marchandises d'un impôt: cet acte fut le signal d'une émeute formidable qui fit trembler la royauté et la noblesse, et les réunit contre les roturiers. La bourgeoisie, vaincue, fut décimée; les libertés immémoriales de la ville de Paris furent abolies le 27 février 1383 (2), et les villes qui avaient secondé les *maillotins*, punies d'amendes qui équivalaient presque à une confiscation.

La bourgeoisie reparut sur la scène politique en 1412, et fit rendre la fameuse ordonnance de 1413 (3), qui posa les bases d'une administration régulière accueillie avec enthousiasme par l'opinion publique. Charles VII sut mettre en pratique les théories des états généraux de 1413. Il rétablit l'ordre dans les finances, créa les armées permanentes, introduisit de sérieuses améliorations dans l'administration de la justice, et concentra dans sa main ces trois grands moyens de gouvernement fractionnés jusqu'à lui; la monarchie absolue se fonda sur l'unité politique et administrative.

Pour bien comprendre la nouvelle organisation gouvernementale, il est nécessaire de jeter un coup d'œil sur le passé.

ARTICLE II.

ORGANISATION ADMINISTRATIVE ET JUDICIAIRE.

Dans cette période, le pouvoir administratif et le pouvoir judiciaire, mieux séparés, ont acquis une régularité que les progrès du pouvoir royal devaient seuls garantir; aussi n'est-ce qu'après la

(1) Rec. ord., t. 7, p. 564.
(2) V. plus haut, p. 219.
(3) Plus haut, p. 226 et suiv.

destruction de la féodalité que le grand principe de la séparation des pouvoirs est consacré définitivement.

§ Ier. — *Finances.*

Un système général d'impôts (1) ne pouvait exister au profit de la royauté tant qu'elle ne fut qu'un pouvoir féodal placé au sommet de la hiérarchie, sans action gouvernementale proprement dite sur le territoire de ses barons. Le roi n'avait que le revenu de ses domaines, comme tout autre seigneur, et là se bornait son droit. Ce n'est qu'après s'être élevée au-dessus de la féodalité que la royauté a étendu ses droits, en matière d'impôts, au détriment des seigneurs. L'administration financière n'a été régularisée que lorsque, sans abolir entièrement les redevances seigneuriales, il a été possible de les restreindre et de faire disparaître la souveraineté locale au profit d'une souveraineté générale. De là une classification nécessaire pour comprendre l'ensemble du système financier de cette époque : les redevances seigneuriales et les revenus publics. J'en tracerai rapidement l'esquisse, et je terminerai par quelques notions sur les redevances ecclésiastiques.

I. *Redevances seigneuriales.* — Autant il serait impossible d'énumérer ici tous les droits perçus au profit des seigneurs, autant il est indispensable d'en connaître les principaux, pour qui veut se faire une idée de la société féodale, et apprécier la position respective de ces petits gouvernements locaux, dont l'ensemble devait constituer la nation française. Les personnes, les terres, les animaux, l'usage d'un lieu ou l'exercice d'une faculté, les productions de la terre et de l'industrie, l'administration de la justice, tout servait d'assiette à une taxe au profit des seigneurs ; rien ne pouvait échapper à l'impôt.

(1) *V.* les excellentes préfaces que M. de Pastoret a mises en tête des XVe, XVIe, XVIIe, XVIIIe et XIXe volumes du Recueil des ordonnances des rois de France.

1° *Contributions personnelles.* — Le service militaire était imposé à tout bourgeois sous le nom de *segagium*, *sega*, ou encore d'*ost* ou *chevauchée* (1).

Au noble seul était réservé le droit de combattre à cheval; dans certaines occasions, il recevait *ses gants et ses éperons*.

Les agriculteurs et laboureurs étaient soumis à des services personnels appelés corvées, dont les rigueurs s'adoucirent successivement : ainsi le nombre en fut réduit à douze par an, et encore le corvéable devait-il être prévenu deux jours à l'avance, et nourri par le seigneur pendant le temps de sa corvée : il était de règle de ne point l'employer hors de la seigneurie. — La corvée pouvait encore être attribuée à une ville, à un être moral, ou même à la propriété; alors de personnelle elle devenait réelle.

Le *chevage* était une sorte de capitation, dont les redevables payaient, par exemple, quatre deniers par an, ce qui les faisait nommer *homines quatuor nummorum*. Tout serf ayant feu et lieu dans certaines seigneuries apportait chaque année, à Noël, *la poule de coutume;* cette redevance s'acquittait par feu. — Le seigneur avait encore le droit de faire porter ses lettres et ses messages par ceux qui habitaient son fief.

Une amende sévère atteignait ceux qui ne payaient pas; les débiteurs avaient souvent la faculté de convertir la redevance en une autre à leur choix.

L'obligation de *chiennage* consistait à nourrir, loger et soigner les chiens du seigneur (2) et ceux qui étaient préposés à leur garde. Cette obligation humiliante fut successivement modifiée; la charte du Hainaut en prononce l'abolition (3). — Un droit analogue avait lieu pour les chevaux, *chevallagium;* mais Charles V,

(1) Cette dernière expression était réservée plus spécialement aux guerres particulières du seigneur féodal; l'expression d'*ost* désignait ordinairement le service dû pour les guerres publiques.

(2) Dont le droit prenait le nom de *gîte au chien*.

(3) Rec. ord., t. 3, p. 61.

en 1367, alloua à l'avenir une indemnité à ceux qui logeraient ses équipages (1).

Les propriétaires devaient certains services à cause des animaux qu'ils possédaient : tels que le droit de *sommage*, qui consistait à faire porter *à somme des sacs* par les animaux de trait. Les charrettes et les animaux du vilain servaient aussi au transport du vin et des récoltes du seigneur, et dans la Marche on appelait *arban* la corvée imposée au profit du seigneur sur les bœufs et la charrette de ses hommes.

Les officiers royaux en mission avaient droit au *fresenage, frisenage* (*frisenga* ou *friscinga*, jeune porc); ils pouvaient aussi prendre des œufs, des poules, etc., pour leur consommation personnelle, ainsi que la nourriture de leurs chevaux.

Quand un bœuf ou un agneau étaient tués, le *carnage* ou *charnage* était dû au seigneur sur le territoire duquel l'animal avait été abattu; un droit analogue était perçu sur les moutons, brebis, vaches, chèvres et autres animaux, sous le nom de *chevrotage*, *moutonnage*, *herbiage*, etc. Son importance était déterminée par de nombreuses ordonnances, entre autres par plusieurs émanées de Charles le Bel (2). — Enfin le *pied fourché* se prélevait sur le transport et la vente du gros et menu bétail, comme le tiers était perçu sur le poisson pêché.

Pendant le cours d'un voyage, le seigneur pouvait passer quelque temps avec sa suite dans un endroit déterminé. Cette charge, *hospitatio, recetum, albergaria*, était rachetée souvent par une redevance. La *prise* permettait au seigneur de prélever le fourrage nécessaire à son équipage, les légumes, poulets, blé et autres vivres dont il avait besoin. — Le seigneur exigeait parfois un crédit de huit ou quinze jours pour les vivres qu'il achetait, et le vilain ne pouvait le lui refuser.

Le vassal était obligé tantôt à apporter sur ses épaules une

(1) Rec. ord., t. 5, p. 50.
(2) Rec. ord., t. 12, p. 482-491.

grosse bûche dans la maison du seigneur la veille de Noël, tantôt à chanter une chanson gaillarde; et, s'il faut en croire Chopin (1), « le parlement de Paris changea en une redevance pécuniaire l'obli» gation imposée au nouveau vassal de présenter au seigneur une » alouette chargée et liée curieusement sur un char à bœufs. » — Un autre cadeau consistait en balles à jouer de différentes couleurs, ou en billards, suivant que le seigneur se mariait en premières ou en secondes noces.

Une amende était encourue par ceux des censitaires de Cressange, en Bourbonnais, qui n'allaient pas se promener chaque année, le dernier mardi de mars, depuis le lever jusqu'au coucher du soleil, dans un cimetière, sans se parler entre eux. Un étranger leur adressait-il la parole, ils devaient lui faire la mine en disant : *Mars est mars ; à Cressange sont les musards.*

Les nouvelles mariées donnaient un chapeau de roses au procureur du roi et un goûter au greffier. D'autres taxes, honteuses pour les époux, furent remplacées par un droit moins alarmant pour l'honneur du mari, *le mets du seigneur*, c'est-à-dire l'envoi au seigneur de l'un des plats destinés au festin de la noce.

Enfin, le nom d'*oblatio* comprenait des redevances exigées dans certains cas, mais que les seigneurs décoraient du titre d'offrandes volontaires.

2° L'usage d'un lieu était imposé ou l'exercice d'une faculté réglé moyennant finances : ainsi le droit de moudre le blé au moulin du seigneur et de cuire le pain au four banal ; un règlement de 1275 n'en exempta que ceux qui, *de tout temps*, avaient eu un four particulier (2), et les Etablissements de saint Louis prononçaient une amende et la confiscation contre ceux qui portaient ailleurs leur blé ou leur pâte (3). — Ainsi s'explique la prohibition

(1) Cout. d'Anjou, 1re partie, p. 176.
(2) Rec. ord., t. 3, p. 63 ; — t. 15, p. 76.
(3) Liv. 1, ch. 107, 109, 110.

de construire des fours sur les terres du seigneur, prohibition qui dura jusqu'au règne de Charles VI, ainsi que le dit Bouteillier dans sa Somme rurale.

La même obligation existait pour la banalité du pressoir, et la confiscation, appliquée d'abord à la vendange seule, s'étendit dans la suite aux chevaux et charrette du contrevenant.

Ces perceptions se modifièrent sous l'influence des ordonnances royales ; cependant ce ne fut qu'au XVIIe siècle que la jurisprudence exigea du seigneur un titre pour prouver son droit.

Il fallait encore acheter la viande à la boucherie seigneuriale, faire aiguiser ses outils et instruments aratoires à la forge banale, se servir des taureaux et des verrats du seigneur pour la reproduction (1).

Le *banvin* permettait au seigneur, pendant les six semaines qui suivaient la vendange, de vendre son vin avant tous autres. — Il était aussi interdit de couper les raisins avant que le ban ne fût publié, à moins qu'on n'achetât l'autorisation de vendanger immédiatement. Quant à ceux qui chassaient dans les garennes, ou pêchaient dans les étangs seigneuriaux, une amende fort dure leur était infligée. — Les seigneurs avaient tellement abusé des garennes, que les terres à cultiver ne suffisaient plus aux besoins de la population ; une ordonnance de saint Louis fit détruire toutes celles qui n'avaient été établies que depuis 40 ans, et Charles VI renouvela, le 25 mai 1413, de semblables dispositions déjà réitérées par Jean II et Charles V (2).

L'usage d'une forêt se vendait comme tout le reste ; d'où l'*affouage*, *affocagium*, payé pour y prendre du bois de chauffage ; la possession immémoriale sans titre n'eût pas dispensé de la redevance. Venaient ensuite le *pacage*, *pasasge* ou *pastu-*

(1) D'où le droit de *taureau bannier*, perçu sur chaque vache que l'on faisait saillir.

(2) Rec. ord., t. 3, p. 136 ; — t 10, p. 70 ; — t. 8, p. 117 ; — t. 11, p. 420 ; — t. 12, p. 300.

rage, appelé en Nivernais *blairie*, payés au seigneur haut justicier; le *triage*, qui lui accordait le tiers des bois communaux, parce qu'il était censé les avoir primitivement donnés.

Enfin le *varech* rejeté par la mer appartenait encore au seigneur (1), ainsi que le reconnaît une ordonnance de Louis le Hutin, confirmative de ce droit pour la Normandie.

3° Chaque mutation de propriété entraînait une perception de droits; celui perçu lors du changement de vassal prenait le nom de *chambellage*, *chambellenage*, parce qu'il était primitivement payé au grand chambellan de France. D'abord, ce n'était qu'un don; plus tard, ce fut un impôt. — Ce que le vassal acquéreur payait pour l'inféodation de l'acte d'acquêt s'appelait *droiture*, et le seigneur était dit *droiturier*. Le cens était un revenu acquitté par le vilain pour détenir un immeuble, en vertu de la maxime : *Nulle terre sans seigneur*. Le cens n'empêchait point l'établissement d'un droit annuel sur les maisons et les héritages, *tensement*, *taxamentum*, perçu en argent ou en nature, comme en blé ou avoine.

Les *lods* et *ventes* formaient encore un revenu très-productif. Quand l'acquisition était faite par des mainmortables, il fallait une indemnité représentative, car désormais le bien cessait de circuler dans le commerce. Si la transmission avait lieu autrement que par vente, les mainmortables, pour établir la valeur de l'indemnité, présentaient au seigneur un homme dont la vie devait être la mesure de la vie de celui qui aurait dû les droits, et dont la mort donnait ouverture au payement des lods et ventes : les lois féodales l'appellent *homme vivant et mourant*.

Les redevances en fruits variaient à l'infini : on distinguait le *terrage* ou *champart*, désigné souvent par la quotité à payer, le quart, le cinquain, l'octave, le trezain, le vingtième; le *carpot*, redevance perçue en Bourbonnais sur la vendange; l'*avenage*, celle

(1) Rec. ord., t. 1, p. 59; — t. 5, p. 245; — t. 6, p. 47.

prélevée sur l'avoine; le *bordelage*, qui consistait en un droit annuel en grains ou volailles que le débiteur devait porter en personne si le seigneur n'était pas éloigné de plus de quatre lieues; le *fouage*, levé annuellement sur chaque feu, et payable, comme le bordelage, en volailles ou en grains: la coutume de Blois le désignait sous le nom d'*hostise*.

Les habitants devaient réparer les haies du seigneur ou payer une indemnité (1), et lui laisser sur leurs terres un emplacement pour établir un étang, un moulin, une maison. Le trésor trouvé appartenait pour moitié au seigneur; les coutumes du midi suivaient la loi romaine, qui partageait entre le propriétaire du fonds et l'inventeur.

4° Les épaves étaient la propriété du seigneur, sauf les objets de peu d'importance, qui appartenaient au premier occupant. Les seigneurs prétendaient s'attribuer les mines au détriment de la royauté; saint Louis se réserva les mines d'or et leur abandonna celles d'argent (2): plus tard, l'ordonnance de Charles VI, de mai 1413, en attribua le dixième au roi. Enfin les successions en déshérence, les biens des déconfès étaient attribués au seigneur du lieu où la personne était morte.

5° Ce n'était pas assez de frapper les denrées lors de leur récolte, elles étaient atteintes encore au moment où elles entraient dans le commerce, et les impôts nouveaux se multipliaient avec une désespérante habileté. Le débit du vin en broche (robinet de tonneau) donnait lieu au payement du *forage*; la vente hors de la seigneurie était soumise au *roage*, *rodage* ou *rouage*. La mesure du blé donnait droit au *minage*; la récolte était frappée du droit de *mestive*, appelé *bassinage* quand le seigneur prélevait un plein bassin de grains; *cartelage*, *quartagium*, quand il prenait le quart; mais ce prélèvement parut si excessif, que jamais

(1) *Haïas* ULTERIUS *non persolvant*, dit un acte du XVe siècle cité par Ducange, t. 3, p. 1036.

(2) Etabliss., liv. 1, ch. 90.

peut-être il ne fut exercé dans toute sa rigueur.—Venaient ensuite le *plassage, hallage, estallage, fenestrage*, selon que le vendeur voulait placer ou établir sa marchandise dans tel ou tel endroit.

Les animaux traversant une seigneurie payaient le *pulveraticum*, ainsi appelé par allusion à la poussière que faisaient les moutons en passant sur les terres du seigneur.

6° A toutes ces charges le seigneur ajoutait des impôts extraordinaires à l'occasion de quelque notable événement : ainsi quand il armait son fils chevalier, qu'il mariait sa première fille ou qu'il voulait payer sa rançon de prisonnier de guerre (1). Le voyage en terre sainte fut l'occasion de contributions qui, de volontaires qu'elles étaient d'abord, *charitivum subsidium*, devinrent forcées. Enfin, chose difficile à croire à notre époque, certaines coutumes posaient en principe que les vassaux étaient *Taillabiles ad voluntatem domini.*

7° Les jugements donnaient lieu aussi à certains droits, qui s'étendaient parfois jusqu'à la confiscation (2). Les amendes étaient assez fréquentes ; ceux qui déplaçaient des bornes payaient 60 sols, de même que ceux qui jouaient à la paume ou qui étalaient leur marchandise dans un lieu public appartenant au seigneur, sans sa permission, le jour de la fête patronale. Etaient encore punis, ceux qui recélaient des épaves, coupaient des bois dans les forêts seigneuriales, causaient du dommage aux moissons ou aux vignes, par eux ou leurs animaux. Le manque d'acquitter les droits féodaux, *oubliage, oblivio*, donnait lieu à de fortes amendes que réduisirent les ordonnances royales (3).

Les actes de procédure étaient aussi la source de revenus considérables, rappelés par l'ordonnance de Jean II de 1361 (4).

(1) Les dettes civiles ne donnaient pas lieu à des taxes exceptionnelles.
(2) Etabliss., liv. 1, ch. 65, 48, 50 et 51.
(3) Rec. ord., t. 8, p. 126 ; — t. 6, p. 59 ; — t. 11, p. 201 ; — t. 12, p. 19 ; — t. 15, p. 272 ; — t. 16, p. 6.
(4) Rec. ord., t. 4, p. 398.

Enfin, souvent les habitants s'abonnaient pour être déchargés des impôts, que remplaçait alors une *composition*.

Les chartes d'affranchissement modéraient les droits ou les supprimaient tout à fait. Au XIVe et au XVe siècle, les droits de chasse et de pêche furent l'objet de nombreuses concessions (1); les idées de liberté avaient déjà pénétré dans l'esprit des seigneurs, cédant malgré eux à l'impulsion donnée par la royauté, et emportés par le courant de l'opinion publique.

II. *Revenus publics.* — Les revenus royaux ne différèrent pas des redevances seigneuriales tant que le roi ne fut qu'un suzerain ordinaire. Mais le système général des finances se développa en même temps que la puissance royale s'étendit; le roi substitua graduellement ses officiers aux seigneurs dans la perception de l'impôt; s'il ne parvint pas, dans notre période, à abolir leurs droits, du moins il les restreignit et centralisa la perception des contributions comme il avait centralisé le pouvoir législatif et judiciaire.

1° Pendant longtemps le domaine de la couronne fut la source à peu près unique des revenus royaux; mais cette source devenait de jour en jour moins abondante, par suite des concessions nombreuses que faisaient les rois, en vue de récompenser des services ou de gagner des partisans. La prohibition d'aliéner le domaine royal avait bien été prononcée par Hugues Capet et sans cesse renouvelée depuis lui, mais la défense n'en avait pas été mieux observée. Le XIIIe et le XIVe siècle virent naître, à ce sujet, je ne saurais dire combien d'ordonnances dans lesquelles les rois avouaient leur impuissance à échapper aux obsessions de leur entourage (2).

(1) Charles VII accorda le droit de chasse à la ville de Nîmes en novembre 1439; mais cette concession lui fut arrachée par les états du Languedoc, car sa déclaration du 28 août 1451 prouve combien les rois étaient encore jaloux de cette prérogative. — V. Rec. ord., t. 14, p. 237; — t. 13, p. 314.

(2) *V.* principalement Rec. ord., t. 1, p. 670, 762, et les autres vo-

La règle de la réunion à la couronne des biens personnels du roi lors de son avénement au trône, règle observée par le fondateur de la troisième dynastie, ne fut point universellement reçue ; et quoiqu'on ait dit « que le domaine était comme la tunique sans cou» ture de Jésus-Christ, qu'il ne pouvait être divisé, » tous les successeurs de Hugues Capet ne mirent point ce principe à exécution. La séparation entre les biens propres du roi et le domaine royal subsista longtemps ; les deux trésors furent régis par des officiers distincts avant de se confondre.

Le droit d'amortissement, devenu royal, frappa les églises, les villes, les hôpitaux ; chacun s'efforça de s'y soustraire, et les concessions obtenues ou plutôt arrachées devinrent si nombreuses, que Charles VI se vit obligé de révoquer, par une ordonnance de 1408, toutes celles qui avaient été faites depuis 40 ans, et d'enjoindre aux possesseurs de biens d'acquitter dans un bref délai les droits fixés par l'ordonnance du mois d'octobre 1402 (1). Les lettres de 1413 décidèrent que trois années de ces revenus seraient appliquées à la réparation des châteaux, terres, moulins, etc., appartenant à l'État.

Le droit de *régale* consistait dans la perception des revenus pendant la vacance d'un évêché et l'année qui suivait la nomination du titulaire ; il résultait du droit de nomination aux évêchés, abbayes et à tous bénéfices ecclésiastiques, droit contesté pour la première fois par Boniface VIII, mais maintenu par le vote des états généraux.

Les droits d'aubaine, de déshérence, de bâtardise, devinrent royaux malgré la résistance des seigneurs. La déshérence avait lieu dans le nord même en présence d'un époux survivant ; dans le midi, le fisc ne venait qu'après tout le monde. — Les épaves,

lumes jusqu'à la fin du XIVe siècle. L'ordonnance du dernier février 1401 fixe les vrais principes d'inaliénabilité que toutes les ordonnances précédentes avaient reconnus en fait. — Rec. ord., t. 8, p. 484.

(1) Rec. ord., t. 9, p. 320.

dans lesquelles on comprenait les bêtes que la peur faisait fuir (*pavefacta pavida*), les mines et le trésor, étaient régis, dans le domaine du roi, par des principes analogues à ceux que les seigneurs suivaient dans leurs terres (1).

2° Pendant le XIVe siècle, la source de revenus la plus féconde pour la couronne fut la variation dans les monnaies. Le droit de battre monnaie, qui avait pendant longtemps appartenu aux seigneurs, aux évêques, aux abbayes et à quelques villes, était réservé au roi d'une manière absolue (2).

Le roi abusait du pouvoir d'augmenter et de diminuer la valeur des monnaies, et l'exercice fréquent de ce pouvoir compromettait la fortune publique et privée. Les variations instantanées dans les valeurs monétaires constituaient sous une apparence de légalité une véritable banqueroute. Le peuple, épuisé, demandait à subir de nouvelles contributions plutôt que de nouveaux changements dans les monnaies (3). Les ordonnances promettaient la stabilité, et quelques jours après leur publication le désordre augmentait, au lieu de diminuer. Le roi Jean alla jusqu'à faire battre de nouvelles pièces inférieures au titre véritable, recommandant, dans l'ordonnance du 27 juin 1360, de mettre la *différence la moins apercevant qu'on pourra* (4): les agents du gouvernement fabriquaient de la fausse monnaie avec autorisation royale!

3° Après les assises, les baillis percevaient les amendes, revenu insignifiant, à cause des remises fréquentes qu'on en faisait. — La confiscation, applicable d'abord au seul cas de félonie, étendue depuis à d'autres crimes, respectait les droits des créanciers du

(1) Le dixième était perçu sur les mines, le vingtième sur les carrières de marbre et de pierre. Le propriétaire était ordinairement le concessionnaire, mais il n'avait pas le droit d'empêcher d'exploiter la mine, même de la rechercher; seulement il recevait une indemnité. Ainsi le décidait l'ordonnance de juillet 1437, confirmative d'autres plus anciennes, notamment de celles de 1413.

(2) *V*. plus haut, p. 205, —Rec. ord., t. 2, p. 254; — t. 3, p. 555.

(3) Rec. ord., t. 1, p. 551; — t. 3, p. 102.

(4) Rec. ord., t. 3, p. 419.

coupable, et en 1363 la femme préleva sa part dans la communauté, sauf le cas de crime de lèse-majesté. Malgré ces restrictions, la confiscation enrichit le domaine royal plus que toute autre redevance, depuis l'année 1041, où elle donna à Henri Ier le comté de Meulan, jusqu'au 10 octobre 1458, où Charles VII acquit par elle les seigneuries d'Alençon et du Perche.

4° De tous les moyens employés pour augmenter les revenus, les plus énergiques furent les extorsions commises à l'égard des juifs. Usuriers avides, possesseurs de la moitié de Paris sous Philippe-Auguste, ils étaient frappés par des ordonnances royales, et le pouvoir s'emparait de leurs biens sans que le peuple murmurât. Philippe-Auguste remit à tous les chrétiens les dettes qu'ils avaient contractées envers les juifs, à la condition d'en verser un cinquième au trésor. Bannis du royaume, les juifs purent y rester au prix de sommes considérables; tantôt expulsés, tantôt tolérés par spéculation, ils furent chassés définitivement sous Charles VI. — Le titre d'usuriers comprit aussi des marchands d'Italie, les *Lombards*, qui, à l'instar des juifs, furent expulsés du royaume le 18 juillet 1355, et n'y rentrèrent qu'en payant une redevance annuelle.

5° Certains droits de justice formaient une autre branche de revenus; tels que les droits de greffe, de geôle, de sceau, de tabellionat, et ceux perçus sur les actes de procédure. Plusieurs ordonnances de Philippe le Long, Charles le Bel et Charles V, les réduisirent. — Les notaires devaient verser entre les mains du receveur le quart de ce qu'ils avaient perçu pour leurs écritures. Sous Charles VI, de nombreuses réclamations s'élevèrent contre les droits de justice, à cause de leur énormité, et plusieurs modérations furent accordées.

6° Comme tout autre seigneur, le roi levait primitivement des aides suivant les conventions conclues avec ses vassaux. Les guerres habituèrent la population à en payer de nouvelles, exigées extraordinairement d'abord, annuellement ensuite. La captivité du roi

Jean en rendit la perception périodique, et à cette époque l'aide prit un caractère de généralité tout nouveau : chacun contribua à la rançon du roi, noble ou roturier, laïque ou ecclésiastique, suivant ses revenus, son travail, sa condition civile. L'aide était perçue dans l'intérêt *de tous*, pour la *défense commune* (1).

La perpétuité des aides fut un bienfait, en comparaison de l'abus qu'entraînait le changement dans les monnaies. Charles VII, encore Dauphin, voulant gagner la faveur populaire, avait fait remise de cet impôt ; mais il fut obligé d'en demander le rétablissement aux états généraux de 1435 (2).

7° La taille était mal répartie ; légère pour les *riches hommes*, selon l'expression de Beaumanoir, et accablante pour le pauvre : de là le prétexte d'émeutes à la suite desquelles des bandes armées ravageaient les campagnes, brûlaient les châteaux, sous le nom de *Jacques*. Charles VII, en 1449, voulant remédier à la répartition inexacte de la taille, décréta certaines mesures, afin de mieux établir le chiffre de la fortune des habitants et celui de la population réelle ; enfin il essaya de mettre un terme à toutes les exemptions, dont la charge retombait en définitive sur la classe pauvre. La taille remplaça l'impôt levé primitivement par feu, le *fouage*, que Charles V avait aboli le jour de sa mort ; rétabli par Charles VI, il disparut complétement sous Charles VII.

8° Sur la propriété pesaient diverses taxes : le terrage ou champart, qui était ordinairement d'un douzième des revenus ; la part prise sur les terres plantées en vigne, sous le nom de complant, dans l'Anjou, le Maine et le Poitou. — Puis venaient les droits de mutation : le taux des lods et ventes était du douzième, celui pour les fiefs s'élevait au quint en pays coutumier, et au sixième en pays de droit écrit. — Sur les successions collatérales,

(1) Rec. ord., t. 3, p. 53.

(2) Les états n'accordaient pas toujours la totalité de ce qui leur était demandé : ainsi ceux du Languedoc ne votèrent que 116,000 livres sur 130,000 qui étaient proposées par le roi.

le roi prélevait une année de revenus; mais il n'avait en ligne directe que la *bouche et les mains*, c'est-à-dire l'hommage et le serment de fidélité.

9° Les objets de consommation, les comestibles et surtout les boissons étaient assujettis à des contributions énormes, analogues à celles perçues au profit des seigneurs (1). — Le droit sur le sel, à partir du XIVe siècle, porta exclusivement le nom de gabelle. Cet impôt, difficile et dispendieux à répartir, nécessita de nombreuses ordonnances qui ne remédièrent point aux abus.

10° La circulation des marchandises dans l'intérieur du royaume donna lieu, depuis les Mérovingiens, à une perception de droits pour le passage des ponts ou pour la navigation, etc., payés d'abord aux seigneurs, plus tard à la couronne (2).

11° Il était permis aux villes, sur leur demande, de prélever des droits d'entrée, à la condition qu'une part serait réservée au roi; quelquefois même il les prenait en totalité. Une taxe était exigée, sous le nom de *traite foraine*, sur les marchandises qui entraient dans le royaume et celles qui en sortaient; plusieurs ordonnances fixaient un tarif pour servir de base à la perception (3). Ces droits, trop lourds et trop nombreux, entravaient le commerce et paralysaient le développement de la fortune publique; les états généraux du Languedoc firent de vives réclamations pour obtenir des réformes, afin, disaient-ils, *que le pays vînt à convalescence*. Charles VII fit à cet égard des promesses qu'il lui fut impossible d'accomplir.

12° Le gîte était dû au roi et à sa suite, et à quelques-uns de ses officiers en mission; il était si onéreux pour les redevables,

(1) Le *pertuisage* était perçu quand le propriétaire mettait son vin en perce, le *cellerage* quand il le mettait en cellier, le *chantelage* pour les chantiers assis sur les terres du seigneur.

(2) C'est ainsi que Charles VI, en 1413, ordonna à ses officiers de s'emparer des revenus des chemins des seigneurs, si les routes en mauvais état n'étaient pas réparées dans l'année. — Rec. ord., t. 10, p. 134.

(3) Rec. ord., t. 2, p. 148.

que les rois recommandaient de ne pas en abuser, et en exemptaient les villes malheureuses. Le droit de *prise* froissait encore plus la population; aussi Charles VI, dans son ordonnance de 1367, énumérait-il scrupuleusement la nature et la quantité des objets qui pouvaient être exigés (1).

13° Les contributions personnelles les plus importantes étaient le service militaire, sur lequel je reviendrai, et les corvées imposées sur le travail et l'industrie des redevables.

14° Il y eut des corvées d'hommes, de femmes et d'animaux pour la culture des champs, l'entretien des routes, les réparations des fortifications et le transport des denrées.—Les corvées à bras s'appelaient *manoperæ*, celles à charrettes et à animaux *carroperæ*. La convocation prenait le nom de *hauban*, *halbanum*, qui désigna ensuite la somme payée pour le rachat de la corvée; il signifia aussi plus tard un droit perçu au profit du roi sur quelques métiers, qui fut prélevé d'abord en nature, et converti dans la suite en argent (2).

III. *Redevances ecclésiastiques.* — Indépendamment des droits féodaux que percevaient les ecclésiastiques quand ils détenaient un fief, certaines redevances leur étaient dues à cause de leur qualité. Elles consistaient principalement en grains, vins, animaux, etc.; des lettres de Louis VII, de 1158, énumèrent ces provisions et détermine le lieu où elles doivent être déposées (3). — La dîme, qui avait pour objet de remplacer les revenus des biens enlevés à l'Église dans les temps de guerre, devint obligatoire, de volontaire qu'elle était à son origine. Les dîmes étaient anciennes ou *novales*, selon leur date; *grosses* ou *menues*, selon les choses sur lesquelles elles portaient. Plusieurs ordonnances restreignirent aux objets déjà frappés de la dîme la perception que les ecclésiastiques voulaient étendre à d'autres biens.

(1) Rec. ord., t. 5, p. 33.
(2) Rec. ord., t. 3, p. 259.
(3) Rec. ord., t. 1, p. 15, art. 4.

Des droits étaient perçus pour le mariage et la publication des bans, sur la succession des personnes mortes sans rien laisser par testament à l'Église (1). Enfin une amende était due à l'Église pour adultère.

Les curés du Poitou prétendaient avoir droit au lit du gentilhomme qui mourait. Un évêque d'Amiens réclamait un droit sur les nouveaux mariés; mais une ordonnance du 10 juillet 1336, confirmée par Charles VI en 1388, et plusieurs arrêts du parlement de Paris, prohibèrent ces impôts (2). Le chapitre de Romans, en Dauphiné, avait le vingtième du vin récolté; la langue du premier bœuf tué appartenait à celui qui chantait la grande messe, la seconde au diacre qui servait à l'autel.

Les papes levèrent aussi quelquefois des *décimes*, mais les rois intervinrent pour déclarer qu'ils ne seraient perçus que de leur consentement exprès. Philippe IV défendit, en 1292, d'exiger au nom du pape d'autres impôts que ceux qu'il avait formellement autorisés (3).— De leur côté, les ecclésiastiques soutenaient que le roi n'avait pas le droit de les soumettre à une redevance sans une bulle du pape. Aussi en 1355 refusèrent-ils de verser le montant d'une aide établie par les états généraux du Languedoc, et en 1398, forcés par les officiers royaux de payer, ils réservèrent leurs droits (4) pour l'avenir. —Les prélats de l'Église gallicane prétendaient encore qu'ils devaient consentir à l'impôt qui les frappait; et Charles VII, qui, à la demande de Callixte III, avait imposé un décime pour la guerre contre les Turcs, fut obligé de déclarer, en 1459, sur la réclamation des ecclésiastiques, qu'il n'avait entendu porter atteinte en aucune façon aux franchises et aux libertés de l'Église gallicane (5).

(1) *Mortuage* ou *neufme*, parce que primitivement l'Église prélevait le neuvième; les ordonnances réduisirent ces droits.

(2) Rec. ord., t. 2, p. 17.

(3) Rec. ord., t. 11, p. 372.

(4) Rec. ord., t. 8, p. 290.

(5) Rec. ord., t. 14, p. 443.

Quoique le clergé fût, en principe, exempt d'impôts, il en payait néanmoins quelques-uns : ainsi pour subvenir aux frais des croisades, aux besoins de la guerre contre les musulmans (1), ou pour faire face aux dépenses des ambassadeurs, dont l'envoi à Rome fut fréquent lors des divisions de la couronne avec la papauté; souvent encore leurs exemptions furent considérablement restreintes par les ordonnances royales (2).

IV. *Répartition et perception de l'impôt.* — Sous le règne de saint Louis, la répartition s'effectuait dans chaque commune par douze élus qui, avant de commencer leurs opérations, juraient sur l'Évangile de n'épargner ni surcharger personne, de ne se laisser influencer ni par la crainte ni par la prière. En 1296, des prud'hommes eurent mission de lever des subsides dont la perception n'était pas encore régulière. — Ces commissaires spéciaux, investis de fonctions essentiellement temporaires, jugeaient en même temps les difficultés qui se présentaient.

En 1355, le roi Jean chargea neuf généraux superintendants ou généraux conseillers (3) de la direction universelle et du jugement suprême en matière d'impôts : c'est l'origine de la cour des aides, qui longtemps n'exerça sa juridiction que sur le pays de la langue d'oil, ne l'étendant que par exception à celui de la langue doc. Sous Charles VI cependant, un appel ayant été porté devant les commissaires des aides en Languedoc, les généraux conseillers cassèrent le jugement en décembre 1412, et ordonnèrent de procéder devant la cour des aides.

Des commissaires spéciaux, établis dans les provinces, jugeaient en premier ressort. — Puis venaient des surintendants, dont la mission était toute de surveillance. La perception se faisait par des receveurs qui devaient être prud'hommes et solvables. —

(1) Rec. ord., t. 11, p. 255. Ce droit prit alors le nom de dîme *saladine*, du nom du chef qui commandait les infidèles.

(2) Rec. ord., t. 12, p. 141; — t. 5, p. 484.

(3) Ce nombre a souvent varié depuis.

L'administration des finances et de la justice fut confondue, puis séparée ; et, après bien des variations et des retours, on adjoignit des conseillers aux généraux pour hâter l'expédition des affaires.

Les villes élisaient trois, cinq ou six *bonnes gens* qui, avec les receveurs et un clerc, nommaient des collecteurs chargés de s'assurer de l'exactitude et de la sincérité des déclarations des habitants quant à l'étendue et à la valeur de leurs propriétés.

Mais dès 1392 l'origine populaire des élus disparut, ils devinrent les gens du roi. Leur juridiction, bornée d'abord à certaines taxes spéciales, embrassait en dernier lieu tous les impôts, la taille, les aides, la gabelle, etc. Ils distribuaient la taille entre les paroisses ; un collecteur la répartissait ensuite entre les contribuables (1); ils affermaient les aides et jugeaient les différends en premier ressort. — Les élus ont été les premiers agents de la centralisation administrative.

Les versements s'effectuaient chaque année entre les mains du receveur général à Paris ; celui-ci présentait l'état de l'actif et du passif aux généraux, qui, à leur tour, en faisaient passer un abrégé aux roi, conformément au règlement du 6 décembre 1373 (2).

La surveillance des droits perçus à l'entrée et à la sortie des villes fut d'abord confiée à un grand maître ; plus tard Charles VI ordonna la création d'autant d'officiers chargés de visiter les ports que les besoins l'exigeraient, et l'ordonnance du 12 avril 1383 trace les règles que doivent suivre les visiteurs (3).

Des abus criants s'étaient glissés dans les finances. Charles V, désireux de les réprimer, nomma en 1374 des commissaires pour informer sur les malversations, punir les coupables et réformer l'administration. Les communes élurent leurs collecteurs, et fu-

(1) Rec. ord., t. 14, p. 485.
(2) Rec. ord., t. 12, p. 131.
(3) Rec. ord., t. 5, p. 648.

rent responsables de leurs délits. Mais ces moyens étaient inefficaces, car le désordre augmenta encore sous le règne de Charles VI.

Charles VII, que les guerres avaient empêché de veiller à l'administration des finances, s'occupa de ce soin dès que la paix lui procura quelque tranquillité; il afferma l'impôt aux villes et aux paroisses, força les officiers commis à la perception de fournir caution, nomma des commissaires pour renouveler les terriers négligés depuis 1391, et enjoignit dans chaque bailliage et sénéchaussée de dresser des registres exacts de tous les fiefs et arrière-fiefs tenus de lui. — Enfin des règles et des formes furent prescrites pour les recettes et les dépenses.

La comptabilité regardait la chambre des comptes; mais l'administration du domaine était réservée aux trésoriers, officiers chargés de veiller à la conservation, à la rentrée et à la distribution des revenus du trésor royal. Il n'y avait qu'un trésorier en 1300; depuis le nombre varia jusqu'en 1413, époque où la charge fut supprimée : rétablie la même année, elle eut jusqu'à sept titulaires; cependant le nombre de trois fut le plus ordinaire.

L'ordonnance de 1443, en restituant aux trésoriers leur ancienne juridiction dont ils avaient été privés, prescrivit que tous les revenus du domaine seraient reçus en la chambre du trésor, à Paris, par le changeur du trésor, sur la décharge des trésoriers, contrôlés par le clerc du trésor. La déclaration du 12 août 1445 étendit considérablement leurs pouvoirs, et, afin de remettre un peu d'ordre dans les finances, Charles VII conféra à la cour des trésoriers une juridiction arbitraire qui permit de réaliser des améliorations d'autant plus difficiles que le mal était plus ancien.

Malgré les défenses insérées dans les ordonnances et le serment prêté à leur entrée en charge, les receveurs faisaient le commerce avec les deniers publics, commettaient des exactions et compromettaient la fortune de l'État. Charles V avait essayé d'arrêter ces malversations ; mais il ne put en réprimer que quelques-unes, sans atteindre le plus grand nombre. A certaines époques, il envoyait des réformateurs généraux qui écoutaient les réclamations et punissaient les excès ; mais ces actes de justice trop rares ne suffisaient pas pour arrêter le mal.— La réforme n'était pas moins urgente pour assurer la rentrée des impôts que pour prévenir les détournements. Charles VII, par son ordonnance de 1455, décréta des peines sévères contre les redevables qui résistaient aux officiers, infligea des condamnations considérables aux receveurs coupables de fraude et d'infidélité (1), et parvint enfin à diminuer les abus et à régulariser l'administration financière, dans laquelle le désordre et les malversations avaient dépassé toute mesure sous les règnes précédents.

§ II. — *Armée.*

Le service militaire était le premier des devoirs féodaux, le lien qui unissait le plus étroitement le vassal à son seigneur. Les bourgeois subirent eux aussi cette charge ; obligés au service intérieur du guet, ils étaient tous organisés en compagnies, armés régulièrement et exercés au tir de l'arc et de l'arbalète (2). Le seul moyen de se soustraire à ces obligations consistait à payer le droit d'*ost* ou de chevauchée, ainsi que je l'ai déjà fait remarquer.

Ce service atteignait tout le monde ; les croisés eux-mêmes durent payer une contribution pour l'ost ou la chevauchée. Des convocations en masse eurent lieu à certaines époques ; c'est ainsi que Louis le Gros avait rassemblé la milice des villes

(1) Rec. ord., t. 13, p. 213.

(2) Le chef des arbalétriers prenait le nom de roi, expression fréquemment employée aux XIVe et XVe siècles pour désigner le chef d'une corporation : ainsi il y avait le roi des ménétriers. — Immédiatement au-dessous du roi des arbalétriers était le connétable. — Rec. ord., t. 9, p. 198, note *b* ; — t. 19, p. 182, note *b*.

et des paroisses sous les ordres de leurs prêtres (1). Les lettres de communes accordées aux villes énonçaient ordinairement la quantité de troupes à fournir : c'est là que se recrutait l'infanterie française, corps plus nombreux que formidable.

Quand le roi appelait les nobles sous les drapeaux, ils étaient obligés de conduire au prévôt leurs hommes, sous peine d'amende. Si ce premier appel ne suffisait pas, on convoquait l'arrière-ban, c'est-à-dire non-seulement les nobles, mais encore « toutes personnes sans distinction, pourvu qu'elles pussent » porter les armes (2)... »

Cette organisation incomplète était mieux appropriée à des luttes particulières de seigneur à seigneur qu'à des guerres avec l'étranger. Aussi la longue et sanglante guerre contre l'Anglais rendit-elle évidente l'insuffisance de la milice féodale. Le premier expédient imaginé par les rois consista à retenir les vassaux au delà des quarante jours et quarante nuits de service qu'ils devaient, en leur payant une somme convenue. Mais l'emploi de ce moyen exigeait le consentement des vassaux et de l'argent, deux choses difficiles à obtenir; aussi n'était-il pas rare de voir les troupes se débander au moment de l'action (3) et abandonner leurs chefs.

Dans les XIIe et XIIIe siècles, il s'introduisit par degrés un nouveau système destiné à porter remède aux inconvénients d'une organisation vieillie et désormais insuffisante : les troupes stipendiées remplacèrent la milice féodale. Philippe-Auguste enrôla des corps nombreux de mercenaires; mais, licenciés immédiatement après la cessation des hostilités, ils se livraient au pillage, habitués qu'ils étaient au désordre, à la paresse et à l'insubordination. Cependant

(1) Ils marchaient à leur tête, mais ne les commandaient pas dans l'action.

(2) Rec. ord., t. 1, p. 152, notes.

(3) Comme, en 1236, celles de Thibault, comte de Champagne, au siége d'Avignon, pour ne pas seconder les desseins du roi contre le Languedoc.

les rois avaient toujours recours à eux, car ils formaient la portion la plus ferme et la plus solide de l'armée.

La noblesse, qui d'abord prenait les armes, par suite des obligations féodales, sans recevoir aucune rétribution, eut ensuite une paye régulière. Ce changement, commencé sous l'influence des croisades (car les barons ne pouvaient emmener avec eux en Palestine des chevaliers sans les solder), fut à peu près complet au XIIIe siècle : tous les vassaux reçurent alors une solde, même pendant le temps de leur service obligé (1).

Les dévastations des campagnes par des troupes sans discipline furent portées à l'extrême dans les temps malheureux des règnes de Charles VI et de Charles VII; les états généraux de 1439 réclamèrent vivement contre un état de choses aussi intolérable : mieux valait cent fois pour le pays une armée régulière, soldée par un impôt annuel, que ces bandes altérées de pillage, qui, selon l'expression du temps, « vivaient sur le bonhomme, » c'est-à-dire sur le paysan. La noblesse était atteinte dans sa puissance d'un coup qu'elle ressentit, mais qu'elle ne put éviter; la guerre n'était plus l'affaire des seigneurs, elle devenait celle du roi, qui organisait l'armée de façon à ne plus craindre la noblesse, et assurait ainsi la prépondérance de la couronne.

L'ordonnance de 1439 est fort curieuse (2) en ce qu'elle donne une idée exacte de ces armées composées de vassaux du roi, de troupes fournies par les communes, ne marchant qu'au gré de seigneurs et de magistrats souvent mal disposés pour la royauté et le bien de l'État; enfin, d'étrangers soudoyés qui se croyaient en droit de se payer par leurs mains. Tous les articles relatifs au nouveau système militaire témoignent des

(1) L'armée féodale ainsi composée de vassaux et d'arrière-vassaux était formidable quant au nombre; Philippe IV rassembla des troupes considérables en convoquant l'arrière-ban pour la malheureuse expédition contre la Flandre. — Daniel, *Histoire de la milice française*, p. 84.

(2) Rec. ord., t. 13, p. 306.

excès et des désordres auxquels se livraient les gens de guerre.

La plupart des compagnies alors sur pied avaient été levées par leurs capitaines sans la permission du roi. Il les supprime toutes; lui seul nommera les capitaines qui pourront recruter certain nombre de gens d'armes et de trait, dont ils répondront. Défense est faite à tout baron, quel qu'il soit, de lever ou conduire aucuns gens d'armes, ou de se tenir en armes dans le royaume, sans ordre et sans lettres patentes du roi. — Les seigneurs qui tiendront des gens de guerre dans leurs forteresses répondront d'eux, et seront obligés de les entretenir à leurs dépens, sans pouvoir, sous ce prétexte, commettre aucunes exactions dans leurs terres, ou s'approprier partie des tailles que le roi impose à ses sujets, du consentement des trois états, pour subvenir à la guerre. Ces tailles seront réservées pour la solde des nouvelles compagnies, qui désormais seront nourries et entretenues aux frais de l'État.

La nouvelle milice ne fut définitivement organisée qu'en 1445; le roi chargea quinze capitaines de former pareil nombre de compagnies. Désignées par la suite sous le nom de *compagnies d'ordonnance*, elles devaient se composer de cent lances chacune. Chaque lance comptait six personnes: l'homme d'armes, son page, trois archers et un *coustillier*. Une solde fut assignée à chaque lance. Enfin ces compagnies furent envoyées dans certaines villes, d'où elles ne pouvaient sortir sans la permission du roi.

Cette création, due aux réclamations des états, changea le caractère de la taille; temporaire jusque-là, elle devint perpétuelle, puisque les états en avaient autorisé la perception pour la solde et l'entretien des compagnies destinées à former une armée permanente. Ces gens d'armes composaient un corps de cavalerie nombreux, bien équipé, soumis à une discipline jusqu'alors inconnue et toujours prêt à marcher. Charles VII compléta la réforme en établissant, dix ans après, sur les mêmes bases, une milice d'infanterie.

Ce nouveau corps, connu sous le nom de *francs-archers* (1), n'était pas toujours sur pied comme la gendarmerie, mais il devait être prêt à se rassembler au premier signal. La solde fut fixée à quatre livres par mois pour chaque franc-archer employé au service; cette somme semblerait exorbitante si l'on ne savait que les francs-archers étaient vêtus et armés à leurs propres frais.

Pour recruter ce corps, les *élus* désigaient dans chaque paroisse de leur *élection* les hommes qu'ils croyaient les plus propres à porter les armes; ils tenaient registre de leurs noms, surnoms et domiciles, et leur faisaient prêter serment. Il leur était enjoint de prendre parmi les habitants ceux dont la fortune personnelle pouvait fournir à la dépense de l'équipement; si cependant quelque pauvre villageois témoignait une grande vocation pour la profession des armes, la paroisse était chargée de pourvoir à son armement.

La nouvelle milice supposant un choix honorable et donnant exemption de certains impôts, chacun eut l'ambition d'y entrer; les plus riches sollicitèrent cette faveur au grand détriment de la paroisse, sur laquelle retombaient les impôts dont ceux-ci étaient exemptés. Une ordonnance de 1449 remédia à cet inconvénient, en déclarant que si un gros marchand ou un homme riche était choisi comme franc-archer, il ne serait exempté que d'une partie de son imposition ordinaire (2).

En 1451, le roi divisa le corps des francs-archers en capitaineries, selon les territoires dans lesquels ils étaient domiciliés : il y avait un franc-archer par cinquante feux ou environ. Le capitaine prêtait serment entre les mains du bailli ou du sénéchal; il faisait la revue de ses gens, au moins une fois en six mois, par quarantaine ou cinquantaine, déterminant le lieu du rendez-vous de manière à ce que les francs-archers convoqués ne fussent pas

(1) Parce qu'ils étaient dispensés de toutes tailles et subventions, excepté des aides pour la guerre et de l'impôt sur le sel.

(2) Rec. ord., t. 14, p. 488.

obligés de faire plus de quatre à cinq lieues pour se rendre à la réunion, afin de ne pas les déranger des travaux de la campagne. Le capitaine recevait une solde de dix livres par mois.

L'ordonnance du 30 février 1455 prouve que Charles VII s'occupait aussi de la milice féodale (1). Il prescrivit les différentes manières dont les nobles devaient être armés et habillés, laissant à leur choix l'équipement qui conviendrait le mieux à l'état de leur fortune, mais à la charge de déclarer dans un court délai celui qu'ils auraient choisi. — Il les divisa en plusieurs classes, distinguées par la diversité de l'habillement et de l'armure, et fixa les appointements en conséquence. Les plus riches, armés de toutes pièces, avaient deux chevaux pour leur personne, et étaient suivis d'un coustillier aussi à cheval; d'autres, moins riches, n'avaient qu'un cheval et un page; ceux qui étaient moins riches encore portaient une armure moins complète, telle qu'elle est spécifiée dans l'ordonnance; les plus pauvres pouvaient paraître en équipage de coustillier. — Le même règlement fixa encore l'armure des archers et des arbalétriers.

Telle est l'origine des armées régulières, que tous les rois ont été jaloux d'augmenter. Le ban sera encore convoqué; les possesseurs de fiefs s'acquitteront du service militaire, mais ce sera plutôt un spectacle d'ostentation qu'un appui réel; toute la force de la France se concentrera désormais dans la nouvelle institution.

En France, où l'on rit de tout, la milice des francs-archers fut l'objet des satires populaires (2); et pourtant cette institution

(1) Rec. ord., t. 14, p. 350.

(2) Le *Franc-archer Bagnolet* est une des plus mordantes satires attribuées à Villon : « Il apperçoit le franc-archer en espoventail... faict en » façon d'un gendarme, » et il lui demande grâce.

» En l'homme de la passion
» De Dieu, que j'aie confession!
» Car je me sens jà fort malade... »

(VILLON, édition de Pranpsault, p. 431.)

devait révéler un jour la force des roturiers et faire leur gloire. Les nobles, plus avisés, en sentaient mieux toute l'importance : elle devait être fatale à leur puissance; ils la proclamèrent inutile. « Eussent-ils été inutiles (les francs-archers), dit M. Miche- » let (1), une telle institution eût toujours témoigné une grande » chose, savoir : que le roi n'avait rien à craindre de ses sujets, » qu'ils étaient bien à lui, les petits surtout, bourgeois et bon- » nes gens des villages. Le XIIIe siècle avait été celui de la *paix* » *du roi;* il avait fallu alors qu'il défendît la guerre aux » communes comme aux seigneurs, qu'il leur ôtât à tous les » armes dont ils se servaient mal. Mais maintenant la guerre » sera la *guerre du roi*. Il arme lui-même ses sujets; le roi se » fie au peuple, la France à la France. »

§ III. *Justice.*

La justice était rendue ou par les laïques ou par les clercs;—de là deux juridictions : la juridiction laïque et la juridiction ecclésiastique.—Cette dernière, dont les attributions allaient s'affaiblissant de plus en plus, n'occupa qu'une place secondaire dans les institutions judiciaires de la féodalité; l'autre, au contraire, prit graduellement une extension qui assura son omnipotence.

JURIDICTIONS LAIQUES.

Les juridictions laïques se divisent en trois grandes classes : justices seigneuriales, — municipales — et royales (2).

PREMIÈRE CLASSE. — Justices seigneuriales.

Les *immunités* accordées sous la dynastie carlovingienne aux établissements ecclésiastiques leur donnaient le droit de rendre

(1) Hist. de France, t. 5, p. 259.

(2) *V.* le livre remarquable de M. Pardessus, *Essai historique sur*

la justice sous la surveillance des officiers royaux; de leur côté, les ducs et les comtes, dont les bénéfices venaient d'être déclarés héréditaires, s'emparèrent des revenus publics qu'ils n'auraient dû percevoir qu'au nom du roi, et, par analogie, ils s'approprièrent le pouvoir judiciaire sur les habitants de leur circonscription, pouvoir qu'ils n'auraient jamais dû exercer que par délégation. La puissance judiciaire cessa donc d'être l'apanage exclusif de la royauté; Hugues Capet n'eut dans ses domaines qu'une juridiction pareille à celle que les autres seigneurs possédaient dans l'étendue de leurs seigneuries (1).

Au moment où la féodalité succédait aux rois de la seconde race, les seigneurs avaient déjà, comme propriétaires, une juridiction privée sur leurs *leudes* ou vassaux engagés par la foi, et sur les hommes attachés à la glèbe, que l'on désigna bientôt sous le nom de *serfs, mainmortables*. Ce droit ne suffisant plus à leur ambition, ils usurpèrent juridiction sur les possesseurs d'alleux, que la disparition de l'institution nationale des *mâls* força d'accepter cette autorité nouvelle. Ce point est attesté par les auteurs du *Liber feudorum*, qui, parlant du serment de fidélité à prêter par un simple justiciable, écrivaient : *Non quod habeat feudum, sed quia sit ejus cui jurat* (2). — Cependant un grand nombre de propriétaires d'alleux conservèrent la juridiction privée sur leurs colons, et c'est là l'origine des *basses justices*.

Le jugement par les pairs, *pares*, est essentiel au système féodal; aussi, s'agissait-il de rendre la justice aux vassaux? le suzerain convoquait les *pares* des contestants pour statuer sur la difficulté, puis il prononçait le jugement et en assurait l'exé-

l'organisation judiciaire et l'administration de la justice depuis Hugues Capet jusqu'à Louis XII : ce n'est que la reproduction de la préface qu'il a mise en tête du XXIe volume des ordonnances des rois de France.

(1) *V.* sur les justices seigneuriales, M. Laferrière, p. 4, p. 86 et suiv.

(2) Liv. 2, tit. 5.

cution. — Les *pares* étaient encore juges des contestations entre le vassal et le suzerain, quand elles étaient nées des relations féodales ou des droits et devoirs respectifs du vassal et du suzerain. — S'agissait-il, non plus du fief, mais d'autres propriétés, l'affaire était portée à la cour du suzerain supérieur (1).

Si le seigneur tardait à rendre la justice ou la refusait, s'il *véoit* (*vetabat*) la justice dans sa cour, le vassal formait une plainte dite *défaulte de droit* (*defectus justitiæ*), qu'il adressait au seigneur supérieur. Le mode de recours était le même lorsque la partie attaquait en *faux jugement*, c'est-à-dire prétendait que la justice avait été mal rendue (2). — Quant au nombre des pairs, il était indéterminé et variable : Beaumanoir en exige deux, de Fontaines quatre, et saint Louis trois. Rien n'obligeait le seigneur à les convoquer tous, à appeler les uns plutôt que les autres ; l'arbitraire le plus absolu régnait dans la composition de la cour féodale.

L'impossibilité de réunir les vassaux rendit impraticable le jugement par les pairs, et de même que sous Charlemagne les hommes libres qui ne se rendaient plus aux plaids furent remplacés par les *scabini*, de même les vassaux le furent par les prévôts et les baillis. — Les vassaux s'occupaient fort peu de fixer le sens d'une loi du Digeste ou d'un article de coutume (3); il l'eût fallu cependant pour repousser les manœuvres des baillis royaux : aussi, vers la fin du XIIe siècle, vit-on les légistes, clercs ou laïques, pénétrer dans les cours seigneuriales.

L'exécution de la sentence par les voies légales était chose impossible ; le seul moyen était la guerre, cet état normal de la féodalité.

Les contestations entre roturiers étaient jugées par un prévôt ou bailli. Représentant du seigneur, il présidait des notables, prud'-

(1) P. de Fontaines, ch. 24, § 35.—Beaumanoir, ch. 1.
(2) Beaumanoir, ch. 61.
(3 *Olim*, t. 3; M. Beugnot, préface, p. XLVII.

hommes, hommes de fief ou *côtiers*, et assurait l'exécution de la sentence au nom de celui dont il était le délégué.

Les serfs, livrés au plus déplorable arbitraire, ne participaient point au bienfait de cette juridiction tant que l'affranchissement ne les avait point placés dans la classe des hommes libres, bourgeois et roturiers.

La juridiction seigneuriale variait quant à l'étendue, suivant qu'elle s'exerçait dans le territoire des grands vassaux de la couronne, connu sous le nom de *pays hors l'obéissance le roy*, ou dans les terres des vassaux directs ou des arrière-vassaux du roi, c'est-à-dire dans les pays d'*obéissance le roy*.

Dans le premier cas, les seigneurs exerçaient les droits régaliens sans autres restrictions que celles résultant de la suzeraineté de la couronne. C'était la même autorité que celle exercée par le roi dans ses domaines; nous en étudierons les formes. — Dans les portions de territoire qu'un grand vassal n'avait pas inféodées, la justice était rendue par sa cour aux nobles, par ses baillis aux roturiers; dans celles qu'il avait inféodées, les seigneurs locaux avaient la même juridiction, sauf le recours au suzerain, et en dernier lieu au roi, quand tous les autres degrés de juridiction avaient été épuisés. L'affaire devait être portée devant les juges naturels avant de l'être à la cour du duc, et ce n'était qu'après avoir parcouru tous ces degrés que le plaideur s'adressait à la cour royale (1).

La juridiction seigneuriale des pays *de l'obéissance le roy*, après avoir joui dans le principe d'une indépendance presque absolue, fut successivement restreinte par l'autorité royale. L'institution des baillis, de ces hommes qui avaient foi dans l'omnipotence de la couronne; la surveillance de ces nouveaux *missi dominici* sur les officiers publics, servirent au développement de la puissance royale. Le refus de juger, *défaulte de droit*, permettait de porter

(1) Rec. ord., t. 1, p. 329, 369, 620, 633, 637.

la cause au roi. Ce droit fut rarement mis en pratique tant qu'il n'y eut pas d'intermédiaire entre les justiciables et la cour du roi; mais il devint fréquent lorsque l'établissement des baillis rapprocha les distances. Multiplier ces recours pour le moindre retard ou la moindre irrégularité dans la convocation ou la tenue de la cour seigneuriale, telle fut la politique constante des baillis. Or il était admis par tous en principe que le seigneur contre lequel le *défaulte de droit* avait été jugé perdait la juridiction actuelle et future, et que celle-ci passait au suzerain. La difficulté de réunir ses vassaux força souvent le seigneur à en demander au roi son suzerain; mais les baillis se refusèrent toujours à cet emprunt, et, le tribunal ne pouvant se constituer par suite de ce refus, le seigneur fut réduit soit à abdiquer sa justice, soit à la partager avec le roi, *entrer en pariage, mettre sa cour en celle du roi* (1).

A partir de 1260, l'appel vint encore miner les bases de la justice seigneuriale; les plaideurs déclaraient appel non-seulement avant d'avoir subi toutes les juridictions, mais même avant de se défendre : c'était, il est vrai, un abus, que de nombreuses ordonnances condamnèrent en défendant les *appeaux frivoles* ou *volages*; mais d'autres ordonnances les permettaient.

L'introduction des *cas royaux* consomma la ruine de la juridiction seigneuriale. Sous le prétexte qu'au roi seul appartenait la connaissance des crimes attentatoires à la dignité de la couronne, on engloba dans la nomenclature élastique des *cas royaux* presque tous les faits punissables, soit parce qu'ils attaquaient plus ou moins directement le roi, en s'adressant à sa personne par l'intermédiaire des officiers qui le représentaient, soit parce qu'ils troublaient la paix publique, dont le maintien intéressait la royauté (2). Quant aux méfaits qui ne pouvaient rentrer dans cette

(1) P. de Fontaines, ch. 22, art. 14.

(2) Des réclamations s'élevèrent de toutes parts ; le comte de Champagne se plaignit à Louis X et demanda qu'on définît le cas

catégorie déjà si large, les juges royaux s'en attribuaient la connaissance par un moyen appelé *prévention*, en alléguant la célérité qui devait être déployée quand il s'agissait de réprimer une atteinte à l'ordre public.

En matière civile, les lettres de chancellerie et l'institution du notariat assurèrent au roi une juridiction basée sur ce qu'étant garant des actes scellés du sceau royal, il devait en juger la validité.

Ces empiétements journaliers de la justice royale soulevèrent des réclamations vives et incessantes de la part des seigneurs, qui proposèrent d'énumérer les cas réservés aux baillis. Ils en reconnurent quelques-uns, comme les recours pour *faux jugement* et *défaulte de droit* ; et les ordonnances de mars 1314 et mai 1315 prirent acte de cette reconnaissance, mais en ayant soin d'ajouter : « Et autres cas qui à nous et non à autres appartien- » nent par droit royal. » Cette explication avait pour la couronne le mérite de ne rien préciser, et dès la fin du XIVe siècle l'assujettissement de la juridiction seigneuriale était complet ; l'ordonnance du 28 avril 1363 plaça les juges des seigneurs sous la dépendance des juges royaux.

Au XIIIe siècle, la justice n'était point un attribut nécessaire du fief; les *Olim* et les Établissements de saint Louis constatent la règle que *Fief et justice n'ont rien de commun*, ou peut-être mieux, que *Autre chose est fief, autre chose est justice* (1). M. Pardessus pense qu'il en fut ainsi dès le commencement de la féodalité, et que les ducs et comtes n'avaient souvent concédé que des droits féodaux sans y joindre les droits de justice. — Il y eut de même des justices sans fief, car les officiers royaux successeurs de Charlemagne n'eurent pas tous des bénéfices de nature à devenir des fiefs. Cependant lorsqu'ils voulurent rendre leurs offices héréditaires, le haut seigneur leur accorda cette propriété moyen-

royal. Il obtint pour toute réponse : *Cas royal est celui qui appartient à prince souverain et non à aultre.*

(1) Etabliss., liv. 1, ch. 111 ; — t. 3, p. 919.

nant l'hommage, et ils exercèrent une juridiction. Puis, quand vint la manie de sous-inféoder tout, immeubles, meubles, biens corporels et incorporels, le droit de rendre la justice fut inféodé sans fief corporel.

Les comtes avaient, sous les deux premières races, des préposés, *centenarii*, *vicarii*, juges des affaires de peu d'importance; ils s'étaient réservé les causes criminelles emportant perte de la vie ou de la liberté, et les questions de propriété en matière civile. Cette *haute* et *basse* justice survécut à la révolution féodale; c'est encore la seule division connue au temps de Beaumanoir (1). — Vers le milieu du XIVe siècle, parut une nouvelle juridiction qui connût d'affaires ne relevant pas de la *basse justice*, et qui n'eut que certaines affaires relevant de la *haute justice*; elle prit le nom de *moyenne justice*.

Du reste, tout dépendait des conventions entre le seigneur et le vassal : rien de fixe sur les attributions et les limites de ces trois degrés de juridiction. Ainsi s'explique la très-grande variété des définitions données par les auteurs et des lois particulières qui faisaient ces concessions.

DEUXIÈME CLASSE. — Juridictions municipales.

On sait que, dans le pays *en deçà de la Loire*, les villes ne conservèrent pas la juridiction municipale romaine, et que la justice y fut rendue par une réunion de notables, *boni viri*, sous la présidence d'un comte ou d'un délégué; tandis que pour les provinces *au-delà de la Loire*, la juridiction municipale continua de s'y maintenir. Cependant elle était modifiée dans ces pays par l'établissement d'hommes étrangers à la loi romaine, qui formèrent des *mâls* semblables à ceux de la partie septentrionale de la France, et ces municipalités substituèrent à leur ancienne juridiction restreinte des attributions plus étendues. Ainsi Toulouse était

(1) Ch. 10.

régie pour la justice par des consuls appelés dans la suite *capitouls;* leur juridiction s'étendait sur toutes les affaires criminelles, et différait essentiellement de la juridiction municipale romaine (1).

En 987, les *mâls* furent remplacés par les justices seigneuriales, non-seulement dans les campagnes, mais encore dans les villes. Quelques-unes de ces villes, soumises directement au roi, avaient pour juges ses baillis et ses prévôts; d'autres reconnaissaient la juridiction de l'évêque, devenu de *defensor civitatis*, seigneur justicier; le reste était sous la domination des comtes et autres officiers royaux, qui, au milieu de leurs querelles, avaient abandonné leurs fonctions. Les notables, prud'hommes, scabins, qui avaient formé un tribunal sous la présidence des délégués royaux, choisirent pour les remplacer un de leurs membres, et ils continuèrent cette juridiction lors de l'avénement du système féodal, en se bornant à reconnaître le ressort des seigneurs du territoire. Le même fait donnait naissance aux juridictions municipales et seigneuriales. — Quand la ville n'était point assez forte pour conserver sa juridiction, une transaction intervenait entre elle et son seigneur; quelquefois il restreignait la compétence municipale à des cas de peu de valeur et à un territoire très-borné; son juge, *prévôt* ou *bailli*, exerçait la juridiction sur le reste. Le plus souvent il était convenu que le seigneur rendrait la justice par son délégué assisté d'assesseurs choisis par les habitants (2); de là, grand nombre de luttes que la royauté terminait par des chartes.

J'ai constaté une diversité extrême dans la compétence des juridictions municipales réduites souvent à la *basse justice;* elle était peut-être plus grande encore pour le ressort. Dans quelques-unes, elle se bornait à l'ancienne ville, appelée *cité;* dans d'autres, elle comprenait les faubourgs, et s'étendait même sur certaines portions rurales qu'on appelait *banlieue* ou *septène*.

En dehors des juridictions féodales, les décisions de la justice

(1) M. Pardessus, Essai hist. sur l'org. jud., p. 350.

(2) *V*. plus haut, p. 408.

municipale semblent avoir été toujours soumises à l'appel; c'était, selon M. Pardessus, un droit en vigueur (1) dès avant le XIIe siècle; mais les documents positifs ne remontent pas au delà de cette époque. — Dans les pays de *l'obéissance le roy*, l'appel était porté devant la cour royale, et ensuite devant les grands baillis, lorsqu'ils furent créés. — Dans les pays *hors l'obéissance le roy*, la connaissance de l'appel appartenait au grand vassal, qui pouvait concéder des chartes sans l'intervention du roi. Mais, à partir de Philippe le Bel, on commença à considérer le droit de rendre la justice comme étant un attribut de la souveraineté royale plutôt qu'un droit essentiellement féodal. Dès le commencement du XIVe siècle, les rois s'appuyèrent sur ce principe, et des lettres de 1410, en concédant des droits de justice aux consuls de Lautrec, les força de reconnaître qu'ils les tenaient du roi comme roi, et non comme seigneur féodal, *ut a rege, non a domino*.

TROISIÈME CLASSE. — Juridictions royales.

Aux deux classes de personnes, les nobles et les bourgeois ou roturiers, correspondaient deux juridictions : la cour féodale, juge de toutes les contestations concernant les nobles, et des tribunaux particuliers, juges des difficultés soulevées entre les roturiers. — De là deux ordres de juridictions royales : 1° la cour féodale, qui se subdivisa en plusieurs juridictions souveraines ; 2° les juridictions non souveraines, dont le nombre et les compétences diverses subirent plusieurs variations.

Cour primitive du roi.

La cour féodale du roi, exerçant le pouvoir législatif, judiciaire et administratif, fut pendant longtemps la seule juridiction souveraine de la couronne. Réunie aux époques et dans les lieux qu'elle déterminait, la cour se composait de hauts personnages,

(1) M. Pardessus, Essai sur l'org. jud., p. 354.

episcopi, optimates, proceres, nobiles, clienteles, fidèles, etc. Le roi la présida d'abord ; mais bientôt il confia ce soin à un officier, le grand sénéchal. — La sentence émanée de la cour était un véritable jugement que la volonté seule du roi n'aurait pu modifier ; car il n'était pas l'unique arbitre de la décision, comme en matière administrative, ainsi que le démontre M. Pardessus contre l'opinion de MM. Meyer et Raepset (1) ; seulement la sentence était *réputée* l'ouvrage du roi, et n'avait d'existence légale qu'après qu'il l'avait prononcée et signée.

Dans les pays d'*obéissance*, les attributions de la cour du roi étaient les mêmes que celles de la cour féodale des grands vassaux ; elle connaissait des contestations entre le roi et les vassaux, entre les vassaux respectivement, ou entre les vassaux et arrière-vassaux, quand ils se plaignaient d'une infraction au lien féodal, comme par exemple lorsqu'ils attaquaient le seigneur pour *défaulte de droit*. — Enfin elle connaissait probablement aussi des réclamations élevées contre les sentences des tribunaux établis pour les roturiers.

Tout en se créant indépendants dans leurs domaines, les grands vassaux acceptèrent la suzeraineté du roi. Ils étaient en conséquence tenus de l'aider dans une guerre étrangère, ou de lui prêter main-forte pour ramener à exécution un jugement qui avait condamné l'un d'eux comme rebelle ou félon. Mais ils ne devaient pas lui fournir de secours contre la résistance de ses vassaux du duché de France ; s'ils l'assistaient, ce n'était qu'à titre d'alliés.

Le roi étant placé au sommet de la hiérarchie féodale, les plaideurs, même dans les pays *hors l'obéissance*, avaient recours à lui contre les grands vassaux pour *défaulte de droit*. — Ce n'est pas tout : une contestation s'élevait-elle entre deux grands vassaux ne relevant pas de la même juridiction ? la cour du roi

(1) *Ibid.*, p. 21-25.

intervenait encore pour statuer. Mably (1) a pensé que, rigoureusement, il aurait dû y avoir une cour spéciale, distincte de la cour du duché de France, afin de juger les grands vassaux; M. Henrion de Pansey (2) affirme que cette cour a existé; M. Beugnot (3) déclare ne connaître aucun document qui lui en démontre l'existence, et M. Pardessus (4) prouve qu'elle n'a jamais été établie; seulement le vassal assigné devant la cour de son suzerain pouvait exiger que l'on adjoignît à la cour ordinaire un certain nombre de ses *pairs*, nombre variable suivant les localités, ainsi que l'attestent de Fontaines et Beaumanoir. Si les *pairs semonds* ne comparaissaient pas, la justice n'en suivait pas moins son cours. C'est un tribunal ainsi composé qui jugea, en 1202, Jean sans Terre, ainsi que le prouve M. Pardessus avec une puissance de logique qui détruit toutes les raisons présentées par plusieurs jurisconsultes pour établir que ce jugement avait été rendu par une cour des pairs spéciale (5).

Les rois des deux premières races prenaient sous leur protection certains établissements civils et ecclésiastiques; leurs causes étaient portées directement au plaid du palais; mais les grands vassaux finirent par se substituer à l'autorité royale. Hugues Capet n'eut probablement de juridiction que sur les établissements situés dans ses domaines; mais la royauté reconquit le protectorat qu'elle avait perdu, et la cour du roi devint exclusivement juge des établissements placés sous sa sauvegarde; il en était déjà ainsi en 1166, sous Louis VII.

Avec l'exercice du pouvoir judiciaire, la cour du roi jouait le rôle de conseil en matière administrative; mais les actes de la royauté

(1) Observations sur l'histoire de France, liv. 3, ch. 6.
(2) Des pairs de France et de l'ancienne constitution française, p. 29.
(3) *Olim*, t. 1, préface, p. XXII.
(4) Essai histor. sur l'organis. jud., p. 47. — *V.* cependant M. Laferrière, t. 4, p. 70 et suiv.
(5) *V.* dans ce dernier sens, M. Beugnot, *Olim*, t. 1, préface, p. XLVII-XLVIII.

n'avaient de force obligatoire pour les grands feudataires, et même pour les vassaux du duché de France, qu'autant qu'ils étaient acceptés par eux. Les rois profitèrent de la célébration de certaines fêtes, comme Noël, l'Épiphanie, Pâques et la Pentecôte pour réunir autour d'eux, à ces époques solennelles, les grands vassaux de la couronne et les consulter sur les mesures législatives et de haute administration qui devaient recevoir leur assentiment.—Ces réunions, appelées *concilium, congregatio, conventus, curia plena, coronata, solemnis,* aux xe et xie siècles, prirent au xiiie le nom de *parlamentum*, mot déjà usité dans les chartes pour indiquer des réunions délibérantes d'habitants.—Dans ces assemblées, auxquelles assistaient non seulement les vassaux faisant partie du grand *conventus*, mais encore des arrière-vassaux et des roturiers, on fixait l'époque des assises judiciaires.

Les suppliques d'intérêt local ou privé adressées au roi étaient reçues peut-être avant, mais certainement depuis le règne de saint Louis, par des officiers appelés *maîtres des requêtes*, qui statuaient aussi sur les procès des serviteurs *commensaux* du roi, quand ils ne présentaient pas de grandes difficultés. Dans le cas contraire, et si les *maîtres des requêtes* ne pouvaient concilier les parties, les plaideurs étaient renvoyés devant le roi, qui tenait à l'entrée de son palais une audience nommée *plaid de la porte*, pour juger les affaires qui n'étaient pas soumises à la cour.

Philippe-Auguste créa les grands baillis dans le *pays l'obéissance le roi*, pour surveiller l'administration et la justice, et il soumit leurs décisions à l'appel devant la cour. Les justiciables des seigneurs voulurent profiter de cette innovation; mais c'était porter atteinte à l'indépendance seigneuriale : le moyen appelé *défaulte de droit* était bien étranger à l'idée d'un recours à des juges supérieurs contre une sentence rendue par des juges inférieurs; d'ailleurs le combat judiciaire ne laissait pas de place à une réformation. Ce ne fut donc qu'après que le duel eut été restreint à certains cas, qu'après que le serment, l'enquête, l'écriture même furent devenus des éléments de décision pour les juges, qu'on put songer à faire réformer une sentence par la voie de l'appel. — Le plaideur condamné commença d'abord par adresser une supplique, un *amendement* aux magistrats pour obtenir d'eux un jugement contraire à celui qu'ils avaient rendu ; mais ce moyen fut rarement employé, car on devait redouter une confirmation de la part des mêmes juges. Bientôt après s'introduisit l'usage d'interrompre le juge qui opinait à haute voix pour le provoquer au combat : vaincu, le plaideur supportait une peine proportionnée à l'importance de la contestation ; vainqueur, l'affaire était déférée au suzerain. Les progrès du temps, l'étude du droit romain, l'usage suivi dans les tribunaux ecclésiastiques, tout concourut pour autoriser le recours contre un jugement, dans le cas où le plaideur alléguait une erreur de la part des juges : c'est ce qu'on appela *fausser le jugement sans mauvais cas.* — Cet usage s'étendit successivement, et à la fin du XIIIe siècle toutes les juridictions seigneuriales des pays *l'obéissance le roy* étaient sujettes à appel devant la cour du roi.

Les justices des grands vassaux ne subirent pas immédiatement la prépondérance de la cour royale, mais plusieurs causes amenèrent ce résultat. Le roi se rendait souvent dans le territoire des grands vassaux qui lui devaient le droit *de gîte;* par déférence pour lui, les seigneurs ne tenaient pas leurs assises pendant son séjour, et celui-ci rendait des jugements pour que le cours de la justice ne fût pas suspendu. De plus, comme il était permis à chacun de se placer sous la sauvegarde royale, les plaideurs recoururent à ce moyen pour obtenir justice contre une sentence qu'ils attaquaient. La réunion successive des grands fiefs à la couronne fit cesser les résistances, et le droit d'appeler devint général.

La cour féodale du roi se transformait ainsi en une véritable juridiction nationale ; l'accroissement de ses attributions nécessita l'organisation du service sur de nouvelles bases. Ce n'était pas seulement les affaires contentieuses, c'était encore les affaires relatives à la politique, au gouvernement, à l'administration proprement dite, qui prenaient de l'extension ; il fallut dispenser certains conseillers de l'expédition des affaires judiciaires pour les attacher exclusivement à celle des affaires administratives. La création d'une nouvelle chambre distincte de la chambre *aux plaids*, et dans laquelle le public n'était pas admis, est antérieure à saint Louis, sans qu'on puisse en préciser la date. — La section judiciaire devint sédentaire à Paris vers le règne de saint Louis (1), pendant que la section administrative, destinée à aider le roi de ses conseils, l'accompagnait dans ses voyages.

Tant que la cour n'eut à juger que les questions féodales, elle suffit à sa mission ; mais lorsque des questions de propriété s'agitèrent devant elle à propos des fiefs entrés dans le commerce ; lorsque les appels la mirent en demeure de juger les bourgeois et les roturiers tantôt d'après les coutumes nationales (*consuetudines patriæ*), tantôt d'après le droit romain ; lorsque les formes si compliquées de la procédure furent introduites et l'enquête admise, il y eut nécessité d'adjoindre aux nobles, si étrangers par leurs habitudes à toutes ces formalités, des auxiliaires nommés, les uns *rapporteurs* ou *auditeurs*, pour rendre compte des moyens de droit ; les autres *enquêteurs*, pour procéder à l'audition des témoins.

Les clercs (c'est ainsi qu'on nommait les hommes instruits) appelés pour conseiller les seigneurs n'avaient pas voix délibérative avec eux, mais leurs avis étaient toujours aveuglément suivis, faute de pouvoir les discuter. Les nobles, qui, selon l'expression de Pasquier, ne voulaient pas *changer leurs espées en écritoire*, prirent en dégoût les longs débats ; ils se retirèrent immédiatement après la réunion politique, et les clercs s'assirent alors sur les siéges des barons. Le roi dispensa les nobles des

(1) M. Pardessus, Essai hist., p. 99 et suiv. — M. Beugnot avait déjà prouvé, contrairement à l'opinion générale des historiens, que le parlement était sédentaire avant Philippe le Bel. — Essai sur les institutions judiciaires de saint Louis.

assises judiciaires; mais cette dispense n'était en réalité que la privation d'un droit; il nomma les clercs qui devaient siéger à leur place, et cette substitution des légistes aux seigneurs, que l'on constate déjà en 1222, enleva à la cour du roi son caractère primitif.—C'est ainsi que s'accomplissait sans secousse cette grande réforme sociale qui devait produire de si importants résultats.

Le roi, qui d'abord s'était fait représenter dans les plaids par un grand officier de la couronne, nomma, au XIIIe siècle, un président parmi les membres de la cour, sans renoncer néanmoins au droit de juger, et les *Olim* constatent des réserves faites en ce sens.

L'ordonnance du 25 mars 1302, qui déclara souverains les arrêts du parlement, n'accorda contre eux qu'une voie analogue à la requête civile, et une demande en annulation pour violation de la loi, demande que le roi jugeait *in magno consilio*.

La multiplicité des affaires administratives exigeait de promptes solutions; les vassaux directs étaient dominés par la royauté; les plus considérables figuraient dans le conseil ou la cour de justice; les cours solennelles ou parlements étaient tombés en désuétude; ces motifs déterminèrent le roi à promulguer les lois sans attendre les grandes fêtes; l'approbation du conseil leur donna force exécutoire dans tout le royaume.—Pour distinguer la section judiciaire de la section administrative, appelée *conseil*, on lui donna le nom de *parlement*, et l'assise judiciaire reçut la qualification qui n'appartenait primitivement qu'à l'assemblée générale.

La Normandie, province indépendante, avait eu pour juridiction souveraine l'*échiquier*, où se réunissaient le duc de Normandie et tous ses vassaux. La politique habile de Philippe-Auguste, en la soumettant à son obéissance, respecta ses usages et lui laissa une justice à sa proximité. Des commissaires choisis dans sa cour rendirent aux Normands la justice en son nom, ce qui n'empêcha pas les barons et les évêques de Normandie de siéger comme auparavant dans les tribunaux; c'était donc pour les Normands leur même juridiction, au moins sans changements essentiels. Mais la force des choses amena des modifications, et l'échiquier, qui n'était qu'une chambre du parlement chargée de reviser les sentences des baillis, fut soumis à son tour au contrôle du parlement.

Philippe le Bel, après avoir épousé Jeanne, fille du comte de Champagne, réunit à la couronne, par un abus d'autorité, la Champagne et la Brie. Là, comme dans tous les grands fiefs, existait une cour composée de barons et de prélats, au sein de laquelle les comtes rendaient la justice; c'était les *jours des barons* (*dies baronum*). Elle jugeait à des époques fixes, correspondant aux grandes fêtes. Cette session ordinaire n'ayant plus suffi, on avait établi une session extraordinaire, dite *grands jours* de Troyes, où siégeaient les prélats et barons choisis par le comte, annulant ainsi l'influence de l'ancienne cour. — Philippe-Auguste maintint les *grands jours;* mais ce furent des commissaires qui rendirent la justice en son nom, et le sénéchal de Champagne, qui remplaçait le comte, fut privé de la présidence.

Le Languedoc avait aussi sa juridiction souveraine; l'étendue de cette province, son éloignement de la capitale, la nature de la législation civile qui y était en vigueur et les habitudes des populations semblaient exiger une juridiction locale souveraine. Un parlement fut nommé en 1279 (1); mais ses nouveaux justiciables n'acceptaient point son omnipotence; ils appelaient au parlement de Paris, dont une chambre spéciale jugeait les affaires des pays de droit écrit. Ce ne fut qu'en 1443 que le parlement du Languedoc fut définitivement constitué, et encore ne fonctionna-t-il régulièrement que vers 1445 (2).

(1) Rec. ord., t. 12, p. 325.

(2) *V.* plus haut, p. 242.—Il n'est pas de parlement qui ait éprouvé autant de vicissitude que celui de Toulouse. Créé en 1279, à la condition que les habitants renonceraient à venir en appel au parlement de Paris, il ne fonctionna pas; les appels étaient toujours portés à Paris. — Le 20 mars 1419, Charles VII le rétablit à cause de la distance qui séparait Toulouse de Poitiers, où le parlement avait été transporté, et surtout à cause

I. Juridictions souveraines sorties de la cour primitive du roi.

La division de l'ancienne cour en *conseil* ou section chargée de délibérer et d'éclairer le roi sur les affaires d'administration publique, et en *parlement* chargé de prononcer sur celles d'intérêt privé, ne suffisait plus aux exigences du service. De nouveaux rapports inconnus avant le XIVe siècle nécessitèrent une nouvelle organisation de juridictions souveraines. Alors se formèrent le grand conseil, le parlement, la chambre des comptes, celle du trésor et du domaine, celle des monnaies et la chambre des aides.

de la difficulté de voyager dans un pays envahi par l'ennemi. — En 1428, les conseillers de Charles VII l'engagèrent à réunir les deux parlements à Poitiers, *ad majestatis regiæ conservationem, si dicta duo parlamenta unirentur*, disent les lettres du 7 octobre 1428, *et ex eis unicum fieret quo præsertim brachium nostræ justitiæ confortatum in sua fortitudine validius ageret*.

Les habitants du Languedoc réclamèrent, et obtinrent rétablissement de leur parlement le 18 avril 1437. — Ces lettres ne reçurent point d'exécution; en 1436, le parlement de Toulouse, réuni à celui séant à Poitiers, fut transporté à Paris.

Ce ne fut qu'en 1443 que le rétablissement définitif eut lieu sur la réclamation des états généraux. Plusieurs lettres eurent pour objet l'exécution de cette décision, car le parlement de Paris ne se dessaisissait que difficilement des affaires du Languedoc.

Quoique le parlement de Toulouse, ainsi constitué, ait été maintenu, cependant il fut encore soumis au caprice de la royauté. — En 1466, un conseiller, étant allé à Montpellier faire exécuter un arrêt du parlement, fut mis en prison par ordre d'un lieutenant du duc de Bourbon; le parlement ordonna la mise en liberté du conseiller, décréta la prise de corps contre ceux qui avaient fait arrêter leur collègue, et chargea deux de ses membres de l'exécution de son arrêt. — Louis XI, sur les instances du duc de Bourbon, suspendit les deux conseillers et le procureur général, et en mai 1467 des commissaires apportaient à Toulouse des lettres patentes du 12 avril prononçant la suspension du parlement entier.

Il fut rétabli et transporté en octobre 1467 à Montpellier, à cause de la peste qui désolait Toulouse. — Les vives réclamations des Toulousains firent rentrer le parlement dans leur ville le 23 décembre 1468. — Rec. ord., t. 11, p. 59, 138; — t. 13, p. 140, 231, 257, 384, 395; — t. 16, p. 474; — t. 17, p. 167.

1° *Grand conseil.* — Le conseil qui secondait la royauté dans son action gouvernementale existait dès le XIIIe siècle, quoique l'ordonnance la plus ancienne que nous ayons sur sa composition ne date que du 18 juillet 1318 (1). Les membres de ce *grand conseil, étroit conseil, grand conseil secret et privé,* étaient permanents, mais essentiellement amovibles. Le roi voulait presque toujours que les affaires importantes fussent délibérées en parlement; alors le conseil s'y transportait; souvent même des personnes qui n'en faisaient pas ordinairement partie y figuraient, comme en 1405 et 1406, où l'on vit siéger des princes du sang, des évêques, des grands officiers de la couronne, des chefs et des membres de cours souveraines, le recteur et quelques-uns des principaux officiers de l'université.

Chargé encore du contentieux administratif, le conseil interprétait les ordonnances de police, rédigeait des règlements d'administration et statuait sur les conflits. La procédure suivie dans ces différents cas était calquée sur celle du parlement.

Il entrait aussi dans les attributions du conseil de reviser les arrêts attaqués pour violation de la loi; mais l'article 12 de l'ordonnance de 1302 voulut que l'affaire fût plaidée devant de nouveaux juges.

La plénitude de juridiction attribuée au roi avait pour effet d'enlever au parlement ou autres tribunaux des affaires pendantes devant eux pour les porter au conseil. Les évocations abusives se multiplièrent, en dépit de l'ordonnance du 22 juillet 1370, qui les défendit pour les causes peu importantes. — Ces affaires ainsi portées par évocation au conseil étaient jugées par une section composée de magistrats appelés *maîtres des requêtes de l'hôtel.*

2° *Parlement.* — Son organisation complète ne date que de décembre 1320. L'ordonnance le composa de trois chambres : la grand'chambre, appelée sous saint Louis *chambre aux plets;* la

(1) Rec. ord., t. 1, p. 656.

chambre aux enquêtes et celle des requêtes. — La chambre aux enquêtes remplaça les anciens enquêteurs, avec cette différence qu'elle eut désormais le droit de juger les procès qu'elle avait instruits : elle se composait de quarante membres, vingt clercs et vingt laïques ; trente-deux portaient le nom de *jugeurs*, et huit celui de *rapporteurs*. Cette différence disparut en 1344, et la chambre des enquêtes prononça uniquement sur les procès instruits par écrit et sans plaidoiries. — La chambre des requêtes se forma des maîtres des requêtes de l'hôtel, chargés de recevoir les suppliques et de les adresser au conseil ou à la section judiciaire ; en 1291, ils s'étaient déjà divisés en deux commissions : l'une pour les affaires des pays coutumiers, l'autre pour celles des pays de droit écrit. Plusieurs arrêts (1) de 1310, 1318, 1319, etc., attestent qu'elle formait une chambre spéciale jugeant, en vertu d'une autorisation du roi, dans l'intervalle des sessions, certaines affaires rentrant dans la compétence de la grand'chambre ; mais sa principale attribution consistait à délivrer des *lettres de justice*, aux termes de l'article 7 de l'ordonnance du 17 novembre 1318. Ces lettres étaient nécessaires à qui voulait se pourvoir contre un jugement rendu par un seigneur ou un prévôt, parce que l'intimation directe était un acte irrespectueux ; elles n'étaient accordées qu'après une vérification dont le but était de rechercher si l'appel avait été interjeté dans les délais, s'il pouvait être porté immédiatement au parlement, soit à cause de la nature même de l'affaire, soit en vertu du privilége de *committimus*.—Pour se faire représenter en justice par procureur, il fallait encore des lettres. Lorsque des officiers furent institués pour représenter les parties, et qu'on n'intima plus le seigneur personnellement, les lettres devinrent sans objet ; mais un intérêt fiscal en fit conserver l'usage. Plus tard la chambre des requêtes jugea en premier ressort, sauf l'appel à la grand'chambre pour les affaires civiles personnelles et mixtes privilégiées.

(1) *Olim*, t. 3, p. 502, 503, 624, 628, 1045.

L'ordonnance du 28 octobre 1446 (1) mentionne la chambre nommée *Tournelle* comme ayant une existence antérieure : son origine semble en effet devoir être placée vers la fin du XIVe siècle (2); formée de conseillers pris dans les trois chambres, elle jugeait les affaires criminelles, à l'exception de celles qui emportaient la peine capitale, dont la connaissance appartenait à la grand'chambre.

Le roi siégeait au parlement quand bon lui semblait, et y envoyait quelquefois son conseil délibérer sur les lois ou sur les actes d'administration ; il le convoquait à des époques qui se rapprochèrent de plus en plus à mesure de l'augmentation du nombre des affaires. Lorsque l'année judiciaire fut divisée en deux sessions, le parlement, malgré son habitude de se réunir de plein droit après leur expiration, ne se croyait pas encore le pouvoir de juger sans autorisation pendant l'intervalle; aussi trouve-t-on des lettres des 24 août 1415, 15 septembre 1454, 5 août 1457, qui permettent au parlement de statuer sur les affaires arriérées pendant les vacances. — Dès le mois de décembre 1520, la chambre des enquêtes fonctionnait en tout temps.

Les membres du parlement ne jouissaient pas d'une inamovibilité absolue, parce qu'il était de principe que si le roi s'engageait irrévocablement, il ne pouvait obliger son successeur. A chaque avénement, des lettres confirmaient les membres des tribunaux. Mais il est très-probable que, lors de la transformation de la cour féodale en parlement, des garanties furent accordées aux conseillers, et les ordonnances, en réglant le roulement des chambres, semblent attester par là que les rois ne faisaient plus comme autrefois des listes nouvelles pour chaque session.

Dans le XIVe siècle, les conseillers étaient nommés par le roi de l'avis de son conseil; mais, au commencement du XVe, ils le furent par le parlement en présence du chancelier. Cette règle,

(1) Rec. ord., t. 13, p. 371.

(2) *V.* article de M. Kœnigswarter sur l'Essai historique de l'organisation judiciaire de M. Pardessus, *Revue de législation*, année 1851, p. 237.

souvent méconnue sous Charles VI, fut abrogée le 2 mars 1437; peut-être cette abrogation ne fut-elle qu'une mesure de circonstance, car, d'après l'article 1er de la déclaration du 28 octobre 1446, le parlement désignait au roi tantôt un seul candidat, tantôt deux ou trois, en indiquant celui qui lui paraissait le plus digne.

L'institution du ministère public au XIVe siècle compléta l'organisation du parlement; on trouve en 1314 ce représentant de la société chargé de poursuivre les crimes (1), et il est difficile d'en assigner la création à une époque antérieure.

Pendant longues années les jugements furent rédigés en forme de chartes qu'on remettait aux parties; mais, si un événement les faisait disparaître, il fallait recourir au *record de cour*. Les inconvénients qui résultaient de ce procédé fautif avaient donné lieu à la rédaction des *Olim;* mais l'institution d'un greffier semble ne dater que de 1321, au moment où l'organisation du parlement devint permanente.

3° *Cour des comptes.* — Lorsque les attributions de l'ancienne cour féodale se divisèrent, la section judiciaire régla et apura les comptes et jugea les diverses contestations en matière d'impôt. Certains membres plus spécialement chargés de ce soin formaient une commission que l'ordonnance du 20 avril 1309 appelle *camera comptorum.* Ce fut l'ordonnance de janvier 1319 qui lui imprima une organisation particulière; elle statua d'abord sur la perception et la comptabilité des deniers royaux, l'administration et la conservation du domaine, et sur les monnaies; mais bientôt ces attributions furent partagées entre la cour des comptes et les chambres du trésor, des aides et des monnaies.

La juridiction de la cour des comptes s'étendait sur les baillis et tous les officiers publics comptables des deniers royaux, qui prêtaient serment devant elle comme ils le faisaient devant le parlement pour leurs fonctions judiciaires. Chargée d'enregistrer les

(1) Sous le nom de *gens du roi.* — *Olim*, t. 2, p. 616.

ordonnances concernant les finances, de vérifier tous les actes relatifs au domaine, de dénoncer au roi les abus, elle avait encore une foule d'autres attributions, telles que l'enregistrement des lettres de noblesse, de naturalisation, etc.—Ses arrêts étaient en dernier ressort, aux termes de l'article 25 de l'ordonnance de 1319, qui réservait en même temps au roi le droit d'adjoindre à la chambre deux ou trois membres du parlement, selon les cas. Le parlement prétendait, malgré cette disposition, juger par appel les condamnations au payement du reliquat entraînant contrainte contre la personne et les biens des débiteurs. Des comptables interjetèrent appel, mais les maîtres des requêtes refusèrent les *lettres de justice*. De nombreuses lettres rappelèrent le principe de la souveraineté des arrêts émanés de la cour des comptes, et celles des 12 avril 1459 et décembre 1460 développaient les inconvénients du système contraire (1).

Pasquier, ancien procureur général à cette cour, nous apprend que le siége du ministère public y fut longtemps rempli par les officiers qui l'occupaient au parlement; mais un greffier spécial y était attaché.

4° *Chambre du trésor.* — Un trésorier suffit à l'expédition des affaires, à la vérification des titres et à l'ordonnancement des payements, tant que les revenus royaux se bornèrent au domaine et à quelques autres émoluments, tels que droits de sceau, de greffe, d'aubaine, etc. Les versements se faisaient au lieu appelé le *trésor*, entre les mains d'un agent central appelé changeur du trésor, et sous le contrôle d'un clerc du roi. La cour des comptes vérifiait toutes les opérations et tous les comptes. — La permanence des impôts nécessita la nomination de plusieurs trésoriers dont le nombre varia souvent, et qui eurent à surveiller encore l'administration et la conservation du domaine de la couronne.— Au commencement du xve siècle, les membres du trésor chargés

(1) Réc. ord., t. 14, p. 489-510.

de statuer sur les affaires contentieuses s'adjoignirent d'abord des conseillers de la cour des comptes; plus tard, ils appelèrent des légistes, en vertu des lettres du 11 mai 1407, et le nombre en augmenta successivement.

La compétence de cette chambre était limitée aux contestations relatives à la collecte des deniers du roi, c'est-à-dire aux produits fixes ou casuels du domaine. Les questions de propriété relevaient directement du parlement, ainsi que le décide une ordonnance du mois d'avril 1453 (1).

5° *Chambre des monnaies.* — Les officiers préposés aux monnaies, appelés *maîtres*, *grands maîtres des monnaies*, *généraux*, délibéraient souvent avec les trésoriers; mais en 1357 on leur attribua une juridiction particulière, indépendante de celle des trésoriers. Cette cour fut compétente pour juger entre les monnayeurs, changeurs et ouvriers, non-seulement les difficultés relatives à leurs fonctions et à la fabrication des monnaies, mais encore celles qui étaient complétement étrangères à leur profession. Les généraux, qui faisaient d'abord des tournées à certaines époques pour inspecter les justiciables éloignés de Paris, déléguèrent ensuite une partie de leurs pouvoirs aux prévôts, ou chefs de chaque hôtel monétaire, qui statuaient comme lieutenants des généraux, sauf appel à la chambre des monnaies.

6° *Chambre des aides.* — Lorsque les aides, d'abord exceptionnelles, devinrent régulières, et générales au lieu d'être partielles, il fallut distraire de la chambre des comptes les affaires qui y avaient rapport; la chambre des aides fut établie; elle dut sa création à l'initiative des états généraux de 1355. L'ordonnance qui réalisa leur pensée accorda pleine juridiction aux neuf commissaires nommés par les états sous le nom de *superintendants*. Choisis plus tard par le roi, ils formèrent une institution publique sous la direction de laquelle étaient perçues les nouvelles

(1) Rec. ord., t. 14, p. 284.

aides, les gabelles et autres impositions, telles qu'amendes et droits de justice. Les généraux prononçaient même en matière criminelle, et un procureur du roi siégeait à côté d'eux. Le roi envoyait souvent des membres de son conseil pour délibérer sur les lois fiscales. En 1425, la chambre de justice sur le fait des aides fut constituée en cour souveraine, et la même nécessité qui avait motivé la création d'un parlement à Toulouse fit instituer définitivement, après quelques incertitudes, une cour des aides à Montpellier.

II. Juridictions royales non souveraines.

Les jugements rendus par les tribunaux que je viens d'indiquer n'étaient pas susceptibles d'appel ; il me faut parler maintenant d'un ordre de juridictions royales statuant en première instance seulement pour les affaires qui leur étaient directement soumises, et juges d'appel de juridictions inférieures.

I. *Juridictions royales non souveraines de première classe.* — Cette division comprend les grands bailliages, les grandes sénéchaussées, l'amirauté, la grande maîtrise des eaux et forêts.

1° *Grands bailliages.* — L'affranchissement des serfs, en multipliant les propriétaires, multiplia les procès ; on ne pouvait en confier la solution aux juges locaux, dont les connaissances étaient trop limitées ; et comme il fallait éviter, d'un autre côté, des déplacements dispendieux pour les plaideurs, on créa les grands bailliages. La royauté mettait ainsi la justice à la portée des parties, et trouvait le moyen de régler avec promptitude les nombreux conflits qui s'élevaient entre les juridictions seigneuriale et municipale.

Cette institution, qui date de Philippe-Auguste (1), eut pour ministres *fideles et sapientes personas*, comme les de Fontaines, les Beaumanoir etc. L'ordonnance de 1302, qui respire la con-

(1) *V.* M. Laferrière, t. 4, p. 112 et suiv.

naissance du droit romain, règle avec détail les devoirs des baillis : il leur est défendu d'exercer leurs fonctions dans le pays où ils sont nés, de contracter mariage dans leur ressort, de faire des acquisitions, de nommer leurs parents aux places de prévôts, etc. Leurs fonctions sont multiples : — agents du pouvoir exécutif, ils publient les lois, convoquent le ban et l'arrière-ban, font exécuter les mesures d'ordre public ; — agents administratifs, ils ressemblent aux gouverneurs de province ; — et agents de l'ordre judiciaire, ils ont, sous ce rapport, un pouvoir d'une étendue considérable.

A côté des grands baillis siégèrent primitivement des assesseurs *pairs* des parties ; plus tard ce furent des avocats ou des praticiens qui finirent par devenir les conseillers du bailliage. Ces magistrats tenaient leurs assises dans les lieux qui leur paraissaient les plus convenables, et rendaient la justice au nom du roi. Imbus des idées d'extension du pouvoir royal qu'ils puisaient au sein du parlement, dont ils étaient sortis et dans lequel ils venaient se retremper chaque année, ils les firent triompher en s'appuyant sur les principes du droit romain et du droit canonique.

2° *Grandes sénéchaussées.*—Comme le mot de bailliage, celui de sénéchaussée était générique, et s'appliquait également à des juridictions d'un ordre inférieur et à d'autres d'un ordre plus élevé. Etablies d'abord en Languedoc comme juridictions seigneuriales, elles se transformèrent en juridictions royales lors de la guerre des Albigeois, et par la suite des sénéchaussées furent établies en Guienne et en Dauphiné.

Le sénéchal, chef de l'administration civile, militaire, financière, présidait les assises qui connaissaient en appel des sentences des *viguiers*, et qui statuaient en premier ressort sur des affaires trop importantes pour en abandonner la connaissance aux juges inférieurs.

3° *Juridiction de l'amiral.* — Son origine est assez obscure, et l'insuffisance des documents que nous avons ne permet pas de déterminer l'époque à laquelle les rois, se substituant aux seigneurs, surveillèrent les agents chargés des mesures d'ordre public pour la navigation, et leur conférèrent le droit de décider les questions de police maritime. Ce qu'il y a de certain, c'est que cette juridiction existait dès 1350 en Normandie; elle s'étendait sur toutes les affaires de la mer, au criminel comme au civil, d'après l'ordonnance du 7 décembre 1373, qui pose les bases de son organisation. Une autorité supérieure surveillait les actes et les jugements de l'amiral ou de ses lieutenants. Voulait-on attaquer leurs actes administratifs? c'était devant le roi en son conseil; — étaient-ce leurs jugements qu'on voulait frapper d'appel? un siége supérieur établi au palais de justice, et appelé *table de marbre*, connaissait de la difficulté.

La Normandie, la Picardie et l'Aquitaine furent d'abord les seules provinces soumises à cette juridiction; dans les autres, les prévôts royaux seuls statuaient.

4° *Grande maîtrise des eaux et forêts*. — Les maîtres des eaux et forêts existaient avant l'année 1302, dans le cours de laquelle leurs attributions furent déterminées. Ils connaissaient en personne des délits et règlements de la police des eaux et forêts; plus tard ils eurent des lieutenants pour les remplacer comme juges. Des agents sous leurs ordres, appelés *verdiers*, *sergents*, *châtelains*, *gruyers*, jugeaient en premier ressort, sauf l'appel devant les maîtres siégeant à Paris. Ils furent obligés plus tard de se transporter dans certaines localités pour y rendre la justice: de là l'institution d'une cour présidée par un grand maître souverain, assisté des maîtres dont les jugements n'étaient point déférés à ce siége supérieur. — Cette institution était en pleine vigueur au milieu du XIVe siècle, et c'est l'ordonnance du 22 juin 1394 qui en détermina les différents pouvoirs.

II. *Juridictions royales inférieures*. — Ces juridictions ne statuent jamais qu'en premier ressort; l'appel de leurs jugements est porté soit devant les juridictions non souveraines, dont je viens de parler, soit devant les cours souveraines, suivant les lois de leur institution ou leurs priviléges particuliers. Elles se divisent en deux classes : celles qui ont à la fois des attributions administratives et judiciaires, et celles qui n'ont que des attributions purement judiciaires.

La première classe comprend les élections, les amirautés, les maîtrises des eaux et forêts, les hôtels des monnaies.

1° *Elections.* — Les aides étaient réparties, sous saint Louis, par des délégués élus par leurs concitoyens dans les domaines du roi. Le mode particulier fut étendu plus tard à tout le royaume, et les membres des *élections* furent investis par l'ordonnance du 28 décembre 1355 du droit de prononcer sur toutes les contestations nées à propos de la perception des impôts. L'appel était porté à la cour des aides.

2° *Amirautés.* — Ces juridictions de première instance attribuées aux lieutenants de l'amiral étaient déjà connues au XIe siècle (1); cependant elles ne reçurent point généralement d'organisation avant le milieu du XIVe; dans plusieurs provinces, les justices royales de première instance conservaient la connaissance des affaires maritimes.

3° *Maîtres particuliers des eaux et forêts.* — Sous le nom de verdiers, sergents, châtelains, gruyers, etc., les agents des maîtres des forêts jugeaient en premier ressort les délits pour lesquels les condamnations n'excédaient pas 60 sols. Cette disposition de l'ordonnance du mois de septembre 1402 prouve que les maîtres connaissaient directement des délits plus considérables. On leur assigna diverses résidences pour les mettre en position d'exercer une surveillance plus active, et, sous la dénomination de maîtres particuliers, ils devinrent juges de première instance en matière forestière.

4° *Hôtels des monnaies.* — Dans les villes où l'on battait

(1) Les Assises de Jérusalem en font mention.

monnaie, des officiers royaux étaient chargés de surveiller la fabrication et de faire exécuter les lois et règlements y relatifs; ils eurent juridiction sur les fournisseurs de métaux et sur tous les ouvriers, sauf appel à la chambre des monnaies.

La deuxième classe des juridictions royales inférieures comprend les *prévôtés*, chargées de juger les contestations étrangères aux principes de la féodalité (1). — Les prévôts portaient dans quelques lieux le nom de *baillis;* ils avaient sous eux des juges inférieurs, baillis ou viguiers, suivant les lieux. Agents de l'ordre administratif, financier et judiciaire, ils réunissaient tous les pouvoirs dans leurs mains.— Les prévôtés, données à ferme sous saint Louis, le furent encore pendant longtemps à cause du mauvais état des finances, qui ne permettait pas de supprimer ce revenu; mais l'ordonnance du 26 août 1403 chargea la cour des comptes de conférer gratuitement ces offices, et peu à peu le roi reprit le droit de nomination.

Ces officiers furent surveillés par le grand sénéchal jusqu'à la création des grands baillis, qui durent se charger de ce soin.

Le prévôt jugeait en personne; mais on ne sait pas bien si, dans les premiers temps, il put s'adjoindre des assesseurs; il est permis cependant de le supposer à cause de la règle du jugement par les pairs, règle si profondément enracinée dans les habitudes.

Les prévôts se trouvaient souvent sur leur territoire en présence d'une juridiction seigneuriale ou municipale qui s'exerçait dans des limites déterminées; c'était une occasion de conflits que les grands baillis ne pouvaient pas toujours terminer, et dans lesquels la puissance royale était souvent forcée d'intervenir.

Venaient ensuite d'autres juridictions inférieures auxquelles des attributions spéciales étaient confiées, telles que la conservation des priviléges des corporations, des universités, de l'ordre de

(1) Elles sont déjà mentionnées dans une charte du 2 octobre 1057.

Malte, etc. Je ne puis les énumérer toutes ; deux mots seulement sur le *Châtelet* de Paris (1).

Le Châtelet de Paris n'avait point, en droit, de supériorité sur les autres prévôtés (2); mais sa position topographique, l'étendue de son territoire, les appels qu'il recevait de diverses châtellenies situées dans la vicomté, enfin l'absence d'un grand bailli à Paris, ce qui faisait porter l'appel de ses décisions directement à la cour du roi, lui avaient acquis une grande importance (3).

La multiplicité toujours croissante des affaires fit promptement décharger le prévôt de la perception des revenus; pour le seconder dans l'instruction des procès, il lui fut permis d'avoir des *enquê-*

(1) On appelait ainsi la juridiction royale ordinaire de Paris, parce qu'elle était établie dans l'endroit où subsiste encore une partie d'une ancienne forteresse appelée le Grand-Châtelet, que Jules César fit construire lors de la conquête des Gaules. C'est là que devait se rassembler chaque année le conseil souverain des Gaules; sous l'arcade de cette forteresse on lisait encore en 1736 cette inscription : *Tributum Cæsaris*, parce que c'était là que se faisait la recette de tous les impôts. — Depuis Hugues Capet, le Châtelet devint la demeure des comtes de Paris, et plus tard des prévôts ; quelquefois les rois venaient en personne y rendre la justice.

(2) Depuis Charles VI, le prévôt de Paris devint un personnage important. Après la suppression du prévôt des marchands, le roi voulut donner plus d'éclat au prévôt royal. Dans ses lettres du 27 janvier 1382, qui réunissaient la maison de ville de Paris à l'office de la prévôté de Paris, Charles VI désirait que les prévôts eussent « honorable demeure et mai- » son, » et afin que « tous ceux qui devront avoir recours à eulx comme » à leurs juges, sçachent où aller plus promptement pour faire expédier » leurs besoignes, » il donne le Petit-Châtelet avec toutes ses *appartenances et dépendances* au prévôt et à sa famille ; et le Châtelet changera le nom de maison de ville en celui de maison de la prévôté de Paris.

Cette décision ne fut point exécutée sur-le-champ; le commis nommé par le roi pour remplacer le prévôt des marchands s'y était maintenu. Des lettres du 20 avril 1402 rappelèrent les premières, et enjoignirent aux gens de comptes et trésoriers de mettre le prévôt « realment et de » fait en possession du Petit-Chastelet. » Ces lettres reçurent cette fois leur exécution. — *V*. Rec. ord., t. 6, p. 688 ; — t. 12, p. 578.

(3) L'existence de cette juridiction en 1134 est attestée par une charte de Louis VI.

teurs qui s'occupèrent spécialement de certains actes, tels que scellés, inventaires, comptes en justice, etc.—Les mêmes raisons firent créer des *auditeurs*, qui l'aidaient à rendre la justice; mais, des abus s'étant glissés dans cette institution, l'ordonnance de novembre 1302 restreignit leur compétence aux affaires mobilières d'une valeur de 60 sols.—D'après l'ordonnance de février 1327, il y eut sous la présidence du prévôt huit conseillers auxquels on adjoignit deux auditeurs, tout en leur conservant la juridiction propre qu'ils exerçaient dans un local spécial et à des heures particulières.

JURIDICTIONS ECCLÉSIASTIQUES.

Les ecclésiastiques qui acquéraient des fiefs, placés dans la position des autres seigneurs, exerçaient la justice seigneuriale, dont on connaît déjà l'étendue. Je n'ai à parler ici que de la juridiction du clergé comme clergé.

Les affaires réservées exclusivement aux tribunaux ecclésiastiques concernaient le dogme et la discipline, matières qui, par leur nature même, sortaient de la compétence des tribunaux séculiers. —La sanction des décisions rendues en pareil cas ne pouvait être que purement spirituelle, les modes ordinaires d'exécution étant frappés d'impuissance absolue. — Cette compétence incontestable et incontestée des tribunaux ecclésiastiques s'étendit successivement; d'abord il fut défendu aux clercs, sous peine d'excommunication, de porter leurs différends devant des juges autres que l'évêque; et s'ils étaient en procès avec un laïque, demandeurs ou défendeurs, ils devaient obtenir de l'évêque l'autorisation de plaider, afin de ne pas soutenir de contestations injustes.

Il fut admis ensuite en principe que la volonté des parties pouvait les soumettre à la juridiction ecclésiastique, que la régularité de sa procédure recommandait au choix des plaideurs.

Des restrictions furent apportées à cette règle dans les xe et xie siècles, sans que les documents qui nous restent permettent de bien en préciser l'étendue; mais toujours est-il que les tribunaux ecclésiastiques connaissaient encore de tous les actes importants de la vie civile.

L'entrée dans la vie se faisait sous les auspices du baptême; tout ce qui tenait à la filiation, à la légitimité, à l'état des personnes, tombait avec le sacrement initiateur dans la compétence de l'Église.

Le mariage était aussi un sacrement; comme conséquence de son caractère, il attirait aux tribunaux ecclésiastiques la connaissance de la dot, du douaire, des conventions matrimoniales, de la nullité ou de la validité du mariage, de l'adultère même.

Un chrétien doit mourir chrétiennement; l'Église était l'exécutrice testamentaire du défunt; en cette qualité, la saisine de ses meubles lui appartenait.

Contracter, c'est engager sa foi, et le serment des parties exigé par les notaires apostoliques royaux, étant un acte religieux, rendait la juridiction ecclésiastique compétente.

D'autres causes lui étaient encore déférées, telles que celles relatives aux dîmes et à l'usure. Mais une réaction se manifesta: dès 1139, Arnaud de Bresse était condamné par le concile de Latran pour avoir attaqué la juridiction ecclésiastique; en 1225, les barons se liguaient pour arrêter les entreprises des clercs; Louis IX lui-même, le saint roi, les combattait aussi.—Au temps de Beaumanoir, des règles tracées avec précision n'empêchaient pas des conflits très-animés qui se traduisaient par des excommunications d'un côté et par la saisie du temporel de l'autre; les affaires mixtes, que chacun voulait attirer à soi, étaient la cause principale de ces luttes. Le jurisconsulte de Beauvoisis ne craignit pas d'aborder cette matière difficile que Pierre de Fontaines avait négligée peut-être à dessein. « Bonne coze est et profitavle et selonc Dieu et » selonc le siècle que cil qui gardent le justice espirituel le mel» lassent de ce qui apartient à l'espiritualité tant solement, et » laissassent justicier et exploitier à le laie justice les cas qui ap-

» partiennent à le temporalité, si que par le justice espirituel et » par le justice temporel droist fut faict à çascun (1). »

La lutte était devenue redoutable au XIVe siècle; les jurisconsultes se précipitèrent avec ardeur dans la lice, et le *Songe du Verger* est une peinture fidèle de ces attaques réciproques. Les conseillers du roi descendirent dans l'arène; le premier qui jeta le gant fut Pierre de Cugnières : dans une assemblée tenue à Vincennes en 1329, il proposa soixante-six griefs contre les entreprises des prélats sur la juridiction séculière; c'est lui qui dicta la réponse du roi à la lettre de Boniface VIII, le monument le plus important de ce grand débat. Le pape avait écrit au roi en ces termes : *Bonifacius episcopus, servus servorum Dei, Philippo Francorum regi. Deum time et mandata ejus observa : scire te volumus quod in spiritualibus et temporalibus nobis subes... aliud credentes hereticos reputamus.* — La réponse de Pierre de Cugnières fut celle-ci : *Philippus Dei gratia Francorum rex, Bonifacio se gerenti pro summo pontifice salutem modicam seu nullam. Sciat maxima tua fatuitas in temporalibus nos alicui non subesse... secus autem credentes fatuos et dementes reputamus.* Quelle puissance humaine osa jamais adresser un plus fier défi au vicaire de Jésus-Christ?

Les tribunaux ecclésiastiques, qui s'étaient au XIIe siècle multipliés sous le nom d'officiaux, délégués, subdélégués, commissaires, etc., furent frappés dans leur puissance par l'institution des appels comme d'abus. En même temps surgissaient d'autres principes non moins destructifs de la juridiction ecclésiastique: tels que prohibition d'évoquer hors du royaume les causes intéressant les ecclésiastiques, et d'excommunier les officiers du roi pour le fait de l'exercice de leurs charges : principes proclamés, l'un par le pape Urbain V en 1364, contrairement aux anciennes décrétales, l'autre par Charles V dans son ordonnance de 1370, et qui anéantissaient la dernière sanction qui restât aux sentences ec-

(1) Cout. de Beauvoisis, ch. 11, § 1er.

clésiastiques. Dès lors la compétence des tribunaux ecclésiastiques fut réduite, par la force des choses, presque aux seules affaires spirituelles et de discipline religieuse; l'official ou le représentant de l'évêque vit même ses sentences déférées aux parlements, en vertu d'une ordonnance du 4 décembre 1477.

La pragmatique sanction de 1438 avait élevé un rempart contre la théocratie politique et judiciaire; elle répondait si bien aux besoins de l'époque, que le clergé de France, convoqué à Bourges, n'hésita pas à concourir à son établissement.

Sur les débris de la féodalité l'unité monarchique s'est constituée; ce fait essentiel, que nous avons constaté dans toutes les branches de l'administration, nous le retrouvons encore dans la constitution des juridictions royales, qui absorbent les juridictions seigneuriales, municipales et ecclésiastiques. Les grands seigneurs font d'inutiles efforts pour résister à cet envahissement de la royauté; le baron succombe, et le légiste triomphe; le parlement assure sa prépondérance et la consolide en rendant des arrêts. Les seigneurs élèvent, il est vrai, une sorte de juridiction rivale dans la cour d'honneur de la Toison d'or; ceux que le parlement condamne, la cour de la Toison d'or les absout : mais un jour, « au banquet de l'ordre, » lorsque tous les chevaliers, *en leurs manteaux*, *en la gloire* » *et solennité de leur estat*, allaient s'asseoir à la table de velours » étincelante de pierreries, lorsque le duc, qui *semblait moins* » *duc qu'empereur*, prenait l'eau et la serviette de la main d'un » de ses princes, un petit homme en noir jupon se trouva là, on » ne sait comment, et se jetant à genoux, lui présenta à lire... » une supplique?... non, un exploit! un exploit bien en forme » du parlement de Paris, un ajournement en personne pour lui, » pour son neveu, le comte d'Étampes, pour toute la haute ba- » ronnie qui se trouvait là... Et cela pour un *quidam* dont le par- » lement désirait évoquer l'affaire... comme si l'huissier fût venu » dire : « Voici le fléau de cette fière élévation que vous avez

» prise, qui vous vient corrigier ici, pincier, montrer qui vous » êtes (1). »

« Une autre fois, c'est encore un de ces hardis sergents qui s'en » vient dans Lille, le duc étant en cette ville, battre et rompre à » marteau de forge la porte de la prison pour en tirer un prisonnier. Grande esclandre et clameur du peuple ; il fallut que le » duc vînt : *le gracieux exploitant toujours mailloit et frappoit;* » *il avoit déjà rompu les serrures et grosses barres.* Le duc se » retint et ne parla pas ; il arrêta les gens qui voulaient jeter » l'homme à la rivière.

» Cette apparition de l'homme noir au banquet de la Toison » d'or, qu'était-ce, sinon le *Memento mori* d'une faible et » fausse résurrection de la féodalité ? Et ce marteau de forge, » dont l'homme de loi frappait si ferme, que brisait-il, sinon » le fragile, l'artificiel, l'impossible empire, formé de vingt » pièces ennemies qui ne demandaient qu'à rentrer dans leur » dispersion naturelle ? »

(1) Michelet, Hist. de France, t. 5, p. 407. — Cet auteur ajoute une note que je crois devoir transcrire; elle complète ce passage sur l'influence des légistes. « Quelque effronté que l'huissier puisse sembler au » chroniqueur, dit Michelet, je ne puis à cette occasion m'empêcher » d'admirer l'intrépidité de ces hommes qui se chargeaient de tels messages, qui, sans armes, en jaquette noire, n'ayant pas comme le » héraut la protection de la cotte armoriée et du blason de leur maître, » s'en allaient remettre au plus fier prince du monde, au baron le plus » féroce, à un Armagnac, un Retz, dans son funèbre donjon, le tout » petit parchemin qui brisait les tours..... Remarquez que l'huissier ne » réussissait guère à faire un bon ajournement, régulier, légal, *en personne*, qu'en cachant sa qualité et risquant d'autant plus sa vie. Il » fallait qu'il pénétrât comme marchand, comme valet; il fallait que sa » figure ne le fît point deviner, qu'il eût mine plate et bonasse..... dos » de fer et cœur de lion..... Ces gens étaient, je le sais, encouragés par » cette ferme croyance que chaque coup leur reviendrait en argent; mais » cette *foi au tarif* ne suffit pas pour expliquer en tant d'occasions ces » dévoûments audacieux, cet abandon de la vie. Il y a là aussi, si je » ne me trompe, le fanatisme de la loi. »

LIVRE TROISIÈME.

MONARCHIE ABSOLUE.

(1461-1789.)

La diversité dans les institutions politiques et dans la législation privée forme le caractère essentiel de la féodalité, tandis que l'unité du pouvoir, qui conduit à l'uniformité des lois, est le principe sur lequel repose la monarchie absolue.

C'est dans cette période que les idées reçoivent une application suivie de centralisation politique et législative déjà mises en pratique par le parlement de Paris, autant du moins que les temps le lui permettaient. La royauté généralise, avec l'autorité du législateur, les principes de droit que les arrêts avaient déjà déclarés communs à toutes les provinces. Les grandes ordonnances sur la législation civile, criminelle et commerciale imposent à toutes les parties de la France les règles fondamentales que désormais tous les tribunaux devront appliquer.

Les jurisconsultes, que leurs travaux élèvent au sommet de la science, secondent de tous leurs efforts le mouvement général vers l'établissement d'un droit commun à tous les membres de la nation française. Leurs essais de codification se joignent aux tentatives du pouvoir royal : celles-ci se manifestent par la rédaction officielle des coutumes, et les autres par les compilations entreprises sous l'inspiration ou la surveillance des conseillers du trône.

Une cause de diversité dans l'application du droit existe encore dans les prétentions exagérées des parlements; la confusion du pouvoir judiciaire et du pouvoir législatif, l'un des éléments es plus actifs de dissolution dans la société, entraînera la ruine de la monarchie, après les péripéties sans nombre que je vais essayer de retracer à grands traits.

TITRE PREMIER.

APERÇU DES PRINCIPAUX FAITS POLITIQUES.

La nationalité française s'est constituée par les guerres étrangères; toutes les classes, confondues dans un désir commun de conquérir l'indépendance du territoire, ont compris la nécessité de se rallier à un pouvoir central; elles en ont contracté l'heureuse habitude. L'action gouvernementale s'est organisée dès que l'état de la France a permis de s'occuper d'administration, et la fin du règne de Charles VII a été signalée par la régularité et la stabilité dans les institutions, présage certain du triomphe de la royauté et de l'anéantissement du système féodal.

En même temps que l'esprit national se formait, le territoire gagnait en étendue. Après l'expulsion des Anglais, la Normandie, la Touraine, le Poitou, etc., redevinrent pays français; sous Louis XI, dix nouvelles provinces furent réunies à la France, et sous Charles VIII et Louis XII, les mariages successifs de la duchesse Anne avec ces deux rois incorporèrent la Bretagne au royaume. Ainsi la France morale et la France matérielle acquéraient ensemble de la force et de l'unité.

Jusqu'à Louis XI la force des armes et les moyens matériels ont été à peu près les seuls mobiles du gouvernement; la persuasion, le talent de manier les esprits et de les mener à ses vues, en un mot la politique proprement dite, politique d'habileté, de fourberie peut-être, mais aussi de ménagement et de prudence, était presque restée inconnue. C'est Louis XI qui a substitué dans le gouvernement les moyens intellectuels aux moyens matériels, la ruse à la force, la politique italienne à la politique féodale.

Deux hommes sont la personnification de ces deux systèmes opposés, Charles le Téméraire et Louis XI; les deux rivaux une fois en présence, chacun veut triompher. La violence, l'appel à la guerre, telles sont les ressources du premier; maîtriser les hommes par le maniement habile des intérêts et des esprits, voilà la constante préoccupation du second. — L'un emporté, bouillant, devançant les événements pour se jeter en aveugle dans une entreprise; l'autre concentré en lui-même, assez maître de ses passions pour dissimuler sa haine et sa colère, attendant avec patience le moment favorable pour tenter un coup hardi. — Rien ne surprend de la part de Charles, même ses tentatives les plus téméraires; Louis XI étonne par des actes de vigueur dont on l'aurait cru incapable. — L'un agit au grand jour, l'autre prépare ses succès dans l'ombre. — La politique moderne a dépassé sans doute celle de Louis; elle ne fuit pas la publicité et ne repousse pas la justice; mais ne perdons pas de vue que c'était un grand progrès que d'avoir foi dans la supériorité intellectuelle, et de gouverner par les esprits et non plus par le bouleversement des existences.

Le règne de Louis XI est rempli par les luttes de la royauté avec les seigneurs; les ducs de Bourgogne, de Bretagne, le duc de Bourbon, les comtes de Dunois et de Charolais, sont à la tête des factieux, mais ils plient tous sous l'habileté du roi, dont les intrigues défient les armées coalisées. Ennemi de la noblesse, Louis s'entoure de gens de basse extraction par haine pour les grands, et suit son plan avec une vigueur qui dégénère parfois en cruauté (1). Bossuet a tracé un tableau saisissant de ce règne dans son *Abrégé de l'histoire de France*: « Louis XI avait » élevé sa puissance au plus haut point; il voyait les Fla- » mands dans sa dépendance, et la maison de Bourgogne,

(1) On sait qu'il cherchait à expier ses fautes par des pratiques de dévotion minutieuses, des prières achetées et des largesses envers les églises.

» qui lui avait donné tant d'inquiétudes, faible et impuissante ; le
» duc de Bourgogne, qu'il haïssait, hors d'état de rien entre-
» prendre, et tenu en bride par le grand nombre de gens de
» guerre qu'il avait sur sa frontière ; l'Espagne en paix avec lui
» et en crainte de ses armes, tant du côté du Roussillon, qui lui
» avait été donné en gage, que du côté du Portugal et de la Na-
» varre, qui étaient dans ses intérêts ; l'Angleterre affaiblie et
» troublée en elle-même ; l'Écosse absolument à lui, et en
» Allemagne beaucoup d'alliés ; les Suisses aussi soumis que
» ses propres sujets ; enfin son autorité si bien établie dans le
» royaume et si respectée au dehors, qu'il n'avait qu'à vouloir
» pour être obéi.

» Cela est grand et illustre ; mais d'avoir tourné la religion en
» superstition, et de s'être si étrangément abandonné aux soupçons
» et à la défiance, d'avoir été si rigoureux dans les châtiments,
» et d'avoir aimé le sang, sont les qualités d'une âme basse et
» indigne de la royauté. »

Mais quel roi de France eût jamais une aussi grande puissance ! La monarchie absolue est solidement constituée, le gouvernement a réglementé ses relations générales ; pour la première fois apparaissent les grandes combinaisons d'alliance, soit pour la paix, soit pour la guerre, qui produiront plus tard le système d'équilibre politique. C'est du xve siècle que date la diplomatie en Europe.

Au moment où Charles VIII entreprend son expédition d'Italie, une ligue se forme contre lui entre l'Espagne, le pape et Venise. Avec ses 9,000 hommes il force les lignes des 40,000 soldats de la confédération et rentre glorieux en France, après avoir racheté toutes ses imprudences par une victoire. La France recueille les fruits de l'organisation militaire due à la sagesse de Charles VII, et en se mesurant avec les troupes italiennes, formées d'aventuriers et de paysans soudoyés par des chefs de bandes, elle comprend tout le parti qu'elle peut tirer de ces troupes soldées par le roi, bien équipées, et non moins redoutables par leur discipline que par leur valeur.

De nombreuses négociations diplomatiques occupèrent le règne de Louis XII; plusieurs coalitions se formèrent entre les différentes puissances dans un but d'intérêt général. La ligue de Cambrai, en 1508, dirigée contre les Vénitiens, donna à la *furie française* l'occasion de montrer aux nations ennemies la puissance de la discipline et du courage sur des hommes qu'anime l'honneur national (1). En triomphant à Agnadel, Louis XII était venu en aide aux monarchies jalouses des républiques industrielles, et il contraignait Venise à faire la paix ; mais bientôt il fut obligé de se défendre à son tour contre la coalition du pape Jules II et de ses anciens alliés. Effrayé d'une guerre contre le saint-siége, il poursuivit les hostilités avec mollesse et voulut négocier avec le souverain pontife, qui resta sourd à toutes les propositions de paix; la fortune fut infidèle aux armes françaises en Italie, en Picardie, à Dijon, et, sans les trompeuses promesses de la Tremoille aux Suisses, le royaume était perdu.

La France, un moment abattue, reprend une nouvelle vie et déploie des ressources inattendues sous la conduite d'un jeune prince, de François Ier; alors commence une longue série de guerres et d'événements politiques qui sembleraient, à ne voir que ce côté de l'histoire du XVIe siècle, faire de cette époque une époque de sang et de ruines.

Le règne de François Ier est une suite de guerres continuelles en Italie et dans les Pays-Bas, où les légions qui remplacent les francs-archers de Charles VII se signalent par des prodiges de valeur, mais sans utilité pour la France. Ce roi des gentilshommes, adoré de la noblesse et de l'armée, n'imita pas toujours

(1) A Agnadel, le 14 mai 1509, l'armée française commençait à plier; la Tremoille s'écrie : *Enfants, le roi vous voit !* Ce mot fut le signal de la victoire.

la prudence de son heureux adversaire, et le prisonnier qui violait le traité de Madrid pour sauver l'honneur national n'eut pas dans toutes les occasions cette énergie soutenue qu'exigeaient les circonstances et qui fit rarement défaut à Charles-Quint. Dédaigneux pour cet art si familier à l'empereur d'Allemagne de conduire l'intrigue d'une négociation, de feindre, de promettre, d'éluder sa parole, de gagner du temps, il fut trop chevaleresque pour être bon politique. Cependant les guerres étrangères furent favorables à la royauté, dont le pouvoir s'affermissait de plus en plus.

Au milieu de ce grand travail de centralisation qui s'opère dans les peuples et les gouvernements, trois grands faits se dessinent dans l'ordre moral : réforme ecclésiastique tentée par l'Eglise elle-même ; réforme religieuse populaire, et réforme intellectuelle qui ouvre une école de libres penseurs.

Au milieu du XVe siècle, l'émigration des Grecs en Italie enrichit cette contrée de précieux manuscrits dérobés par les fugitifs de la Grèce à la ruine de leur pays, et les peuples se livrent avec orgueil aux plaisirs d'une civilisation molle, oisive et élégante. Les esprits élevés et actifs prennent en dégoût les mœurs grossières, les idées confuses, les formes barbares d'un temps auquel ils touchent encore et qui pour eux n'est déjà plus, voués qu'ils sont avec ardeur à la contemplation de l'étude et presque au culte d'une société à la fois plus régulière et plus civilisée.

François Ier contribue de toute sa puissance à ce développement intellectuel qui se manifeste en même temps dans l'Europe entière. Les voyages, les découvertes, les entreprises, les inventions se produisent sous mille formes dans ce siècle que la postérité a nommé la *renaissance*, parce qu'illuminant les peuples d'un éclat soudain, il les a tirés des ténèbres dans lesquelles ils étaient ensevelis et les a conviés à une vie nouvelle. L'Europe ne suffira plus à ces hommes avides de beautés inconnues, l'air leur manque dans cet espace devenu trop étroit où s'agite leur passion de l'inconnu ; il leur faudra traverser les mers, et chercher, par des routes jusque-là ignorées, des terres vierges, des hommes que la civilisation n'a point flétris. — Pour leur dévorante ambition, ce n'est pas trop d'un nouveau monde! —Vasco de Gama se fraye un passage par le cap de Bonne-Espérance en 1486; Christophe Colomb découvre l'Amérique en 1492, et le Brésil en 1500. — Dans les arts même activité; des inventions merveilleuses étalent aux yeux de l'Europe étonnée ces prodiges de l'industrie humaine qui permettent à un peuple de se venger de ses ennemis, à un navigateur de se diriger au milieu des mers, à l'écrivain et à l'artiste de reproduire sur le papier et sur la toile les secrets les plus intimes de leur pensée.

Et pourtant, en présence de tant de merveilles qui semblaient défier les réformes orageuses et affermir la base des gouvernements, des révolutions profondes sont venues attrister les progrès de la civilisation!

La réforme, véritable révolution religieuse, éclate vers 1520 au milieu d'un grand événement politique, la lutte de François Ier et de Charles-Quint, de la France et de l'Espagne. — Le XVIe siècle est rempli en France par les grandes guerres de religion qui éclatent entre les protestants et les catholiques, et deviennent l'occasion d'une tentative des grands seigneurs pour ressaisir un pouvoir qui leur échappe et dominer encore une fois la royauté.

Les déclamations de Luther contre la cour de Rome n'avaient eu d'abord que peu de retentissement en France; François Ier ne crut pas utile de sévir contre les réformateurs, dont les principes cependant étaient essentiellement hostiles aux monarchies. Henri II établit en 1558 le tribunal de l'inquisition, mais sans pouvoir arrêter l'essor de la propagande calviniste, et lors de l'instruction du procès qu'avait motivé l'échauffourée du *Pré-aux-Clercs*, les protestants formaient déjà un État dans l'État. A la mort de Henri II, les chefs de cette secte ambitieuse comptaient sur l'épuisement des finances et les désordres de l'administration pour asseoir leur indépendance politique sur leur indépendance religieuse.

Sous un roi de seize ans, débile de corps et d'esprit, l'ambition et le fanatisme allaient livrer la France à quarante années de calamités.

Lorsque Charles IX monta sur le trône, le pouvoir, isolé, n'avait ni l'appui des catholiques ni celui des protestants. Ce n'était point une Italienne élevée dans la vieille politique des Borgias qui pouvait tenir la balance entre des hommes trop énergiques pour la redouter; elle n'était pas digne de cette époque de convictions ardentes, pas plus que l'époque elle-même ne l'était du chancelier de l'Hôpital, noble image de la sagesse calme mais impuissante contre les passions. Les guerres civiles éclatent partout, les chaires retentissent des attaques les plus violentes; le duc de Guise, ce nouveau Moïse pour les catholiques, est accablé des plus sanglantes injures par les protestants, qui tonnent contre *l'insigne méchanceté de ce nouvel Hérode et de ce suppôt de l'enfer.* —Le champ de bataille est la France; mais les Français, ne suffisant plus à leurs haines réciproques, font un appel à l'étranger, et les vieilles barrières politiques qui séparaient les peuples s'abaisent devant l'intérêt religieux.

Des deux côtés l'enthousiasme est au comble, mais farouche et sanguinaire: assassinat, représailles, voilà le triste caractère de ces guerres, *qui estoient comme une rage et un feu qui brûloit et embrasoit toute la France.* Montluc raconte que lorsqu'il fut envoyé en Guienne pour comprimer l'esprit d'indépendance qui avait envahi cette province, il dut, « contre son naturel, user non-seu» lement de rigueur, mais de cruauté. Il ne fut pas doux, » comme son prédécesseur: « on pouvoit cognoistre par où il estoit » passé, car par les arbres sur les chemins on en trouvoit les » enseignes. » Un jour, ayant appris qu'il y avait à Gironde quatre-vingts huguenots, « il les fit attraper et pendre soixante» dix aux pilliers de la halle, sans autre cérémonie, ce qui donna » une grande peur par tout le pays, un pendu estonnoit plus que » cent tuez. » Voilà le système d'administration qui valut à Montluc le nom de *conservateur* de la Guienne!...

Les huguenots, de leur côté, se permettaient les plus horribles représailles; le duc de Guise fut assassiné par l'un d'eux; lui aussi avait été cruel sans doute, mais la postérité ne doit-elle pas pardonner beaucoup à l'homme qui disait à ses assassins : « Or çà » je veux vous montrer combien la religion que je tiens est plus » douce que celle de quoi vous faites profession; la vôtre vous a » conseillé de me tuer sans m'ouïr, n'ayant reçu de moi aucune » offense; et la mienne me commande que je vous pardonne, tout » convaincus que vous êtes de m'avoir voulu tuer sans raison. »

La Saint-Barthélemy, préparée par la politique de Catherine de Médicis, mit le comble à ces luttes sanguinaires; elle épouvanta le roi lui-même, qui n'avait consenti au massacre des huguenots qu'à la condition *qu'il n'en resterait pas un seul pour lui faire reproche après*. Détournons les yeux de cette « action exécrable » qui n'avait jamais eu et qui n'aura, s'il plaît à Dieu, jamais de » semblable, » suivant l'expression de Péréfixe, et répétons avec le président de Thou, à l'occasion de cet acte de barbarie, ces vers empruntés à un ancien poëte :

Excidat illa dies ævo, nec postera credant
Sæcula! nos certe taceamus, et obruta multa
Nocte tegi nostræ patiamur crimina gentis.

Paris, qui n'avait pas craint de célébrer cette boucherie par des feux de joie, fut désavoué par les provinces; et ce crime inutile pesa sur la conscience du lâche Charles IX, qui expira au milieu de convulsions, d'accès de frénésie et des tortures horribles du remords.

Henri III n'était point doué d'assez d'énergie pour relever un pouvoir en proie aux factions; impuissant contre la Ligue, demandant une victoire à l'assassinat, il choisit lui-même les meurtriers, leur distribua les poignards, et *osa* faire frapper le duc de Guise (1). Bientôt il devait succomber lui-même sous les coups de Jacques Clément, dont l'image fut exposée à la vénération du

(1) Malgré les avis qu'il avait reçus de tous côtés sur le sort qui l'attendait, il répondait avec mépris : « *On n'osera.* »

peuple, et qu'avaient poussé au régicide le fanatisme, les prédications furieuses de la Ligue et la consternation qui régnait dans Paris. Ainsi la Ligue rendit à Henri III crime pour crime, et le même coup vengea sur lui l'assassinat des Guises et la boucherie de la St-Barthélemy. — Du reste, la mort de ce prince racheta jusqu'à un certain point les faiblesses de son règne; comprenant à ce suprême moment ses devoirs de roi et de Français, il jeta les fondements de la réconciliation nationale en faisant appeler près de son lit de mort le Béarnais, auquel il dit: « Mon frère, la couronne » est votre bien après que Dieu aura fait sa volonté de moi. »

Le 4 août 1589, après avoir signé la promesse de maintenir sans altération la religion catholique, Henri de Bourbon fut proclamé roi par les chefs de l'armée royale, et ce fut le 22 mars 1594 que, vainqueur de la Ligue et converti à la religion de ses pères, il entra militairement dans Paris.

Dans les premières années de son règne, l'esprit de la Ligue se manifesta encore par de lâches attentats; mais les provinces furent successivement soumises, et le traité de Vervins du 2 mai 1598 rétablit la tranquillité dans le royaume, et effaça la honte d'un siècle d'égarements. Malgré les tentatives des seigneurs, qui aspiraient toujours à l'indépendance, Henri IV, aidé des conseils de Sully, ramena un peu d'ordre dans le gouvernement et beaucoup de modération dans les impôts. Les deux religions vécurent en paix; l'édit de Nantes, du mois d'avril 1598, assura aux calvinistes la tolérance religieuse, et même des garanties politiques en les admettant à toutes les charges, fonctions et dignités de l'État. La paix publique était fondée en France; mais, au moment où le bon roi allait fonder la paix européenne, le poignard de Ravaillac vint briser ses projets (14 mai 1610). « C'est ainsi qu'une parri- » cide main ôta la vie à ce grand roi (1), sous les lois duquel la » France était heureuse. Ce grand prince, qui était digne de vivre » autant que sa gloire, est mis par terre comme à la veille du

(1) *Voir* les Mémoires du cardinal de Richelieu.

» jour qui lui préparait des triomphes... Il meurt, et le cours de
» ses desseins et celui de sa vie sont retranchés d'un même coup
» qui, le mettant au tombeau, semble en tirer ses ennemis, qui
» se tenaient déjà vaincus. »

Après la mort de Henri, les seigneurs relèvent la tête, et forment une coalition qu'apaise l'abandon des trésors amassés par l'économie du feu roi; douze millions, voilà à quel prix le pouvoir conjure la guerre civile! Trop faibles par eux-mêmes, les seigneurs exigent la convocation des états généraux, sur l'appui desquels ils comptent. Trompés dans leur attente, ils lèvent encore une fois l'étendard de la révolte, et se rapprochent des protestants : bizarre alliance! le vieux parti féodal fait cause commune avec la réforme religieuse du XVIe siècle!

Le prince de Condé est à la tête de la révolte; il force la royauté à capituler à Ste-Menehould, à Loudun, lui impose des charges énormes, et rentre à Paris en triomphateur (1616). Concini, effrayé de ces succès, lassé des moyens termes, le fait arrêter au Louvre et conduire à Vincennes: résolution hardie qui annonce un changement dans la politique: la maréchale d'Ancre a fait entrer dans la composition du nouveau ministère l'évêque de Luçon, le jeune Richelieu.

L'événement saillant du XVIIe siècle est le progrès commun de la royauté et du tiers état; ce ne fut que vers le milieu de son règne que Louis XIV, n'ayant plus à redouter la noblesse, lui livra l'administration. Jusque-là tous les ministres, Concini, Luynes, Richelieu, Mazarin, Colbert, Louvois, appartenaient à la roture, tout au plus à la petite noblesse; parmi les amiraux et les officiers généraux des armées de Louis XIV, quelques-uns sortaient des derniers rangs du peuple.

Du reste, dans la première partie du XVIIe siècle, l'action politique est, pour ainsi dire, négative; la royauté travaille au renversement des deux obstacles qui s'opposent à la centralisation monarchique, la grande noblesse et le protestantisme : ce sera l'œuvre de Richelieu. Sa politique se concentrera sur ces trois points principaux : à l'intérieur, ruiner la puissance des calvinistes et porter les derniers coups à la noblesse ; à l'extérieur, humilier la maison d'Autriche. Il poursuivra l'exécution de ces projets avec l'énergie qu'attestent ces paroles qu'on ne peut entendre sans frémir : « Je n'ose rien entreprendre sans y avoir bien pensé ; mais, quand » une fois j'ai pris ma résolution, je vais droit à mon but, je renverse » tout, je fauche tout, et ensuite je couvre tout de ma robe rouge. »

A l'aide de travaux gigantesques qui semblent aujourd'hui une chaîne de rochers formée par la nature, il prend la Rochelle, le boulevard des huguenots, et anéantit d'un même coup le protestantisme et le parti politique. Maître de la position, il laissera les mécontents l'appeler le *cardinal de la Rochelle, le pontife des calvinistes et le patriarche des athées*, pour n'avoir plus qu'à diriger ses coups contre la noblesse. Résolu de réprimer à tout prix cette indépendance qu'affectent les grands seigneurs dans leurs gouvernements, de châtier leur turbulence, leurs intrigues et leurs cabales, il en exile un bon nombre, force Gaston, frère du roi, et la reine mère à chercher un refuge dans les États voisins, fait exécuter en effigie le duc de la Vallette, et conduire à l'échafaud d'abord Marillac et Henri duc de Montmorency, plus tard Cinq-Mars et de Thou (1642). A côté de Louis XIII, élevé dans la dépendance, bègue, triste et maladif, Richelieu exerce la puissance la plus absolue ; quand il entre au Louvre entouré de ses mousquetaires, de ses gendarmes et de ses chevau-légers, on dirait le roi de France.—Lorsque la mort vint l'atteindre et l'enlever à ses travaux, sa fermeté, sa promptitude de résolution, son génie organisateur avaient préparé la venue du grand siècle ; l'illustre ministre quitta la vie après avoir commis bien des fautes, des crimes peut-être, mais son génie avait assuré à la France le premier rôle politique en Europe.

La mort du cardinal, que suivit de près celle de Louis XIII, semblait devoir changer les événements à l'extérieur et à l'intérieur ; mais Mazarin succéda à la politique comme à la place de Richelieu.

Les grands, se croyant débarrassés du seul adversaire qu'ils redoutassent, se réjouissaient; le peuple, insouciant et léger, partageait cette allégresse : il chantait surtout. Le parlement, qui avait plié sous le joug tant que l'autorité du cardinal avait tout maîtrisé, releva la tête ; voulant sortir de son abaissement par un coup d'État, il cassa le testament de Louis XIII comme il eût fait de celui d'un simple particulier. Le MAITRE mort, il rêva liberté et indépendance ; mais la ridicule révolution de la Fronde (si bien nommée d'un jeu d'enfant) lui prouva que la France avait retrouvé un ministre assez ferme pour consolider le pouvoir royal. Ce fut une gaie et vive échappée d'écoliers entre le gouvernement de deux maîtres sévères, de Richelieu et de Louis XIV, de la violence et de la force.

Cette *misérable intrigue* n'exerça aucune influence sérieuse sur le peuple ; son affection n'était pas plus vive pour les frondeurs d'épée que pour ceux de robe. L'effet de la Fronde fut de compléter l'œuvre du premier ministre de Louis XIII : Richelieu avait ruiné les grands et les huguenots ; la Fronde ruina le parlement en apprenant à le connaître. Mazarin, un instant éloigné, puis rappelé par Louis XIV, vit sa puissance s'accroître, et l'autorité royale en fut augmentée. « Si cette autorité, dit Ancillon, ne fut pas » toujours tutélaire et protectrice, si elle prévint, brisa ou punit » les résistances sages, utiles et légales qu'elle rencontra dans » sa marche, il faut en accuser la Fronde. Louis XIV fut » frappé dans sa première jeunesse d'une résistance illégale, qui » avait tous les caractères de l'insurrection et qui menaçait la » France des plus grands malheurs : les impressions profondes » que ce spectacle fit sur son jeune cœur ardent et fier y développèrent un penchant secret au despotisme, et ce fut la vue de » la licence du peuple qui lui fit craindre la liberté. »

Mazarin avait relevé la France aux yeux de l'étranger en négociant les deux célèbres traités de Westphalie et des Pyrénées ; mais il avait été mauvais administrateur de la fortune publique.

A sa mort, Louis XIV voulut exercer un pouvoir auquel il était resté étranger dans ses premières années. Le triomphe de la royauté sur la noblesse, le protestantisme et les parlements, n'avait laissé debout que le peuple et le roi. Le premier vécut dans le second, ne pouvant encore vivre de sa vie propre. Quand Louis XIV disait : *L'État c'est moi*, cette parole n'était ni une exagération, ni une vanterie; c'était la simple constatation d'un fait. La concentration entre ses mains de tous les ressorts du pouvoir lui permit de disposer à son gré de toutes les forces du royaume; il se montra digne de cette haute puissance en employant et récompensant les hommes de génie que la Providence prodigua à son siècle, et qui servirent à rehausser l'éclat de sa propre grandeur.

L'une des gloires de Louis XIV est d'avoir conservé pendant vingt-deux ans pour ministre ce petit-fils d'un marchand de laine de Reims (1), Colbert, l'homme qui a peut-être fait plus qu'aucun autre pour la gloire de la France.

Cette seconde partie du XVIIe siècle présente des essais remarquables d'organisation législative et surtout administrative. Une activité inouïe se fait sentir dans toutes les parties du gouvernement; la France agit puissamment au dedans et au dehors, productrice et guerrière à la fois. Mais elle s'épuise bientôt à agrandir son territoire par des conquêtes nécessaires et glorieuses; le cours de la prospérité intérieure se trouve ainsi retardé par la grandeur des guerres et des victoires : il l'est encore par la réaction aristocratique. La noblesse s'empare du pouvoir, et, se plaçant entre le roi et le peuple, elle communique à la royauté sa propre décrépitude.

Faut-il raconter ici les détails de ce règne glorieux, ces combats, ces victoires qui effrayèrent l'Europe? rappeler les vastes plans de conquêtes, les progrès rapides dans toutes les branches de la science qui suffiraient seuls à immortaliser Louis XIV? faire le tableau de la ligue de l'Europe contre le monarque français? dire toutes les adulations, toutes les faiblesses de la cour? mon-

(1) A l'enseigne du *Long-Vêtu*.

trer un duc de la Feuillade entretenant un luminaire devant la statue du *grand roi*, quand il est esclave d'une femme dont le cœur semble s'être endurci et desséché aux misères de ses premières années? raconter toute la puissance de centralisation que Louis XIV a résumée dans sa personne, sa prédominance sur le clergé, sa volonté de fer qui se traduit dans l'impolitique révocation de l'édit de Nantes (1685)? Ces faits sont trop connus pour que j'entreprenne un récit qui serait nécessairement aussi incomplet qu'indigne d'un si grand règne et d'un si grand roi!

La France marche la première dans les voies de la civilisation; les conquêtes et la politique de Louis XIV ont affaibli une puissance rivale; à l'intérieur, il a imprimé à son gouvernement un ensemble, une consistance qui manquaient autour de lui à tous les gouvernements européens. Si dans la législation ses actes n'assurèrent pas toujours le triomphe de la justice et de la liberté, au moins était-il guidé par l'intérêt de l'ordre public et par le désir de donner aux lois plus de régularité et de fixité. — En un mot, le gouvernement de Louis XIV a été essentiellement novateur.

Comment un pouvoir si bien assis est-il tombé si vite? Comment, dans le siècle qui a suivi, le pouvoir est-il devenu si inconstant, si faible, si peu considéré? C'est qu'il ne reposait que sur l'absolutisme. Ce qui manqua essentiellement à la France de Louis XIV, ce furent des institutions, des forces politiques indépendantes, subsistant par elles-mêmes, capables d'action spontanée et de résistance. — Rien ne garantissait alors le pays contre l'action illégitime du gouvernement, ni le gouvernement lui-même contre l'action inévitable du temps. Aussi ce n'est pas Louis XIV qui s'est trouvé faible à la fin de son règne, c'est le pouvoir absolu tout entier. En 1712, la monarchie pure était aussi décrépite que le monarque lui-même.

Fénelon, si dévoué à Louis XIV, avait deviné ce vice dans le pouvoir, quand il lui écrivait : « Depuis environ trente ans, vos » principaux ministres *ont ébranlé et renversé presque toutes les*

» *anciennes maximes de l'État, pour faire monter jusqu'au
» comble votre autorité;* on n'a plus parlé ni de l'État, ni de ses
» règles; on n'a plus parlé *que du roi et de son bon plaisir.*
» Non-seulement il s'agit de finir la guerre au dehors, mais il
» s'agit encore de rendre au dedans du pain aux moribonds, de
» rétablir l'agriculture et le commerce, de réformer le luxe qui
» gangrène toutes les mœurs de la nation, de se ressouvenir de
» de la vraie forme du royaume, et de tempérer le despotisme,
» cause de tous nos maux. »

Voilà la situation de la France à la fin du XVIIe siècle; voilà les causes qui ont imprimé à l'époque suivante une direction et un caractère si différents.

La couronne tomba de la tête du monarque presque octogénaire sur le front d'un roi de cinq ans; le parlement, fier d'exercer une autorité longtemps comprimée, brisa le testament du lion mort, et, faisant acte de souveraineté politique, remit le pouvoir entre les mains du duc d'Orléans. — Ce prince, d'un extérieur agréable, d'une physionomie ouverte, possédait les qualités de l'esprit en même temps que la valeur d'un soldat; humain, compatissant, il aurait eu des vertus si l'on pouvait en avoir sans principes. Malheureusement l'abbé Dubois, son ancien précepteur, « le plus grand coquin qu'il y eût au monde, selon l'expression » de la mère du duc d'Orléans, et qui aurait vendu l'État et le » régent pour le plus léger intérêt; » s'insinua auprès du prince et capta sa confiance. Livrée à la direction d'un conseiller aussi impur, que pouvait devenir la royauté?...

Le XVIIIe siècle se signale par la disparition presque complète de gouvernement; à part les relations extérieures sous le ministère du duc de Choiseul, et quelques grandes concessions faites à la tendance générale des esprits, par exemple la guerre d'Amérique, il serait peut-être difficile de rencontrer un pouvoir plus apathique et plus inerte. La royauté s'efface; au pays seul appartient le mouvement intellectuel, l'initiative des réformes, l'autorité morale enfin, la véritable autorité.

L'universalité du libre examen forme un autre trait saillant du caractère qui distingue le XVIIIe siècle. L'esprit humain, dans sa prodigieuse hardiesse, se croit appelé à la haute mission de tout réformer, institutions, mœurs, opinions; la société, l'homme lui-même, tout semble avoir besoin d'être changé, et la raison humaine se charge de l'entreprise. — Telle est la puissance qui se trouve en face des débris du gouvernement de Louis XIV. Combien le choc entre ces deux forces inégales ne sera-t-il pas terrible?

Entre Louis XIV et Napoléon, la vieille monarchie descend sur une pente rapide, au terme de laquelle elle rencontre le peuple, contre lequel elle se brise pour faire place à un ordre nouveau.

Sous le règne sans force de Louis XV, et antérieurement sous la régence, ce gouvernement des *roués* et des gentilshommes à mœurs dissolues, que voit-on? L'activité humaine qui se produit sous toutes les faces, et un gouvernement sans énergie qui s'engage dans des guerres sans honneur pour lui.

Les déprédations qui avaient épuisé le trésor sous le règne précédent conduisaient l'État à sa ruine; le mal était si grand qu'il fallut exercer des poursuites contre les financiers. « La terreur » installa au couvent des Grands-Augustins la nouvelle chambre » ardente, dit Lemontey dans son Histoire de la régence, et dis» posa dans une salle voisine les instruments de torture destinés » à l'interrogatoire des enrichis. Pour cette justice nouvelle il fal» lait un code nouveau, et il fut atroce : la peine de mort y était » prodiguée sans mesure pour tous les délits des justiciables..... » L'effroi et le désespoir s'emparèrent de ces maisons superbes » dont les financiers avaient décoré Paris, et d'où une loi im» prévue leur défendit tout à coup de sortir, sous peine de la » vie. Dans leur épouvante, quelques-uns hasardèrent leurs » jours par la fuite; d'autres la terminèrent par le suicide. Ce» pendant l'excès des violences y amena un étrange remède. Le

» régent, qui avait promis d'être inflexible, céda au torrent des
» réclamations. A ce signal, tout ce qui l'entourait, princes,
» *roués*, intrigants, femmes perdues, tout s'érigea en solliciteurs. L'indulgence eut ses tarifs comme la vengeance avait
» ses listes ; et la cour de France ne fut plus que le marché
» scandaleux d'un royaume mis au pillage. »

Ces moyens financiers n'étaient point un remède suffisant au mal ; un étranger, l'Écossais Law, *grand joueur* et *grand combinateur*, dit Saint-Simon, proposa un plan sagement conçu, mais qui, dénaturé par la suite, amena une effroyable catastrophe : c'était la création d'une banque générale, uniquement destinée à faciliter la circulation des valeurs monétaires. Afin de faire face à la dette de trois milliards laissée par Louis XIV, Law créa des billets destinés à remplacer l'argent, avec hypothèque sur l'entreprise immense de la perception des impôts dans le royaume et sur les richesses coloniales d'un monde inconnu; il organisa la compagnie du Mississipi. — Pour la première fois on vit les hommes dédaigner l'or ; dans l'engoûment de la nouveauté, les billets se multipliaient avec une rapidité effrayante, et leur valeur augmentait à raison de leur nombre. La foule se pressait dans la rue Quincampoix, aux portes des bureaux où elle échangeait contre du papier un métal incommode. L'engoûment ne connut plus de bornes ; nobles et roturiers, seigneurs et gens de robe, cédèrent à l'entraînement général ; d'Aguesseau, qui osa seul faire opposition au nouveau système, fut exilé par la cour en sa terre de Fresne. — Le régent devint un des directeurs de l'entreprise et se fit banquier. L'émission du papier-monnaie était à son comble aux mois d'octobre et novembre 1719 ; mais tout à coup le crédit s'ébranle, la religion du papier trouve des incrédules ; les uns enfouissent leur argent, les autres le font passer en pays étranger : la banqueroute est imminente. Au mois d'octobre 1720, il faut supprimer les billets ; le peuple de Paris, les mains pleines de ces symboles trompeurs d'une richesse éphémère, mendie pour avoir du pain. La fortune, attachée jusque-là au sol et immobilisée dans les familles, s'est volatilisée pour la première fois; elle s'associera désormais aux chances de l'industrie et du commerce.

Le ministère du cardinal de Fleury, malgré ses fautes, fut en général salutaire à la France; mais Louis XV, qu'avait retenu l'ascendant du vieux ministre pendant sa vie, se laissa conduire, après la mort de celui-ci, par des courtisanes, et la seconde moitié de son règne fut dégradée par ses honteuses faiblesses. Soumis à l'influence successive de trois femmes de l'illustre maison de Nesle, la comtesse de Mailly, la marquise de Vintimille et la duchesse de Châteauroux, il devint ensuite l'esclave de la fille du boucher Poisson, cette nouvelle idole que son fol amour décora du titre de marquise de Pompadour. Ambitieuse au delà de toute expression, cette femme soudoyait à grands frais des beautés de bas étage destinées à satisfaire la lubricité du maître, infâme pratique pour conserver sans partage le pouvoir suprême que le roi, plongé dans un abîme de corruption, abandonnait sans regret. Louis XV, oubliant ses devoirs de roi et sa dignité d'homme dans les bras d'une ignoble courtisane, devint l'objet du mépris et de la haine de ses sujets, et une émeute du peuple de Paris, en 1750, lui apprit qu'il n'était plus le *bien-aimé*.

La guerre de sept ans, désastreuse pour le royaume, avait achevé d'épuiser les finances; la perte des possessions françaises dans le nouveau monde, qui en fut la triste conséquence, acheva de déconsidérer la royauté; la situation, déjà si délicate, se compliqua encore par les embarras d'une lutte sérieuse engagée entre le clergé et le parlement, à propos de la vieille querelle entre la juridiction séculière et la discipline ecclésiastique. Le roi voulut intervenir comme médiateur, et ne parvint qu'à montrer son impuissance. Paris était le théâtre de ces discussions acharnées : « On » voyait tous les jours le bourreau occupé à brûler des mande» ments d'évêques qui contestaient au parlement sa juridiction;

» et les recors de la justice faisant communier les malades, la » baïonnette au bout du fusil. » (*Siècle de Louis XV.*) Tous ces orages théologiques fondirent sur les jésuites, qu'on punissait du crédit dont ils avaient longtemps abusé, et en 1773 un bref de Clément XIV prononça l'abolition de la compagnie de Jésus dans toute la chrétienté. La même année vit mourir la comtesse de Pompadour, dont la place fut bientôt remplie par une vile prostituée que le roi sexagénaire présenta aux adorations de sa cour sous le nom de comtesse *du Barry*.

Pendant que la vieillesse dissolue du monarque donnait à la France un si honteux spectacle, et que les scènes de la plus abjecte dépravation se renouvelaient chaque jour, le philosophisme propageait ses dangereuses doctrines et gagnait du terrain. Voltaire préparait son *Essai sur les mœurs*, qu'un auteur a appelé une histoire générale anti-chrétienne.—Les premiers volumes de l'Encyclopédie, dirigée par Dalembert et Diderot, étaient mis en vente. — Le président de Montesquieu écrivait une théorie suivant laquelle la législation était subordonnée à l'influence des climats; — et Buffon publiait son œuvre colossale sur l'histoire naturelle.

En 1750, le fils d'un horloger de Genève, Jean-Jacques Rousseau, tour à tour vagabond, scribe, laquais, maudissait la science en haine du philosophisme et de la caste des gens de lettres, et l'inégalité en haine d'une noblesse dégénérée. La fièvre des théories niveleuses se manifestait à chaque page dans *les lettres de la Nouvelle Héloïse*; le rationalisme était préconisé dans *l'Émile*, le déisme dans *la Profession de foi du Vicaire savoyard*, et le *Contrat social* révéla la trilogie, expression de la formule mystique dans laquelle devait se résumer la révolution (1).

Le vice était si profondément invétéré dans le gouvernement, que personne ne croyait plus au bien qu'il pouvait encore réaliser. Des réformes intelligentes, comme l'abolition de la vénalité des offices,

(1) *V.* le Précis d'histoire moderne par M. Michelet.

la gratuité de la justice, furent essayées, mais personne ne prit ces tentatives au sérieux. Le spirituel abbé Terray et le facétieux chancelier Maupeou, complices du duc d'Aiguillon et de Madame du Barry, n'étaient pas assez honnêtes gens pour avoir le droit de faire le bien. Tout le monde se moqua de leurs réformes, et un rire inextinguible éclata à l'apparition des Mémoires de Beaumarchais.

Telles étaient les dispositions dans lesquelles Louis XVI devait trouver la France!

Trop longtemps dégradée par la débauche et par le vice, la royauté est réhabilitée par la pureté des mœurs et la vertu du jeune roi; aux scandales éhontés succède l'austère décence, et l'éclat adultère des Pompadour et des du Barry est effacé par la chaste beauté de Marie-Antoinette. L'avénement d'un roi honnête homme s'asseyant avec une épouse bien-aimée sur le trône de Louis XV pour le purifier de ses souillures fait naître dans le cœur de la France le plus doux espoir. Son premier acte est l'exemption du droit de joyeux avénement, suivi bientôt de l'affranchissement des serfs dans les terres domaniales, de la suppression de la solidarité entre les taillables pour le payement de l'impôt, et de l'abolition de la question préparatoire.

Il y eut encore pour cette vieille société une époque de bonheur et de naïf attendrissement; le genre à la mode était l'idylle: *Choiseul était agricole, et Voltaire fermier*. Les auteurs en vogue étaient Florian et Gesner, dont les œuvres furent oubliées un instant lors de la publication de l'immortelle églogue de Paul et Virginie.

A ce peuple qui ne croyait plus à rien, ni à la religion, ni à l'athéisme, il fallait pourtant une foi; pour remplacer celle de leurs pères, les esprits forts allaient sonder en cachette la fantasmagorie de Cagliostro ou lire l'avenir dans le baquet de Mesmer. On se rattachait à tout; peuple, royauté, noblesse, parlement, tous réclamaient un pilote qui conduisît le vaisseau de l'Etat au port du salut; tâche périlleuse que personne n'osa entreprendre. Abandonnée à elle-même, la société, malgré ses efforts convulsifs, faillit s'engloutir au milieu de la tourmente.

Les ministres manquaient d'énergie et de résolution ; leurs bonnes intentions étaient frappées d'impuissance. Une lueur d'espérance brilla pourtant lorsque Turgot fut appelé aux affaires ; on attendait de lui la réforme des abus et une administration plus équitable. Malheureusement ses projets rencontrèrent d'insurmontables obstacles dans le rappel des parlements proposé par Maurepas, dans l'irrésolution de Louis XVI et la timidité de ses conseillers. Froissés par des réformes qui abolissaient presque tous les droits féodaux, les privilégiés jetèrent le cri d'alarme, et Louis XVI eut la faiblesse de sacrifier un ministre dévoué, au moment où son autre appui Malesherbes venait de donner sa démission.

Pourtant l'état fâcheux des finances exigeait un homme capable, loyal, énergique : la cour fut contrainte de faire appel au dévoûment d'un banquier habile, d'un étranger éloquent, de Necker le républicain. L'administration prudente du nouveau ministre ne réalisa pas les améliorations que promettait avec trop d'emphase son fameux compte rendu sur lequel il fondait sa popularité et sa puissance, et qui fut la cause de sa disgrâce.

Le roi, après avoir épuisé la liste des ministres patriotes, essaya des ministres courtisans ; ceux-ci ne furent pas plus heureux que leurs devanciers : le ministère de Calonne conclut des emprunts considérables que les notables refusèrent de ratifier en 1787 ; celui de Brienne eut recours à des impôts excessifs. Le parlement refusa d'enregistrer les édits, et demanda la convocation des états généraux, c'est-à-dire sa propre ruine et celle de la monarchie.

La révolution était inévitable ; Louis XV, qui l'entrevoyait avec effroi, travaillait pour elle en dépit de lui-même : en 1765, il posait la première pierre de son temple futur, qui devait prendre le nom de Panthéon ; l'année suivante, il abolissait les jésuites ; en 1771, le parlement. Instrument docile d'une fatale nécessité, il abattait d'une main indifférente les derniers débris du moyen âge ; et les états généraux, oubliés depuis 1614, devaient se réunir après sa mort pour décréter une révolution déjà accomplie dans les idées et dans les faits.

TITRE II.

SOURCES DU DROIT.

Les trois éléments dont nous avons constaté l'influence sur la formation de notre droit continuent de fonctionner dans cette nouvelle période, mais dans des proportions bien différentes. Au point de vue des intérêts privés, le droit canonique a perdu une grande partie de son importance; la séparation du pouvoir spirituel et du pouvoir temporel, proclamée au commencement du XIVe siècle, est à l'état d'axiome sous la monarchie absolue; les recueils de droit canonique diminuent d'une manière sensible. Ce n'est plus qu'à propos du droit public que les questions ecclésiastiques méritent une attention toute particulière; car c'est à partir du XVIIe siècle que les rapports de la royauté et du saint-siége sont soumis à des règles certaines et précises.

Le droit romain exerce encore une influence toute-puissante, mais il s'est rapproché du droit national. Les jurisconsultes français, doués d'un sens éminemment pratique, étudient les lois de Justinien avec l'idée bien arrêtée d'appliquer immédiatement les règles qu'ils auront découvertes; tendance heureuse qui s'était personnifiée dans la personne de Beaumanoir, et avait trouvé de zélés prosélytes dans les professeurs de l'université d'Orléans. Au XVIe siècle, quelques jurisconsultes exceptionnels se livrent à des travaux purement théoriques, et le plus éminent d'entre eux porte dans cette étude la patience, l'érudition et la science d'un profond antiquaire. Mais cette direction n'est pas généralement suivie; une autre école, à la tête de laquelle se place un jurisconsulte du premier ordre, digne rival de Cujas, s'applique davantage à la jurisprudence, et forme un grand nombre d'élèves.

Les ordonnances royales sur le droit privé sont nombreuses; elles établissent les grands principes de droit civil, de procédure et de droit criminel que la connaissance approfondie du droit romain et l'expérience de la pratique permettent d'approprier aux besoins de la nation et d'appliquer à tout le royaume.

Les coutumes perdent leur caractère primitif; elles sont rédigées officiellement et font partie désormais du droit écrit. Les travaux des jurisconsultes n'ont donc plus pour l'historien l'importance des anciens coutumiers qui relatent la coutume dont, sans eux, le texte fût resté inconnu; cependant ils servent encore à constater certains usages qui n'avaient point été l'objet de dispositions écrites, et surtout à montrer le développement successif du droit français. J'examinerai avec soin ces grandes ouvrages, résumé admirable de la science juridique, et qui ont fourni ces immenses matériaux à l'aide desquels la codification est devenue possible.

Le parlement, qui en exagérant son importance a rompu l'équilibre entre les pouvoirs, fait des arrêts de règlements, établit des lois nouvelles et participe au pouvoir législatif qu'il entrave.

A la fin du XVIIIe siècle, toutes les richesses juridiques sont découvertes; il ne s'agit plus que de trouver un gouvernement qui, définissant les attributions des différents pouvoirs, distribue à chacun sa part de travail dans l'exploitation des mines précieuses dont il n'a plus qu'à disposer.

CHAPITRE PREMIER.

DROIT ROMAIN.

Les jurisconsultes du XVIe siècle avaient à leur disposition des textes nombreux à comparer et à critiquer, grâce à la diffusion des connaissances historiques et littéraires. Ils ne possédaient encore, il est vrai, ni les Commentaires de Gaïus (1), ni les *Fragmenta vaticana* (2), ni les quelques autres fragments dont la découverte est due à la science moderne (3) ; mais ils étaient beaucoup plus riches que les glossateurs : ainsi, indépendamment des Pandectes, du Code, des Institutes, de la rédaction latine des Novelles, de l'*Epitome de Julien* et des *Petri exceptiones*, ils connaissaient encore les compilations qui avaient été en vigueur à l'époque barbare.

Sichard donna une édition du *Bréviaire* d'Alaric en 1528, et Cujas publia pour la première fois en 1566 la loi des Bourguignons sous le nom de *Papiani responsa*. — L'édit de Théodoric, qui n'avait point eu de force obligatoire en Gaule, fut aussi étudié en France ; Pithou en fit faire la première impression en 1579. — Enfin le code Théodosien, publié en 438 sous l'inspiration de Pulchérie, sœur de Théodose II, observé dans les Gaules peu de temps après sa promulgation (4), délaissé au XIIe siècle à cause de l'engoûment qu'éprouvaient les légistes pour les collections de Justinien, fut tiré de l'oubli par de savants jurisconsultes du XVIe siècle. Cette compilation se recommande surtout par ses détails sur le droit public. La partie du droit

(1) Découverts par Niehbur à Vérone, en 1816, ils ne furent publiés qu'en 1821, à Berlin, par Gœschen.

(2) Trouvés à la bibliothèque du Vatican par M. Maï, en 1823, cette compilation paraît antérieure au code Théodosien ; elle contient des extraits des écrits de Papinien, Paul et Ulpien.

(3) Un fragment dont on ignore l'auteur fut découvert une première fois à Vérone. On l'avait complétement oublié, quand M. Maï le fit imprimer lors de la découverte de Gaïus. Il se compose de deux feuilles écrites en colonnes, et traite des droits du fisc, *de jure fisci*. — En 1836, M. Endlicher, bibliothécaire du palais impérial, a trouvé deux nouveaux fragments d'Ulpien, qu'il a publiés sous le titre de *De Ulpiani fragmento institutionum in bibliothecâ palatinâ vindobonensi nuper reperto*. Il en fit l'objet d'une lettre à M. de Savigny, qui s'empressa de faire connaître cette découverte, à l'aide de laquelle on explique la l. 2, D. *de interdictis*, dont Cujas avait défié de donner la solution.

(4) V. M. Laferrière, Hist. du droit français, 2e édit., t. 2, p. 387.

civil y est plus brièvement traitée; sur les seize livres dont se compose le code Théodosien, il n'y a guère que les second, troisième et quatrième qui s'en occupent. — Du Tillet avait fait imprimer en 1550 les huit derniers livres, qui étaient complets, sauf le seizième, qui avait éprouvé des mutilations; de son côté, Étienne Charpin, chanoine de Lyon, découvrit les septième et huitième livres entiers : Cujas, profitant de ces heureuses découvertes et de la communication que Pierre Pithou lui donna du titre neuvième du quatrième livre, les publia en forme de recueil en 1566.—Annibal Fabrot, l'élève d'adoption de Cujas, continuait avec ardeur l'œuvre de son maître, quand il apprit que Jacques Godefroy, jeune savant d'Heidelberg, s'occupait du même travail; sa modestie laissa à son rival l'honneur d'une si importante publication.—J. Godefroy y consacra trente ans de veilles, et mourut en 1652 après avoir achevé son travail, mais sans avoir pu en surveiller lui-même la publication. Elle n'eut lieu qu'en 1665, par les soins d'Antoine Merville, professeur de droit à Valence.

Des matériaux entièrement nouveaux, inconnus à l'époque franque et à la féodalité, augmentèrent le nombre des ouvrages utiles pour l'interprétation des lois romaines, et que, pour cette raison, on peut appeler auxiliaires. Si quelques-uns ont eu peu d'influence, d'autres, au contraire, ont été d'un grand secours aux jurisconsultes. Je vais en dire quelques mots.

ARTICLE PREMIER.

DOCUMENTS AUXILIAIRES.

I. *Basiliques.* — Je commence par le document le plus important de tous ceux qui peuvent suppléer la collection justinienne, celui commencé par Basile le Macédonien, achevé par Léon le Philosophe, et qui emprunta son nom soit à l'empereur qui en conçut le premier l'idée, soit au but auquel il était destiné (Βασιλικαι-διαταξεις, c'est-à-dire constitutions impériales). Les commentaires diffus dont le corps de droit de Justinien avait été l'objet, les variantes que présentaient des traductions grecques, les changements survenus dans les mœurs, avaient rendu nécessaire une révision du recueil de Justinien et sa publication en langue usuelle. Les Basiliques furent la base du droit en Orient jusqu'en 1453, et la version grecque fut de beaucoup préférée aux textes originaux eux-mêmes. — Les rédacteurs ne se bornèrent pas toujours à traduire; ils firent des suppressions, des additions et des corrections. Cependant Cujas a puisé à cette source des renseignements fort utiles (1).

L'étude des Basiliques est indispensable à qui veut approfondir le droit romain et son histoire, à cause des fragments de constitutions et de jurisconsultes que l'on chercherait vainement ailleurs. Un des romanistes les plus distingués de notre siècle fait un fréquent usage de cette compilation, qui lui a suggéré d'heureuses explications (2). — Plus d'un jurisconsulte du XVIe siècle l'avait mise à contribution, Cujas, Pithou par exemple; mais celui qui a acquis le plus de célébrité dans ces recherches est Annibal Fabrot, qui a donné une édition des Basiliques en sept volumes *in-folio*, et l'a enrichie d'une traduction latine due en partie à la plume de Cujas.

Ce recueil n'avait point été connu des glossateurs; au moyen âge, toute relation entre Ravenne et Constantinople avait cessé; et l'eût-on possédé, la langue dans laquelle il était écrit en aurait rendu l'usage impossible.

Après la publication des Basiliques, l'empereur Léon fit rédiger en grec cent treize novelles; *Agylæus* en donna en 1560 une traduction latine. Ces novelles ne faisaient point partie du *Corpus juris*; c'est à tort que depuis elles y ont été réunies.

(1) Il a été accusé, sans motif sérieux, d'avoir soustrait à la bibliothèque de Catherine de Médicis un exemplaire contenant les soixante livres.

(2) M. Pellat, doyen de la faculté de droit de Paris. *V.* ses Traités de la dot et de la revendication.

II. *Notitia dignitatum Orientis et Occidentis.*— Cette notice, véritable almanach impérial, indiquait la hiérarchie et le cérémonial des différents fonctionnaires de l'empire. Selon Haubold, la composition de cet ouvrage, dont l'auteur est inconnu, remonterait à l'année 430 de notre ère. La première édition est due à Alciat, qui la publia en 1529; on y trouve des renseignements assez curieux sur les dignités et les charges de l'empire romain.

III. *Fragmenta Ulpiani.* — Avant la découverte de Gaïus, l'école ne connaissait aucun écrit comparable aux Fragments d'Ulpien; c'est un aperçu de droit romain tracé d'après la doctrine que renferment les ouvrages insérés dans les Pandectes; il est une partie de son *Liber singularis regularum*. Le manuscrit a beaucoup souffert, et malheureusement il y manque une foule de choses: ainsi les règles sur les personnes sont incomplètes; on y cherche en vain tout ce qui a trait aux obligations et aux actions.—Du Tillet publia ce traité pour la première fois en 1549 avec le secours de Cujas, sous le nom de *Tituli ex corpore Ulpiani*, emprunté au manuscrit.

IV. *Fragmentum regularum.* —Ecrit en grec, ce fragment, dont l'auteur est entièrement inconnu, fut traduit en latin et publié en 1573. Cujas l'attribuait mal à propos à Ulpien, quoique l'ordre des matières ait pu autoriser cette conjecture. Mais les différences dans la manière de traiter chaque sujet sont assez marquées pour faire reconnaître dans le fragment l'œuvre d'un autre jurisconsulte.

V. *Mosaïcarum et romanarum legum collatio.* — Cette compilation, rédigée pour démontrer que le droit romain tire son origine du droit mosaïque, est assez insignifiante par elle-même; mais ce qui lui donne de l'importance, c'est qu'on y trouve des textes qui sans elle seraient perdus pour nous.

Cet ouvrage, qui semble appartenir plus à un moine qu'à un jurisconsulte, reproduit des passages des Institutes de Gaïus, des Réponses de Papinien, des écrits de Paul et d'Ulpien, des codes Grégorien, Hermogénien et Théodosien. Divisé en seize livres, il traite des délits dans les quinze premiers; le seizième, qui offre seul quelque intérêt pour le droit civil, contient des passages de jurisconsultes classiques sur la *legitima hæreditas*.

Cette compilation, que les anciens auteurs appellent quelquefois *lex Dei, pariator legum romanarum et mosaïcarum*, et même *lex romana*, date, si l'on en croit Haubold, du règne de Justin II, c'est-à-dire de l'an 525 environ. La découverte en est due au savant Pithou, qui la publia pour la première fois en 1573.

VI. *Consultatio veteris jurisconsulti.* — Ce morceau, composé probablement vers la même époque que le précédent, est curieux à consulter à cause des citations, presque toujours exactes, tirées des auteurs les plus accrédités; ses emprunts les plus considérables sont faits aux *Sentences* de Paul : il contient aussi des constitutions impériales qui ne se trouvent pas ailleurs. Cujas le publia le premier en 1577 avec ses propres consultations et dans une édition de ses œuvres.

VII. *Tables d'Héraclée.* — En 1732 et en 1735, le hasard fit découvrir près de l'antique Héraclée, sur les rivages du golfe de Tarente, deux tables d'airain présentant d'un côté la description en grec d'un champ consacré à Bacchus, et de l'autre une série de dispositions législatives. Les jurisconsultes ne sont d'accord ni sur la date ni sur la portée de ce monument, assemblage incohérent de matières différentes. Le droit public y occupe la plus grande place; on y trouve des ordonnances de police, des règles sur la nomination des magistrats, des conditions sur l'exercice des droits civils et politiques, et une foule d'autres dispositions.

VIII. *Lex Galliæ cisalpinæ.* — Cette loi fut trouvée en avril 1760 dans les ruines de *Velleia;* elle a pour objet la procédure de la Gaule cisalpine, et fournit des renseignements intéressants sur les matières suivantes : *de operis novi nunciatione, de damno infecto, de rebus creditis* et *de familiæ erciscundæ judicio*. Ce texte, publié pour la première fois en 1788 par

Carli dans ses *Antichita italiche*, fut envoyé à Paris en 1803, où il resta jusqu'au 23 février 1816, jour de sa restitution au duc de Parme, dans la bibliothèque duquel il se trouvait auparavant.

ARTICLE II.

CULTURE DU DROIT ROMAIN.

L'ascendant de l'école bartoliste était si impérieux, que, lors même que certains jurisconsultes essayaient dans leurs ouvrages une réforme indispensable, leur enseignement n'osait pas s'écarter de l'ancienne méthode.

Alciat (1), le premier, introduisit dans les ouvrages juridiques l'usage des lettres grecques et latines, et donna l'impulsion à une nouvelle école qui devait, malgré les résistances, faire disparaître les accursiens et les bartolistes (2). Repoussé de l'Italie, il vint enseigner en France, à Avignon et à Bourges, où il fut comblé des munificences de François Ier et de Henri II, si l'on en croit Panzirole (3).

L'école historique, à laquelle un de ses plus illustres adeptes a donné son nom, peut s'enorgueillir à juste titre de nombreux et éminents jurisconsultes. Je ne puis les passer tous en revue; je

(1) « Ce grand personnage, nouvelle lumière du droit romain obscurci » des ténèbres de l'antiquité et de la nuit d'ignorance des siècles inter- » médiats. » Loyseau, Off., ch. 8, nº 3.

(2) Sur une édition du *Brachylogus*, publiée par Senkenberg, on voit deux gravures, l'une représentant les bartolistes, *monarchæ juris*, battant en retraite devant de plus dignes professeurs. A la tête des vainqueurs, dont ils ne peuvent supporter le regard, on remarque Cujas et Alciat. La seconde gravure représente Justinien et Théodora ayant les pieds sur les quatre parties du droit; à côté d'eux sont Tribonien, le *Corpus juris* à la main, et l'auteur du *Brachylogus*.

(3) *De claris interpretibus*, liv. 2, ch. 169. — Il prétend que François Ier faisait à Alciat une pension de 1,200 écus d'or, et que le Dauphin, depuis Henri II, lui donna une médaille de 400 écus d'or, pour une leçon qu'il avait faite devant lui.

prendrai seulement parmi ces célébrités trois noms dont chacun personnifie un système particulier, quoique ayant un point de départ commun, à savoir des connaissances historiques et littéraires unies à la science du droit : je veux parler de Cujas, Doneau et Pothier.

Après avoir dépeint par ses plus dignes représentants l'école romaniste, je dirai quelques mots des autres jurisconsultes, afin de mieux constater l'état dans lequel se trouvait l'étude du droit romain avant la révolution française.

I. *Cujas* (1). — Répéterai-je toutes les louanges que les jurisconsultes de toutes les nations ont prodiguées au plus docte interprète du droit romain? Je préfère dire avec l'Italien *Scipio Gentilis :* « Quand il s'agit de louer Cujas, mieux vaut garder le » silence que de s'exposer à en dire trop peu. » Elève d'Arnaud Ferrier, professeur à l'université de Toulouse en 1522, les intrigues de Forcadel son concurrent l'auraient fait échouer en 1554 dans un concours pour une chaire de droit, si l'on en croit l'opinion commune. En admettant cette version, que M. Benech repousse avec toute l'énergie du patriotisme méridional, elle ne prouverait qu'une chose, l'étendue de la faiblesse humaine, sans que la gloire de Cujas en soit un instant obscurcie.

Il enseigna successivement à Cahors (1554), à Bourges (1555), à Valence (1557), à Turin (1566), où l'appela Philibert; et partout son génie lui attira d'illustres protecteurs, tels que Marguerite de France, duchesse de Berri, fille de François Ier, et le chancelier de l'Hôpital. Il commença ses publications par le commentaire sur le titre *de usurpationibus,* au Digeste, et les sept titres suivants, avec les trois premiers livres de ses Observations, qu'Heinneccius appelle *opus divinum*. Puis parut avec le quatrième

(1) *V.* Histoire du droit romain de M. Berriat de St-Prix, appendice, histoire de Cujas; — un article de M. Benech à propos de la statue élevée à Cujas, le 2 décembre 1850, à Toulouse. — (Revue de législation, février 1851, p. 172.)

livre des Observations le commentaire sur les titres *de pactis, de transactionibus* et les neuf suivants du Digeste. Cujas dédia cet ouvrage à Jean de Montluc, évêque de Valence; le mérite rendait cher à un Montesquiou le fils d'un foulon. — En 1559, il publia ses commentaires sur les trois derniers livres du Code et sur le titre *de verborum obligationibus*, dont il offrit la dédicace à ses deux protecteurs, Marguerite et l'Hôpital.

Les troubles religieux qui désolaient la France le forcèrent de quitter Valence, où il était retourné : à l'approche de l'armée de Coligny, en 1570, il se retira à Lyon. Lorsque l'horizon politique s'éclaircit, il revint encore à Valence, où une maladie ne l'empêcha pas de continuer ses leçons; transporté à l'école dans une litière, il adressa à ses élèves un exorde plein de sensibilité dans lequel il s'excusa de l'emploi de ce moyen, et de la nécessité où il serait pendant l'hiver de rester enveloppé dans son manteau.

Lors du massacre de la St-Barthélemy, il sauva la vie à Scaliger et à Ennemond Bonnefoi, ce qui n'empêcha pas Charles IX de créer pour lui une place de conseiller honoraire au parlement de Grenoble, avec dispense de tout devoir d'assistance. Henri III le nomma conseiller en titre, et plus tard il le chargea avec et *avant* Montluc, évêque, ministre d'État, ambassadeur, d'apurer les comptes des fournisseurs de l'armée que l'on accusait de concussion.

D'un caractère ferme, il conserva son indépendance religieuse. Deux ans après la Saint-Barthélemy, il disait à ceux qui le blâmaient de sa neutralité en matière de religion : *Nihil hoc ad edictum prætoris*... et pressé en 1589 d'écrire en faveur du cardinal de Bourbon, que les ligueurs avaient proclamé roi, il répondit : « Est-ce bien à moi que l'on demande de dépraver, de » corrompre les lois, et de commettre le crime de faux? » Inébranlable dans sa résolution, il ne faiblit même pas devant l'émeute qui menaçait sa vie.

Après avoir été frappé dans ses affections les plus chères, avoir fermé les yeux à ses amis, à son protecteur et à un fils, son unique espérance, il mourut le 4 octobre 1590. Le deuil fut général; toute la ville accompagna le grand jurisconsulte à sa dernière demeure; ses élèves les plus distingués réclamèrent l'honneur de porter son corps. Touchant témoignage de reconnaissance de la part de ceux qu'il aidait de ses conseils et souvent de sa bourse!

Dans son testament, Cujas avait recommandé de vendre sa bibliothèque en détail, et chargé son ami François Pithou de revoir les trois derniers livres de ses Observations, ne voulant pas livrer à la publicité un ouvrage qui n'aurait pas reçu la dernière main. Son désir ne fut point respecté, car ses ouvrages posthumes sont beaucoup plus nombreux que les autres; mais ils n'égalent pas le mérite de ceux publiés de son vivant, si j'en excepte le commentaire sur Papinien. Cet ouvrage est, avec ses Observations, l'écrit où l'on remarque le plus de profondeur, de sagacité et de critique. Tous ses travaux se distinguent par une concision qui en rend la lecture parfois difficile; mais il n'écrivait, disait-il, que pour les doctes.

Il avait appris à peu près seul les langues anciennes, l'histoire, la poésie, la grammaire, la philosophie; aucun genre de littérature ne lui était étranger; il mit avec un art infini toutes ses connaissances à contribution. Ses ouvrages brillent à la fois par l'élégance, la clarté, la puissance du raisonnement, la rectitude de la critique et l'étendue de l'érudition.

Sa gloire n'a pu échapper aux traits de l'envie; Catherinot lui reproche d'avoir été peu versé en droit français; je préfère l'opinion d'Umeau, professeur à Poitiers au XVIIIe siècle, qui atteste le contraire. D'autres lui ont refusé le talent de l'enseignement; mais le nombre de ses auditeurs (huit cents l'accompagnèrent un jour dans une visite qu'il fit au jésuite Moldonat), les noms de ses élèves, les Expilly, les Lamoignon, les Pithou, etc., réfutent suffisamment ces malveillantes accusations.

On rencontre dans ses œuvres un cachet d'originalité qui n'a pu échapper à l'attention de ses contemporains : jusqu'à lui le *Corpus* avait été étudié dans l'ordre où les fragments étaient classés, sans que personne eût encore songé à rapprocher les uns des autres les passages appartenant à un même jurisconsulte; Cujas entreprit de reconstituer l'ensemble que le prétentieux rédacteur du Digeste s'était efforcé de détruire.

Tribonien avait tout altéré, les principes de la science, l'histoire des antiquités, la philosophie des prudents ; Cujas voulut ressusciter les jurisconsultes de Rome, en restituant à chacun d'eux la personnalité de son système dénaturée par la dispersion de leurs écrits dans cette immense compilation où se confondaient les éléments les plus divers et les plus opposés. Annotateur d'Ulpien et Paul, commentateur d'Africain, restaurateur de Papinien, il voulut connaître à fond Rome antique ; se reportant à l'époque où avaient vécu les interprètes de cette belle législation, il pénétra dans les mœurs des vieux quirites, et s'identifia avec leurs idées et leurs usages; en un mot, pour étudier le droit romain avec fruit, il se fit Romain.

A peine un quart de siècle s'était écoulé depuis la renaissance des lettres, et Cujas étudiait la législation de Rome avec l'imagination d'un artiste; il l'a aimée en poëte romantique; il est le fondateur de l'école historique, et l'Allemagne n'a fait après lui que suivre la voie qu'il avait si admirablement frayée.

Cujas est le modèle de l'exégèse; mais hors de l'interprétation des textes son esprit manque de vigueur; il expose avec une lucidité remarquable les détails, s'y arrêtant parfois avec la complaisance d'un antiquaire ; mais il n'est pas doué de cette force de réflexion qui coordonne et généralise les idées. En dépit de ses détracteurs, il reste le plus éminent jurisconsulte que la France ait produit.

II. *Doneau*. — Cujas rencontra à l'école de Bourges un professeur éminent qui fut son adversaire et son ennemi. C'était Hugues Doneau, que la nature de son esprit conduisait à envisager le droit romain à un autre point de vue que Cujas. Pour le commentateur d'Africain, ce droit est un fragment de l'antiquité; aux yeux de Doneau, c'est la raison de décider dans toutes les affaires politiques ou civiles; une science qu'il ne suffit pas d'étudier *in abstracto*, mais qu'il faut ramener à la pratique; aussi ne compose-t-il que des traités, tandis que Cujas n'écrit que des commentaires.

Loin de vouloir recomposer le système des anciens jurisconsultes, Doneau les étudie de manière à n'en prendre que la substance; une fois imbu de leurs principes, il les maîtrise, s'isole et rédige un traité original sur chaque matière importante de droit civil.—Tandis que Cujas, dans un style brillant et digne de cette Rome qu'il aime, analyse les écrits des anciens jurisconsultes, Doneau, dans un style exact, mais lourd et sans couleur, pose les principes et en déduit les conséquences en penseur profond, en logicien sévère. Ses commentaires sont le modèle de la méthode dogmatique appliquée aux textes; Doneau est un géomètre, et non pas un artiste comme Cujas. Le talent de ces deux jurisconsultes était aussi opposé que le sont la synthèse et l'analyse.

Profond en littérature aussi bien qu'en droit, Doneau était un jurisconsulte supérieur, et pourtant une basse jalousie l'animait contre Cujas, dont il ne parlait qu'avec mépris. Comment a-t-il pu s'oublier au point de l'appeler *ineptissimus homo*? et pousser l'aveuglement de la haine jusqu'à lui dire: *Ad mentiendum et fallendum natus videris... omnium sceleratissimus?*

Malgré leurs discordes, la postérité a associé ces deux noms dans l'histoire de la science; parvenus par des voies différentes au premier rang, ils se confondent dans une gloire commune.

Les traités de Doneau portent sur ceux des titres du Digeste et du Code qui offrent le plus d'intérêt pour la pratique et l'application.

III. *Pothier*.—Cet esprit essentiellement lucide, éminemment logique, fut frappé de l'absence de méthode que présentent les compilations de Justinien, de l'incorrection des textes et de la divergence des doctrines enseignées par les jurisconsultes romains. Il se proposa un double but : ranger dans un ordre logique les différentes lois des Pandectes appartenant soit au même titre, soit à des titres différents, et rappeler les lois antérieures qu'elles abrogent ou modifient. — Tout en conservant l'ordre des livres et des titres, il distribua les fragments des jurisconsultes suivant une méthode rationnelle qui lui appartient, les expliquant à l'aide des travaux de Cujas et des interprètes des XVIe et XVIIe siècles. Cette entreprise, exécutée d'après les conseils du chancelier d'Aguesseau, n'était rien moins qu'un remaniement du droit romain. Pothier le tenta, et son immense érudition lui permit de l'accomplir. C'est ce monument grandiose qui ferme l'histoire de la science à la fin du XVIIIe siècle.

Cette œuvre ne rencontra qu'un seul critique, journaliste allemand, qui, au lieu d'y voir une compilation méthodique, y chercha une érudition dont Pothier n'avait pas songé à surcharger son livre. Le professeur d'Orléans était cependant plus qu'un compilateur : son titre *De regulis juris* le place au rang des jurisconsultes qui ont montré le plus d'originalité, car il révèle un immense effort pour arriver à une méthode plus rationnelle que celle du Digeste. Dans ce sommaire ou récapitulation de tous les autres titres, Pothier adopte une classification nouvelle qui s'écarte tout à la fois de celle des Pandectes et du Code et de celle des Institutes, tout en se rapprochant davantage de cette dernière (1).

Cette espèce de table systématique des principes généraux du droit est divisée en cinq parties, dont la première contient des dispositions qui ne se rapportent spécialement à aucune matière particulière du droit, et d'autres qui sont relatives à la confection, la publication et l'interprétation des lois.

La seconde partie, intitulée *de personis*, donne les divisions

(1) *V.* un article de M. Blondeau sur les méthodes tentées pour faciliter l'étude du droit privé, *Thémis*, t. 3, p. 246.

des personnes et traite des droits de puissance dominicale et paternelle, du patronage, de la tutelle et de la curatelle. Une section appelée *de variis necessitudinibus* résume les engagements de famille, c'est-à-dire le mariage et ses effets, la dot, la donation entre époux, le divorce, le concubinat, et quelques effets produits par la parenté et l'alliance.

La troisième partie comprend, outre la division des choses, la possession et la propriété, ses démembrements, les droits réels, les successions civiles et prétoriennes, enfin les obligations : c'est ce que Pothier appelle les cinq choses incorporelles.

La quatrième traite des actions (sauf en ce qui concerne les délits et quasi-délits, que l'auteur a placés dans le traité des obligations), des exceptions, des interdits et des voies d'exécution.

Enfin la dernière, intitulée *de jure publico*, est consacrée aux fonctions publiques, aux devoirs des particuliers envers l'État en matière d'impôts et de service militaire ; l'œuvre se termine par l'exposition du régime des villes et des autres corporations.

L'impulsion donnée par cette nouvelle classification n'a point été suivie en France ; on y préfère l'ordre des textes. En Allemagne, au contraire, la méthode systématique l'emporte sur la méthode légale, qui est à peu près abandonnée.

L'ouvrage de Pothier, qui eût suffi à lui seul pour établir la réputation d'un jurisconsulte, ne forme qu'une partie des travaux que nous a laissés ce docteur éminent ; je reviendrai sur ses œuvres de droit français, supérieures peut-être à ce qu'il a écrit sur le droit romain.

Ces études ne l'empêchaient pas de siéger au présidial d'Orléans, et de vulgariser par ses leçons dans la chaire du professeur la science du droit dont ses écrits agrandissaient chaque jour le domaine.

En regard du jurisconsulte si supérieur à ses contemporains, du magistrat si révéré de ses justiciables, placez l'homme privé, et vous ne saurez lequel admirer le plus, de l'homme de science ou de l'homme de bien. Pothier a été un modèle de toutes les vertus; il possédait toutes les qualités du bon La Fontaine, avec sa naïveté moins ses défauts (1). D'un désintéressement à toute épreuve, il poussait quelquefois le mépris de la fortune à un point tel, que chez d'autres on l'eût qualifié de termes peu flatteurs : témoin ce prêt de 1,500 livres qu'il avait fait à un tiers, et dont il ne consentit à reconnaître l'existence que sur le vu de sa signature, quoique le notaire lui rapportât la grosse de l'acte d'emprunt.

A cette existence tranquillement passée en dehors des événements extérieurs de la société est attachée l'existence d'une pauvre femme du peuple, qui seule avait le droit de le gourmander quand il travaillait trop, de Thérèse Juvon, sa domestique. Dévouée à son maître comme l'étaient les serviteurs de ce temps-là, elle dirigeait l'administration de sa fortune et exerçait l'empire le plus absolu dans son ménage; affectueuse pour lui comme l'est une mère pour son enfant, elle mettait tous les jours ses livres en ordre, et les eût brûlés de bon cœur quand il tombait malade. Ces deux existences, devenues indispensables l'une à l'autre, s'écoulèrent avec le calme qu'assure une conscience pure et sans reproches; ils vieillirent ensemble. Vers la fin de sa vie, Thérèse se négligea; les livres de son maître restaient pêle-mêle sur le plancher de son cabinet et des chambres voisines; c'est à peine si on eût pu réunir deux volumes d'un même ouvrage. — Pothier mourut le 2 mars 1772, comme il avait vécu, en homme religieux et probe.

IV. *Autres jurisconsultes.* — Le XVIe siècle fut fertile en jurisconsultes illustres qui cultivèrent le droit romain; je cite les principaux.

François Duarein, issu d'une famille noble de Bretagne, con-

(1) Il existe plus d'un rapport entre Pothier et le grand fabuliste. Un jour, Pothier ayant fait un voyage pour voir d'Aguesseau, et ne le trouvant pas à son hôtel, voulait reprendre immédiatement le coche; on eut mille peines à l'en empêcher, absolument comme La Fontaine allant à la Ferté-Milon voir sa femme, et revenant sans l'avoir vue, parce qu'au moment de son arrivée elle était au salut.

tribua beaucoup à l'illustration de Cujas; les luttes ardentes qu'il soutint contre lui développèrent le talent du docteur de Toulouse. Malheureusement la discussion des deux rivaux dépassa toutes les bornes par ses violences, car elle suscita une espèce de guerre civile entre leurs élèves. Duarein mourut en 1559.

François Hotman, né à Paris, mort à Bâle en 1591, avait fait ses études en Allemagne; il enseignait à Bourges lors de la St-Barthélemy. On doit à sa plume un ouvrage spirituel, incisif, dans lequel il blâme, lui professeur de droit romain, l'abus qu'on fait d'une législation qui n'est plus en vigueur sous beaucoup de rapports. Son *Antitribonien, fait de l'advis de Monsieur le chancelier de France de l'Hospital*, est une œuvre remarquable, mais qui devance les idées de son siècle. Hotman (1) y demande une réforme encore irréalisable, l'uniformité de législation.

Pierre et *François Pithou* ne doivent pas être oubliés. — *Charles Dumoulin* a été surtout célèbre pour le droit français; j'essayerai bientôt d'apprécier cette illustration juridique.—*Denis Godefroy* a laissé des notes fort utiles sur le Digeste et le Code.

Barnabé Brisson, avocat habile (2), président distingué au parlement de Paris comme il l'avait été au siége de Poitiers, littérateur consommé, ne fut point un homme politique. Assez faible pour servir d'instrument aux ligueurs, il devint leur victime, et ne put obtenir, avant son supplice, la faveur d'être enfermé entre quatre murs pendant le temps nécessaire pour achever un livre qui devait être, selon son expression, *une tant belle œuvre* (3).

(1) *Voir* sur Hotman, l'*Étude de M. Dareste, docteur en droit et ès lettres*. — (*Revue de législation*, juillet 1850, p. 257 et suiv.)

(2) *V.* un article de M. Nicias Gaillard, aujourd'hui premier avocat général à la cour de cassation. (Mémoires de la Société des antiquaires de l'Ouest, t. 1, 1835.)

(3) Quelle différence avec le président de Harlay! Après les barricades, Brisson, intimidé, irrésolu, demande au président Seguier ce qu'il a à faire.—De Harlay, que rien n'émeut, répond avec fierté au duc de Guise, vainqueur : « Mon âme est à Dieu, mon cœur à mon roi, et mon

« Exemple admirable, dit un contemporain, pour empêcher les » magistrats de ne se rendre populaires ! »

Ses ouvrages les plus remarquables consistent dans un commentaire sur le titre *de verborum significatione*, un traité *de formulis* et quelques écrits sur le Digeste et le Code. Il avait commencé la rédaction d'un code sous le nom de *Basilique*, ou *Code de Henri III*; les événements l'empêchèrent de l'achever.

Merille, professeur à Bourges, a écrit un volume sur les contradictions échappées à Cujas, *Variantium ex Cujacio*.

Ferrière, professeur à Reims, a fait pour la pratique une conférence des lois romaines avec les ordonnances.

Fabrot, professeur à Aix, est surtout célèbre par son édition des œuvres de Cujas, qui lui occasionna tant de travail qu'il en mourut en 1659.

Jacques Godefroy, fils de Denis, était un esprit universel; ses œuvres littéraires et son commentaire du code Théodosien le placent au premier rang des jurisconsultes.

Le XVIIIe siècle, qui a produit tant de docteurs allemands adonnés à l'étude des lois romaines, n'a fourni à la France qu'un jurisconsulte supérieur, Pothier; mais ce nom suffit à la gloire de l'époque, et ses ouvrages sur la législation de Justinien sont un riche et imposant monument élevé à la science du droit.

CHAPITRE II.

DROIT NATIONAL.

Toute l'activité législative se concentre dans les ordonnances et dans les coutumes, qui, rédigées officiellement, se transforment en

» corps entre les mains des méchants; qu'on en fasse ce qu'on voudra. » Brisson est à la tête de la Ligue; Harlay est détenu à la Bastille. — Brisson flatte les mutins, et les mutins le tuent. Les rebelles n'osent faire mourir de Harlay dans sa prison.

droit écrit, quoiqu'il reste encore quelques points de détails abandonnés à la mémoire des hommes ; tous les grands principes du droit sont proclamés par les actes émanant du pouvoir royal, et les jurisconsultes n'ont plus qu'à discuter les questions qui se présentent dans la pratique et à exposer leurs théories sur les textes des ordonnances rapprochées des lois de Justinien.

Les chartes ne confèrent plus de droits nouveaux aux communes; sous le prétexte de les confirmer, la royauté s'immisce dans l'administration intérieure des villes comme elle a pénétré dans l'organisation des corps et métiers. Il n'y a donc plus à distinguer, comme je l'ai fait sous le régime féodal, les chartes et les statuts d'avec les autres actes législatifs; ces actes ne contiennent plus rien de particulier, ils ne font plus que réglementer les affaires ordinaires d'administration.

SECTION PREMIÈRE.

ACTES LÉGISLATIFS.

La monarchie absolue est constituée; mais quelque chose manque encore à l'unité du pouvoir, à l'uniformité administrative; ce grand travail d'unité nationale commencé au XIIe siècle ne s'achèvera que sous Louis XIV, et nous allons constater son progrès continu dans les XVe et XVIe siècles.

ARTICLE PREMIER.

ORDONNANCES.

1. — Les ordonnances de Louis XI montrent le novateur impitoyable, imbu de l'esprit des classes roturières, accablant de son pouvoir la noblesse qu'il déteste, gouvernant lui-même, et imprimant une vive impulsion aux transactions commerciales.

Le commerce et la bourgeoisie sont l'objet de ses préoccupations; il les dote de nombreux priviléges, revise les statuts des corporations et les améliore, crée des marchés, provoque l'ouverture de nouvelles manufactures, ordonne d'exploiter les mines en faveur des ouvriers *demourant en chômage*, et encourage les étrangers à entreprendre cette exploitation en leur accordant la naturalisation par le seul fait de la résidence.—Cette ordonnance, du mois de septembre 1471, témoigne de la sollicitude du roi pour l'accroissement du travail : s'il avait lieu comme dans d'autres contrées, il *pourroit en advenir plusieurs grands biens, utilités et prouffit pour tous* (1). Pour encourager l'exploitation des mines, le dixième perçu au profit de l'Etat sera réparti par le grand maître entre ceux des concessionnaires qui mériteront le mieux cette faveur. — L'ordonnance de 1483 complète le système de la législation sur les mines et facilite les recherches de ces richesses souterraines tout en respectant le droit des propriétaires, auxquels une indemnité est allouée en raison du préjudice que les travaux peuvent leur causer.

Une ordonnance de 1462 atteste les progrès du commerce en constatant pour la première fois d'une manière officielle l'usage du contrat de change, aujourd'hui si fréquent (2).

Toutes les branches de l'administration sont l'objet d'actes législatifs destinés à assurer la surveillance et le développement du pouvoir royal. En 1461, Louis XI fixe le ressort du parlement

(1) Rec. ord., t. 17, p. 416.

(2) Je veux parler de l'article 8 des lettres du 8 mars 1462, relatives à l'établissement de quatre foires annuelles dans la ville Lyon : « Si par » occasion d'aucunes lettres touchant lesditz eschanges, faictes ès dictes » foires pour payer et rendre argent *autre part*, ou des lectres qui » seront faictes *ailleurs* pour rendre argent ès dictes foires de Lyon... » Audit cas ceux qui seront tenus de payer ledict argent, tant du prin- » cipal que des dommages et intérêts pourront être et seront contraincts » à les payer, tant à cause *des changes*, *arrière-changes*, ainsi qu'a ac- » coutumé de faire ès foires de Pezenas, Bourges et autres foires du » royaume. » — Rec. ord., t. 15, p. 647. — L'article 110 du code de commerce porte que : « La lettre de change est tirée *d'un lieu sur un* » *autre*. »

de Toulouse, règle l'administration civile et maritime de la Rochelle (1); en 1462, il établit à Bordeaux un parlement promis aux états du Languedoc par Charles VII en juin 1451. Le 18 mars 1477, le parlement de Bourgogne est créé (2).

La cour des aides, qui avait porté ombrage à la puissance du roi en 1462, est rétablie, et la multiplicité des affaires nécessite la création d'une nouvelle chambre le 31 août 1477. — Plusieurs ordonnances règlent les finances, les attributions de la cour des comptes, la juridiction des *élus* et des généraux conseillers des aides.

Tous les services publics s'organisent; la poste aux chevaux est établie par une ordonnance du mois de juin 1464, et rapproche ainsi les provinces du centre du gouvernement (3).

L'ordonnance du 30 janvier 1467, qui a pour but de réprimer la résistance des seigneurs contre les arrêts du parlement, en autorise l'exécution à main armée, car cette résistance était d'*un très-mauvais exemple* (4). — Les lettres du 13 octobre 1463 donnent pouvoir à plusieurs commissaires de juger un différend survenu entre le roi et le duc de Bourgogne à raison de l'exercice de leurs pouvoirs respectifs, et le duc est obligé de reconnaître la *souveraineté* de Louis XI (5).

Tout bien disposé que soit Louis XI pour le saint-siége, il n'en tient pas moins à faire reconnaître l'indépendance de son pouvoir temporel, et l'ordonnance du 8 janvier 1476 prescrit la révision des bulles et actes des papes, afin d'annuler tout ce qui serait contraire aux libertés gallicanes, ce qui ne l'empêche pas de reconnaître les droits du pape en certaines occasions, comme, par exemple, en rétablissant, le 24 juillet 1467, la collation des bénéfices à son profit. « Nous considérant, dit-il dans le préam- » bule de l'ordonnance, estre le vray fils de l'Église et très-

(1) Rec. ord., t. 15, p. 120-212.
(2) Rec. ord., t. 18, p. 252.
(3) Rec. ord., t. 21, p. 347, note 1.
(4) Rec. ord., t. 16, p. 546.
(5) Rec. ord., t. 16, p. 95.

» chrestien roy, voulant obéir au saint-siége apostolique et com-
» plaire de tout nostre pouvoir à nostre saint-père le pape, et lui
» souffrir et laisser ce qui lui appartient comme raison est, etc. »

Ses ordonnances resserrent le lien de la discipline de l'armée, et il enjoint le 13 mai 1470 à ses capitaines, gendarmes et autres, de réprimer les *pilleries et roberies* qui désolent le pays (1).—Le crime de lèse-majesté est soumis aux pénalités les plus rigoureuses.

La bourgeoisie, que Louis protége, sans pouvoir obtenir son affection, est l'objet de sa sollicitude ; il ravive les municipalités, défend aux seigneurs de continuer à percevoir des droits excessifs, et règle par une déclaration du 20 avril 1479 le guet, sa durée ainsi que le montant du droit à payer pour s'en dispenser (2).

Ces ordonnances, remarquables par la vigueur de la rédaction, ont probablement été écrites sous la dictée de Louis XI lui-même. — Elles portent surtout sur l'administration ; le droit civil ne s'y trouve que dans des proportions fort restreintes. Quelques lettres de naturalisation, de légitimation, d'amortissement, de noblesse en faveur d'étrangers et de bourgeois, dans le but d'encourager le commerce, quelques permissions (3) données à des roturiers d'acquérir des fiefs, tel est à peu près le contingent de la législation civile de ce règne.

II.—Sous Charles VIII, les ordonnances de droit privé manquent totalement ; quelques édits pour réprimer les pilleries des gens de guerre, interdire les réunions illicites, révoquer les aliénations du domaine consenties par ses prédécesseurs (4), lever les impôts nécessaires pour subvenir aux frais de la guerre, et quelques traités conclus avec les nations voisines, voilà les seuls actes législatifs généraux que nous rencontrions ; le reste ne consiste qu'en une foule de lettres confirmant ou restituant d'anciens

(1) Rec. ord., t. 17, p. 82; — t. 17, p. 293.
(2) Rec. ord., t. 18, p. 470.
(3) Comme les lettres du mois de juillet 1463 pour Limoges.
(4) Ord. de décembre 1484. — Rec. ord., t. 19, p. 450.

priviléges aux villes, églises, associations, etc. (1). La réunion de la Provence à la couronne en 1486 donne au développement de la puissance royale une nouvelle impulsion (2).

III.—Quoique Charles VIII eût rendu quelques ordonnances sur l'administration générale, et en particulier sur la justice (3), il n'osa pas déférer aux vœux exprimés par les états généraux de 1484 (4). Louis XII, au contraire, sembla prendre à cœur de donner satisfaction aux griefs qu'avait formulés cette assemblée; l'acte législatif le plus important de ce règne, l'ordonnance de mars 1498 sur la réformation de la justice et l'utilité générale du royaume, en est la preuve (5). Le principe de l'élection pour les offices de judicature, déjà proclamé en 1413, y est accompagné de sérieuses garanties contre l'abus de la vénalité des charges.

Des ordonnances sur la révision et la publication des coutumes réalisent le projet conçu par Charles VII en 1453 et poursuivi sans résultat en 1493 et 1497 par Charles VIII (6). De 1505 à 1515, vingt coutumes de villes importantes sont publiées avec la sanction définitive de l'autorité: c'est à Louis XII que revient la gloire d'avoir établi la prédominance de la législation sur la coutume, et marqué ainsi, dans la sphère du droit civil, la fin du moyen âge et le commencement de l'ère moderne.

L'action gouvernementale pénètre dans toutes les branches

(1) V. Rec. ord., t. 19, *passim*, qui ne contient à peu près que des actes de cette nature. — Il en est de même du 20e et du 21e volume.

(2) Ord. d'octobre 1486. — Rec. ord., t. 19, p. 677.

(3) Rec. ord., t. 20, p. 258, 386, 476 et 577; — t. 21, p. 4. — Des lettres du 27 novembre 1494 érigèrent le parlement de Bretagne en exécution de l'édit du mois de novembre 1493. — Rec. ord., t. 20, p. 488.

(4) Ils avaient demandé des réformes dans l'administration de la justice, la suppression de la vénalité des offices, des évocations, des commissions extraordinaires; enfin l'élection aux offices de judicature, principe si cher à la bourgeoisie.

(5) Rec. ord., t. 21, p. 177.

(6) Rec. ord., t. 14, p. 284; — t. 20, p. 433; — t. 21, p. 18, p. 6.

de l'administration ; les innombrables priviléges accordés par Louis XII, continuateur de l'œuvre commencée par Louis XI et Charles VIII, déguisent l'intervention directe du pouvoir dans l'administration municipale, et, sous le nom de franchises, lui imposent une organisation uniforme qui aboutira plus tard pour la France entière au centre commun, la royauté. — Les finances sont soumises à des règlements qui mettent un terme à de nombreux abus; les droits seigneuriaux sont réduits de moitié (1); la justice est mise plus à la portée des justiciables par la création des parlements de Normandie en avril 1499, et de Provence en juillet 1501 (2). Enfin les traités internationaux occupent une place importante dans le droit public (3).

IV.—Ce qui frappe dans les ordonnances de François Ier, c'est le caractère de généralité qui y domine; on sent que c'est le roi de France, et non le duc de l'Ile de France qui parle et commande. Il sait imposer sa volonté aux seigneurs et même aux princes du sang, quand il leur défend de pressurer *le pauvre peuple*, de le soumettre à *grands dégâts, extorsions* et *rudesses* pour vivre en voyage, ou qu'il leur interdit de commettre des gardes à leurs domaines enclavés dans ceux de la couronne (4).

Obligatoires pour tous, nobles ou roturiers, les actes législatifs atteignent les points les plus éloignés de la capitale ; le roi parle au nom de l'intérêt public, qui exige que les lois « soient générales pour tous les subjects sans aucune diversité, division ou particularité (5). » C'est encore au nom de l'intérêt général qu'il décide en 1529 que toutes les obligations passées sous le scel seront exécutoires par tout le royaume; qu'il règle certains points de droit civil, tels que l'acceptation des donations par procureur

(1) Rec. ord., t. 21, p. 159-228.
(2) Rec. ord., t. 21, p. 215, 280, 298.
(3) Rec. ord., t. 21, *passim*, surtout de 1499 à 1514.
(4) Isambert, Recueil des anciennes lois françaises, t. 12, p. 917-893.
(5) Isambert, t. 12, p. 790.

(7 mars 1539) (1) ; confirme l'institution des notaires, détermine leurs fonctions et attributions, voulant que leurs actes soient reçus par un notaire et deux témoins, ou par deux notaires, et que la minute reste aux mains de celui qui l'aura écrite (2).

Les ordonnances sur l'administration de la justice surtout sont nombreuses ; celle de 1535, rendue primitivement pour le seul parlement de Provence, généralisée plus tard par la pratique des autres parlements, contient des dispositions très-précises sur les personnes et les fonctions des conseillers, gens du roi, avocats, procureurs, sergents, et sur les devoirs des notaires.—L'édit de Crémieu, de mai 1536, porte une rude atteinte aux juridictions seigneuriales ; celui de 1537 continue l'œuvre en instituant les prévôts comme juges spéciaux des procès relatifs aux héritages roturiers, quel qu'en soit le possesseur. Des règlements de compétence sur la procédure, comme les formalités à suivre pour les exécutions mobilières, des ordonnances sur le grand conseil, forment un ensemble imposant de législation. Mais l'ordonnance la plus importante du règne de François Ier est celle sur le fait de la justice, datée de Villers-Coterets du mois d'août 1539 (3). Les tribunaux la consultent encore avec fruit pour quelques cas non prévus par les lois actuelles. C'est elle qui a déterminé les limites précises de la juridiction ecclésiastique et de la juridiction séculière, établi des registres publics destinés à constater le décès des

(1) Isambert, t. 12, p. 670. — C'est encore l'article 933 C. Nap.

(2) Isambert, t. 12, p. 790-835.

(3) Isambert, t. 12, p. 600. — Cette ordonnance est la première qui ait été commentée. — Le jurisconsulte qui tenta le premier une semblable entreprise est Jean Constantin, avocat au parlement de Bordeaux (1549). Son commentaire, quoique fort long, contient peu de remarques utiles. — Dumoulin a enrichi le texte de l'ordonnance de notes savantes écrites mi-partie en latin et en français.—Gilles Bourdin, procureur général au parlement de Paris, en a fait une excellente paraphrase, à laquelle Fontanon a ajouté des notes pour expliquer ou indiquer les changements survenus dans la jurisprudence.—Néron a résumé ces différents travaux dans son recueil d'édits.

gens tenant bénéfice (1) et les naissances de toutes personnes (50-51), ordonné d'écrire en *langage maternel français* les actes notariés, procédures et jugements ; posé le principe, maintenu par le code de procédure civile, que les juges ne peuvent adjuger au demandeur le profit du défaut qu'après que ses conclusions ont été reconnues justes et bien vérifiées (2). C'est encore l'article 132 de cette ordonnance qui établit l'insinuation en matière de donations entre-vifs, plutôt pour donner de la publicité au contrat que pour assurer la certitude de sa date. Enfin c'est elle qui veut qu'en matière criminelle l'accusé réponde lui-même aux interpellations sans pouvoir recourir aux lumières d'un conseil (3).

Au milieu des fautes qui déparèrent ce règne, la prospérité publique ne s'épuisa cependant pas ; l'industrie, le commerce, l'agriculture, l'exploitation des mines, les entreprises de tout genre se développèrent et donnèrent lieu à plusieurs dispositions législatives. Les finances étaient embarrassées ; la guerre nécessitait des impôts considérables ; il en était de même de l'armée, qui venait de recevoir une organisation définitive ; de la gendarmerie, que le roi avait répartie avec habileté sur le territoire, et de l'artillerie, qu'il avait soumise à un grand général : pour faire face à toutes ces dépenses, au mois de mai 1539, la loterie fut créée comme une institution nécessaire pour détourner les sujets du roi d'autres *jeux dissolus où ils consomment tout leur temps* (4).

(1) C'est un abus qui a donné lieu à la rédaction des actes de décès : quand une personne pourvue d'un bénéfice mourait, ceux qui voulaient l'obtenir prenaient le parti d'embaumer son corps, ce qui leur permettait de faire des démarches pour obtenir la survivance avant que le décès fût connu du public. —Bourdin, dans sa paraphrase sur l'article 50, explique très-bien le but de cette disposition.

(2) Art. 159 C. P. C.

(3) Poyet, le rédacteur de cette ordonnance, périt en avril 1545, victime du secret que lui-même avait introduit dans la procédure criminelle ; accusé de concussion, il demanda un défenseur ; mais le juge chargé de l'instruction lui répondit : *Patere legem quam ipse tulisti.*

(4) Isambert, t. 12, p. 560.

V. — L'impulsion portée vers les réformes administratives et l'extension du pouvoir dans les matières de droit privé continuent leur mouvement, quoique souvent les rois n'aient pas par eux-mêmes songé à l'activer. Quelques lois rendues par Henri II règlent des points de droit civil ou commercial : ainsi l'ordonnance du 15 novembre 1548 contient sur les matières maritimes des dispositions qui offrent plus d'un rapport avec la loi rhodienne (1); l'édit de février 1556 prohibe les mariages clandestins, et un autre de la même date punit de mort le recélé de la grossesse et de l'accouchement (2).

De nombreuses déclarations rappellent les ordonnances antérieures sur l'administration en général; des édits développent certaines institutions; des lieutenants criminels sont établis près de chaque prévôté, les rapports respectifs des parlements déterminés avec précision, ainsi que ceux des différentes juridictions; les droits de préséance réglés par l'édit d'avril 1557. Mais la nécessité ne motive pas toujours la création d'offices nouveaux; le pouvoir en fait trop souvent un moyen purement fiscal. — L'administration de la justice reçoit un accroissement nouveau par la transformation des grands jours de Bretagne en parlement (mars 1553) (3).

Mais l'acte législatif le plus célèbre est l'édit des *petites dates*, de juin 1550, rendu pour réprimer les abus qui s'étaient glissés dans l'obtention des bénéfices ecclésiastiques (4). Dumoulin en fit un commentaire qui lui valut la persécution du clergé;

(1) Isambert, t. 13, p. 79.

(2) Isambert, t. 13, p. 471. — Antoine Leconte, professeur à Bourges et à Orléans, a fait sur ces édits un très-bon commentaire en latin. — Le Prestre a composé sur les mariages clandestins deux traités qui peuvent servir d'explication à l'ordonnance de 1556.

(3) Isambert, t. 13, p. 361.

(4) Isambert, t. 13, p. 164. — Le commentaire de Dumoulin sur cet édit est fort étendu ; Néron lui reproche d'avoir dépassé parfois les limites d'une controverse de jurisprudence et d'avoir laissé échapper quelques erreurs théologiques.

mais, en novembre 1557, le parlement le déchargea des poursuites dirigées contre lui. C'est à ce propos que le duc de Montmorency dit à Henri II, en lui présentant Dumoulin : « Sire, » ce que Votre Majesté n'a pu faire avec 30,000 hommes, de » forcer le pape Jules à lui demander la paix, ce petit homme » l'a achevé avec son petit livret. »

VI. — Les ordonnances contre les luthériens se multiplièrent depuis François Ier. Henri II en avait fait plusieurs, et le règne de François II, qui ne fut à proprement parler qu'une minorité, ne contient qu'un acte législatif digne d'être signalé; c'est l'ordonnance du 14 novembre 1559, établissant l'inquisition civile (1).

VII. —Heureusement pour la France, pendant la minorité de Charles IX, un homme se rencontra, bourgeois de naissance, aussi grand par l'esprit que par le patriotisme, doué du génie d'un législateur, de l'âme d'un philosophe et du cœur d'un citoyen. C'était Michel de l'Hôpital, qui sut faire accepter sa politique par la reine mère Catherine de Médicis. Il aimait cette vieille maxime : « *Une foi, une loi, un roi* (2) : mais, selon lui, la » foi devait être tolérante, la loi protectrice et le roi impartial » pour tous. C'est le langage qu'il fit entendre aux états géné- » raux d'Orléans... » L'intolérance de l'époque ne permit pas au grand chancelier de réaliser une paix intérieure à laquelle il ne se lassa pourtant pas de travailler. Au milieu d'une immense collision politique, il poursuivit avec le calme d'un autre âge ses pensées d'amélioration pour l'avenir.

L'ordonnance de janvier 1560, rédigée par l'Hôpital (3), est une satisfaction donnée aux doléances des états généraux d'Or-

(1) Isambert, t. 14, p. 11.
(2) M. Augustin Thierry, Tiers État, ch. v.
(3) Joachim du Chalard, avocat au conseil, a commenté cette ordonnance; mais les détails sont trop nombreux pour être toujours clairs. Néron en a donné un abrégé.

léans; l'étendue des réformes y est proportionnée aux embarras du temps; celles que le gouvernement peut accorder sans danger sont converties en dispositions législatives; pour quelques-unes, on ménage une transaction entre les idées du clergé et celles du tiers état; pour d'autres, l'ordonnance se borne à de simples promesses. — Elle contient des textes relatifs au clergé, à la justice, à la police, aux universités et à leurs priviléges. — Elle crée la distinction des affaires sommaires et des affaires ordinaires (1); on y trouve aussi des dispositions sur la rédaction des actes notariés, et son article 84 consacre le principe encore en vigueur aujourd'hui, que les notaires doivent mentionner la signature des parties et des témoins, ou leur déclaration qu'ils ne savent signer (2).

Au mois de juillet de la même année parut le célèbre édit des secondes noces, rédigé dans le but de protéger les intérêts des enfants d'un premier lit contre l'influence d'un nouveau conjoint. Cette loi fut motivée par la conduite scandaleuse d'Anne d'Aligre, veuve de Duprat, fils du chancelier de ce nom, qui, se remariant avec Georges d'Aumont, marquis de Gassirande, s'était dépouillée de toute sa fortune au profit de son nouvel époux, libéralité odieuse qui réduisait à la misère les enfants de son premier lit. — Le préambule de l'édit est un chef-d'œuvre inspiré à l'Hôpital par la pureté de ses mœurs. Une disposition aussi sage ne pouvait manquer de trouver place dans nos codes (3).

(1) Art. 404 C. P. C.

(2) *V.* art. 14 de la loi du 25 ventôse an XI; *v.* aussi la l. *contractus*, C. *de fide instrum.* Aujourd'hui les témoins instrumentaires doivent savoir signer.

(3) L'art. 1098 C. Nap. a évidemment fait allusion à cette ordonnance en s'exprimant ainsi : *L'homme ou la femme*. L'édit de 1560 ne parlait que de la femme, parce que la conduite d'une femme l'avait motivé; mais la jurisprudence en avait généralisé l'application. On en trouvera un très-ample commentaire dans la compilation des commentateurs de la coutume de Paris sur l'article 79. Cosme Béchet a fait un traité des secondes noces. — Il est à la suite de ses remarques sur l'usance de Saintonge.

Un édit du 17 janvier 1562 proclama la liberté de conscience, et l'on vit pour la première fois en France les temples des dissidents protégés par l'autorité publique à l'égal des églises du culte catholique. — Mais l'œuvre de l'homme d'État philosophe trouva les esprits divisés par des passions indomptables, et, quand la persécution religieuse s'éteignit sous son ministère, la guerre civile commença.

C'est au milieu de ces révolutions terribles que ce génie organisateur fit rendre une série d'ordonnances qui forment un nouveau fonds de droit civil, et dont plusieurs dispositions ont passé dans les codes actuels. L'édit de novembre 1563 établit à Paris la juridiction consulaire; les ordonnances de janvier 1563 et février 1566 réglementèrent et réformèrent la justice; et l'édit du 4 février 1567, sur la police générale du royaume, compléta l'ordonnance d'Orléans. Celle de Roussillon, de 1563, art. 39, enjoignit de compter le premier jour de l'année à partir du premier jour de janvier; mais le parlement de Paris n'exécuta ce changement qu'en 1566; les autres juridictions avaient commencé à le faire un an plus tôt.

Le plus beau titre de gloire de l'Hôpital, c'est l'ordonnance de Moulins, de février 1566, qui, selon Pasquier, *dépassa d'un long entreject ce qu'on avoit vu jusque-là en France*. Résumé de toutes les réformes judiciaires décrétées jusque-là, elle vise à l'unité de juridiction et à l'unité de procédure civile, diminue le nombre des juges ordinaires, et restreint les justices privilégiées, sans plus de ménagement pour les justices municipales que pour les justices ecclésiastiques. — Cette ordonnance contenait aussi quelques dispositions de droit privé, et son article 54 opéra toute une révolution dans le système des preuves, en décidant, sur les remontrances du parlement de Toulouse, que la preuve par témoins ne serait plus admissible pour établir une convention dont la valeur excéderait cent livres. Une exception était cependant admise pour les marchands, « qui *besognent de bonne foi* entr'eux

» sans témoins et notaires, et sans garder et observer la subti-
» lité du droit (1). »

Enfin, je ne puis passer sous silence l'édit du 4 août 1566, qui, sur la provocation des états généraux tenus à Moulins (2), prononce l'inaliénabilité absolue des biens de l'État, excepté pour apanager un prince du sang, ou en cas de guerre, sauf le droit de rachat perpétuel. La couronne pouvait aussi concéder des biens à titre de fief, en se réservant le domaine utile; les biens n'étaient alors qu'*engagés* (3).

Sous le nom d'*édit des mères*, Charles IX avait voulu déterminer les droits des mères sur la succession de leurs enfants; mais cet édit n'est guère remarquable que par les difficultés qu'il souleva dans la pratique (4).

Les ordonnances que je viens de citer montrent combien la science des jurisconsultes avait grandi; elles sont l'expression des idées nouvelles qu'avait à cœur de réaliser ce grand ministre, dont Branthôme trace ainsi le portrait : « C'était un autre censeur Caton
» que celui-là : il en avait l'apparence avec sa grande barbe blan-
» che, son visage pâle, sa façon grave, qu'on eût dit, à le voir,

(1) Art. 1341 C. Nap. — Art. 109 Cod. de comm. — Pardoux du Prat et Philibert Bugnyon ont écrit chacun un commentaire sur l'ordonnance de 1566; Néron a résumé ces deux ouvrages.

(2) Charondas a fait un excellent commentaire de cet édit.

(3) Les nombreuses aliénations illégalement faites depuis 1566 avaient fait passer dans les familles des biens que le gouvernement pouvait toujours réclamer. Pour rassurer les possesseurs et faire cesser les incertitudes qui pesaient sur la propriété, l'assemblée nationale établit un système favorable aux détenteurs de ces biens, sans que l'État en éprouvât un préjudice. L. du 22 no. 1790, art. 13, 14, 18 à 38.

(4) Il avait été l'objet de nombreuses explications. Je cite les principaux auteurs qui s'en sont occupés : Mornac sur la loi 15, D. *de inoff. test.*; — Ragueau sur le titre du code *ad. S C. Tertull.*; — Theveneau, dans son Commentaire sur les ordonnances, liv. 2, tit. 7, *des successions des mères*; — Brodeau sur Loüet, lett. 11, sommaires 5, 12 et 22; — Henrys, t. 2, liv. 6, quest. 2; — Renusson, Traité des propres, ch. 2, sect. 20, intitulée *de l'édit des mères*. — Nicolas Mellier, avocat au présidial de Lyon, a publié un commentaire *ex professo* sur ce sujet.

» que c'était un vrai portrait de saint Jérôme. Il ne fallait pas se » jouer avec ce grand et rude magistrat, qui était doux pourtant » là où il y voyait de la raison. »

L'austérité du chancelier devait le faire écarter des conseils du roi; on lui préféra la sagesse du *Prince* de Machiavel, importée des cours italiennes. L'Hôpital quitta les affaires, frappé d'une profonde tristesse, et mourut de chagrin le 13 mars 1573, après avoir vu quelques-uns des résultats de cette affreuse politique qui succédait à la sienne.

Au milieu des guerres civiles et des massacres, la royauté rendait des édits de pacification, simples promesses sans réalité. Le premier porte la date du 15 mars 1562, et, quatre ans après le sanglant coup d'État auquel il n'avait point été complétement étranger, Henri III signait le cinquième édit de pacification (14 mai 1576), plus important que les précédents par l'étendue de ses concessions. Le culte dissident était libre et public dans tout le royaume, sauf à Paris et à la cour; des tribunaux mi-partis de protestants et de catholiques devaient juger les causes des calvinistes et des catholiques unis; une amnistie était accordée aux proscrits, et une indemnité promise aux victimes de la Saint-Barthélemy : mesure conciliatrice, mais que ne pouvait exécuter un prince d'un esprit faible et fantasque, fanatique et dissimulé. Au mois de juillet 1585, épouvanté par les exigences de la Ligue (1), Henri III révoqua tous les édits de pacification (2), et défendit, sous peine de confiscation de corps et de biens, l'exercice de tout autre culte que la religion catholique. Les ministres protestants devaient sortir de France dans le délai d'un mois, les autres hérétiques dans celui de six. Une déclaration du 16 octobre 1585 aggrava la rigueur de l'édit en réduisant la durée du délai accordé aux religionnaires pour abjurer

(1) Devenue un parti révolutionnaire soulevé au nom du cardinal de Bourbon, d'après les instigations de son véritable chef, le duc de Guise

(2) Isambert, t. 14, p. 595.

ou quitter la France. Les biens des réfractaires étaient confisqués et appliqués aux dépenses de la guerre que le roi allait recommencer avec le secours de la Ligue. Les remontrances énergiques que présenta le parlement de Paris contre la déclaration furent inutiles; vingt-cinq ans de guerre civile n'avaient pas suffi pour éteindre la fougue des passions, et donner à tous la leçon suprême, celle de la nécessité!

Dans ce siècle exceptionnel, le progrès était tellement irrésistible, que, malgré les commotions les plus profondes, de larges théories se firent jour et fécondèrent la pratique de l'administration. L'économie politique fut introduite par un ministre italien, créature de la reine mère, René de Biragues, et donna une direction plus rationnelle aux règlements sur la police des métiers et le trafic des marchandises. C'est de cette époque que datent chez nous le fameux principe de la balance du commerce et le système de protection de l'industrie nationale par la double défense d'exporter les matières propres à la fabrication et d'importer les produits des manufactures étrangères. L'édit de janvier 1572 sur le commerce à l'étranger et la police du royaume (1), celui de juin de la même année sur la création des courtiers de commerce et le taux de l'intérêt, et l'ordonnance du 2 mars 1571 sur la fabrication des draps, sont inspirés par la politique des villes bourgeoises de l'Italie (2).

En 1576, les états généraux, réunis à Blois, avaient fait entendre des doléances qui n'étaient en partie qu'une reproduction des anciennes plaintes; les embarras d'une paix mal assurée, toujours prête à se rompre, ne permirent à Henri III de les accueillir qu'en mai 1579 dans l'ordonnance de Blois. Supplément des grandes ordonnances qui l'ont précédée, l'ordonnance de 1579 s'en rapproche par le mérite; 363 articles la composent : les 64 premiers

(1) Isambert, t. 14, p. 241.
(2) Isambert, t. 14, p. 232-252.

traitent des affaires ecclésiastiques; les 66e et 67e confirment les ordonnances précédentes sur les hôpitaux, et contiennent de nouvelles dispositions à cet égard; les 68e et 69e s'occupent des universités et de l'instruction publique; les articles 89 à 209 sont relatifs à l'administration de la justice. L'article 181 est remarquable en ce qu'il crée les registres de l'état civil pour les mariages et les décès de toutes personnes, comme l'ordonnance de 1539 en avait déjà ordonné la rédaction pour les naissances et pour les décès des personnes pourvues d'un bénéfice (1); et l'article 40, complément de l'édit de 1556 sur les mariages clandestins, détermine les formalités dont l'observation constituera la publicité du mariage (2). Les articles 210 à 255 traitent des offices et de leur réduction ou suppression; les articles 256 à 328, de la noblesse et des gens de guerre; les articles 329 à 353, du domaine de la couronne et de la perception des aides et tailles. Enfin les articles 354 et suivants renferment des dispositions diverses, notamment sur la police et l'entretien des routes.

L'ordonnance de Blois, libérale comme celle d'Orléans en ce qui touche le droit civil, muette comme elle sur les droits politiques, chercha à diminuer la gêne qu'imposaient à la royauté les ordonnances précédentes. La nomination aux fonctions ecclésiastiques et aux siéges de magistrature cessa d'être abandonnée à l'élection; le roi eut à peu près la liberté du choix (3).

Il me reste encore à parler de trois ordonnances importantes : l'une, de juillet 1581 (4), édictée pour empêcher les procès de s'éterniser, voulut que les sentences fussent prononcées immédiatement, si les parties l'exigeaient; elle a laissé quelques traces

(1) Art. 63, 77, C. Nap.

(2) Il est le type des articles 63 et 165 C. Nap.

(3) Guy-Coquille a fait des remarques fort estimées sur cette ordonnance; celles de Philibert Bugnyon ont eu du crédit, même après Coquille. — Jean Duret a écrit aussi un traité qui, malgré sa prolixité, ne manque pas de mérite.

(4) Isambert, t. 14, p. 500.

dans notre législation (1); l'autre, de novembre 1581, établissait le retrait lignager partout, même dans les pays de droit écrit (2); enfin la troisième, de la même année, appliquait à tout le royaume les principes des provinces de nantissement, et imposait aux créanciers hypothécaires l'obligation de prendre inscription sur un registre public pour la conservation de leurs droits (3). Cette amélioration était en opposition trop ouverte avec les idées du temps pour avoir quelque chance de durée; il fallut rapporter l'édit en 1588, sept ans après sa promulgation.

VIII. — Henri III conçut, comme Louis XI, l'idée de conférer à certains jurisconsultes le soin de réunir en un seul volume toutes les ordonnances royales, afin d'en faciliter la recherche. Ce projet reçut un commencement d'exécution; en 1587, Brisson, chargé de composer ce recueil systématique, l'acheva en trois mois, et l'envoya, divisé en vingt livres, sous le nom de *Basilique*, ou *Code de Henri III*, aux divers parlements pour recevoir leurs observations avant que la force législative lui fût imprimée. Les événements politiques firent avorter cette tentative d'uniformité dans la législation.

IX. — « Le règne de Henri IV, a dit M. A. Thierry (4), est une » de ces époques décisives où finissent beaucoup de choses et où » beaucoup de choses commencent. Placé sur la limite commune » des deux grands siècles, il recueillit tous les fruits du travail » social et des expériences de l'un, et jeta dans leur moule toutes les » institutions que devait perfectionner l'autre. La royauté, dégagée » de ce que le moyen âge avait laissé de confus dans son carac-

(1) V. art. 116 C. P. C.

(2) Isambert, t. 14, p. 505.

(3) Cet édit, intitulé édit de création d'un bureau de contrôle des actes extrajudiciaires en chaque siége royal, est l'origine de l'enregistrement. L'ordonnance de 1693, à laquelle M. Dalloz assigne cet effet, n'est qu'une ampliation de celle de 1581.

(4) Tiers État, ch. VI.

» tère, apparaît alors clairement sous sa forme moderne, celle
» d'une souveraineté administrative, absolue de droit et de fait
» jusqu'en 1789, et, depuis, subordonnée et associée à la sou-
» veraineté nationale. Alors se réglèrent d'une manière logique
» les départements ministériels, et leurs attributions s'étendirent
» à tout ce que réclament les besoins d'une société vraiment civi-
» lisée. » — Trois choses sont à remarquer dans l'œuvre du vainqueur de la Ligue : la consécration définitive de la liberté de conscience et de l'état civil des dissidents, la restauration et le progrès des éléments qui constituent la richesse publique, enfin la conception d'une politique française fondée sur le maintien des nationalités et l'équilibre des puissances européennes.

Pour la première fois on vit un édit de pacification prendre un caractère de perpétuité ; avant celui de Nantes du 13 avril 1598, les édits de tolérance étaient essentiellement provisoires (1); à Henri IV était réservée la gloire de mettre fin à la guerre civile religieuse. — Ce grand acte politique résume tous ceux qui l'ont précédé dans leurs dispositions essentielles et vraiment praticables : aux personnes il garantit la liberté de conscience; aux cultes, des droits mesurés pour chacun d'eux sur ses forces et sur la situation du pays. — Les réformés auront désormais le droit d'habiter le royaume sans être obligés à faire aucun acte que désavoue leur conscience ; ils seront admis aux emplois publics sans qu'on leur demande un serment contraire aux principes de leur religion ; ils auront des tribunaux composés de protestants et de catholiques, des colléges et des hôpitaux ; enfin ils pourront étudier et prendre leurs grades dans les universités.

A part quelques rares ordonnances sur les matières civiles ou criminelles, tels que l'édit de juin 1609 contre le duel, et celui de mai de la même année, annulant les ventes et donations faites

(1) Isambert, t. 15, p. 170. Cet édit termina la dernière guerre civile religieuse commencée sous Henri III ; il protégea les protestants jusqu'en 1685.

par les banqueroutiers (1); toute la législation de Henri IV roule sur des matières d'économie publique. Avec le concours de Maximilien Béthune, marquis de Rosny, duc de Sully, créé en 1596 surintendant des finances, le roi porta la réforme dans toutes les branches de l'administration. Les entreprises publiques amenaient les entreprises particulières que le gouvernement favorisait par tous les moyens; et c'est une curieuse étude de lire ces grandes ordonnances qui, développant la fortune publique, comblaient le déficit énorme que les prodigalités du dernier règne avaient amené dans les finances, et augmentaient encore les richesses de la France.

L'ordonnance de mai 1597, sur les eaux et forêts, mérite d'être citée, car elle contient des dispositions aussi sages qu'étendues sur l'aménagement des forêts, l'entretien des chemins publics et le régime des rivières. Les édits d'avril 1599 et janvier 1607 sont les premiers qui se soient occupés du dessèchement des marais. L'édit de mai 1599 crée la charge de grand voyer; celui d'août 1597 établit une fabrique de cristal à Melun; en août 1603, une manufacture de draps et de toiles d'or, d'argent et de soie, est autorisée à Paris; la déclaration du 16 novembre 1605 décrète l'établissement dans tous les diocèses d'une pépinière de mûriers blancs, et l'édit de janvier 1607 fonde dans plusieurs villes du royaume des manufactures de tapisserie (2).

C'est encore aux plus sages principes d'économie politique qu'est due l'ordonnance de juillet 1601 sur la constitution des rentes (3). Voici dans quelles circonstances cet édit fut rendu : les malheurs qui accablaient la France sous Charles IX avaient nécessité l'élévation du taux des rentes au denier douze. Henri IV

(1) Isambert, t. 15, p. 349 et suiv. — On trouve dans les articles 2, 3 et 4 de cet édit la base du système suivi par les articles 446 et 447 du code de commerce; la loi actuelle n'a fait qu'entrer dans quelques détails d'exécution; mais le principe est le même.

(2) Isambert, t. 15, p. 141, 212, 313, 222, 164, 283, 291 et 322.

(3) Isambert, t. 15, p. 263.

le réduisit au denier seize (1) par des motifs remarquables qui forment le préambule de l'édit : « Ayant recherché, y est-» il dit, les causes qui appauvrissent et travaillent nos sujets » en la jouissance de leurs biens, nous avons reconnu au doigt » et à l'œil que les rentes constituées au denier 10 ou 12, qui » ont cours principalement depuis quarante ans, ont été en partie » cause de la ruine de plusieurs bonnes et anciennes familles, ce » qui pourroit à la longue aussi bien occasionner quelque ren-» versement en cet État et monarchie, que les usures et grosses » dettes ont fait par le passé en plusieurs républiques. » Cette réduction de l'intérêt de 8 à 6 p. 0/0 présentait aux débiteurs un avantage considérable, et le moyen d'en profiter consistait à négocier un nouvel emprunt à l'aide duquel ceux-ci rembourseraient leur ancien créancier. Si le nouveau prêteur exigeait des garanties, la subrogation se présentait comme le moyen le plus efficace pour atteindre ce but. Mais là était l'embarras : le créancier, certain de ne plus trouver un placement aussi avantageux, refusait de subroger le prêteur dans ses droits et actions ; ce fut pour vaincre cette résistance que l'édit de 1609, mettant fin aux controverses des jurisconsultes, voulût que la subrogation s'opérât sans le consentement du créancier. — Mais, tout en favorisant les débiteurs, il fallait prévenir les fraudes et empêcher qu'on ne donnât après coup à un créancier un rang qui ne lui appartenait pas ; c'est le but qu'atteignirent deux règlements du parlement de Paris, l'un de 1609, contemporain de l'édit, l'autre de 1690 (2).

X. — Le commencement du règne de Louis XIII fut signalé par les remontrances du parlement, qui comptait sur une minorité pour assurer son intervention directe dans les affaires du royaume.

(1) Le taux de l'intérêt au denier douze représente 8 $\frac{1}{3}$ p. 0/0, au denier seize 6 $\frac{1}{4}$ p. 0/0.

(2) Le code Napoléon a consacré, dans une de ses dispositions, le système de l'ordonnance complété par les règlements du parlement. — V. art. 1250, § 2, Cod. Nap.

La guerre civile en fut la suite, et se termina par le traité de Loudun. Ce traité, qui parut, le 6 mai 1616, sous la forme d'un édit, semblait faire des concessions aux états généraux et au parlement; mais toutes ses dispositions sur l'administration générale n'étaient que la reproduction d'anciennes ordonnances ou de simples promesses pour l'avenir. Il n'y eut d'exécuté que les clauses secrètes du traité qui accordaient aux chefs de la révolte des places de sûreté, des honneurs et six millions à partager entre eux.

A peine sorti de la régence, Louis XIII tombe sous la dépendance du cardinal de Richelieu, qui est moins un ministre qu'*un fondé de pouvoir universel de la royauté*, selon l'expression de M. A. Thierry.—Les idées du cardinal sont absorbées par la politique; il ne reste dans ses préoccupations qu'une place bien petite pour la législation privée; à part l'édit du 26 novembre 1639, sur les formalités du mariage et les conditions de sa validité (1), et quelques édits contre les duels, tous les monuments de la législation ont trait soit à l'administration, soit à des mesures générales de gouvernement. L'ordonnance de janvier 1629 elle-même, que les gens de robe affectèrent de ridiculiser en lui donnant le sobriquet de *code Michaud* (2), du prénom de son rédacteur, Michel Marillac, contenait, il est vrai, de nombreuses dispositions de droit civil sur les substitutions, les donations, les successions, les cessions de biens et les faillites, etc., mais elle n'en était pas moins un acte éminemment politique. Egale en mérite, supérieure en étendue aux grandes ordonnances du XVIe siècle, celle de 1629, qui ne contenait pas moins de quatre cent soixante et un articles, était dirigée contre l'aristocratie. La suppression des banalités sans titre et des corvées abusives, l'admission de la bourgeoisie à tous les grades de l'armée (art. 229), étaient autant d'avantages accordés au tiers état aux dépens de la noblesse.—L'article 412 émettait le vœu de voir ramener toutes

(1) Isambert, t. 16, p. 520.
(2) Isambert, t. 16, p. 224.

les administrations municipales à l'organisation établie pour celle de Paris. De nombreux articles avaient rapport aux matières cléricales et à la juridiction ecclésiastique. Cette ordonnance, qui froissait si vivement les préjugés et les prétentions parlementaires, qu'elle ne fut enregistrée que *du très-exprès commandement du roi*, tomba dans le plus complet discrédit après que le chancelier eût été enveloppé dans la disgrâce du maréchal son frère. Cependant elle contenait un texte destiné à survivre à toutes les révolutions, parce qu'il respirait le sentiment de l'indépendance et de la dignité nationale; je veux parler de l'article 121, ainsi conçu : « Les jugements rendus ès royaumes et souverainetés » étrangères, pour quelque cause que ce soit, n'auront aucune » hypothèque ni exécution en nostre royaume, ains tiendront les » contrats lieu de simples promesses, et nonobstant les jugements, » nos sujets contre lesquels ils ont été rendus pourront de nou- » veau débattre leurs droits comme entiers devant nos offi- » ciers. (1). »

L'article 1er fait acte de souveraineté à l'encontre du parlement, dont il limite les droits avec l'autorité qui n'appartient qu'à un pouvoir sûr de lui-même. — Enfin, l'administration de la justice, les impôts, le droit criminel, le droit maritime, toutes les parties de l'administration trouvent place dans l'ordonnance. Son économie révèle l'esprit pratique de Richelieu, allant de l'ensemble aux détails, et de l'idée à l'action avec une merveilleuse habileté.

La fermeté et la politique du cardinal placent la France au premier rang, et de nombreux traités diplomatiques lui assurent la prépondérance. L'édit de novembre 1628 (2), qui ordonne

(1) Dans le droit actuel, c'est une question délicate que celle de savoir si le tribunal devra reviser complétement le jugement étranger, ou seulement vérifier si les moyens d'exécution ne sont pas contraires à nos lois. La différence de rédaction entre le dernier paragraphe de l'article 2123 C. Nap. et l'article 121 de l'ordonnance de 1629 a fait naître cette difficulté.

(2) Isambert, t. 16, p. 223 et 349.

l'exercice libre et public de la religion catholique à la Rochelle, abolit à perpétuité tous les priviléges, notamment les mairie, échevinage et corps de ville, et prescrit la démolition des murs, remparts, bastions, fortifications, etc.; constate la victoire des catholiques et la défaite du parti protestant, qui restera abattu jusqu'à la Fronde. Enfin, l'édit de février 1641 (1), qui défend aux parlements et autres cours de justice de prendre à l'avenir connaissance des affaires d'État et d'administration, proclame le triomphe de la royauté sur le parlement, qui, se sentant vaincu, courbe la tête sous le joug que lui impose le maître.

Ajoutez à ces actes de souveraineté absolue de nombreux édits sur le commerce intérieur et extérieur, d'innombrables créations de corps scientifiques, tels que l'établissement de l'Académie française (2) en janvier 1635, de l'école militaire pour la jeunesse noble (3) en 1636, etc., et vous aurez un aperçu de l'administration de l'homme qui a créé à l'extérieur le système politique de l'Europe, système que suit encore notre libéralisme démocratique, qui se résume dans ces grands principes : maintien des nationalités indépendantes, — affranchissement des nationalités opprimées, — respect des liens naturels que forme la communauté de race et de langage, — paix et amitié pour les faibles, — guerre contre les oppresseurs de la liberté et de la civilisation générale.

XI. — La minorité de Louis XIV est troublée par la lutte du parlement contre la royauté absolue; le 5 septembre 1645, Mazarin fait enregistrer dix-neuf édits fiscaux (4) dans un lit de justice tenu par un roi de sept ans. La soumission du parlement, que l'on

(1) Isambert, t. 16, p. 529.
(2) Isambert, t. 16, p. 418.
(3) Isambert, t. 16, p. 466.
(4) Anciennes lois françaises, t. 17, p. 54.

comprenait, en présence d'un roi majeur, comme un hommage rendu aux lumières et à la sagesse du monarque, parut à la raison publique une lâcheté inexcusable; et « les magistrats, honteux de » leur faiblesse, dit St-Aulaire dans son Histoire de la Fronde, » se promirent bien de résister avec plus de courage, s'ils se » retrouvaient à pareille épreuve. »

Le parlement, la chambre des comptes, la cour des aides et le grand conseil se liguèrent pour résister au pouvoir qu'exerçaient de concert la reine mère et Mazarin; empiétant sur le pouvoir législatif, ces cours souveraines prétendirent imposer des réformes dans lesquelles germaient les principes d'égalité civile et politique. La royauté fit des concessions dans les édits des mois de juillet et du 22 octobre 1648 sur le fait de justice, police et finances (1). Le parlement obtenait la participation à la puissance législative et souveraine; les impôts ne seraient perçus qu'après vérification du parlement; de nouveaux offices ne seraint créés que de son consentement; des délégués des cours souveraines jugeraient les malversations commises en matière de finances. D'autres dispositions offraient une garantie pour la liberté individuelle, comme celle qui défendait de détenir en prison un sujet du roi, de quelque qualité et condition qu'il fût, plus de vingt-quatre heures sans l'avoir interrogé (2).

La Fronde produisit des émeutes; elle fut complice des passions de la multitude; mais elle ne put rien fonder. Aussi les concessions qu'elle avait obtenues lui furent-elles bientôt retirées, et après trois ans de guerre civile, l'indépendance absolue du pouvoir royal fut-elle proclamée plus rudement que jamais au milieu du silence général. La déclaration du 21 octobre 1652 interdit au parlement de se mêler en quoi que ce fut des affaires générales de l'Etat, les sujets ne devant avoir aucun égard à

(1) Anc. lois franç., Isambert, t. 17, p. 84 et 92.

(2) C'est aujourd'hui la disposition de l'art. 93 Cod. inst. crim. pour le mandat d'amener.

ces délibérations illégales, si jamais elles avaient lieu. Louis XIV n'avait que dix-sept ans en 1655, et cependant, sur l'avis qu'on lui donna que le parlement se proposait de faire des remontrances à l'occasion d'un édit concernant les monnaies, il entra au parlement le fouet à la main, et s'adressant au premier président : « On sait, dit-il, les malheurs qu'ont produits vos assemblées; » j'ordonne qu'on cesse celles qui sont commencées sur mes édits. » Monsieur le premier président, je vous défends de les souffrir; » et vous, se tournant vers les conseillers des requêtes, je vous » défends de les demander (1). » — Parvenu à sa majorité, il supprima le nom de cours souveraines pour le remplacer par celui de cours supérieures, et abolit le droit de remontrances avant l'enregistrement des ordonnances. — Tel fut l'objet de la déclaration du 24 février 1673, contre laquelle s'éleva du sein de la compagnie une protestation que d'Aguesseau appelle le dernier cri de la liberté mourante. A partir de cette époque jusqu'à la fin du règne, tous les édits furent enregistrés et rendus exécutoires sans discussion comme sans délai.

XII. — Mazarin mourant crut s'acquitter envers Louis XIV en lui donnant Colbert (2). Ce fut en effet ce ministre roturier qui communiqua l'inspiration créatrice au gouvernement de Louis XIV, et conçut la pensée de faire entrer dans un même ordre toutes les institutions administratives jusque-là incohérentes, en les rattachant à une pensée supérieure comme à un principe commun. Sa règle de gouvernement, il la formula dans les termes tels qu'on la croirait toute moderne : distinguer en deux classes les conditions des hommes : celles qui tendent à se soustraire au tra-

(1) Voltaire, *Histoire du parlement de Paris*, édition Beuchot, p. 275.

(2) On rapporte ces mots du ministre italien : « Je vous dois tout, » sire, mais je crois m'acquitter en quelque manière en vous donnant » Colbert. » (*Mémoires de l'abbé de Choisy*, collect. Michaud et Poujoulat, 3e série, t. VI, p. 579.)

vail, source la prospérité pour l'Etat, et celles qui, par une vie laborieuse, concourent au bien public; rendre difficiles les premières, et encourager les autres en les rendant, le plus possible, avantageuses et honorables.—Les plans du ministre renfermaient toute une révolution sociale : abolir les priviléges en matière d'impôts, établir une juste proportion dans les charges publiques, répandre partout les capitaux par l'abaissement de l'intérêt, donner plus de richesse et d'honneur au travail, et assurer une large assistance à la pauvreté. Cette pensée généreuse, qui anticipait sur l'avenir, apparaît tout entière dans le règlement général sur les tailles du 12 février 1663, dans l'ordonnance d'avril 1667 sur les biens communaux, dans l'édit de décembre 1665, portant réduction de l'intérêt légal au denier vingt, et dans l'édit de juin 1662, établissant dans chaque ville et bourg du royaume un hôpital pour les pauvres malades et orphelins. Ajoutons l'édit de mars 1673, prescrivant la publicité des hypothèques, grande mesure qui complétait les théories de Colbert en matière de crédit foncier, en même temps qu'elle était un retour vers le système de l'édit de 1581. Pour organiser la publicité, l'édit établissait des greffes d'enregistrement dans lesquels les créanciers hypothécaires pouvaient former leur opposition et les faire enregistrer. Un droit de préférence appartenait à ceux qui avaient rempli ces formalités. Mais le génie d'un grand ministre ne suffisait pas pour vaincre les préjugés de l'époque : Basnage ne voyait dans l'édit de 1673 qu'une suite de dispositions purement fiscales; d'Aguesseau repoussait la publicité comme mortelle au crédit des familles; aussi a-t-il écrit avec satisfaction que l'édit de 1673 mourut dès le premier jour de sa vie: en effet il fut révoqué en 1674. « Les règlements les plus utiles, » disait le roi dans le préambule de l'édit de révocation, ont leurs » difficultés dans leurs premiers établissements. » Colbert se plaint amèrement, dans son testament politique, de la résistance obstinée du parlement. « Le parlement, dit-il, eut bien garde de souffrir un » si bel établissement qui eût coupé la tête à l'hydre des procès

» dont il tire toute la substance. » Mais sa conduite trouva force prôneurs, car le système de publicité, mettant à découvert les dettes énormes de la noblesse, eût détruit tout son crédit, résultat désastreux qu'elle chercha toujours à conjurer.

La politique de Colbert se proposait la prospérité matérielle du pays, et, pour arriver à ce but, il voulait une législation générale et uniforme; aussi toutes les grandes ordonnances de Louis XIV sont-elles comme des fragments épars d'un grand ouvrage dont la réunion devait former la législation complète de la France. Voici au surplus comment se préparaient les actes législatifs, dont plusieurs ont eu l'honneur de devenir le type de notre droit actuel : « Pour commencer un ouvrage si utile et si nécessaire, » est-il dit dans le préambule de l'une de ces ordonnances, » nous avons estimé qu'il était de notre justice de nous faire » rapporter toutes les ordonnances, tant anciennes que nouvelles, » qui concernent la matière, afin que, les ayant conférées avec » les avis qui nous ont été envoyés des provinces, nous pussions » sur le tout former un corps de lois claires et précises, qui dis- » sipent toute l'obscurité des précédentes. »

Il fallait mettre de l'ordre dans ces nombreux documents. Colbert désigna au choix du roi une commission de conseillers d'Etat et de maîtres des requêtes chargés de la réforme politique et législative, sous la présidence de son oncle Pussort, travailleur infatigable, esprit net et positif, que Saint-Simon peint avec sa verve ordinaire : « C'était un grand homme sec, d'aucune société, » de dur et difficile accès, un fagot d'épines, sans amusement, » sans délassement aucun, parmi tout cela beaucoup de lumières, » extrêmement laborieux, et toujours à la tête de toutes les » grandes commissions du conseil et de toutes les affaires impor- » tantes du royaume. »

Colbert voulant aller droit au but, sans discussions oiseuses, éloigna tous les membres du parlement, sans en excepter même M. de Lamoignon. Dans la suite, il sentit le besoin d'appeler six avocats initiés aux difficultés de la pratique (1).

Dès 1665 il avait réalisé dans l'administration une grande partie des réformes qu'il avait méditées. La sous-commission législative, composée de Pussort, Voisin, Caumartin, Hotman et Pelletier, des avocats Auzannet, Lhoste, Ragueneau, Bilain, Gomont et Foucault, tint ses séances chez le chancelier Séguier. Après avoir subi une discussion préparatoire, le projet était porté à l'assemblée générale (2), qui se réunissait tous les quinze jours pour adopter ou rejeter les articles.

Lorsque la commission eut terminé son travail, le premier président de Lamoignon et les autres députés du parlement furent appelés à conférer avec elle. Ces conférences (3) mirent en présence deux personnages qui prirent la plus grande part à la discussion et l'animèrent de leurs dissidences, et dont l'illustre auteur de la *Théorie de la procédure civile* (4) a tracé ce saisissant parallèle : « L'un, M. le premier président de Lamoignon, avait depuis longtemps présenté à Louis XIV un plan de réforme touchant l'administration de la justice. Les bases de son système étaient larges, ses idées étaient grandes, nobles, élevées : ce n'était point une simple révision des ordonnances qu'il avait préparée dans ses fameux *Arrêtés;* c'était une fusion des coutumes, un code général, une législation complète; c'était *ce beau livre* dans lequel Louis XI aurait voulu que toutes les lois fussent mises en français.

» L'autre, M. Pussort, conseiller d'État, tenait une sorte de milieu entre le talent décidé et la médiocrité réelle. Fort entêté dans ses préventions, il s'était distingué au procès du surintendant Fouquet, en opinant à mort avec une ardeur que madame de

(1) *V.* De l'administration de Louis XIV d'après les mémoires d'Olivier d'Ormesson, par M. Cheruel, p. 115 et suiv.

(2) La première eut lieu le 27 septembre 1665.

(3) Elles avaient lieu trois fois par semaine.

(4) Boncenne, t. 3, p. 492 et suiv.

Sévigné qualifiait *d'emportement et de rage*. Malheureusement ce fut à lui que le roi confia le travail de la réformation.

» M. de Lamoignon, avec son austérité parlementaire, son âme bienveillante, la majesté de ses discours, et son aristocratie de probité et de vertu, portait au plus haut degré les idées de respect, d'honneur et de dignité qu'il attachait aux fonctions de la magistrature; il s'indignait de voir, dans presque tous les articles du projet, des dispositions pénales contre les juges, des menaces de *prise à partie*, de condamnations *aux dépens, dommages et intérêts*, de *privation d'offices*, etc. On ne pouvait pas trop garder les proportions, disait-il, on ne pouvait pas trop s'appliquer à mesurer tous les termes, à peser toutes les conséquences, à accommoder partout le commandement avec la raison, la douceur avec l'autorité, à réformer les abus sans renverser l'usage, et à relever la justice sans abaisser les juges.

» La dureté, la sécheresse de M. Pussort, son habitude de défiance, le rendaient fort peu sensible à ces garanties d'honneur et de conscience; il les traitait comme des maximes courantes que chacun ajuste à sa faiblesse, à son intérêt ou à sa passion. Le meilleur frein contre les déréglements de la faveur et la corruption des magistrats, c'était, à son avis, l'appréhension des peines, et il aurait volontiers proposé, comme Solon, de faire payer une statue d'or de son poids, par l'aréopagite coupable d'une contravention à l'ordonnance. »

La première œuvre sortie de ces conférences fut l'ordonnance de 1667, à laquelle on donna le nom de *code Louis;* le parlement l'enregistra en présence du roi, après les harangues du chancelier et du premier président, comme il fit depuis pour toutes les autres ordonnances.

Voyons ce que contenaient ces monuments législatifs.

L'ordonnance d'avril 1667, sur la procédure civile, complétée par celle d'août 1669, abrégea les procédures et supprima certaines formalités inutiles pour le juge et coûteuses pour le plaideur (1). Réprimant les abus de la preuve testimoniale, elle déjoua la ruse imaginée par des praticiens déloyaux pour éluder l'ordonnance de 1566. Cette ruse, qui consistait à diviser la somme réclamée en autant de demandes inférieures à cent livres, trouvait faveur auprès des tribunaux à l'aide d'une analogie fautive puisée dans la l. 11, D. *de jurisdictione*, liv. 2, tit. 1 (2). — Le commencement de preuve par écrit fut admis comme exception à la rigueur de la prohibition; malheureusement l'ordonnance laissa une trop large part à l'arbitraire en ne le définissant pas (3). — Les art. 7 à 14 du titre 20, relatifs aux actes de l'état civil, sont le type de plusieurs dispositions aujourd'hui en vigueur (4). Ils précisent les formes à suivre pour la tenue des registres, dont l'idée n'avait été qu'ébauchée en 1539 et 1579. — Les propositions d'erreurs contre les jugements en dernier ressort sont abrogées; seulement la royauté se réserve encore la connaissance de certaines affaires qu'elle évoque directement ou qui doivent lui être déférées en vertu du privilége de *committimus*. La réforme, déjà commencée sur une large échelle, eût été complète si les grands corps judiciaires ne s'étaient pas roidis contre les innovations.

(1) Cette ordonnance a eu de nombreux commentateurs : Serpillon, qui a intitulé son ouvrage Code civil (1776). — Jousse, conseiller au présidial d'Orléans en 1767. — Rodier, qui en 1770 a publié des questions sur l'ordonnance. — Jousse avait déjà fait paraître en 1756 un nouveau commentaire sur l'ordonnance d'août 1669, concernant les évocations, et l'édit de mars 1673, touchant les épices. — Bornier, lieutenant à la sénéchaussée de Montpellier, avait publié en 1678 une conférence des nouvelles ordonnances de Louis XIV pour la réformation de la justice (1667, 1669, 1670 et 1673). — Pothier avait écrit un traité sur la procédure civile et criminelle, qui fut publié en 1778 avec ses œuvres posthumes. — Poullain-Duparc avait aussi expliqué cette matière dans son livre intitulé *Principes du droit français*.

(2) L'article 1345 C. Nap. a reproduit cette doctrine.

(3) L'article 1348 C. Nap., en consacrant le même principe, apporte une amélioration en faisant cesser les doutes.

(4) L'article 8 est reproduit par les articles 40, 41, 43 C. Nap.; — l'article 11, par l'art. 45 C. Nap.; — l'article 14, par l'article 46 C. Nap.

Les articles relatifs à la reconnaissance des écritures privées avaient donné lieu à des interprétations différentes; un édit du mois de décembre 1684 ramena la jurisprudence à l'unité. Il est facile de retrouver dans notre code de procédure les principes fondamentaux de l'édit (1).

La procédure criminelle subit, elle aussi, une réforme, mais une réforme trop incomplète; en consacrant encore le secret de l'instruction, en refusant un défenseur aux accusés et leur imposant la torture de la question (2), l'ordonnance du mois d'août 1670 se traînait dans la vieille ornière tracée par le chancelier Poyet. Comment donc d'Aguesseau a-t-il pu dire : « L'ordonnance de » 1670 est plus parfaite que celle de 1667, parce que le plan » en est meilleur, et qu'il ne paraît guère possible d'en trouver une plus convenable au bien de la justice ? » Le seul mérite de cet acte législatif (et c'en est un bien faible sans doute) était de présenter un corps complet, régulier, uniforme de lois dans celle de toutes les matières de droit où la régularité, la fixité, l'uniformité importent le plus. M. de Lamoignon en avait signalé avec énergie tous les vices dans le cours de la discussion qui la prépara. Le président de Harlay exprimait d'une manière saisissante tout ce qu'avait de dangereux une procédure aussi sauvage, lorsqu'il disait : « Si j'étais accusé d'avoir volé les tours de Notre-Dame, je commencerais par me cacher. » Mais l'âpre ténacité de M. Pussort l'emporta sur la raison et le bon droit. L'ordonnance

(1) Surtout art. 194, 195, 213 C. proc. civ. — L'article 2123 C. Nap. reproduit pour le créancier qui a fait reconnaître l'écriture la disposition 9e de l'édit.

(2) Boutaric a donné en 1743 une explication des ordonnances de Louis XIV concernant les matières civiles et criminelles. — Serpillon, en 1767, mit au jour un commentaire de l'ordonnance de 1670, sous le nom de *Code criminel*. — En 1753, Jousse produisait un nouveau commentaire sur la même ordonnance, et Pothier a résumé tous ces travaux avec la clarté qui le caractérise. — Poullain-Duparc a écrit aussi sur l'ordonnance. V. ses Principes du droit français.

consacra des règles trop sévères et par cela même trop odieuses, pour que le législateur moderne pût en tirer profit.

L'ordonnance du mois d'août 1669, sur les eaux et forêts (1), remédia aux abus qui s'étaient introduits dans cette administration, tant pour les forêts royales que pour celles appartenant aux communautés, aux ecclésiastiques et aux particuliers. Huit années furent employées à colliger toutes les anciennes ordonnances sur cette matière, rechercher les usages dont la suppression était urgente, et les améliorations que pouvait comporter *le code forestier*. La compétence des grands maîtres, maîtres et gruyers y fut déterminée avec précision, ainsi que les attributions de la Table de marbre.

Viennent ensuite deux grands monuments, supérieurs à toutes les ordonnances que je viens de citer. Le législateur du XIXe siècle, désespérant de les surpasser, les a presque copiés, hommage glorieux rendu à la haute sagesse du ministre de Louis XIV. Je veux parler des deux ordonnances du commerce et de la marine. Pour rédiger la première, celle de 1673 (2), Colbert jeta les yeux

(1) Jousse publia en 1770 un nouveau commentaire sur l'ordonnance des eaux et forêts.— Avant lui, plusieurs ouvrages sur le même sujet avaient été écrits : 1° *In regias aquarum et sylvarum constitutiones commentarius. Auct. Mallevillæo* (1561); 2° Edits et ordonnances des eaux et forêts, avec des annotations sommaires, par Rousseau, sieur de Bazoches (1649); — 3° Conférence de l'ordonnance de Louis XIV sur le fait des eaux et forêts avec celles de ses prédécesseurs, par Denis Mouchet (1725). — En 1758, Pecquet, grand maître des eaux et forêts de Normandie, publia les lois forestières de France, « commentaire historique et raisonné sur l'ordonnance de 1669, auquel il a joint une » bibliothèque des auteurs qui ont écrit sur la matière des eaux et » forêts. »

(2) Boutaric, en 1743, publia une explication de l'ordonnance de Louis XIV concernant le commerce. — Jousse, en 1756, donna un nouveau commentaire sur cette ordonnance. — Sallé, de 1755 à 1758, fit paraître l'Esprit des ordonnances de Louis XIV, ouvrage où il avait réuni la théorie et la pratique. — Pothier a commenté les contrats commerciaux les plus importants, la lettre de change, les sociétés.

sur un homme spécialement versé dans les connaissances commerciales et dans la pratique, sur un jurisconsulte éminent, Savary; sa coopération fut si précieuse au conseil de réformation, que dans les premiers temps l'ordonnance fut appelée le *code Savary*. Pussort, l'un de ses rédacteurs, lui donnait ce nom. Pour obtenir une législation en harmonie avec les besoins et les progrès de l'époque, les négociants des principales villes du royaume furent consultés; le gouvernement fit appel aux lumières de la magistrature, de l'école et du barreau. — Fruit de l'expérience et du savoir, ce *code des marchands* a servi de base au code de commerce actuel, et, à part quelques principes nouveaux nés de la révolution de 1789, comme la liberté du commerce et l'abolition des maîtrises et des jurandes, le législateur de 1808 a respecté l'œuvre de Colbert; quelquefois même il a trop servilement imité la concision de l'ordonnance; mais, dans d'autres circonstances, il a apporté à l'ancienne loi de réelles améliorations. Je me borne à citer les développements qu'a reçus la matière des faillites et des sociétés anonymes, développements qui rendent le livre IV du code de commerce et la section première du titre des sociétés bien supérieurs aux dispositions que l'ordonnance renferme sur le même sujet. Mais, à part ces différences, c'est encore elle qui est le type de notre législation commerciale, et Jousse en est encore aujourd'hui l'un des meilleurs commentateurs.

Malgré le mérite de l'ordonnance du commerce, celle de la marine, promulguée en 1681, est encore plus digne d'éloges. Quand elle parut, l'admiration fut universelle, dit Valin, son savant commentateur; et lui-même vante avec enthousiasme cette ordonnance si belle dans sa distribution, si sage dans sa police générale et particulière, si exacte dans ses décisions, si savante enfin. Les nations, même les plus jalouses de notre gloire, adoptèrent à l'envi, comme raison écrite, ce monument éternel de sagesse et de génie. — Jusqu'à cette époque le commerce maritime n'avait pas eu assez d'étendue pour que la législation pût se formuler; il fallait chercher les éléments de décision dans les lois rhodiennes, dans quelques titres du Digeste et du Code, dans les Jugements d'Oleron ou dans certains recueils, comme le *Consulat de la mer*, le *Guidon de la mer* (1). L'ordonnance résuma avec un rare bonheur les us et coutumes maritimes qui avaient échappé, dans le moyen âge, à l'empreinte du droit féodal (2). Elle est passée à peu près entière dans le code de commerce (3), et les orateurs qui ont présenté les projets de loi

(1) Les antiquités juridiques, sous le rapport commercial, ont été explorées avec un talent tout particulier par M. Pardessus dans sa Collection des anciennes lois maritimes; mais rien n'est plus obscur que l'origine de ces différents monuments que j'ai cités plus haut, et qui étaient entre les mains de tous les praticiens au XVIIIe siècle.

(2) René Josué Valin, avocat et procureur du roi de l'amirauté et de l'hôtel de ville de la Rochelle, ancien élève du collége et de l'université de Poitiers, est un jurisconsulte dont le nom forme encore une grave autorité devant nos tribunaux. C'est à cause de cette utilité pratique que M. Bécane, professeur de droit commercial à la faculté de Poitiers, en a donné une édition avec des notes destinées à mettre le travail de Valin en rapport avec le code de commerce. — En 1714, c'est-à-dire quarante-six ans avant Valin, Pierre de Merville avait fait un commentaire intitulé: Ordonnance de la marine, commentée et conférée sur les anciennes ordonnances, le droit romain et les nouveaux règlements. — C'était une œuvre assez pauvre; Valin dit dans sa préface: « L'auteur des notes, » loin d'en avoir compris la difficulté, ne l'a même pas soupçonnée. Le » dégoût que j'avais éprouvé toutes les fois que j'avais consulté ces » notes, où non-seulement je n'avais rien trouvé qui pût servir à mon » instruction, mais encore où je ne voyais qu'un assemblage difforme » d'erreurs et d'inutilités, m'inspira d'abord le dessein de ce commen- » taire. »

Balthazar-Marie Emerigon, avocat au parlement de Provence, ancien conseiller à l'amirauté de Marseille, a commenté les assurances maritimes et le contrat à la grosse (1783). Cet ouvrage est digne de l'immense réputation qui l'accueillit dès son apparition.

Pothier a expliqué aussi les deux contrats maritimes les plus importants, et il a parlé des autres matières de l'ordonnance de 1681 dans des traités de droit civil qui y avaient rapport.

(3) Le commentaire de Valin a beaucoup servi à vulgariser l'ordonnance de la marine; il est cité encore aujourd'hui même devant des tri-

se sont bornés à rendre un sincère hommage à la législation de Louis XIV.

L'ordonnance de 1681 était en effet un véritable code maritime, comme celle de 1673 était un code de commerce; et pourtant, s'il faut en croire une anecdote rapportée par Valin, la rédaction de ce chef-d'œuvre serait due à un avocat qu'il ne nomme pas, que Louis XIV aurait récompensé par une charge de maître des requêtes, mais qui aurait été « obligé de s'en » défaire, ses facultés ne lui permettant pas de soutenir un tel » état (1). »

Dans les plans formés en vue de la prospérité matérielle, Colbert fit entrer pour une large part le soin des choses de l'intelligence; il comprit le pouvoir de la science dans la production des richesses; aussi lui doit-on l'institution de l'académie des sciences, de celle des inscriptions et belles-lettres, des académies de peinture, de sculpture et d'architecture, de l'école de France à Rome, de celle des langues orientales, enfin la création de l'Observatoire. — Et cependant Louis XIV paya d'ingratitude un ministre qui avait tant fait pour la gloire de son règne; il lui préféra un homme doué d'un génie spécial pour l'administration militaire, mais esprit étroit, âme égoïste, flatteur sans mesure, conseiller dangereux et mauvais politique, le marquis de Louvois. L'influence de ce nouveau favori amena la fatale révocation de l'édit

bunaux étrangers. *V.* Eloge de Valin, par M. Gillette le Pelletier, prononcé à la rentrée de la conférence des avocats de la cour de Poitiers, 1843, p. 27. Emerigon mérite de n'être pas oublié; il doit avoir sa part dans cet immense succès; il avait eu la générosité d'envoyer à Valin des notes qu'il avait recueillies dans l'intention de commenter l'ordonnance de 1681; aussi Valin exprime-t-il dans sa préface toute sa reconnaissance pour un pareil procédé. *V.* la notice sur Emerigon de M. Cresp, professeur de droit commercial à Aix, Revue de M. Wolowski, t. 11, p. 32. — *V.* aussi une notice biographique sur Valin, due à la plume de M. Baussant, alors bâtonnier de l'ordre des avocats de la Rochelle, maintenant président du tribunal civil de Poitiers.

(1) Valin, Ordonnance de la marine, édition de 1760, préface, p. IV.

de Nantes, en 1685 ; les protestants perdirent la liberté civile et politique, et les rigueurs les plus extrêmes ramenèrent la société a deux siècles en arrière.

Après la retraite de Colbert, les grandes réformes s'arrêtent ; à part l'ordonnance de 1685 sur l'état des esclaves des colonies, appelée *Code noir*, et l'édit d'avril 1695 sur la juridiction ecclésiastique, qui établit les principes de la séparation du pouvoir spirituel et du pouvoir temporel (1), les actes législatifs sont loin d'offrir la même importance qu'auparavant. Mais ce temps d'arrêt passé, la réforme reprendra son cours, et le XVIIIe siècle aura, lui aussi, son réformateur et son législateur ; d'Aguesseau sera le continuateur de l'œuvre de Colbert.

XIII. — Esprit novateur et surtout pratique, d'Aguesseau fut frappé des avantages de l'unité législative, mais il comprit aussi en même temps l'impossibilité de réaliser immédiatement un système que repoussait le caractère différent des populations du nord et du midi. Arrivé à une époque de transition, il sentait les besoins d'un progrès approprié à l'état de la société ; opérer la fusion des coutumes ou des institutions féodales, mettre un terme à la diversité de la jurisprudence parlementaire, était chose irréalisable ; le temps n'était pas encore venu de rompre aussi brusquement avec le passé. D'Aguesseau concentra donc son travail sur celles des matières de droit civil qui se prêtaient le mieux

(1) Jousse commenta, en 1757, cette ordonnance avec le talent dont il fit preuve dans ses autres ouvrages. — Déjà, en 1754, Sallé, dans le troisième volume de son livre intitulé de l'Esprit des édits, ordonnances et déclarations de Louis XV, avait commenté plusieurs édits et déclarations relatifs aux matières bénéficiales : 1° la déclaration du 21 novembre 1724, sur le droit d'indemnité dû par les ecclésiastiques et gens de mainmorte ; — 2° celle du 15 janvier 1731, portant règlement entre les curés primitifs et les vicaires perpétuels ; — 3° celle du 15 août 1735, touchant la manière de pourvoir aux bénéfices pendant les vacances des abbayes dont ils dépendent ; — 4° celle du 14 janvier 1737, sur les résignations ; — 5° celle du 6 décembre 1636, concernant les degrés ; — 6° édit de 1749, concernant les établissements et acquisitions des gens de mainmorte.

à la généralisation, continuant ainsi en partie la réforme que Colbert avait principalement fait porter sur les juridictions et les formes de la procédure.

Le plan du chancelier fut appliqué surtout aux donations, aux substitutions et aux testaments, tout en respectant, sous certains rapports, dans cette tentative d'unité, la grande ligne de démarcation entre les provinces septentrionales et les provinces méridionales.

L'ordonnance de 1731, sur les donations (1), était le fruit des méditations les plus sérieuses; les parlements avaient été consultés et mis en demeure de présenter leurs critiques, les jurisconsultes invités à étudier l'économie du projet et à transmettre au chancelier le résultat de leur examen. Ce ne fut qu'après cet appel fait au concours de toutes les lumières que d'Aguesseau promulgua l'ordonnance. Elle fut accueillie avec une faveur marquée; chacun rendit hommage à la sagesse de son ensemble; ce fut un concert unanime d'éloges. Aussi les rédacteurs du code Napoléon ont-ils puisé à cette source une grande partie des textes qui régissent la donation entre-vifs; un rapide aperçu des matières contenues dans l'ordonnance en fournira la preuve. Elle se divise en six parties : la première développe les formalités extérieures pour la validité des donations (2); la seconde impose au donataire la nécessité d'une acceptation *expresse* (3); la troisième consacre et développe la règle *Donner et retenir ne vaut* (4); l'insi-

(1) Dès 1733, deux ans après la promulgation de l'ordonnance, Furgole en développait les principes; en 1753, un avocat au conseil, Damours, publiait la conférence de l'ordonnance avec le droit romain.— Les explications de Boutaric parurent en 1737. — En 1733, Guy Rousseau-Lacombe avait donné un commentaire sur les nouvelles ordonnances.—Sallé l'a expliquée dans l'Esprit des ordonnances de Louis XV, et Pothier l'a commentée dans son traité des donations.

(2) Art. 931 C. Nap.

(3) Art. 932 C. Nap. Les exceptions consacrées par les art. 10-13 de l'ord. se retrouvent dans les art. 1087 et 948 C. Nap.

(4) Art. 943-44-45-46 et 48 C. Nap.

nuation est une nouvelle condition essentielle du contrat exigée par la quatrième division. La réduction des donations en faveur des légitimaires (1) et la révocation pour cause de survenance d'enfant (2) forment les deux dernières parties de l'ordonnance. Aussi a-t-on eu raison de dire qu'elle est souvent le commentaire le plus sûr des dispositions de nos lois actuelles en ce qui concerne la matière des donations (3).

Le législateur de 1804 n'a pas suivi avec le même respect les textes de l'ordonnance de 1735 sur les testaments, quoiqu'il existe encore de nombreux rapports entre le système du C. Nap. et celui qu'avait adopté d'Aguesseau (4). Du reste, le chancelier ne prétendit pas imposer des règles communes à tout le royaume, comme il l'avait fait pour les donations ; cédant aux préjugés de l'époque, il conserva la distinction des pays de droit écrit et des pays coutumiers, établissant pour chacun d'eux des règles précises et se bornant à réformer parfois des dispositions défectueuses. L'ordonnance de 1735 fut divisée en quatre titres qui traitaient : 1° des testaments en pays de droit écrit ; 2° des testaments en pays coutumiers ; 3° des testaments militaires ; 4° des testaments en temps de peste (5).

(1) Art. 923 C. Nap.

(2) Art. 960 et suiv. C. Nap.

(3) C'est ainsi qu'à mon avis on doit combiner l'article 1339 C. Nap. avec l'article 6 de l'ordonnance pour en comprendre toute la portée, et décider qu'aujourd'hui, comme en 1731, l'exécution volontaire d'une donation nulle en la forme ne saurait la valider. *Nulle en la forme, il faut qu'elle soit refaite en la forme légale.*

(4) Ainsi les articles 968, 970, 971, 975, 976 C. Nap. sur la forme des testaments olographe et mystique, les incapacités d'être témoin testamentaire, la nullité des testaments conjonctifs, sont en grande partie empruntés à l'ordonnance de 1731.

(5) En 1740, René Aymar a donné une explication de l'ordonnance sur les testaments. — Sallé l'a commentée et comprise dans le même volume que les donations.—Furgole a fait un traité sur les testaments en 1735. — Pothier l'a expliquée comme toutes les autres ordonnances sous les matières qui y avaient rapport.

L'ordonnance du mois d'août 1747, sur les substitutions, continua cette œuvre importante de réformation (1). Les substitutions permises par les ordonnances de 1553, de 1560 (Orléans), de 1566 (Moulins), et par une déclaration de 1712, ne jouissaient plus de la même faveur au XVIIIe siècle. D'Aguesseau reconnaissait que la meilleure loi serait celle qui prononcerait l'abrogation des fidéicommis graduels ; en les maintenant, il obéissait plutôt à une nécessité qu'à ses inspirations personnelles. Ainsi s'expliquent les tendances de l'ordonnance, plutôt restrictive qu'extensive du droit de substitution. Deux titres principaux forment la division générale du sujet. Le premier traite des biens qui peuvent être substitués, des conditions et de la durée des substitutions, et des droits qui peuvent être exercés sur les biens grevés de restitution. — Le second concerne les règles à observer par les personnes grevées, la compétence des juges et l'autorité de leur jugement.

Quoique cette ordonnance n'ait pas pour nous la même importance que celle des donations, elle offre encore au jurisconsulte, dans certaines questions non prévues par le code (2), des éléments de décision d'autant plus acceptables, que les idées restrictives de d'Aguesseau sur les substitutions ont présidé à la rédaction des articles 1048 et suivants du code.

Les difficultés qu'avait soulevées l'interprétation de l'ordonnance de 1670 sur les matières criminelles firent songer à la réforme de cette législation, et l'ordonnance de juillet 1737, sur

(1) Une explication de l'ordonnance sur les substitutions parut en 1748 sous le nom de Claude Servez. — Sallé, en 1752, la commenta dans le 2e volume de l'Esprit des ordonnances de Louis XV. — Le commentaire de Furgole date de 1767. — Thévenot d'Essaule de Savigny, avocat au parlement, publia en 1778 un traité des substitutions fidéicommissaires, avec des notes sur l'ordonnance de 1747. — Pothier a commenté l'ordonnance dans son Traité des donations.

(2) Les textes de l'ordonnance sur les formalités à remplir pour les meubles (art. 10-17, tit. 1er) sont à peu près reproduits dans les articles 1062 et suivants du code Napoléon.

le faux criminel, fut un commencement d'exécution de cette pensée. Le chancelier la divisa en trois parties, qui traitaient successivement du faux principal, du faux incident et de la reconnaissance des écritures et signatures en matière criminelle (1).

Pour compléter la nomenclature des ordonnances rendues dans une pensée d'unité qui commençait à pénétrer dans les idées de la France, il me reste à citer des édits et déclarations décidant quelques points isolés de droit civil, criminel ou ecclésiastique.

Un édit du mois d'août 1729 mit un terme aux dissidences auxquelles avait donné lieu un édit antérieur de 1567, réglant la succession des mères sur les biens de leurs enfants (2). La confusion en était venue à un point tel, que ce fut le parlement d'Aix qui supplia le législateur d'imprimer plus de régularité et de fixité à cette partie du droit civil.

Les temps désastreux de la régence avaient attiré à Paris une foule d'escrocs qui, à l'aide de procédés chimiques, enlevaient d'un papier signé par un personnage riche ou puissant toute l'écriture qui se trouvait au-dessus de la signature, et la remplaçaient par des billets de sommes considérables. La place de Paris était infestée d'une masse énorme de ces faux billets ; les fortunes les plus solides étaient compromises par l'audace de ces faussaires d'un nouveau genre ; des réclamations s'élevèrent de toutes parts. La royauté dut intervenir dans l'intérêt de la sécurité publique, et donna la déclaration (3) du 22 septembre 1733, par laquelle « tous les billets sous signature privée au porteur, à
» ordre ou autrement, causés pour valeur en argent, autres
» néanmoins que ceux qui seraient faits par des banquiers,
» marchands, manufacturiers, artisans, fermiers, laboureurs,

(1) Serpillon a publié en 1767 un commentaire sur l'ordonnance de 1737, sous le titre de Code du faux. — Sallé en a donné aussi l'explication dans le 2e volume de l'Esprit des ordonnances de Louis XV.

(2) Sallé en a donné un commentaire dans le 3e volume de ses Ordon.

(3) *V.* encore le 3e volume de l'Esprit des ordonnances de Louis XV.

» vignerons, manouvriers, et autres de pareille qualité, seraient » de nul effet et valeur, si le corps du billet n'était écrit de la » main de celui qui l'aurait signé, ou du moins si la somme portée » audit billet n'était reconnue par une approbation écrite en » toutes lettres aussi de sa main (1). »

Les registres destinés à constater les naissances, mariages et décès, dont la tenue avait été déjà prescrite par les ordonnances de 1539 et 1579, ne consistèrent jusqu'en 1667 qu'en de simples cahiers qu'il était facile de faire disparaître. L'ordonnance de Louis XIV apporta dans cette partie de sérieuses améliorations, telles que la tenue des registres en double (2); son inobservation sur plusieurs points motiva la déclaration du 9 avril 1736 (3), qui prescrivit entre autres formalités l'inscription sur les registres sans aucun blanc (4) et la signature des parties et des témoins sur les deux registres, de manière à en faire deux originaux : dispositions prévoyantes qui ont passé dans notre législation, avec cette différence essentielle qu'aujourd'hui le ministère de l'officier de l'état civil est indépendant de tout culte religieux, tandis qu'au XVIIIe siècle, c'était le ministre du culte catholique qui constatait en cette qualité l'état du citoyen.

Les tentatives de Colbert pour consolider le crédit au moyen de la publicité des hypothèques avaient fait impression sur les jurisconsultes, et leurs vœux, souvent réitérés, préparèrent la résurrection du système qui avait échoué en 1674. Un édit du mois de juin 1771 rétablit en partie celui de Louis XIV. « Nous » nous sommes déterminé, porte le préambule, à faire revivre » un projet aussi utile, en lui donnant une forme nouvelle qui » pût en rendre l'exécution plus facile, plus assurée et d'un avan- » tage plus général. » L'économie de l'édit permettait bien à

(1) Cette disposition a été reproduite avec un peu plus d'étendue par l'article 1326 C. Nap.

(2) Art. 40 C. Nap.

(3) *V.* Sallé, Esprit des ordonnances de Louis XV, 3e vol.

(4) Art. 42 C. Nap.

l'acquéreur de connaître les hypothèques dont l'immeuble était grevé; mais les créanciers n'y trouvaient pas le moyen d'établir le bilan de la fortune immobilière de celui avec qui ils contractaient. Cette amélioration ne devait se réaliser que par une révolution sociale; vingt ans après elle était accomplie.

Le droit criminel motiva l'édit de juin 1730, destiné surtout à régler les poursuites contre les contumaces; la déclaration de la même année, concernant le rapt et la séduction, et l'édit du 5 février 1731 sur *les cas prévôtaux et présidiaux*, qui en donnait l'énumération et déterminait les officiers compétents pour en connaître. Enfin, à cette catégorie appartient la déclaration de janvier 1734, sur le jugement des procès criminels et les frais de procédure.

Les déclarations du 21 novembre 1724, sur les indemnités dues par les gens de mainmorte; du 15 janvier 1731, servant de règlement entre les curés primitifs et les vicaires perpétuels; du 30 août 1735, sur la manière de pourvoir à la vacance des bénéfices, et quelques autres encore, forment la législation de cette époque sur les matières bénéficiales (1).

Quant à la procédure, deux actes importants méritent d'être cités: l'ordonnance de juillet 1737 sur les évocations et règlements de juges, qui rendit la justice plus accessible aux classes pauvres, et le règlement du conseil de 1738, qui sert encore aujourd'hui de base à la procédure suivie devant la cour de cassation (2).

Les grandes réformes législatives accomplies sous deux grands ministres n'étaient que le prélude des réformes radicales que la révolution allait enfanter. L'activité humaine, portée à son apogée sous toutes les formes, paraissait s'essayer pour des œu-

(1) *V.* sur toutes ces ordonnances réglant des matières différentes, Sallé, Esprit des ordonnances de Louis XV, 3e vol.

(2) Art. 504 C. proc. civ. — Art. 1er du décret du 14 brumaire an V (4 novembre 1796).

vres bien autrement importantes. Tout à coup la société se transforme d'elle-même ; elle rompt violemment avec le passé : travail de rénovation irrésistible qui s'est manifesté sous Colbert dans l'administration, l'industrie et le commerce, sous d'Aguesseau dans la législation civile et criminelle, sous Louis XVI dans la législation féodale, et qui sera à peu près achevé quand l'abolition des droits féodaux aura été solennellement proclamée dans la nuit du 4 août 1789.

XIV.— Les contributions personnelles sont soumises à des règles plus équitables ; un édit de février 1776 supprime les corvées (1) ; une déclaration du 14 août 1787 remplace les tailles (2), qui pèsent *principalement sur la classe la moins aisée*, par un nouveau droit de timbre, impôt qui atteint mieux la fortune. L'édit de septembre 1787 annonce une réforme dans les gabelles ; celui de février 1776 prononce la suppression des jurandes, progrès prématuré, dont il faudra quelques mois après restreindre la portée (3). — Plusieurs ordonnances affranchissent les denrées et leur transport des droits qui les grevaient. Enfin Louis XVI, jaloux de compléter dans la société la révolution si généreusement commencée par Louis le Gros, affranchit, par son édit d'août 1779, les mainmortables de ses domaines, et abolit dans tout le royaume le droit de suite, qui permettait aux seigneurs de reprendre les biens des mainmortables vivant loin de la seigneurie (4).

Mais, dans ce siècle pourtant si éclairé, les vœux de la royauté ne furent point entendus, et dans plus d'une commune le serf du moyen âge courbait encore son front avili sous le joug du seigneur,

(1) Anciennes lois françaises, Jourdan, t. 1, p. 358.
(2) Jourdan, t. 6, p. 400.
(3) Jourdan, t. 2, p. 74.
(4) Voltaire, en 1778, l'année de sa mort et de son triomphe, plaida éloquemment la cause des serfs du mont Jura et de la fameuse abbaye de Saint-Claude.

quand la révolution fit aux droits de l'humanité un appel plus retentissant que l'édit timidement progressif de 1779.

Les préoccupations politiques ne laissaient pas le loisir de réglementer le droit privé; cependant la déclaration du 24 août 1780 supprima la question préparatoire, et un édit de mai 1788 abolit les tribunaux d'exception. — Les autres ordonnances portèrent sur l'organisation des armées de terre et de mer; la marine surtout fut l'objet de nombreux actes législatifs, parmi lesquels on remarque la création des élèves de marine par lettres patentes du 1er janvier 1786.

Les rapports avec les nations étrangères amenèrent une foule de traités politiques dans lesquels le droit d'aubaine fut réciproquement aboli et remplacé par le *droit de détraction*. — L'ordre intérieur du royaume motiva des actes fréquents portant un caractère de généralité auquel la nation s'était facilement habituée. Ce n'étaient plus seulement les habitants du territoire que la loi atteignait, c'étaient encore ceux qui avaient fondé au delà des mers des établissements français. La royauté protégea les commerçants que l'appât de la fortune avait attirés dans les Echelles du Levant; l'ordonnance du 3 mars 1781 régla leur état civil, les moyens d'en assurer la constatation, et les formes à suivre pour le mariage, les donations et les testaments (1).

Enfin les derniers actes législatifs importants du règne de Louis XVI, roi de France, étaient destinés à régulariser la convocation de ces fameux états généraux qui devaient fonder un nouvel état de choses.

Toutes les ordonnances de Louis XVI témoignent du vif désir qu'a le roi de *rendre meilleure la condition de ses sujets et tourner à leur soulagement*. On y retrouve l'inspiration de l'honnête homme qui a la volonté de faire le bien, mais qui manque de l'énergie nécessaire pour persister dans les

(1) Jourdan, t. 4, p. 451.

réformes qu'il a entreprises (1), et se laisse déborder par le mouvement populaire au lieu de se mettre à sa tête pour le diriger.

ARTICLE II.

COUTUMES.

Tous les actes de la royauté, depuis le XVe siècle, sont un acheminement vers l'unité législative, et les ordonnances du XVIIe et du XVIIIe ont réalisé en partie sur certaines matières la pensée d'uniformité conçue par Charles VII, et dont la célèbre ordonnance de 1453, sur la rédaction officielle des coutumes (2), n'était que le préliminaire.

A partir du XVe siècle, les coutumiers deviennent plus rares que pendant la féodalité ; c'est à peine si l'on peut en citer quelques-uns, tels que ceux du Poitou et de Laon en Vermandois. Le législateur remplace le praticien, et le recueil de la coutume cesse d'être un document dépourvu de sanction, pour devenir un monument officiel de législation.

On sait que la première ordonnance relative à la rédaction officielle est celle de Montils-lès-Tours (3) ; si l'on en croit Dumoulin, Charles VII aurait eu l'intention de faire un code général, et la rédaction officielle de chaque coutume n'eût été que provisoire, seulement pour ne pas laisser le peuple privé d'une loi en attendant la réformation. Mais c'était là une œuvre immense, que le temps seul pouvait réaliser (4).

(1) Cette timidité de caractère me paraît percer surtout dans le préambule de l'édit de septembre 1787, qui révoque ceux du mois d'août sur l'impôt territorial et sur le timbre. — Jourdan, t. 6, p. 432.

(2) V. les Études de Klimrath sur les coutumes, t. 2, p. 135 et suiv.

(3) V. plus haut, p. 248.

(4) Il existe plusieurs recueils des coutumes ; aucun ne les embrasse toutes ; le moins incomplet est celui de Bourdot de Richebourg, publié en 1724 sous le titre de Coutumier général. — En 1596, Guénois avait donné une conférence des coutumes de France.

En 1481, Louis XI réitéra l'ordre de rédiger les coutumes; mais les événements de son règne n'en permirent pas l'exécution; et comme le disait Charles VIII dans ses lettres patentes du 28 janvier 1493 : « Louis XI, à l'occasion des empêchements et » autres grandes affaires qui lors survinrent, ne put mettre à » exécution la délibération par lui prise en cette matière. » S'il faut en croire Commines (1), ce roi aurait voulu une loi unique pour toute la France. « Ce temps durant, dit cet auteur, le roi » Louis XI eut un désir fort singulier, procédant de tout son » cœur de pouvoir mettre une grande police au royaume, et » principalement sur la longueur des procès, et en ce passage » bien brider cette cour de parlement; non pour diminuer leur » nombre ou leur autorité; mais il avait, en outre, à cœur plu- » sieurs choses dont il les haïssait. Aussi désirait fort qu'en ce » royaume on usât d'une coutume, d'un poids, d'une mesure, » et que toutes ces coutumes fussent mises en français, en un » beau livre, pour éviter la cautèle et pillerie des avocats, qui » est si grande en ce royaume que nul autre n'est semblable, » et les nobles d'icelui la doivent bien connaître. Et si Dieu lui » eût donné la grâce de vivre encore cinq ou six ans, sans être » trop pressé de maladie, il eût fait beaucoup de bien à son » royaume. »

Le désir d'uniformité s'était emparé de toutes les classes; le tiers état réclamait aux états généraux de 1484 « la rédaction par écrit des coutumes, qui devait être un premier pas vers l'unité. » Le gouvernement fit droit à ces doléances, et Charles VIII donna une vive impulsion à la rédaction des coutumes par ses lettres patentes des 28 janvier 1493 et 15 mars 1497 (2).

Voici comment on procéda à la rédaction officielle : des commissaires du parlement étaient envoyés dans chaque localité pour

(1) Liv. 6, ch. 6.
(2) Rec. ord., t. 20, p. 481; — t. 21, p. 18.

présider les assemblées où se discutaient les dispositions à insérer dans la coutume ; les trois ordres, la noblesse, le clergé et la bourgeoisie, y avaient des représentants.—Lorsque les articles étaient arrêtés, les baillis, sénéchaux et autres officiers les envoyaient au roi. Après un nouvel examen fait par des jurisconsultes éminents, le roi ordonnait la publication de la coutume dans la province pour laquelle elle était rédigée ; l'enregistrement du parlement achevait d'en faire une loi écrite. C'est ainsi que furent publiées en 1493 les coutumes de Lorris, qui, à l'époque où elles n'avaient point encore de caractère officiel, réglaient le droit roturier de plusieurs provinces. Au XVIe siècle, on les qualifiait de *plus anciennes, fameuses et renommées coutumes qu'aucunes autres en France*. Louis XIII les réforma en 1631 ; elles étaient alors suivies dans près de trois cents villes, bourgs ou villages du Gâtinais, de l'Orléanais, du Pays Chartrain, du Blaisois, du Berri, de la Touraine, du Nivernais, de la Champagne et de la Bourgogne (1).

Sous Louis XII, des préoccupations étrangères ralentirent le mouvement de la rédaction des coutumes ; d'ailleurs le clergé et la noblesse résistaient à cette innovation, qui devait avoir pour résultat de les soumettre à la juridiction du bailliage royal. « Mais » le bon Louis XII, dit un auteur contemporain, à qui cette ma- » tière tenait fort à cœur pour le bien et soulagement qui en pou- » vait venir à ses sujets, ordonna dans son mandement spécial, » daté de Blois huitième jour de septembre de l'an de grâce » 1509 (2), qu'ils seraient contraints par la saisie de leur tem- » porel, de leurs biens meubles et immeubles, voire même de

(1) *Voir* le Coutumier de Richebourg, 1724, t. III, 2e partie, p. 829 et suiv. — Lhoste en fit un commentaire auquel il joignit les notes de Dumoulin, les observations de Lepage et la conférence de Durand, 1758.—Gasp.-Thaumas de la Thaumassière donna, en 1679, les mêmes coutumes avec les apostilles de Dumoulin et le traité du franc-alleu de Galland.

(2) Rec. ord., t. 21, p. 402.

» leurs personnes, à se trouver auxdits états, sans préjudice de » leurs priviléges et exemptions pour cette fois. »

L'édit de 1505, renouvelé en 1508 (1), avait ordonné la publication des coutumes déjà rédigées et la rédaction de celles dont on ne s'était point encore occupé. En exécution de ces lettres, de nombreuses coutumes furent publiées; j'indique les principales (2) : en 1506, les coutumes de Melun et Sens; en 1507, celles d'Amiens et de Touraine; en 1508, celles de Chartres,

(1) Rec. ord., t. 21, p. 332-400. Des lettres de 1506, 1509 et 1510 ordonnèrent aussi la publication des coutumes déjà rédigées.

(2) Sans avoir la prétention de donner un tableau complet des commentaires dont les principales coutumes ont été l'objet, j'en signalerai quelques-uns :

Ceux sur la coutume d'*Anjou* sont nombreux : Commentaire sur la coutume d'Anjou, traduit du latin de René Chopin, par J. Tournet, 1663; — Commentaire de Pierre de l'Houmeau, sieur du Verger (1605); celui de Pocquet de Livonnière, avec les notes de Dumoulin (1725). — Cet ouvrage a fait oublier le commentaire de Dupineau, publié en 1646.

Gandillaud et Vigier (1650-1720) ont écrit sur la coutume d'*Angoumois*. Souchet en est le commentateur le plus récent.

En *Auvergne*, Ignace Prohet donnait en 1695 des observations sur la coutume du haut et bas pays d'Auvergne, avec les notes de Dumoulin. Chabrol a résumé les travaux de Dumoulin, Chauvelin, Brodeau et Sicard, en ajoutant des notes historiques sur les coutumes locales, 1784.

De Lurbe, de la Mothe, Ferron, commentèrent la coutume de *Bordeaux*; en 1746, Dupin, avocat au parlement de Bordeaux, donna une conférence de toutes les questions traitées par Ferron, avec le commentaire de Bernard Automne.

Le plus renommé commentateur de la coutume de la Rochelle et de l'Aunis est R.-J. Valin, 1756.

Theveneau, avocat à Poitiers, donna en 1561 une paraphrase des lois municipales du *Poitou*, avec les annotations de Dumoulin. En 1524, Tiraqueau avait publié *Andreæ Tiraquelli ex commentariis in Pictonum consuetudines, sectio de legibus connubialibus et jure maritali*. —En 1659 avait paru l'ouvrage intitulé : *Responsa Bossellii, Borderii et J. Constantii in consuetudines Pictonum*. —Barraud et Pierre Rat donnèrent des commentaires; l'ouvrage de *Lelet*, avec les annotations de Braud (1683), fut augmenté par Filleau, Thevenet, Riffault et Braud (1710). Mais Boucheul, avocat au Dorat, est le commentateur le plus estimé et le plus complet de la coutume. Son ouvrage a été publié par son fils (1727).

Dreux, Anjou et du Maine; en 1509, celles de Troyes, Vitry, Meaux et Orléans. La rédaction et la publication des coutumes d'Auvergne et de Paris datent de 1510 (1); celles de la Rochelle, de l'Angoumois et du Poitou, de 1514; du Loudunois, de 1518; de Bordeaux et de Bourbonnais, de 1521; de Blois, de 1523; celles de Montargis, de 1531; du Berri et du Nivernais, de 1534; de Bretagne, de 1539.

Le rival de gloire de François Ier, Charles-Quint, fut aussi son émule dans la rédaction des coutumes; maître de l'Artois en vertu du traité de Madrid (1525), des Pays-Bas comme héritier de la maison de Bourgogne, il rendit en 1531 une ordonnance pour la rédaction de toutes les coutumes de *ses pays de par deçà* (2). Les coutumes de Lille et de Monts furent publiées en 1533, celles de Valenciennes confirmées en 1540, et celles de Tournay en 1552.

Les rédactions n'offraient pas toujours l'exactitude désirable; aussi la nécessité d'une réforme se fit-elle promptement sentir. Alors

Tours a produit Etienne Pallu, annotateur de la coutume (1661); — Cottereau, qui a publié en 1778 le droit général de la France et le droit particulier à la Touraine et au Loudunois, avec les notes de Bernard, Dufrementel et Cottereau père, était un jurisconsulte distingué et un auteur fort estimé.

Orléans a produit de nombreux commentateurs dont la réputation est bien pâle devant celle de Pothier (1760).

Paris en compte un plus grand nombre encore; je me borne aux suivants : — Pithou fit des observations analytiques en 1601. — Dumoulin avait publié, en 1539, ses *Commentarii in consuetudines parisienses;* Chopin, en 1596, *De civilibus Parisiorum moribus et institutis*. On a dit de lui : *Pluribus horis reipublicæ vixit, quàm suæ.* — En 1666 Ricard, en 1658 Julien Brodeau donnèrent un commentaire de la coutume. — En 1699 parurent les traités de Duplessis sur la coutume, avec des notes de Berroyer et de Laurière. — En 1671 Ferrière, en 1700 Pierre le Maistre commentèrent la coutume, et Bourjon, en 1747, donna à son commentaire le titre ambitieux de : Droit commun de la France et la coutume de Paris réduits en principes... et non dans l'ordre complet et méthodique de cette coutume.

(1) Rec. ord., t. 21, p. 415-442.

(2) Coutumier général, t. 1, p. 253.

s'ouvrit une nouvelle période qui ne finit qu'à la mort de Henri IV, et pendant laquelle commença un travail de révision, en même temps que se continuait la première rédaction de quelques coutumes. A partir de 1555, la réformation devint générale; le président Christophe de Thou fut le principal commissaire pour cette œuvre, à laquelle il resta attaché pendant vingt-cinq ans. Sans donner la nomenclature aride de la réformation de toutes les coutumes, j'en signalerai quelques-unes. La première coutume réformée fut celle de Sens, en 1555, parce que l'ancienne avait été adirée; puis vinrent successivement celles du Maine, de l'Anjou et de la Touraine, en vertu de l'édit de Henri II du 12 février 1558, du Poitou en 1559; en 1569 on revisa les coutumes de Metz et du pays messin; en 1575, celle de Bourgogne, rédigée pour la première fois en 1459; en 1580, celles de Paris et de Bretagne; en 1583, celle d'Orléans; le 22 mars 1577, le roi ordonna la rédaction officielle des coutumes de Normandie, qui ne devint complète qu'en 1586 (1). — Les rédactions nouvelles

(1) La coutume du Berri a été commentée par Catherinot en 1664; — en 1661, la Thaumassière faisait paraître son premier ouvrage, sous le nom de Questions et réponses sur la coutume de Berri. — Il a composé plusieurs autres ouvrages sur la coutume, tels que les Décisions, publiées en 1667-1675.

La coutume du Nivernais est devenue célèbre par son commentateur, Guy Coquille (1605), dont Pothier faisait le plus grand cas; il l'appelait le *judicieux Coquille*. — Il était aussi profondément versé dans le droit public et dans le droit ecclésiastique que dans le droit civil.

Dumoulin a annoté la coutume du *Bourbonnais* en 1572, Duret en 1585. — Mathieu Auroux des Pommiers, conseiller-clerc au présidial de Moulins, en a donné un long commentaire.

En 1678, Basnage a commenté la coutume de *Normandie*.

Julien Brodeau a commenté la coutume du *Maine* en 1656. — Duplessis avait projeté un commentaire complet; il n'a laissé que des fragments que l'on trouve dans le 2e volume de ses œuvres.

D'Argentré, en 1605, a publié ses *Commentarii ad præcipuos juris britannici titulos*. — Hevin, en 1682, a donné un ouvrage sur la coutume de Bretagne. — Poullain-Duparc, avocat et professeur de droit français à Rennes, en a laissé plusieurs (1745, 1759, 1779).

La Bourgogne a produit de grands jurisconsultes; les commentateurs cessèrent après le règne de Henri III; il y eut cependant de rares exceptions : ainsi les coutumes de Barèges et de quelques villes et seigneuries du pays de Bigorre ne furent rédigées pour la première fois qu'en 1768. Mais l'œuvre de réformation se poursuivit sous les règnes qui suivirent celui de Henri III, toutefois avec moins d'activité; le grand travail s'était opéré au XVIe siècle.

Dans la liste des commissaires chargés de surveiller la rédaction des coutumes, on retrouve presque toujours les noms de Christophe de Thou, de Violle, de Faye et du président de Harlay. Ils étaient, au dire de Coquille, « grands personnages et prud'-» hommes fort expérimentés en droit françois et aux belles déci-» sions faites par les arrêts de la cour. » — Mais tout porte à croire que la rapidité avec laquelle ils opéraient les forçait à confier la rédaction à d'obscurs praticiens, car les coutumes manquent en général de correction dans le style, de méthode et de clarté.

On suivait pour la révision les mêmes formalités que pour la rédaction première; les trois ordres étaient consultés dans la personne de leurs députés; les juges royaux, maires, échevins, greffiers, envoyaient les mémoires des coutumes qu'ils avaient vu suivre. Ces mémoires étaient confiés à quelques notables, qui les mettaient en ordre et en formaient un seul cahier qui était lu à l'assemblée des états; quand il y avait lieu, on modifiait certains articles, et la rédaction adoptée était transmise au parlement pour être enregistrée. — Les états étaient présidés par les commissaires du parlement. « L'histoire, dit un jurisconsulte moderne, nous » peint ces commissaires chevauchant rapidement d'une ville à une » autre, faisant, le lendemain de leur arrivée, assembler les no-» tables au palais épiscopal, et écoutant, pour ainsi dire, en poste

de la coutume les plus remarquables sont: Barthélemi Chassaneuz (1523), qui avait écrit sur la coutume avant sa rédaction; Dumoulin annota son ouvrage. — Taisand, en 1698, donnait la coutume générale des pays et duché de Bourgogne. — Mais le plus illustre sans contredit est le président Bouhier, Observations sur la coutume de Bourgogne (1742).

» et le pied dans l'étrier la lecture des coutumes auxquelles ils » étaient étrangers. »

Les commissaires faisaient prêter aux états « le serment en » tel cas requis et accoutumé, à savoir, qu'en leurs loyautés et » consciences ils rapporteraient ce qu'ils savaient et avaient » vu garder et observer des coutumes, cessant toute affection » privée et particulière, et ayant seulement égard à ce qui est » bon en commun et en public, pour le regard de ce qui a été » véritablement par ci-devant tenu, gardé et observé pour » coutume; et de ce qui se trouverait dur, rude, rigoureux, » déraisonnable, et, comme tel, sujet à être tempéré ou du tout » corrigé, tollé et abrogé, ils en avertiraient les commissaires, » selon leur conscience (1). »

Avant de discuter le fond, des débats s'engageaient souvent sur les comparutions. Assignation était donnée à tous les membres des trois états, exempts ou non de la justice ordinaire, qu'ils appartinssent au ressort actuel, ou aux anciennes dépendances du ressort dans lesquelles la coutume pouvait être semblable. Les comparants étaient admis à présenter leurs protestations et oppositions, tant à raison de leurs priviléges d'exemption de la justice qu'à raison de la coutume, dont ils se déclaraient sujets simplement, ou sujets sauf leurs coutumes locales, ou exempts pour le tout et régis par une coutume différente.

Les oppositions et les avis des comparants étaient appréciés, acceptés ou rejetés par les commissaires (2); si les difficultés ne pouvaient être facilement vidées de la sorte, la solution en était renvoyée à la cour de parlement, qui prononçait définitive-

(1) Les gens d'église prêtaient serment la main *ad pectus;* les gens des deux autres états la main levée. — *Voyez* les procès-verbaux.

(2) Les commissaires eux-mêmes exerçaient une grande influence; c'est ainsi que Pierre Lizet, premier président au parlement de Paris, fit repousser l'institution contractuelle par les commissaires qu'il présidait, en 1539, pour la réformation des coutumes du Berri. — Ce magistrat ultra-romaniste imposa encore son opinion dans d'autres circonstances. *V.* le *Grand Coutumier de Richebourg*, t. 3, p. 947 (note).

ment dans ce cas.—Il fallait procéder, en principe, par turbes pour fixer l'interprétation des articles. L'ordonnance de Louis XII, rendue à Blois (1) en mars 1498, voulait « qu'une tourbe ne » fût comptée que pour un témoin, ès cas où l'on avoit accoutumé » d'examiner témoins en tourbe. » Les coutumes durent dès lors être prouvées par deux tourbes, parce que, suivant l'opinion des jurisconsultes, deux témoins étaient nécessaires pour prouver un fait. Mais l'article 1 du titre 13 de l'ordonnance de 1667 supprima ce mode d'établir « l'interprétation d'une coutume ou usage, » et le remplaça par les actes de notoriété

Le procès-verbal constatant la publication des coutumes était rédigé en double ; l'un restait aux archives du parlement, l'autre était envoyé sur les lieux.

Les coutumes générales ou locales avaient un territoire assez exactement délimité ; cependant il existait des marches ou paroisses, terres et seigneuries situées sur les confins de diverses provinces et qui étaient indivises. Ainsi les marches séparantes de Bretagne, Poitou et Anjou étaient non-seulement indivises par moitié, mais indivisibles entre la Bretagne ou le Poitou (2), ou le Poitou et l'Anjou, ou l'Anjou et la Bretagne (3). Elles n'étaient

(1) Rec. ord., t. 21, p. 177.

(2) La moitié indivise qui était Poitou s'appelait *Thouarçais*, parce qu'elle était ordinairement dans la mouvance du seigneur de Thouars, *tanquàm à majori parte;* la moitié qui était Bretagne s'appelait Mée (*media pars*), à cause de l'archidiaconné de la Mée, ou moitié d'outre-Loire, de l'évêché de Nantes. — Hulin, ch. xxviii.

(3) Hulin, dans son Traité de la nature et usages des marches séparant les provinces du Poitou, Bretagne et Anjou, définit, chapitre vi, les marches dans les termes suivants : « Nous dirons donc, selon l'ancien » usage, la marche être un fief individu, lequel n'admet ni ne reçoit » aucun consort ; et l'office et charge de celui qui en est investi, être de » défendre les limites et lisières de sa province contre les excursions de » l'ennemi... Ces marches étoient indivisibles, mais elles pouvoient être » communes et indivises ; de là est aisé à juger que les marches séparantes » les provinces de Poitou, Bretagne et Anjou, en ont pris leur dénomination, pour ce qu'anciennement les seigneurs bretons, angevins et poitevins y faisoient tenir leurs gens d'armes pour la conservation de chacune

point régies par des coutumes locales; seulement des usages particuliers déterminaient la coutume qui devait les gouverner.

Les marches étaient ou communes, ou avantagères et fiancières (1), ou contr'hostées. Les premières s'appelaient communes, parce qu'elles étaient également possédées par moitié entre les Poitevins et les Bretons, ou les Poitevins et les Angevins, ou les Angevins et les Bretons.—Les secondes étaient dites avantagères, parce qu'en principe les Bretons, ou Poitevins, ou Angevins avaient seuls la possession.—« Les dernières prenaient le nom de contr'-» hostées, *quasi limites inimici et contra hostes*, dit Hulin, à » cause que les possesseurs d'icelles refusant de servir deux » seigneurs se faisoient investir de leurs terres par le marchion » de l'une des provinces, au moyen qu'autre vassal en faisoit la » réciproque en l'autre province. Et ainsi a été le premier usage » des marches, lequel a continué par un long temps en grande » confusion, et jusqu'à ce que les habitants d'icelles eussent fait » joug avec les provinces mêmes, aux loix d'un seul monarque..»

Dans les marches communes, la juridiction était exercée par prévention par les deux seigneurs, « en sorte que la juridiction qui » en est première saisie exclut l'autre d'en connoître, ce qui est » observé inviolablement : *Et forsan introductum est ne super* » *eadem re diversa veniant judicia*, à la vexation des parties. »

» de leurs provinces, en investirent par indivis les seigneurs châtelains » et barons limitrophes et voisins leurs vassaux, lesquels, par une trop » fréquente conversation, les rendoient inhabitées et désertes jusqu'à ce » que, sous les bénéfices et traités de paix, elles furent aucunement » cultivées par ceux qui les occupoient, à la mesure que chacun pou-» voit posséder pesle-mêle, le Poutevin avec le Breton ou l'Angevin. » Et de cette confusion est née la diversité des marches. »

(1) « Les marches fiancères viennent sous les advantagères..... Mar-» che fiancère, mot emprunté de l'ancien usage qui étoit parmi ces » marches ès quelles le seigneur advantager entroit le premier dans le » champ prendre ses devoirs, et le seigneur non advantager attendoit, » et étoit tenu se rapporter à la foi et *fiance* de ses vassaux, pour la va-» leur et qualité des siens, bien qu'ils fussent presque d'aussi grande » valeur que de l'advantager. » Hulin, ch. XI.

— Dans les marches avantagères de la Bretagne sur le Poitou ou du Poitou sur la Bretagne, etc., « les habitants étaient seulement » tenus d'obéir à la juridiction de l'advantage; » il n'y avait de commun et d'indivis que la foi et l'hommage, l'aveu et la déclaration de censive, et le payement des profits féodaux. — Enfin les marches contr'hostées étaient comme une exception aux marches communes et avantagères dans lesquelles elles étaient situées ; à la différence des autres, elles n'appartenaient qu'à un seul seigneur pour la mouvance et les droits féodaux. Quant à la juridiction contentieuse, l'usage avait fait prévaloir la règle « qu'elles sui- » vaient la condition et nature des marches où elles étaient sises, » communes ou avantagères. » — Outre ces trois espèces de marches, il y en avait d'anomales où les usages étaient réglés par des titres particuliers ou par la possession.

Quand on jette un coup d'œil sur le grand nombre de ces coutumes (soixante étaient générales et trois cents au moins locales), on comprend combien il restait encore à faire, malgré les améliorations qu'avait déjà reçues cette législation dont Voltaire disait : « Un homme qui voyage en France change de lois presque » autant qu'il change de chevaux de poste. » C'est ce droit qui, après avoir pris depuis le XVe et le XVIe siècle la forme d'un droit écrit, s'est maintenu jusqu'à la loi du 30 ventôse an XII.

ARTICLE III.

ARRÊTS DU PARLEMENT.

Le parlement, qui ne devait être qu'une cour de justice, conquit bientôt une participation au pouvoir législatif. Voici comment il arriva à son but : d'après un usage qui paraît contemporain de l'institution du parlement, les ordonnances nouvelles lui étaient adressées ; le greffier, après en avoir donné lecture dans l'auditoire, les transcrivait sur les registres. La cour signalait au roi les inconvénients soit généraux, soit particuliers des lois qui lui étaient envoyées, et la couronne faisait droit dans la plupart des cas à ces remontrances. L'intervention parlementaire changea de nature lors de la décadence des états généraux; les parlements s'arrogèrent le droit de modifier et même d'anéantir les nouvelles mesures législatives qui leur étaient adressées. Ils soutinrent qu'une ordonnance, pour devenir légale, devait être enregistrée après une délibération *libre*.

La résistance apparut dans toute son énergie (1) en 1462, à l'occasion de certains dons faits par Louis XI au comte de Tancarville; le parlement ne les enregistra que par contrainte et *du très-exprès commandement du roi* : telle était la formule employée par le greffier, quand la couronne, ne voulant pas céder aux parlements, leur enjoignait d'enregistrer ses ordonnances.

Selon Mably, « l'enregistrement, semblable, par son origine et » dans ses progrès, à tous les autres usages de notre nation, » s'est établi par hasard, s'est accrédité peu à peu, a souffert » mille révolutions, et ce n'est que par suite de circonstances » extraordinaires qu'on lui a attribué tout le pouvoir qu'il a eu » depuis. » En 1482, Louis XI en reconnaissait la nécessité à propos d'une ordonnance sur les blés, qui *n'avait pu être exécutée* sans enregistrement préalable au parlement de Paris.

Cette doctrine, qui finit par prendre place parmi les institutions, donnait aux parlements un rôle politique d'une haute importance à côté de leurs fonctions judiciaires; la nécessité de l'enregistrement fut reçue comme une maxime de droit public, et Pasquier y voyait « le plus ferme appui du pouvoir des rois et le » *retenail* de cette grande monarchie. »

Les parlements poussèrent leurs prétentions jusqu'à vouloir soumettre à leur contrôle les mesures délibérées et arrêtées dans les états généraux. C'est ce qui résulte des remontrances adressées à Louis XIII en 1614 par le parlement de Paris, après la

(1) Elle s'était déjà produite en 1418. — *V.* plus haut, p. 191.

clôture des états généraux de cette même année. Le roi résista et soutint qu'à lui seul appartenait la puissance législative et qu'au parlement incombait le devoir d'obéir.

Pour assurer son autorité, le roi avait recours à ce qu'on appelait les *lits de justice* (1); il se rendait en grande solennité au parlement, et faisait enregistrer en sa présence l'ordonnance qu'il avait rendue : le respect qu'inspirait la majesté du trône ne laissait pas de place à une véritable délibération.

Sous Louis XIV, où la doctrine du pouvoir absolu se traduisit dans les faits, deux édits, l'un de **1617**, l'autre de **1665**, établirent en règle générale que les parlements *enregistreraient les ordonnances dans la huitaine sans modification aucune.* Il ne leur était permis d'adresser des remontrances qu'*après* l'enregistrement, sans pouvoir les réitérer si elles n'étaient point accueillies.

Dès que les parlements furent assez forts pour secouer le joug, ils considérèrent comme non avenus les édits ainsi enregistrés, et n'en tinrent plus aucun compte. Cette prétention fut pendant tout le cours de la monarchie absolue l'occasion d'une lutte qui devait se terminer par une révolution.

Outre ces attributions, le parlement jouissait depuis longtemps d'une prérogative interdite aujourd'hui à tous nos tribunaux (2): elle consistait à faire des lois provisoires sur des points non encore prévus, ou sur lesquels de nouveaux besoins avaient révélé la nécessité d'une réforme législative. Ces arrêts, envoyés aux tribunaux ecclésiastiques et séculiers du ressort pour avoir

(1) Dans le sens littéral, le mot *lit de justice* signifiait le trône sur lequel le roi était assis quand il siégeait dans quelque cour souveraine, parce qu'on appelait lit un siége couvert d'un dais. Cinq coussins formaient le siége de ce lit placé dans un des angles de la salle; le roi était assis sur l'un; un autre tenait lieu de dossier; deux autres servaient comme de bras et soutenaient les coudes du monarque; le cinquième était sous ses pieds. Les rois honoraient souvent les séances de leur présence; mais on ne qualifiait de lits de justice que les séances solennelles. — Merlin, *Répertoire*, v° lit de justice.

(2) Art. 5 C. Nap.

force de lois, prenaient le nom d'*arrêt de règlement*. Rendus en audience solennelle, *consultis classibus*, et en robe rouge, ils étaient ensuite publiés dans le ressort comme les ordonnances royales. En général, ils contenaient la formule qu'il en était ainsi ordonné par la cour *sous le bon plaisir du roi*. Quoiqu'ils ne fussent devenus fréquents que dans la deuxième partie du XVe siècle, ils remontaient à une époque bien antérieure : un arrêt de 1290, qui paraît être le premier en ce genre, donne la preuve de cette vérité (1).

L'arrêt prononcé par une seule chambre n'avait pas force de loi. Leprestre nous apprend qu'en 1626, la seconde chambre ayant rendu un arrêt solennel, messieurs de la cinquième protestèrent contre cette décision comme étant contraire à tous les anciens usages. C'est ce qu'explique très-bien Connan dans ses *Commentarii juris civilis*.

Si les arrêts émanés d'une seule chambre n'avaient pas en droit la même force obligatoire que ceux donnés en audience solennelle, la réputation de savoir et de probité des magistrats qui les avaient rendus pouvait cependant déterminer les jurisconsultes à embrasser l'opinion qu'ils exprimaient, et ils exerçaient ainsi sur la doctrine une influence marquée (2). Les arrêts ne se bornaient pas seulement à régler les intérêts civils pour l'avenir; ils créaient même quelquefois des pénalités : ainsi, c'est un arrêt du 26 juin 1582 qui introduisit l'obligation pour le débiteur qui avait fait cession de biens de porter le bonnet vert, à la condition que le créancier le fournirait à ses frais. Le parlement de Normandie rendit, le 15 mars 1584, un arrêt de règlement qui adoptait cette nouvelle pénalité, afin « que ceux qui avaient fait cession de

(1) *Olim*, t. II, p. 303.

(2) L'usage de motiver les arrêts, admis d'abord, tomba bientôt en désuétude ; pourtant, dans les affaires graves, MM. les présidents avertissaient le barreau *de ce qu'on devait apprendre de l'arrêt*, et disaient quelle maxime avait été jugée, quelle question, quelle difficulté. *V.* un *advertatur* remarquable, M. Duvergier, *vente*, t. 2, p. 332, note 1.

» biens fussent connus d'un chacun, dit l'arrêt, et que par inad-
» vertance ils ne fussent reçus à contracter à crédit et sans assu-
» rance; et en sus, s'ils étaient trouvés sans ledit chapeau vert,
» il était permis à leurs créanciers de les faire mettre en prison. »
Des arrêts de 1610 et 1618 réprimèrent la fraude de quelques débiteurs qui avaient imaginé de mettre un chapeau sur leur bonnet vert. « C'était, dit un arrêtiste, une vraie illusion de justice. »

Les décisions de l'ancienne jurisprudence ont conservé la tradition de certains principes, ou même servi de type à plusieurs dispositions du droit actuel (1). Je puis en citer quelques exemples : pendant longtemps, en France, aucune sûreté n'était demandée à l'étranger qui plaidait contre un Français ; on considérait que le roi lui « devait justice. » Mais, au XVIe siècle, une grande multitude d'étrangers, *quorum fides valde suspecta erat*, étaient à Paris et dans tout le royaume et plaidaient à outrance contre des Français. Le parlement de Paris rendit, le 4 janvier 1562, un

(1) La jurisprudence eut ses recueils, qui étaient en quelque sorte la codification des lois faites par le parlement ; voici les principaux : *Géraud de Maynard* composa, au XVIe siècle, pendant les troubles, un recueil qui obtint une grande vogue, et qu'il publia en 1603, sous le titre : *Notables et singulières questions de droit escrit décidées ou prejugées par arrests memorables de la cour souveraine du parlement de Tholoze, conferées aux jugements et arrest intervenus sur même subjecte, ès pays de droit escrit et des autres parlements et cours souveraines de ce royaume de France.* — M. Benech a consacré un article a cet auteur, qui fut conseiller au parlement de Toulouse, *Revue de législation*, année 1851, c. 3, p. 5 et suiv. — *Louet*, conseiller au parlement de Paris en 1684, jurisconsulte érudit, composa un recueil qui eut plus de vingt éditions dans un siècle. *Julien Brodeau*, mort en 1653, l'a beaucoup augmenté et beaucoup enrichi. — *Henrys*, avocat du roi au bailliage de Forez, publia un recueil fort méthodique, et chaque arrêt lui fournit l'occasion d'une dissertation. Bretonnier l'a enrichi de savantes annotations qui sont aussi étendues que l'ouvrage primitif. — *Denizart*, mort en 1763, publia un travail incomplet, mais qui se recommande par un plan bien conçu ; son recueil a été refait par MM. Camus et Bayard, avocats au parlement; malheureusement il est resté inachevé. — La plupart des parlements, Bordeaux, Rennes, Dijon, Aix et Rouen, eurent leurs recueils particuliers...

arrêt qui obligea tout étranger demandeur, sans exception, à donner la caution *judicatum solvi* (1).—De même les étrangers ne sont point admis à jouir, chez nous, du bénéfice de cession (2); cette prohibition, avant d'être écrite dans l'article 2 du titre 10 de l'ordonnance de 1673, était en vigueur sous la féodalité, et fut consacrée par plusieurs arrêts du parlement de Paris des 18 février 1556, 5 décembre 1591 et 17 août 1598.—L'obligation de rédiger les actes sous seing privé contenant des conventions synallagmatiques en autant d'originaux qu'il y a de parties ayant un intérêt distinct, et de mentionner sur chacun le nombre des originaux rédigés, fut imposée par un arrêt de la chambre des enquêtes du 30 août 1736, contraire à un arrêt antérieur du 3 septembre 1680; et cette décision est reproduite par le code Napoléon (3).—Nos lois ont encore consacré législativement, en matière de preuve testimoniale (4), une exception introduite par un arrêt du mois d'août 1573. Le massacre de la Saint-Barthélemy fit naître la difficulté. Les enfants d'un huguenot demandaient à prouver par témoins un dépôt fait par leur père dans cette sanglante journée; le parlement, nonobstant l'ordonnance de Moulins, art. 54, ordonna la preuve offerte.—C'est aussi un arrêt de robes rouges, du 12 avril 1551, qui a posé le principe incontestable aujourd'hui que la survenance d'enfants emporte révocation des donations faites même par contrat de mariage (5). Il fut rendu sur la plaidoirie de Dumoulin, réclamant la restitution de biens dont il avait doté, quand il était encore célibataire, son frère Ferry Dumoulin. Mais, comme le dit un vieil auteur, « il y eut une queue à cet arrêt. » Le parlement accorda à la belle-sœur du jurisconsulte une hypothèque

(1) C'est cette règle, adoptée par tous les parlements, qui a été consacrée par les articles 16 C. Nap. et 166 C. proc. civ.

(2) Art. 905 C. proc. civ. — *V.* plus haut, p. 352.

(3) Art. 1325 C. Nap., qui a peut-être reproduit ici par la force des précédents un système qu'il eût fallu répudier.

(4) Art. 1348, § ult., C. Nap.

(5) Art. 960 C. Nap.

subsidiaire sur les immeubles dont la donation était révoquée. Notre code n'a pas accepté cette restriction aux droits du donateur; il s'est conformé en ce point à l'ordonnance de 1731.

Ce fut aussi la jurisprudence qui régla le sort des contre-lettres; et encore ne s'occupa-t-elle de ces actes, destinés à rester secrets, que pour en interdire l'usage. C'est ainsi qu'un arrêt du 3 mars 1663 prohiba, à peine de 10,000 livres d'amende, toutes contre-lettres dans les contrats de fondation et de donation de monastère et de communauté. Deux arrêts de règlement, l'un du 7 décembre 1691, l'autre du 8 août 1714, les proscrivirent de la manière la plus formelle en matière de cession d'office de notaire et de procureur. Telle est encore la jurisprudence de la cour de cassation et la doctrine généralement admise par les auteurs.

SECTION II.

CULTURE DU DROIT.

Pendant que la brillante école de Cujas publiait des travaux dont l'éclat a fait dire à Arthur Duck : *Jurisprudentia romana si apud alias gentes extincta esset, apud solos Gallos reperiri posset* (1), une autre école s'élevait non moins féconde, enrichissant le droit français des découvertes du droit romain, et préparant par ses écrits les matériaux de la plus belle législation des temps modernes.

L'école française a été éminemment pratique; parmi les jurisconsultes qu'elle a produits, les uns ont eu principalement en vue la conférence du droit français et du droit romain; les autres se sont attachés de préférence à l'élément féodal et coutumier; d'autres enfin, essayant une fusion entre l'élément national et l'élément romain, se sont dégagés des dispositions écrites du droit pour faire dominer l'élément rationnel (2).—Malgré ces diversités

(1) De auct. jur. civ., liv. 2, ch. 5.

(2) M. Laferrière, Histoire du droit français, a fait cette triple division, t. 1, 1re édit., p. 530 et suiv.

dans le point de départ, tous convergent vers un même but, l'application pratique et immédiate des principes du droit. Leurs ouvrages sont l'expression d'un pouvoir actif et civilisateur qui brise l'enveloppe du moyen âge et de la féodalité, pour jeter les fondements d'un grand progrès dans la nation.

I.—Le rapprochement du droit romain et du droit français était un des besoins de l'époque; plusieurs jurisconsultes le comprirent et se mirent à l'œuvre. Leurs études, dirigées dans ce sens, avaient surtout pour but de préparer les voies à des travaux d'une plus haute portée. C'est dans cet ordre d'idées qu'écrivit *Jean Imbert*, lieutenant criminel au siége de Fontenay-le-Comte. Ses *Institutiones forenses*, éditées d'abord en latin, plus tard traduites en français, ont obtenu de Cujas cet éloge: *Quod ad trituram forensem nullus melior*. Dumoulin mentionne aussi honorablement cet ouvrage dans sa préface de l'*Ancien style du parlement*.

A côté d'Imbert se place *Tiraqueau*, son compatriote, jurisconsulte (1) que l'Hôpital a célébré et qui a mérité le nom de Varron de son siècle. « Il laissa, suivant l'expression de M. de Thou, » un très-grand nombre d'enfants de son esprit et de son corps, » car il donnait tous les ans un livre au public et un enfant à la » patrie. » Scévole de Sainte-Marthe dit encore « qu'il semblait » être né de toutes les manières pour l'immortalité, en ce que » d'un côté le grand nombre de ses enfants devait perpétuer sa » race, et que d'un autre côté le grand nombre de ses écrits devait » perpétuer sa gloire. » Les ouvrages fort nombreux de Tiraqueau scellent l'alliance du droit civil et canonique avec le droit coutumier; il fit paraître successivement ses traités: *Cessante causâ cessat effectus; — le Mort saisit le vif. — De nobilitate et jure primogenitorum*, etc., et dans son commentaire sur la loi *Si unquam*, il se plaint amèrement des plagiaires. Successivement lieutenant à la sénéchaussée du Poitou, au siége et ressort de

(1) 1480-1550.

Fontenay, conseiller au parlement de Bordeaux, il fut appelé en la même qualité à celui de Paris, *aux applaudissements de tous*, dit un auteur. Peut-être a-t-il eu le tort d'entasser trop de choses sur le même sujet; s'il mérite un reproche, c'est celui d'avoir été trop savant. On a bien su depuis se corriger de ce défaut.

Charondas (1536-1617) se proposa, dans ses *Pandectes françaises*, de conférer le droit romain avec nos usages. C'est dans le même but que *René Chopin* (1537-1606) rédigea les *Remarques communes sur les coutumes*, qu'il plaça en tête de son commentaire sur la coutume de Paris, et *Guy Coquille* (1523-1603) les *Institutions au droit français*.

Despeisses (1574-1658), avocat au parlement de Paris, puis au siége de Montpellier, sa ville natale, réunit dans ses nombreux traités sur les *contrats*, les *successions testamentaires* et *ab intestat*, et la *pratique civile et criminelle*, les ordonnances, les arrêts, les lois canoniques et les décisions des principaux jurisconsultes. C'est dans les ouvrages de ce jurisconsulte qu'on peut prendre le plus promptement connaissance des questions controversées. On peut lui reprocher d'être superficiel, mais il ne faut cependant pas méconnaître son mérite.

Mornac, avocat au parlement de Paris, publia (1616-1619) ses *Observations sur les vingt-quatre premiers livres des Pandectes*, ouvrage dans lequel il fit preuve de connaissances fort étendues tant en droit romain qu'en droit français; mais il ne vécut pas assez longtemps pour achever son œuvre. Ses observations furent surtout utiles pour la pratique.

Enfin *Boutaric*, dans ses *Institutes*, fit la part qui appartient, dans le droit du XVIIIe siècle, au droit romain, aux coutumes et aux ordonnances.

II. — L'école coutumière, essentiellement progressive, s'est élevée à la hauteur de l'école romaine, et sous le rapport pratique elle lui a été supérieure. Elle s'enorgueillit d'avoir pour fondateur l'homme auquel ses contemporains décernèrent le titre de *Prince des jurisconsultes*, et dont l'autorité s'est imposée plusieurs fois à nos législateurs modernes.

Admirateur du droit romain, *Dumoulin* y puisa les principes d'unité et d'harmonie qu'il voulait introduire dans la société féodale, si morcelée par la variété infinie des usages. En commentant la coutume de Paris, il fixa les principales règles du droit français; en élaborant le droit coutumier, il prépara les travaux de Pothier et lui fraya la route. Chacun de ses ouvragesdégagea les principes qui dominent dans le code Napaléon. En effet, c'est à ses écrits que plusieurs articles de ce code ont été empruntés; telle est par exemple la section *des obligations divisibles et indivisibles* (1), extraite de Pothier, qui n'avait fait lui-même qu'analyser le long traité de Dumoulin intitulé *De dividuo et individuo, sive extricatio labyrinthi*. — Ennemi du système féodal, Dumoulin saisissait toutes les occasions de le combattre; l'expérience lui avait appris que les seigneurs, abusant de leur autorité, faisaient souscrire à leurs vassaux des titres récognitifs dont les dispositions aggravaient les charges du titre primordial. Sa haute intelligence lui suggéra une distinction devenue célèbre: si le titre récognitif était rédigé *in formâ specificâ*, c'est-à-dire si la reconnaissance relatait la teneur du titre primordial, elle faisait pleine foi contre le débiteur; mais si elle ne la reproduisait pas, en d'autres termes si elle n'était rédigée que *in formâ communi*, elle ne prouvait pas l'existence du titre originaire. Cette doctrine anti-féodale fut accueillie avec la déférence qui s'attachait aux opinions du savant maître; la jurisprudence et la doctrine l'acceptèrent. Mais le code, en la reproduisant (2), n'a-t-il pas commis un anachronisme par respect pour le grand jurisconsulte? — C'est avec plus de raison que le législateur moderne a érigé en loi l'opinion de Dumoulin, qui voulait que la subrogation légale appartînt au débiteur solidaire lorsqu'il

(1) Art. 1220 C. Nap. et suiv.
(2) Art. 1337 C. Nap.

avait payé la totalité de la dette (1). L'école enseignait unanimement que la subrogation pouvait être exigée dans ce cas, mais qu'elle n'existait point de plein droit et indépendamment de toute stipulation. Dans la première des leçons solennelles qu'il fit à Dôle, Dumoulin soutint la doctrine contraire qui renversait toutes les idées reçues; elle eut quelques prosélytes, mais la pratique se roidit contre cette innovation hardie : un arrêt du 26 août 1726 la repoussa, et Pothier prit parti pour la jurisprudence.

Les jurisconsultes trouveront encore dans les œuvres de Dumoulin l'interprétation de certaines théories aujourd'hui en vigueur. C'est ainsi que, pour bien comprendre la foi due aux actes authentiques (2) et les effets de l'authenticité, il est indispensable de se reporter au commentaire de Dumoulin sur la coutume de Paris, titre des fiefs. Les rédacteurs du code Napoléon ont évidemment emprunté le texte des articles 1319 et 1320 à Pothier, qui croyait copier Dumoulin, mais qui a confondu la foi due aux actes authentiques avec leur effet. Suivant le jurisconsulte classique, Dumoulin aurait distingué, en ce qui concerne la foi due à l'acte, entre les contractants et les tiers; mais c'est précisément contre cette distinction qu'il s'élevait en ces termes énergiques : *Ita exponenda sunt dicta doctorum, ubicumque PERFUNCTORIE ET CRASSE (ut plerumque solent) loquendo, dicunt instrumentum publicum contra extraneos NON PROBARE; quia ibi verbum probare per catachresim, sive impropriè, pro jus efficere, sive prejudicare, accipitur. Cæterum, verè et propriè loquendo, publicum instrumentum ERGA OMNES EST ÆQUE PUBLICUM ET PROBANS.*

Le droit coutumier et le droit féodal ne furent pas l'objet exclusif des études de Dumoulin ; esprit ardent et inflexible, il ne pouvait rester muet au milieu des discussions élevées sur les droits des souverains et des prétentions exagérées de la papauté. En lisant

(1) Art. 1251, § 3, C. Nap.
(2) Art. 1319-1320 C. Nap.

ses écrits, on sent que ce n'est pas seulement sa logique qui est blessée par le bouleversement de tous les principes, mais que son patriotisme lui-même en est offensé. Ce qu'il veut par-dessus tout, c'est l'indépendance de la couronne et le respect de la dignité nationale. — Comme presque tous les jurisconsultes de son époque, ses tendances l'entraînèrent vers le principe du libre examen; quoique luthérien, il fut, même avant son abjuration, plutôt gallican que réformé. Dans son commentaire de l'édit des *Petites dates*, et dans sa consultation pour l'université contre les jésuites, on sent percer à chaque page l'âpreté et l'aigreur qu'excitaient les abus du catholicisme chez les hommes du XVIe siècle. Il fut soutenu et encouragé dans ces luttes par les présidents du parlement de Paris, Christophe de Thou, Pierre Séguier, de Harlay et par le chancelier de l'Hôpital.

Les ouvrages de Dumoulin mis à l'*index* parurent sous le nom fantastique de *Gaspar Cabalinus*, car les ultramontains ne voulaient pas se priver des secours de sa science. Sa réputation européenne lui avait suscité des envieux ; poursuivi sous prétexte que ses écrits propageaient des principes séditieux, il se justifia ; mais une émeute organisée contre lui mit sa maison au pillage. Il chercha alors en Allemagne un refuge contre la persécution : Bâle, Genève, Strasbourg et Tubinge l'accueillirent avec enthousiasme; mais quelques professeurs, jaloux de sa science, le forcèrent de fuir en l'accusant de propagande ! Enfin il revint à Dôle faire ses célèbres leçons.

Frappé des inconvénients d'une législation si multiple, cet éminent jurisconsulte avait conçu l'idée de la réforme des coutumes et de leur fusion en un seul corps de loi : *pro multis... consuetudinum libris... brevissimus, candidissimus, expeditissimus et absolutissimus libellus haberetur*, disait-il dans son épître à François Ier, *juri communi et æquitati naturali consonantissimus, publicæ et singulorum utilitati accommodatissimus*. A l'expérience du légiste se joignait la haute pensée de

38

l'homme d'Etat. *Mihi quoque videtur nihil aptius,* ajoute-t-il, *nihil efficacius ad plures provincias sub eodem imperio retinendas et fovendas; nec fortius nec honestius vinculum, quam communio et conformitas eorumdem morum legumve utilium et æquabilium* (1).

Dumoulin, exclusivement voué à l'étude, travaillait sans relâche (2), et des motifs graves pouvaient seuls l'arracher de son cabinet. C'est ainsi que ses dissertations sont souvent interrompues par la digression suivante : « Ici ma femme vint m'avertir » qu'elle n'avait plus d'argent pour le ménage; j'allai donc au » palais donner quelques consultations, et je rapportai de l'argent » pour plusieurs jours; je reprends ma dissertation. » Combien le désintéressement de l'homme privé ennoblit la science du jurisconsulte!

« C'est un intéressant tableau que celui de la vie de Dumoulin, » a dit un illustre jurisconsulte, de cet avocat simple et fier, » pauvre et désintéressé, supérieur à son siècle par ses lumières, » parent d'une reine d'Angleterre, et n'estimant que le mérite » personnel, décidant de la possession d'un trône et donnant des » consultations devant un pilier du palais; arbitre des princes » et dédaignant toutes leurs offres, inspirant une telle confiance, » qu'un de ces princes voulut le forcer, par des tourments et l'ap- » pareil de la mort, de se charger de sa cause; triomphateur en » Allemagne, et revenant aussi modeste dans son cabinet; refu- » sant dans sa patrie même l'honneur de siéger au parlement de » Paris; combattant les abus partout où il les rencontrait; per- » sécuté par les protestants et les catholiques, emprisonné pour » avoir dit la vérité à chacun. »

Chose singulière! ce grand jurisconsulte échoua au barreau. « Il était, dit Loysel, le plus docte de son temps en droit civil et

(1) *Oratio de concordia et unione consuetudinum Franciæ.*

(2) V. Discours de rentrée prononcé par M. Dupin à la cour de cassation, année 1835.

» coutumier, et, toutefois, malhabile en la fonction d'avocat, » principalement au barreau.» C'est sans doute parce que son débit était fatigant, empêché qu'il était par une sorte de bégayement, que le premier président l'interrompit au milieu d'un plaidoyer pour lui dire : « Taisez-vous, Me Dumoulin, vous êtes un ignorant. » — L'ordre des avocats accepta la solidarité de cette injure, et le bâtonnier, accompagné d'une députation des anciens, alla s'en plaindre au premier magistrat du parlement. —Admis à son audience, le bâtonnier l'aborda en lui disant avec toute la gravité de l'époque : *Læsisti hominem doctiorem quam unquam eris* : vous avez offensé un homme plus savant que vous ne le serez jamais.— Cela est vrai, répondit le magistrat avec autant de franchise que de modestie; j'ai eu tort; je ne connaissais pas tout le mérite de Me Charles Dumoulin.

Le président qui s'inclinait ainsi devant la science de l'avocat s'appelait Christophe de Thou!

La province où la féodalité semblait incorporée au sol donna à Dumoulin un illustre rival dans la personne de *Bertrand d'Argentré*. Loin d'affaiblir les droits de la féodalité à l'aide des règles du droit romain, cet illustre enfant de la Bretagne, si fertile en jurisconsultes, cherche à leur donner plus de force et d'âpreté contre les vassaux et les roturiers; sa pensée se traduit dans son premier ouvrage, intitulé : *Du partage des nobles*. Ennemi déclaré du droit romain, noble, Breton, tout hérissé de féodalité, d'Argentré lutte contre l'unité de doctrine à laquelle aspire Dumoulin, et il combat l'uniformité de législation avec la même énergie que la Bretagne combattait la centralisation administrative. « Ce pa-« triotisme étroit mais vigoureux, ce culte d'isolement lui don-» naient une verve de style, une hardiesse d'images qui semblent » respirer l'esprit hardi et solidaire de la féodalité. C'est surtout » dans son traité des *appropriances*, *baronies* et *prescriptions*, » qu'il est lui tout entier; c'est là que, renfermé dans le droit » coutumier, il peut creuser jusqu'aux fondements de la société

» féodale, et qu'il développe la profondeur de son érudition et » l'énergique vigueur de son génie (1). » Supérieur dans ses commentaires sur le droit coutumier, par exemple dans celui *des donations sur l'ancienne coutume*, d'Argentré ne fut pas à la hauteur de lui-même dans ses recherches historiques (2).

Je ne puis citer que quelques-uns des plus savants élèves qu'a produits l'école pratique. *Guy Coquille*, devenu jurisconsulte à propos d'une affaire de famille qu'il voulait comprendre, écrivit sur la coutume du Nivernais, et composa plusieurs traités remarquables, entre autres celui sur les libertés gallicanes. Nul jurisconsulte coutumier n'est plus utile à consulter que lui, parce que, profondément versé dans l'étude des vieilles institutions, il a pu les systématiser.

Loysel (1536-1617), élève de Cujas, mais concentré dans l'étude des coutumiers, a trop généralisé ses idées; les maximes qu'il a publiées reproduisent souvent des règles qui n'étaient que locales, et, sans les notes dont l'a enrichi le savant de Laurière, son ouvrage serait à peu près stérile pour la science (3).

Loyseau (1566-1627), jurisconsulte profond, esprit indépendant, est trop ennemi du passé pour se montrer toujours juste dans ses appréciations. Il a écrit sur le déguerpissement, la garantie des rentes, l'abus des justices de village; son traité sur les offices et les seigneuries est plein d'érudition et de développements qui jettent sur cette œuvre un vif intérêt.

Ricard a concentré toute sa science sur les donations, et essayé de faire accepter les principes du droit romain dans l'application du droit coutumier (4).

(1) M. Laferrière, Hist. du droit français, 1re éd., t. 1, p. 537.

(2) Il publia son histoire en 1582 et mourut en 1590.

(3) Institutes coutumières. — Avocat et magistrat distingué, il fut l'historien du barreau.

(4) Les œuvres de Ricard comprennent, outre le célèbre Traité des donations, la coutume de Senlis, les traités du don mutuel, des dispositions conditionnelles, des substitutions, de la représentation et du rappel.

Basnage, curieux investigateur des traditions féodales, esprit clair et méthodique, a écrit un traité sur les hypothèques et un commentaire sur la coutume de Normandie.

Duplessis, dans ses dissertations sur la coutume de Paris et dans ses traités sur les matières criminelles, emprunte à Port-Royal la clarté de sa diction et la précision de sa méthode.

Lebrun est un auteur classique sur les successions et la communauté.

Le président *Bouhier* a donné à son commentaire sur la coutume de Bourgogne la forme régulière d'un ouvrage didactique, et initié ses lecteurs aux progrès de la jurisprudence française.

M. de Lamoignon voulut mettre en œuvre l'unité proclamée par Dumoulin ; mais, malgré la collaboration d'Auzannet et de Fourcroy, il ne put réaliser dans ses *Arrêtés* une idée que repoussait encore l'état des esprits (1).

Après lui, *Bourjon*, désireux d'élever un monument d'unité à la doctrine coutumière, ne parvint qu'à faire un commentaire sur la coutume de Paris, sous le titre pompeux de *Droit commun de la France*.

Tous ces jurisconsultes, à l'exception de d'Argentré, appartiennent à l'école de Cujas ; et cependant, tout en adoptant les principes généraux du droit romain, ils ne lui accordent que la valeur d'un droit supplétif ; si les pays du droit écrit ont produit l'œuvre de Bretonnier en faveur de la généralisation du droit romain, les pays coutumiers ont trouvé dans le président Bouhier un défenseur non moins zélé du droit national.

Enfin, malgré le cadre restreint dans lequel je dois me renfermer, comment passer sous silence les jurisconsultes historiens Pasquier, de Laurière, que recommandent leurs savantes recher-

(1) Il avait réuni dans son hôtel douze avocats parmi lesquels se trouvait Auzannet, avec deux conseillers de la grand'chambre et deux autres des enquêtes. Cette commission se livra à des discussions stériles qui forcèrent le premier président à dissoudre la réunion. — M. Cheruel, p. 113.

ches sur l'histoire du droit français; Brussel, qui a éclairé les obscurités des premiers temps féodaux; David Houard, publicateur des lois anglo-normandes, et Henrion de Pansey, auteur d'un résumé complet des matières féodales, dans lequel il a fixé tant de points difficiles de la législation sur les fiefs?

III.—L'école philosophique a produit trois grands jurisconsultes, Domat, d'Aguesseau et Pothier. L'esprit français se personnifie dans ces trois écrivains, qui joignent à la clarté et à la méthode de Port-Royal toute l'élévation de sa philosophie. Pour eux le droit n'est que l'expression de la loi naturelle que l'imperfection de l'humanité a forcé de monumenter dans des textes écrits, et de sanctionner par des moyens purement civils. Sous l'influence de principes aussi élevés, quels progrès ne fera pas la législation? La vérité philosophique répandue dans leurs livres soumet toutes les coutumes à un principe commun, l'équité; et cette généralisation des règles fondamentales du droit accomplit la révolution juridique la plus profonde qui se soit produite: l'unité de la législation est fondée; il ne reste plus qu'à mettre en ordre ces précieux matériaux.

Domat, avocat du roi au présidial de Clermont, est l'auteur des *Lois civiles dans leur ordre naturel*. Les instances de ses amis le déterminèrent à se rendre à Paris, où des magistrats le mirent en rapport avec M. le Pelletier, alors contrôleur général: celui-ci fut si content de Domat, qu'il lui fit obtenir du roi une pension de 2,000 livres pour terminer son ouvrage. Une partie seulement fut imprimée pendant la vie de l'auteur; la publication ne fut terminée qu'en 1696, c'est-à-dire après sa mort.

Domat, auquel Boileau a donné le nom de *Restaurateur de la raison dans la jurisprudence*, fut l'ami de Pascal et l'auteur du *Traité des lois*. « Sa vie privée se résume dans cette grande » amitié, sa vie publique dans ce grand ouvrage (1). » L'idée

(1) M. Cauchy, mémoire lu à l'académie des sciences morales et politiques, *Revue de législation*, année 1851, t. III, p. 323; — année 1852, t. I, p. 209 et suiv.

qui domine dans les *Lois civiles* est la distinction entre le *droit* et la *législation*; l'auteur fait remonter toutes les lois à un principe immuable, à la grande unité spirituelle.

La première conquête de Domat s'accomplit au profit de notre langue nationale, à laquelle Malherbe et Corneille, Descartes et Pascal venaient de donner sa forme définitive. Il s'excusait « d'ores » écrire les lois en français, » car les jurisconsultes antérieurs avaient écrit en latin; mais il espérait qu'on lui pardonnerait cette innovation, parce que la langue française avait « singulière- » ment la clarté, la justesse, l'exactitude et la dignité qui sont les » caractères essentiels aux expressions des lois. »

Son œuvre juridique est précédée d'une philosophie du droit dont l'Évangile est la base. La loi morale tout entière, quelque loin qu'elle puisse s'étendre, est ramenée à un seul principe, la charité. C'est à cette hauteur de vues qu'il se place pour exposer les théories du mariage, de la puissance maritale et paternelle, des sociétés et des engagements en général. A ses yeux, la transmission des biens dans les familles est la conséquence directe et nécessaire de l'ordre établi par Dieu. Tout en voulant faire pénétrer la charité, cette vertu chrétienne, dans les règles de droit civil, il reconnaît que l'imperfection de la nature humaine a rendu indispensable la promulgation par l'autorité temporelle de textes qui ne doivent être que la reproduction des lois naturelles. — Quatre colonnes, selon lui, soutiennent l'édifice social ébranlé par les désordres qui se produisent chaque jour : la religion chrétienne, la Providence, l'autorité (dénomination qui comprend tout pouvoir naturel ou délégué dans les familles, les associations, l'Église et l'État), enfin les lumières naturelles de la raison.

Domat termine sa philosophie du droit en reconnaissant que certains points étant purement arbitraires ne rentrent pas dans le domaine du droit immuable; mais il enseigne qu'en réglant ces matières mêmes, le législateur doit consulter les principes d'équité et de justice dont il ne peut jamais s'écarter.

Après l'exposition des principes philosophiques dont on s'était peu préoccupé avant lui, le jurisconsulte-législateur entre dans le domaine du droit civil proprement dit. Sans établir un parallèle entre le droit romain et le droit français, il emprunte aux recueils de Justinien les principes qui sont en rapport avec la loi naturelle, et en épure les subtilités au creuset de la raison. Un usage unanimement accepté ne saurait l'obliger à écrire dans son livre ce que sa conscience se refuse à comprendre et à approuver. « La science » des lois, dit-il (1), n'est autre chose que l'art du discernement » de la justice et de la raison. »

La netteté de son style et la simplicité de sa méthode ont rendu accessible à tous une science dont les principes semblaient jusque-là n'être qu'un véritable chaos. Sous une division facile et large en engagements volontaires et involontaires et en faits de successions, division digne de la méthode créée par Descartes et Pascal, le droit romain vient apporter le riche tribut de ses décisions et de ses lois ; Domat ne se propose rien moins que la transformation du droit écrit en l'appliquant à l'état social et aux mœurs du XVIIe siècle. — Son livre est la mise en pratique de la méthode systématique que Doneau avait adoptée ; il appartenait à un esprit aussi judicieux d'essayer un rapprochement entre la synthèse et l'exégèse.

D'Aguesseau. — L'école française a trouvé dans le chancelier de Louis XV et de la régence un digne représentant de ses doctrines ; il les a appliquées dans les actes législatifs qui, résumant les travaux des jurisconsultes, faisaient entrer dans la pratique des faits les idées nouvelles et en assuraient ainsi le triomphe. — Tout le système de d'Aguesseau se trouve dans le préambule de l'ordonnance de 1731 sur les donations : « La justice, y » est-il dit, devroit être aussi uniforme dans ses jugements que la » loi est une dans ses dispositions, et ne pas dépendre de la dif- » férence des temps et des lieux, comme elle fait gloire d'ignorer

(1) Traité des lois, ch. XI, *in fine*.

» celle des personnes. Tel est l'esprit de tous législateurs ; et il
» n'est point de loi qui ne renferme le vœu de la perpétuité et de
» l'uniformité... Notre amour pour la justice, dont nous regardons
» l'administration comme le premier devoir de la royauté, et le
» désir que nous avons également de faire respecter dans tous
» nos États, ne nous permettent point de tolérer plus longtemps
» une jurisprudence qui produit de si grands inconvénients. »
Le chancelier explique ensuite qu'il aurait pu différer la publication des ordonnances jusqu'à ce que le travail de réforme fût complet, mais que l'intérêt des populations exigeait une promulgation partielle de lois qui plus tard seraient réunies dans un seul corps.

Homme politique, d'Aguesseau subit sans murmurer les disgrâces qui le frappèrent, et c'est dans les moments de loisirs que lui laissèrent ses différents exils qu'il se livra aux études approfondies qui firent de lui un littérateur, un théoricien et un législateur. Les succès qu'il obtint dans ces sphères élevées ne font pourtant point oublier les brillants plaidoyers de l'avocat général au parlement de Paris.

Jamais magistrat n'a possédé au même degré que lui l'esprit des lois romaines, la philosophie du droit et la faculté de les faire pénétrer dans toutes les discussions du barreau. Mais c'est surtout comme législateur que d'Aguesseau a conquis des droits à la gloire dont son nom est entouré; n'est-il pas le digne successeur du grand ministre de Louis XIV? Esprit sage et pratique, il s'est renfermé dans les limites d'une réformation circonspecte, cherchant non pas peut-être à détruire, mais du moins à abaisser les barrières qui séparaient le droit coutumier et le droit écrit (1).

Pothier. — Jurisconsulte d'une science profonde, cherchant l'utilité immédiate de l'application, il résume, simplifie et éclaire

(1) C'est de 1729 à 1748 que se développa son activité législative qui préparait l'avenir.

les travaux de Cujas et de Dumoulin. Pothier est le propagateur, le *vulgarisateur* de la science, suivant l'heureuse expression de M. Troplong; il est le jurisconsulte éminemment populaire (1).—Ses traités sont la manifestation continue des principes d'équité et de la lumière chrétienne dont il cherche toujours à éclairer la discussion. Mais peut-être a-t-il trop insisté sur la distinction du for extérieur et du for intérieur; il y a toujours danger à mettre sans cesse en opposition la morale avec la loi. Pothier, ancien élève des jésuites, appartenait pourtant à cette école rationnelle du catholicisme qui s'était élevée dans Port-Royal; il était imbu des principes que l'on puise dans les fortes études de la théologie.

Les œuvres de Pothier consistent en traités spéciaux qu'il avait d'abord composés pour le besoin de ses propres études; presque toutes les matières de droit civil y sont passées en revue: la vente, le contrat de rente, le louage, la société, le prêt, le mandat, le dépôt et la communauté furent publiés de 1762 à 1771; la mort le surprit quand il achevait son traité sur le domaine de propriété, en 1772.—Comme dérogation aux principes de droit civil dont il s'occupait spécialement, Pothier a développé certains contrats maritimes et commerciaux, tels que la lettre de change, le contrat d'assurance, le contrat à la grosse, le fret, etc. Mais son chef-d'œuvre est le traité des obligations, qui parut en 1761, après le commentaire sur la coutume d'Orléans. Tout ce que la raison humaine peut produire de bon, de vrai et d'équitable se trouve dans ce traité, écrit dans un style simple mais toujours clair comme tout ce qui est sorti de la plume de Pothier. Les écrits du savant professeur ont réalisé les tentatives de l'université d'Orléans au XIIIe siècle, la fusion du droit romain et du droit coutumier; c'est lui qui a accompli l'œuvre si longuement élaborée d'un droit unique formé d'éléments divers et marqué d'une empreinte nationale.

(1) *Voir* la préface en tête de l'édition de Pothier, donnée par M. Bugnet, t. 2.

Les rédacteurs du code Napoléon ont fait de larges emprunts aux traités de Pothier pour tous les contrats en général; mais c'est surtout dans le traité des obligations qu'ils ont puisé à pleines mains (1); il est encore le meilleur commentaire de nos lois actuelles. — Pothier était souvent obligé de s'incliner devant des textes précis qu'il n'approuvait pas; la critique seule lui était permise; il était jurisconsulte et non législateur : mais ses observations et ses vues ont presque toujours été acceptées par les rédacteurs du code; ceux-ci étaient si profondément imbus de ses doctrines, qu'ils ont même copié quelquefois ses solutions sans faire attention qu'ils avaient changé le principe qui les motivait. C'est cette distraction législative qui explique certaines dispositions sur la transmission de la propriété (2), dispositions qui forment une anomalie dans nos codes.

Pothier a eu l'honneur de condenser toute la science du XVIe et du XVIIe siècle; le résumé qu'il a fait des travaux de ses prédécesseurs a mis à la portée de tout le monde des idées qui n'étaient comprises avant lui que par quelques érudits; mais eut-il la puissance de créer au même degré que celle de résumer? — Il serait difficile de le dire, car son travail a surtout consisté dans l'extrait des œuvres des jurisconsultes les plus éminents.

Sans Cujas, Pothier n'eût peut-être pas fait ses Pandectes; sans Dumoulin, il eût porté moins de solidité et de profondeur dans ses traités de droit français. — Sans l'un et l'autre, Domat n'eût certainement point trouvé la science assez débrouillée pour composer son admirable livre des lois civiles. — Mais Domat écrit souvent en législateur, tandis que Pothier se laisse enchaîner par les textes, et reste toujours jurisconsulte.

(1) Il serait impossible de citer ici tous les articles qui ont été copiés dans Pothier; les notes de M. Bugnet en offrent le tableau très-exact; elles ont l'immense avantage de permettre au lecteur d'étudier les œuvres du grand jurisconsulte avec tout le fruit possible, en plaçant immédiatement sous ses ses yeux les différences du droit moderne et de l'ancien droit.

(2) Art. 1238-1303 C. Nap.

Avec des talents différents, Domat et Pothier ont puissamment concouru au perfectionnement de l'œuvre du législateur de 1804; on peut affirmer que sans leurs ouvrages le code Napoléon n'eût offert ni cette méthode, ni cette clarté, ni cette précision qui en font le plus bel ouvrage sorti des mains d'un législateur.

CHAPITRE III.

DROIT CANONIQUE.

Les progrès de la législation civile eurent pour résultat de restreindre l'application du droit canonique et d'en diminuer les sources. Pour remplacer des recueils dont les erreurs des copistes avaient rendu l'interprétation difficile, Pie IV ordonna une révision générale qu'il confia à trente-cinq savants et cardinaux, avec pouvoir de modifier les textes, d'ajouter et de retrancher; le travail de la commission fut approuvé par une bulle de Grégoire XIII le 1er juillet 1580. C'est cette collection que les auteurs ont appelée *Corpus juris canonici*, intitulé qui a toujours servi à désigner l'ensemble des éléments constitutifs du droit canon (1). On annexa à la suite un certain nombre de bulles et de décrétales nouvelles ou qui n'avaient point trouvé place dans les recueils précédents; Paul IV permit même (1605-1621) d'incorporer aux sources les *Institutiones juris canonici* que Paul Lancelot, professeur à Pérouse, avait composées à sa sollicitation. En 1661, une collection de constitutions papales, publiée par Pierre Mathieu, fut ajoutée au *Corpus*, et en 1618, un *index* rédigé par Pierre Guenois compléta l'édition du recueil (2).

Il faut joindre à cette compilation les décrets des conciles, comme

(1) *Du droit ecclésiastique dans ses sources*, par Philipps, professeur à Vienne, traduction de M. Crouzet, prêtre du diocèse d'Autun, p. 278.

(2) *Voir* le même ouvrage sur l'autorité de ces différents éléments du *Corpus*, p. 282 et suiv.

celui de Trente (1534-1549), que le pape fit publier en France à cause des refus réitérés du pouvoir temporel. Une assemblée générale du clergé, tenue à Paris au couvent des Augustins, reconnut l'autorité du concile par une déclaration de 1615.

Les bulles des papes formaient encore une source assez abondante du droit canonique, surtout en ce qui concerne la juridiction spirituelle; plusieurs recueils chronologiques en furent publiés au XVIe siècle (1), et le bullaire romain s'augmenta successivement en 1730, 1758 et 1799.

Le saint-siége continue sa lutte contre la royauté; mais celle-ci trouve un appui dans l'attachement des populations pour *les maximes tenues de tout temps en France et nées avec la couronne.* Les états généraux de 1614 déclarent « qu'il n'y a puis- » sance en terre, quelle qu'elle soit, spirituelle ou temporelle, » qui ait aucun droit sur le royaume du roi. » Les défenseurs les plus zélés des libertés gallicanes sont Pierre Pithou en 1594, et du Puy en 1639; ces deux antagonistes du pouvoir temporel des papes sont puissamment soutenus par les parlements, et l'usage des appels comme d'abus restreint encore la juridiction ecclésiastique déjà frappée par l'ordonnance de Villers-Coterets. La marche toujours envahissante des parlements fut cependant arrêtée par Louis XIV, dont la volonté se manifesta d'une manière énergique dans l'édit de 1695.

D'après les principes alors admis en France, les bulles des papes n'étaient exécutoires qu'après vérification faite par l'Église gallicane et promulgation ordonnée par les évêques avec l'agrément du parlement; au roi appartenait le droit de convoquer et confirmer les conciles nationaux et provinciaux, et d'exercer une juridiction sur les clercs immédiatement attachés à la cour.

Ces usages restrictifs du pouvoir des papes portaient le nom

(1) *Droit ecclésiastique* de M. Philipps, p. 328.

de libertés gallicanes; étayés de documents et démonstrations scientifiques, maintenus par la cour dont ils servaient la politique, et par les parlements eux-mêmes comme une digue contre les envahissements du clergé, ils formaient une véritable charte ecclésiastique, mais qui n'était pas toujours favorable à ceux pour qui elle paraissait octroyée; ce qui faisait dire à Fénelon : « Les libertés de l'Église gallicane sont de véritables servitudes. »

L'application que Louis XIV voulut faire du droit de régale à tous les siéges vacants de son royaume sans distinction, occasionna entre le roi et Innocent XI un différend qui motiva la déclaration du clergé français en 1682. L'autorité de Bossuet sauva l'Église française d'un schisme; Louis XIV seconda ses efforts en dissolvant la commission, dont les exigences devenaient embarrassantes, et les quatre articles de la déclaration jurée par les évêques furent enregistrés d'autorité dans les actes de la Sorbonne.

TITRE III.

CARACTÈRE GÉNÉRAL DE LA LÉGISLATION.

La division du droit au moyen âge se reproduit sous la monarchie absolue : il est encore ou féodal ou coutumier. Mais l'un et l'autre droit sont soumis à l'action puissante des légistes, dont les idées se propagent, dans la pratique, par des arrêts et des traités juridiques, dans la législation, par les ordonnances royales dont ils sont les rédacteurs. L'esprit philosophique prend un ascendant incontestable dans toutes les branches des connaissances humaines, et les institutions du passé ne résistent pas aux attaques incessantes du rationalisme. L'œuvre de démolition s'accomplit d'une manière lente, mais sûre.

CHAPITRE PREMIER.

DROIT FÉODAL.

Le droit féodal en lui-même n'a pas éprouvé de notables changements; ce sont toujours les mêmes droits et les mêmes devoirs qui lient les seigneurs et les vassaux; les francs-alleux ont à peu près disparu; toutes les terres sont soumises à un suzerain, ne fût-ce que le roi. Mais la décadence de la féodalité n'en est pas moins évidente; elle va cesser d'être elle-même, car le droit spécial sur lequel elle repose est examiné dans tous ses rapports avec les différents contrats du droit civil; une révision minutieuse de chacun des principes qui le régissent lui imprime une régularité et un ensemble qu'il n'avait point, et l'épreuve d'une discussion approfondie lui enlève son caractère propre pour faire pénétrer dans son économie les règles plus équitables du droit civil. Les traités des fiefs de Dumoulin et de Pothier élucident la matière, mais changent nécessairement la nature du droit primitif, et d'Argentré lui-même, ce dernier champion de la féodalité, est obligé de sacrifier parfois aux idées de son siècle.

L'obligation du service militaire, ce principal attribut du fief, n'existe plus; au roi seul appartient le droit de déclarer la guerre et de convoquer le ban et l'arrière-ban. De là plusieurs conséquences: 1° contrairement à l'ancien droit, un vassal peut rendre hommage lige à plusieurs seigneurs, et il n'existe plus guère de différence entre l'hommage lige et l'hommage simple, si ce n'est dans la forme même (1); 2° une femme, primitivement incapable de

(1) Cependant il en existait encore une : par l'hommage lige, le vassal obligeait sa personne et ses biens et devait servir lui-même; par l'hommage simple, il n'obligeait que ses biens et pouvait mettre quelqu'un à sa place pour acquitter ses devoirs.— J'ai trouvé des renseignements précieux à ce sujet dans des cahiers dictés par M. Filleau, avocat du roi au présidial de Poitiers, et professeur de droit français, en 1758 et 1768.—Je dois ce manuscrit à l'obligeance d'un de mes élèves, M. Galletier, qui me l'a donné pendant l'impression de ce livre.

tenir un fief, peut désormais en recueillir un par succession (1); 3° la foi et l'hommage ne contiendront plus la promesse de servir le seigneur en guerre; ce ne sera plus qu'une reconnaissance solennelle de la tenure du fief. Quel autre caractère pourrait-il avoir?

La foi, étant un acte essentiellement personnel, sera encore renouvelée à chaque mutation soit de seigneur, soit de vassal; celui-ci la rendra en personne, si le seigneur ne consent pas à la recevoir par procureur. Cependant, en commémoration du droit de *parage* désormais aboli, l'aîné peut porter la foi au seigneur au nom de ses frères puînés, s'ils ne veulent pas se charger de ce soin. — Une exception au principe est encore établie en faveur de l'usufruitier du fief ou des créanciers du vassal, qui ont le droit de porter l'hommage au cas où, dans une pensée de fraude, le nu-propriétaire ou le débiteur s'abstient de remplir cette obligation.

Dans l'origine, la foi et l'hommage étaient dus par le roi lui-même quand il acquérait un fief dans la mouvance d'un seigneur particulier; mais cet usage a disparu ; l'assujettissement de l'hommage en ce cas n'est plus dû ni en personne, ni par procureur, « car il » est au-dessous de la majesté de nos rois, qui ne tiennent leur » royaume que de Dieu et de leur épée, et ne reconnaissent en » terre aucun souverain, de faire quelques actes que ce soit qui » portent caractère de service ou de sujétion (2). » Cependant, pour ne pas s'écarter de *l'équité et de la justice, qui est inséparable de leur autorité souveraine*, une déclaration de Louis XIV, d'avril 1667, fixe l'indemnité à payer dans ce cas au seigneur.

(1) Il y avait pourtant encore incapacité pour la femme dans plusieurs cas, comme lorsqu'il s'agissait de la couronne, des apanages des enfants de France, des duchés, comtés et marquisats, sauf les dérogations écrites dans les ordonnances. Enfin, à égalité de degrés, certaines coutumes préféraient les mâles en ligne collatérale.

(2) Cahiers inédits de M. Filleau. — Voilà comment les jurisconsultes du XVIIIe siècle appréciaient les relations du roi et des seigneurs.

Les cérémonies de l'hommage varient suivant les coutumes; elles sont à peu près sous la monarchie absolue ce qu'elles étaient avant. Tant que l'hommage n'est pas rendu, le fief est ouvert et le seigneur se met en possession; les délais expirés, il exerce la saisie féodale (1). Autrefois, cette saisie n'exigeait aucune formalité; le seigneur entrait en possession de son autorité privée; mais, depuis Dumoulin, les formes judiciaires prennent la place de la force matérielle : l'intervention du juge, le ministère d'un sergent et d'un record sont exigés même dans les coutumes qui supposaient au seigneur le droit d'agir seul; l'usage est plus fort que les textes. — La saisie attribue au seigneur tous les droits utiles et honorifiques du fief et opère résolution des droits réels consentis par le vassal (2). Celui-ci, privé de son fief pendant la saisie, peut être *délogé* par son seigneur; mais la coutume recommande à ce dernier « d'user de son droit de saisie *avec » égard et ménagement*, » et Pothier va encore plus loin dans son commentaire (3).

La peine encourue pour félonie ou désaveu existe toujours; mais on applique au droit de commise la maxime *Odia restringenda*. La jurisprudence, adoucissant encore la doctrine de Dumoulin, rejette la commise en cas de désaveu simplement extrajudiciaire (4).

(1) Elle avait lieu encore pour omission de dénombrement ou défaut de payement des droits ordinaires de quint et de rachat.

(2) C'est à ce propos que plusieurs coutumes permirent au seigneur de saisir comme chose mobilière les fruits non séparés du sol, pourvu qu'ils eussent atteint leur maturité. Le code de procédure a consacré ce principe dans l'article 626, en autorisant la saisie-brandon, qui est mobilière, six semaines avant la maturité des fruits. — « Elle a pris son » nom des *brandons* ou petits piquets revêtus de petits tortillons d'herbe » qu'on fichait dans les champs saisis où étaient les fruits pendants par » racine. » Pothier, Traité des cens, édition Bugnet, n° 56, p. 772.

(3) Le seigneur devait laisser au vassal strictement son habitation; mais Pothier enseigne qu'il faudra lui laisser en outre les caves et celliers destinés à la provision ordinaire du père de famille. Traité des fiefs, n° 239.

(4) Traité des fiefs, n° 239, p. 556.

D'Argentré, enclin à favoriser les seigneurs, se prononçait pour la résolution de tous les droits réels en cas de commise; mais son opinion est abandonnée; l'avis contraire, plus avantageux aux créanciers, triomphe, et, grâce à l'autorité de Dumoulin, les tiers ne sont plus exposés à perdre leur droit pour le délit d'autrui (1) qu'ils n'ont pu prévoir.

Comme conséquence de ce système, la commise pour félonie se prescrit par un an (2) et non plus par trente. La félonie est une injure à laquelle les feudistes appliquent la règle romaine *Injuria dissimulatione aboletur* (3).

Le *dénombrement* était la description détaillée fournie par le vassal de tous les héritages et droits qu'il tenait du seigneur à titre de fief. La coutume de Paris, art. 8, voulait qu'il fût rédigé en forme authentique, écrit en parchemin, par-devant notaire ou tabellion. Mais, comme les seigneurs abusaient de leur autorité pour exiger la reconnaissance de devoirs plus onéreux que ceux imposés par le titre primitif, il fut reçu en principe que tout ce qui serait contraire au titre d'inféodation ne sortirait aucun effet (4).

Les droits utiles ou profits de fiefs restèrent à peu près les mêmes que dans l'origine; c'étaient les droits de quint, de rachat, de retrait féodal, dont la jurisprudence restreignit l'application. Aucun profit n'était dû, et même il était sujet à répétition s'il avait été perçu, quand la vente était résolue, et la maxime proclamée par tous était celle-ci : *Ex contractu nullo nulla debentur*

(1) C'est par les mêmes motifs que les droits des tiers sont maintenus par l'article 958 C. Nap., en cas de révocation d'une donation pour cause d'ingratitude.

(2) C'est le délai importé par l'article 957 C. Nap. dans le cas de révocation pour cause d'ingratitude.

(3) Dumoulin, malgré sa tendance bien connue à restreindre les droits des seigneurs, n'avait pas osé proposer de réduire à une aussi courte durée l'action pour félonie.

(4) Dumoulin, Traité des fiefs, § 12, n° 24. — J'ai déjà dit que ce passage était l'origine des règles sur la force probante des actes récognitifs.

laudimia (1). — L'importance des droits de mutation fut considérablement diminuée par le principe devenu une règle constante au temps de Pothier, que tout acte qui met fin à l'indivision est un partage déclaratif de propriété (2). Livonnière, examinant avec attention la nature des contrats, ne voyait dans l'acte par lequel un père donnait à son fils un fief à la charge d'acquitter ses dettes qu'une anticipation de succession, et il l'affranchissait en conséquence du droit de quint (3). — D'Argentré lui-même (4) combattait Dumoulin, pour exonérer de ce droit l'acheteur tant que la vente n'était pas consommée par la tradition; car, disait-il, si le contrat est dissous par le consentement mutuel, le seigneur ne peut plus prétendre au quint, puisque l'aliénation, pour laquelle seulement son consentement est nécessaire, n'a point été effectuée. Malgré la conformité de cette théorie avec les vrais principes, l'usage contraire prévalut dans la pratique, et le droit de quint continua à être payé.

Un édit de 1545, qui dispensa les secrétaires du roi de payer les droits seigneuriaux pour leurs acquisitions dans les mouvances royales, tant en vendant qu'en achetant, et deux autres édits de 1581 et 1690, qui étendirent ce privilége aux chevaliers de l'ordre du Saint-Esprit, aux membres du parlement et de la chambre des comptes, aux maîtres des requêtes et aux trésoriers de France, furent encore la cause d'une diminution notable dans les droits de vente; car, dans les coutumes où le profit était acquitté par le vendeur, la vente faite par un privilégié était exempte de profits, quoique l'acheteur ne le fût pas, et, dans les coutumes où le profit était au compte de l'acheteur, la vente en était encore exempte lorsque l'acheteur était privilégié, quoique le vendeur ne le fût pas.

(1) L'art. 60 de la loi du 22 frim. an VII consacre un principe contraire; il défend en thèse générale la restitution d'un droit régulièrement perçu.

(2) Les principes enseignés par Pothier, Traité des fiefs, nos 451, 452, etc., sont ceux du code Napoléon.

(3) *V.* la décision analogue de l'article 1406 C. Nap.

(4) *De laudimiis*, § 2.

Les droits de mutation furent supprimés à peu près dans toutes les coutumes pour les successions en ligne directe ; ils cessèrent d'être considérés comme personnels, et l'héritier bénéficiaire put les faire supporter par la masse de l'hérédité.

Le droit de rachat consistait dans une année de revenu du fief au profit du seigneur toutes les fois qu'il s'opérait un changement dans la personne du vassal ; l'estimation était faite par deux prud'hommes ou experts nommés par les parties. Avant le XVIe siècle, un roturier ne pouvait être choisi, parce qu'il n'était pas reçu à témoigner en matière de fief ; mais, depuis, le nombre des gentilshommes diminua à tel point, qu'il ne fut plus possible d'en trouver un seul dans certains pays, au dire de Laurière ; il fallut bien alors choisir en dehors de cette classe.

Dans l'ancienne jurisprudence, et même à l'époque où écrivait Dumoulin, le retrait féodal reposait sur le droit qu'avait le seigneur de réunir à ses domaines le fief relevant de lui ; aussi n'était-il point cessible, et ne pouvait-il être considéré comme un fruit du fief entrant dans le profit du rachat (1). Mais la nouvelle jurisprudence du parlement de Paris ne vit plus dans le retrait féodal que la faculté de profiter d'un bon marché. Dès lors, réduit à la condition d'un droit purement pécuniaire, il fut cessible ; devenu une partie des fruits du fief et entrant dans le revenu de l'année du rachat, il put être exercé par le seigneur sur l'arrière-fief, quand il y avait ouverture à ce droit durant l'année du rachat. Le principe de la cessibilité du retrait féodal avait porté quelques auteurs à enseigner que les gens de mainmorte, auxquels un édit de 1749 avait défendu d'exercer aucune action en retrait féodal, pouvaient au moins le faire par le ministère d'un cessionnaire. Mais, quoique l'édit n'eût

(1) Le rachat étant le revenu d'une année du fief, il était important de connaître les choses qui rentraient dans la classe des fruits. — Dès que la jurisprudence considéra le retrait comme un fruit civil, il dut être calculé dans les fruits de l'année. — Pothier, Traité des fiefs, chap. 2 du retrait féodal, nos 682-692.

d'autre but que d'empêcher les gens de mainmorte d'acquérir, cependant ses termes étaient trop absolus pour se plier à cette interprétation hardie, et la jurisprudence décida que l'édit avait prononcé une incapacité complète (1).

Lorsque le fief faisait retour au propriétaire du fief dominant, on n'appliquait point autrefois les principes du droit romain sur la consolidation; les deux fiefs conservaient leurs qualités respectives, quoique placés désormais dans les mains du même maître; l'exercice des droits n'était que suspendu. Cette doctrine, encore en vigueur en 1498, ainsi que le prouve un arrêt rapporté par Brodeau sur Louet, fut abandonnée en 1529.

Le contrat de bail à cens, qui réservait à l'aliénateur d'un héritage la seigneurie directe et une redevance annuelle, différait du contrat de rente foncière en plusieurs points essentiels qu'il faut préciser (2). Dans la rente foncière, point de réserve de seigneurie; elle existait au contraire dans le bail à cens : — le cens était imprescriptible, car il constituait la reconnaissance de la seigneurie; tandis que la rente foncière était sujette à la prescription. — On tenait encore que *cens sur cens ne vaut*, c'est-à-dire que celui qui détenait à cens ne pouvait pas faire une concession semblable à celle qui lui avait été faite : il en était autrement en matière de rente foncière, une redevance de cette nature pouvant être entée sur une redevance pareille. — Le cens, étant récognitif de la seigneurie directe, ne se prêtait pas à une compensation; l'intérêt pécuniaire n'était en effet que secondaire; par la même raison, la saisie-arrêt du cens n'empêchait pas le censitaire de se rendre aux jour et lieu désignés pour sa prestation, sauf à ne payer la redevance qu'après mainlevée : ces principes étaient étrangers à la rente foncière (3).

(1) *Ibid*., n°s 737-742.

(2) Ces distinctions servent à comprendre les droits supprimés par la loi du 17 juillet 1793.

(3) Différent en cela de la foi, le cens n'obligeait pas le censitaire à se rendre en personne auprès du seigneur; un procureur pouvait le représenter.

Tous les censitaires par indivis étaient solidaires entre eux ; l'interpellation adressée à l'un constituait les autres en demeure (1). — Le seigneur interpellait le possesseur de l'héritage et non le véritable propriétaire (2). Outre le cens, le seigneur avait des profits de vente dont le règlement s'effectuait comme pour les héritages féodaux.

A chaque classe de propriétés correspond toujours la division des personnes, et, par suite de cette loi sociale, c'est au roi que correspond le domaine de la couronne, tendant à l'absolu, à l'universalité. Le code Marillac, de 1629, contenait en germe ce principe, que formula nettement l'édit de 1692 en proclamant *la mouvance directe et universelle du roi sur toutes les terres du royaume*.— Désormais la maxime féodale : *Nulle terre sans seigneur*, fut appliquée d'une manière absolue en faveur du roi, seigneur suzerain. Tous les biens furent placés sous la dépendance de la couronne, et soumis envers elle à des redevances. *Nul ne peut être affranchi du droit féodal et censier sans la volonté expresse du roi ; LUI SEUL peut accorder le droit de franc-alleu.*

La propriété, base de la féodalité, accompagna la royauté dans son élévation gouvernementale. Le roi, dès le XVIe siècle, était regardé comme propriétaire de la puissance souveraine (3). La distinction fondamentale des personnes et des biens subsista encore, mais il

(1) Telle est la règle consacrée dans l'article 1206 C. Nap.

(2) C'est l'article 36 de la loi du 3 frimaire an VII pour les contributions foncières.

(3) Dans ses mémoires pour le Dauphin, Louis XIV disait : « Tout ce » qui se trouve dans l'étendue de nos États, de quelque nature qu'ils » soient, nous appartient au même titre. — Vous devez être persuadé » que les rois sont seigneurs absolus, et *ont naturellement la disposition pleine et libre* de tous les biens qui sont possédés, aussi bien » par les gens d'église que par les séculiers, pour en user en tout comme » de sages économes. »

« Il ne lui vint même pas à l'idée, dit un illustre écrivain, Chateaubriand, que la liberté, la propriété, la vie d'un de ses sujets *ne fussent pas à lui.* »

n'y eut plus qu'un droit de suzeraineté, droit réel et productif, appartenant au roi.

C'est avec ce tempérament qu'il faut accepter cette proposition, que la classification des personnes sous la monarchie absolue est restée la même que sous la féodalité; on distingue encore les nobles, les roturiers et les serfs.

Le clergé, à raison des priviléges dont il jouit, forme une classe à part; ces exemptions sont ou personnelles ou réelles. La seconde catégorie comprend la dispense des impôts de guerre, des tailles, des gabelles; dispense restreinte pourtant à la fin du XVIIe siècle, car les membres du clergé figurent sur les rôles de la taille pour les biens qu'ils exploitent comme propriétaires ou fermiers. A la première catégorie de priviléges appartient le droit d'être jugé par la juridiction ecclésiastique, l'exemption des charges de tutelle et curatelle, de la contrainte par corps et du service militaire.

Un homme est noble ou par son origine ou par la concession que le roi lui a faite de la noblesse d'une manière spéciale ou générale, soit dans des lettres individuelles d'anoblissement, soit en attachant la noblesse à certains offices, comme le fit Louis XV en 1750 pour plusieurs grades dans l'armée. Les priviléges de la noblesse consistent dans l'exemption des tailles et subsides, des corvées personnelles, de la banalité du four, moulin ou pressoir, et, d'après l'édit de Cremieu, dans l'attribution aux baillis et sénéchaux, à l'exclusion des prévôts, des procès intéressant les nobles. Outre ces priviléges ordinaires, il en est encore de plus étendus qu'accordent certaines coutumes.

En descendant au dernier degré de l'échelle sociale, nous rencontrons encore les serfs ou mortaillables, qui n'ont pas tous une condition identique. Les serfs *de corps ou de poursuite* sont si étroitement soumis au pouvoir féodal, qu'ils ne peuvent, en quelque lieu qu'ils s'établissent, se soustraire aux tailles, et que leurs biens, après leur décès, reviennent à leur seigneur. — Les *serfs d'héritage* peuvent s'affranchir de toute servitude par l'abandon de l'héritage qu'ils détiennent. Les *serfs de meubles* s'affranchissent à la condition, comme les précédents, d'abandonner non-seulement tous leurs héritages, mais encore tous leurs meubles.

Mais ces différentes classes de serfs sont loin de partager la condition des esclaves romains; les colonies seules connaissent des hommes ravalés à un état aussi humiliant, et encore la déclaration du 9 août 1777 défend-elle le transport des nègres et des mulâtres en France. L'édit de 1779, portant suppression de la servitude de corps dans tout le royaume, abolit d'une manière absolue l'esclavage dans le domaine du roi. Les seigneurs restent sourds à cet appel; il faudra une révolution sociale pour leur faire comprendre leur époque.

Enfin, entre les serfs et les nobles se place la classe intermédiaire des roturiers, dont je m'occuperai plus spécialement que des autres à propos du droit civil.

CHAPITRE II.

DROIT CIVIL OU COUTUMIER.

La rédaction officielle des coutumes a laissé la France soumise à l'autorité d'une foule de lois locales; cependant le progrès vers l'unité se continue par les ordonnances, qui généralisent les principes fondamentaux du droit civil. Aussi indiquerai-je les règles adoptées par la majorité des coutumes et celles décrétées et introduites par les grandes ordonnances.

Le territoire reste divisé en deux zones, sous le rapport juridique, jusqu'à la révolution de 1789. Une déclaration du 18 juillet 1498 rappelle que le pays du Languedoc doit être régi par le droit écrit en matière civile et criminelle, et d'Aguesseau, qui aspirait pourtant à l'unité des lois, disait dans son mémoire de la réformation: « Il serait non-seulement très-difficile, mais encore

» injuste, de vouloir réduire toutes les coutumes à une seule, dans » ce qui regarde les droits seigneuriaux... On exciterait par là un » murmure universel dans toute la noblesse, murmure qu'on peut » craindre, même quand il n'est pas bien fondé, mais qu'il ne » saurait être permis de négliger, pour y donner lieu par une » véritable injustice. Si l'on formait le dessein de réduire toutes » les coutumes à une seule, il ne faudrait pas y comprendre les » droits de justice, de fiefs et de censives. » La diversité des coutumes reste donc encore la base de la législation.

I. *Droit civil.* — La principale division des personnes après celle que j'ai déjà signalée est en regnicoles et en aubains. La condition de ces derniers s'est améliorée; cependant ils sont toujours exclus non-seulement des droits politiques, mais encore des droits civils proprement dits; incapables soit d'acquérir un fief de dignité, soit un bénéfice, et de jouir du bénéfice de la cession de biens, ils ne peuvent ester en jugement comme demandeurs qu'à la charge de donner caution (1); assimilés aux serfs pour la capacité testamentaire, ils n'ont même point d'héritiers *ab intestat*, à l'exception de leurs enfants nés dans le royaume et de leurs parents regnicoles; ceux-ci ont même la préférence sur les parents naturalisés, quoique plus proches en degré, par la raison que le roi *n'accorde aucunes lettres de naturalisation que sauf le droit d'autruy*. — Sous Louis XVI, de nombreux traités abolissent le droit d'aubaine vis-à-vis de puissances alliées, sous la réserve d'une fraction de biens au profit du fisc, un dixième ordinairement : c'est le droit de *détraction* (2).

Les bâtards, que plusieurs coutumes assimilent encore aux serfs, jouissent cependant presque partout de la capacité d'acquérir que donnent le droit des gens et le droit civil. Mais, à leur mort, le roi

(1) Art. 16 C. Nap. et 166 C. P. C.—Cette règle établie fut d'une manière définitive par un arrêt du 4 janvier 1562. *V.* plus haut, p. 352, note 5.

(2) Du mot latin *detrahere*, enlever; le roi prend dans la succession une part qu'il enlève aux héritiers de l'aubain.

recueille leur succession par droit de déshérence, s'ils n'ont pas laissé de descendants légitimes. Enfin la tache de la bâtardise empêche les enfants de prendre les armes et le nom du père, à moins que leur reconnaissance n'ait été suivie de lettres de noblesse, aux termes d'une ordonnance de Henri IV de l'an 1600; et encore, dans ce cas, l'écu doit-il être brisé d'un signe apparent qui révèle le vice de l'origine.

L'esprit d'intolérance en matière de religion assimile les protestants aux aubains : il ne doit plus y avoir en France que des catholiques à partir de la révocation de l'édit de Nantes; tout mariage célébré en dehors de l'Église est nul; les enfants qui en sont issus ne sont que des bâtards, la femme qu'une concubine. A partir de 1685 jusqu'en 1715, une foule d'édits, conséquence du mensonge légal qu'*il n'y a plus d'hérétiques en France*, enlacent comme une chaîne de fer quatre millions de Français. Bossuet repousse les tempéraments que les circonstances semblent exiger, et les évêques écrivent au roi pour lui représenter les dangers de la tolérance. — En 1787, un ministre philosophe, Malesherbes, fait présenter au parlement un édit destiné à rendre aux protestants l'état civil, et son enregistrement éprouve des difficultés! Desprémenil, le fougueux tribun aveuglé par les exigences de l'esprit de corps, accable l'édit de tout le poids de sa popularité; et pourtant la législation de Louis XIV et de Louis XV contre les réformés est une législation impie, qui, au nom du catholicisme, nie Dieu, l'homme et la société.

Quant aux esclaves coloniaux, ils étaient soumis à un droit particulier; si de nobles efforts avaient été tentés pour briser les chaînes des serfs, rien n'avait été proposé encore en faveur de cette propriété pensante qui, sous le ciel brûlant des Antilles, représentait plus que le servage féodal. Le code noir permit bien aux serfs de se marier, de professer la religion catholique; mais la mère esclave ne donnait le jour qu'à un esclave.

La capacité des Français est la règle, l'incapacité l'exception. L'âge forme obstacle à l'exercice des droits civils; la majorité féodale, fixée à vingt ans, sans distinction de sexe, en Normandie, en Bretagne, et en Auvergne, flotte entre dix-huit et vingt et un ans pour les mâles, entre quatorze et dix-huit pour les filles, dans le Vermandois et la Champagne. En matière civile, la majorité coutumière a été supplantée presque partout par la majorité romaine de vingt-cinq ans. — L'âge requis pour tester est le plus généralement de vingt ans pour les mâles et de dix-huit ans pour les filles; quelques coutumes établissent une majorité différente pour les meubles et les immeubles (1).

Les antiques barrières qui séparaient les diverses classes de la société féodale s'abaissent de plus en plus; les mœurs rompent souvent les digues vieillies que l'orgueil nobiliaire a élevées au moyen âge. Malgré la défense du père de famille, quelquefois à son insu, des mariages se contractent entre des fils de noble extraction et de modestes bourgeoises, entre des enfants de roturiers et des filles de grande maison. L'édit de 1639, venant au secours de l'autorité paternelle méprisée et de la vanité aristocratique humiliée, fulmine l'exhérédation contre les mineurs qui se marient sans le consentement de leur père, et contre leur postérité elle-même. La prohibition des mariages secrets est absolue, et les enfants qui en naîtront sont déclarés indignes de succéder (2).

Le mariage légitime, ordinairement précédé de fiançailles (3),

(1) Exemple : il faut 20 ou 18 ans pour tester de ses immeubles, 17 ou 15 pour les meubles.

(2) Ne confondez pas les mariages secrets avec les mariages clandestins : un mariage est clandestin quand on n'a pas observé pour sa célébration certaines formalités dont l'omission opère la nullité.—Il est secret quand il a été célébré avec les formalités essentielles, mais qu'il n'est pas suivi de la possession publique du titre d'époux pendant la vie des conjoints. — Le premier n'existe pas, le second est légitime, mais dépourvu d'effets civils à l'égard des enfants, qui n'ont pas droit à la succession de leurs père et mère.

(3) Les fiançailles devaient être faites par écrit d'après l'ordonnance

doit nécessairement l'être de plusieurs bans ; cet usage, ancien dans l'Église, rappelé dans les canons de plusieurs conciles, comme ceux de Latran et de Trente, est converti en loi civile par l'article 40 de l'ordonnance de Blois. La publication des bans appartient au curé de la paroisse du domicile de chacune des parties, qui doit en faire trois à des jours de fête ; l'intervalle, n'ayant point été réglé par l'ordonnance, varie suivant les diocèses. — Cette publicité, dont les évêques peuvent dispenser après le premier ban (1), a pour but d'appeler les oppositions (2) de la part des personnes intéressées à empêcher le mariage et à révéler les obstacles qui s'opposent à l'union projetée. — Les empêchements sont nombreux : l'erreur, la condition, les vœux solennels, la parenté, le crime, la diversité de religion, l'engagement dans les ordres sacrés, le lien d'un précédent mariage, l'honnêteté publique, l'affinité, la démence, l'impuissance, le rapt et la clandestinité (3).

Les mariages *in extremis*, réparation souvent tardive faite à l'honneur d'une femme séduite par un personnage de qualité,

de 1639, et il était défendu à tous juges, même ecclésiastiques, de recevoir une autre preuve. — L'un des fiancés refusait-il de remplir sa promesse? aucun tribunal ne pouvait le forcer à contracter mariage ; il n'avait que des dommages-intérêts à lui infliger. — Quelques tribunaux ecclésiastiques avaient condamné à l'exécution du mariage ; mais l'appel comme d'abus réforma ces sentences, ainsi que l'attestent les arrêts rapportés par Fevret, Traité de l'abus, tit. 8, ch. 1, nº 24, et par Brodeau sur Louet, lettre F., ch. 18.

(1) Art. 169 C. Nap.

(2) Art. 173, 174, 175 C. Nap.

(3) Ce que nos pères exprimaient par ces quatre vers :

Error, conditio, votum, cognatio, crimen,
Cultûs disparitas, vis, ordo, ligamen, honestas
Amens, affinis, si clandestinus et impos,
Si mulier sit rapta, loco nec reddita tuto.

D'autres jurisconsultes mettaient à la place des deux derniers vers les autres que voici :

Affinis si sit, si fortè coire nequibit,
Si parochi et duplicis desit præsentia testis.
Raptave sit mulier parti nec reddita tutæ.

sont privés de tout effet civil. L'orgueil aristocratique voit avec indifférence la fille du bourgeois obscur ou de l'artisan mourir de honte et de faim sur le seuil du château ; ses enfants même seront frappés d'indignité ; à ce prix, le principe conservateur de l'éclat de la famille et de la transmission des biens reste intact !

La déclaration de 1639 exigeait, sous peine d'exhérédation, que les fils majeurs de trente ans et les filles majeures de vingt-cinq prissent, avant de se marier, l'avis et le conseil de leur père; ce principe, puisé dans l'ordonnance de 1556, est développé par l'édit de mars 1697, qui comprend dans sa disposition les veuves, dont les autres actes législatifs n'ont pas parlé (1). Après l'âge fixé, les enfants n'ont plus qu'à demander conseil par des *sommations respectueuses*, qui, d'après un arrêt de règlement de 1692, ne pourront être faites qu'en vertu d'une permission du juge royal par un notaire et deux témoins, ou deux notaires.

L'intervention de l'Eglise comme condition nécessaire pour la validité du mariage, exigée par les Capitulaires de Charlemagne (2), était tombée en désuétude jusqu'au concile de Trente, qui l'exigea de nouveau ; mais comme les actes de ce concile, en ce qui concernait la discipline, ne furent point reçus dans le royaume, il fallut reproduire plusieurs de ses dispositions dans des actes législatifs. C'est ainsi que Henri III, par l'article 40 de l'ordonnance de Blois, prescrivit la publicité du mariage, fixa le nombre des témoins à quatre (3), et que, d'après la déclaration de Louis XIII de 1639, le curé du domicile des époux (4) dut recevoir à l'avenir le consentement des futurs avec l'assistance

(1) Art. 148, 149, 150, 182 C. Nap.

(2) Liv. 6e, art. 130, 408 ; — liv. 7e, 463.

(3) On voit facilement l'origine de notre législation actuelle.

(4) Quand les époux étaient de deux paroisses différentes, le concours de deux curés était-il indispensable? Un arrêt du parlement de Paris décida l'affirmative le 22 juillet 1733. Rousseau-Lacombe, v° empêchement dirimant, 13, art. 1, n° 4.

d'un notaire. — Dans la pratique, l'usage s'introduisit de laisser le curé instrumenter seul sans l'assistance de l'officier public (1).

Le mariage produisait une présomption de légitimité en faveur des enfants; mais les deux termes extrêmes de la gestation n'ayant point été déterminés, la jurisprudence éprouva sur ce point les plus fâcheuses variations; dans certaines espèces, la durée de la gestation avait été tellement prolongée, qu'Expilly disait : « C'est se moquer du monde de donner tant de temps » et de loisir aux femmes de pourvoir à leurs affaires après la » mort de leur mari. » Cette déplorable anarchie se manifesta surtout d'une manière frappante dans un procès célèbre qui s'agitait en 1765 au sujet d'un enfant né en Bretagne dix mois et dix-sept jours après la mort du mari. Médecins et jurisconsultes, depuis Aristote et Hippocrate jusqu'aux docteurs du jour, tous furent invoqués dans cette question célèbre! Il fallait le code Napoléon pour mettre un terme à ces incertitudes (2), mille fois plus dangereuses qu'une fixation quelconque, quelque fautive qu'elle soit.

Les parents n'ont plus besoin pour légitimer leurs enfants de les mettre sous le poêle; le mariage canoniquement célébré produit la légitimation sans autre cérémonie. — La légitimation par lettres du prince est encore maintenue, mais avec des effets plus restreints que ceux de la légitimation par mariage subséquent. Ainsi, quoique l'assimilation de ces deux modes ait été tentée par certains jurisconsultes, de nombreux arrêts ont décidé que le bâtard légitimé par rescrit du prince ne vient pas à la succession *ab intestat* de père et mère, et que les lettres royaux l'ont seulement rendu capable de recevoir comme tout étranger, sans plus

(1) L'ordonnance de Villers-Coterets voulait aussi que les actes de naissance dressés par les curés fussent signés par un notaire, *pour qu'il n'y eût pas de faute aux registres* Mais cette disposition tomba bien vite en désuétude.

(2) Art. 312, 314, 315 C. Nap.

d'extension à ses droits, le rescrit lui eût-il conféré *expressis verbis* la succession légitime, clause contraire aux bonnes mœurs, et par conséquent réputée non écrite.

Le mariage légalement contracté produit encore des effets civils dont les principaux sont : la puissance maritale, qui frappe la femme d'incapacité ; la puissance paternelle, qui confère les droits de garde noble et bourgeoise, et dont l'étendue diffère suivant les coutumes (1).

D'après les unes, la garde noble n'appartient qu'au père et à la mère ; dans d'autres, elle passe aux aïeuls, et, sur leur refus, au seigneur ; en Normandie, elle est toujours réservée au roi ou au seigneur, à raison du fief dont il a la suzeraineté.—La garde bourgeoise n'est point universellement admise ; plusieurs coutumes l'excluent par un texte formel ; celles-ci la restreignent aux père et mère ; celles-là l'étendent aux aïeuls et aïeules. Certaines autres, celle d'Orléans par exemple, reconnaissent une garde bourgeoise particulière, qui n'est en réalité qu'une tutelle légitime ne conférant au gardien aucun droit sur les biens des mineurs.

La garde noble donne au gardien le droit de gouverner la personne du mineur, de diriger son éducation, et de jouir des biens sujets à la garde, c'est-à-dire de ceux provenant de la succession du prédécédé, à la charge de payer certaines dettes, telles que les arrérages de rentes passives échus avant son entrée en jouissance (2), de nourrir, entretenir l'enfant et de lui donner une éducation proportionnée à sa fortune (3) ; le gardien est encore assujetti aux charges qui pèsent sur un usufruitier ordinaire. — La garde bourgeoise, soumise à des principes analogues, prend fin plutôt que la garde noble ; elle cesse à 14 ans pour les mâles, à 12 pour les filles, d'après la cou-

(1) Le droit de garde n'avait lieu que dans les pays coutumiers.
(2) Art. 385, § 3, C. Nap.
(3) Art. 385, § 2, C. Nap.

tume de Paris, tandis que la garde noble se prolonge jusqu'à vingt et quinze ans; d'autres coutumes ont déterminé un âge différent.

Le mariage émancipe dans la plupart des coutumes; celles de Normandie, de Montargis, de Bourgogne, n'admettent l'émancipation que pour la femme; celle du Poitou consacre le même principe pour la femme noble; le mâle noble doit être émancipé en termes exprès, le roturier l'est par mariage et demeure séparé pendant un an et jour. (Art. 225, 276, 312, 314.) — Dans les pays de droit écrit, le mariage n'emporte pas émancipation; seul le parlement de Toulouse s'éloigne des principes du droit romain et reconnaît le principe contraire; mais il faut ou que le fils ait une demeure séparée, ou que, s'il habite avec son père, il agisse en père de famille.

Un des effets que produit le mariage pour la femme consiste dans l'obligation de suivre la condition de son mari; elle devient noble ou roturière. La femme noble mariée à un roturier reprend, au moment de son veuvage, sa noblesse, qui n'avait été que momentanément éclipsée par l'interposition de la personne de son mari.

Le mariage donnait encore à la femme un droit de douaire sur les biens de son mari, dans le cas où elle lui survivait. Ce droit, reconnu dans le midi comme dans le nord de la France sous des noms différents, avait pour objet « de donner aux veuves » le moyen de vivre honorablement, selon la condition de leurs » défunts maris. » Dans la plus grande partie de la France coutumière, le douaire consistait dans l'usufruit de la moitié des immeubles que le mari possédait au jour du mariage et de ceux qui lui étaient échus par succession directe. Ordinairement les coutumes distinguaient entre les nobles et les roturiers: en Touraine et en Loudunois, c'était le tiers des immeubles pour les nobles, la moitié pour les roturiers; en Angoumois, entre roturiers le douaire devait être expressément convenu. Dans d'autres coutumes, comme celles de Bretagne, du Maine, d'Anjou, de Poitou, cette distinction n'existait pas.—Enfin, le douaire coutumier pouvait être remplacé par une somme préfixe, mais qui, en cas d'excès, subissait réduction à la quotité fixée par la loi municipale.

Excepté dans la Normandie et à Reims, la communauté de biens entre époux formait le droit commun de la France coutumière (1). Elle s'établissait sans convention, par la seule force de la coutume du lieu où les conjoints étaient domiciliés lors du mariage; et s'ils avaient des domiciles différents, par la coutume du lieu où le mari avait le sien. — Le droit commun faisait du mari le chef et seigneur de la communauté, avec pouvoir d'aliéner sans le concours de sa femme, en sorte qu'il semblait que celle-ci fût sans droit durant le mariage (2).—La communauté commençait ordinairement dès le jour de la bénédiction nuptiale; cependant les coutumes du Maine, d'Anjou et de Bretagne, exigeaient la cohabitation d'an et jour.

Le système sur lequel reposait le calcul des éléments composant l'actif et le passif de la communauté a été reproduit presque tout entier dans notre législation; le mobilier tombant dans la communauté, les dettes mobilières durent être à sa charge (3), et l'étendue excessive des pouvoirs du mari fit décider que la communauté serait engagée par ses actes. Mais, pour contrebalancer ce pou-

(1) Différence capitale avec les provinces du midi, qui avaient préféré les combinaisons du régime dotal.

(2) Pothier, communauté, 467; puissance du mari, n° 82. Ce qui faisait dire à Dumoulin que la communauté était *plus in habitu quàm in actu*, et il ajoutait : La femme, durant le mariage, *non est propriè socia, sed speratur fore. Maritus solus dominus, propter auctoritatem administrandi et alienandi potestatem.* Le droit de la femme se réduisait à partager, à la dissolution de la communauté, les biens qui s'y trouvaient. Le droit actuel est moins exclusif; l'art. 1421 C. Nap. prohibe dans certains cas les aliénations à titre gratuit.

(3) Paris, art. 220, 221. C'est le système consacré par les art. 1401 et 1409 C. Nap.

voir, la femme roturière, par analogie du droit accordé à la femme noble, put renoncer à la communauté sous quatre conditions : qu'elle ne se fût point immiscée dans les biens de la communauté, — qu'elle eût fait bon et loyal inventaire dans le cas où elle s'était trouvée en possession des biens communs, — que la renonciation se fît dans un délai déterminé, — enfin qu'elle eût rempli certaines formalités (1).

A défaut d'inventaire ou de partage régulier, la communauté continuait entre le survivant et ses enfants ; mais cette continuation (2) constituait un droit pour ceux-ci plutôt qu'une obligation. Si le survivant se remariait sans faire inventaire ni partage, la communauté continuait par tiers ou par quart, selon que le nouvel époux avait ou non des enfants d'un premier lit.

La communauté se dissolvait d'une manière absolue par la séparation de corps et la séparation de biens (3). Ce dernier mode était particulier à la femme (4), quoique Lebrun cite un arrêt du 27 février 1602 prononçant la séparation de biens au profit d'un mari dont la femme lui avait apporté, à son insu, cent quatorze procès contre une seule personne (5).

Quelques mots maintenant sur les principes généraux en matière de translation de propriété.

Nous retrouvons dans cette période la distinction fondamentale des meubles et des immeubles. Les fruits pendants par branches et par racines étaient immeubles jusqu'à leur séparation du sol,

(1) Quelques coutumes suivaient encore l'ancien symbolisme, mais presque toutes exigèrent plus tard un acte notarié signifié au mari ou à ses héritiers.

(2) Paris, art. 240, 241. C'est ce qui explique la rédaction de l'article 1442 C. Nap.

(3) Pothier, communauté, n°s 503, 504, 506. C'est ce que décide encore l'art. 1441 C. Nap.

(4) L'art. 1446 C. Nap. consacre le même principe.

(5) « Il y a des cas, dit Lebrun, où on doit permettre aussi au mari de » demander la séparation, quand les affaires de la femme sont si intri- » guées, que l'application et la fortune du mari n'y suffisent pas. » Traité de la communauté, liv. 3, chap. 1, n° 11.

sauf dans les coutumes d'Artois et de Reims, qui déterminaient une époque fixe pour leur mobilisation (1). Les intérêts des capitaux et les arrérages des rentes étaient meubles; mais les fermages des immeubles ruraux ne prenaient cette qualité qu'au moment où les fruits naturels dont ils étaient la représentation se trouvaient ameublis.

Une autre distinction importante des biens est celle des propres, des acquêts et conquêts.—Les propres, biens patrimoniaux ou de naissant, sont les immeubles advenus à leur possesseur par succession directe ou même collatérale, auxquels on assimile ceux qui ont fait l'objet d'une donation en avancement d'hoirie ou d'un retrait lignager. — Tous les immeubles acquis à d'autres titres, par achat ou par libéralité provenant d'un étranger, etc., s'appellent acquêts. — En matière de communauté entre époux ou autres personnes, les immeubles propres à chaque associé comprennent non-seulement les propres de naissant, mais encore tous les acquêts faits avant la communauté.—Tous acquêts immeubles faits depuis le commencement de la communauté jusqu'à la dissolution se nomment conquêts.

Les principes de la saisine subsistent; pour acquérir la saisine de droit d'un immeuble, la tradition judiciaire est indispensable. Les seigneurs, devant lesquels les saisine et dessaisine, vest et devest, devaient se faire, sont encore obligés d'en tenir des registres à leur greffe. Mais cet ancien usage ne se conserve que dans les coutumes dites de *saisine et de nantissement*, c'est-à-dire dans la Picardie, excepté Montdidier et Calais, dans l'Artois, à Chauny, dans le Vermandois, Châlons excepté, et dans l'ancien ressort de Senlis. L'influence du droit romain, si peu curieux de la publicité, s'est fait sentir dans le droit

(1) C'était, pour les foins, après la mi-mai; pour les blés, après la Saint-Jean; pour les raisins, après la mi-septembre. Ces fruits, à partir de l'époque où ils étaient réputés meubles, prenaient le nom de catels ou cateux dans les coutumes d'Artois, de Boulenois et d'Amiens.

coutumier, excepté en Bretagne, où le système des *appropriances* remplaçait celui de la saisine.

Que la mise en possession fût publique ou non, elle était indispensable pour transférer la propriété. Au commencement du XVIIe siècle, un professeur de l'université de Poitiers, François Caillet, enseigna (1) que le seul consentement suffisait pour opérer la transmission de propriété en faveur de l'acquéreur. C'était une hérésie en présence de la loi romaine, et Pothier lui-même ne comprenait pas comment le consentement des parties pouvait avoir une si grande puissance. L'opinion de Caillet est restée isolée jusqu'au jour où notre législateur moderne a cru devoir l'ériger en loi (2).

La transmission de propriété par donation entre-vifs est soumise à des solennités exceptionnelles, ainsi que le contrat lui-même, et l'ordonnance de 1731, tout en reproduisant l'ordonnance de 1539 et la déclaration de 1549, modifie quelques-unes des règles existantes.

L'acceptation de la donation doit être expresse; mais elle peut avoir lieu par acte séparé, à la condition d'être passée devant notaires, comme la donation elle-même: le donateur n'a pas besoin d'y assister. Les mineurs et autres incapables ne sont pas restituables pour défaut d'acceptation; l'article 14 de l'ordonnance (3) de 1731 ne leur accorde qu'un recours contre leurs tuteurs. Le donataire même mineur peut accepter, ainsi que son père et sa mère, quoiqu'ils n'aient point la qualité de tuteur (4).

L'irrévocabilité est la règle fondamentale des donations; certaines coutumes exigent même la tradition réelle pour l'honneur du principe; d'autres se contentent d'une tradition feinte. L'ordonnance de 1539 les astreignait à l'insinuation, et les meubles

(1) Dans un travail sur le titre *de evictionibus*, au Code, *ad leg.* 5, que Pothier (vente, n° 48) appelle un *fort beau commentaire*. Il est rapporté dans le Trésor de Meerman, t. 2, p. 318-320.

(2) Art. 711, 1138, 1583 C. Nap.

(3) Reproduit par l'art. 942 C. Nap.

(4) Art. 7 de l'ord. *V.* art. 463, 935 C. Nap.

n'en étaient dispensés que dans deux cas : celui de tradition réelle et celui où leur valeur n'excédait pas mille livres. Cette formalité, qui primitivement devait s'accomplir dans les greffes des juridictions royales du domicile du donateur et de la situation des biens, s'effectua plus tard aux greffes d'insinuation établis par l'édit de 1703 dans chaque juridiction royale, et s'opéra par la transcription sur les registres publics dans les quatre mois, à compter du jour de la perfection du contrat.

Du principe de l'irrévocabilité découlaient des conséquences admises encore aujourd'hui : nullité d'une donation qui portait sur des biens à venir (1), ou imposait au donataire des charges actuellement indéterminées (2). La réserve que le donateur faisait de disposer d'un bien compris dans la donation enlevait au donataire tout droit à la chose ainsi réservée, etc. (3). Ces règles recevaient exception en faveur du mariage, suivant l'article 18 de l'ordonnance de 1731 (4).

Cette ordonnance admettait deux causes de révocation : l'ingratitude et la survenance d'enfants; appliquant à cette dernière cause le principe établi par le parlement dans l'affaire de Dumoulin, elle y soumettait les donations faites même par contrat de mariage (5); mais l'art. 42 refusait à la femme du donataire l'hypo-

(1) L'art. 15 de l'ordonnance prononçait la nullité pour le tout lorsque la donation comprenait tout à la fois et des biens à venir et des biens présents. Le code Napoléon est moins rigoureux; il laisse subsister la donation des biens présents. — Art. 943.

(2) Art. 16 de l'ordonnance. *V.* art. 945 C. Nap.

(3) Art. 16 de l'ordonnance. *V.* art. 946 C. Nap.

(4) Dont les principes ont passé dans les art. 947, 1082, 1084, 1086.

(5) Ricard soutenait que la donation faite par le contrat de mariage du donateur n'était *jamais* révocable pour cause de survenance d'enfants. Cette proposition était contraire à la décision de Dumoulin, qui enseignait, dans son traité *De donationibus in contractu matrimonii factis*, qu'elle devait l'être *toujours*. Mais Ricard écartait l'autorité du savant jurisconsulte par la réflexion suivante : « Dumoulin est suspect en cette » rencontre, ayant fait son traité pour combattre une donation qu'il avait » faite à son frère : ce que je remarque pour faire trouver le lieu à la » vérité sans blesser la réputation de ce grand personnage, qui trouve » assez son excuse dans les mœurs générales des hommes, qui sont aveu-

thèque subsidiaire que l'arrêt du 12 avril 1551 avait accordée à Marguerite Maillard, belle-sœur du jurisconsulte (1).

La révocation pour survenance d'enfants opérait de plein droit, et les biens donnés rentraient aux mains du donateur libres de toutes charges réelles créées par le donataire; le donateur avait trente ans pour exercer la revendication (2).

Lorsque la donation était faite par un ascendant à un descendant, et que celui-ci mourait sans postérité, le donateur survivant

» glés par leurs propres intérêts. » Traité des donations, 3e partie, n° 592.

L'opinion de Ricard et celle de Dumoulin étaient également outrées. L'ord. de 1731 prit un juste milieu entre les deux partis extrêmes dans son art. 39, dont l'article 960 du code Napoléon n'est que la reproduction.

(1) Dumoulin dit, au n° 86 de son traité *De donationibus* etc., n° 5, que le maintien de l'hypothèque légale de sa belle-sœur sur les biens donnés ne fut prononcé par le parlement qu'en conséquence du consentement formel qu'il y donna par écrit : *Ex his satis liquet hanc clausulam hypothecæ non fuisse appositam mero jure* NEC MOTU SENATUS : *esset enim contra jus et contra concordem omnium sententiam, qui tenent purè et simpliciter resolvi per prædicta; sed fuit apposita* DE EXPRESSO CONSENSU MEO ETIAM MANU PROPRIA SUSCRIPTO, ET IN ACTA RELATO.

Cependant Leprestre, dans la seconde centurie de ses Arrêts, chapitre onze, révoque en doute l'exactitude du fait avancé par Dumoulin. En parlant de *la queue de l'arrêt* du 12 avril 1551 (c'est le nom qu'il donne à la partie qui maintenait subsidiairement l'hypothèque légale de la femme), ce jurisconsulte s'exprime en ces termes : « ... laquelle clause » Dumoulin dit avoir été adjoustée de son exprès consentement baillé » par escrit. Et toutefois il ne s'en apprend rien par l'arrêt qui est au » greffe de parlement ET QUE J'AI VEU. »

Dumoulin regardait comme hors de doute que la révocation de la donation devait faire évanouir l'hypothèque légale de la femme sur les biens donnés. Leprestre y voyait au contraire plus d'une raison de douter. « *Cette difficulté n'est pas petite,* disait-il, *loco suprà citato;* » et en effet un arrêt du parlement de Toulouse du 6 septembre 1636, rapporté par d'Olive, déclara que la révocation pour cause de survenance d'enfants laissait intacte l'hypothèque légale qu'avait la femme sur les biens donnés; mais Ricard, Traité des donations, 3e partie, n° 654, voyait dans cette décision une erreur. « Elle procède, disait-il, de ce que » l'arrêt de Dumoulin n'a pas été considéré dans la source et dans Du- » moulin même. »

(2) La prescription ne courait que de la naissance du dernier enfant, même posthume, aux termes de l'art. 45 de l'ordonnance : disposition favorable qui a passé dans l'art. 966 C. Nap.

exerçait, en pays de droit écrit, un retour sur les biens donnés, qui revenaient ainsi à leur source. Pendant plusieurs siècles, les principes féodaux avaient fait écarter, dans la France coutumière, les ascendants de la succession de leurs enfants; mais Beaumanoir avait déjà écrit au XIIIe siècle que les ascendants succédaient, à l'exclusion de tous autres, aux biens par eux donnés à leurs descendants morts *sans hoir de leur cor* (1). Des coutumes et des arrêts (Chopin en rapporte un de 1554) décidaient, il est vrai, le contraire; mais on finit par suivre la décision de l'article 315 de Paris, qui, par exception au principe *Propres ne remontent pas*, voulait « que les ascendants succédassent aux » choses par eux données à leurs enfants décédés sans enfants » et descendants d'eux. » — Ce qui donnait à cette institution une physionomie particulière, c'est que dans les pays coutumiers ce retour était un véritable droit successif qui soumettait l'ascendant aux dettes et l'obligeait à respecter les aliénations et les droits réels constitués par le donataire (2), tandis que d'après le droit romain les biens revenaient francs et quittes aux mains du donateur, en conséquence de la résolution qui s'était opérée.

La donation à cause de mort, révocable à la volonté du donateur, était confondue avec les testaments par la plupart des coutumes, qui requéraient pour sa perfection les mêmes formalités. Suivant plusieurs lois municipales (Normandie, Sens, Auxerre, Poitou et Montargis), une donation même conçue entre-vifs était réputée à cause de mort quand le donateur mourait dans les quarante jours. D'autres voyaient une donation à cause de mort dans une libéralité faite dans le cours de certaines maladies, telles que la pierre et l'hydropisie.

Contrairement au droit romain, quelques coutumes (Montfort, Poitou, Noyon) admettaient toute espèce de donations entre

(1) *V.* plus haut, p. 369.
(2) C'est le système suivi par l'art. 747 C. Nap.

époux ; d'autres ne validaient que les donations à cause de mort ; mais le plus grand nombre (Paris, Melun, etc.) repoussaient les unes et les autres. — Une seule espèce de donation était universellement autorisée entre époux : c'était le don mutuel, qui consistait dans la jouissance au profit du survivant de la portion de meubles et conquêts immeubles attribuée par le partage de la communauté aux héritiers du prédécédé.

Les donations entre époux faites par contrat de mariage étaient vues avec faveur ; mais celles faites à un nouveau conjoint par un individu ayant des enfants d'un précédent mariage étaient restreintes par la loi romaine, les coutumes, et plus particulièrement par l'édit *des secondes noces* de 1560. Le nouveau conjoint ne pouvait recevoir qu'une part d'*enfant moins prenant.*

L'ordonnance reconnaissait trois sortes de testaments dans le pays de droit écrit, à savoir : le testament *nuncupatif*, le testament *mystique*, et le testament *olographe*, mais ce dernier seulement lorsqu'il était fait par le père de famille, entre enfants et descendants, *inter liberos.*

Les coutumes n'admettaient que deux manières de disposer par acte de dernière volonté : le testament *olographe* et le testament *solennel*; ce dernier devait être reçu par un notaire et deux témoins, ou deux notaires, ou par le curé ou vicaire assisté d'un notaire ou de trois témoins. L'ordonnance de 1735 substituait des solennités fixes aux formes variables que requéraient les coutumes. Le notaire ou autre personne publique chargée de recevoir le testament (1) écrivait cet acte tel que le testateur l'avait dicté ; lecture en était donnée au testateur, formalité essentielle dont l'accomplissement devait être expressément mentionné à l'acte, lequel se terminait par la signature des témoins, du

(1) L'article 25 de l'ordonnance maintenait les curés dans le droit de recevoir des testaments dans l'étendue de leurs paroisses, dans les lieux où la coutume le permettait.

testateur et du notaire. Toutes les autres formalités exigées par les coutumes furent supprimées.

La capacité de tester était en général régie par le droit romain. Les coutumes ne renfermaient guère que deux dispositions à cet égard : suivant la première, il fallait être sain d'esprit et usant de ses droits; suivant la seconde, le testateur devait être âgé de vingt ans accomplis pour tester de ses meubles et acquêts, et de vingt-cinq ans pour tester de ses propres; et encore l'âge compétent n'était-il pas partout le même.—Une incapacité remarquable de recevoir frappait les tuteurs, curateurs, gardiens et baillistres à l'encontre de ceux qui s'étaient trouvés sous leur garde, tant que le compte n'était pas apuré (1). Toute disposition faite au profit des femmes et des enfants d'un incapable était frappée de nullité (2).

L'exécution testamentaire était d'un usage général dans les pays coutumiers; l'exécuteur avait de plein droit la saisine d'an et jour sans que le disposant eût besoin de s'exprimer à cet égard.

Les pays coutumiers ne connaissaient que deux espèces de substitutions, la vulgaire ou directe, et le fidéicommissaire. Permise par donation entre-vifs ou par testament, elle était assujettie aux formalités particulières à l'acte qui la renfermait.

La substitution devait être insinuée et publiée dans les six mois de la donation ou du décès du testateur, en vertu de l'ordonnance de Moulins, reproduite par les articles 11 et 18 de l'ordonnance de 1747.

Le grevé ne devait jamais rendre au delà de ce qu'il avait reçu; dans les pays de droit écrit, il pouvait même retenir la falcidie, s'il s'agissait d'une substitution particulière, et la trébellianique en cas de substitution universelle. Les pays coutumiers ne connaissaient pas ces déductions de quartes; mais une combinaison d'un

(1) Article 131 de l'ordonnance de Villers-Coterets (1539), qui a passé dans l'art. 907 C. Nap.

(2) Pothier, donat. test., ch. 3, sect., 2, art. 3.—*V.* art. 911 C. Nap.

autre genre assurait aux héritiers légitimes une portion des biens qui ne pouvait être grevée de substitution à leur préjudice; on l'appelait *réserve coutumière*; variable suivant les localités, elle était à Orléans des quatre quints des propres.—Chargé de rendre, et par conséquent de conserver, le grevé ne pouvait ni aliéner ni hypothéquer, au préjudice des appelés, des biens qu'il n'avait reçus qu'à condition de restitution; l'ordonnance confirmative de la jurisprudence antérieure fit une exception au principe, en permettant au grevé d'hypothéquer les biens substitués à la restitution de la dot de sa femme et au douaire de celle-ci, en cas d'insuffisance de ses biens personnels (1).

Par dérogation au droit romain, l'ordonnance réduisait à deux degrés les substitutions fidéicommissaires, en respectant toutefois l'usage de certains pays conquis, dans lesquels les substitutions étaient illimitées.

L'institution contractuelle, cet ingénieux moyen de conserver l'illustration des familles anciennes, avait passé de la législation féodale dans celle de la monarchie absolue; permise par contrat de mariage seulement, elle était irrévocable en principe; cependant bon nombre de coutumes permettaient au donateur d'aliéner ses biens entre-vifs à titre onéreux, restriction admise dans nos lois modernes.

Enfin, quelque puissante que fût la volonté du donateur ou du testateur, elle ne pouvait pas entamer la *légitime* réservée aux enfants; la plainte d'inofficiosité ou demande en réduction offrait une ressource contre l'exagération des libéralités du père de famille. Révoquée pour le tout quand elle portait l'empreinte d'une préméditation frauduleuse, la donation subissait seulement réduction jusqu'à concurrence de la quotité disponible, lorsqu'elle ne devenait inofficieuse que par un fait postérieur.

Quant à la quotité de la légitime, les coutumes n'avaient pas

(1) Ainsi le décidaient les art. 44, 45, 46 de l'ordonnance, résumés dans l'article 1054 C. Nap., qui a modifié ce droit.

adopté une fixation uniforme: à Paris, Orléans, Calais, elle s'élevait à la moitié de ce qu'aurait eu *ab intestat* l'enfant réclamant; en Bourgogne, elle n'était que du tiers de la part héréditaire; les coutumes de Reims et de Melun, conformément à la novelle 118, la fixaient à la moitié ou au tiers de la succession, selon que le père de famille avait laissé quatre enfants seulement ou un plus grand nombre. La plupart des coutumes étaient muettes sur ce point, et la jurisprudence hésitait sur la question de savoir s'il fallait appliquer le droit romain ou la coutume de Paris.

En matière de successions *ab intestat*, autant de coutumes, autant de systèmes différents; cependant toutes se rapprochent par certains points fondamentaux qui leur sont communs.

Un principe à peu près universellement reconnu était celui-ci : *La loi seule peut faire les héritiers;* mais la jurisprudence coutumière lui avait porté une profonde atteinte en empruntant au droit romain les règles de l'exhérédation, sanctionnées d'ailleurs par plusieurs ordonnances.—Comme conséquence du principe, la saisine était généralement admise, et à côté d'elle la faculté de renoncer, correctif d'un droit qui eût pu devenir ruineux, et le bénéfice d'inventaire, moyen terme de nature à concilier heureusement tous les intérêts. — Un autre principe non moins important du droit coutumier consistait à régler les successions d'après la nature des biens qui les composaient, meubles, acquêts ou propres. Les dettes étaient supportées dans la proportion de son émolument par chaque héritier, à l'exception de l'aîné, qui, nonobstant son préciput, ne payait qu'une part de dettes égale à celle de ses cohéritiers.

La représentation en ligne directe était en usage partout, sauf dans les coutumes de Ponthieu, Chauny, Boulenois, Hainaut et Artois (1). Sur la question de représentation en collatérale, les

(1) Bretonnier, dans ses Questions de droit, v° représentation, ne comprenait pas cette diversité de jurisprudence coutumière sur une question *qui est, pour ainsi dire, de droit naturel* : « A l'égard de la ligne directe, » dit-il, les sentiments de la nature inspirent à toutes les personnes rai» sonnables d'admettre la représentation en faveur des petits-enfants.

coutumes étaient fort partagées : le plus grand nombre l'admettait, d'autres la repoussaient absolument (Senlis, Meaux, Clermont, Montargis, Blois, Namur, Tournay, Lille). Parmi les coutumes de représentation, quelques-unes l'admettaient jusqu'au degré de cousins germains (Valois, art. 87; — Bourbonnais, art. 306).— D'autres allaient plus loin encore, et l'admettaient *in infinitum*, comme en ligne directe (1).

La plupart des coutumes ordonnaient le rapport en ligne directe (2), et les donations faites à l'enfant de l'héritier étaient censées faites à l'héritier lui-même (3).

Le droit romain, respecté comme règle en matière d'obligations, même dans les pays coutumiers, étendit encore davantage son empire à mesure que les travaux des jurisconsultes élucidèrent les

» L'histoire nous apprend que toutes les fois que la dispute a été décidée
» par le sort des armes, la victoire s'est déclarée pour ce parti. Il y a lieu
» de s'étonner que l'on souffre en France des coutumes aussi *barbares*;
» l'on ne craint pas de leur donner ce nom, parce que le roi Henri II le
» leur donne dans les lettres patentes pour la réformation de la coutume
» de Melun, datées du 12 février 1558, dans lesquelles il dit qu'il se trouve
» plusieurs coutumes dures, iniques et déraisonnables, où représenta-
» tion n'a lieu en ligne directe. »

(1) *V.* Bretonnier, Quest. de droit, v° représentation.

(2) La coutume de Chauny, art. 19, à l'exemple de quelques autres, dispensait les enfants de rapporter les choses mobilières à eux données en avance d'hoirie, à moins que le rapport ne fût ordonné par le contrat de mariage. Mais cette disposition avait été de la part de Dumoulin l'objet d'une amère critique : *Stulta et iniqua consuetudo*, disait-il dans ses notes sur l'art. 19 de la coutume, *respectu lineæ directæ, et certe indiget recognitione et correctione.*

En revanche, d'autres coutumes, comme l'Anjou et le Maine, obligeaient si étroitement les enfants au rapport, qu'ils ne pouvaient même pas se tenir à leur don en renonçant à la succession du donateur. On les appelait coutumes d'*égalité parfaite.*

Du reste, le rapport n'avait lieu ni en ligne directe ascendante, ni en ligne collatérale. Loysel en avait fait une règle générale du droit coutumier, livre 2, titre 6, art. 6. Il y avait cependant quelques coutumes qui ordonnaient le rapport entre héritiers sans distinction. (Bretonnier, v° rapport à succession.)

(3) C'est cette présomption qu'a voulu abroger l'article 847 C. Nap.

décisions renfermées dans le *Corpus*. Cette considération explique le silence presque complet des coutumes sur la matière des obligations; cependant elles ont presque toutes des règles particulières sur les hypothèques : un contrat notarié était essentiel pour leur constitution (1), mais aussi tout acte reçu dans cette forme emportait de plein droit et sans stipulation affectation générale de tous les biens présents et à venir du débiteur (2). — Des hypothèques tacites ou légales étaient accordées au fisc pour assurer la perception des impôts; à la femme sur les biens de son mari, pour la restitution de la dot reçue; au mari sur les biens du constituant, pour le payement de la dot promise; au pupille sur les biens de son tuteur, etc.; au légataire sur les immeubles de la succession (3). — Les sentences prononçant des condamnations emportaient encore hypothèque à la date du jour où elles avaient acquis un caractère définitif.

Dans les coutumes dites de *nantissement* (Reims, Laon, Amiens, Abbeville, Senlis, Valois, etc.), l'hypothèque n'existait qu'à la condition d'un nantissement opéré suivant des formes plus ou moins rigoureuses, sauf les exceptions établies au profit des mineurs, des femmes mariées (4) et des seigneurs pour leurs droits seigneuriaux.

Les immeubles corporels et incorporels étaient soumis à l'hypothèque; mais, en vertu d'une règle généralement adoptée dans le droit coutumier, les meubles ne pouvaient être l'objet que de priviléges (5). — On regardait comme privilégiés les frais de justice pour la saisie et vente des meubles; les frais funéraires, les salaires des médecins, chirurgiens, apothicaires pour la dernière maladie (6); la créance du propriétaire sur les meubles des locataires

(1) Pothier, hypothèques, art. préliminaire, et ch. 1, sect. 1, art. 3.— *V*. art. 2117, § 3, et 2127 C. Nap.

(2) Il en est autrement aujourd'hui. *V*. art. 2129 C. N.

(3) Pothier, donat. test., ch. 5, sect. 3, art. 1; hypot., ch. 1, sect. 3, art. 3. — *V*. art. 1017, 2121 et 2135 C. Nap.

(4) Pothier, hypoth., ch. 1, sect. 1, art. 3. *V*. Art. 2135 C. Nap.

(5) Bretonnier, v° meubles. *V*. art. 2118 C. Nap.

(6) Poth., cont. de louage, n° 256; hyp. ch. 2, sect. 3.—Art. 2101 C. N.

pour les loyers et réparations locatives, les dépenses d'*hostelage*; celle du gagiste et du vendeur sans terme, qui pouvait même reprendre la chose entre les mains de l'acheteur (1). Quant à la priorité, la loi ne l'avait point réglée ; de là des difficultés presque inextricables que le Code n'a fait cesser que pour les priviléges généraux.

La publicité des hypothèques, tentée sans succès en 1673, fut établie par l'édit de 1771, et prépara la double base de notre système actuel, la publicité et la spécialité.

Quant à la purge, dans les coutumes de nantissement, elle résultait de la criée régulièrement accomplie en cas de vente forcée ; mais, *ès aliénations volontaires*, les hypothèques ne pouvaient être purgées qu'*en vertu de lettres patentes contenant clause d'auctorisation* et *par trois édits et criées signifiant icelles aux créanciers congneus*.

Le droit coutumier paraît n'avoir connu originairement d'autres prescriptions que la prescription immémoriale (2), qui décidait au pétitoire entre plusieurs saisines *de fait*, et la prescription d'an et jour, qui rendait incommutable la saisine *de droit* (3). Plus tard, la désuétude dans laquelle tombèrent l'ensaisinement et le nantissement judiciaires rendit la simple tradition suffisante, pour les immeubles comme pour les meubles, à l'effet de transférer la propriété ou les charges réelles. Mais, à défaut d'investiture solennelle et publique, le délai d'un an était trop court pour décider du sort de la propriété entre personnes ne tenant pas leurs droits les unes des autres ; d'un autre côté, exiger la prescription immémoriale, c'était laisser planer une trop longue incertitude sur le sort de la propriété. En présence de cette alternative également fâcheuse,

(1) Paris, art. 176, 177, 178. — Art. 2102 C. Nap.

(2) Appelée par l'école italienne *piscatio anguillarum*, parce que la preuve en était fort difficile à faire et qu'elle échappait au demandeur qui croyait la tenir, comme l'anguille glisse de la main du pêcheur. — V. M. Troplong, Traité de la prescription, t. 2, p. 398.

(3) La saisine *de fait*, continuée par an et jour, engendrait la complainte au possessoire.

la pratique accueillit avec faveur la prescription romaine de dix et vingt ans avec titre et bonne foi, et celle de trente ans sans titre. Dans le centre et le sud-est de la France, la prescription trentenaire était la seule reconnue pour tous les cas; d'autres systèmes furent admis dans d'autres coutumes; on en compte jusqu'à six différents. — Mais le plus grand nombre des coutumes repoussait la prescription même centenaire pour l'acquisition des servitudes; il fallait titre exprès ou destination du père de famille (1). Ce dernier mode, longtemps repoussé par la jurisprudence des pays de droit écrit, finit par y être admis.

II. *Droit criminel.* — Ce droit reste en arrière du progrès que la législation civile a accompli au XVIe siècle. C'est à François Ier qu'est dû l'établissement barbare d'une procédure secrète (2) qui place à côté de l'accusé quatre personnes avec une mission différente : le juge pour interroger, le bourreau pour torturer, le greffier pour enregistrer les cris de douleur appelés aveux, et le chirurgien-juré, consultant le pouls de la victime pour dire au juge et au bourreau : « Assez, assez, à une autre fois; le patient en » mourrait ! » — Dirai-je que le cri de Dumoulin (3) contre cette ordonnance *impie* est resté longtemps sans écho, et qu'il a fallu plus de deux siècles pour qu'il fût entendu et compris du pouvoir comme des masses !

Au XVIIIe siècle, le code noir est encore en pleine vigueur; l'esclave chrétien qui cherche la liberté dans la fuite a les oreilles coupées la première fois, le jarret la seconde, et la troisième il trouve dans la mort le terme de son martyre !

(1) L'ancienne coutume de Paris admettait dans tous les cas la destination du père de famille dès que sa volonté était certaine; mais les art. 215 et 216 de la coutume réformée exigèrent que l'intention du père de famille apparût *par écrit*. L'art. 693 C. Nap. a consacré les principes de l'ancienne coutume.

(2) *V.* plus haut, p. 535.

(3) *Vide tyrannicam impii Poyeti opinionem; vide duritiam iniquissimam per quam etiam aufertur defensio; sed nunc judicio Dei justo redundat in auctorem.*

L'ordonnance de 1670 a pourtant consacré quelques principes d'humanité à côté de dispositions empruntées à la barbarie d'un autre âge; les règles fondamentales du droit criminel commencent à se faire jour : le droit de punir n'appartiendra plus qu'au roi; la peine ne sera infligée qu'à un agent responsable; elle aura un caractère exemplaire et une importance proportionnée à la gravité du fait punissable; la procédure offrira elle-même des garanties, preuve d'incontestables améliorations.

La différence entre l'action publique et l'action privée est nettement établie. La poursuite criminelle n'appartient qu'aux officiers chargés de cette mission par le roi, tels que les procureurs généraux dans les cours, les procureurs du roi dans les bailliages, prévôtés et autres juridictions royales, les procureurs fiscaux dans les justices des seigneurs. Ainsi, à la partie *privée* qui demande la réparation *civile* et pécuniaire du dommage qu'elle a éprouvé, le législateur oppose la partie *publique*, qui poursuit la punition du crime et l'application de la peine prononcée par les lois. — La différence capitale entre l'action *publique* et l'action *privée* consiste en ce que celle-ci s'exerce non-seulement contre l'auteur du méfait, mais encore contre ses héritiers, tandis que celle-là s'éteint par sa mort, excepté dans les cas de crime de lèse-majesté, de duel, de suicide et de rébellion à la justice avec force ouverte; pour ces crimes exceptionnels, le procès est fait au cadavre ou à la mémoire du défunt, suivant les règles prescrites par le titre 22 de l'ordonnance de 1670 (1).

L'accusé n'encourt de condamnation que lorsqu'il est agent responsable; un enfant qui n'a pas encore l'âge de raison ne

(1) On nomme un curateur à la mémoire du défunt, s'il a été enterré, ou à son cadavre, s'il est *extant*; dans le cas où le procès doit se prolonger, on procède à un embaumement. — La condamnation s'exécute en plaçant le cadavre sur une claie la face contre terre et en le traînant par les rues et carrefours du lieu où la sentence a été rendue; ensuite il est pendu à une potence, traîné à la voirie publique, et ses biens sont confisqués. — Si le corps n'a pu être conservé, on fait une effigie de femme ou d'homme sur laquelle la sentence est exécutée. — Jousse sur l'article 3 de l'ord. de 1670.

sera pas plus poursuivi qu'un homme en démence; la culpabilité tombe, non sur l'instrument du crime, s'il n'a pas la conscience de son action, mais sur celui qui l'a fait commettre : ainsi un maître est puni criminellement pour les blessures faites par son chien quand il l'a excité.

La prescription de 30 ans éteint la peine corporelle, mais elle laisse subsister les incapacités civiles qui n'en sont que la suite, telles que la mort civile attachée aux galères perpétuelles et au bannissement à perpétuité du royaume, et l'infamie, qui est l'accessoire de presque toutes les peines. — Quant à l'action criminelle, elle se prescrit par vingt ans, à moins qu'il ne s'agisse d'un crime successif ou de lèse-majesté.

La partie publique doit démontrer la culpabilité de l'accusé; trois principaux genres de preuve sont à sa disposition : les déclarations des témoins ou les rapports d'experts; la preuve littérale et l'aveu de l'accusé; enfin l'application de la question, lorsque les juges ne sont pas assez éclairés, qu'il faut administrer une preuve plus ample et qu'il s'agit d'un crime emportant la peine de mort. Chose inouïe, au XVe et au XVIe siècle, un témoignage isolé dont la justice civile ne tiendrait aucun compte, suffit pour permettre au magistrat d'appliquer la question (1)! Et il faut arriver jusqu'au 24 août 1780 pour voir abolir cette procédure barbare.

On connaissait deux sortes de questions préparatoires, l'une sans réserve de preuves, l'autre avec réserve de preuves. Elles différaient en ce que, dans la première, si la torture n'arrachait aucun aveu à l'accusé, les indices et preuves existant contre lui étaient purgés, sans qu'il pût être condamné à aucune peine; il sortait de prison, sauf à prononcer un plus ample informé et à exercer de nouvelles poursuites, si de nouvelles charges s'élevaient contre lui; tandis que, dans la deuxième, les indices n'étaient

(2) Imbert en sa Pratique, liv. 3, ch. 14, n° 2, — Masuer, *in Pract. for.*, tit. 36, n° 10.

point purgés, et quoique l'accusé n'eût laissé échapper aucun aveu, il pouvait être condamné à toute espèce de peine, la mort excepté (tit. XIX, art. 2.) — L'arrêt qui prononçait la mort pouvait même soumettre le condamné à la question, quand la justice voulait obtenir de lui la révélation de ses complices.

Les peines en usage concernaient soit la personne de l'accusé, soit son honneur et sa réputation, soit ses biens. Les premières, appelées *peines corporelles*, étaient la mort naturelle, l'amputation de quelque membre, par exemple du poing, de la langue, la mutilation du nez et des oreilles, etc. ; la flétrissure ou marque avec un fer chaud, et par conséquent la peine des galères, à cause de la marque qui en était toujours la conséquence, suivant la déclaration du 4 mars 1724 (art. 5); le fouet, la pendaison sous les aisselles pour crime considérable (1).

L'emprisonnement était aussi une peine corporelle (2); il en était de même du fouet sous la custode, infligé même aux majeurs, dans la geôle ou la chambre de la question, par les mains du geôlier ou questionnaire. — Le carcan ou pilori appartenait à cette classe de pénalités (3).

L'accusé était puni dans son honneur et sa réputation, soit par l'amende honorable faite publiquement ou en secret dans la chambre du conseil, selon les cas, soit par le blâme qui lui était infligé. La femme coupable d'adultère était *authentiquée* (4),

(1) Deux arrêts, l'un du 22 décembre 1683, l'autre de 1722, avaient prononcé cette dernière peine.

(2) L'ordonnance de 1670 réglementa le régime intérieur des prisons, et défendit les prisons ou chartres privées.

(3) Un des principaux effets de la condamnation aux galères perpétuelles, même par contumace, était d'emporter mort civile immédiatement après l'exécution par effigie de la sentence; cependant l'accusé qui décédait pendant les cinq ans était réputé mort *integri status*. — Ord. de 1670, tit. 17, art. 29. Le législateur de 1804 avait en vue cette disposition quand il décrétait les art. 27-31 C. Nap.

(4) C'est-à-dire condamnée aux peines de l'authentique, parce qu'on lui appliquait la l. 9, Code *de repudiis*, liv. 5, tit. 17, authentique *ut liceat matri et aviæ;* extraits de la novelle 117, c. 10.

et celle de mauvaise vie subissait, dans certains cas, la honte d'être conduite par les rues, à cheval, coiffée d'un chapeau de paille.

Certaines peines frappaient exclusivement les biens : c'étaient l'amende et la confiscation.

Une autre division des peines les classait en capitales, afflictives et infamantes. — Les peines capitales faisaient perdre la vie naturelle ou civile : c'étaient la mort naturelle, le bannissement à toujours hors du royaume, les galères perpétuelles et la reclusion aussi perpétuelle dans un hôpital ou une maison de force. — Chacune de ces peines était encore afflictive et infamante, et emportait de droit la confiscation de biens et la mort civile.

Les peines afflictives non capitales étaient les galères et le bannissement à temps, le fouet, la flétrissure, l'amende honorable, et la reclusion temporaire dans une maison de force.

Les peines purement infamantes, entraînant incapacité de posséder aucun office, charge publique ou bénéfice, étaient le carcan, le blâme et l'amende en matière criminelle confirmée par arrêt.

Les peines, considérées au point de vue de leur origine, étaient ou légales, ou fondées sur l'usage, ou arbitraires, c'est-à-dire infligées à proportion de la grandeur du crime et abandonnées à la prudence des magistrats. Celles usitées en France dans les tribunaux ordinaires étaient le feu, la roue, la potence, la décapitation, le traînage sur la claie, les galères et le bannissement à perpétuité ou à temps, l'amputation du poing, l'incision de la lèvre, l'amputation de la langue ou son percement avec un fer chaud, le fouet, la flétrissure, l'amende honorable, le pilori, le carcan, la reclusion à temps ou à toujours en une maison de force, le blâme ou l'admonition. — Les tribunaux militaires appliquaient encore d'autres peines : l'estrapade, la condamnation à avoir la tête cassée, à passer par les baguettes, à être mis sur un cheval de bois, etc. — Dans la marine, le coupable était mis à la cale ou à la boule, etc.

Les juges d'église infligeaient des peines particulières appelées *canoniques* : l'excommunication, la dégradation des ordres sacrés, la privation de bénéfice, l'interdiction ou suspension des fonctions ecclésiastiques, le jeûne au pain et à l'eau, la censure, etc. Mais ils ne pouvaient jamais condamner ni à une peine afflictive ou infamante, ni même à l'amende.

L'application des peines était dominée par un principe général, celui de la proportionnalité; en voici les conséquences dans l'application.

La nature du méfait influait sur la gravité de la peine à prononcer; une injure n'était pas punie comme un assassinat. — La perversité dans la perpétration du crime augmentait la rigueur de la répression. — Le temps, le lieu l'aggravaient encore : le vol de nuit ou dans un lieu saint, l'assassinat avec attroupement ou port d'armes, l'injure publiquement proférée, étaient punis plus sévèrement que le même fait dégagé de ces circonstances aggravantes.

La qualité du coupable pouvait aussi rendre la condamnation plus rigoureuse : le juge qui exigeait de l'argent d'un plaideur, le directeur de conscience qui abusait de sa pénitente, étaient plus sévèrement punis qu'un simple particulier. — Même remarque sur la qualité de l'offensé : l'injure proférée contre un magistrat sur son siége était bien autrement grave que celle adressée à toute autre personne. — Les résultats du crime, qui n'influent en rien sur l'intention du criminel, contribuaient pourtant à augmenter ou à diminuer la condamnation : par exemple, celui qui, en frappant un homme dans un moment de colère, l'avait tué, était puni comme homicide, et il fallait des lettres du prince pour le relever de cette peine ; au lieu que celui qui, avec la même intention, n'avait pas occasionné la mort, n'était pas poursuivi comme homicide. C'est qu'ici l'intention était si difficile à saisir par elle-même, qu'il avait fallu puiser les éléments de décision dans l'événement et les circonstances qui semblaient la révéler.

Ces théories, consacrées par la jurisprudence, la doctrine et l'ordonnance de 1670, attestent dans le droit répressif un progrès qui atténue les justes griefs formulés contre le système général de pénalité de l'ancienne monarchie.

III. *Procédure.* — Les formes de la procédure civile, dans la période précédente, servaient à peu près entièrement pour les informations criminelles; mais chaque procédure est régie dans la période actuelle par des règles particulières que je vais exposer sommairement.

En matière civile, l'ajournement était notifié par un huissier ou un sergent compétent, qui, d'après l'ordonnance de 1667 (art. 2, tit. 2), devait être accompagné de deux témoins ou *recors;* mais l'édit du mois d'août 1669, portant établissement du contrôle, supprima l'intervention des deux témoins, dont le concours ne fut plus exigé par la déclaration du 21 mars 1671 que pour les exploits des saisies féodales et saisies réelles, les criées et appositions d'affiches (1). La remise de l'exploit à personne ou à domicile en autant de copies qu'il y avait de parties assignées, la signature du voisin qui recevait la copie destinée au défendeur absent de son domicile (2), les délais variables de l'assignation, étaient autant de points réglés avec soin par l'ordonnance de 1667.

Le défendeur, excepté dans certaines juridictions exceptionnelles, devait constituer un procureur pour le représenter. Des défenses et des réponses écrites étaient signifiées de part et d'autre; après la présentation des exceptions dilatoires et péremptoires, ainsi que des déclinatoires, venaient les revendications de cause (3) et les récusations de juges; puis, quand l'instruction était achevée, la partie la plus diligente poursuivait l'audience sur un simple acte appelé *à venir*, l'affaire se plaidait, et si elle ne

(1) L'art. 585 C. proc. civ. contient une trace de cette disposition.

(2) Ord. 1667, tit. 2, art. 3. C'est encore la règle de l'art. 68 C. pr. civ

(3) Quand un seigneur, par exemple, réclamait une affaire comme ayant été distraite de sa juridiction.

présentait pas de difficultés sérieuses, le tribunal rendait immédiatement sa sentence.

Voilà le tableau rapide d'une procédure ordinaire, dégagée d'incidents; ne croit-on pas assister à un procès réglé par le code de procédure actuel? C'est que l'ordonnance de 1667, quoiqu'elle contînt encore plus d'un abus et d'une lacune, était un résumé intelligent de la pratique judiciaire. Sans offrir des moyens infaillibles contre les lenteurs ruineuses dont se plaignaient Loyseau et l'Hôpital, son application loyale devait conduire à un meilleur état de choses.

Lorsque la cause présentait des complications, l'instruction variait suivant les circonstances : le juge pouvait ordonner une vérification d'écritures, un compulsoire ou examen d'une pièce possédée par un tiers, une visite par experts ou une descente de juges, un interrogatoire sur faits et articles, ou enfin la preuve par enquête : ce jugement s'appelait *appointement à vérifier.*

Quoique l'ordonnance du 11 février 1519 eût ordonné de juger de suite les affaires qui pouvaient se décider à l'audience, quand les juges n'étaient point suffisamment éclairés, ils ordonnaient le dépôt des pièces en engageant les parties à donner sommairement leurs moyens de droit: ce préalable se nommait l'*appointement en droit;* ou bien ils commettaient l'un d'eux aux mains duquel les parties remettaient leurs pièces et observations : c'était l'*appointement à mettre.* Ces appointements, ordinairement abandonnés à la sagesse des magistrats, ne pouvaient jamais avoir lieu en certaines matières, comme dans les déclinatoires, récusations de juges, etc.; ils étaient prononcés à l'audience, sauf dans les cas de redditions de compte, liquidations, etc., où ils étaient pris au greffe. Si le procès ne méritait pas un examen aussi minutieux, le juge se bornait à ordonner un *appointement de délibéré sur le bureau,* et le tribunal jugeait sur le rapport d'un des juges, sans instruction par écrit.

La mort ou le changement d'état des parties donnait lieu à reprise d'instance, de même aussi qu'il fallait une constitution de nouveau procureur, si celui qui occupait était décédé (1). — Un sursis pouvait être accordé par des lettres d'État ou de surséance données par le roi au profit de certaines personnes, tels que les officiers en service. Un règlement du 23 décembre 1702 voulut que ces lettres fussent signées par le secrétaire d'État du très-exprès commandement du roi. L'instance s'éteignait par la discontinuation de poursuites pendant trois ans; cette extinction de la procédure, appelée péremption, avait été déjà réglementée par les ordonnances de 1539 (Villers-Coterets), de 1563 (Roussillon), et principalement par l'arrêt du 28 mars 1692, qui fixa la jurisprudence (2). La péremption n'atteignait point les instances intéressant le domaine du roi, l'État et les appels comme d'abus. L'article 120 de l'ordonnance de 1539 ne faisait d'exception pour aucuns plaideurs (3); cependant les jurisconsultes, adoptant une jurisprudence fondée sur deux arrêts (13 avril 1518 et 23 décembre 1630), admirent que la péremption ne courrait pas contre les églises dans les cas où elle tendrait à les dépouiller de leur propriété. L'ordonnance de Louis XII, de 1498, et l'édit de Henri II, de février 1549, décidèrent qu'un juge serait appelé pour vider un partage, au lieu de renvoyer les parties devant un autre siége ou une autre chambre. Cependant, si tous les magistrats avaient connu de l'affaire, il y avait nécessité de saisir un autre tribunal, les avocats ne pouvant pas être départiteurs : ainsi jugé par arrêt du 15 juillet 1587.

L'article 61 de l'ordonnance de Blois permettait aux tribunaux d'accorder des délais au débiteur pour faciliter sa libération, et défendait formellement d'exiger pour cela des lettres de chancel-

(1) Ord. 1667, tit. 26, art 2 et 3. C'est ce système qui a été admis par l'art. 342 C. proc. civ.

(2) Ce sont ces règles qui ont passé presque entièrement dans les art. 397 C. proc. civ. et suiv.

(3) L'art. 398 C. proc. civ. a reproduit les règles de l'ord. de 1539.

lerie. Mais l'ordonnance de 1669 fit un retour à l'ancien usage en interdisant aux juges, même aux cours, d'accorder des délais sans *lettres de répit ou surséance* (1). Ces lettres, qui ne devaient être octroyées que pour des *considérations importantes*, furent entérinées, dans les six mois de leur obtention, par le juge royal du domicile de l'impétrant, et adressées en copie tant au greffe du tribunal où l'affaire était pendante, qu'à celui de la juridiction consulaire la plus prochaine. Cette dernière formalité s'explique par la raison que l'impétrant était incapable d'être maire, échevin, juge-consul des marchands, d'avoir voix active dans les corps et communautés, et d'être promu à des fonctions publiques (ord. 1673, tit 9, art. 5). Tout en abrogeant les anciens usages, l'ordonnance de 1669 réserva aux juges la faculté, en condamnant un débiteur au payement de quelque somme, de surseoir à l'exécution pendant un temps qui ne pouvait dépasser trois mois, ni être renouvelé (art. 6, tit. 1).

Le jugement, une fois prononcé, était rédigé par le greffier et signé par le président dans le jour (2). Les jugements étaient ou contradictoires ou par défaut, soit faute de plaideur, soit faute de comparaître.

La longueur de la procédure variait suivant que le procès était ordinaire ou sommaire; par une règle particulière à cette dernière classe d'affaires, le ministère des avocats et procureurs n'était point exigé, excepté devant les cours et les présidiaux : point de défenses par écrit; l'enquête se faisait à l'audience et non devant un juge-commissaire; le tribunal, sans pouvoir appointer *en droit* ou *à mettre*, devait juger séance tenante.

Les actions possessoires, jugées dans la forme ordinaire, s'intentaient dans l'année du trouble pour les immeubles et les

(1) Appelées *quinquenelles*, parce qu'elles étaient concédées pour cinq ans.

(2) Ord. de 1667, tit. 26, art. 5. C'est encore la règle actuelle.— Article 138 C. proc. civ.

universalités de meubles; il était expressément défendu de cumuler le possessoire et le pétitoire (1).

La complainte en matière bénéficiale fut attribuée définitivement aux juges royaux, d'après l'opinion exprimée par Dumoulin en son commentaire sur l'édit des *petites dates* de 1550.

Ce qui caractérisait surtout la juridiction consulaire c'était la dispense des formalités de la procédure; l'abréviation des délais ordinaires pour les assignations; l'interdiction du ministère des procureurs et des défenses par écrit; l'admission de la preuve testimoniale dans tous les cas où le tribunal la jugeait utile pour éclairer sa religion, et l'audition sommaire des témoins. Point de déchéance comme en matière civile, lorsque la partie ne présentait pas ses témoins à l'audience; dispense du contrôle pour les actes sous signature privée; enfin gratuité absolue de la justice consulaire.

L'ordonnance, respectant une ancienne pratique, reconnaissait deux voies *ordinaires* de recours contre les jugements : l'appel et l'opposition. — Le délai d'appel était fixé à dix ans, sauf le droit pour la partie de signifier le jugement, de faire, trois ans après à son adversaire, sommation d'appeler, et si l'appel n'était pas interjeté dans les six mois suivants, il était non recevable et le jugement acquérait l'autorité de la chose jugée.—L'appel était interjeté par acte de procureur à procureur, ou par requête adressée au juge supérieur; il était suspensif, sauf quelques exceptions, comme en matière de demandes célères, de complaintes et réintégrandes (ord. 1539, art. 9, tit. 8), de sentences rendues par les présidiaux, les juges-consuls et les arbitres, quand elles étaient homologuées. La partie qui voulait déférer la sentence au juge supérieur relevait l'appel par assignation et par des lettres prises au greffe dans les cours et présidiaux. — Un arrêt de règlement

(1) Ord. de 1667, tit. 18, art. 5. Cette disposition est écrite dans les art. 23 et 25 C. proc. civ.

du 28 mars 1692 attribua à la péremption en appel l'effet de confirmer la sentence des premiers juges et de rendre un nouvel appel impossible (1). — L'opposition était, pour le défendeur condamné par défaut, un moyen de déférer à nouveau le procès au même tribunal ; elle devait être formée dans la huitaine de la signification du jugement au procureur, si c'était un défaut faute de plaider, et dans le même délai à partir de la signification à personne ou à domicile, si le défaut était faute de comparaître.

Les voies *extraordinaires* de recours étaient : la tierce opposition et la requête civile, soumise à l'obtention de lettres de chancellerie, sur la consultation de deux avocats. — Le pourvoi en cassation était autorisé pour violation formelle des coutumes, ordonnances, édits et déclarations. Les formalités à suivre consistaient dans la présentation d'une requête au conseil du roi par le ministère d'un avocat, et une procédure spéciale fut tracée par les règlements du conseil de 1738 et 1774.

La prise à partie des juges fut consacrée par l'ordonnance de Blois pour les cas de dol, fraude, concussion; l'ordonnance d'Orléans l'étendit aux procureurs du roi.

L'ordonnance de 1667 traitait encore de l'exécution des jugements et des voies pour contraindre la partie à exécuter, c'est-à-dire de la contrainte par corps, des saisies, des ventes, des criées, des adjudications. Celui qui voulait se rendre adjudicataire d'un héritage saisi devait employer le ministère d'un procureur, et celui-ci faisait sa déclaration au greffe dans la huitaine, sous peine d'être responsable personnellement comme s'il se fût rendu adjudicataire pour une personne notoirement insolvable (2).

L'esquisse rapide que je viens de tracer prouve que la procédure pratiquée devant les tribunaux ecclésiastiques avait pénétré dans les

(1) L'art. 464 C. proc. civ. a la même signification.

(2) C'est encore le système général du code de procédure civile; les délais diffèrent. *V.* art. 705, 707 C. proc. civ.

formulaires des tribunaux laïques; essentiellement irrégulières pendant la féodalité, les formes de la procédure, successivement coordonnées par les arrêts et les monuments législatifs, ont atteint une régularité qui la distingue de celle suivie au XIVe et au XVe siècle. L'ordonnance de 1667, complétée par l'édit de 1673, codifie, si je puis m'exprimer ainsi, cette partie de la législation. Ce n'est pas que les abus aient tous cessé; ils subsistent dans les détails, dans les salaires des procureurs et les épices des magistrats; le législateur n'a pu encore émettre qu'un vœu stérile de justice gratuite. Mais à part ces vices inhérents à l'époque, et à ne considérer que l'ensemble et la marche générale de la procédure, l'ordonnance renferme un système complet et tellement approprié aux besoins de la pratique, qu'elle a servi de type à notre code de procédure civile; la conférence des articles aujourd'hui en vigueur avec les dispositions de l'ancien droit montrerait combien nous avons emprunté à cette législation. Le cadre de mon travail, trop restreint pour tenter ce parallèle, me force à passer à la procédure criminelle, qui est loin d'avoir laissé les mêmes traces dans notre législation.

. . . .

L'action publique était intentée au nom du roi par les procureurs généraux dans les cours, leurs substituts dans les juridictions royales inférieures, et les procureurs fiscaux dans les justices seigneuriales. — Sous leurs ordres, et comme auxiliaires, agissaient plusieurs officiers appelés ministres de la justice : les greffiers, chargés d'assister le juge instructeur, de recueillir les dépositions, et auxquels il était défendu de communiquer aucune pièce de la procédure à l'accusé; les geôliers, commis à la garde des prisonniers, et dont les obligations étaient réglées avec détail par le titre 15 de l'ordonnance de 1670; les exempts, archers et soldats de la maréchaussée, chargés d'arrêter les criminels et de prêter main-forte à l'exécution des décrets.—Le droit commun attribuait la connaissance des crimes au juge du lieu où ils avaient été commis; mais le juge du domicile de l'accusé restait saisi de l'instruction jusqu'à ce que l'accusé eût demandé son renvoi; quand le délinquant n'avait pas de domicile habituel, comme dans le cas de vagabondage, le juge compétent était celui du lieu de *la capture*.

La connaissance de certains crimes rentrait dans les attributions exclusives de certains juges : ainsi les ordonnances réservaient aux baillis et sénéchaux les *cas royaux*, à l'exclusion de tous autres, même des prévôts du roi. L'expression de cas royaux, fort indéterminée, était expliquée par ces mots : « Tous les crimes dans lesquels la dignité du roi ou de ses officiers a été violée (1). » Rien n'était encore plus élastique et ne prêtait plus à l'arbitraire. Ajoutez que le juge royal pouvait, selon certaines coutumes, exercer un droit de prévention sur le juge du seigneur pour les crimes commis dans son ressort. Lorsqu'une possession n'établissait pas ce droit, le juge royal n'agissait qu'autant que les juges des seigneurs n'avaient point commencé d'information dans les vingt-quatre heures du crime.

Le principe de compétence comportait encore une dérogation pour les cas prévôtaux ou présidiaux dont la connaissance était dévolue aux présidiaux, prévôts des maréchaux et lieutenants criminels de robe courte. Cette catégorie comprenait les crimes dont la répression était urgente, ou qui étaient réputés indignes de la faveur de l'appel à raison de la nature du fait ou de la qualité du coupable : ainsi les crimes commis par les vagabonds et gens sans aveu, les déserteurs, ou les vols à main armée ou avec effraction, les séditions populaires, etc. — La marine et les eaux et forêts avaient une juridiction spéciale. — Enfin la noblesse et le clergé jouissaient aussi de privilèges qui les soustrayaient aux tribunaux ordinaires.

L'instruction avait lieu ou d'office ou sur plainte. Le juge-instructeur ne poursuivait d'office qu'en cas de flagrant délit ; alors il

(1) *V.* plus haut, p. 458.

informait sans plainte de la partie civile ou de la partie publique; et lorsque son information était terminée, il la communiquait à l'officier chargé du ministère public, qui portait plainte.

L'information sur plainte était la conséquence d'une dénonciation de la partie civile ou d'une accusation portée par la partie publique. Cette dernière était ordinairement précédée d'une dénonciation, sans que cette condition fût pourtant essentielle. Un des premiers actes consistait dans la constatation du corps du délit; le juge ordonnait ou un rapport d'experts, ou un transport, ou une enquête; l'aveu de l'accusé suppléait à l'absence d'autres preuves. — Le juge devait puiser sa conviction dans les déclarations des témoins, l'interrogatoire de l'accusé et dans des faits très-graves; la déclaration de 1560 et l'édit de 1695 lui permettaient d'employer la voie des monitoires, c'est-à-dire de faire lire aux prônes des paroisses des lettres par lesquelles l'official du diocèse enjoignait aux fidèles de révéler les auteurs du crime et leurs complices, sous peine d'excommunication. — Ne s'élevait-il aucun indice contre l'accusé? il était renvoyé; des charges pesaient-elles sur lui? le juge d'instruction, sur les conclusions du ministère public, rendait ou un décret d'ajournement personnel pour interroger l'accusé, ou un décret de prise de corps pour le faire conduire en prison. L'ordonnance de 1670 créa un nouveau décret, le décret d'*assigné pour être ouï*, différent en certains points du décret d'ajournement. — Les conclusions du procureur du roi n'étaient point requises en cas de flagrant délit. La non-comparution de l'accusé sur le décret décerné contre lui, sans excuses valables, donnait lieu à une instruction par contumace. S'agissait-il d'un décret d'assigné pour être ouï, ou d'ajournement personnel, il était converti en décret de prise de corps. — En vertu de cet acte, l'huissier requérait les gouverneurs des provinces et des villes, maires, échevins et prévôts des marchands, de lui prêter main-forte. L'accusé pouvait être saisi partout et à toute heure, et même dans les églises ou le palais du roi, pourvu que celui-ci le permît. L'ordonnance de 1539 avait établi ce principe en matière civile, mais l'usage ne l'avait appliqué qu'au criminel.

Immédiatement après l'exécution du décret, le juge procédait à l'interrogatoire, qui était communiqué avec les autres pièces à la partie publique et à la partie civile. Sur les conclusions de la première, intervenait le règlement à l'extraordinaire, ordonnant que *les témoins seraient récolés en leur déposition et confrontés à l'accusé.* — Lorsque l'accusé, après les assignations à quinzaine ou à huitaine, ne comparaissait pas, il y avait, sur les conclusions du procureur du roi, règlement à l'extraordinaire par lequel on donnait défaut; les témoins étaient récolés en vertu d'un jugement, et le récolement valait confrontation. — Ce règlement n'avait lieu que dans les affaires graves; dans les autres, après les délais de l'assignation, l'affaire était portée à l'audience et y était jugée définitivement.

Après les interrogatoires de l'accusé, les enquêtes et les confrontations, le procureur du roi donnait des conclusions non motivées, qui restaient sous cachet jusqu'à ce que les juges eussent examiné toutes les pièces du procès, afin de conjurer l'influence de la prévention. L'accusé, en principe, ne devait communiquer avec personne avant son premier interrogatoire; après quoi, si le crime n'était pas capital, il pouvait choisir un conseil, sans que le juge lui en imposât un d'office; en cas de crime capital, il était interdit aux accusés de recourir aux lumières d'un conseil (1), singulier contraste avec la disposition d'humanité si prévoyante qui cherchait à soustraire le juge à l'influence du ministère public!

L'instruction, une fois complète, était remise à un juge qui en faisait le rapport; dans les juridictions composées d'un seul

(1) Sauf quelques exceptions, comme dans le cas de concussion, banqueroute frauduleuse, etc.

juge, si le ministère public concluait à l'application d'une peine afflictive, il fallait appeler deux gradués, licenciés ou docteurs en droit.

Le jugement qui intervenait était ou interlocutoire ou définitif, ou d'absolution ou de condamnation. Le jugement interlocutoire portait ordinairement sur la preuve des faits justificatifs offerte par l'accusé, sur la question préparatoire ou le plus ample informé.—Le jugement définitif mettait les parties hors de cour, lorsque l'innocence de l'accusé n'était pas pleinement justifiée, et que l'accusation, sans être complétement prouvée, n'était pas cependant dénuée de vraisemblance. La sentence d'absolution donnant à l'accusé congé de la plainte était la décision la plus honorable pour lui; l'écrou devait être rayé. — La sentence de condamnation déclarait l'accusé atteint et convaincu du crime, et prononçait une peine contre lui. — L'exécution pouvait avoir lieu nonobstant l'appel, comme quand il s'agissait de jugements de contumace et de dernier ressort. Les jugements de contumace s'exécutaient par effigie ou étaient insérés dans un tableau, quelquefois même on se contentait de les signifier.

Les sentences étaient déférées d'office à un tribunal supérieur quand elles prononçaient des condamnations à la peine capitale ou à des peines corporelles, comme les galères, le bannissement à perpétuité, ou à l'amende honorable.

L'appel, suspensif à l'égard des jugements définitifs, ne l'était pas à l'égard des jugements d'instruction. —Si le jugement de condamnation était en dernier ressort, l'accusé pouvait obtenir des *lettres d'abolition* qui éteignaient la peine due au crime, ou obtenir des *lettres de rappel de ban* ou de *commutation de peine*, qui faisaient cesser la peine ou en adoucissaient la rigueur. La requête civile était encore une voie ouverte en matière criminelle. Enfin, à défaut de ces ressources, le roi pouvait accorder des lettres en *révision du procès* ou en *cassation d'arrêt*.

En dehors de ces règles générales, il en est de particulières à certains accusés et à certains crimes: ainsi aux ecclésiastiques, aux villes, aux communautés, aux sourds et muets et aux filles de mauvaise vie; aux prévôts des maréchaux et lieutenants criminels de robe courte; aux inscriptions de faux, aux crimes commis en présence des juges sur leur siége ou dans l'exercice de leurs fonctions.

Je termine par une remarque importante: c'est que, malgré les rigueurs excessives du droit répressif, le sentiment de la protection due à l'accusé, tout incomplet qu'il est, existe cependant à un certain degré. D'après un principe constant, l'omission d'une formalité prescrite en faveur de l'accusé emporte nullité; et, contrairement à la règle adoptée en matière de procédure civile, la jurisprudence et la doctrine reconnaissent que l'ordonnance criminelle, dans ses dispositions impératives, oblige indistinctement sous peine de nullité, aussi bien que dans ses dispositions prohibitives.

TITRE IV.

ORGANISATION INTÉRIEURE DE L'ÉTAT.

Le pouvoir royal, constitué à la mort de Charles VII comme pouvoir gouvernemental agissant sur toute la France, organise un système de centralisation qui finira par résumer l'État dans la personne du roi. Si la féodalité civile s'est encore maintenue malgré l'action envahissante et destructive de la royauté, la féodalité politique n'existe plus. Les gouvernements locaux disparaissent pour faire place à l'unité monarchique; il n'y a plus de pays d'*obéissance le roy* et *hors l'obéissance le roy*; le royaume de France cesse d'être renfermé dans les limites de la vicomté de Paris;

il comprend les vastes provinces qui s'étendent de l'Océan aux bords du Rhin, de la Manche à la Méditerranée. La voix d'un seul commande à tous ces peuples autrefois soumis à mille souverains; il n'y a donc plus qu'une organisation politique, administrative et judiciaire, à la tête de laquelle est placé le roi de France.

ARTICLE PREMIER.

ORGANISATION POLITIQUE.

Sous Louis XI, la centralisation administrative nécessita une distribution nouvelle des pouvoirs politiques et administratifs, et motiva la division du grand conseil en trois sections : la première, chargée de la direction politique et administrative supérieure; la seconde, du contentieux des finances, et la troisième, des attributions judiciaires (1). L'accroissement continuel des procès obligea Charles VIII, en 1497, et Louis XII, en 1498, à organiser un tribunal destiné à juger toutes les affaires réservées au roi, et qui porta spécialement le nom de *grand conseil*.

La réunion des trois sections sous François Ier, en 1526, amena dans l'expédition des affaires un tel désordre, qu'en 1547 une nouvelle division devint nécessaire. Le conseil royal dut s'assembler deux fois par jour, le matin pour les affaires d'État et les finances, le soir pour les requêtes. On lui adjoignit les principaux dignitaires de l'administration, dont le nombre augmentait chaque jour, quoiqu'une ordonnance de Charles IX l'eût fixé à vingt.

Plusieurs remaniements furent opérés sous Charles IX, et surtout sous Henri III, qui distribua les affaires de la manière suivante :

(1) *V.* Histoire de l'administration en France de M. Dareste de la Chavanne, professeur d'histoire à la faculté de Grenoble; — Histoire de la vie et de l'administration de Colbert et du gouvernement de Louis XIV, par M. Pierre Clément.

conseil d'État et de finance, conseil des finances et conseil privé des parties. En 1617, Louis XIII créa une quatrième section sous le nom de conseil des dépêches (1). Les conseillers étaient partagés en deux classes : les conseillers ordinaires, qui siégeaient toute l'année, et les conseillers extraordinaires, qui ne prenaient part aux délibérations que pendant quatre mois.

Au XIVe siècle, le chancelier chargé de promulguer les lois (2) était choisi par le parlement : à partir du règne de Louis XI, en 1461, il fut à la nomination du roi ; ses attributions étaient très-variées : sous le nom de garde des sceaux, qu'il prenait souvent, il était à la tête des dépositaires du pouvoir administratif, et finit par cumuler les pouvoirs du sénéchal réduit à la condition de premier bailli de France. Le grand boutillier obtint la présidence d'une des chambres des comptes, conservant le droit précieux de faire grâce que lui avait conféré Charles V en 1368, et le grand chambrier devint un simple officier de la maison du roi. Les grands officiers de la couronne cessèrent d'avoir la direction administrative ; les secrétaires d'Etat les remplacèrent.

Les rois eurent d'abord des secrétaires particuliers appelés clercs du secret, et dont le nombre se multiplia beaucoup. Ceux qui correspondaient pour les affaires publiques prirent sous Louis XII le nom de secrétaires d'État des commandements ; l'ordonnance de Henri II, de 1547, avait fixé leur nombre à quatre ; un édit de Henri III, de 1588, qui régularisa leur organisation, exigea qu'ils fussent âgés d'au moins trente-cinq ans

(1) Chargé de correspondre avec tous les fonctionnaires de l'administration, Sully voulait habituer les seigneurs de la cour aux délibérations administratives ; mais Henri IV, craignant les suites de leur ambition, résista, et ce ne fut que sous Louis XIII que le projet de Sully fut exécuté.

(2) Il est désigné dans les ordonnances ou autres actes législatifs, soit par son nom, soit par l'expression VOUS ; ainsi : « Par le roy en son conseil auquel, VOUS, l'évêque d'Evreux, etc., et autres estoient. » *V.* surtout Rec. ord., t. 15 et 16, *passim*. Cette formule s'explique par la considération que les ordonnances étaient adressées directement au chancelier.

et *très-bons catholiques;* ils devaient suivre le roi en tous lieux, s'ils *n'avoient congé de se rafraîchir pour quelque temps.* Les dépêches ne leur étaient pas directement transmises; ils se rendaient tous les jours, à cinq heures du matin, dans le cabinet du roi pour les ouvrir. Chacun d'eux correspondait avec le quart des généralités (1) formant la circonscription politique et financière de la France.

Mais Louis XIII, en 1619, chargea un seul secrétaire d'État des affaires générales de la guerre et de la correspondance avec tous les chefs de corps; en 1626, il créa la spécialité des affaires étrangères. Sous Louis XIV, un autre secrétaire d'État fut chargé de la marine. Dès lors les secrétaires d'État eurent chacun leur département spécial; ils se divisaient la France pour celles des affaires seulement qui leur restaient communes.

Le surintendant des finances, rétabli en 1575, et le contrôleur général, créé en 1661, prirent rang à côté des secrétaires d'État. Quant aux affaires de l'intérieur, elles n'étaient point adressées à un secrétaire spécial; dès qu'elles furent enlevées aux pouvoirs locaux, on les répartit entre les autres services; les intendants correspondaient directement avec le contrôleur général. Ce ne fut qu'à la fin du XVIIIe siècle qu'un ministère distinct s'occupa exclusivement de l'intérieur. — Les secrétaires d'État n'avaient qu'un rang inférieur aux conseillers, qui exerçaient seuls en droit la haute direction administrative; mais leurs attributions prirent de jour en jour plus d'importance, et l'on sait tout l'ascendant qu'exercèrent les ministres sous la régence, sous Louis XV et Louis XVI; la bourgeoisie occupait les positions les plus importantes, la noblesse s'éclipsait.

(1) Il y avait primitivement treize généralités, dans chacune desquelles était un intendant commis par le roi pour veiller à tout ce qui concernait la justice, la police et les finances. Les charges d'intendant furent créées par Richelieu.

§ Ier. — *Noblesse, clergé.*

1. — Avec ce système administratif, la noblesse et le clergé, qui exerçaient au moyen âge à titre de souveraineté tous les pouvoirs, tombèrent dans la dépendance de la royauté. Les pairs de France, vassaux immédiats de la couronne, indépendants sous la féodalité, diminuèrent si rapidement en nombre, qu'à la fin du XVe siècle il n'en existait plus ; la réunion à la couronne des pairies indépendantes signala l'anéantissement des derniers vestiges du système féodal. — Le titre de pair, autrefois si imposant et si redoutable, ne fût plus qu'une distinction honorifique, accordée par la royauté à titre de récompense ou comme moyen de soutenir un grand nom ; en 1582, un édit porta qu'aucune terre ne serait érigée en duché-pairie si elle ne valait au moins 8,000 écus de rentes. Ces nouveaux pairs obtinrent quelques priviléges contestés plus d'une fois par les parlements ; mais de souveraineté, il n'en existait plus à leur profit ; leur dignité ne leur conférait même pas la participation au pouvoir administratif supérieur.

La noblesse, privée de ses priviléges, fut encore profondément atteinte par le droit d'*anoblir* que la royauté s'attribuait, et dont Louis XI et Charles VIII firent un si fréquent usage. Les officiers municipaux des villes, les femmes, les bâtards recevaient des lettres d'anoblissement. Charles IX en fit trafic, et Henri III, en 1576, créa mille nouveaux nobles en une seule fois (1). Sous Louis XV et Louis XVI, l'épaulette devint un titre de noblesse, et tous les officiers des régiments furent anoblis.

A mesure qu'elle perdait ses droits, la noblesse essayait de les remplacer par des priviléges, tels que l'exemption de l'impôt, le droit exclusif de chasse (2). — Ces priviléges la laissaient sans

(1) C'est ce qu'on appelle, dans le langage politique, *faire une fournée*.

(2) Consacré de nouveau et d'une manière plus rigoureuse qu'il ne l'avait été précédemment par l'ordonnance de 1533, due à François Ier, surnommé le *Père de la vénerie*. — Les pénalités exorbitantes furent adoucies sous Louis XIV, et les concessions faites aux roturiers augmentèrent.

influence sur la direction générale du gouvernement, et son rôle se borna, dans les deux derniers siècles, à servir avec honneur dans les armées; mais le temps n'était pas éloigné où elle devait se modifier encore pour réaliser la pensée d'égalité que poursuivait depuis si longtemps le tiers état.

II. — Le clergé, tout-puissant au moyen âge, vit son omnipotence restreinte par la pragmatique de 1438; Louis XI l'abolit dans un intérêt tout personnel (1); mais, sous François Ier, le concordat de 1516 réduisit les membres du clergé à la position d'agents de l'État, et l'administration ecclésiastique passa aux mains du roi. Sous le nom de *libertés gallicanes*, les parlements fixèrent les limites du temporel et du spirituel, travail dont les conséquences fécondes ne pouvaient se réaliser qu'environ deux siècles après que le principe eût été nettement formulé dans la déclaration de 1682. — A partir du règne de Louis XIII, on ne se borna pas à demander au clergé les *dons gratuits;* il fut soumis encore aux décimes ordinaires et extraordinaires, dont la perception fut régularisée par l'établissement d'un cadastre en 1616. — La constitution des assemblées du clergé fut réglée par les ordonnances de 1625, 1636 et 1715, qui en conférèrent la convocation et la surveillance au roi. Enfin, sous Louis XIV, on reconnut au souverain le droit de restreindre la juridiction ecclésiastique dans les limites qu'il jugeait convenables.

§ II. — *Municipalités.*

Les municipalités furent pour Louis XI un puissant auxiliaire contre les représentants des dernières dynasties féodales et contre les princes apanagés, dont il acheva de ruiner l'indépendance; mais ses successeurs ne leur conférèrent qu'un petit nombre de

(1) C'est probablement à cet acte de condescendance qu'est dû le surnom de roi très-chrétien qui fut donné à Louis XI et passa à ses successeurs.

nouveaux priviléges; ils se bornèrent à confirmer ceux qui leur appartenaient déjà.

Le système municipal éprouva de rudes atteintes; sous Louis XI, la nomination des officiers municipaux fut dévolue au roi avec de grandes variétés. Les progrès qui s'accomplirent dans la centralisation des finances, de la justice, de la police, des travaux publics, diminuèrent nécessairement les pouvoirs dont les villes avaient joui dans l'origine; une ordonnance de 1476 leur enleva le droit de faire des règlements de police, et les soumit à l'autorisation royale. Les violations de priviléges, assez rares avant le XVIIe siècle, devinrent plus fréquentes sous Louis XIII, et presque habituelles sous Louis XIV. Les villes étaient continuellement obligées d'acheter à nouveau des franchises qu'elles avaient payées déjà dix fois; et, malgré le maintien du principe électif, la plus grande part d'influence était réservée à la royauté.

Les restrictions successivement apportées au régime municipal avaient respecté un principe de liberté qu'un coup d'Etat plutôt fiscal que politique lui enleva d'une manière à peu près absolue. Les besoins impérieux d'argent créés par la guerre d'Allemagne firent naître dans l'esprit du gouvernement l'idée de s'emparer de toutes les magistratures urbaines pour les transformer en offices vénaux et héréditaires. Un maire perpétuel et des assesseurs candidats-nés pour les fonctions d'échevins, consuls, capitouls, jurats, syndics, furent imposés à toutes les villes du royaume par l'édit d'août 1692, et un arrêt du conseil du 5 décembre 1693 établit un règlement général pour ces fonctionnaires. L'édit de mars 1702 compléta le système en nommant dans chaque paroisse où il n'y avait pas de maire un syndic perpétuel, et l'édit de décembre 1706 créa à côté du maire perpétuel des lieutenants de maire alternatifs et triennaux (1). Les villes qui voulaient

(1) Recueil des anciennes lois françaises, t. XX, p. 158, 203, 408, 410 et 492.

échapper à ce nouveau régime étaient obligées d'acheter les nouveaux offices pour les éteindre, ou, comme on le disait alors, pour les réunir au corps de ville. L'acquisition des franchises devint une source de revenus pour l'État; aussi fut-elle accueillie avec faveur par le pouvoir, comme le prouve l'édit de septembre 1714 (1).

A la mort de Louis XIV, l'administration urbaine présentait les plus étranges disparates; l'organisation variait à l'infini, selon que les villes avaient pu racheter ou non leurs franchises. Ce désordre, signalé avec énergie par les états généraux, motiva une ordonnance de 1716, par laquelle le régent, gouvernant au nom de Louis XV, rétablit toutes les villes du royaume dans la plénitude de leurs droits (2). Cette restauration des anciennes municipalités dura peu; l'état déplorable des finances ne permettait plus de faire face aux dépenses les plus urgentes; il fallut battre monnaie, et six ans après, à une époque de crise formidable pour le trésor, tous les offices municipaux furent mis une seconde fois en vente par le régent, comme *moyen plus sûr et moins onéreux pour le peuple de pourvoir au payement exact des arrérages et aux remboursements des capitaux des dettes de l'État* (3). Les villes, au lieu de se soulever, payaient pour conserver des priviléges qui leur étaient chers, ressource qui permit au gouvernement de remplir les coffres du trésor épuisé. Encouragée par ces succès, la fiscalité créa de nouveaux offices, et nomma des contrôleurs d'octrois dans les villes, des colonels, des majors et des capitaines de milice bourgeoise, des commissaires de police.

Les offices rétablis en 1722 furent supprimés en juillet 1724; rétablis de nouveau par un édit de novembre 1733, ils furent encore abolis par un autre édit d'août 1764 : variations qui attestent des changements dans le ministère : le duc de Bourbon visait à la po-

(1) Recueil des anciennes lois françaises, t. XX, p. 637.
(2) Recueil des anciennes lois françaises, t. XXI, p. 117.
(3) Ce sont les termes de l'édit d'août 1722. —*Ibid.*, t. XXI, p. 209.

pularité dans l'édit de 1724, qui supprimait pour la seconde fois les offices imposés aux villes; et le duc de Choiseul cherchait à inaugurer son administration sous d'heureux auspices, en supprimant pour la troisième fois les offices municipaux héréditaires, avec déclaration qu'ils ne pourraient être rétablis sous aucun prétexte (1). Ce fut le ministère de l'abbé Terray, qui, en 1771, fit rentrer les municipalités sous le régime des offices, système qui fut le dernier de la monarchie.

La législation du XVe siècle avait enlevé aux villes l'autorité militaire; celle du XVIe leur enleva la juridiction civile, restreignit l'étendue de leur juridiction criminelle, et soumit à un contrôle de plus en plus rigoureux leur administration financière. Ainsi le privilége de quasi-souveraineté dont jouissaient les communes partagea le sort des priviléges féodaux, et passa comme eux sous le niveau du pouvoir royal, dont chaque envahissement était un pas vers la civilisation et l'unité nationale. La noblesse perdait, et ses pertes étaient irréparables; la bourgeoisie perdait aussi, mais ses pertes n'étaient qu'apparentes; l'avenir lui appartenait.

§ III. — *Tiers état.*

I.—Du sein de ces villes qui épuisaient leurs finances pour racheter un dernier reste de liberté, s'élevaient les hommes qui, après une suite de progrès lents mais sensibles, devaient partager un jour la puissance gouvernementale. La bourgeoisie, appelée aux plus hautes fonctions par Louis XI, protégée par Louis XII, occupait sous François Ier à peu près la totalité des emplois civils, même les plus élevés. « C'était de la classe plébéienne qu'au moyen des

(1) Il voulut constituer uniformément dans tout le royaume l'administration urbaine, en lui donnant pour base l'élection par une assemblée de notables.

» grades universitaires et d'épreuves plus ou moins multipliées, » sortaient le chancelier garde des sceaux, les secrétaires d'État, » les maîtres des requêtes, les avocats et procureurs du roi, tout » le corps judiciaire, composé du grand conseil, tribunal des » conflits et des causes réservées, du parlement de Paris avec » ses sept chambres, de la cour des comptes, de la cour des aides, » de huit parlements de province, et d'une foule de siéges infé» rieurs en tête desquels figuraient les présidiaux (1). » Le même phénomène se reproduisait dans l'administration des finances; les fonctionnaires de tous rangs, trésoriers, surintendants, etc., étaient choisis parmi les bourgeois lettrés appelés hommes de *robe longue*. Si les gentilshommes tenaient encore les bailliages et sénéchaussées, c'était à la charge d'avoir pour assesseurs des gradués. Le conseil d'État, formé au XIVe siècle presque exclusivement de nobles et de membres du clergé, était dès le XVIe envahi par les gens de robe. — La noblesse s'éloigna des offices de judicature et d'administration, en haine des longues études au prix desquelles il fallait les obtenir; classe militaire par tradition comme par goût, elle ne pouvait être une classe politique.

Les offices conduisaient à la fortune par les émoluments qui y étaient attachés; les priviléges qui en étaient la conséquence permettaient au roturier d'acheter une terre noble sans être soumis aux droits ordinaires; l'héritage du gentilhomme qu'avaient ruiné ses prodigalités passait ainsi entre les mains du roturier enrichi par son travail. La vénalité des charges, consacrée par la royauté à bout de ses ressources, assurait d'autant mieux au bourgeois une position que sa fortune lui permettait d'acheter.

II. — La bourgeoisie marchande, moins ambitieuse, mais non moins riche, formait une autre classe; ses habitudes d'économie et d'heureuses spéculations lui permirent d'accumuler des capitaux assez importants pour venir au secours de l'État. Les capitalistes,

(1) M. Aug. Thierry, Tiers état, ch. IV.

appelés alors financiers, intervinrent d'une manière indirecte, mais fort réelle, dans les affaires du gouvernement, soit comme fermiers pour le recouvrement des impôts, soit comme banquiers du trésor, avançant les fonds nécessaires pour entreprendre une guerre ou négocier la paix. Recherchés même à la cour à cause de leur fortune, ils s'allièrent à la haute magistrature et lui apportèrent ce crédit et cette puissance que donne l'argent. — Ajoutez à ces causes d'élévation pour la bourgeoisie les troubles politiques qui confondirent dans la fraternité d'un même parti, sous le drapeau d'une même croyance, des hommes que semblait, au moyen âge, séparer un abîme, et vous comprendrez comment le tiers état avait conquis une influence réelle. La Ligue, en rapprochant le petit marchand et le grand seigneur, avait permis à chacun d'apprécier la véritable valeur de l'autre.

III. — La population des campagnes, admise dès la fin du xve siècle à la jouissance partielle des droits politiques, prit une part active à l'action gouvernementale. Des assemblées primaires dans chaque paroisse contribuaient par leurs délégués à la rédaction des cahiers de doléances et à l'élection des députés aux états généraux. Ces délégués dressaient les cahiers qu'ils portaient au chef-lieu du bailliage cantonal; réunis aux délégués du chef-lieu, ils faisaient choix de personnes chargées de porter leurs doléances à la ville siége du bailliage supérieur, où de nouveaux délégués élus de la même manière et réunis aux mandataires de la ville rédigeaient, par une nouvelle compilation, le cahier provincial de l'ordre plébéien, et nommaient les représentants aux états généraux. Cette innovation, qui date de l'assemblée de 1484, réunit en un corps politique toutes les classes du tiers état et mit fin à la tutelle officieuse qu'exerçaient les députés des bonnes villes sur les gens du pays plat.

IV. — Le commerce donna naissance aux corporations des métiers; protégées au commencement du xiie siècle afin d'encourager l'industrie à une époque où l'agriculture était tout, elles furent pour Louis XI un utile auxiliaire contre les seigneurs. Les métiers des bonnes villes devinrent l'objet de sa sollicitude; ceux de Paris furent rangés sous soixante-onze bannières. L'alliance politique de cette fraction du tiers état avec la royauté donna de l'importance non pas à tous les membres de la corporation, mais aux chefs et maîtres des métiers, qui, dans beaucoup de villes, étaient seuls électeurs (1).

Louis XI vendait des lettres de maîtrise comme il vendait des titres de noblesse. Cette mesure fiscale fut vainement prohibée par les ordonnances de Blois de 1499 et de 1579. En 1581, Henri III déclara qu'il n'appartenait qu'au roi seul de conférer des lettres de maîtrise : les maîtres reçus à Paris purent exercer dans tout le royaume, ceux reçus dans une ville de parlement furent libres d'exercer dans le ressort. Tout en élargissant le cercle dans lequel les règles primitives avaient renfermé les métiers, Henri III n'avait point détruit les abus; ils furent signalés en 1614 par les états généraux, qui combattirent l'extension donnée aux jurandes. Sous le ministère de Richelieu, les plaintes se renouvelèrent; l'opinion publique se prononça hautement contre les entraves apportées à l'industrie; il fallut faire des concessions : un édit de 1669, sans détruire absolument la juridiction des métiers, la restreignit beaucoup, et confia aux maires et échevins des villes la connaissance des procès entre les maîtres et les ouvriers, ainsi que le soin de veiller à l'exécution des statuts des corporations.

Cette institution, conservée parce qu'elle avait été convertie en mesure fiscale, devint assez redoutable pour que le gouvernement, malgré son désir de l'abolir, se vit forcé de la respecter; mais il restreignit ses priviléges. L'ordonnance de 1776, rendue à la sollicitation de Turgot, ne parvint pas à supprimer les jurandes; la constituante seule put opérer cette grande réforme. La royauté avait vaincu la féodalité nobiliaire; mais elle avait créé la féodalité

(1) Et encore leur fallait-il dix ans d'exercice.

industrielle, qui pesait sur tout le royaume, depuis le roi jusqu'au pauvre serf de la plus humble bourgade.

V. — Le parlement facilita encore les progrès du tiers état; « recruté depuis trois siècles dans l'élite des classes roturières, » placé au premier rang des dignitaires du royaume, donnant » l'exemple de l'intégrité et de toutes les vertus civiques, honoré » pour son patriotisme, son lustre, ses richesses, son orgueil » même, il avait tout ce qu'il fallait pour attirer les sympathies » et la confiance du tiers état (1). » Le peuple l'aimait à cause de sa résistance aux prétentions des seigneurs, et de son zèle à maintenir les traditions nationales, à garantir l'État de toute influence étrangère, et à conserver intactes les libertés de l'Église gallicane. Le faible avait confiance dans des magistrats qui ne devaient se laisser guider que par le seul intérêt du peuple. Mais c'était trop compter sur un corps à qui la nation n'avait pas donné de mandat légal pour gouverner, et dont la résistance n'aboutissait trop souvent qu'à des révolutions sans résultat, ou à la guerre civile. Le 28 mars 1615, le parlement, se posant en états généraux, convoqua les grands du royaume pour aviser aux réformes à faire; arrêté par l'autorité royale dans l'exécution de son projet, il adressa des remontrances qui furent le prétexte d'une guerre civile.

Les prétentions parlementaires se reproduisirent en juin 1648; les quatre cours souveraines, le parlement, la chambre des comptes, la cour des aides et le grand conseil se coalisèrent contre le ministère de Mazarin. L'acte, délibéré par une députation de soixante magistrats sous la forme d'un arrêt, renfermait de hautes idées d'amélioration sociale, telles que les ont consacrées nos constitutions modernes. Des concessions furent faites par la cour; une déclaration de juillet 1648 donna un règlement nouveau sur le fait de la justice, police et finances, et le *Soulagement des sujets* du roi (2) parut; mais il était trop tard:

(1) Tiers état, ch. VIII.

(2) Anciennes lois françaises, t. XVII, p. 84 et suiv.

la journée des *barricades* mit en présence de la royauté une force toute plébéienne qui devait non pas la vaincre cette fois, mais se rasseoir presque aussitôt sur elle-même, pour grandir par le travail incessant des idées, et reparaître avec une puissance irrésistible aux jours de 1789.

Le parlement, qui venait d'usurper tous les pouvoirs, eut assez d'honneur et de patriotisme pour reculer devant la criminelle pensée de chercher un appui dans les ennemis de la France; la magistrature coalisée ne manquait pourtant ni d'audace ni d'énergie, mais elle aima mieux faire la paix avec la cour que pactiser avec l'Espagne. — La paix, conclue à St-Germain le 30 mars 1649, consacra le grand principe de l'intervention du parlement dans les affaires générales, surtout dans les questions d'impôt (1). Tel fut le résultat politique de la guerre de la Fronde.

Le gouvernement de Louis XIV avait anéanti la liberté municipale; mais il ne fit que fermer la bouche au parlement, qui se releva ensuite plus puissant que jamais, empreint de cet esprit d'égalité civile et d'indépendance nationale dont le tiers état était animé. — S'immisçant dans les affaires intérieures de l'État, il s'érigeait en pouvoir investi de la tutelle publique, médiateur entre le peuple et le roi, modérateur entre la couronne et l'Église, conservateur des lois et régulateur de toutes les juridictions du royaume. C'est le rôle qu'il joua, après avoir plié pendant quarante-deux ans sous la volonté du maître; dépassant même les limites qu'il s'était tracées lui-même, il devint usurpateur et agressif

(1) Cette omnipotence des parlements se manifesta même dans ses décisions. C'est cette pensée que notre Boncenne a rendue avec bonheur dans ce passage plein d'énergie : « Les jugements et les arrêts étaient motivés autrefois. Mais lorsque les parlements se firent les émules de la puissance législative, et vinrent à s'arroger le droit de réglementer, ils affectèrent, même dans les arrêts privés, de parler le langage des lois, et de laisser tomber les oracles de leur justice sans daigner rendre compte des raisons qui les avaient déterminés. *Velut emissa divinitùs vox sit, jubeat, non disputet.* » Théorie de la procédure civile, t. 2, p. 435.

contre la royauté affaiblie. L'opinion publique respecta cette institution, la seule à qui le XVIIIe siècle eût laissé sa force et sa popularité, mais qui n'en eut point assez pour dominer l'élan populaire.

VI.—Les vicissitudes de l'influence du tiers état se reflètent dans les états généraux. L'esprit de ces assemblées était trop contraire aux idées despotiques de Louis XI pour que ce roi les convoquât souvent; il préférait assembler trente-six notables pour délibérer sur les affaires du pays et leur dicter ses volontés. Cependant, pour résister à la *ligue du bien public*, il réunit les états à Tours le 6 avril 1467, et du sein de l'assemblée sortit le principe que le roi ne pouvait rien détacher des domaines de la couronne, même à titre d'apanage.—Louis XI, ayant obtenu contre les seigneurs le concours moral de la nation, congédia les députés pour ne plus les réunir.

A la mort de ce roi, chacun sembla respirer, et se livra à l'espoir d'une indépendance politique qui n'avait pas trouvé grâce devant le despote. Les états généraux furent convoqués, et le 5 janvier 1484 vit se réunir cette assemblée qui, d'un commun accord, devait juger les actes du dernier règne. Toutes les provinces du royaume, de la Languedoïl et de la Languedoc, y étaient représentées; les paysans avaient pris part à l'élection, et la délibération avait eu lieu non par ordre, mais par têtes, dans six bureaux correspondant à autant de régions territoriales. Les sentiments de la justice et de l'impartialité distinguèrent cette assemblée, dont les idées libérales n'excluaient pas le respect pour la royauté; sévères dans leur appréciation des actes du roi qui venait de mourir, ils ne furent pas avares d'éloges pour son prédécesseur. Clergé, noblesse, tiers état, tous se confondirent dans une même pensée, l'intérêt du peuple. Des talents oratoires se révélèrent dans cette assemblée; des discours énergiques y furent prononcés; mais il en est un dont la hardiesse dépassa tous les autres; prononcé par un député de la noblesse de Bourgogne, le sire de la Roche, il proclamait des principes qu'on ne peut lire sans étonnement : souveraineté du peuple, droit de direction du peuple sur la chose publique. La royauté n'était pour l'orateur qu'un office, et non un héritage, et les états généraux étaient les dépositaires et les organes de la volonté commune (1).

Le tiers état était trop attaché au principe de l'hérédité pour accueillir des idées qui devinrent pourtant entre ses mains, trois siècles après, une arme terrible dans la grande lutte révolutionnaire ; ne s'occupant de réformes qu'au point de vue des intérêts matériels et pratiques, il demanda : diminution des impôts, réduction des troupes soldées, suppression de la taille et de la taxe arbitraire, rétablissement de l'usage suivi depuis saint Louis jusqu'à Charles VII, de présenter, pour chaque vacance dans un siége de judicature, trois candidats entre lesquels le roi choisissait; inamovibilité de la magistrature, répression des abus auxquels donnaient lieu la multiplication des offices, la vénalité des charges, les évocations et les commissions si fréquentes sous le règne de Louis XI (2); il réclamait encore la permission pour tout le monde d'ester en justice par procureur, la défense de saisir les bestiaux et les instruments de travail du laboureur (3), la rédac-

(1) M. Augustin-Thierry, Tiers état, ch. IV.

(2) « Au temps passé, quand un homme étoit accusé, il étoit pendu. » C'est dans ces termes que le tiers état exprimait combien étaient intolérables les vexations auxquelles avait donné lieu la procédure par commissions extraordinaires.

(3) Les souffrances des laboureurs étaient grandes. « Il faut, disaient » encore les états, que le povre laboureur paye et soudoye ceux qui le » battent, qui le délogent de sa maison, qui le font coucher à terre, » qui lui ôtent sa subsistance, et les gaiges sont baillez aux gens d'armes » pour le préserver et défendre, et garder leurs biens. » C'est cette situation navrante qu'une chanson du temps exprime avec une énergique naïveté :

Les pauvres laboureurs
Sont à toute heure aux champs :
C'est pour nourrir leurs femmes
Et leurs petits enfants
Et aussi les gens d'armes,
Quand ils courent les champs.

tion officielle des coutumes, la convocation des états sous deux ans au plus tard, et il ne se sépara qu'après en avoir obtenu la promesse. Mais la royauté n'apporta aux abus que quelques remèdes insignifiants, et, pendant quatorze ans du règne de Charles VIII, les impôts furent perçus en vertu d'ordonnances et répartis sans contrôle.

Malgré les maximes proclamées en 1484, les états généraux restèrent ce qu'ils avaient été et ce qu'ils furent depuis, une ressource suprême en temps de crise, mais ils ne devinrent pas une institution régulière et permanente. Le seul contrôle réel et sérieux des actes du pouvoir fut celui que les parlements imposèrent à la royauté. La seule assemblée politique qui se tint sous Louis XII, en 1506, fut un conseil de bourgeois où la noblesse et le clergé ne figurèrent que comme ornement du trône; les membres des corps judiciaires et les bourgeois, convoqués seuls, votèrent sans le concours des deux autres ordres : ce fut ce congrès du tiers état qui décerna à Louis XII, devenu l'idole de la bourgeoisie, le titre de *Père du peuple* que l'histoire lui a conservé.

Les guerres de religion nécessitèrent, en 1560, la convocation des états généraux. Le tiers état, au milieu des exagérations du fanatisme, représentait une opinion modérée que M. Aug. Thierry appelle *le parti du bon sens national;* ennemi du schisme, il ne l'était pas de la liberté de conscience; il sentait le besoin d'une réforme dans les mœurs et la constitution du clergé français. Ses cahiers forment une œuvre remarquable résumée en 354 articles avec une précision telle, qu'on aurait pu les convertir immédiatement en loi. Ses vœux tendaient à obtenir l'élection aux dignités ecclésiastiques par le concours du clergé et de certains notables; celle aux offices de la magistrature par le concours de l'ordre judiciaire, des magistrats municipaux et de la couronne; l'interdiction aux ministres du culte de recevoir les testaments; la révision des anciennes lois et ordonnances et leur réunion en un seul corps; la poursuite d'office des crimes sans l'intervention obligée de la partie civile; l'amoindrissement des justices seigneuriales au profit de la justice royale; la déchéance des droits seigneuriaux contre les seigneurs coupables d'exaction; enfin la réunion des états généraux au moins tous les cinq ans. — En désaccord sur presque tous les points, les trois ordres déclarèrent n'avoir pas de mandat pour consentir les subsides; la couronne les renvoya dans leurs provinces, où des assemblées devaient se réunir, et chacune des treize divisions territoriales composant la France fut autorisée à nommer trois députés, un noble, un clerc et un bourgeois, qui viendraient à Melun voter les subsides dont l'Etat avait besoin. — Une fois réunis à Melun, les représentants des trois ordres proclamèrent d'un commun accord le droit absolu de l'État sur les biens du clergé, et en décrétèrent la vente pour liquider la dette publique. Ce plan, dont l'exécution aurait anéanti le clergé comme ordre politique, tomba devant l'offre qu'il fit d'éteindre le tiers de la dette avant dix ans.

L'assemblée réclamait aussi la convocation des états généraux tous les deux ans, la liberté pour les réformés d'exercer leur culte, enfin un changement complet de tout le système administratif.

Un esprit de réaction contre le principe de la liberté de conscience se manifesta dans les états généraux de 1576; la bourgeoisie ne fut pas moins absolue que la couronne elle-même dans ses idées d'unité religieuse. D'accord sur le but, les trois ordres n'étaient divisés que sur les moyens d'exécution. Un député du Vermandois, Jean Bodin, assura le triomphe de l'opinion la moins rigoureuse; il réclamait la réunion à un culte unique *sans guerre;* n'ayant pu faire insérer cette pensée de paix dans le cahier de son ordre, il arriva au même résultat en provoquant, à force d'habileté, un refus péremptoire de tout subside.

L'assemblée de 1576 distinguait d'avec les lois du roi celles du royaume, lesquelles ne pouvaient être changées que par l'accord des trois ordres. Les cahiers du tiers état contenaient trois articles remarquables, signe de la résistance que les priviléges municipaux opposaient à l'envahissement administratif; ils revendiquaient la liberté des assemblées, celle des élections, et la plénitude de juridiction pour les municipalités. De son côté, la magistrature, jalouse du maintien de son autorité, insistait pour la suppression des tribunaux de commerce, prétention que le gouvernement eut la sagesse de ne point accueillir.

Les progrès alarmants de la Ligue déterminèrent le roi à convoquer, en 1588, les états généraux à Blois; inspiration fatale qui devait ruiner son autorité. Le tiers état domina l'assemblée; prétendant procéder par résolution et non par supplication, il déclara son concours nécessaire pour l'établissement des lois fondamentales, et l'intervention du parlement inutile. — Il exigea le vote des états généraux pour tous les subsides, le rétablissement de l'élection ecclésiastique, l'application de l'élection aux fonctions judiciaires, l'uniformité des poids et mesures, etc.—Réunis deux fois, ensanglantés par un double meurtre, les états de Blois ne produisirent aucun résultat mémorable. « Je crains, écrivait » Pasquier, que toutes ces belles harangues ne soient, comme » le chant du cygne, le pronostic fatal de la ruine de notre » monarchie (1). »

Henri IV ne voulait pas, comme il le disait lui-même, « se » mettre en tutelle; l'envie n'en prend guère aux rois, aux vic- » torieux et aux barbes grises. » Et il ajoutait dans son discours aux notables convoqués à Rouen en 1596 : « Je ne vous ai point » appelés, comme faisoient mes prédécesseurs, pour vous faire » approuver mes volontés, mais pour recevoir vos conseils, pour » les croire et pour les suivre. » Nobles paroles qui ne furent pas assez mises en pratique!

La minorité de Louis XIII avait ouvert aux seigneurs un champ

(1) Lettre du 19 janvier 1589.

libre; et comme il fallait un remède aux dilapidations de quatre ans de régence, les états généraux furent réunis le 27 novembre 1614. Cette réunion mit en évidence les rivalités du tiers état et de la noblesse, rivalités qui ne s'étaient pas encore révélées dans les assemblées de 1576 et de 1588. Les progrès de la bourgeoisie, qui n'avaient point préoccupé la noblesse pendant la grande lutte religieuse, commencèrent à l'inquiéter, et la dissension dont le cérémonial d'installation fut la cause se prolongea pendant la session tout entière. La proposition faite par le clergé et la noblesse de suspendre la taxe qui rendait les offices héréditaires fut acceptée par le tiers état; mais, pour prix de cette concession, il réclama à son tour la surséance des pensions accordées aux deux autres ordres, et qui avaient occasionné une augmentation considérable dans les tailles depuis quatre ans. La lutte s'engagea; Savaron, homme d'un vrai savoir et d'un caractère ferme, antipathique au clergé et à la noblesse, auxquels il venait de donner des leçons de justice et de prudence (1), fut délégué auprès du roi pour porter les plaintes du tiers. Le gouvernement essaya de rétablir l'harmonie entre les deux ordres; sa médiation, unie à celle du clergé, amena une réconciliation. Pour la première fois, le tiers état opposait à l'orgueil nobiliaire un orgueil plébéien basé sur le désintéressement et la dignité. — Une autre cause jeta la division entre le clergé et le tiers au sujet des relations du pouvoir temporel avec l'Église. Le tiers état voulait que la couronne fût indépendante. La royauté intervint, et après avoir pris communication de l'article qui avait suscité la querelle, elle défendit de l'insérer dans les cahiers du tiers état, puisqu'il avait été déjà présenté et reçu par le roi. Cette réponse donnée par la reine mère, et non par Louis XIII, quoiqu'il fût majeur, excita un violent tumulte; mais cette agitation n'aboutit qu'à faire réserver un blanc pour marquer la place de l'article concer-

(1) *V.* Tiers état, ch. VII.

nant la souveraineté du roi et la sûreté de sa personne (1).

Les cahiers des états généraux de 1614 sont comme une aspiration vers l'égalité civile et la liberté commerciale et industrielle de nos jours; vaste programme de réformes, dont les unes ont été exécutées par les ministres du XVIIe siècle, et les autres ajournées jusqu'en 1789. La rivalité qui éclata entre les ordres fut la cause de leur impuissance, en annihilant l'action de l'assemblée sur la marche et l'esprit du gouvernement. La royauté recourut à un moyen détourné pour se débarrasser de cette réunion qui l'importunait; la salle des séances fut démeublée, et le président annonça que le chancelier et le roi avaient défendu de continuer les délibérations. — Découragés, les députés n'osèrent faire résistance, se bornant à attendre la réponse à leurs doléances. Le 24 mars 1615, les présidents des trois ordres furent mandés au Louvre, où on leur annonça de la part du roi les concessions suivantes : suppression de la vénalité des charges, réduction des pensions, et établissement d'une chambre pour connaître des abus commis par les financiers. Ces promesses, qui réalisaient les vœux exprimés par les trois ordres, ne furent jamais tenues, et l'ordonnance qui devait être la réponse aux cahiers se fit attendre quinze ans.

Telle fut la fin de ces états généraux qui ne constatèrent que l'importance toujours croissante du tiers état, ses passions, ses lumières, et sa puissance morale en même temps que son impuissance politique. Cent soixante-quatorze ans s'écoulèrent sans que l'opinion publique s'émût de l'abandon dans lequel la royauté laissait ses représentants. Aussi, quand la convocation des états généraux fut décidée en 1788, un arrêt du conseil ordonna de compulser toutes les archives, invitant les corporations et les particuliers à seconder le gouvernement dans ses recherches à

(1) La déclaration de 1682 ne fut que la reproduction d'un principe dont la faiblesse d'une reine avait fait ajourner la consécration.

l'effet de déterminer les formes à suivre pour la tenue de l'assemblée. Du reste, les ordonnances n'ayant rien précisé à cet égard, il fallut s'en rapporter aux précédents, qui eux-mêmes étaient incertains et variables. La convocation était faite par le roi; mais le nombre des députés, les conditions d'aptitude n'étaient point soumis à des règles fixes : ordinairement chaque bailliage nommait trois députés, un pour chaque ordre. Outre ces représentants, produit de l'élection, le roi appelait certains personnages à cause de leur rang et de leurs fonctions : ainsi les reines, les princes du sang, les pairs de France, les grands officiers de la couronne, les secrétaires d'État, etc.

Certaines provinces avaient aussi leurs assemblées, qui dégénérèrent bientôt en un simple rouage administratif. Les agents de la couronne convoquaient les états provinciaux, et, sous Louis XIV, la partie la plus importante de l'action administrative était passée entre les mains des gens du roi. — Les pays auxquels le nom de *pays d'état* fut spécialement réservé depuis le règne de Louis XIV étaient le Languedoc, la Bretagne, la Bourgogne, la Provence, la Flandre, l'Artois, le Hainaut et le Cambrésis; le Dauphiné avait cessé d'avoir ses assemblées sous le règne précédent (1).

ARTICLE II.

ORGANISATION ADMINISTRATIVE ET JUDICIAIRE.

Les principes de droit public, péniblement élaborés sous Charles VII, se dessinent nettement sous la monarchie absolue. Les ressorts gouvernementaux se meuvent sans embarras, et dans chaque branche de l'administration une hiérarchie habilement combinée met le pouvoir royal en relation avec tous ses agents, et lui transmet les vœux et les besoins des populations. C'est surtout

(1) M. Dareste, Histoire de l'administration en France, t. I, ch. 2, § 2, p. 79.

sous Louis XIV que cet heureux résultat est obtenu par la correspondance que les secrétaires d'État entretiennent avec tous les fonctionnaires publics (1), et qui initie le roi aux détails les plus minutieux de l'administration.—A partir de ce moment, le gouvernement repose sur des règles que l'avenir respectera, en les modifiant dans quelques points secondaires.

§ Ier. — *Finances.*

Les droits féodaux, successivement amoindris par les ordonnances royales, n'en subsistaient pas moins en principe, et nous savons quelles vives réclamations leur perception soulevait dans le sein des états généraux. Quelques-uns de ces droits étant devenus régaliens, le pouvoir, qui enlevait aux seigneurs les droits de souveraineté, les exonéra de certaines charges qui y étaient attachées, et se trouva en mesure de réduire les contributions qui pesaient sur l'homme attaché à la terre. Cependant de lourds impôts frappaient encore la propriété au profit de l'État, des seigneurs et des villes : ainsi, avant 1776, la corvée existait encore, la circulation des vins était grevée de droits élevés ; on payait pour traverser les villes, pour transporter (2) des marchandises par terre

(1) M. Depping a publié dans la Collection des documents inédits sur l'histoire de France trois volumes (1850, 1851, 1852) intitulés : Correspondance administrative sous le règne de Louis XIV entre le cabinet du roi, les secrétaires d'État, le chancelier de France et les intendants, gouverneurs de provinces, présidents, évêques, etc. — Les introductions sont fort instructives et permettent d'apprécier à sa juste valeur l'organisation administrative de Louis XIV.

(2) C'est à Louis XVI qu'est due la suppression de tous ces impôts, qui étaient autant d'entraves à l'activité du commerce. —Le préambule de l'édit d'avril 1776 contient de grands enseignements, surtout quand on songe que c'est un roi détrôné au nom de la liberté, décapité sur un échafaud en haine de la tyrannie, qui a émis sur le régime commercial des idées aussi profondément libérales que celles-ci : « Chargé par la Pro- » vidence de veiller sans cesse au bonheur des peuples qu'elle nous a » confiés, nous devons porter notre attention sur tout ce qui concourt à » la prospérité publique. Elle a pour premier fondement la culture des

ou par eau. Mais la réforme, exigée par la *morale et l'équité* (ce sont les expressions de l'édit de 1776), ne fut complète que lorsqu'une révolution sociale apprit aux seigneurs que les édits du roi n'étaient que l'expression du vœu national et le résultat des progrès de la civilisation.

La royauté, qui avait pu, sous Charles VII, organiser une administration complète des finances, chercha sérieusement un système général approprié aux besoins et aux exigences nouvelles de l'industrie et des relations extérieures. Mais le trésor, obéré surtout par les règnes de Louis XIII et de Louis XIV, ne put se relever sous la régence et la déplorable administration de Louis XV; la catastrophe, retardée de quelques années par Law et Necker, devint peut-être plus terrible encore à cause des moyens qu'ils avaient employés pour la conjurer.

Les revenus, non plus du roi, comme au moyen âge, mais de l'État, se composaient de trois sources distinctes : le domaine royal, les impôts et les ressources extraordinaires.

I. *Domaine royal.* — Le domaine royal était affermé, et les ministres réglaient successivement le mode de bail, qui enrichissait plus les fermiers que le trésor. — Les aliénations, toujours prohibées et toujours renouvelées, donnèrent lieu à des ordonnances qui ne mirent point fin aux abus.

» terres, l'abondance des denrées, et leur débit avantageux, seul encou-
» ragement de la culture, seul gage de l'abondance. Ce débit avantageux
» ne peut naître que de la plus entière liberté des ventes et des achats.
» C'est cette liberté seule qui assure aux cultivateurs la juste récompense
» de leurs travaux, aux propriétaires des terres un revenu fixe, aux
» hommes industrieux des salaires constants et proportionnés, aux con-
» sommateurs les objets de leurs besoins, aux citoyens de tous les ordres
» la jouissance de leurs véritables droits. » La suite du préambule est peut-être plus remarquable encore; on y trouve une discussion sérieuse sur l'abus des droits féodaux de banvin et de monte; Louis XVI y combat « *ces usurpations qualifiées de priviléges* » avec une énergie qui surprendrait dans sa bouche si l'on ne connaissait toute l'honnêteté de son cœur et son ardent désir du bien public. — *V.* Jourdan, t. 1, p. 536 et suiv.

Les ordonnances de 1539 et de 1566 établirent les principes en cette matière; les engagements seuls furent permis, et le rachat à perpétuité pouvait être exercé. Colbert essaya cette œuvre difficile; mais ses successeurs semblèrent prendre à tâche de détruire ce qu'il avait fait. Les aliénations, qui avaient été considérables sous Louis XIII et pendant la minorité de Louis XIV, continuèrent sous Louis XV; la loi du 22 novembre 1790 vint au secours des acquéreurs, qui avaient déjà payé bien des taxes pour se maintenir en possession, et les mit à l'abri des recherches de l'État moyennant le remboursement du quart de la valeur des domaines aliénés contrairement à l'ordonnance de Moulins. A cette condition, les immeubles, qui n'avaient entre les mains des détenteurs que la qualité de biens engagés, devinrent une propriété incommutable et définitive.

Louis XII et Henri IV avaient refusé de confondre leur domaine privé avec celui de la couronne; mais la résistance énergique du parlement triompha des prétentions royales et obligea Henri IV, en 1607, de reconnaître le principe de confusion qui fut désormais une règle fondamentale et incontestée de la monarchie.

Les droits domaniaux restèrent à peu près les mêmes que pendant la féodalité; on se borna à les modifier et à les amoindrir. Les droits d'amortissement se réduisirent, sous Louis XI, au payement d'une somme convenue de gré à gré avec le roi, et que Louis XIV ordonna de payer aussitôt après la signature des contrats translatifs de propriété.

Les droits de franc-fief, d'une évaluation toujours difficile, furent réduits à deux années de revenus en 1656; mais la déclaration intervenue à ce sujet fut mal exécutée, et la plus grande diversité continua à régner dans la perception de cet impôt.

Les droits d'aubaine et de bâtardise subsistaient, modifiés profondément toutefois par suite des relations de commerce ou d'amitié avec les puissances étrangères. Les *aubains* purent résider librement dans certaines villes, et de nombreux traités les exemptèrent en partie de l'impôt auquel ils étaient régulièrement soumis.

Les droits perçus lors de la création de nouveaux offices furent au XVIe siècle la source de revenus la plus productive; chacun voulait être quelque chose, et le même office fut vendu jusqu'à trois acheteurs (*titulaire, alternatif, triennal*) qui exerçaient à tour de rôle. Mais comme le capital des ventes était promptement dissipé sans grand profit pour l'État, le gouvernement établit en 1604 un droit annuel, la *paulette* (1), consistant dans le payement au roi du soixantième des revenus. C'était concentrer les charges dans les familles riches, et créer indirectement l'hérédité. Ce nouvel impôt, vivement critiqué, fut supprimé en 1617, rétabli en 1620, et maintenu par Louis XIV en 1665 et 1678.

La vente des maîtrises constitua un impôt analogue que Henri III régularisa en 1581 : il fallait des lettres pour exercer un métier, et le droit de travailler devint en certains cas royal et domanial. — Chaque roi, à son avénement, créait de nouvelles maîtrises (2), cause d'augmentation des taxes énormes dont le commerce était frappé. Ne nous dissimulons pas cependant que si le droit domanial était trop absolu dans la forme, il avait plus d'un rapport avec l'impôt perçu aujourd'hui sur les industries comme rémunération de la protection que leur accorde l'État.

A côté des droits de greffe, François Ier introduisit, en 1539, ceux d'hypothèque et d'insinuation des donations. En 1563, cette formalité de l'insinuation fut étendue à tous les actes de dispositions entre-vifs ou de dernière volonté.—En 1581, Henri III établissait pour les actes notariés le droit de contrôle analogue à l'en-

(1) Du nom de Paulet, qui en donna l'idée et en fut le premier fermier.

(2) C'était le droit de joyeux avénement. — Le roi faisait des promotions plus importantes. Plusieurs professions lui payaient des sommes assez considérables. *V.* ord. mai 1463, art. 25; — Rec. ord., t. 15, p. 661; t. 14, p. 491. — Le Dauphin avait aussi le droit de créer un maître juré dans chaque corps de métier. — Rec. ord., t. 17, p. 459, note 6.

registrement actuel; ce droit existait déjà pour les actes sous seing privé dont la valeur dépassait cent livres (ordonnance de 1566), et les édits de 1654 et 1669 l'étendirent aux exploits des huissiers et des sergents.—Le droit de formule ou de timbre fut créé en 1653 (1).

Enfin, l'exploitation des maisons de jeu fut soumise à un droit fiscal assez élevé pour que le gouvernement les maintînt, malgré les arrêts du parlement qui en prononçaient la suppression : en 1611, on comptait à Paris quarante-sept brelans dont chacun payait au lieutenant civil une pistole. (*Journal de l'Estoile*, 12 avril 1611.)

II. *Impôts.*—Les impôts, devenus permanents depuis Charles VII, se divisaient en contributions directes et contributions indirectes.

1° Dans la première classe, venaient d'abord les tailles, impôt d'autant plus onéreux pour le peuple, que la noblesse et le clergé en étaient exempts; de dix-huit cent mille livres qu'il produisait sous Charles VII, il s'éleva à quatre millions l'année de la mort de Louis XI. L'augmentation fut encore plus forte au xvie siècle, à cause de l'accroissement de l'armée permanente. En 1534, François Ier ajouta au principal de la taille la *grande crue*, destinée au payement de ses légionnaires.—La classe pauvre s'étant trouvée plus d'une fois dans l'impossibilité d'acquitter sa quote-part, on faisait des remises forcées comme en 1594 et 1598. Un édit de 1600 essaya une répartition plus juste de la taille, en prenant pour base la quotité des biens meubles et immeubles, ainsi que le trafic et l'industrie des contribuables. En 1603, Sully eut le talent de dégrever la classe agricole de deux millions d'impôts. Les nombreuses tentatives que fit le tiers état pour rendre la taille réelle et l'étendre à toutes les classes ne

(1) Le papier timbré contenait des formules imprimées destinées à établir l'uniformité dans la procédure.

furent pas complétement infructueuses; elles amenèrent la suppression de plus d'un privilége; un projet de cadastre, établissant l'égalité dans la perception de l'impôt foncier, était déjà en voie d'exécution sous le ministère de Colbert, mais à sa mort il fut ajourné jusqu'en 1763.

La taille, objet d'une augmentation extraordinaire en 1705, en subit encore une autre en 1710 par l'établissement d'un dixième, nouvel impôt qui s'étendit aux nobles, aux privilégiés et aux apanagistes. Louis XVI, effrayé de l'énormité des charges qui pesaient principalement sur la classe pauvre, voulut supprimer une partie de la taille; son système est exposé dans le préambule de la déclaration du 4 août 1787; le roi assujettissait les actes à un nouveau droit de timbre qui, disait-il, « portera sur nos sujets en » proportion de leurs richesses et des avantages qu'ils retirent de » ces actes sous la protection de notre autorité. » Un édit de septembre 1787, dans le préambule duquel est annoncée la conversion de la gabelle, supprima l'impôt sur le timbre comme pouvant apporter des perturbations dans la perception des revenus. La royauté était alors à la recherche d'un système financier que les plus habiles économistes ne purent lui fournir.

La capitation, impôt personnel créé en 1695, était payée par tout le monde, proportionnellement au rang et à la dignité de chacun; temporaire d'abord, les guerres étrangères la rendirent perpétuelle et en firent même élever le taux sous le règne de Louis XV.

L'accroissement excessif de la taille et de la capitation avait appelé l'attention de Louis XVI, qui, voulant y remédier par la déclaration du 13 février 1780, proclama le principe de l'égalité dans la répartition de l'impôt et révoqua des exemptions trop nombreuses. L'arrêt du conseil du 8 août 1788 fut rendu pour ramener ces règles à exécution, et la déclaration du 28 octobre suivant reproduisit les mêmes principes.

2° Les premières contributions indirectes furent les aides perçues sur les objets de consommation, au moment de la récolte ou de la vente; Louis XI les modéra pour les boissons; sous Louis XIII, on contesta la légitimité de cet impôt. En 1680, parut la grande ordonnance de Colbert sur les aides. « Il eut l'honneur, dit Forbonnais, d'avoir simplifié ces lois, car lui-même ne se flatta pas de les avoir perfectionnées. »

En cas de guerre, des aides extraordinaires étaient levées; un sol par livre se percevait sur toutes les denrées, excepté celles de première nécessité, tels que le blé et le vin. Sous Louis XIV chacun inventait son impôt; celui sur les cheminées ne fut pas le plus bizarre. Le besoin d'argent fit frapper en 1705 les fermes générales ou particulières d'un impôt de deux sols par livre, impôt qui devint presque aussitôt permanent; successivement augmenté, il s'élevait au sixième en 1763.

Les octrois sur les denrées à leur entrée et à leur sortie des villes formaient encore une branche importante de revenus; le roi en permit l'établissement à Paris en 1552, moyennant une somme considérable qui lui fut payée. Tout le monde, le roi lui-même, y était soumis. Le gouvernement s'attribua plus tard la moitié des octrois, qui, dans le principe, n'étaient perçus qu'au profit des villes. Colbert en régla la perception par les édits de 1663 et 1681. —Aux aides on annexa certains droits, tels que la *jauge*, le *courtage* au profit des officiers qui surveillaient la vente du vin, la *marque* sur les fers indiquant leur qualité ou leur origine, la *marque* sur l'or et l'argent, le *timbre et le contrôle* sur les cartes, tarots et dés, le *demi pour cent* sur les lettres de change, tous droits établis au XVIe siècle, et qui le furent en partie par Sully.

La fabrication des poudres et salpêtres, monopolisée dès 1540, fut déclarée appartenir exclusivement au roi en 1572.—L'impôt sur le tabac date de 1629.

La gabelle, dont les seigneurs avaient fait un de leurs principaux revenus, devint un droit régalien, au moins dans une partie de la France, par l'établissement de greniers à sel dans toutes les provinces appartenant au domaine du roi. Cependant, dans le Languedoc, il n'y avait ni grenier à sel ni officiers royaux; les agents de l'État donnaient la gabelle à ferme comme les aides ordinaires.—Dans l'ouest de la France, le Poitou, la Saintonge et le gouvernement de la Rochelle, la gabelle fut remplacée par un impôt appelé le *quart de sel*, égal au quart du prix de vente. Sous Henri II, plusieurs provinces s'en rachetèrent en payant une somme annuelle; on les appelait *pays rédimés.* —Enfin, dans certaines généralités, la vente du sel était forcée, c'est-à-dire que chaque habitant devait renouveler tous les trois ans sa provision de sel appréciée d'après ses besoins présumés; dans d'autres, chacun était libre d'acheter le sel à son gré, mais à la condition de prendre une quantité qui ne fût pas inférieure au *minimum* : cette vente était tout aussi forcée que l'autre; seulement la proportion était moins rigoureusement établie pour la perception.—Outre les pays de *grandes gabelles*, on connaissait encore les pays de *petites gabelles*, où l'impôt, perçu de la même manière, était moins fort; *les pays de salines*, où l'impôt était levé sur les salines, et enfin les *pays exempts*, où il n'était permis d'acheter, comme dans les *pays rédimés*, que la quantité de sel nécessaire à sa consommation, afin de prévenir la contrebande.

Cet impôt était des plus productifs, mais aussi des plus odieux; les nombreux règlements publiés par Charles VIII, Louis XII et François Ier ne firent point taire les plaintes des populations. Colbert abaissa en 1663 le prix du sel, qui avait été élevé sous Mazarin; il régularisa la ferme des *grandes gabelles* par l'ordonnance de 1680, et fit disparaître quelques abus de détail, sans pouvoir réaliser les améliorations dont cet impôt était susceptible.

Les douanes, dont l'origine remonte à saint Louis, ne furent établies d'une manière complète qu'au milieu du XIVe siècle. Les denrées coloniales furent taxées par Louis XI; Charles VIII et Louis XII désignèrent les ports dans lesquels les provenances étrangères seraient reçues. Sous Henri III, toutes les denrées et marchandises entrant en France payaient 2 pour cent de leur valeur, en vertu de l'édit de 1581. — Les douanes intérieures, exorbitantes sous la féodalité, furent réglementées par de nombreuses ordonnances; au XVIIe siècle, plusieurs furent successivement supprimées, et la liberté du commerce comptait déjà de nombreux partisans. L'édit de 1664 prononça la suppression des taxes locales et substitua un droit unique à tous les droits d'exportation et d'importation. Ce tarif, qui annonçait un grand progrès, fut révisé en 1667. Colbert abolit les péages seigneuriaux et presque tous les péages provinciaux; mais ses efforts et ceux de ses successeurs ne purent réaliser l'abolition complète des douanes intérieures; préparée par les édits de Turgot, elle ne fut décrétée que par l'assemblée nationale.

III. *Ressources extraordinaires.* — Le XIVe et le XVe siècle furent féconds en impôts appelés *crues*; au XVIIe, l'abus de ces moyens avait atteint ses dernières limites, et l'avocat général Omer Talon, signalant à Louis XIV les abus de sa minorité, lui disait : « Sire, on a mis des charges et des impôts sur » toutes choses imaginables. Il n'est rien resté à vos sujets que » l'âme, et si on pouvait la vendre, il y a longtemps aussi qu'on » l'aurait mise en vente. » — Après avoir vendu aux villes leurs priviléges, aux serfs leur affranchissement, on vendit les offices et les maîtrises; enfin les dons gratuits du clergé se changèrent vers 1567 en ressource permanente.

Le déficit du trésor augmentait chaque jour; pour se procurer l'argent dont il avait besoin, le gouvernement créa en 1539 la loterie, institution qui reçut en 1705 des développements considérables. La marquise de Rambouillet acheta en 1644 le droit d'établir une *blanque royale*, avec privilége de vingt ans pour l'exploitation. En 1656, un particulier imagina, pour payer la construction d'un pont à Paris, la tontine (1) royale;

(1) Ainsi appelée du nom de Tonti qui avait inventé cette combinaison.

le produit de la souscription formait un capital dont les intérêts devaient être payés aux souscripteurs pendant leur vie; après leur mort, il était acquis au roi.

Les emprunts souvent forcés faits à la bourse des juifs ont signalé le XIV siècle; l'emprunt régulier date du règne de François Ier, qui créa en 1535 les premières rentes sur l'hôtel de ville de Paris. Mais le crédit public était encore mal assis; le payement des rentes n'était ni régulier ni même total; l'intérêt se payait au denier dix; Sully le réduisit au denier seize, et successivement au denier dix-huit, vingt et vingt-cinq. Les rentes constituées depuis 1575 ayant été réduites à moitié ou aux deux tiers du capital, les réclamations les plus vives éclatèrent; le prévôt des marchands de Paris résista avec énergie; il remontra au roi que le défaut de payement réduisait assez la valeur des rentes sans les soumettre ainsi à un retranchement nouveau. Cependant la réduction et le remboursement s'opérèrent sans trop de difficultés, ce qui allégea beaucoup le trésor.

Les emprunts, trop souvent répétés sous Louis XIII et pendant la minorité de Louis XIV, furent ramenés à de sages limites par Colbert, qui redoutait fort les impôts excessifs; moins économes que lui, ses successeurs abusèrent de cette ressource; la création du papier-monnaie mit le comble au désordre qu'avaient déjà produit dans les finances les billets d'emprunt et la réduction des rentes perpétuelles et viagères. Le trône de la monarchie absolue s'écroula au milieu de la crise financière que Louis XVI se flatta un moment de conjurer par des essais jugés insuffisants même avant leur mise à exécution; l'impôt territorial et l'impôt sur le timbre n'ayant produit aucun résultat, il fallut rester embourbé dans l'ancienne ornière.

Le droit de battre monnaie, devenu régalien, fut donné à ferme; on n'eut plus recours à l'altération des pièces d'or et d'argent, ressource désastreuse dont le gouvernement comprit enfin la déloyauté.

IV. *Répartition et perception des impôts.* — Les officiers chargés du recouvrement des impôts furent, à part quelques modifications de détails établies dans un but de fiscalité, les mêmes que dans la période précédente; le gouvernement avait créé dans chaque généralité deux receveurs appelés *trésoriers sur le fait des finances*, pour les distinguer de ceux qui étaient investis d'une juridiction exceptionnelle; leurs attributions consistaient à percevoir les revenus domaniaux.

Deux innovations importantes s'opérèrent sous François Ier : au changeur de trésor et au receveur général, qui centralisaient, l'un la recette du domaine, l'autre celle des impositions, il adjoignit en 1523 un trésorier de l'épargne chargé de centraliser les recettes des *parties casuelles et inopinées*, puis en 1547 il nomma deux contrôleurs généraux pour aider et assister ce nouveau fonctionnaire. — L'autre changement consista à diviser la France en seize départements financiers ou recettes générales, dans lesquelles tous les revenus devaient être versés. Au-dessus des receveurs généraux était un trésorier général pour les inspecter, et en 1577 Henri III établit un conseil supérieur appelé bureau des finances, investi de la haute direction administrative. — La même année, des bureaux de finances furent créés dans plusieurs généralités, avec mission d'examiner les livres des comptables avant de les envoyer à la cour des comptes. — Le cardinal de Richelieu créa les intendants de province, dont la surveillance, bornée d'abord aux finances, s'étendit ensuite à toutes les branches de l'administration; il y en avait un par généralité. En 1573 ils furent soumis au contrôle d'un surintendant, véritable ministre, que Louis XIV supprima quand il voulut gouverner lui-même.

Les élus, nommés autrefois par les contribuables pour la répartition de l'impôt, étaient devenus depuis longtemps des officiers royaux (1); leurs attributions furent nettement déterminées

(1) *V.* plus haut, p. 446.

sous la monarchie absolue. Obligés à des visites ou *chevauchées* pour surveiller l'égalité de la répartition, ils dressent les rôles d'après l'avis des collecteurs, qui leur fournissent un rapport annuel sur les mutations survenues dans les propriétés. Ces rôles sont envoyés aux généraux des finances, qui dressent ensuite le rôle général. Louis XI, cédant à un moment de faiblesse, avait destitué les élus, contre lesquels des plaintes avaient été portées; mais il les rétablit bientôt; Louis XII leur enjoignit de se restreindre à leurs fonctions, avec défense d'acquérir des offices de juges et surtout d'être officiers des seigneurs. François Ier augmenta leur nombre. — Enfin, en 1523, des contrôleurs de recettes furent établis dans chaque élection.

L'organisation des officiers de la cour des aides resta à peu près la même qu'antérieurement; Louis XI les destitua en 1462, pour se venger de ce qu'ils avaient pris parti contre lui en faveur de son père; mais il les rétablit quelques années après, et avec eux le principe d'inamovibilité écrit dans les lois, sauf à l'observer avec une fidélité plus ou moins scrupuleuse.

Pour faciliter la perception de l'impôt du sel, les ordonnances voulaient que les fabricants le portassent aux greniers du roi, sous peine de confiscation. Chaque grenier était administré par un grènetier, *homme sage, loyal, diligent et convenable*, assisté d'un contrôleur; d'abord il fixait le prix de gré à gré avec les marchands, mais plus tard un tarif fut établi. Le grènetier revendait le sel en gros, et confiait le détail à des détailleurs ou regrattiers.

Les droits de douane étaient perçus par les maîtres des ports faisant l'office de receveurs spéciaux, et leurs décisions furent portées, après plusieurs vicissitudes, à la cour des aides.

Enfin les droits de perception, que l'on tendait de plus en plus à affermer, furent soumis à la surveillance des officiers royaux: les élus connaissaient des contestations en premier ressort; l'appel était déféré à la cour des aides.

§ II. — *Armée.*

Le système de troupes régulières créé par Charles VII fut continué par ses successeurs, et, malgré la suppression des francs-archers sous Louis XI, le principe d'une armée *permanente* était définitivement accepté. Les troupes étaient composées en grande partie d'étrangers, surtout de Suisses et d'Ecossais; l'infanterie, en 1480, comptait six mille Suisses et dix mille Français seulement. L'arrière-ban, comprenant toutes les personnes en état de porter les armes, pouvait être encore convoqué; mais la royauté s'adressait avant tout aux troupes régulières. Charles VIII créa la cavalerie légère, dans laquelle servait un grand nombre d'Albanais.

Lorsque, par suite de leur adjonction à la couronne, les grands fiefs disparurent, un système de divisions militaires remplaça les divisions féodales. Louis XII nomma des gouverneurs de province remplaçant, sous ce rapport, les sénéchaux et les baillis d'épée, et choisis ordinairement parmi les princes. A la fin du xve siècle, trois lieutenants généraux furent créés pour l'Ile de France; la Bourgogne avait, depuis sa réunion à la couronne, un maréchal commandant toutes les troupes de sa circonscription. L'institution des gouverneurs de province était conçue dans des idées d'uniformité qui ne se réalisèrent qu'en 1545, sous François Ier; car, à l'époque de la création, chacun avait reçu des pouvoirs différents par ses lettres d'investiture. Le titre de lieutenants généraux, réservé d'abord pour les gouverneurs de la Normandie, de la Bretagne, de la Guienne, etc., fut successivement étendu à tous les gouverneurs de province. Le nombre des gouvernements, réduit à douze en 1579, s'accrut dans la suite par l'adjonction des pays conquis.

Cette division, qui ne correspondait en rien à la division financière en généralités, mettait tout le royaume sous le commandement des officiers royaux, subordonnés aux gouverneurs de province; les villes et places fortes cessaient d'être placées sous la garde des seigneurs.

Pour recruter ses légions destinées à former une armée permanente, François Ier divisa la France en sept départements : 1° Bretagne; 2° Normandie; 3° Picardie; 4° Bourgogne, Champagne et Nivernais; 5° Dauphiné, Provence, Lyonnais et Auvergne; 6° Languedoc; 7° Guienne. Dans chaque légion, le roi nomma six capitaines commandant chacun mille hommes et disposant des emplois inférieurs. Il plaça dans les cadres les anciennes troupes d'*aventuriers*, et mit à la tête de cette infanterie un capitaine et un colonel général avec pouvoir de conférer les plus hauts grades.

Ces compagnies, beaucoup moins nombreuses que ne l'avait pensé François Ier, changèrent leur nom pour celui de régiment, déjà usité pour la cavalerie depuis Louis XII. Leur nombre s'accrut successivement, et en 1714 il s'élevait à deux cent soixante-quatre. Les chefs prirent le nom de mestres de camp en 1568, et de colonels en 1661.

Des corps spéciaux furent institués; l'artillerie eut son grand maître, véritable ministre. Louvois créa les hussards et les grenadiers, dont il répartit, en 1676, une compagnie par chaque régiment, et il augmenta le corps des dragons. Dès Louis XIII, la cavalerie se composait de régiments de mousquetaires, de fusiliers à cheval et de carabiniers. Vauban, en 1673, forma les compagnies de mineurs; en 1684, un régiment de bombardiers fut institué.

De nombreuses ordonnances modifièrent successivement la composition de l'armée : Louis XVI supprima les deux compagnies de mousquetaires ainsi que les grenadiers à cheval, et réglementa la gendarmerie, dont chaque membre avait le rang et la prérogative de sous-lieutenant. Le 31 décembre 1776, le génie prit le nom de corps royal du génie, et le nombre de ses officiers fut porté à trois cent vingt-neuf; l'organisation de l'école de Mézières fut remaniée.

L'administration militaire fit de grands progrès sous Louis XIII;

dès 1619, le département de la guerre eut un ministre spécial, et Richelieu, non content d'augmenter les troupes, leur donna une nouvelle organisation. La suppression de la charge de connétable laissa désormais le roi commandant en chef des forces militaires du royaume.

Le recrutement, d'abord confié aux provinces, s'opéra plus tard concurremment avec l'Etat, et ce dernier mode devint de plus en plus habituel. A mesure que le gouvernement prenait plus de consistance, il se substituait aux administrations provinciales, et il ne resta de l'ancien système que l'usage de donner aux régiments le nom de leur province; encore comprenaient-ils en général des hommes originaires de tous pays sans distinction : moyen puissant pour servir la cause de l'unité française : tous ces hommes, de mœurs, de langage, de costumes différents, ralliés sous un même drapeau, n'appartenaient plus à telle ou telle province, les diversités de lieux s'effaçaient; les soldats n'étaient plus des habitants du Berri, de l'Anjou, de la Guienne, de l'Artois, etc., mais des Français, vivant de la même vie, animés par un même sentiment, l'honneur du drapeau.

Les engagements étaient volontaires; on ne les imposait qu'à ceux qui ne pouvaient justifier de leurs moyens d'existence; ils étaient faits par les capitaines, qui employaient à cet effet des racoleurs.

Le service militaire était obligatoire pour tous les nobles, même ceux possédant des terres roturières; mais, comme l'infanterie était plus nécessaire que la cavalerie, beaucoup de nobles furent chargés de recruter des gens de pied, et dispensés du service personnel. Ces compagnies de l'arrière-ban étaient mal équipées, mal disciplinées ; chacun s'absentait à son gré pour ses affaires.—Le désordre augmentant chaque jour et étant rendu plus apparent par l'organisation simple et régulière du reste de l'armée, le gouvernement prit le parti, en 1675, de ne plus convoquer ces gens de guerre, dont le caractère féodal avait cessé d'être en rapport avec l'époque.

Richelieu organisa le système des fournitures pour l'armée; les commissaires des guerres furent chargés de la surveillance, et, d'après le code Marillac, chaque régiment avait un payeur, un médecin, un aumônier jésuite et un hôpital. L'État ne se chargea plus seulement de la dépense des troupes en temps de guerre; l'administration des subsistances fut complète en 1631, et dirigée par un grand maître et un surintendant général. Les populations furent soustraites aux *pilleries* des soldats; un impôt, établi d'abord sur les provinces où les troupes tenaient garnison, plus tard sur toutes indistinctement, fit face aux dépenses. Richelieu sépara le commandement militaire de l'administration proprement dite, en créant des intendants de police, justice et finance dans les armées. En 1635, le chiffre des troupes, tant étrangères que françaises, dépassait cent cinquante mille hommes.

La hiérarchie militaire s'établit successivement; depuis 1638, tout officier ayant le commandement en chef d'une armée prit le nom de lieutenant général; au-dessous de lui étaient les brigadiers, correspondant à nos maréchaux de camp (1). En 1668, on créa des charges d'inspecteurs généraux pour la cavalerie et l'infanterie; en 1692, ces fonctions furent elles-mêmes divisées.—Des écoles militaires, établies d'abord sous Louis XIV, supprimées, puis rétablies sous Louis XV, étaient destinées à former des sous-lieutenants.

Louvois régla les engagements et la solde des troupes, dont l'enrôlement était encore volontaire; les communautés des villes furent forcées de lever les recrues pour l'infanterie; le gouvernement voulait renoncer à l'emploi des racoleurs. Les milices étaient placées en dehors de l'armée régulière; une partie seulement allait à la guerre; l'autre pouvait vaquer aux travaux de la campagne. La permanence de la milice effaça la principale distinction qui existait entre elle et les troupes ordinaires, et à la longue

(1) Aujourd'hui généraux de brigade.

les compagnies qui la composaient furent réparties dans les régiments de l'armée.

Les milices furent elles-mêmes remplacées, le 11 janvier 1719, par les troupes provinciales, dont les ordonnances de 1771 et 1774 réglèrent le recrutement. Chaque bataillon était composé de sept cent dix hommes ; la répartition entre les villes et villages se faisait par les intendants, eu égard au nombre d'hommes en état de servir ; le sort désignait parmi les hommes de dix-huit à quarante ans, garçons ou veufs, de la taille de cinq pieds au moins. — De nombreuses ordonnances remanièrent, sous Louis XVI, l'organisation de l'armée ; le corps royal du génie fut composé de manière à pourvoir à la défense des frontières, et un règlement du 1er mars 1778 compléta l'administration intérieure des troupes provinciales. — Enfin, en 1776, en vertu d'un règlement du 18 mars, les gouvernements militaires, que Henri III avait réduits au nombre de douze, furent élevés au nombre de trente-neuf, dont dix-huit gouvernements généraux de première classe, et vingt et un de seconde. Les gouvernements particuliers se subdivisaient, selon l'importance des circonscriptions, en trois classes, division qui subsista jusqu'en 1791.

La marine, presque oubliée pendant la féodalité, fut, sous Louis XI, l'objet de règlements spéciaux. Sous Louis XII et François Ier, quelques actes de législation commencèrent à organiser l'administration navale. Le recrutement s'opérait par engagements volontaires ; Henri III régla en 1584 l'équipement et l'armement des navires. Mais ce ne fut que sous Richelieu que l'unité et la hiérarchie se constituèrent réellement : ce ministre créa le premier régiment de marine en 1627, et le régiment royal des vaisseaux en 1639. Ces améliorations, déjà importantes, prirent encore des proportions plus étendues sous l'administration de Colbert, à qui l'on doit le système de l'inscription maritime, qui substitua l'action de l'État à celle des paroisses (1) ; les provinces

(1) Primitivement c'étaient les paroisses qui devaient fournir les matelots.

maritimes furent divisées en départements confiés chacun à un commissaire de marine.

La marine française éprouva quelque affaiblissement quand Colbert ne l'administra plus; elle ne se releva que sous Louis XVI et le ministère du duc de Vergennes. Les bases de comptabilité établies par Colbert s'étaient conservées, et elles sont encore suivies aujourd'hui.

Le maintien de l'ordre public était confié au guet royal et au guet municipal ou bourgeois, correspondant l'un à la gendarmerie actuelle, l'autre à notre garde nationale. Les chevaliers du guet n'eurent d'organisation générale qu'à partir de l'ordonnance de 1633, qui institua deux cents chevaliers, deux cents lieutenants, cent exempts et trois cents archers du guet pour être distribués dans les villes qui n'en avaient pas encore. Colbert compléta cette organisation en centralisant la police entre les mains d'un lieutenant général, véritable ministre souvent appelé dans les conseils du roi. Plus tard, toute ville dotée d'un parlement eut un lieutenant général.

§ III. *Justice*.

C'est dans l'administration judiciaire que la centralisation du pouvoir a éprouvé la plus vive résistance; commencée sous Charles VII, elle n'a pu se compléter que sous la monarchie absolue, sans atteindre toutefois une uniformité que la révolution de 89 pouvait seule établir.

Juridiction ecclésiastique.

La juridiction ecclésiastique dans les affaires temporelles, après avoir disparu au commencement du XVe siècle, ne pouvait renaître dans une société dont l'organisation n'était pas compatible avec elle. L'ordonnance de 1539 la réduisit aux matières spirituelles et aux actions personnelles dirigées contre les clercs, et encore les évocations enlevèrent-elles une grande partie de ces affaires aux officialités. Les ordonnances de 1667 et 1670 réglèrent la compétence de l'Église en même temps que celle des tribunaux civils, et l'ordonnance de 1695 revisa complétement la matière. Au XVIe siècle, le gouvernement alla jusqu'à s'attribuer la connaissance des causes spirituelles. Les juridictions royales eurent compétence concurremment avec les officialités pour juger les crimes d'hérésie, et la punition des hérétiques fut réservée en 1551 aux cours souveraines et aux juges présidiaux; le parlement eut sa chambre ardente.

Juridictions municipales.

Les juridictions municipales subissaient le sort des libertés communales, dont les dernières traces s'effaçaient de jour en jour. L'ordonnance d'Orléans de 1560 commença par supprimer les juridictions inférieures partout où il y avait un bailliage ou un siége ressortissant sans intermédiaire d'un parlement; deux années après, la création des tribunaux de commerce enleva une partie de leurs attributions aux juridictions dont l'ordonnance de 1560 avait respecté l'existence. Vint ensuite l'ordonnance de Moulins (1566), qui leur interdit toute juridiction civile, et les ordonnances de Blois et de St-Maur, de 1579 et 1580, finirent par les dépouiller de leur juridiction criminelle, fort entamée déjà par de nombreux édits. Il ne leur resta plus de leurs anciennes attributions qu'une juridiction de police très-restreinte, qui, d'après l'ordonnance de 1577, ne s'élevait pas au-dessus d'une condamnation à une amende de quarante sols.

Justices seigneuriales.

Si les justices seigneuriales ne partagèrent pas complétement le même sort, au moins ne furent-elles pas épargnées. François Ier éteignit, en les rachetant, celles qui existaient à Paris; le préambule de l'édit du 16 février 1539 exposait les inconvénients attachés à la diversité des juridictions, ajoutant que l'intérêt général exigeait leur suppression et le retour à l'unité de la justice royale. — Les ordonnances sur les justices patrimoniales restreignirent leur compétence; les difficultés qu'elle soulevait étaient terminées par les juges royaux; les cas royaux l'absorbaient tout entière, et les arrêts de règlement étendaient de plus en plus la compétence de la justice royale. D'un autre côté, les seigneurs se voyaient enlever presque toute juridiction au criminel. Ce n'est pas tout; défense leur était faite de juger en personne, et ils devaient avoir pour délégués des officiers spéciaux inamovibles et rétribués par eux. — Des officiers du ministère public, sous le nom de procureurs fiscaux, prirent place dans les justices patrimoniales. — Dans les paroisses pourvues primitivement d'une justice royale et d'une justice seigneuriale, un seul juge commis alternativement par le roi et le seigneur rendit les sentences; mais, en 1693, les juges seigneuriaux ne reçurent l'investiture que du roi. Colbert éteignit encore un grand nombre de ces justices; cependant quelques grands seigneurs, les engagistes, apanagistes, ducs et pairs, exercèrent une compétence plus étendue; leurs décisions étaient portées en appel au parlement; quelques-uns même conservèrent deux degrés de juridiction. Mais c'était une exception rare; la justice du roi avait absorbé celle des seigneurs.

Justices royales.

Les justices royales ont été peu modifiées pendant la monarchie absolue; leur ressort s'est étendu; les tribunaux relevant du roi se sont multipliés; mais le système général est resté le même. Je n'insisterai que sur quelques juridictions de création moderne, qui différencient essentiellement l'organisation judiciaire actuelle de celle usitée au XIVe siècle et au commencement du XVe.

Les juridictions royales se divisent en deux classes : juridictions ordinaires et juridictions exceptionnelles.

I. *Juridictions ordinaires.* — 1° Le parlement de Paris,

autrefois la seule cour souveraine du royaume, vit distraire successivement de son ressort plusieurs parties du territoire; toutefois une ordonnance de 1474 consacra à ses arrêts le privilége d'être exécutoires partout *sans pareatis*. Il exerça encore jusqu'en 1789, malgré les plus vives réclamations, le droit exclusif de juger les pairs et même de les convoquer à ses délibérations sans autorisation préalable du roi. — Sept chambres le composaient : la *grand'-chambre*, ou chambre des plaidoyers; la *tournelle*, ou chambre criminelle; quatre chambres des enquêtes et une des requêtes du palais.

Les autres parlements ou cours souveraines étaient au nombre de onze : Toulouse, Bordeaux, Rouen, Aix, Dijon, Rennes (1), Pau, Metz, Besançon, Douai, Nancy.

2° Outre les parlements, il y avait deux conseils souverains : celui d'Alsace, siégeant à Colmar en 1698, et celui de Roussillon, à Perpignan en 1660. L'Artois eut son conseil provincial créé par Charles-Quint, et rétabli à Arras en 1677. — Ces conseils, sans avoir le rang de parlement, en avaient les attributions, sauf quelques nuances locales, et la souveraineté.

3° La tenue des grands jours ou assises irrégulières par les délégués des parlements complétait le système judiciaire. Un président et des conseillers dont le nombre variait étaient envoyés dans certaines villes « pour y juger toutes matières criminelles » sans distinction et les matières civiles ès quelles est question de » 600 liv. de rentes ou 10,000 liv. pour une fois seulement pour » les appellations verbales et autres qui ont accoustumés d'estre » plaidées et jugées en l'audience et instruites à la barre; et jugent » ès dites matières par arrest, comme si c'étoit en parlement séant.

» Les grands jours sont les marques et vestiges du parlement » lorsqu'il estoit ambulatoire (2). »

(1) *V.* plus haut, p. 420, 533, 536, 550. — Le parlement de Pau fut établi en 1620; ceux de Metz, en 1633; de Besançon, en 1668; de Douai, en 1686, et de Nancy, en 1775.

(2) Coquille sur 206 de Blois.

L'ordonnance de Blois de 1498 voulut que la tenue des grands jours du parlement de Paris eût lieu chaque année ; celle des parlements de Bordeaux et de Toulouse, tous les deux ans. D'après l'ordonnance de 1579, ils se tenaient tous les ans dans les villes que le roi avait désignées trois mois à l'avance.

Cette institution fut conservée à bon droit, car elle offrait le moyen de détruire les abus, de maintenir l'observation des ordonnances, de contrôler la conduite des juges, et d'exercer sur tous les agents du roi une sérieuse inspection.

4° Les bailliages et sénéchaussées furent maintenus dans leurs attributions ; les prévôtés le furent aussi, quoique de vives réclamations s'élevassent souvent contre les abus qui s'y commettaient, ainsi que l'atteste une ordonnance du mois de juillet 1499.

Un changement introduit dans ces juridictions consista dans l'obligation pour les baillis de prendre des lieutenants : Charles VIII, en 1495, leur donna un lieutenant général et un lieutenant particulier pour les assister, ou les remplacer en cas d'absence. L'ordonnance de Blois de 1498 exigea que les assesseurs fussent gradués, docteurs ou licenciés en droit ; ils étaient choisis par le parlement. — Quant aux prévôts, entourés aussi d'assesseurs gradués, ils ne furent plus simplement juges des roturiers ; l'extension de leur juridiction leur permit encore de connaître de certains cas royaux. Ils statuèrent en appel sur les sentences des juridictions seigneuriales, qui perdirent alors leur souveraineté. Les tribunaux royaux prirent un développement tel, que la justice seigneuriale se trouva supprimée de fait, sinon de droit.

Les attributions des juges royaux étaient encore mal définies : ainsi les baillis, armés d'une compétence civile, criminelle, féodale, ecclésiastique, domaniale et de police, exerçaient encore, concurremment avec le ministère public, la surveillance des officiers judiciaires. Mais ces attributions furent restreintes par la création des présidiaux, qui remonte au XVIe siècle.

5° L'ancienne organisation judiciaire permettait de parcourir jusqu'à cinq degrés de juridiction (1). Cette multiplicité de recours, plus préjudiciable qu'avantageuse aux plaideurs, fut successivement modifiée, d'abord par la création des cas royaux, attributifs, selon les cas, de juridiction directe aux bailliages, aux prévôtés ou aux parlements; ensuite par le pouvoir conféré aux présidiaux de juger certaines affaires sans appel (2).

Quarante-trois présidiaux furent immédiatement créés dans l'immense ressort du parlement de Paris, et le gouvernement en institua un nombre proportionnel dans les autres. Chacun était composé de neuf juges, tous magistrats en titre d'office. A partir de 1580, un président fut mis à sa tête (2).

Ce système n'était point encore exempt de confusion et de lenteurs; il fut modifié pour la première fois par la royauté en 1788 : un édit supprima les bailliages et les sénéchaussées, en conservant les présidiaux. Mais, au-dessus de cette magistrature, Louis XVI établit quatre grands bailliages, qui devaient statuer en dernier ressort jusqu'à concurrence de 20,000 livres : nouvelle organisation vraiment libérale, mais qui diminuait l'influence des parlements; aussi ces corps judiciaires, déjà hostiles au roi qui voulait répartir également les impôts sur la noblesse, le clergé et la bourgeoisie, refusèrent-ils d'enregistrer cet édit.

(1) La basse ou la moyenne justice formait le premier degré; la haute justice, le second; de la haute justice on appelait à la justice royale, telles que prévôté, châtellenie ou viguerie; de ce troisième degré on allait au bailliage, et de là au parlement, qui formait le cinquième degré.

(2) L'édit de Henri II, de 1551, avait fixé le taux du dernier ressort des présidiaux jusqu'à concurrence de deux cent cinquante livres. Un édit postérieur de 1580 étendit leur compétence jusqu'à mille livres en capital, ou 50 livres de rente, et leur permit de connaître de l'exécution de leurs jugements.

En matière criminelle, ils jugeaient en dernier ressort les délits des vagabonds et gens mal vivants, placés auparavant sous la juridiction des prévôts des maréchaux de France. Les affaires de *petit criminel* étaient portées aux bailliages; les autres plus importantes étaient déférées aux parlements. — Isambert, t. 13, p. 248; t. 14, p. 485.

Le peuple, trop souvent aveugle sur ses propres intérêts, ne démêla pas dans leur résistance une opposition de caste; il prit parti pour eux contre la royauté, contre lui-même. La réforme échoua, mais elle devait s'effectuer deux ans après.

II. *Juridictions exceptionnelles.* — S'il est utile d'enlever les procès d'une certaine nature à la juridiction ordinaire pour les attribuer à des juges exceptionnels, mieux vaudrait cependant laisser toutes les affaires à une juridiction unique que de multiplier à l'infini des juridictions coûteuses, dont le nombre est une occasion de conflits et de lenteurs incalculables pour les plaideurs. Cette confusion était à son comble sous la monarchie absolue; chaque espèce d'intérêt avait, pour ainsi dire, son tribunal particulier. On en comptait dix-huit; j'en parlerai succinctement.

1° *Ancien conseil royal.* Louis XI le modifia profondément; ne se bornant plus à en faire l'unique instrument de législation et d'administration, il le divisa en plusieurs *conseils*, et celui qui retint la qualification primitive de *grand conseil* ne conserva ni la préparation et la rédaction des lois, ni la connaissance des demandes en cassation. Constitué en cour de justice, il prononça souverainement sur diverses contestations dont la connaissance fut enlevée aux tribunaux ordinaires. L'organisation et le mode de service de ce nouveau grand conseil restèrent imparfaits jusqu'à l'ordonnance du 2 août 1497, qui lui donna une constitution stable. C'était un tribunal des conflits et des causes réservées, présidé par le chancelier ou, à son défaut, par un maître des requêtes. — Les parlements, jaloux de ses priviléges, voulurent s'arroger le droit de rendre ses arrêts exécutoires; mais un édit de François Ier (1539), renouvelé par Henri II en 1555, fit cesser ces prétentions.

2° *Maîtres des requêtes de l'hôtel.* Chargés d'abord de présenter les requêtes au roi, leur mission consista ensuite à instruire les affaires des fonctionnaires publics. Sous Henri IV, ils furent admis à faire des rapports au conseil des parties, puis à celui des dépêches, et enfin à celui des finances. Ils étaient partagés en deux sections : l'une chargée de la juridiction de l'hôtel, l'autre des rapports.

3° *Prévôt de l'hôtel.* C'était un officier de la maison du roi, investi d'une juridiction mal déterminée.

4° *Chambre des comptes.* Elle jugeait les comptables; Louis XI lui reconnut la souveraineté si souvent contestée par le parlement, qui prétendait contrôler ses décisions; il lui attribua encore le droit exclusif d'interpréter les ordonnances sur les objets de sa compétence.—Les provinces avaient aussi leur cour des comptes, chargée, comme celle de Paris, d'examiner, juger, clore, apurer, corriger tous les comptes des officiers commissaires comptables, et de vérifier et enregistrer les ordonnances, édits, déclarations et lettres patentes concernant les finances.

5° *Chambre du trésor.* La compétence de cette chambre nous est peu connue; on voit seulement dans les lettres du 4 août 1465 que les conseillers de cette chambre ont été établis « pour » cognoistre, juger et déterminer des causes, procès, questions » et débats qui y sont pendants (1). » Sa compétence était limitée aux produits fixes ou casuels du domaine, c'est-à-dire aux contestations relatives à la *Collecte des deniers du roi.*

6° *Cour des aides.* Elle connaissait des questions relatives aux *aides* et *gabelles*; des lettres du 29 juillet 1474 lui confirmèrent le titre de cour souveraine qui lui était disputé. — Cette institution s'étendit aux provinces, comme on le voit pour le Languedoc par les lettres du 12 septembre 1467, et pour la Normandie par celles du 15 septembre 1485.

7° *Cour des monnaies.* Juridiction spéciale pour tout ce qui regardait la fabrication des monnaies, son pouvoir de juger souverainement ne paraît établi d'une manière certaine que vers la fin du règne de Charles VIII, époque où elle a dû prendre la

(1) C'est-à-dire qui concernent le trésor.

qualification de *cour*, que lui donnent les lettres de Louis XII du 8 juin 1498.

8° *Amirauté*. On donnait ce nom à la juridiction de l'amiral, qui comprenait tous les délits commis par les troupes de mer, les causes concernant la pêcherie et le commerce maritime, la plupart des causes civiles et criminelles des étrangers en France, qu'ils plaidassent entre eux ou avec des nationaux. — Malgré la suppression de la charge d'amiral en 1626, les amirautés continuèrent à juger; la nomination des juges passa de l'amiral au roi, et le nombre de ces tribunaux fut augmenté. Un règlement de 1660 détermina leur compétence. — La justice militaire maritime fut réglée par l'ordonnance de 1673; chaque port eut un tribunal de sept juges, présidé par un vice-amiral; le prévôt du port remplissait les fonctions d'accusateur. L'armée de mer eut donc ses conseils de guerre comme l'armée de terre, et les tribunaux d'amirauté demeurèrent de simples tribunaux administratifs.

9° *Commissaires spéciaux de prises*. Les pirates avaient désolé les côtes pendant de longues années; Louis XIV parvint à mettre un terme à leur brigandages; mais, les amirautés ne présentant pas de garanties suffisantes pour statuer sur les prises, le jugement en fut dévolu en 1659 à des commissaires spéciaux.

10° *Grande maîtrise des eaux et forêts*. Le grand maître avait été dans le principe établi juge souverain des délits forestiers. Ce droit lui fut reconnu sous Charles VIII et Louis XII; mais, à partir de 1508, l'appel des jugements des tables de marbre fut porté aux parlements. François Ier créa un siége semblable dans chaque parlement, et le système fut perfectionné par l'ordonnance de 1669. — Un édit royal de 1704 détermina la somme jusqu'à concurrence de laquelle les tables de marbre jugeraient en dernier ressort, et une chambre des eaux et forêts devait être créée dans chaque parlement pour statuer sur les appels.

Les juridictions forestières étaient donc ainsi divisées : les grands maîtres, les maîtres particuliers, les grueries royales, les tables de marbre, et enfin la chambre siégeant au parlement. Ce système donnait trois degrés de juridiction, dont le second était la table de marbre, qui revisait en appel, sauf recours au parlement, les jugements des grueries royales et des maîtrises, auxquels le grand maître était toujours censé assister.

Les seigneurs avaient aussi pour leurs forêts des juges appelés gruyers ; mais leur juridiction était fort restreinte, par le double motif qu'ils étaient incompétents pour les cas royaux, et que les juges royaux connaissaient de *tous cas ordinaires*.

11° *Élections*. Elles exerçaient leur juridiction en matière de tailles à l'exclusion de tous juges royaux et seigneuriaux, sauf l'appel, qui était porté à la cour des aides. Leur compétence, objet de plusieurs ordonnances, fut déterminée surtout par celle du 11 novembre 1508, dont les principales dispositions subsistèrent jusqu'à l'abolition de cette juridiction, prononcée par la loi du 11 septembre 1790.

12° *Greniers à sel*. Ce tribunal connaissait des difficultés nées à l'occasion de la perception des gabelles. L'appel était porté à la cour des aides, quoiqu'une déclaration de 1538, rendue sur la réclamation du parlement de Paris, lui eût attribué la connaissance de ces causes.

13° *Juridiction des traites ou douanes*. Elle appartenait aux maîtres des ports ; les appels, déférés d'abord à la chambre des comptes, furent portés pendant quelque temps au parlement, et en dernier lieu à la cour des aides.

14° *Connétablie ou maréchaussée*. Cette juridiction fort ancienne, qui ne jugeait d'abord que les militaires, exerça plus tard la police du royaume. Le tribunal des maréchaux connaissait seul des causes de la noblesse et des militaires, en matière d'engagements d'honneur.

15° *Prévôts des maréchaux*. Chargés de la poursuite des

voleurs de grands chemins, des sacriléges et des faux monnayeurs, ils devaient appeler pour juger avec eux sept personnes notables des lieux les plus prochains où les délinquants seraient détenus prisonniers. Leur compétence donna lieu à de nombreux conflits; les parlements firent instituer, pour juger concurremment avec eux, des lieutenants criminels de robe courte sur lesquels s'étendait leur juridiction; les prévôts ordinaires et les baillis réclamaient de leur côté la police criminelle. Charles IX remplaça les prévôts des maréchaux par des vice-baillis et vice-sénéchaux placés dans la dépendance des baillis et prévôts ordinaires. En 1577 on créa un prévôt général, trois lieutenants, deux de robe longue, un de robe courte, un greffier et cinquante archers.

16° *Juridiction du lieutenant général de police.* Cette institution, étendue aux provinces, après l'essai qu'en fit Colbert à Paris, exigea un nombreux personnel de procureurs du roi, de greffiers, d'huissiers, et la juridiction de police fut spécialement confiée au lieutenant général: ainsi les seigneurs furent complétement privés du droit de justice criminelle, et les municipalités furent forcées de le racheter quand elles voulurent en jouir.

17° *Juridiction des intendants.* Elle finit par absorber les attributions isolées qui restaient encore aux parlements ou aux chambres des comptes de provinces en matière de finances.

18° *Juridiction consulaire.* Sa constitution définitive date de 1563; avant cette époque, il avait bien existé une justice commerciale, par exemple pour les grandes foires de Brie, Beaucaire et Troyes; mais ce n'était qu'une grossière ébauche. Dès 1549, Henri II avait créé à Toulouse et à Rouen des tribunaux spéciaux pour le commerce; c'est cette institution qu'il étendit à Paris en 1563. Ce tribunal consulaire était composé de cinq membres élus chaque année par cent notables commerçants, et l'institution lui était donnée par le prévôt des marchands et les échevins.

Les consuls jugeaient certaines affaires en dernier ressort, et la procédure suivie devant eux était sommaire, par conséquent moins coûteuse que devant les tribunaux civils. Cette institution, essentiellement favorable au commerce, fut généralisée par Colbert, qui en dota les villes de France les plus importantes.

Tel est l'ensemble de cette vaste organisation que créa la monarchie absolue ; au système d'isolement succéda un système de centralisation ; au pouvoir morcelé et divisé entre une foule de souverains locaux, le pouvoir d'un seul. La royauté, en favorisant les voyages et les entreprises publiques, en plaçant la sécurité de tous sous la protection d'une armée nationale, donna au pays le moyen d'agrandir sa sphère d'activité, de développer son importance et sa richesse, et la France s'éleva bientôt au premier rang des nations civilisées. En niant les droits exclusifs des seigneurs, la royauté établit indirectement l'égalité et l'admissibilité aux charges publiques ; c'est elle dont la sollicitude assura aux classes inférieures les moyens de travailler à leur élévation et fonda le tiers état ; c'est de cette époque que date le mouvement ascendant de la classe roturière, mouvement qui a pris une accélération prodigieuse depuis 60 ans.

Cet élément nouveau de la société française était arrivé à un degré de puissance tel, que la royauté devait se l'associer dans sa marche vers le progrès ; désormais la direction des affaires générales ne pouvait plus se concentrer exclusivement dans la main d'un seul ; Louis XIV descendu dans la tombe, l'arme du despotisme devait tomber des mains de ses successeurs inhabiles. La monarchie avait subi l'influence du tiers état, et la révolution de 1789, en lui faisant accepter la participation et la forme de l'opinion populaire, imprima le sceau légal à un fait désormais accompli.

LIVRE QUATRIÈME.

ÈRE RÉVOLUTIONNAIRE.

La monarchie absolue avait fondé l'unité gouvernementale; et pourtant l'ordre constitutionnel qu'elle avait établi contenait un vice dont les dangers n'avaient point échappé à la sagacité de Calonne. « Un royaume composé de pays d'états, de pays d'élection, de pays » d'administrations provinciales, de pays d'administrations mixtes, » disait-il dans son rapport au roi; un royaume dont les provinces » sont étrangères les unes aux autres, où des barrières multi- » pliées dans l'intérieur séparent et divisent les sujets d'un » même souverain, où certaines contrées sont affranchies totale- » ment des charges dont les autres supportent tout le poids, où » la classe la plus riche est la moins contribuante, où les privi- » léges rompent tout équilibre, où il n'est possible d'avoir ni » règle constante ni vœu commun, est nécessairement un royau- » me très-imparfait, très-rempli d'abus, et tel, qu'il est impos- » sible de le bien gouverner. »

Parler ainsi, c'était reconnaître la nécessité de réformes fondamentales et complètes. Louis XVI encourageait les idées nouvelles; mais la noblesse, élevée dans l'amour des priviléges (1), était ouvertement hostile à toute innovation. Fatigué de tant d'abus, la nation intervint pour les corriger, et la cour manqua de la force et de l'énergie nécessaire pour lui servir à la fois de guide et de modérateur.

Au milieu de cette génération inquiète, vivait un homme à l'œil

(1) La noblesse et le clergé avaient à peu près les deux tiers du territoire; l'autre tiers, possédé par le peuple, payait des impôts au roi, de nombreux droits féodaux à la noblesse et la dîme au clergé.

de feu, à l'attitude hardie, à la parole retentissante, qui appelait la révolution de tous ses vœux et devait la représenter dans toute sa puissance : c'était Mirabeau ! Enfermé pendant dix ans dans une prison en vertu de dix-sept lettres de cachet, il avait voué une haine éternelle à l'arbitraire et à l'aristocratie féodale ; du fond de son cachot, il écrivait : « Mon âme, enhardie par la persécu-» tion, a élevé mon génie abattu par les souffrances..... Libre ou » non, je réclamerai jusqu'à mon dernier soupir les droits de » l'espèce humaine. » Le premier il avait donné l'idée, dans les régions ministérielles, de la convocation d'une assemblée nationale, et le drapeau qu'il arbora aux états généraux de 1789 portait cette devise, qui devint celle de l'assemblée tout entière : *Guerre aux privilégiés et aux privilèges.*

Que deviendront les institutions politiques et la législation elle-même dans une période qui s'ouvre sous de si menaçants auspices?

L'ancien système de gouvernement disparaîtra ; les bases du droit public seront complétement modifiées ; l'unité de législation sera réalisée, et après que la révolution politique sera terminée, la révolution législative, commencée depuis près de quatre siècles, couronnera l'œuvre de la rénovation sociale.

L'ère révolutionnaire n'est qu'une période de transition pour l'histoire du droit français. La réaction contre les anciens priviléges dépassera bientôt les limites du vrai en exagérant les besoins de la société ; aussi, à côté des dispositions justes et équitables qui abrogent une partie de l'ancien droit, une législation de circonstance, basée sur la haine ou l'intérêt du moment plutôt que sur les principes éternels de justice, éclora-t-elle au milieu de délibérations tumultueuses qu'il serait peut-être plus vrai d'appeler un délire populaire ; elle portera en elle-même le germe d'une mort prochaine, entachée qu'elle est dès sa naissance d'un vice capital. — A ce temps d'orages et de commotions politiques, succédera celui des grandes réformes ; l'organisation gouvernementale, établie sur des bases nouvelles, satisfera aux exigences d'un peuple trop longtemps abusé par les folles déclamations de tribuns sanguinaires; la marche du gouvernement sera régulière, et la réunion de tous les Français sous une même loi, définitive; enfin, lorsque le calme sera rétabli, la codification exécutera les vastes projets conçus par Charles VII.

Une même pensée est loin d'avoir présidé aux travaux législatifs pendant les seize années qu'a duré la tourmente révolutionnaire; quatre grandes périodes divisent cette époque si agitée (1); elles comprennent : la constituante, — l'assemblée législative et la convention, — le directoire, — et le consulat.

Ce temps est signalé par l'abandon des recherches scientifiques et de l'étude du droit. L'élément canonique est complétement mis de côté, d'abord à cause de la réaction politique, et ensuite parce que cette législation a donné tout ce qu'elle pouvait produire. Complément et correctif indispensable du droit barbare, les lois canoniques avaient déjà perdu une grande partie de leur influence, du moment où, sous la monarchie absolue, la législation civile fut assez avancée pour se suffire à elle-même —Le droit romain devait perdre aussi du terrain à une époque où la préoccupation de tous les esprits était dirigés vers l'unité absolue de la nation française; maintenu encore comme coutume, il ne fut plus l'objet des recherches des savants. Le génie français descendit des chaires de droit pour se précipiter sur les champs de bataille; la science, momentanément exilée d'un sol sur lequel elle avait si longtemps fleuri, se réfugia alors en Allemagne; les Hugo, les Savigny, les Niebbur, etc., acceptant la continuation de l'œuvre

(1) J'emprunte cette division à l'excellent livre de M. Laferrière, que je suis presque exclusivement dans cette période. —La période révolutionnaire formait le second volume de son premier ouvrage; il vient d'en donner une nouvelle édition sous le titre : Histoire des principes, des institutions et des loi de la révolution française depuis 1789 jusqu'à 1800, dédiée à la jeunesse française.

de Cujas, laissèrent bien loin en arrière la France, qui devait rester trente années avant de reprendre dans le monde scientifique la place qu'elle avait occupée si longtemps.

Mais si les travaux historiques doivent faire défaut encore pendant plusieurs années, les travaux législatifs commencent avec le consulat, et la grande pensée de codification se réalise. La rédaction officielle de nos codes forme en quelque sorte la conclusion de l'histoire juridique de notre droit; ne sont-ils pas en effet la manifestation et le résumé des progrès de la législation que nous avons suivis pas à pas depuis l'entrée des Francs dans les Gaules jusqu'au XIXe siècle?

Première période. — Assemblée constituante (1789-1791).

Les états généraux de 1789 s'ouvrirent sous l'influence de la fameuse brochure de l'abbé Sieyès (1). La vérification des pouvoirs fut l'occasion de prétentions inopportunes de la part de la noblesse, qui voulait se séparer du tiers état, et pendant que la cour flottait irrésolue, le tiers état se constitua dans la nuit du 16 juin sous le nom d'*assemblée nationale*. — En même temps surgissait un pouvoir nouveau redoutable à la royauté; je veux parler de la place publique soutenue par la presse populaire, à laquelle Mirabeau avait donné l'élan dans ses *Lettres à mes commettants* et dans le *Courrier de Provence*. Chaque semaine les *Révolutions de Paris* (2) soufflaient le feu de la révolte; l'esprit du journal se révélait dans cette épigraphe: « Les grands ne nous paraissent » grands que parce que nous sommes à genoux; levons-nous! » Camille Desmoulin dans les *Discours de la lanterne aux Parisiens*, Marat dans l'*Ami du peuple*, Carra dans ses *Annales pa-*

(1) *Qu'est-ce que le tiers état? Rien. — Que doit-il être? Tout. — Que veut-il être? — Quelque chose.*

(2) C'était le titre d'un ouvrage écrit par Loustallot.

triotiques, et tant d'autres pamphlétaires, formaient cette terrible puissance de destruction appelée le *journalisme politique*.

Le tiers état avait déployé assez d'énergie pour forcer la noblesse et le clergé à se réunir aux communes, et à faire le serment solennel (20 juin) « de ne jamais se séparer jusqu'à ce que » la constitution du royaume fût établie et affermie sur des fonde- » ments solides; » mais il manqua d'initiative quand il s'agit d'entreprendre la réforme de l'antique société; l'impulsion vint malheureusement du dehors. — Les courtisans, dans leur aveugle confiance, dissimulaient au roi l'irritation et les excès du peuple, et Louis XVI ne connut la prise de la Bastille que le lendemain, par la révélation d'un ami dévoué, le duc de Liancourt. « C'est » donc une révolte! s'écria-t-il vivement. — Sire, répondit le » duc, — c'est une révolution. » Oui, c'était une révolution qui entraînait l'assemblée; revenue de sa première hésitation, elle accepta le concours des clubs, de la presse et des masses populaires. L'émigration et ses projets d'hostilités armées ajoutèrent un ferment de plus à l'irritation déjà trop vive, et furent encore l'une des causes qui entraînèrent la révolution hors des voies qu'eût tracées son cours naturel.

Mirabeau, ce fougueux tribun qui mourut royaliste, n'ayant plus la puissance de contenir l'assemblée, elle se jeta en aveugle dans la voie des réformes; et comme rien n'est plus rapide que la pente des théories, elle y roula à d'incalculables profondeurs. Mirabeau, à son lit de mort, avait dit : « J'emporte dans mon » cœur le deuil de la monarchie; après moi des factieux s'en dispu- » teront les lambeaux. » Triste prophétie qui devait trop tôt s'accomplir! 93 se cachait derrière 89 mal dirigé, pour se démasquer ensuite.

Passons en revue les actes législatifs et les modifications qu'ils ont apportées dans les institutions politiques, canoniques et féodales.

§ Ier. — *Institutions politiques.*

Jamais corps politique ne s'entoura d'une autorité plus grande que ne le fit l'assemblée nationale ; profitant de la faiblesse du pouvoir, elle renouvela de fond en comble tout l'édifice des siècles passés pour établir sur ses ruines un ordre nouveau. Un de ses premiers actes fut de consacrer le principe de son intervention dans les affaires gouvernementales, de sanctionner la perception des impôts pour la durée de sa session, et d'imposer à la royauté la nécessité constitutionnelle de son concours pour les actes législatifs. A la royauté qui, cédant aux conseils de la noblesse, lui fait dire : « Si vous m'abandonnez... seul je ferai le bien de mes » peuples, seul je me considérerai comme leur véritable repré- » sentant, » elle répond par un décret qui, proclamant les députés inviolables, punit comme traître et coupable de crime capital quiconque attentera à leur personne. L'assemblée couvrait ainsi de sa protection l'orateur qui avait osé dire à l'envoyé du roi : « Allez » dire à votre maître que nous sommes ici par la puissance du » peuple. »

Les parlements, qui avaient prétendu, pendant un instant, dominer les états généraux, les remplacer au moins, furent envoyés dédaigneusement *en vacances indéfinies.*

La réforme administrative depuis si longtemps réclamée fut entreprise presque immédiatement; les priviléges des provinces et des communautés, la vénalité des offices de judicature et des offices municipaux furent abolis dans la nuit du 4 août : mémorable séance, dans laquelle l'édifice féodal croula au milieu de l'enthousiasme général, et la noblesse, dans un élan de patriotisme, fit au bien public le sacrifice volontaire de ses priviléges !

La transformation politique du pays amena une nouvelle division territoriale. Sous la monarchie absolue, le royaume était diversement partagé selon la nature des administrations; les diocèses, les gouvernements, les généralités et les bailliages formaient autant de divisions sans le moindre rapport entre elles. Un décret du 16 février 1790 divisa la France en départements, districts, cantons et municipalités (1). L'unité politique était définitivement constituée.

Des assemblées élisaient les représentants de la nation; l'élection comportait deux degrés : au premier, tous les citoyens actifs (quatre millions), réunis au canton, nommaient des électeurs qui, formant un second degré, choisissaient les membres de l'assemblée nationale et des assemblées de district et de département.

La milice nationale fut régularisée; tout citoyen qui voulait jouir du droit d'y être incorporé se faisait inscrire sur les registres, et celui qui manquait à son service était privé de l'honneur de servir depuis un jour jusqu'à trois.

L'égalité des impôts, proclamée depuis longtemps en théorie, devint une vérité; un nouveau système de contribution et de répartition fut établi. Tout en conservant les impôts directs et indirects, l'assemblée supprima les impositions de privilége exclusif : son principe consistait à frapper les *facultés réelles* dans une juste proportion, en tenant compte de la nature des choses soumises à l'impôt. Elle distingua entre les meubles et les immeubles; le revenu net, ou la valeur de l'habitation, servait de base à la répartition. L'industrie fut atteinte selon son importance, au moyen des patentes. Les droits de mutation par succession, d'origine féodale, furent perçus au profit de la société, et d'après un chiffre plus ou moins élevé, suivant la ligne et le degré de parenté. Enfin l'impôt atteignit le luxe en portant sur les chevaux et les domestiques; mais l'assemblée ne partagea pas les idées sévères du chancelier de l'Hôpital, qui ne voulait pas qu'un citoyen gardât chez lui plus de quatre cents livres.

L'œuvre de réformation fut couronnée par la consécration du double principe de l'indépendance de l'administration et de la

(1) En exécution de la loi du 22 décembre 1789.

séparation du pouvoir judiciaire et du pouvoir administratif. Ce fut la constituante qui traça les limites des pouvoirs publics et distingua le pouvoir législatif, qui fait la loi, d'avec le pouvoir judiciaire qui l'applique, et le pouvoir *exécutif* qui veille à son exécution.

L'organisation du pouvoir législatif était des plus simples : l'assemblée et le roi prenaient également part à la confection de la loi. L'assemblée avait le droit de la proposer et de la décréter ; au roi appartenait la sanction. Opposait-il son *veto*, la loi n'était que suspendue ; car si deux législatures consécutives la votaient dans les mêmes termes, le roi était censé l'avoir sanctionnée. — L'approbation ou le refus de la couronne devait être donné dans les deux mois de la présentation du décret ; en cas de sanction, la formule suivante terminait le décret : « Le roi consent et fera » exécuter ; » tandis que le *veto* s'exprimait par ces mots : « Le » roi examinera. » Comme chef du pouvoir exécutif, le roi faisait sceller les lois de l'État et les promulguait.

La publicité de la loi consistait dans l'envoi qu'en faisait le pouvoir exécutif aux tribunaux, aux corps judiciaires et administratifs et aux municipalités, qui, après l'avoir transcrite sur leur registre, en donnaient lecture et la faisaient afficher. Par le seul fait de l'affiché, elle était réputée connue et par conséquent obligatoire.

La question du jury était résolue d'avance pour les matières criminelles ; mais son application aux affaires civiles partageait vivement les opinions, et après de longs débats elle fut rejetée.

Il fallut s'occuper des juges ; l'inamovibilité créée par Louis XI parut incompatible avec les principes de la révolution, et fut repoussée par la grande majorité. Les juges furent élus par les citoyens pour dix années seulement.

Le nombre excessif des juridictions avait causé trop de mal pour qu'on les maintînt ; personne ne formula ce vœu. Tous les anciens tribunaux furent supprimés ; le caractère patrimonial de la juridiction disparut, et au système incohérent de l'ancienne organisation judiciaire succéda un système simple qui répondait aux besoins de toutes les classes sans multiplier les tribunaux à l'infini. La grande division fut celle-ci : juridiction ordinaire et juridiction extraordinaire. Dans la première classe figuraient les tribunaux de district; dans la seconde, les juges de paix, établis pour juger les procès de minime importance, et les tribunaux de commerce pour juger les affaires entre commerçants. Les appels, qui, sous l'ancien ordre de choses, pouvaient s'élever à quatre, et qui atteignaient ordinairement le chiffre deux, furent réduits à un; l'assemblée ne conserva que deux degrés de juridiction.

La crainte qu'inspirait le souvenir de la puissance des parlements détermina les rédacteurs de la loi du 16 août 1790 à changer l'ancienne hiérarchie judiciaire; par une combinaison plus nouvelle qu'heureusement inspirée, les tribunaux de district furent établis juges d'appel les uns des autres. On laissait aux plaideurs le choix du tribunal d'appel; en cas de désaccord, ils devaient opter entre sept tribunaux inscrits sur un tableau légal; le choix s'opérait par voie de récusation.

Le principe d'égalité réclamait encore la suppression du privilége de *committimus*, et la nécessité pour toutes les parties de plaider en la même forme. — Les sympathies de la constituante pour les classes pauvres firent instituer le préliminaire de conciliation; le recours aux tribunaux ne dut être que la ressource extrême des parties, après un recours inutile au juge médiateur et conciliateur. L'engoûment pour cette institution nouvelle fut porté à son comble et ne se garantit même pas toujours du ridicule : l'avocat et l'homme de loi furent mis en suspicion et bannis du bureau de conciliation; la loi les frappait d'une sorte d'indignité (1); le plaideur ne put avoir l'entrée du prétoire que seul et

(1) La constituante avait été séduite par le tribunal des *faiseurs de paix*, dont Voltaire avait tracé l'organisation dans une lettre de 1745, et elle convertissait en loi ce passage de la lettre du caustique philosophe : « Si les parties arrivent avec un avocat et un procureur, on fait d'abord » retirer ces derniers, *comme on ôte le bois d'un feu* qu'on veut étein- » dre. »

sans l'assistance d'un conseil; et, fût-il incapable d'accepter les propositions d'arrangement faites par son adversaire, il devait encore comparaître pour déclarer à la justice son impuissance à se concilier. — Investi d'une juridiction toute paternelle, le juge de paix ne jugea pas les contraventions : elles étaient soumises à trois officiers municipaux qui appliquaient la peine, et le juge de paix statuait sur l'action civile. Outre ces attributions judiciaires, ce magistrat était chargé de la police de sûreté, mission délicate dont l'assemblée avait voulu investir le fonctionnaire qui lui inspirait le plus de confiance.

Au sommet de la hiérarchie judiciaire l'assemblée plaça le tribunal de cassation, non comme degré de juridiction nouveau, mais comme gardien des principes de la loi et de l'uniformité dans la législation : mission importante, à laquelle, il faut le reconnaître, la magistrature suprême n'a pas failli.

Une notable amélioration résulta de l'abolition des lettres de chancellerie en matière de rescision ; la loi du 7 septembre 1790 supprima cet usage créé uniquement dans un but de fiscalité.

§ II. — *Institutions canoniques.*

Une extravagante parole était échappée de la bouche de Mirabeau : « Il faut décatholiser la France. » L'assemblée constituante la recueillit, et, sous prétexte de faire cesser des abus trop réels, elle travailla à la désorganisation de l'Église. La première motion contre le clergé fut faite par un évêque; ce fut Talleyrand qui, le 10 octobre 1789, ouvrit les hostilités en proposant d'affecter aux besoins du royaume une *partie des richesses ecclésiastiques*. La dîme fut abolie, et le décret du 2 novembre 1789 transforma en loi les propositions de l'évêque d'Autun. « Tous les biens ecclé-
» siastiques, porte le décret, sont à la disposition de la nation,
» à la charge de pourvoir d'une manière convenable aux frais du
» culte, à l'entretien de ses ministres et au soulagement des
» pauvres, sous la surveillance et d'après les instructions des

» provinces. Dans les dispositions pour subvenir à l'entretien des » ministres de la religion, il ne pourra être assuré à la dotation » d'aucune cure moins de 1,200 livres de rente, non compris le » presbytère. » Un autre décret du 17 décembre, qui créait quatre cent millions d'assignats hypothéqués sur les biens du clergé pour une somme égale, compléta le système d'expropriation.

L'assemblée ne s'arrêta pas là; après avoir frappé le clergé dans son temporel, elle voulut réformer la discipline ecclésiastique, et supprima, le 13 février 1790, les vœux monastiques et les ordres religieux. — Le souvenir des immenses services rendus par les ordres religieux ne les protégea point; le scandale qui déshonorait trop souvent l'autorité du cloître parla plus haut que la magnifique variété des œuvres que les monastères avaient accomplies pendant de longs siècles à l'honneur de la France et de la religion.

Le clergé étant dissous comme ordre, ses membres n'eurent plus d'autre titre que celui de fonctionnaires publics ou de simples citoyens (1), et l'assemblée s'occupa de lui donner une constitution civile; matière délicate qui la mettait en présence de questions dont la solution relevait du pouvoir spirituel; mais cette difficulté ne l'arrêta pas. La nouvelle division de la France en départements appelait un remaniement des circonscriptions diocésaines; l'assemblée l'effectua de sa propre autorité et supprima « les dignités, canonicats, prébendes, demi-prébendes, chapel» lenies, chapelles, tant des églises cathédrales que des églises » collégiales, et tous chapitres réguliers et séculiers, de règle » ou en commende, aussi de l'un et l'autre sexe, et tous » bénéfices généralement quelconques. »

L'élection des évêques appartint au corps électoral, celle des curés au peuple; l'évêque confirma le curé, comme le métropolitain confirma l'évêque, et défense fut faite de s'adresser au pape pour en obtenir une bulle de confirmation. — Les évêques

(1) Décret du 29 octobre 1789.

et les curés élus d'après le nouveau mode reçurent l'ordre de prêter serment de fidélité à la nation, à la loi, au roi et à la constitution décrétée par l'assemblée nationale.

La constitution civile du clergé eut pour partisans la classe des curés, et pour adversaires prononcés les dignitaires de l'Eglise, moins quatre évêques membres de la constituante, qui avaient concouru à sa rédaction.

Le corps législatif, dans la prévoyance des oppositions que la constitution allait soulever, y chercha un remède dans les appels comme d'abus; mais le décret du 15 mars 1790, en confiant cette arme aux tribunaux de district, la rendit impuissante entre les mains de ceux qui devaient s'en servir.

A la suite des bulles du pape, qui prohibaient le serment ou en ordonnaient la rétractation à ceux qui l'avaient prêté, un schisme éclata dans l'Église. L'assemblée protesta, et dix-huit évêques constitutionnels présentèrent la défense de ses décrets.

En dépit des efforts tentés pour amener la conciliation, la guerre civile éclata dans le midi, sanglant prélude des malheurs qui allaient désoler la France.

§ III. — *Institutions féodales.*

La prédominance de la réalité sur la personnalité, déjà fortement ébranlée sous la monarchie absolue, fut complétement anéantie dans la nuit du 4 août. L'assemblée proclama l'abolition du servage, — la faculté de rembourser les droits seigneuriaux, — l'abolition des juridictions seigneuriales, — la suppression des droits exclusifs de chasse, de colombiers et de garennes, — le rachat des dîmes, — l'égalité des impôts, — l'admissibilité de tous les citoyens aux emplois civils et militaires, — l'abolition de la vénalité des offices, — la destruction de tous les priviléges des villes et provinces, — la réformation des jurandes, — et la suppression des pensions obtenues sans titre. L'abolition de tous ces droits féodaux fut arrachée à l'assemblée par le discours d'un Breton inconnu jusque-là, Kerengal, dont les accents chaleureux arrachèrent un sacrifice à tous les cœurs sympathiques au bien.

§ IV. — *Institutions civiles.*

Dans l'ordre civil, une révolution non moins profonde commençait à s'opérer. Dès 1790, Vieillart proposait la rédaction d'un code français, et vers la même époque Duport disait à la tribune : « Nos coutumes sont déjà aux trois quarts détruites. » Dans la séance du 5 juillet 1790, la constituante décida que « les lois » civiles seraient revues et réformées par les législateurs, et qu'il » serait fait un code général de lois simples, claires et appro- » priées à la constitution. » Un article de la constitution portait encore « qu'il serait fait un code de lois civiles commun à toute » la France. »

Relativement aux droits féodaux, l'assemblée établit une distinction éminemment juste: elle abolit sans indemnité les priviléges seigneuriaux qui ne reposaient que sur le droit du plus fort; quant aux droits créés par des contrats intervenus entre les seigneurs et les vassaux, ceux qui étaient purement personnels furent supprimés avec indemnité; ceux, au contraire, qui n'entraînaient que des devoirs réels furent respectés comme des droits purement fonciers représentant le prix de la propriété concédée. L'assemblée ne faisait qu'accomplir les vœux de Louis XVI en abolissant la corvée, la main morte personnelle ou la servitude personnelle de corps et de poursuite, les banalités, et le droit pour le seigneur d'empêcher la construction de fours, moulins et pressoirs dans l'étendue de son fief.

Le principe d'égalité devant la loi, posé d'une manière absolue, s'appliqua aux personnes. — Il n'y eut plus ni seigneurs, ni vassaux, ni nobles, ni roturiers; tous les Français furent égaux devant la loi pénale, la même pour tous les coupables, sans distinction de rang. Puis le dogme moral et chrétien de la personnalité des peines fut inscrit au frontispice de la législation comme règle fondamentale; les parents du condamné n'eurent plus à subir d'incapacités pour des fautes qui leur étaient entièrement étrangères. L'adoption du principe entraîna l'abolition de la confiscation des biens, peine qui atteignait la famille.

Les religieux, que les lois de la monarchie frappaient de mort civile, recouvrèrent la capacité de disposer de leurs biens par donation entre-vifs ou par testament; mais ils ne purent recevoir à titre gratuit que des pensions et des rentes viagères; incapables en général de recueillir des successions, ils étaient cependant préférés au fisc (1). — Les protestants, que Malesherbes avait rendus à la vie civile en 1787, furent rendus aussi à la vie politique. — L'assemblée, qui s'était contentée d'abord de mettre les juifs sous la sauvegarde de la loi, leur conféra, en 1791, au moment de se séparer, tous les droits attachés à la qualité de citoyen.

Les étrangers, sur lesquels une incapacité à peu près absolue pesa jusqu'en 1789, eurent la participation des droits civils, et, le 6 août 1790, l'assemblée nationale, dans un accès de philanthropie, les plaça sur le pied de l'égalité avec les nationaux: « Considérant..., disait-elle, que le droit d'aubaine est contraire » au principe de fraternité qui doit lier tous les hommes, quels que » soient leur pays et leur gouvernement; que ce droit, établi dans » des temps barbares, doit être proscrit chez un peuple qui a fondé » sa constitution sur les droits de l'homme et du citoyen, et que » la France libre doit ouvrir son sein à tous les peuples de la » terre, en les invitant à jouir, sous un gouvernement libre, » des droits sacrés et inaliénables de l'humanité..... : le droit » d'aubaine et celui de détraction sont abolis pour toujours. » Noble exemple de désintéressement qui ne fut pas imité par les nations étrangères. L'assemblée s'était trompée; il fallut, quelques années après, rapporter une décision aussi imprudente et impolitique qu'elle était généreuse.

Les nègres ne furent point encore appelés à jouir de la liberté, et les nombreux décrets de 1791 sur les colonies désignent

(1) Décret 13, 20 février, 19 mars 1790.

les hommes de couleur sous le nom de personnes *non libres*.

La propriété foncière éprouva aussi de profondes modifications ; l'assemblée se proposait d'affranchir le sol, de le diviser et d'en faciliter la transmission.—La distinction féodale des biens fut abolie ; plus de fiefs et de censives, plus d'héritages nobles et roturiers, mais une propriété désormais uniforme. Le principe de la propriété libre, qui ne s'était conservé que dans la partie méridionale de la France, devint la règle générale de tout le royaume. — Les redevances librement stipulées dans les contrats, par exemple dans les baux à rente, furent respectées, mais déclarées en même temps rachetables et temporaires ; c'était un premier pas vers la mobilisation des rentes foncières (1). Quant aux droits de garenne, de chasse, etc., l'assemblée les supprima d'une manière absolue, et la police des champs fut réglée par le décret du 28 septembre 1791, qui forme encore notre code rural.

Il était urgent d'acquitter les dettes de l'Etat : l'assemblée songea à faire des biens de main morte, des biens ecclésiastiques et du domaine de la couronne, la dot de la constitution sous le nom de *biens nationaux*. Mirabeau faisait de leur vente une condition de salut public : « Que la vente des biens nationaux s'effectue, » disait-il dans la séance du 27 septembre 1790, qu'elle de- » vienne active dans tout le royaume, et la France est sauvée. » — La vente immédiate était une mesure impossible, tout au moins impolitique; les assignats furent la représentation des biens de l'Église, pas immense en économie politique. La propriété foncière ainsi mobilisée, la circulation des biens allait prendre des proportions incalculables. Le marquis de Ferrières proposa un plan de mobilisation générale, basé sur la création dans chaque département d'une caisse territoriale à laquelle viendraient emprunter les propriétaires, qui en échange de leurs engagements recevraient du papier transmissible par la voie de

(1) Loi du 29 décembre 1790.

l'endossement.—Ce plan soulevait une immense question qui exigeait de nouvelles et profondes études, question sur laquelle l'économie politique n'a point encore dit son dernier mot, et à laquelle l'avenir réserve peut-être une solution satisfaisante (1).

L'assemblée accueillit les idées de Turgot en supprimant les jurandes et les maîtrises; toute profession devint libre (2). Il n'y eut plus d'exceptions dans la loi que celles fondées sur l'intérêt général et social : c'est ainsi que l'exploitation des mines fut soumise à l'autorisation du pouvoir législatif ; en même temps, dans l'intérêt de l'industrie, la propriété d'une découverte fut assurée à l'inventeur par la délivrance d'un brevet d'invention pour cinq, dix ou quinze ans (3); la justice reçut la mission de protéger le négociant dans l'exercice de son droit. La liberté du commerce, proclamée par l'assemblée, ne dispensait pas l'industrie de contribuer aux charges de l'État, et des patentes furent imposées aux commerçants le 2 mars 1791. L'uniformité des poids et mesures, rêvée par Louis XI, fut décrétée le 26 mars, et plus tard le système décimal compléta l'œuvre.

La propriété littéraire, dégagée de toute entrave par l'abolition des priviléges, était aux yeux du comité de constitution « la plus » sacrée, la plus légitime, la plus inattaquable, et, si l'on » peut parler ainsi, la plus *personnelle* de toutes les propriétés...; » soumise à des règles spéciales qui la distinguaient avec raison des autres propriétés, elle ne reçut point comme elles un caractère de perpétuité.

Les communes reçurent la propriété de certains biens sur lesquels les seigneurs avaient prétendu des droits: ainsi les chemins vicinaux; par réciprocité, elles furent soumises aux charges qui en résultaient. Les habitants avaient voulu, aux premiers cris

(1) Notre crédit foncier est une tentative de l'application du système de M. de Ferrières.

(2) Décret du 2 mars 1791.

(3) Lois du 7 janvier 1791, — 14 et 25 mai 1791.

de l'abolition des droits féodaux, partager les biens, pâturages, marais vacants et les terres vaines et vagues; mais la constituante s'empressa de leur rappeler « qu'elle n'entendait attribuer » sur ces biens aucun nouveau droit aux communautés d'habi- » tants, ni aux particuliers qui les composaient; » elle permit en même temps aux communes de circonscrire le droit indéfini des habitants sur une partie déterminée des fonds soumis à l'usage, et de donner à chacun une part en pleine propriété, c'est-à-dire d'opérer le *cantonnement*. Cet expédient, favorable tout à la fois aux intérêts du propriétaire et à ceux de l'usager, trouvait d'ailleurs sa justification dans une jurisprudence constante qui remontait à décembre 1505. — Enfin les derniers troubles civils et l'incendie des châteaux par les paysans déterminèrent la constituante à intéresser les communes au maintien de l'ordre matériel en les rendant responsables des dévastations commises sur leur territoire. La question de responsabilité, longuement discutée, fut résolue par le décret du 23 février 1790, qui fit peser sur les communes la responsabilité de leur inaction : car la condamnation devait les atteindre non-seulement pour les troubles nés dans leur sein, mais encore pour refus de secours aux municipalités voisines, quand elles en étaient requises.

Un changement profond fut opéré dans les règles sur le domaine de la couronne par le décret du 22 novembre 1790; aux termes de cet acte législatif, la nation se substitua aux seigneurs et à la royauté; tous les biens vacants et sans maître appartinrent à l'État (1), et ceux qui n'étaient pas susceptibles de propriété privée, tels que les fleuves, routes, etc., devinrent propriété nationale.— Le domaine de la couronne fut déclaré *inaliénable*, *imprescriptible, sacré pour les nations comme pour les rois;* les engagements furent révoqués moyennant remboursement, et les échanges soumis à une révision scrupuleuse pour savoir si les formalités avaient été

(1) C'est le principe consacré par l'art. 713 C. Nap.

strictement remplies, enfin les apanages convertis en rentes sur l'État.

La constitution de la famille éprouva moins de secousses; le christianisme avait déjà réglé les rapports des parents entre eux et complété les principes équitables de la législation germanique. Aussi, tout ce qui a rapport au mariage, à la puissance paternelle, à l'adoption et à la tutelle, fut-il soustrait à la rigueur du droit romain, et la législation s'imprégna de douceur et d'égalité au contact des idées germaines et des pratiques du christianisme. Tout en empruntant la base du système aux idées chrétiennes, la constituante se fit un devoir de poser nettement la imite entre l'autorité spirituelle et l'autorité temporelle; le mariage devint, par suite, un contrat purement civil; les actes de l'état civil durent être rédigés à l'avenir par des officiers publics sans le concours des ministres de la religion (1).

Une réforme fondamentale s'opéra dans la transmission des biens dans les familles; un système tout nouveau, brisant entièrement avec le passé, fut établi sur les bases suivantes : égalité des partages, morcellement des propriétés. Ce principe, qui a été le plus puissant levier de la révolution en France, consacrait la dernière pensée de Mirabeau, cet aîné de famille noble que l'aristocratie avait repoussé de son sein, et qui mourut en léguant à la postérité son discours sur l'*Égalité des partages dans les familles*. A la séance du 6 avril, Talleyrand lut ce travail remarquable, qu'il appela un débris précieux arraché à l'immense proie que la mort venait de ravir. « Ce fut comme l'ombre de Mirabeau s'échap- » pant de la tombe pour reparaître une dernière fois à la » tribune : cette lecture en face de sa place restée vide avait un » grand caractère de tristesse (2). » Quoi de plus imposant, en

(1) Constitution du 3 septembre 1791, tit. 2, art. 17.
(2) M. Poujoulat, Histoire de la révolution française, t. 1, p. 238.

effet, que cette lecture solennelle d'un discours qui était comme le testament politique de Mirabeau, au milieu du silence et de l'affliction de l'assemblée dont il avait été l'âme !

Proclamer l'égalité dans toutes les successions, c'était exclure le retrait féodal, le retrait lignager, briser le droit d'aînesse et anéantir le privilége de masculinité (1). Cazalès, réclamant la consécration législative des principes admis en pays de droit écrit, voulait que la puissance du père de famille planât au-dessus du principe d'égalité. Tronchet, dans un exposé digne d'un éminent jurisconsulte, distingua le droit naturel de la loi positive, et à travers certaines erreurs théoriques sur l'origine des sociétés il justifia le droit de tester dans les limites imposées par un intérêt social. L'assemblée ajourna la question et se borna à rendre une loi propre à garantir les droits des héritiers institués.

La révision de la législation criminelle, annoncée dès l'ouverture des états généraux, commença presque immédiatement, et l'assemblée nationale publia deux codes et une instruction qu'il est encore utile de consulter aujourd'hui : code d'instruction criminelle, décrété le 16 septembre 1791 et sanctionné le 29 du même mois ;—code pénal, décrété le 25 septembre 1791 et sanctionné le 6 octobre ;— instruction en forme de loi, à la date du 19 juillet 1791, pour guider les officiers de police judiciaire et les juges dans l'application des lois nouvelles.—Une loi du 19 juillet sur la procédure en matière de police correctionnelle et municipale compléta la législation de la constituante sur le droit répressif.

Un progrès se manifeste dans cet ensemble de lois ; le prévenu obtient des garanties que l'ordonnance de 1670 lui avait refusées : il ne peut être arrêté qu'en vertu d'un mandat d'amener ou d'arrêt, et les formalités prescrites pour la rédaction de ces ordres doivent être rigoureusement suivies ; il n'est traduit devant les tribunaux criminels qu'en vertu d'un acte d'accusation délibéré

(1) Ce sont les principes écrits dans les articles 732 et suiv. du titre des successions.

par un jury légalement constitué ; la procédure est soumise à des délais établis dans l'intérêt de l'accusé ; la pénalité a dépouillé le caractère barbare que lui avaient imprimé les usages du moyen âge ; on adopte pour les prisons un régime plus sain pour les détenus.

Une des gloires de la constituante est le respect qu'elle a toujours montré pour les principes de liberté proclamés par elle. Aussi résista-t-elle avec toute l'énergie de la conviction aux harangues de fougueux tribuns et aux déclamations des clubs et des quarante-deux sections de Paris, réclamant à grands cris des peines contre les émigrés ; les lois d'exception lui faisaient horreur. Au plus fort de l'émigration, elle se contenta de suspendre le traitement des fonctionnaires *absents sans congé ;* mais là s'arrêtèrent ses rigueurs, elle ne se croyait pas le droit d'aller plus loin. Un projet de loi qui prononçait des peines sévères ayant été proposé, le rapporteur déclara inutile de passer outre, parce qu'on ne pouvait faire une *loi bonne et constitutionnelle.* « L'assemblée peut-elle, sans se déshonorer, ajouta-t-il, écouter un projet de loi que son comité déclare d'avance contraire à tous les principes? » L'extrême gauche insistait ; Mirabeau exaspéré monta à la tribune et flétrit ceux qui auraient l'infamie de nommer une commission dictatoriale pour neutraliser le droit de sortir de France : « La popularité dont j'ai eu l'honneur de jouir n'est pas un faible roseau ; c'est dans la terre que je veux enfoncer ses racines, sur l'imperturbable base de la raison et de la liberté. Si vous faites une loi contre l'émigration, je jure de n'y obéir jamais... » Et comme des interruptions partaient du côté du banc de Lameth : « Silence aux trente ! » s'écria l'orateur de sa voix la plus terrible. Le projet de loi fut ajourné, et ce jour-là encore le fougueux tribun dirigea l'assemblée, *cet âne rétif qu'on ne pouvait monter*, disait-il, *qu'avec beaucoup de ménagements.*

Un jour pourtant, au milieu des émeutes, la constituante parut abandonner ses principes de modération ; une loi frappa les émigrés au moment où la fâcheuse issue du départ du roi et de la famille royale venait de précipiter le succès des mauvaises passions. Mais, comme toutes les lois qui naissent d'une crise, elle n'eut qu'une courte durée. Après que Louis XVI eut prêté le serment à la constitution le 14 septembre, l'assemblée abrogea les décrets rendus contre l'émigration : consécration solennelle du principe que Mirabeau avait défendu avec toute la vigueur de son éloquence, et qui, cinq mois après sa mort, décrété d'enthousiasme par la constituante, terminait dignement sa carrière.

L'assemblée avait différé jusqu'aux derniers jours de son existence la promulgation de la constitution ; elle avait écrit en tête la déclaration des droits de l'homme, trop pompeusement appelée l'*évangile immortel de la nature et de la raison, recueilli par la sagesse de l'assemblée pour les hommes et les nations;* dangereux programme qui mentionnait les droits sans rappeler les devoirs, cause d'excitation incessante à la révolte, texte de justification pour l'émeute ! Sans doute les principes de liberté, d'égalité, de souveraineté nationale émis par l'assemblée n'étaient pas nouveaux; ils dataient de 1357 et de 1413, et la constituante, en les formulant, ne faisait que reproduire les idées et les traditions de la magistrature française ; mais la proclamation de la souveraineté populaire inscrite au frontispice du pacte constitutionnel était un appel à l'anarchie et aux mauvaises passions.

L'assemblée, dans ses derniers moments, comprit la nécessité de soumettre son œuvre à l'épreuve d'une révision sévère; mais ses bonnes intentions échouèrent contre les passions d'une foule en délire, et la constituante se retira après avoir imprudemment décrété que nul de ses membres ne pourrait faire partie de la prochaine législature. Ainsi son expérience devait être perdue pour la France ; le champ restait ouvert à l'ignorance et à la démagogie : que de tempêtes elles devaient déchaîner sur nous !

Deuxième période. — Assemblée législative. — Convention.

(1791-1795.)

La législative succéda à la constituante, sans continuer son œuvre. Entre ces deux assemblées il existe toute la distance qui sépare une rénovation sociale établie sur de larges bases, brisant les priviléges dans un intérêt national, d'avec une réforme inintelligente de détails poursuivie avec un acharnement aveugle plutôt contre les personnes que contre les institutions, plutôt pour le triomphe d'une caste que dans un intérêt général.

Ces idées étroites et haineuses se trahissent dès le premier acte de la nouvelle assemblée : elle se hâte d'enlever au roi le titre de *Majesté* et de *sire;* chacun pourra s'asseoir et se couvrir devant lui, et le trône sera remplacé par un simple fauteuil ; il sera, à la vérité, placé au bureau et sur la même ligne que celui du président ; mais ce n'est plus un hommage, c'est une humiliante politesse, une insulte froidement calculée.

L'esprit de la législative n'est plus celui qui inspirait la constituante. Deux grandes questions l'agitent dès son début : Couthon réclame des mesures *énergiques* contre les prêtres non assermentés, et la Gironde prononce de longs discours pour faire décider que les émigrés « sont des traîtres qui, ayant violé leurs obligations » envers leur patrie, l'ont affranchie de celles qu'elle avait con- » tractées envers eux. — Il faut les considérer, ajoutait-elle, » comme des ennemis auxquels la France doit indignation et non » assistance. » Inutiles mesures ! sévérités sans résultats ! Les décrets de l'assemblée trouvèrent insensibles les émigrés, qui regardaient l'exil comme le plus sacré des devoirs, et comprenaient mal les moyens de servir le roi et la patrie.

La représentation nationale subissait la dangereuse pression des clubs, des sections, de la populace, de toutes les influences extérieures ; la force lui manquait pour se diriger elle-même. Le conciliabule établi chez Mme Roland préparait l'avénement des idées républicaines; Danton, le roi des faubourgs, se rapprochait de la femme de l'ancien ministre; Robespierre figurait parmi les délégués dont la mission consistait à pourvoir aux nécessités du salut public. Les sections, instruites à l'école des orateurs populaires, tenaient un langage de plus en plus menaçant; la démagogie armée allait s'imposer au pays.

Les masses rugissantes, réunies à l'hôtel de ville, proclament la dissolution du corps municipal, et forment un conseil général de la commune. Des voix avinées acclament le brasseur Santerre général en chef de l'insurrection; le boucher Legendre est mis sous ses ordres immédiats; Danton, trônant à l'hôtel de ville, est l'âme et le centre du mouvement révolutionnaire. Trente mille émeutiers se ruent sur l'assemblée, qui n'ose pas interdire sa barre aux députés que l'insurrection lui envoie pour demander à lire une pétition. L'orateur improvisé des clubs rappelle aux législateurs le serment du jeu de paume; il déplore *la cruelle nécessité de tremper les mains dans le sang des conspirateurs*, parle de la patrie comme *de la seule divinité qu'il soit permis d'adorer*, et annonce que la *tête du peuple vaut bien celle des despotes couronnés*. Après cette insulte à la dignité de la représentation nationale, les faubourgs en armes sont admis à défiler dans la salle des séances! Ils ne la quittent que pour envahir les Tuileries. Louis XVI est en mesure de réprimer ces bandes indisciplinées par la force des armes; mais la crainte de verser du sang le fait renoncer à cet unique moyen de salut. Paris et l'assemblée législative courbent la tête sous le despotisme de la commune; le roi est prisonnier, et Danton ministre de la justice!...

La déchéance du roi fut le prélude d'une longue série de calamités : spoliation de la plus grande partie des diamants de la couronne; massacres de septembre, Saint-Barthélemy populaire qui ensanglanta, pendant trois jours et trois nuits, Paris épouvanté. Robespierre et Pétion, regardant ces atrocités d'un œil d'indifférence, avaient laissé faire; l'assemblée était restée sans vigueur, quand le *courage de cinquante hommes armés eût facilement empêché ces attentats* (1)!

Quelle distance entre 89 et 92! Quel tableau! La royauté précipitée du trône, le pouvoir envahi par une populace en délire, la tyrannie des clubs, l'anarchie des sections! — Deux hommes personnifient ces deux époques, Mirabeau et Danton. Mirabeau, l'orateur aux grandes et généreuses idées, s'adressait aux esprits sérieux, aux cœurs passionnés pour le bien de l'humanité et le bonheur de la France; — Danton, fougueux tribun, orateur populaire, demanda du sang, et en obtint en remuant dans les basses classes cette fibre mystérieuse qui pousse avide de désordres et de crimes.

Le patriotisme n'était point encore éteint au cœur des Français; les succès obtenus par nos armes contre l'étranger firent diversion aux souvenirs des sanglantes journées de septembre, et les soldats français, guidés par Kellermann à Valmy, chassaient du territoire les Prussiens et les émigrés aux cris de : *Vive la nation!*

L'assemblée législative ne fut qu'une brève transition de la constituante à la convention; ses travaux se terminèrent le 21 septembre 1792, et ce fut au bruit de l'émeute qu'elle remit les destinées de la France à une assemblée dont la farouche énergie a semé l'épouvante dans le monde.

La convention fut composée comme elle devait l'être sous l'influence d'une constitution qui n'avait apporté de limite ni à l'électorat ni à l'éligibilité. Les grands propriétaires avaient cherché leur salut dans l'expatriation ou la retraite, et la classe bourgeoise, qui ne s'abandonnait pas aux exagérations et à l'ardeur des passions politiques, ne brigua pas le périlleux honneur de prendre part aux luttes orageuses de la tribune. Les girondins, avec leur système fédératif, furent repoussés; le principe d'unité et d'indivisibilité triompha par la persévérance de son principal représen-

(1) Mémoires de Mme Roland, t. II, p. 43.

tant, Robespierre. Que cette victoire soit pour le nom du farouche conventionnel un titre de réhabilitation politique, j'ai bien de la peine à le comprendre; mais qu'un publiciste plus poëte qu'historien élève ce tigre à la hauteur d'un honnête homme, qu'il dresse presque un piédestal à cette idole, pour l'honneur de la France et la vérité de l'histoire, je ne subirai jamais la complicité d'une pareille apologie. La postérité pourrait-elle oublier que Robespierre fut l'inspirateur de l'esprit d'extermination qui s'était emparé de l'hôtel de ville et qu'il dirigea les massacres des prisons dans les jours à jamais néfastes du 10 août et du 2 septembre!

La Gironde avait accordé la tête de Louis XVI comme un gage de son dévoûment à la révolution; mais la Montagne n'en décréta pas moins l'arrestation de vingt-deux girondins, et un peu plus tard elle prononça leur arrêt de mort.

Je m'arrête; l'histoire des violences de la convention et de la guerre civile que ses rigueurs allumèrent en France ne peut éclairer mes recherches sur la législation. Au milieu des scènes sanglantes qui désolaient la France, comment la convention aurait-elle pu fonder des institutions durables? Pleine de mépris pour le droit et la légalité, foulant aux pieds les règles de l'humanité et de la raison pour ne s'appuyer que sur les masses populaires et l'échafaud, pouvait-elle imprimer à ses décisions ce caractère de perpétuité, apanage exclusif des lois basées sur l'équité et la loi naturelle? Aussi combien de ses décrets n'eurent pas de lendemain! La convention et l'assemblée législative eurent la puissance de démolir, elles n'eurent pas la force de réédifier.

Actes législatifs. — De l'assemblée législative au directoire, trois époques me paraissent bien tranchées sous le rapport de la législation. Le caractère des actes émanés de la législative diffère de ceux décrétés par la convention, et les lois que cette assemblée elle-même a promulguées depuis le 9 thermidor de l'an II sont loin de reproduire l'esprit des dispositions violentes de 93.

Les lois émanées de la législative, dont l'existence se renferme entre le 1er octobre 1791 et le 20 septembre 1792, sont peu nombreuses. Son grand acte politique, qui absorbe tous les autres, est la suspension du roi de ses fonctions et l'appel fait à la nation pour former en convention nationale.

En matière civile, son activité législative se résume dans un petit nombre de décrets, tel que celui du 14 septembre 1792, abrogeant les substitutions fidéicommissaires que la constituante avait respectées. Mais, en défendant les transmissions de biens à charge de restitution comme contraires aux principes d'égalité, elle respecta les droits acquis et ne disposa que pour l'avenir. La loi du 20 septembre 1792 fixa la majorité à vingt et un ans accomplis (1), et fit cesser les incertitudes des coutumes locales, qui variaient du nord au midi entre l'âge de vingt ans et celui de vingt-cinq. Un décret du 28 août avait déjà aboli pour les majeurs la puissance paternelle, qui s'était conservée jusque-là avec une rigueur toute romaine dans les pays de droit écrit. — D'un autre côté, l'assemblée consacra les traditions de la loi romaine en décrétant que l'adoption serait comprise dans le plan général des lois civiles, plan qui ne put être exécuté. Les lois sur le mariage furent rendues à une époque où les girondins dominaient dans l'assemblée législative.—Appliquant aux rapports entre conjoints le principe d'une liberté outrée, le législateur décrétait implicitement la destruction de la famille. — La loi du 20 septembre 1792 permit au garçon de quinze ans, à la jeune fille de treize, de contracter mariage avec l'autorisation de leur père ou de la mère survivante, et, à leur défaut, du conseil de famille, même en présence des aïeux. En cas de refus du conseil, il devait s'ajourner à un mois, et dans cette seconde épreuve il ne pouvait s'opposer qu'en invoquant le désordre notoire des mœurs de la personne proposée, ou son défaut de réhabilitation après une condamnation à une peine infamante. Cette même loi introduisit en France le divorce « au

(1) Age adopté par l'art. 488 C. Nap.

» nom de la *liberté individuelle*, dont un engagement indissoluble, disait-elle, serait la perte. » Le consentement mutuel suffisait pour divorcer; l'un des conjoints résistait-il, il suffisait, pour rompre le mariage, de trois convocations consécutives devant six parents ou amis, dans lesquelles celui qui poursuivait le divorce alléguait l'incompatibilité d'humeur. La démence et l'émigration étaient des causes de divorce : le malheur ne trouvait pas grâce auprès de ces législateurs sans pitié; ils ne s'en occupaient que pour l'abreuver d'outrages.

La convention, installée le 20 septembre 1792, décrétait d'une voix unanime, dès le lendemain, l'abolition de la royauté et l'établissement de la république une et indivisible. Un décret du 24 novembre 1793, dans le but de faire disparaître toutes les traces du passé, substitua au calendrier grégorien un nouveau calendrier (1), dont le point de départ fut fixé au 22 septembre 1792, jour anniversaire de la république.

A l'imitation de la constituante, la convention fit une déclara-

(1) L'année se composa de douze mois ne comprenant chacun que trente jours; il fallut donc ajouter cinq jours complémentaires dans les années ordinaires et six dans les années bissextiles, pour faire l'année astronomique. Le mois fut divisé en trois décades composées de dix jours chacune.

Voici la correspondance des mois du calendrier républicain avec ceux du calendrier grégorien :

1er vendémiaire.	22 septembre.
1er brumaire.	22 octobre.
1er frimaire.	21 novembre.
1er nivôse.	21 décembre.
1er pluviôse.	20 janvier.
1er ventôse.	20 février.
1er germinal.	22 mars.
1er floréal.	21 avril.
1er prairial.	21 mai.
1er messidor.	20 juin.
1er thermidor.	20 juillet.
1er fructidor.	19 août.

tion des droits de l'homme, annulée plus tard, parce qu'elle n'avait pas été soumise à l'approbation du peuple. Elle organisa, le 24 juin 1793, une constitution sur des bases nouvelles, dont voici les principales : l'assemblée avait l'initiative; elle n'arrêtait la loi que quinze jours après un rapport qui devait précéder la présentation du projet. La loi, arrêtée provisoirement, était envoyée au peuple, qui donnait sa sanction. Quarante jours après, si dans la moitié des départements plus un, le dixième des assemblées primaires n'avait pas réclamé, le projet devenait loi.— En cas de réclamation, on convoquait les assemblées primaires, qui votaient sur la loi par oui et par non.

Toute la législation de la terreur se résume dans l'inqualifiable décret du 6 fructidor an II de la république sur la célébration du dernier jour des *sans-culotides*, qui décerne les honneurs du Panthéon à Jean-Paul Marat, l'ami du peuple, et prescrit d'en retirer le corps de Mirabeau.

En parcourant le bulletin des lois jusqu'au 9 thermidor de l'an II, on croit lire plutôt des ordres dictés par l'autorité militaire dans une ville assiégée et réduite aux plus dures extrémités, que des lois votées pour la France entière et publiées au nom de la représentation nationale. Chaque décret est un acte de terreur : ce sont tantôt des représentants mis hors la loi et envoyés à l'échafaud, tantôt des récompenses données pompeusement à des dénonciateurs, tantôt des peines infligées à des conspirateurs prétendus; puis, à côté de ces décrets individuels, des lois générales de persécution. Le 6 avril 1793, la convention organise le comité de salut public, terrible conseil qui dépasse toutes les atrocités rapportées dans l'histoire. La loi du 7 fructidor an II organise les comités révolutionnaires dans chaque chef-lieu de district. Un décret du 22 prairial avait déjà institué le tribunal révolutionnaire, après un rapport fait au nom du comité de salut public par Couthon. Ce rapport, dont la convention sanctionnait tous les principes en ordonnant son impression à la suite du décret pour servir d'instruction à ses agents, osait dire : « L'ordre judiciaire » était aussi favorable au crime qu'oppressif à l'innocence; » et Couthon faisait décréter cet article, dans lequel respire la vengeance et la haine : « La loi donne pour défenseurs aux pa- » triotes calomniés des jurés patriotes; elle n'en accorde point » aux conspirateurs. » Les mesures contre les *suspects* ne couronnent-elles pas dignement cette infâme législation?

La main du bourreau lui-même se lassait de frapper. Un moment vint où la convention ne trouva plus ni accusateurs disposés à être les instruments aveugles de ses décrets sanguinaires, ni magistrats pour prononcer contre l'innocence des arrêts de mort; il lui fallait pourtant des agents; de gré ou de force, elle les eut : tout officier nommé par les représentants du peuple pour remplir ces fonctions fut forcé de les accepter, et la sévérité des décrets de la convention garantit l'acceptation anticipée des malheureux désignés pour être les instruments d'un pouvoir qui foulait aux pieds les lois de la justice et de l'humanité.

La convention, pour assurer d'autant mieux le principe de l'unité, ordonna, le 2 thermidor de l'an II, d'écrire en langue française, sous peine d'un emprisonnement de six mois, tous les actes publics ou sous signature privée.

La loi fut publiée dans le *Bulletin officiel* et adressée aux autorités constituées pour en donner lecture au peuple assemblé à *son de trompe* ou *de tambour*. La loi du 30 thermidor de l'an II indiqua les décrets qui devaient être soumis à cette formalité; c'étaient tous ceux d'une exécution générale.

La féodalité, qui n'était déjà plus qu'un cadavre, fut frappée une dernière fois par la loi du 17 juillet 1793, qui supprima toutes les redevances sans indemnité, et les titres constatant les droits féodaux servirent à allumer les feux de joie qui célébraient l'anniversaire du 10 août.

La constituante avait aboli la confiscation; la convention la rétablit contre les émigrés. Mirabeau avait fait créer douze millions d'assignats, la convention en mit douze milliards en circulation pour conjurer la coalition de l'Europe. Le partage des biens appartenant aux émigrés avait été ordonné, les clubs réclamèrent le partage des terres de tous; la convention, effrayée elle-même de ces excès qui menaçaient de la déborder, décréta, le 18 mars 1793, *la peine de mort contre celui qui proposerait la loi agraire.*

Cependant le partage des biens communaux, consacré par l'assemblée législative le 14 août 1792, dut s'opérer par tête, aux termes du décret du 10 juin 1793; seulement la convention rendit le partage facultatif, d'obligatoire qu'il était d'après le décret de 92, mais avec cette condition étrange que le tiers des voix imposait sa volonté à la majorité réelle.

La loi du 17 nivôse an II remplaça le système féodal des successions par un système opposé; à la concentration des biens dans les familles, elle substitua le morcellement et l'égalité absolue, promenant ainsi sur les fortunes le niveau qu'elle avait promené sur les têtes. La distinction des propres et des acquêts, des biens paternels et maternels fut supprimée; l'institution contractuelle, déjà abolie le 7 mars 1793, le fut de nouveau; le douaire disparut, et les filles héritèrent au même titre que leurs frères. La loi de nivôse prohiba encore les renonciations coutumières faites par les filles dotées.—Plusieurs de ces innovations étaient utiles; aussi ont-elles survécu à d'autres dispositions entachées de cet esprit révolutionnaire qui dépassait toujours le but. C'est ainsi que, pour morceler la propriété, on décréta la représentation à l'infini en ligne collatérale, et l'exclusion des père et mère du défunt par les frères et sœurs et descendants d'eux. La convention osa mettre sur la même ligne les enfants naturels et les enfants légitimes; on dit même que Cambacérès proposa la reconnaissance des enfants adultérins! Quelle idée assez monstrueuse pouvait répugner à une assemblée qui décernait des récompenses nationales aux *filles mères!*

Un dernier reproche à faire à la loi du 17 nivôse, c'est la rétroactivité dont elle était entachée, et qui s'appliquait aux partages opérés depuis le 14 juillet 1789. La convention, luttant contre l'évidence, tenta des efforts inouïs pour démontrer à la nation et se prouver à elle-même que la loi n'était pas rétroactive, tant il est vrai qu'un principe social inspire encore du respect même dans ces jours malheureux où la raison n'est pas toujours respectée !

Les conventionnels, courbés sous l'impitoyable triumvirat de Robespierre, Couthon et St-Just, se réveillèrent à l'approche du danger qui menaçait leur tête ; courageux par peur, ils livrèrent à l'échafaud le corps mutilé de Robespierre et ses redoutables complices.

La journée du 9 thermidor permet à la France de respirer ; la convention elle-même, sans renier ses principes, déploie moins de rigueur dans leur application ; les portes des prisons, qui s'étaient fermées sur une multitude d'innocents, s'ouvrent enfin aux suspects ; la vente des biens des émigrés est suspendue et bientôt prohibée ; on ordonne la restitution des biens confisqués ; la justice et l'humanité reprennent leur empire, l'ère de réparation commence.

Après tant de confusion et d'anarchie, la convention sentit le besoin de proclamer la séparation des fonctions judiciaires et administratives. La constitution de l'an III (22 août 1795) mit à profit l'expérience révolutionnaire dans son organisation politique. — Le pouvoir législatif fut confié à un corps divisé en deux chambres, le conseil des Cinq-Cents et le conseil des Anciens : le premier, invariablement fixé au nombre que son nom indique, avait l'initiative des lois ; ses décisions, nommées *résolutions*, n'étaient définitives qu'après trois lectures successives faites à dix jours d'intervalle. — Le conseil des *Anciens*, composé de deux cent quarante membres âgés de quarante ans au moins, sanctionnait les lois; mais il devait adopter ou rejeter en entier les résolutions émanées de l'autre conseil, sans pouvoir les modifier. — Le renouvellement des conseils était annal et s'opérait par tiers; les membres sortants étaient rééligibles (1).

Le directoire se composait de cinq membres, âgés de quarante ans au moins, et nommés par les deux chambres, fonctionnant comme assemblée électorale, au nom de la nation. — Au directoire appartenait le pouvoir exécutif; chargé de sceller, publier, promulguer les lois et de veiller à leur exécution, il transmettait dans les départements la loi insérée au *Bulletin officiel*, et celle-ci était réputée connue du jour où le Bulletin était parvenu au chef-lieu du département; il n'y avait plus de promulgation réelle.

La domination despotique de la commune de Paris et l'anarchie des 48,000 communes des départements avaient épouvanté les esprits; les municipalités furent remplacées par les cantons.

Dans l'ordre judiciaire, une restriction analogue s'opéra; les 547 tribunaux de district furent ramenés à l'unité d'un tribunal départemental. Une loi de brumaire an II avait supprimé les avoués créés par la constitution de 1791, et remplacé les tribunaux par des arbitres publics qui jugeaient les contestations sans formalités et sans frais. Toutes les combinaisons de procédure se trouvaient résumées en dix articles par cette loi ridicule; la convention ne visait à rien moins qu'à éteindre les procès et faire vivre les hommes dans une concorde parfaite: elle rêvait un nouvel âge d'or; les moyens violents qu'elle avait employés pour amener l'uniformité dans les idées politiques auraient dû l'avertir que si la fraternité était une formule facile à inscrire au frontispice d'une constitution, c'était en revanche chose difficile

(1) Constit. an III, art. 53 : « L'un et l'autre conseil est renouvelé tous » les ans par tiers. » — Art. 54 : « Les membres sortant après trois » ans peuvent être réélus pour les trois ans suivants; après quoi il faudra un intervalle de deux ans pour qu'ils puissent être réélus. »

à obtenir en pratique. Ces belles théories éprouvèrent bien des échecs; le nombre des procès augmentait au lieu de diminuer. La constitution de l'an III mit un terme à cette anarchie désespérante par le rétablissement des tribunaux. Les avoués ne furent point encore rétablis, mais les parties eurent au moins le droit de confier leurs intérêts à des hommes de loi qui les représentèrent devant les juges.

La propriété devint la base de l'éligibilité, comme preuve de capacité et surtout comme gage d'intérêt au maintien de l'ordre social. Mais cette condition ne fut point exigée des électeurs. Tous les Français furent citoyens, excepté ceux attachés au service personnel d'un maître; leur domesticité engendrait une incapacité.

Une déclaration placée en tête de la constitution mit cette fois les devoirs en regard des droits; si le législateur n'eut pas encore le courage d'avouer le christianisme, une loi du 11 prairial an III avait pourtant déjà rendu les églises au culte : le temps approchait où la société chrétienne pourrait vivre librement et rendre à Dieu un hommage public.

Pendant cette seconde époque, quelques lois d'intérêt privé sortirent des délibérations de la convention. La plus importante est celle du 9 messidor an III, intitulée code hypothécaire. Des deux cent soixante-dix-neuf articles qui la composaient, bien des dispositions sont en vigueur encore aujourd'hui. — Une heureuse combinaison soumit le droit hypothécaire à des exigences de spécialité et de publicité; mais la loi contenait un vice radical, en ce que l'inscription pouvait être prise dans tous les arrondissements, même dans ceux où le débiteur ne possédait pas de biens. Ce système de crédit n'était qu'une ébauche, mais, malgré ses imperfections, il renfermait le germe d'une bonne loi.

L'impossibilité, causée par les fluctuations du papier-monnaie, d'apprécier avec exactitude la valeur des immeubles, motiva le décret du 14 fructidor an III, qui proscrivit la lésion d'outre moitié.

Une disposition remarquable est celle de la loi du 15 messidor an III, portant que « lorsqu'un ou plusieurs actes authentiques » réfèrent un acte sous seing privé, ou prouvent son exécution, » cet acte sous seing privé a acquis une date assurée, comme il » aurait pu l'acquérir par le décès de l'un des contractants ou » signataires (1). »

La loi la plus importante, celle qui termine la carrière de la convention, est intitulée *code des délits et des peines;* elle est à la date du 3 brumaire an IV. Composée de 646 articles, elle refondit en grande partie les décrets publiés par l'assemblée constituante en matière d'instruction criminelle ou pénale.

La convention semblait, à sa dernière heure, disposée à expier toutes ses rigueurs; elle proclamait qu'à « dater du jour de la paix » générale, la peine de mort serait abolie dans toute la république française. » Comme si cette amende honorable faite à l'humanité suffisait pour absoudre cette assemblée des crimes qu'elle avait commis! Pourtant, malgré ces longs jours de terreur qui ont ensanglanté la France, l'impartialité fait à l'historien un devoir de rappeler que l'énergie de la convention a sauvé le pays de l'humiliation d'une invasion étrangère. C'est un titre que la postérité, si elle veut être juste, ne doit point oublier.

TROISIÈME PÉRIODE. — Directoire.

(An IV. — 18 brumaire an VIII.)

Le nouveau gouvernement offrait peu de garantie; la convention imposa aux électeurs les candidats de son choix, et ce ne fut que dans la nomination du nouveau tiers que les idées de modération et d'ordre se firent jour; elles eurent pour représentants Portalis, Pastoret, Tronchet, etc.—Les directeurs élus furent Rewbell, Larevellière-Lépeaux, Letourneur, Barras et Sieyès; ce dernier, sur son refus d'accepter, fut remplacé par Carnot.

(1) C'est notre article 1328 C. Nap.

Le directoire, voyant la France réduite à la plus affreuse situation financière, créa trois milliards d'assignats, dont l'émission produisit trois millions. Pendant que les patriotes murmuraient et accusaient les directeurs de mollesse, la catastrophe des assignats survint plus désastreuse peut-être que la chute des actions de Law, ce célèbre faux monnayeur en papier, au milieu du XVIIIe siècle.

Dépourvu de force et de vigueur, le directoire rappelait les mœurs dissolues de la régence; les orgies consolaient du souvenir des échafauds. La dépravation ne connaissait plus de bornes; le bonheur de n'être plus troublé par le roulement sinistre des charrettes funèbres, de respirer librement et de rentrer dans une vie plus calme faisait oublier les ruines et les tombeaux. Cependant, du sein de la dépravation qui gangrenait toutes les classes de la société, des voix nobles et courageuses s'élevaient à la tribune pour protester au nom de la morale, de la religion et de l'humanité. Camille Jordan révélait toute la noblesse de son âme dans un rapport sur la liberté des cultes, et Dubruel s'écriait : « En sommes-nous devenus meilleurs depuis qu'on a cherché à » effacer du cœur de l'homme les principes religieux? J'en » appelle à une expérience de six années..... Il n'y a point de » liberté là où il n'y a point de bonnes mœurs, et il n'est point » de mœurs sans morale. Nous n'aurons pas de morale sans » religion, nous n'aurons pas de religion sans culte; un culte ne » peut exister sans ministres. »

La France du directoire fut pauvre et misérable à l'intérieur; mais à l'extérieur l'armée montra que la France n'avait pas complétement oublié son glorieux passé. Ce fut au jeune héros vainqueur de l'Italie que le directoire, en butte aux conspirations, impuissant pour comprimer l'anarchie, fit appel pour lui prêter main-forte. La lutte du directoire avec le conseil des Anciens motiva cette célèbre pétition dans laquelle l'armée d'Italie disait aux législateurs : « Tremblez! vos iniquités sont comptées, et le

» prix en est au bout de nos baïonnettes... Il faut que les armées » purifient la France. » Des troupes s'étant approchées de Paris, le conseil des Anciens prononça l'anathème constitutionnel : *Directeurs, la patrie vous censure.*

Le 18 fructidor répondit à cette agression ; la représentation nationale fut décimée, et la déportation des membres du conseil des Anciens devint, à la place de l'échafaud politique que personne ne voulait relever, le grand moyen de salut public. Heureuse substitution commandée par l'état des esprits et favorable à l'humanité, car « l'échafaud enlève au temps son droit de grâce, » suivant l'heureuse expression de M. Lainé.

Chaque acte du directoire trahissait son impuissance, et inspirait un profond dégoût au pays, qu'une ombre de pouvoir ne rassurait plus contre le retour des saturnales du passé. C'est dans ces circonstances que le général en chef de l'armée d'Egypte débarquait, le 9 octobre 1799, à Fréjus ; à cette nouvelle, Sieyès s'écriait avec enthousiasme : « La patrie est sauvée ! » La révolution du 18 brumaire amena la suspension des deux conseils ; trois consuls provisoires furent chargés d'élaborer une nouvelle constitution, et la France vit tomber sans regret un gouvernement profondément incapable ; elle s'abandonna enfin à l'espérance, car la chute du directoire se résumait dans ces mots : la révolution est finie !

Actes législatifs. — L'ensemble de la législation directoriale est la peinture fidèle de la faiblesse des pouvoirs constitués : point de ces importantes réformes qui annoncent un gouvernement préoccupé d'améliorations sociales ; point de ces grandes mesures révolutionnaires qui jettent l'effroi dans une nation ; tout révèle dans le directoire l'impuissance d'asseoir un système politique. — Imbu de l'esprit de la convention, il n'en avait pas la farouche énergie. La convention avait marché avec les clubs, la presse et les masses populaires ; — le directoire subissait, sans s'en apercevoir, la pression de la nation : il proclamait bien la république une et indivisible, exigeant de tous les fonctionnaires publics le serment de *haine à la royauté;* mais là s'arrêtait son initiative. L'opinion publique lui imposait des actes réparateurs qu'il accomplissait au fur et à mesure que les exigences se montraient, et la forme fractionnaire dans laquelle il restaurait les principes d'équité et de justice dans la législation prouve assez que son action n'était ni spontanée, ni l'exécution d'un plan préconçu. Cependant, à la fin de sa carrière gouvernementale, instruit à l'école de l'expérience, il mit en œuvre les nombreux travaux auxquels avaient donné lieu le système hypothécaire et les droits d'enregistrement; ce sont les seuls actes législatifs qui méritent d'être signalés pendant son passage aux affaires, mais l'histoire ne saurait lui accorder l'honneur de la création et l'initiative.

L'acte législatif qui caractérise le mieux cette époque d'immoralité et de corruption est le rétablissement de la loterie nationale : au peuple qui s'agitait dans les angoisses de la misère, le directoire ouvrit une nouvelle source d'illusions et de ruine; la loterie, cet impôt immoral levé sur la passion du jeu et le désir d'une fortune facile, fut jetée au peuple comme un aliment d'espérance et une cause morale de consolations! — Ne fallait-il pas songer au bonheur de ce pauvre peuple auquel on venait de faire banqueroute (1)! Les deux tiers de la dette, s'élevant à trois milliards, devaient être remboursés avec des biens nationaux d'une valeur de 1,300 millions, et le gouvernement inscrivait sur le grand-livre l'autre tiers, qui formait *le tiers consolidé.* Outre cela, la sollicitude du directoire offrit à la France l'appât de la loterie! Que pouvait-elle demander de plus?

La valeur de l'armée française soutenait à l'étranger l'honneur national, et sa gloire rachetait l'humiliation de la France à l'intérieur. Le gouvernement ne dut plus se borner à reproduire cette

(1) Les créanciers de l'État étaient placés sous la sauvegarde de l'honneur national.

formule de décret si vague et si souvent répétée : *L'armée a bien mérité de la patrie.* La nation exigea plus qu'un stérile éloge pour ses défendeurs ; elle voulut qu'on veillât à leurs intérêts pendant qu'ils versaient leur sang pour elle sur les champs de bataille. En 1796, année si féconde en glorieuses campagnes, une loi (6 brumaire an V) fut rendue au profit de ceux qui promenaient le drapeau français dans l'Europe entière. — Des hommes probes et éclairés devaient les défendre gratuitement devant les tribunaux ; — la prescription était suspendue en leur faveur depuis leur départ jusqu'à leur retour dans leurs foyers. — Leurs propriétés étaient sous la surveillance des agents municipaux. — Leurs veuves recueillaient le tiers des rentes viagères créées sur leurs têtes par suite de leurs blessures. — C'était, il est vrai, de la part de l'État, acquitter bien parcimonieusement une dette sacrée ; cependant il y avait un caractère de haute moralité dans ce témoignage de reconnaissance « d'un peuple libre envers des frères qui avaient si » glorieusement défendu la république, et reculé si loin ses li» mites. » (Tronchet.)

Le partage des biens communaux, ordonné par une loi du 10 juin 1793, fut suspendu par une autre du 21 prairial an IV, et celle de prairial an VI soumit la vente de ces biens à une autorisation préalable du pouvoir législatif. — Les aliénations du domaine de la couronne avaient été révoquées purement et simplement par le comité de salut public le 10 frimaire an II ; une loi plus équitable du 22 frimaire an III prononça un sursis à la dépossession et prescrivit la présentation d'un nouveau projet : ce fut une loi de l'an VII, qui par un sage retour au principe de la constituante permit aux possesseurs de biens domaniaux de les conserver, à la condition de payer le quart de leur valeur.

En droit civil, plusieurs lois réparant les injustices de la convention rétablirent les véritables principes de droit.

La loi du 7 fructidor an V abolit la déportation prononcée par les lois révolutionnaires contre les prêtres *insermentés*. — Le séquestre qui frappait les biens des partisans de Robespierre fut levé le 5 germinal de la même année, sur la déclaration du conseil des Cinq-Cents « qu'il y avait plus de justice et de loyauté à rendre » les biens aux familles de quelques conspirateurs, que de s'ex» poser à retenir ceux des innocents. »

Le désir d'effacer jusqu'aux derniers vestiges de la féodalité porta l'assemblée législative à violer le droit de propriété en regardant comme féodales les tenures convenancières (1) : injustice réparée par la loi du 9 brumaire an VI, qui rétablit la distinction sagement faite par la loi de 1791 entre les droits fonciers et les droits féodaux, et anéantit même pour les domaines *congéables* les effets que la loi de 92 avait produits jusque-là.

On sait que l'instabilité de la valeur du papier-monnaie avait fait supprimer la rescision pour cause de lésion en matière de vente d'immeubles ; la loi du 5 germinal an V la rétablit lorsque le papier-monnaie n'exista plus.

Une loi du 24 ventôse de la même année fit revivre la contrainte par corps en matière civile qu'avait abolie la loi du 9 mars 1793 : « il importait de rendre aux obligations entre citoyens la sûreté » et la solidité qui seules pouvaient donner au commerce de la » république la splendeur et la supériorité qu'il devait avoir (2). » Une loi postérieure du 15 germinal an VI énuméra les cas dans lesquels les tribunaux devaient prononcer ce mode d'exécution, et imposa au créancier l'obligation de consigner des aliments.

Le divorce, admis avec une scandaleuse facilité par la loi du 20 septembre 1792, devint plus difficile à obtenir, grâce aux entraves qu'apporta la loi du premier jour complémentaire de l'an V; ce fut un progrès relatif et un acheminement vers une législation plus morale.

(1) Par les lois des 23 et 27 août 1792.

(2) Ce sont les termes de la résolution adoptée par les Cinq-Cents.

Le droit répressif fut l'objet de plusieurs actes législatifs sous le directoire ; une loi du 22 prairial an IV modifia le code pénal alors en vigueur, qui ne prononçait aucune peine contre les tentatives de vol, d'incendie et autres crimes, à l'exception de celles d'assassinat et d'empoisonnement ; l'article 1er voulut que toute tentative de crime, manifestée par des actes extérieurs suivis d'un commencement d'exécution, fût punie comme le crime même, si elle n'avait été suspendue que par des circonstances fortuites, indépendantes de la volonté du prévenu (1).

La discipline de l'armée ne fut pas oubliée ; une loi du 13 brumaire an IV détermina la procédure à suivre pour le jugement des délits militaires, et une autre du 21 du même mois forma le code des délits et des peines pour les troupes de la république.

De nombreuses lois furent promulguées ; les deux plus importantes sont celles des 11 brumaire an VII sur le régime hypothécaire (2), et 22 frimaire an VII sur l'enregistrement. La loi du 21 ventôse an VII, en organisant la conservation des hypothèques, compléta le système de publicité et posa les bases du crédit foncier. Le registre du conservateur dut présenter l'état exact de la situation hypothécaire du débiteur. Semblable à ces petites colonnes élevées en Grèce sur les champs grevés d'hypothèques, il fut destiné à avertir le futur créancier des dangers qu'il courait ou de la sécurité qu'il pouvait se promettre. La loi du 9 messidor an III avait déjà renversé les fortunes aristocrati-

(1) L'art. 2 du code pénal actuel est la copie textuelle de cette disposition.

(2) Le système hypothécaire de l'an VII a été la base de notre régime actuel, et il est à regretter que le législateur de 1804 n'ait pas maintenu la transcription comme condition essentielle de la transmission de propriété à l'égard des tiers. Ce complément de publicité sera tôt ou tard introduit dans nos codes.

ques ; celle de l'an VII complétait cette œuvre en anéantissant le système du droit coutumier (1).

La loi du 22 frimaire se proposa « de simplifier les droits » d'enregistrement, d'en régler les taux et quotité dans de justes » proportions, d'étendre cette contribution à toutes les mutations » qui en étaient susceptibles, afin d'améliorer les revenus pu- » blics. » Les œuvres de tous les vieux jurisconsultes, de tous les feudistes furent mises à contribution, et c'est encore à cette source que les commentateurs les plus distingués de la loi fiscale ont puisé leurs inspirations (2).

Les mêmes idées qui avaient présidé à la révision des tarifs d'enregistrement présidèrent aussi à la révision des droits de greffe, et la loi du 21 ventôse an VII devint l'appendice de la loi de frimaire.

Un arrêté du directoire, à la date du 2 germinal an V, exposa avec une grande netteté les principes proclamés par les lois des 16-24 août 1790 et du 16 fructidor an III, sur la séparation des pouvoirs judiciaire et administratif; il était l'expression fidèle du système nouveau. Mais ramener à exécution les principes proclamés en 1789, abroger complétement les lois exceptionnelles dictées par une émeute en délire et contraires à la raison, organiser la société nouvelle, c'était une vaste entreprise qui ne pouvait être exécutée que par un gouvernement sérieux et énergique, brisant avec les traditions révolutionnaires de la convention ; or le directoire n'était pas à la hauteur d'une œuvre qui exigeait autant de vigueur et de résolution. Le vainqueur de l'Egypte se présenta à la France, qui demandait l'ordre et la tranquillité, et il reçut d'elle l'accueil le plus enthousiaste.

(1) Dont son article 56 abrogeait formellement les dispositions.

(2) Je citerai notamment M. Championnière, dont les remarquables travaux ont élucidé bien des points de notre ancien droit demeurés obscurs jusqu'à lui.

Quatrième période. — Consulat.

(18 brumaire an VIII.—An XII.)

Bonaparte était encore presque un enfant quand Paoli lui disait : « Tu es un homme de Plutarque, un homme des temps antiques : » *Tu sei uomo di Plutarco, un uomo dei tempi antichi.* » Quelques années s'étaient à peine écoulées depuis cette prédiction, et le jeune héros arrachant la France à l'anarchie lui rendait le repos que les empiriques de la révolution avaient été impuissants à lui donner.

La loi du 19 brumaire an VIII supprima le directoire pour établir un gouvernement nouveau. Le corps législatif créa provisoirement une commission consulaire exécutive, composée des citoyens Sieyès, Roger-Ducos, ex-directeur, et Bonaparte, général, qui prirent le nom de *consuls de la république*, avec investiture de la plénitude du pouvoir dictatorial, et mission d'organiser toutes les branches de l'administration, de rétablir la tranquillité intérieure, et de procurer à la France une paix honorable et solide.

Les conseils furent ajournés au 1er ventôse suivant; mais, avant de se séparer, chacun d'eux nomma dans son sein une commission de vingt-cinq membres chargés de statuer sur tous les objets urgents de police, de législation et de finances. — A la commission des Cinq-Cents appartenait l'initiative; à celle des Anciens, l'approbation ou le rejet de la proposition.

Les deux commissions devaient préparer, en suivant un ordre uniforme de travail, les changements à faire à celles des dispositions organiques de la constitution dont l'expérience avait signalé les inconvénients et les vices. — Ces changements ne pouvaient avoir pour but que la consolidation, la garantie et la consécration inviolable de la souveraineté du peuple français, de la république une et indivisible, du système représentatif, de la division des pouvoirs, de la liberté, de l'égalité, de la sûreté et de la propriété.

Enfin les deux commissions furent chargées de préparer un code civil.

Le pouvoir dictatorial était concentré en réalité dans les mains de Bonaparte ; ses deux collègues le secondaient, mais ne le dirigeaient pas ; il était déjà premier consul avant que l'art. 39 de la constitution du 22 frimaire an VIII lui eût conféré ce titre.

Son premier soin fut de proposer la paix à l'Angleterre et à l'Europe ; mais la politique du cabinet anglais ne put se résigner à ce sacrifice. Alors, à la tête de l'armée de réserve, Bonaparte franchit le mont St-Bernard le 25 prairial an VIII (14 juin 1800), et la victoire de Marengo salua l'avénement du premier consul, opéra la délivrance de l'Italie, et fut le signal de la paix continentale. Le 25 mars 1802, l'Angleterre elle-même humilia son orgueil en signant le traité d'Amiens. Bonaparte avait conquis par les armes la paix de l'Europe. « A » Amiens, dit-il (1), je croyais de très-bonne foi le sort de la » France, celui de l'Europe et le mien fixé ; la guerre finie, j'al» lais me donner uniquement à l'administration de la France, et » je crois que j'eusse enfanté des prodiges. »

Moins de deux années lui avaient suffi pour organiser l'autorité administrative et l'autorité judiciaire, et son attention s'était portée déjà sur la législation civile : une loi du 4 germinal an VIII fixa la quotité disponible dans la proportion du nombre d'enfants laissés par le défunt (2) ; les conditions de publicité du mariage furent réglées par une loi du 7 thermidor ; enfin un arrêté consulaire du 5 ventôse an X prescrivit la confection d'un tableau annuel comprenant les parties de la législation dont les vices ou l'insuffisance seraient reconnus. Ce tableau devait spécialement

(1) Mémorial, nov. 1817, t. II, p. 36.

(2) C'est la règle suivie par l'article 913 C. Nap.

exposer les moyens : 1° de prévenir les crimes, d'atteindre les coupables, de proportionner les peines et d'en rendre l'exemple plus utile;

2° De perfectionner les différents codes;

3° De réformer les abus qui se seraient glissés dans l'exercice de la justice, et d'établir dans les tribunaux la meilleure discipline, tant à l'égard des juges qu'à l'égard des officiers ministériels. Ces observations devaient être présentées tous les ans par une commission composée de douze membres du tribunal de cassation.

C'est de cette époque que date le commencement des travaux législatifs; les lois qui devaient composer l'ensemble du code civil furent successivement décrétées en l'an XI et en l'an XII, et leur réunion en un seul corps fut réalisée le 30 ventôse an XII.

Un mois après la chute du directoire, un projet de constitution était présenté aux suffrages du peuple. Des registres ouverts dans chaque commune servaient à constater l'acceptation ou le refus des citoyens. Pour faciliter le vote, ils furent déposés au secrétariat de toutes les administrations, aux greffes de tous les tribunaux, entre les mains des agents de la commune, des juges de paix et des notaires; chacun pouvait choisir entre ces divers dépôts.

La constitution fut acceptée par trois millions de suffrages, et la loi du 3 nivôse an VIII prescrivit les moyens de la mettre en activité. L'adoption du pacte fondamental était l'accomplissement d'un grand acte politique, et les consuls disaient dans leur proclamation : « Citoyens, la révolution est fixée aux principes qui » l'ont commencée; elle est finie ! » Vaines illusions auxquelles le temps se chargeait de donner de cruels démentis !

Une chose étonne dans les premiers actes du gouvernement nouveau; c'est le contraste entre les consuls et les directeurs.

A la faiblesse du directoire succède l'énergie du consulat; l'histoire nous faisait assister tout à l'heure à l'abaissement du pouvoir sous la pression des masses populaires; maintenant elle va nous montrer l'autorité reprenant l'attitude ferme et énergique qui imprime et commande le respect. Toute la politique du premier consul se résume dans sa proclamation du 4 nivôse an VIII à la nation, aux soldats et à l'armée d'Italie.

En s'adressant au peuple, il trace avec une vigueur remarquable le programme de son gouvernement : « Rendre la république chère aux citoyens, respectable aux étrangers, formidable aux ennemis, telles sont les obligations que nous avons contractées en acceptant la première magistrature.

» Elle sera chère aux citoyens, si les lois, si les actes de l'autorité sont toujours empreints de l'esprit d'ordre, de justice et de modération.

» Sans l'ordre, l'administration n'est qu'un chaos; point de finances, point de crédit public; et avec la fortune de l'État s'écroulent les fortunes particulières. Sans justice, il n'y a que des partis, des oppresseurs et des victimes.

» La modération imprime un caractère auguste aux gouvernements comme aux nations; elle est toujours la compagne de la force, et le garant de la durée des institutions sociales.

» La république sera imposante aux étrangers, si elle sait respecter dans leur indépendance le titre de sa propre indépendance, si ses engagements préparés par la sagesse, formés par la franchise, sont gardés par la fidélité... »

A l'armée, dont il est déjà l'idole, il rappelle le devoir de l'obéissance : « En promettant la paix au peuple français, dit-il, j'ai été votre organe; je connais votre valeur.

» Vous êtes les mêmes hommes qui conquirent la Hollande, le Rhin, l'Italie, et donnèrent la paix sous les murs de Vienne étonnée.....

» Il n'est aucun de vous qui n'ait fait plusieurs campagnes,

» qui ne sache que la qualité la plus essentielle d'un soldat est de » savoir supporter les privations avec constance; plusieurs an» nées d'une mauvaise administration ne peuvent être réparées » dans un jour...

» Soldats, lorsqu'il en sera temps, je serai au milieu de vous, » et l'*Europe se souviendra que vous êtes de la race des bra-* » *ves*. »

Quelle vigueur dans le blâme qu'il inflige aux corps de l'armée d'Italie que la faim a fait déserter : « Les premières qualités du » soldat sont la constance et la discipline ; la valeur n'est que la » seconde.

» Soldats, plusieurs corps ont quitté leurs positions ; ils ont » été sourds à la voix de leurs officiers ; la 17e légère est de ce » nombre.

» Sont-ils donc tous morts les braves de Castiglione, de Ri» voli, de Neumarck ! Ils eussent péri plutôt que de quitter leurs » drapeaux, et ils eussent ramené leurs jeunes camarades à » l'honneur et au devoir !

» Soldats, vos distributions ne vous sont pas régulièrement » faites, dites-vous? Qu'eussiez-vous fait, si, comme les 4e et » 22e légères, les 18e et 32e de ligne, vous vous fussiez trouvés » au milieu du désert, sans pain ni eau, mangeant du cheval et » des mulets? *La victoire nous donnera du pain, disaient-elles*. » Et vous..... vous quittez vos drapeaux !... »

Voilà les actes qui annonçaient le pouvoir nouveau, les idées qui présidaient à la reconstitution de l'ordre social. Il est temps d'examiner leur influence sur le mode d'organisation générale créé par le consulat.

ARTICLE PREMIER.

DROIT PUBLIC.

1. *Organisation politique*. — La constitution du 22 frimaire

an VIII, au lieu de fractionner le pouvoir comme ses aînées, concentre l'action gouvernementale dans la main d'un seul. La centralisation est la base de la constitution consulaire, du sénatus-consulte organique du 16 thermidor de l'an X, et des lois qui ont suivi.

Le pouvoir exécutif est confié à trois consuls, Bonaparte, Cambacérès et Lebrun, élus pour dix ans, indéfiniment rééligibles et investis de pouvoirs très-inégaux. Le premier promulgue les lois, nomme et révoque les ministres, les ambassadeurs, les membres du conseil d'État, les officiers et les commissaires du gouvernement près les tribunaux; tous les juges criminels et civils autres que les juges de paix et les juges de cassation sont aussi à sa nomination, mais sans qu'il puisse les révoquer.

Quant aux deux autres consuls, ils n'ont que voix consultative; ils signent le registre des actes officiels, afin de constater leur présence, et peuvent même y consigner leurs observations, mais la décision du premier consul reste toujours souveraine.

Sous la direction des consuls, le *conseil d'État* discutait, rédigeait les projets de loi et les règlements d'administration publique, et résolvait les difficultés en matière d'administration. C'était par l'organe d'orateurs pris dans son sein que le gouvernement consulaire exerçait l'initiative des lois, qui lui était exclusivement réservée. Ces orateurs ne pouvaient pas être plus de trois pour soutenir un même projet de loi.

Le conseil d'État se divisait en cinq sections: législation, intérieur, finances, guerre et marine. Chaque section élaborait les projets, qui étaient alors déposés pour être discutés à leur rang dans le sein de l'assemblée générale que convoquait et présidait le premier consul. La discussion amenait-elle des changements, ils étaient opérés par la section, qui en soumettait la rédaction à l'assemblée. Le projet, ainsi corrigé, était porté au premier consul, qui pouvait le changer, le modifier, ou même ne pas le présenter. Dans le cas où il était soumis au corps législatif, un des trois membres chargés de le présenter en exposait les motifs ; après quoi le corps législatif, sans prendre de décision pour ou contre le projet, le communiquait *officiellement* au tribunat.

Le *tribunat* était une assemblée composée de cent membres âgés de vingt-cinq ans au moins, renouvelés par cinquième tous les ans et indéfiniment rééligibles. — Appelé à discuter les projets de loi présentés au corps législatif, il nommait, dans les premiers temps, une commission spéciale pour lui faire un rapport ; mais un arrêté du 11 germinal de l'an X, confirmé par le sénatus-consulte du 16 thermidor, l'ayant divisé en trois sections, une pour la législation, une autre pour l'intérieur et une troisième pour les finances, chacune s'occupait de ce qui rentrait dans le cercle de ses attributions. Après le rapport, la discussion s'ouvrait en assemblée générale, mais sans qu'aucun amendement ne pût être apporté au projet ; le tribunat n'émettait qu'un vœu de rejet ou d'adoption, qui était porté au corps législatif par trois de ses membres avec mission de l'exposer et de le soutenir.

Le *corps législatif* votait sur la loi sans la discuter ; aussi a-t-on dit du tribunat qu'il pérorait sans conclure, et du corps législatif qu'il concluait sans pérorer (1). Composé de trois cents membres âgés de trente ans au moins, il se renouvelait par cinquième chaque année. — Après avoir contradictoirement entendu les trois orateurs du conseil d'État et ceux du tribunat, le corps législatif adoptait ou rejetait en entier le projet par la voie du scrutin secret, sans pouvoir lui faire subir d'amendement. Le gouvernement était libre, en tout état de discussion, de retirer un projet et le reproduire avec des modifications.

Une loi, quoique décrétée par le corps législatif, n'était point

(1) Chaque membre déposant son vote sur le projet de loi sans observations, le corps législatif fut appelé la chambre des muets. L'esprit français saisit avec une merveilleuse facilité le côté plaisant des plus sérieuses questions.

encore parfaite. Le tribunat pouvait, dans les dix jours qui suivaient le décret d'adoption, la déférer au sénat conservateur, et en provoquer la nullité dans les cas où elle violait la constitution. Si le tribunat n'usait pas de ce droit, ou si le sénat maintenait le décret attaqué, la loi était complète, et il ne restait plus qu'à la promulguer. — Ce soin regardait le premier consul après l'expiration du délai légal.

Le *sénat* avait deux missions principales à remplir : 1° élire sur les listes nationales qui lui étaient adressées par les départements les membres du corps législatif et du tribunat, les consuls, les juges du tribunal de cassation et les commissaires à la comptabilité; 2° veiller au maintien de la constitution en annulant les actes inconstitutionnels qui lui étaient déférés par le tribunat. — Après que le sénatus-consulte du 14 thermidor an X eut proclamé Napoléon Bonaparte premier consul à vie, un autre sénatus-consulte du surlendemain, organique de la constitution, distingua entre la législation politique et la législation civile. La première fut dévolue au sénat, et la seconde resta dans les attributions du corps législatif. — Ainsi c'était le sénat qui réglait l'administration des colonies, et veillait à la marche de la constitution, en expliquait les articles lorsqu'ils prêtaient à différentes interprétations. Chaque sénateur avait encore le droit de dénoncer au sénat tous les actes inconstitutionnels émanant du gouvernement ou du corps législatif; mais, une fois le délai expiré sans réclamation, l'acte avait force exécutoire (1).

Le nombre des sénateurs était limité à quatre-vingts; ils étaient inamovibles, âgés de quarante ans au moins. La nomination de ses membres appartenait au corps lui-même, qui choisissait entre trois candidats présentés, le premier par le corps législatif, le second par le tribunat, le troisième par le premier

(1) Les sénatus-consultes organiques sont au nombre de trois. Le premier décréta le consulat à vie; le second déféra l'empire à Napoléon Ier, en 1804; le troisième prononça la suppression du tribunat, en 1807.

consul. Quand les trois autorités portaient le même candidat, le sénat n'avait plus de choix à faire et l'admission devenait forcée.

Un *conseil privé* rédigeait les projets des sénatus-consultes organiques. Le conseil d'Etat conserva ses attributions de conseil législatif et administratif, mais le conseil privé lui enleva son rôle politique; le premier consul, que la constitution obligeait à soumettre au tribunat et au corps législatif les traités de paix et d'alliance, n'eut plus besoin que de l'avis du conseil privé pour leur ratification.

Le gouvernement, qui venait de reconstituer l'autorité, voulut entourer ses fonctionnaires du respect des populations et les garantir contre d'injustes attaques. L'article 75 de la constitution de l'an VIII, placé sous le titre VI, intitulé *de la responsabilité des fonctionnaires publics*, consacra le principe, encore aujourd'hui en vigueur, que les agents du gouvernement autres que les ministres ne pouvaient être poursuivis pour des faits relatifs à leurs fonctions qu'en vertu d'une décision du conseil d'État; ce préalable rempli, la poursuite avait lieu devant les tribunaux ordinaires.

II. *Organisation administrative.* — La division administrative opérée par la constituante fut maintenue le 28 pluviôse an VIII par le corps législatif, qui partagea le territoire en départements, arrondissements et municipalités. Le canton devint le siége de la justice de paix, sans former une circonscription administrative. Des préfets, sous-préfets et maires nommés par le premier consul correspondirent aux départements, arrondissements et municipalités; chacun de ces fonctionnaires avait à côté de lui un conseil délibérant sous le nom de conseil général de département, de conseil d'arrondissement et de conseil municipal, et dont les membres étaient nommés, pour les deux premiers par le premier consul, pour le troisième par le préfet.

Les différentes administrations furent constituées; un arrêté du troisième jour complémentaire de l'an IX créa pour l'enregistrement un directeur général et un conseil de huit administrateurs présidé par le directeur. — Le 29 fructidor précédent, l'administration supérieure des douanes avait été confiée à un directeur général et quatre administrateurs. — L'administration forestière fut aussi soumise à une hiérarchie qui des administrateurs résidant à Paris descendait jusqu'aux gardes particuliers.

L'instruction publique reçut son organisation par la loi du 11 floréal an X; il y eut des écoles primaires, des écoles secondaires et des lycées.

Dans l'intérêt du crédit public, la banque de France fut investie d'un caractère officiel et obtint le privilége exclusif d'émettre des billets de banque.

Enfin, dans le but de récompenser les hauts faits militaires et les services éminents rendus à l'État, et d'entretenir une louable émulation, Bonaparte institua la Légion-d'Honneur.

III. *Organisation judiciaire.* — La constitution de l'an VIII créa un ordre de choses qui, pour les tribunaux, est à peu près resté le même jusqu'à nos jours. — Chaque arrondissement eut son tribunal civil et correctionnel; les tribunaux de département ne subsistèrent plus que pour la justice criminelle, et leur institution fut combinée avec celle du jury d'accusation et du jury de jugement.

Au-dessus des tribunaux de première instance, on institua les tribunaux d'appel, dont le ressort embrassa plusieurs départements.

Le tribunal de cassation planait sur toutes les juridictions, soit ordinaires, soit exceptionnelles, afin de maintenir dans la jurisprudence l'uniformité qui existait dans la loi.

Bonaparte, rejetant le principe d'élection que la constitution de l'an III avait consacré pour la magistrature, se réserva la nomination des juges, quoique pendant quelque temps encore les juges de paix fussent élus par les citoyens, et les membres du tribunal de cassation par le sénat.

La loi du 27 ventôse an VIII organisa l'institution des avoués, ces représentants obligés des parties devant les juridictions ordinaires ; mais leurs charges n'étaient point encore déclarées vénales.

Le notariat fut entièrement reconstitué par la loi du 25 ventôse an XI, qui depuis son émission n'a pas cessé de former le code des notaires.

IV. *Organisation du clergé.* — Le concordat de l'an X et la loi organique des cultes, en date du 18 germinal, complétée par plusieurs arrêtés du premier consul, détermina les rapports du pouvoir temporel et du pouvoir spirituel. La déclaration de 1682 en forma le point de départ ; mais le mode d'élection des évêques, tel que l'avait déterminé la pragmatique sanction de 1438, fut repoussé, et la nomination de ces dignitaires de l'Église fut réservée au chef du gouvernement, et l'institution au pape.

Le concordat proclama l'indépendance des cultes, se bornant à constater que la religion catholique était professée par la majorité des Français. Liberté de conscience, telle fut la base de la législation religieuse ; protection, tel fut le rôle assigné à l'autorité politique en cette matière.

Le gouvernement présentait cette nouvelle législation comme le gage d'une réconciliation générale : « Ministres d'une religion de » paix, disait une proclamation des consuls, que l'oubli le plus » profond couvre vos dissensions, vos malheurs et vos fautes ; que » cette religion, qui vous unit, vous attache tous par les mêmes » nœuds, par des nœuds indissolubles aux intérêts de la » patrie !... »

Pendant cette période, quelques lois furent aussi rendues sur des points de droit civil. La plus remarquable de toutes est celle du 27 germinal an X, qui, plus généreuse que la constitution, amnistia tous les émigrés et leur rendit la participation des droits civils et politiques. Grande et généreuse idée, digne du premier consul !

La révolution semblait finie ; l'ordre politique tendait à se consolider chaque jour; les loisirs de la paix permirent de s'occuper de la législation civile et de préparer, dans le calme et la méditation, les lois que le programme du premier consul avait promis d'établir « sur les bases immuables de la liberté, de l'égalité des » droits et du respect de la propriété. »

ARTICLE II.

CODIFICATION.

La pensée d'uniformité dans la législation qui, depuis l'ordonnance de Montil-lès-Tours, avait préoccupé la couronne, les états généraux et les jurisconsultes, ne pouvait manquer de se développer sous des gouvernements qui visaient à la centralisation et à l'unité.

Les grandes ordonnances des XVIIe et XVIIIe siècles et les travaux des jurisconsultes étaient autant de matériaux pour la rédaction officielle des codes, et les esprits s'étaient familiarisés avec ces principes d'uniformité que d'Aguesseau n'avait point osé appliquer d'une manière absolue. Aussi, en 1791, la constituante avait-elle promis un code civil commun à toute la France.—Quinze jours après son installation, le 16 octobre de la même année, l'assemblée législative, dans une adresse à tous les citoyens et même aux étrangers, les engagea à lui communiquer leurs vues sur la formation du nouveau code. Mais aucun travail ne fut commencé, et la législative légua, à son tour, à l'assemblée qui devait lui succéder, le soin d'accomplir la promesse faite par la constitution de 91.

La convention comprit aussi dans son acte constitutionnel un article portant que le *code des lois civiles et criminelles serait uniforme pour toute la république;* et dès le lendemain elle enjoignit à son comité de législation de lui présenter, *sous un mois*, un projet de code civil. Le 22 août suivant, Cambacérès donna lecture d'un projet dont la discussion fut entamée immédiatement.

Mais, le 28 octobre, la convention, craignant de trop précipiter l'exécution de son idée, donna l'ordre d'imprimer le travail de Cambacérès, sauf quelques changements signalés, et désigna une commission de six membres pour le reviser; on lui reprochait une trop grande complication et un défaut d'harmonie avec les idées philosophiques du jour.

Après un temps d'arrêt assez long, les départements rappelèrent à la convention les promesses qu'elle avait faites. Mais Cambacérès avait déjà notablement modifié ses idées premières; le despotisme des théories révolutionnaires avait fait son temps, et des idées plus saines trouvaient accès dans les esprits. Un projet de l'an II ne fut pas discuté, parce qu'il péchait par trop de concision; c'était plutôt une table de matières qu'un code de lois civiles. Un autre projet subit le même sort.

Cependant, la convention ayant été remplacée par le directoire, une commission fut nommée, dans le conseil des Cinq-Cents, pour s'occuper du travail de codification, et dans la séance du 24 prairial an VII elle annonça que le projet était terminé; mais elle demandait qu'il s'écoulât un temps considérable entre la distribution et la discussion. — Cette discussion venait de s'entamer lorsque le 18 brumaire an VIII changea encore une fois la forme du gouvernement.

Il est heureux que le temps ait manqué pour voter l'un de ces projets; l'esprit de destruction et de haine contre le passé eût présidé à sa rédaction; et quoiqu'en 1795 Cambacérès eût pompeusement affirmé « que l'édifice de la législation (celle qu'il pré- » sentait) n'était point bâti sur les sables mouvants des systèmes, » qu'il s'élèverait sur la terre ferme des lois de la nature et sur » le sol vierge de la république, » les esprits n'étaient pas assez calmes pour formuler une bonne législation.

« Toute révolution est une conquête, a dit Portalis; fait-on » des lois dans le passage de l'ancien gouvernement au nouveau?

» par la force des choses, les lois sont nécessairement hostiles,
» partiales; on est entraîné par le besoin de rompre toutes les
» habitudes, d'affaiblir tous les liens, d'écarter tous les mécon-
» tents; on ne s'occupe plus des relations privées, des hommes
» entre eux; on ne voit plus que l'objet politique et général; on
» cherche des confédérés plutôt que des concitoyens: tout devient
» droit public. — A chaque instant, les changements naissent
» des changements, les circonstances des circonstances; les insti-
» tutions se succèdent avec rapidité. — Ce n'est pas dans un tel
» moment qu'on se permet de régler les choses et les hommes
» avec cette sagesse qui préside aux établissements durables, et
» d'après les principes de cette équité naturelle dont les législa-
» tions humaines ne doivent être que les respectueux interprètes. »

Mais lorsque les consuls purent dire à la France: *La révolution est finie!* les grands travaux législatifs commencèrent pour s'achever avec une rapidité prodigieuse. La grande œuvre de l'unité fut poursuivie dans toutes les parties de la législation, et six ans suffirent pour donner à la France un corps complet de législation, patient résumé de la science de nos vieux jurisconsultes et de l'expérience du passé. L'histoire juridique ne s'arrête donc qu'à la publication de tous les codes, et c'est ce qui me détermine à en faire l'historique, dépassant ainsi les limites que je m'étais tracées. Les monuments qui ont paru après le code Napoléon ne sont que le complément de l'œuvre principale; c'est un ensemble qui ne doit pas être scindé.

§ Ier.—*Code Napoléon.*

Après le 18 brumaire, des projets de loi concernant différentes matières de droit civil, et à la rédaction desquels avait présidé l'influence de Tronchet, Favard et Grenier, furent présentés aux commissions législatives par l'organe de Jacquemínot. Les commissaires avaient dû comparer l'ordre suivi dans les différents projets publiés jusque-là, déterminer le plan qui semblerait le plus convenable et poser les principales bases de la législation civile; mais le temps manqua à la commission exécutive consulaire pour s'occuper de ce travail.

C'est au consulat qu'appartient l'honneur d'avoir doté la France d'un code civil. A peine arrivé au pouvoir, Napoléon songea à reprendre l'œuvre toujours commencée et toujours inachevée de ses devanciers. Un arrêté du 24 thermidor an VIII (12 août 1800) institua une commission composée de MM. Portalis, commissaire au tribunal des prises, Bigot de Préameneu, Tronchet, président, et Malleville, membre du tribunal de cassation, ce dernier remplissant les fonctions de secrétaire. Les projets de Cambacérès furent consultés par la nouvelle commission, mais elle ne leur emprunta rien; car, si le plan se recommandait par une grande simplicité, l'ensemble de l'œuvre se ressentait trop des principes de 93 et de l'an II, dont elle était l'expression trop fidèle.

Le projet enfanté par ces hommes supérieurs fut digne de leurs talents; respectueux sans superstition pour les institutions de l'ancienne monarchie, amis des réformes sans enivrement pour l'esprit d'innovation, ils fondaient sur le passé et sur le présent un monument durable pour l'avenir.

Le premier consul, voulant s'éclairer des lumières du pays, soumit le travail de la commission à l'examen du tribunal de cassation et des tribunaux d'appel, qui envoyèrent leurs observations critiques. Imprimées par ordre du gouvernement, elles n'ont pas été sans influence dans la discussion. — La magistrature approuvait surtout cette transaction établie entre le droit écrit et le droit coutumier; le tribunal de Montpellier combattit seul le plan d'ensemble; les observations des autres ne portèrent que sur des points de détail. « Les remarques de quelques tribunaux, disait le » ministre de la justice, auraient honoré les plus beaux jours de » la magistrature. » Le tribunal de cassation se distingua entre tous les autres, et la profondeur de ses observations rappela plus d'une fois la science des anciens parlementaires.

Les matériaux étant prêts, on se mit à l'œuvre. Chacune des lois destinées à former l'un des titres du code civil devait être discutée et décrétée séparément.

La discussion s'ouvrit au moment où le tribunat combattait par une opposition systématique les idées du premier consul; l'examen du code servit de prétexte aux attaques les plus acerbes. On lui reprochait de n'être qu'une traduction servile du droit romain et coutumier, qu'une plate compilation dépourvue d'originalité, fastueusement décorée du nom de code civil de la France.

« M. Portalis et les hommes de sens qui étaient ses collabo-
» rateurs répondaient qu'en fait de législation, il ne s'agissait
» pas d'être original, mais clair; qu'on n'avait pas une société
» nouvelle à constituer, comme Lycurgue ou Moïse, mais une
» vieille société à réformer en quelques points, à restaurer en
» beaucoup d'autres; que le droit français se faisait depuis dix
» siècles; qu'il était tout à la fois le produit de la science romaine,
» de la féodalité, de la monarchie et de l'esprit moderne, agis-
» sant ensemble pendant une longue durée de temps sur les
» mœurs françaises; que le droit civil de la France, résultant de
» ces causes diverses, devait être assorti aujourd'hui à une so-
» ciété qui avait cessé d'être aristocratique pour devenir démo-
» cratique; qu'il fallait, par exemple, remanier les lois sur le
» mariage, sur la puissance paternelle, sur les successions, pour
» les dépouiller de tout ce qui répugnait au temps présent; qu'il
» fallait purger les lois de toute servitude féodale, rédiger cet en-
» semble de prescriptions dans un langage net, précis qui ne
» donnât plus lieu aux ambiguïtés, aux contestations inter-
» minables, et mettre le tout dans un bel ordre; que c'était là
» le seul monument à élever, et que si, contrairement à la volonté
» de ses auteurs, il arrivait qu'il surprît par sa structure, qu'il
» plût à quelques lettrés par des vues nouvelles et originales, au
» lieu d'obtenir la froide et silencieuse estime des jurisconsultes,

» il manquerait son but véritable, dût-il plaire à quelques esprits
» plus singuliers que sensés (1). »

La discussion prit un tel caractère d'acrimonie, qu'il fallut introduire une modification importante dans les rapports du tribunat avec le gouvernement. Dans le principe, le tribunat ne connaissait le projet qu'après que la communication *officielle* en avait été ordonnée par le corps législatif; et comme aucun amendement ne pouvait être fait à la loi dans le cours de la discussion, le gouvernement en était réduit à cette alternative, ou de ne pas tenir compte des objections faites contre le projet et de succomber dans la lutte, ou de retirer ce projet de la discussion, alternative également fâcheuse pour la dignité du pouvoir.—L'opposition politique partait du tribunat, composé d'hommes profondément imbus des théories républicaines, et déterminés à susciter des obstacles journaliers au gouvernement. Les derniers républicains qui s'agitaient dans cette assemblée, selon l'expression de M. Lerminier, allaient faire rejeter le troisième titre du code civil après une discussion orageuse, lorsque l'autorité du premier consul intervint par un message ainsi conçu : « Législateurs, le gouvernement a arrêté
» de retirer les projets de loi du code civil. C'est avec peine qu'il
» se trouve obligé de remettre à une autre époque les lois atten-
» dues avec intérêt par la nation; mais il s'est convaincu que le
» temps n'est pas venu où l'on portera dans ces grandes discus-
» sions le *calme et l'unité d'intention* qu'elles demandent. »

Le tribunat ordonna l'insertion du message au procès-verbal, et la discussion du code civil fut suspendue. « C'était mettre le
» tribunat à la diète, » suivant l'expression de Portalis.

Mais, dans son désir de hâter la rédaction du code, Bonaparte trancha la difficulté par un coup d'État; un arrêté du 10 germinal an X élimina du tribunat les membres de l'opposition, divisa ce corps en trois sections permanentes de législation, d'intérieur et des finances, enfin établit des conférences *officieuses et confiden-*

(1) M. Thiers, Hist. du consulat, t. 3, p. 343.

tielles entre le tribunat et le conseil d'État par l'intermédiaire de délégués nommés par le tribunat et le gouvernement. Avec ces précautions, la discussion publique n'était plus une épreuve redoutable. C'est sous l'empire de l'arrêté de germinal qu'ont été discutées les lois composant le code civil.

On sait qu'avant d'être présenté au corps législatif, tout projet de loi devait être discuté au conseil d'État; en conséquence, le projet de la commission et les observations des tribunaux furent envoyés par le gouvernement à la section de législation du conseil. — Le projet arrêté par la section devait être communiqué *officieusement* au tribunat qui en délibérait, et dont les observations étaient consignées dans un procès-verbal ainsi que les amendements qu'il croyait devoir proposer. Ce procès-verbal était transmis au conseil d'État, et la section de législation pesait les observations et les amendements proposés. En cas d'adoption, elle en faisait rapport à l'assemblée générale; en cas de refus, il s'engageait alors entre elle et la commission du tribunat une conférence dans laquelle on essayait de se mettre d'accord.

Dans l'un comme dans l'autre cas, le conseil d'État, en assemblée générale, après avoir examiné, sous la présidence d'un des consuls, les observations respectives de la section de législation et du tribunat, adoptait ensuite une rédaction définitive.

Le projet ainsi élaboré était porté au corps législatif par trois conseillers d'État chargés d'en exposer les motifs au nom du gouvernement. L'assemblée, après avoir donné acte de la présentation du projet, le communiquait *officiellement* au tribunat; ensuite de quoi ce projet revenait au corps législatif, devant lequel une discussion s'ouvrait entre les orateurs du conseil d'État et ceux du tribunat, et ce n'était qu'après les avoir entendus contradictoirement, mais sans prendre aucune part à la discussion, que le corps législatif votait l'adoption ou le rejet.

Les discussions du code civil mirent en présence trois hommes en qui se personnifiaient trois systèmes juridiques dont la combinaison a formé la législation nouvelle : Tronchet, adepte fervent de l'école coutumière; Portalis, zélé défenseur du droit romain, qu'il tempérait par la philosophie du christianisme, et Bonaparte, aussi profond législateur que grand capitaine, doué d'une merveilleuse perspicacité, maîtrisant les difficultés les plus ardues du droit, pénétrant au fond des choses, et conciliant les systèmes opposés en leur faisant subir dans une sage mesure l'influence des idées nouvelles.

Les travaux préparatoires du code ont conservé, même au point de vue purement pratique, un incontestable intérêt, parce qu'ils fournissent des éléments de décision au jurisconsulte. Ainsi, c'est souvent la lecture des observations des tribunaux qui permet de saisir le sens des corrections faites au projet, ou de se pénétrer de la raison qui a déterminé son maintien. — Les procès-verbaux du conseil d'État contiennent le véritable esprit du code civil, et sans eux il serait parfois difficile de se rendre un compte bien exact de la pensée de la loi. Les discussions étaient approfondies, lumineuses, parfois dramatiques ; les considérations développées par Bonaparte décidèrent souvent les questions les plus embarrassantes : c'est à lui, par exemple, qu'on doit l'article qui défend aux créanciers de la femme d'intenter, sans son consentement, une action en séparation de biens (1); c'est encore lui qui expliqua la portée de l'obligation imposée à la femme de suivre son mari, en insistant sur ces mots, qui répondaient à une objection qui venait d'être faite : *partout où le mari juge à propos de résider...* et ajoutant : *même en pays étranger* (2). — Plût à Dieu que le conseil d'État ne fût pas demeuré insensible aux raisons de haute moralité que le premier consul développa avec sa nerveuse concision sur la question de dissolution du mariage par

(1) Art. 1446 C. Nap.
(2) Art. 214 C. Nap.

la mort civile! « Il serait donc défendu, s'écriait-il, à une
» femme profondément convaincue de l'innocence de son mari,
» de suivre dans la déportation l'homme auquel elle est le
» plus étroitement unie, ou, si elle cédait à sa conviction,
» à son devoir, elle ne serait plus qu'une concubine! Pourquoi
» ôter à ces infortunés le droit de vivre l'un près de l'autre sous
» le titre honorable d'époux légitimes?... La société est assez
» vengée par la condamnation, lorsque le coupable est privé
» de ses biens, lorsqu'il se trouve séparé de ses amis et de
» ses habitudes. Faut-il étendre la peine jusqu'à la femme,
» et l'arracher avec violence à une union qui identifie son
» existence avec celle de son époux? Elle vous dirait : Mieux
» valait lui ôter la vie; du moins me serait-il permis de chérir
» sa mémoire; mais vous ordonnez qu'il vive, et vous ne voulez
» pas que je le console! Et combien d'hommes ne sont coupables
» qu'à cause de la faiblesse de leurs femmes! Qu'il soit permis
» à celles qui ont causé leurs malheurs de les adoucir en les par-
» tageant! Si une femme satisfait à ce devoir, vous estimerez sa
» vertu, et cependant vous ne mettez aucune différence entre elle
» et l'être infâme qui se prostitue. »

Des considérations développées avec une éloquence aussi entraînante auraient dû assurer le triomphe de l'opinion du premier consul : elle fut malheureusement rejetée. Espérons que quelque jour une législature française, non moins enthousiaste que le conseil d'Etat prussien (1), effacera la mort civile de nos codes sur la simple lecture du discours de Bonaparte! L'avenir réserve, n'en doutons pas, un succès à sa noble pensée.

« Le premier consul, a dit M. Thiers (2), assistant à chacune
» de ces séances (du conseil d'État), avait déployé en les prési-
» dant une méthode, une clarté, souvent une profondeur de vues

(1) M. de Savigny, voulant faire écarter du code prussien la mort civile, se contenta de lire le discours du premier consul.

(2) Histoire du consulat et de l'empire, t. 3, liv. 13, p. 299.

» qui étaient pour tout le monde un sujet de surprise... » Pour se préparer à la discussion, il avait emprunté à Cambacérès quelques livres de droit qu'il dévorait avec avidité; aussi, avec sa profonde connaissance du cœur humain, fut-il l'âme des séances du conseil d'État. « Quand la discussion, comme il arrivait souvent, ajoute » M. Thiers, avait été longue, diffuse, obstinée, le premier » consul savait la résumer, la trancher d'un mot, et, de plus, » il obligeait tout le monde à travailler en travaillant lui-même des » journées entières... Le public en était saisi, et s'habituait à le » considérer comme l'unique auteur de ce qui se faisait de bon » et de grand en France. Il prenait même une sorte de plaisir à » voir législateur celui qu'il avait vu général, diplomate, admi- » nistrateur, et constamment supérieur dans ces rôles si divers. »

Vinrent ensuite les exposés des motifs et les rapports du tribunat, qui révèlent le talent de Portalis, Treilhard, Jaubert, Duveyrier, etc. Ce sont ces discussions pleines de science, mais déparées quelquefois par un brillant trop affecté, qui ont popularisé le code civil. Tous ces travaux révèlent la pensée de l'école spiritualiste. Lisez le discours sur le titre préliminaire; ce chef-d'œuvre de Portalis respire la philosophie la plus élevée. « Le » droit, dit-il, est la raison universelle, la suprême raison fondée » sur la nature même des choses. Les lois sont ou ne doivent être » que le droit réduit en règles positives, en préceptes particuliers.

» Le droit est moralement obligatoire...

» La raison, en tant qu'elle gouverne indéfiniment tous les » hommes, s'appelle *droit naturel*, et elle est appelée *droit des* » *gens* dans les rapports de peuple à peuple. — Si l'on parle d'un » droit des gens positif, c'est pour distinguer les principes éter- » nels de justice, que les peuples n'ont point faits, et auxquels » les divers corps de nations sont soumis comme les moindres » individus, d'avec les capitulations, les traités et les coutumes, » qui sont l'ouvrage des peuples... »

Voilà les doctrines de philosophie chrétienne qui inspiraient le législateur.

La dernière des lois composant le code civil fut décrétée le 29 ventôse an XII (20 mars 1804), et le lendemain les trente-six lois séparément publiées furent réunies en un seul corps sous le titre de code civil des Français et sous une seule série de numéros. Mais cette réunion n'empêcha pas que chacune de ces lois n'eût son exécution du jour qu'elle dut l'avoir en vertu de sa promulgation particulière (1).

L'article 7 de la loi du 30 ventôse décida qu'à compter du jour où ces lois étaient exécutoires, les lois romaines, les ordonnances, les coutumes générales ou locales, les statuts, les règlements cesseraient d'avoir force de loi générale ou particulière dans les matières qui étaient l'objet desdites lois composant le code.

Les différents titres n'ont point été placés dans l'ordre de dates de leur publication ; c'est l'ordre des matières qui a déterminé leur classement. Plusieurs ont été mis dans le second livre, bien que décrétés et promulgués postérieurement à d'autres titres qui figurent dans le troisième : par exemple, le titre premier du troisième livre a été décrété le 4 pluviôse an XI, et le titre premier du second livre ne l'a été que le 4 pluviôse an XII. Il y a plus ; l'art. 530, quoique décrété seulement le 30 ventôse an XII, a été inséré dans un titre promulgué quelques mois avant (2). De même les art. 152, 153, 154, 156 et 157, promulgués seulement le 13 ventôse an XII, sont intercalés dans un titre dont la promulgation remonte au 26 ventôse an XI (3). — C'est par une raison de date qu'on explique le double emploi de l'article 1064 avec l'article 524 C. Nap. ; quand le législateur décrétait les substitu-

(1) Art. 6 de la loi du 30 ventôse an XII.

(2) *V.* article 3 de la loi dudit jour 30 ventôse.

(3) Article 2 de la loi du 30 ventôse.

tions, le titre *de la distinction des biens* n'était pas encore fait (1).

Le code se divise en trois livres précédés d'un titre préliminaire (2) qui n'est pas spécial aux matières civiles, mais qui domine toutes les branches de la législation. « Les maximes qui sont » l'objet du projet que je présente, disait M. Portalis au sujet de » ce titre, n'appartiennent à aucun code en particulier; ce sont » des prolégomènes que l'on peut mettre en tête de tous les » codes... » Aussi le code néerlandais, publié en 1838, et dont notre code civil est la base, a-t-il rejeté ces prolégomènes dans une loi spéciale et distincte.

Après avoir posé au frontispice de son œuvre les règles sur la publication des lois, leurs effets et leur application, le législateur s'occupe *des personnes* dans le premier livre. Le second est relatif *aux biens et aux différentes modifications de la propriété.* —Le troisième traite *des différentes manières d'acquérir la propriété,* et comprend, en outre, en tête du premier titre, sept articles sous la rubrique *Dispositions générales.*

Les titres sont divisés en chapitres, les chapitres en sections, et, dans certains cas, les sections en paragraphes; mais une série d'articles (1-2281) les relie les uns aux autres, en sorte qu'on peut renvoyer à telle ou telle disposition du code en se bornant à citer l'article dont elle fait l'objet.

Des remaniements dans la rédaction ont été nécessités par

(1) C'est encore cette différence dans les dates qui sert à expliquer l'antinomie existante entre l'article 524, qui déclare *immeubles* les bestiaux et ustensiles placés par le propriétaire sur un domaine pour son exploitation, et les articles 1062 et 1064, de la combinaison desquels il résulte que ces mêmes objets appartiennent à la classe des *biens meubles.*

Lorsque le titre des donations, auquel appartiennent les art. 1062 et 1064, a été promulgué, on était encore sous l'empire des anciens principes qui réputaient *meubles* les bestiaux et ustensiles servant à l'exploitation des terres, d'après la maxime *Instrumentum fundi non est pars fundi;* et ce point de fait n'a été changé que par l'article 524, dont la rédaction est *postérieure* à celle des articles 1062-1064.

(2) M. Dupin l'a appelé la loi des lois.

nos révolutions politiques (1), parce que certaines expressions du code n'étaient plus en rapport avec la forme du gouvernement établi.

Depuis la promulgation du code, des lois particulières ont abrogé quelques-uns de ses articles, ou en ont introduit de nouveaux sans que le caractère primitif du code ait été détruit ou même sensiblement altéré. — L'ensemble est resté le même ; certains détails seuls ont été changés.

Le premier consul, parvenu à l'empire, désira donner son nom à ce code, qu'il considérait comme le plus solide monument de sa gloire, et un décret du corps législatif, du 5 septembre 1807, substitua au titre de *code civil des Français* celui de code Napoléon, que la Restauration lui enleva, et qui lui a été récemment rendu (2).

(1) Ces remaniements n'ont pas toujours été heureux, et l'on n'y retrouve pas toujours la pensée primitive de la loi : ainsi la rédaction de l'article 539, tel qu'il fut décrété le 25 janvier 1804, portait que « tous » les biens vacants et sans maîtres..... appartenaient *à la nation.* » Cette dernière expression, qui n'était plus en rapport avec la constitution de 1807, fut supprimée ; mais, au lieu de la remplacer par celle d'*État*, qui présentait seule une synonymie véritable, on lui substitua les mots impropres de *domaine public*. Il est certain, et c'est un point aujourd'hui reconnu, que les choses énumérées dans l'art. 539 n'appartiennent pas au *domaine public*, mais bien au domaine de l'*État*. Or il y a une grande différence entre ces deux domaines.—*V.* M. Foucart, *Éléments de droit administratif*, t. 2, n° 703.

Sous la restauration, une ordonnance du 17 juillet 1816 a aussi fait subir au code civil une révision analogue à celle qui avait été opérée sous l'empire par la loi du 3 septembre 1807. Cette nouvelle rédaction n'est pas non plus exempte d'inexactitude.—Depuis 1810, les tribunaux supérieurs avaient échangé leur nom de *tribunaux d'appel* contre celui de *cours* emprunté aux traditions parlementaires, et de même leurs décisions, comprises auparavant sous la qualification générale de *jugements*, avaient pris le nom d'*arrêts ;* cependant l'article 359 C. N. parle encore d'un *jugement de la cour royale*, et l'article 358 donne à la *cour* la qualification de *tribunal*.

(2) Le décret des 27-30 mars 1853 est ainsi conçu : « Considérant » que c'est à la puissante volonté de l'empereur Napoléon qu'est due la

Les principaux textes abrogés sont : le troisième paragraphe de l'article 17, les articles 726 et 912 ; le divorce a été aboli le le 8 mai 1816.

Plusieurs dispositions ont été ajoutées au texte primitif ; je citerai le troisième paragraphe de l'article 896 (1) ; la loi du 7 avril 1852, devenue l'article 164, qui permet le mariage entre beau-frère et belle-sœur avec dispense ; celle du 10 juillet 1850, dont les dispositions sont une addition aux articles 75, 76, 1591 et 1594, et qui donne aux tiers le moyen de s'assurer du régime matrimonial sous lequel sont mariés leurs débiteurs ; celle du 6 décembre 1850, ajoutée à l'art. 313, et qui rend plus facile l'exercice de l'action en désaveu de paternité, dans le cas de séparation de corps.

D'autres lois ont abrogé ou modifié certains articles du code sans être incorporées dans son texte ; telles sont : les lois du 17 mai 1826, sur les substitutions (2) ; du 21 février 1827, qui dispense le trésor de donner caution dans le cas prévu par l'article 2185 C. Nap. ; du 21 mars 1832, sur les vices rédhibitoires ; celles des 17 avril 1832 et 13 décembre 1838, qui adoucissent les règles sur la contrainte par corps ; les lois des 22-25 mars 1849 et 7-12 février 1851, qui étendent l'art. 9 du code. Deux décrets, l'un du 28 février 1852, l'autre du 27 mai 1853, ont organisé la société du crédit foncier dans le but de rendre les emprunts plus faciles à la propriété sans la grever de trop lourdes charges.

» confection du code civil par lui promulgué ; — que c'est lui qui avait
» choisi les hommes éminents par lesquels a été préparée et achevée cette
» œuvre immortelle ; — que c'est sous sa présidence au conseil d'État, et
» sous les inspirations de son génie qu'ont été résolues les plus graves ques-
» tions de notre droit civil ; — que la reconnaissance publique avait dé-
» coré ce code du titre de code Napoléon ; — qu'en rétablissant cette
» dénomination on ne fait que rendre hommage à la vérité historique
» autant qu'au sentiment national, décrète :

» Art. 1er. Le code civil reprendra la dénomination de code Napoléon. »

(1) Abrogé par la loi du 12 mai 1835. — La loi du 7 mai 1849 a été plus rigoureuse encore.

(2) La loi du 7 mai 1849 a fait revivre les règles du code Napoléon.

Espérons que cette idée, émise dès le dernier siècle (1), recevra son exécution sur une large échelle, et que les modifications apportées par les nouveaux décrets à certains points du régime hypothécaire actuel donneront à l'agriculture un nouvel essor.

La loi du 30 ventôse n'ayant prononcé l'abrogation des lois romaines, des ordonnances et des coutumes que *dans les matières faisant l'objet du code*, il en résulte que les anciennes lois conservent leur vigueur lorsqu'elles disposent sur des matières que le code n'a pas prévues et réglementées. Cependant le droit romain est complétement abrogé, et les coutumes ne font loi que dans les cas d'un renvoi *expressis verbis* aux usages locaux, comme dans les articles 645, 671, 674, 1736, 1758, 1759 C. Nap.

Quant aux lois intermédiaires, sur lesquelles la loi organique du code ne s'explique pas, elles sont maintenues dans celles de leurs dispositions qui n'ont rien d'incompatible avec les règles nouvelles.

Telle est cette œuvre de codification dont l'autorité n'a point été restreinte au territoire français, et qui, introduite à la suite des armes françaises en Italie, en Hollande, dans les départements hanséatiques, etc., fut accueillie à Dantzig et dans la plupart des États d'Allemagne. Après que les pays conquis ont recouvré leur nationalité première, le code y est resté presque partout à l'état de loi, et dans ceux où il a été remplacé, la plupart de ses dispositions se retrouvent encore dans la loi nouvelle.

Apprécions en quelques mots ce monument grandiose de législation civile.

Une des causes qui assurent la stabilité des principes consacrés par le code, c'est que les rédacteurs n'ont point cherché à faire triompher exclusivement leurs idées personnelles. Fidèles aux sages traditions du passé, ils n'en ont pas moins accepté les progrès de la civilisation, et à côté des maximes nouvelles que la ré-

(1) V. plus haut, p. 721.

volution avait introduites sur les points principaux du droit privé, par exemple sur l'état des personnes, les successions, etc., ils ont donné place aux principes de l'ancienne jurisprudence et aux doctrines du droit romain. Toutefois, comme la section de législation du conseil d'État appartenait en majorité aux pays de coutumes, le droit coutumier a obtenu la préférence toutes les fois qu'il s'est présenté avec un caractère uniforme. Portalis, imbu des idées chrétiennes, s'appuyant sur Pothier et Domat, adaptait les vieilles coutumes aux mœurs de son époque, mettant à profit tout à la fois et les conquêtes du siècle et l'expérience de nos pères, élevant la formule de la loi à la hauteur de la philosophie chrétienne. L'école rationaliste de Domat et de Pothier trouvait l'occasion de monumenter ses principes dans le code civil, et quelques-uns des traités sortis de la plume de ces jurisconsultes s'incorporaient presque entiers dans la législation du XIXe siècle.

Les rédacteurs du code n'ont donc point eu la dangereuse prétention de s'ériger en novateurs ; plus modestes et plus sages, leur ambition se bornait à restaurer la vieille société française, en la modifiant par quelques réformes dont l'expérience avait révélé la nécessité. Portalis a exprimé dans un beau langage le but de la commission. « Nous avons fait, dit-il dans l'exposé du titre pré- » liminaire, s'il est permis de m'exprimer ainsi, une transaction » entre le droit écrit et les coutumes, toutes les fois qu'il nous a » été possible de concilier leurs dispositions ou modifier les unes » par les autres sans rompre l'unité du système et sans choquer » l'esprit général. Il est utile de conserver tout ce qu'il n'est pas » nécessaire de détruire : les lois doivent ménager les habitudes, » quand ces habitudes ne sont pas des vices. On raisonne trop » souvent comme si le genre humain finissait et commençait à » chaque instant, sans aucune sorte de communication entre une » génération et celle qui la remplace. Les générations, en se » succédant, se mêlent, s'entrelacent et se confondent. Un lé- » gislateur isolerait ses institutions de tout ce qui peut les natu-

» raliser sur la terre, s'il n'observait avec soin les rapports na-
» turels qui lient toujours, plus ou moins, le présent au passé
» et l'avenir au présent, et qui font qu'un peuple, à moins qu'il ne
» soit exterminé ou qu'il ne tombe dans une dégradation pire que
» l'anéantissement, ne cesse jamais, jusqu'à un certain point,
» de se ressembler à lui-même. Nous avons trop aimé, dans nos
» temps modernes, les changements et les réformes. Si, en ma-
» tière d'institutions et de lois, les siècles d'ignorance sont le
» théâtre des abus, les siècles de philosophie et de lumière ne
» sont que trop souvent le théâtre des excès. »

..... Il ajoutait : « Le législateur ne doit pas perdre de vue
» que les lois sont faites pour les hommes, et non les hommes
» pour les lois; qu'elles doivent être adaptées aux caractères,
» aux habitudes, à la situation du peuple pour lequel elles sont
» faites; qu'il faut être sobre de nouveauté en matière de législa-
» tion, parce que s'il est possible, dans une institution nouvelle,
» de calculer les avantages que la théorie nous offre, il ne l'est
» pas de connaître tous les inconvénients que la pratique seule
» peut découvrir; qu'il faut laisser le bien, si l'on est en doute
» du mieux; qu'en corrigeant un abus il faut encore voir les
» dangers de la correction même; qu'il serait absurde de se livrer
» à des idées absolues de perfection dans des choses qui ne sont
» susceptibles que d'une bonté relative; qu'au lieu de changer
» les lois, il est presque toujours plus utile de présenter aux
» citoyens de nouveaux motifs de les aimer; que l'histoire nous
» offre à peine la promulgation de deux ou trois bonnes lois
» dans l'espace de plusieurs siècles. »

Dans toutes les législations, certaines matières de droit ont le privilége de révéler à elles seules le caractère d'une époque et les mœurs d'une nation; aussi l'organisation de la famille, les rapports qui en découlent, le droit des personnes forment-ils dans le code civil la partie vraiment originale. Les principes fondamentaux qui y dominent sont : l'équité dans les rapports de famille, l'égalité civile des Français dans l'État. Le système des successions est l'application du principe démocratique introduit par la révolution française, principe dont les conséquences se retrouvent encore dans la parcimonieuse exiguïté de la quotité disponible et l'interdiction des substitutions fidéicommissaires. — Les idées nouvelles ont une large part dans cette œuvre, qui a su respecter le passé tout en consacrant les progrès du siècle, difficile problème que nos modernes législateurs ont résolu de la manière la plus heureuse. Aussi est-ce avec une grande justesse d'appréciation qu'un magistrat longtemps placé au sommet de l'ordre judiciaire a écrit : « Les rédacteurs du code civil ne se bornèrent pas à compiler, à choisir, à reviser ; leur tâche était plus difficile et plus grande : ils étaient appelés à lier, par une transition sans secousse, le présent et le passé, à concilier tous les intérêts sans faire fléchir aucun droit, à opérer une amiable composition entre des opinions et des usages opposés. — Leur travail reposa sur trois grandes bases : la complète sécularisation de l'ordre politique et civil, l'égalité des citoyens devant la loi, et des enfants dans la famille, l'affranchissement des propriétés et le droit d'en user et d'en disposer sans autres limites que celles imposées par la loi dans l'intérêt de l'utilité publique. »

Le code Napoléon règle équitablement les intérêts privés et répond aux besoins de la société moderne ; certaines améliorations que l'expérience, ce grand maître en législation, a signalées, seront faites un jour : la loi de brumaire an VII revivra tôt ou tard dans celles de ses dispositions qui faisaient de la transcription une condition essentielle de la transmission de propriété à l'égard des tiers. Mais si quelques parties du code Napoléon prêtent à la critique, n'allons pas croire, avec certains esprits qui rêvent une perfectibilité indéfinie, que cette œuvre ait fait son temps et qu'il faille la remplacer au plus vite. Non ; cette idée ne saurait être prise au sérieux. Le titre des hypothèques lui-même, si vivement attaqué dans ces derniers temps, et qui est inférieur, je dois l'avouer, aux autres parties du code, n'a pas besoin d'être bouleversé de fond en comble pour arriver à la hauteur des autres titres dont le code se compose ; de simples changements réclamés par tout le monde, et dont l'utilité n'est plus aujourd'hui un problème, suffiront amplement pour mettre le titre des hypothèques en harmonie avec les besoins de la société et les idées de l'époque.

Un reproche bien autrement grave a été adressé au législateur de 1804 par un profond publiciste dont la mort prématurée a jeté la France et l'Italie dans le deuil (1) : c'est la lacune que le code présente au point de vue de l'économie sociale. La fortune mobilière a pris depuis un demi-siècle un développement considérable, et pourtant elle est loin d'obtenir les mêmes garanties que la fortune immobilière. C'est à peine si on y trouve ébauchées les règles qui doivent gouverner les associations industrielles, destinées à révéler la toute-puissance du capital ; enfin pas un mot sur les assurances terrestres.

Ces critiques prouvent-elles que la codification est une entreprise téméraire, une tentative orgueilleuse et impuissante du législateur, qui ne sert qu'à jeter la perturbation dans le développement du droit national? — Non sans doute ; il ne s'agit pas de savoir si la codification peut produire une œuvre parfaite, mais seulement si elle est *une œuvre nécessaire*. — Ainsi posée, la question n'a rien de problématique. Si des industries inconnues ou à peine ébauchées lors de la rédaction d'un code se créent ou se développent depuis, si certains besoins surgissent, c'est au législateur à suivre les progrès du temps, du commerce, des mœurs, et à combler par des lois nouvelles les lacunes qui se forment. Si, en 1804, la révolution politique était accomplie, la révolution économique ne faisait que commencer : voilà pourquoi on remarque aujourd'hui des imperfections dans un code qui était, à son appa-

(1) M. Rossi.

rition, l'image fidèle de la société rajeunie de 89, mais qui a perdu depuis quelques-uns des traits de cette parfaite ressemblance. « Le portrait d'un adolescent, fût-il l'œuvre d'un Raphaël » ou d'un Titien, ne représentera jamais fidèlement les traits de » l'homme adulte. »

La population, essentiellement agricole au commencement du siècle, s'est portée tout d'un coup, avec un entraînement irréfléchi peut-être, vers l'industrie et le commerce, situation imprévue qui modifie les relations juridiques. Les tâtonnements législatifs du gouvernement actuel, malgré sa haute intelligence des nécessités sociales, prouvent combien il est difficile de coordonner l'ensemble d'un nouveau système; la révolution économique est déjà un fait accompli, et pourtant le pouvoir cherche encore les moyens de la réglementer.

Cette remarque me semble justifier les rédacteurs du code des reproches qui leur ont été adressés.

Tous les éléments qui forment l'ensemble de la législation n'étaient pas réunis dans le code civil; aussi le législateur a-t-il décrété successivement d'autres codes destinés soit à régler les formes suivant lesquelles tout plaideur doit procéder en justice, soit à protéger des intérêts spéciaux comme ceux du commerce, soit à assurer la marche de l'instruction criminelle et à déterminer les peines encourues par les délinquants.

Je vais consacrer quelques pages à chacun de ces codes spéciaux.

§ II. — *Code de procédure civile.*

Louis XIV avait le premier donné une loi générale sur la procédure, et son ordonnance de 1667 était encore en vigueur lors de la rédaction du code qui nous régit aujourd'hui.

La loi du 24 août 1790 voulait une réforme dans la procédure pour la rendre « plus simple, plus expéditive et moins coû» teuse. » Les abus étaient nombreux sans doute; mais c'était moins les principes en eux-mêmes qui avaient besoin d'une révision, que le dédale des formalités ruineuses sous lesquelles le bon droit n'était que trop souvent étouffé. Le temps ayant manqué à la constituante pour entreprendre ce travail, elle se contenta d'abréger les délais et d'imposer aux juges l'obligation de motiver leurs décisions (1).

La convention, qui se flattait de ramener l'âge d'or dans l'administration de la justice, supprima toute instance judiciaire et réduisit toutes les formalités de la procédure au dépôt d'un simple mémoire sans assistance d'avoués (2). « N'avait-on pas » supprimé, dit M. Treilhard, tous les avoués et toute la procé- » dure dans un accès ou plutôt dans un délire de perfection? Qu'en » est-il résulté? On n'en a pas moins eu recours aux avoués, » parce que l'ignorant et le paresseux seront toujours tributaires » de l'homme laborieux et instruit : les avoués ne perdirent que » leur titre ; ils continuèrent de travailler comme fondés de pou- » voir ; mais toute procédure étant supprimée, et l'avoué n'ayant » plus d'action en justice pour des salaires légitimes, se faisait » payer arbitrairement, même avant d'avoir examiné l'affaire, » beaucoup plus qu'il n'aurait obtenu par une taxe raisonnable de » la procédure nécessaire qu'on avait supprimée, et jamais la » justice ne fut plus chère. »

La loi du 13 brumaire, qui résumait la procédure en dix articles, devait produire des résultats merveilleux ; les procès allaient prochainement disparaître dans une fraternité universelle. Mais il ne

(1) « Le rétablissement de cet ancien usage, dit Boncenne, t. 1, p. 128, a été longtemps appelé par les vœux de tous les publicistes et de tous les jurisconsultes. *Nec decreta exeant cum silentio; sed judices sententiæ suæ rationes adducant, idque palàm, atque astante coronâ.*

» Spifame, cet inventeur de règlements, qui dans ses rêves semait çà et là des inspirations à la fois si ingénieuses et si utiles, a supposé deux ordonnances du roi Henri II, par lesquelles il était enjoint à tous les juges de mettre dans leurs sentences et arrêts *la cause expresse et spéciale d'iceux.* » — C'est le principe consacré par l'art. 141 C. proc. civ.

(2) *V.* la loi du 13 brumaire an II.

fallut pas un long temps pour mettre à nu les vices d'un système qui perpétuait les contestations au lieu de les éteindre. Quelques améliorations furent introduites par la constitution de l'an III à ce déplorable état de choses, et plus tard la loi du 27 ventôse an VIII, réorganisant l'ordre judiciaire, remit en vigueur la loi de 91 sur la procédure, qui contenait de nombreux renvois à l'ordonn. de 1667.

Deux ans après, le gouvernement songeait à élaborer un code de procédure, complément du travail dont le droit civil avait été déjà l'objet. Un arrêté du 3 germinal an X nomma dans ce but une commission composée de MM. Treilhard, Try, Berthereau, Séguier, et Pigeau (1), ancien avocat au Châtelet, tous hommes essentiellement pratiques, qui n'avaient rien de commun avec les idéologues de l'an II.

Le projet, publié en l'an XII, fut communiqué à la cour de cassation et aux cours d'appel, qui présentèrent leurs observations ; quoique la discussion ait suivi les mêmes phases que pour le code civil, elle n'offre pas le même intérêt : le conseil d'Etat renfermait trop peu d'hommes profondément versés dans la procédure pour que les exposés des motifs s'élevassent à la hauteur de ceux du code civil.

Le décret du 14 avril 1806 publia tout ce qui avait rapport aux justices de paix et à la procédure ordinaire devant les tribunaux de première instance, c'est-à-dire le livre premier et le livre second de la première partie (art. 1-442). Le livre troisième, concernant l'appel, et le livre quatrième, indicatif des voies extraordinaires pour attaquer les jugements (art. 443-517), furent décrétés le 17 avril 1806 et promulgués le 27. Le décret du 21 avril 1806 promulgua le cinquième livre, relatif à l'exécution des jugements et à la procédure des saisies (art. 517-812); sous la rubrique *procédures diverses*, le décret du 22 avril 1806 traitait des offres de payement, de la saisie-gagerie, de la saisie-revendication, de la séparation de corps, etc. (art. 812-907), et com-

(1) Celui-ci devait remplir les fonctions de secrétaire.

posait le livre premier de la seconde partie, divisé en douze titres. — Toutes les procédures relatives à l'ouverture d'une succession furent comprises dans le livre second (art. 907-1003), et réparties en dix titres : ce fut l'objet du décret rendu le 28 avril 1806. Enfin le livre troisième, composé simplement d'un titre unique et de dispositions générales en quatorze articles (art. 1003-1042), fut décrété le lendemain.

Contrairement à ce qui avait été pratiqué pour le code civil, les différentes lois composant le code de procédure ne furent point exécutoires immédiatement après leur promulgation ; la mise à exécution de l'ensemble fut ajournée au 1er janvier 1807.

L'art. 1041 déclara abrogés « toutes lois, coutumes, usages et règlements relatifs à la procédure. » La nouvelle législation devant se suffire à elle-même, qu'était-il besoin de consulter le passé? Cependant un avis du conseil d'État du 12 mai 1807, approuvé le 1er juin, déclara que l'article 1041 n'était point applicable aux « lois et » règlements concernant la forme de procéder relativement à la » régie des domaines et de l'enregistrement. » — Après avoir signalé cette exception remarquable, l'avis ajoute : « Le nouveau » code sera désormais la loi commune. Ainsi, les lois et » règlements généraux qui étaient en vigueur dans les diverses » contrées dont l'empire français se compose ont été et ont dû » être abrogés ; mais, dans les affaires qui intéressent le gouver- » nement, il a toujours été considéré comme nécessaire de s'écar- » ter de la loi commune par des lois spéciales, soit en simplifiant » la procédure, soit en prescrivant des formes différentes. Or, » on ne trouve dans le code aucune disposition qui puisse sup- » pléer ou remplacer ces règlements spéciaux ; il y aurait cepen- » dant même nécessité de les rétablir et de leur rendre la forme » de loi, si on pouvait supposer qu'ils l'eussent perdue. Mais il » ne peut y avoir de doute sur ce que l'abrogation prononcée par » l'article 1041 n'a eu pour objet que de déclarer qu'il n'y aurait » désormais qu'une seule loi commune pour la procédure, et que

» l'on n'a entendu porter aucune atteinte aux formes de procéder, » soit dans les affaires de la régie, de l'enregistrement et des do- » maines, soit en toute autre matière pour laquelle il aurait été » fait, par une loi spéciale, exception aux règles générales. »

Le code de procédure a été un progrès législatif marqué; voici, du reste, l'appréciation qu'en a faite son plus illustre interprète : « On a gardé, dans le système du code, un juste milieu entre la » tyrannie des vieilles habitudes et les ardeurs d'une soif im- » modérée de perfectibilité. — On peut y trouver quelques dis- » positions à redresser, quelques lacunes à remplir, quelques » défauts d'ordre et des vices de rédaction à corriger; mais il » n'en serait pas moins injuste de contester sa supériorité sur » tout ce qui l'a précédé (1). »

Déjà certaines procédures ont été simplifiées; l'appel a été rendu moins accessible à l'aveugle obstination des plaideurs : ainsi la loi du 11 avril 1838, en augmentant le taux du dernier ressort en matière tant réelle que personnelle, et celle du 25 avril 1838, en élargissant le cercle de la compétence des juges de paix, ont épargné aux parties des frais et des recours ruineux. Les lois des 2 juin 1841 et 24 mai 1842, sur les saisies et les ventes judiciaires, conçues aussi dans une louable pensée d'économie, ont heureusement modifié le système trop formaliste du code. Les titres de la saisie des rentes constituées sur particuliers (636-656), de la saisie immobilière (673-718), et des incidents auxquels elle peut donner lieu (718-749), ont été entièrement refondus; et le titre de la surenchère sur aliénation volontaire (832-839) a été remanié dans des points essentiels. Ces modifications ont exigé une nouvelle publication officielle du code de procédure, laquelle a eu lieu en vertu de l'ordonnance du 8 octobre 1842.

Parmi les améliorations récentes, je ne dois pas oublier la création de l'assistance judiciaire. Depuis longues années, les

(1) Boncenne, Théorie de la procédure civile, t. 1, p. 30.

publicistes réclamaient contre les frais obligés de procédure qui fermaient aux pauvres les avenues de la justice. Les lois des 29 septembre et 7 décembre 1850 et des 22-30 janvier 1851 ont donné satisfaction à de si justes critiques. Aujourd'hui les indigents peuvent plaider gratis; des bureaux d'assistance judiciaire, établis près les tribunaux de première instance et les cours impériales, examinent les pièces qui leur sont soumises; et si la prétention paraît fondée, et qu'en même temps l'indigence soit reconnue, le bureau désigne un avoué et un avocat d'office pour représenter le plaideur et soutenir ses intérêts.

Cette défense d'office, déjà établie en matière criminelle, constitue une heureuse innovation en matière civile et commerciale.

§ III. — *Code de commerce.*

Une année après la mise à exécution du code de procédure, paraissait un autre code régulateur des rapports commerciaux; il contenait en même temps la législation maritime.

Les célèbres ordonnances de 1673 et de 1681, devenues européennes, s'offraient aux rédacteurs comme un modèle à suivre; aussi notre code de commerce a-t-il fait autorité chez tous les peuples civilisés. Ainsi s'est vérifiée la prédiction par laquelle M. Regnault de St-Jean-d'Angély terminait l'exposé des motifs: « La France aura un autre code qu'elle pourra, comme le code » Napoléon, montrer avec orgueil, donner comme un bienfait à » ses voisins et à ses alliés. »

Ce code fut déclaré exécutoire à partir du 1er janvier 1808. — Dès le 13 germinal an X (3 avril 1801), une commission avait été nommée par les consuls pour rédiger un projet; elle se composait de MM. Vignon, président du tribunal de commerce de Paris; Gorneau, juge au tribunal d'appel; Boursier, ancien juge de commerce; Legras, jurisconsulte; Vital-Leroux, négociant; Coulomb, ancien magistrat, et Mourgues, administrateur des hospices. Après avoir été soumis aux chambres et aux tribunaux de commerce, aux tribunaux d'appel et de cassation, dont les observations critiques amenèrent une révision par trois des commissaires rédacteurs, le projet sommeilla jusqu'au 4 novembre 1806, jour où l'empereur, dont l'attention avait été éveillée par le scandale des faillites qui avaient éclaté dans la capitale, força le conseil d'Etat de s'en occuper.

Les travaux suivirent une marche identique à celle des deux premiers codes (1); le code de commerce fut divisé en plusiers projets de loi distincts qui furent adoptés et promulgués dans le courant de l'année 1807; mais l'art. 1 de la loi du 15 septembre décréta qu'il ne serait exécuté qu'à compter du 1er janvier 1808.

L'art. 2 déclara abrogées, à dater dudit jour 1er janvier 1808, toutes les anciennes lois touchant les matières commerciales, et sur lesquelles il était statué par le nouveau code (2).

Il est divisé en quatre livres : le premier, intitulé du commerce en général; le deuxième, du commerce maritime; le troisième, des faillites et banqueroutes (3); le quatrième, de la juridiction commerciale. Comme dans les codes précédents, les livres sont divisés en titres, et tous les textes sont reliés ensemble par une série non interrompue d'articles depuis 1 jusqu'à 648.

(1) Avec cette différence pourtant que le projet avait été communiqué à la section de l'intérieur du conseil d'État, et non à la section de législation; car les tribunaux de commerce étaient alors dans les attributions du ministre de l'intérieur.

(2) « Cette dernière disposition, moins générale qu'elle ne le paraît, ne » doit pas nous empêcher de regarder comme encore subsistantes les lois » antérieures qui statuent sur des matières dont le code a seulement » réglé quelques points, telles, par exemple, que les bourses de commerce, les agents de change et les courtiers. » *V.* M. Bravard-Veyrières, dans son *Manuel du droit commercial*, p. 6.

(3) « Banqueroute et faillite sont dictions italiennes; car en Italie » d'ancienneté estoit accoustumé que ceux qui faisoient trafic de deniers » pour prester ou pour faire tenir et changer, avoient un banc ou table » en lieu public; quand aucun quittoit le banc, que les Latins disent » *foro cedebat*, se disoit que son banc estoit rompu; *faillito* au mesme » langage signifie banqueroute et banqueroutier, et *falliti* se disent » ceux desquels le crédit est failli. » Coquille sur l'art. 205 de Blois.

Le profond respect des rédacteurs du code de commerce pour les ordonnances de Colbert les avait trop éloignés de toute innovation ; leur œuvre présentait quelques parties faibles qui ont été l'objet de critiques fondées et ont nécessité de profondes modifications. Ainsi la loi du 28 mai 1838 sur les faillites a corrigé le laconisme du titre primitif, reproduction trop servile de l'ordonnance de 1673. Le chapitre de la revendication, dont l'empereur avait fait reviser le projet jusqu'à sept fois, n'a pas été plus épargné que le surplus du titre; ce qui ne l'empêche pas de faire naître encore bien des difficultés qu'une rédaction plus nette ou plus prévoyante aurait pu prévenir. — Les lois des 3 mars 1840, 28 août 1848 et 2 mars 1852 ont successivement modifié l'organisation des tribunaux de commerce. — D'autres textes législatifs ont encore apporté des changements à la législation commerciale, tout en respectant l'ensemble des dispositions du code de 1808.

§ IV. — *Code d'instruction criminelle.*

Le principal mérite de l'ordonnance de 1670 était de résumer le droit criminel de l'époque et de le codifier; mais elle renfermait cinq vices principaux : extension exagérée du nombre des tribunaux criminels, excès de sévérité dans les peines, désordre dans le régime intérieur des prisons, cruauté dans l'instruction et absence de garantie pour l'accusé. L'humanité de Louis XVI apporta quelques allégements aux rigueurs de la procédure criminelle par la déclaration du 24 août 1780 et l'édit du 1er mai 1788; et lorsqu'il réunit les notables, son premier mot fut la promesse « que la justice civile et la justice criminelle seraient réformées. »

Les cahiers des états généraux présentèrent un tableau fidèle des défauts qui déparaient les lois pénales (1), et insistèrent sur la

(1) « On chargeait d'imprécations la mémoire de Poyet et de Pussort, » et l'on évoquait partout les ombres plaintives des victimes auxquelles » la justice en deuil ne pouvait offrir d'autres expiations de ses erreurs » que des arrêts de réhabilitation. » Boncenne, t. 1, p. 219.

nécessité d'une prompte réformation. La constitution de 1791 proclama les maximes de droit pénal qui devaient servir de base à la rédaction d'un code; le décret du 9 octobre 1789 abolit plusieurs dispositions trop sévères de l'ordonnance de 1670, et substitua à l'arbitraire les principes de liberté individuelle et de garanties que réclame la position de l'accusé (1). Une loi du 30 janvier 1790 prononça l'abolition des lettres de cachet.

Cette série de progrès continua jusqu'à la promulgation du code des 16-29 septembre 1791, qui régla l'instruction criminelle sous le titre de loi concernant la police de sûreté, la justice criminelle et l'établissement des jurés. Une loi du 21 du même mois, en forme d'*instruction pour la procédure criminelle*, compléta le nouveau système. — La publicité des débats, la liberté de la défense furent des conquêtes désormais assurées.

Cependant, sous le régime de la terreur, tous les droits des accusés furent méconnus dans les affaires politiques; les voleurs et les assassins trouvaient grâce auprès de la justice du comité de salut public, mais les suspects n'étaient pas dignes de la même indulgence. Une réaction contre les monstrueux abus de l'an II et de l'an III fit établir dans le code du 3 brumaire an IV un nombre infini de nullités qui entravaient sans nécessité la marche de la procédure; le législateur les multiplia parce qu'elles avaient été trop méprisées, et il augmenta les garanties parce que les règles de la justice avaient été odieusement foulées aux pieds.

Dans les premiers temps du consulat, quelques lois modifièrent le droit criminel en vigueur, et les guerres de la Vendée apportèrent certains changements dans les informations et les mises en accusation (2). — Les lois du 27 ventôse an VIII, les sénatus-consultes des 7 thermidor an X et 21 floréal an XII améliorèrent encore cette législation.

(1) *V.*, sur les progrès de la législation en matière criminelle, le discours de rentrée prononcé par M. Dupin devant la cour de cassation, le 3 novembre 1847.

(2) *V.* la loi du 7 pluviôse an IX.

Mais la pensée de l'empereur était d'appliquer la codification aux matières criminelles. Déjà, par arrêté du 7 germinal an IX (28 mars 1801), alors qu'il n'était que premier consul, il avait nommé une commission de cinq membres à l'effet de préparer un code criminel (1). Le projet, après avoir été soumis aux observations de la magistrature, fut envoyé à la section de législation du conseil d'État. La discussion, commencée le 2 prairial an XII (22 mai 1804), se prolongea jusqu'au 29 frimaire an XIII (20 décembre 1804); mais le projet ainsi élaboré fut oublié pendant quatre années dans les cartons du conseil d'État.

La discussion ne fut reprise qu'en 1808, et on convint que les dispositions relatives à l'instruction criminelle et à la pénalité formeraient deux codes distincts. — Le tribunat avait été supprimé en 1807, et le corps législatif, en héritant de ses attributions, avait recouvré la parole. Au commencement de chaque session, trois commissions étaient instituées: une pour la législation, une autre pour l'intérieur, et la troisième pour les finances. Ces sections discutaient dans des conférences particulières les projets présentés par le gouvernement; quand elles étaient d'accord avec le conseil d'Etat, un membre de ce corps exposait les motifs du projet, et le président de la section donnait les raisons qui l'avaient déterminé. Chaque membre avait le droit d'émettre son opinion, et le corps législatif votait toujours sans autre débat.

Le premier livre fut promulgué le 27 novembre 1808, le titre premier du second livre le 29 novembre, le titre second le 19 décembre, le titre troisième le 20 décembre, et les autres dans le courant du même mois. Mais le code d'instruction criminelle ne devait être mis à exécution qu'en même temps que le code pénal, complément de la législation sur les crimes et délits.

Les rédacteurs firent des emprunts au passé, tout en profitant de

(1) Cette commission était composée de MM. Viellart, président de la section criminelle au tribunal de cassation; Target, Oudard, Treilhard et Blondel.

l'expérience acquise surtout dans l'ère révolutionnaire, pour fonder un droit plus en rapport avec l'état de la civilisation. Ce code apparut comme une transaction heureuse entre les systèmes qui s'étaient succédé et qui avaient partagé les légistes ; n'adoptant aucune théorie d'une manière absolue, s'efforçant de combiner les dispositions les plus opposées, il se renferma en général dans le cercle tracé par la loi de 1791 ; mais il en tempéra les dispositions, et c'est dans l'ordonnance de 1670 qu'il puisa les règles de l'information écrite et de la prescription qui s'éloignaient des lois de 1791, de brumaire an IV et pluviôse an IX (1).

Voici, du reste, l'appréciation qu'en a faite M. Faustin Hélie (2), l'un de ses interprètes les plus distingués : « ... Le code que nous » avons entrepris d'expliquer n'est point une œuvre parfaite ; sa » rédaction négligée manque d'exactitude et de précision; conçu » pour l'expédition des affaires plus que pour la satisfaction de » la science, on y cherche vainement des règles générales, des » définitions, des divisions logiques. Il a omis surtout, et ceci » est un reproche beaucoup plus grave, d'ajouter une sanction » sérieuse aux dispositions libérales qu'il renferme; on y trouve » des formules trop vagues, et pas de garanties certaines. »

Malgré la justesse de ces critiques, le code d'instruction criminelle n'est pas sans mérite; les divisions sont convenables, et si la rédaction est au-dessous de celle du code civil, elle se recommande généralement par sa méthode et sa clarté, qualités précieuses qui en rendent l'interprétation toujours facile.

Le code d'instruction criminelle n'a pas été plus que les autres exempt de modifications ; quelques articles qui n'avaient été dictés que par une pensée purement politique ont disparu; le jury a subi de graves modifications ; assez de textes ont été abrogés pour rendre nécessaire la publication d'un nouveau texte officiel (3).

(1) *V.* M. Faustin Hélie, Instruction criminelle, t. 1er, p. 694.
(2) P. 606.
(3) *V.* ordonn. du 28 avril 1832.

Depuis cette époque, d'autres changements ont encore eu lieu ; il serait trop long de les énumérer ici, je me borne à signaler le décret du 22-24 mars 1848, qui abroge l'article 119 du code d'instruction criminelle, et permet de mettre l'inculpé en liberté provisoire sans exiger de lui le cautionnement de cinq cents francs.

Grâce aux changements multipliés qui ont modifié sa physionomie primitive, le code d'instruction criminelle actuel est plus libéral que celui de 1810, et les réformes qu'il a subies permettent d'espérer qu'il se tiendra au niveau des autres branches du droit.

§ V. — *Code pénal.*

La séparation entre l'instruction criminelle et le droit pénal n'avait été faite ni par l'ordonnance de 1670, ni par le code du 3 brumaire an IV; chacun de ces deux monuments comprenait l'ensemble de la législation pénale. Ce n'est qu'en 1808 que furent séparées ces deux branches du droit répressif pour former deux codes ; seulement, la liaison intime qui les rattache l'une à l'autre fit décider que leur mise à exécution serait simultanée.

La rédaction du code pénal, postérieure de deux ans à celle du code d'instruction criminelle, a été discutée dans les mêmes formes. Les différents titres qui le composent ont été décrétés dans le mois de février 1810 (le dernier fut voté le 20 février) ; mais son exécution fut ajournée, comme celle du code d'instruction criminelle, au 1er janvier 1811.

Les deux premiers livres renferment des principes généraux, pour l'étude desquels il est nécessaire de s'élever à des considérations philosophiques.

Cette législation, quoique mieux ordonnée et plus fortement conçue que celle qu'elle était destinée à remplacer, excita cependant des réclamations, et les criminalistes ne tardèrent pas à demander des changements. Améliorée par la charte de 1814 et par une loi de 1827 sur le jury, la loi pénale a été revisée en 1832, et une nouvelle rédaction officielle publiée en vertu de l'ordonnance du 28 avril de la même année. De nouvelles modifications ont encore été opérées depuis 1848, et si la législation pénale ne mérite peut-être pas les mêmes éloges que la législation civile, il est cependant impossible de méconnaître qu'elle est bien améliorée depuis vingt ans. Le droit répressif, devenu plus humain, répond mieux à nos mœurs et à notre civilisation. Trois grandes innovations caractérisent à mes yeux ce progrès incontestable : l'introduction des circonstances atténuantes dans le verdict du jury, l'abolition de la mort civile comme conséquence de la déportation, et la suppression des bagnes.

Ce serait une étude curieuse que celle qui rapprocherait le droit répressif actuel de celui de l'ancienne monarchie; à des supplices souvent atroces a succédé une répression de plus en plus adoucie; à l'absence de garanties pour l'accusé, un système de protection qui s'attache à lui dès le commencement de la poursuite pour ne l'abandonner qu'après la condamnation; des prisons où rien ne manque sous le rapport hygiénique ont remplacé les repaires infects dans lesquels étaient entassés les détenus. Enfin, si toutes les améliorations possibles n'ont point encore été réalisées, au moins est-il consolant de constater qu'une société généreuse redouble d'efforts pour inculquer au cœur de ceux qui ont violé la loi sociale des pensées de moralisation que la charité des ministres de la religion chrétienne se charge de développer.

PARALLÈLE DES CODES FRANÇAIS.

La codification s'est accomplie dans un moment où la France retrouvait le calme dont les commotions politiques l'avaient privée depuis quatorze années. Le premier consul, désireux de rétablir l'ordre, hâtait l'achèvement de l'œuvre qui devait concourir au bien-être général et à la régularisation de la société.

Des principes nouveaux, nés de la révolution politique, formaient la base de plusieurs théories législatives, mais ne suffisaient pas à eux seuls pour constituer un ensemble complet. Les rédacteurs furent donc heureux de trouver dans les écrits des anciens jurisconsultes des matériaux qu'ils n'avaient plus qu'à disposer d'une certaine façon pour en faire un édifice moderne. La rapidité avec laquelle les travaux législatifs ont été conduits a occasionné nécessairement des lacunes et des incorrections; quoique le code civil soit généralement d'une clarté irréprochable et d'un style assez correct, il renferme pourtant certains articles qui sont en désaccord avec les règles nouvelles : le législateur a copié quelquefois avec trop d'abandon des solutions qui ne trouvaient leur raison d'être que dans des principes qu'il venait d'abroger.

Le code de procédure, rédigé souvent dans un style suranné, reproduit trop servilement les pratiques du Châtelet (1). Les rédacteurs ont sans contredit amélioré la procédure en la dégageant d'une foule de formalités parasites et coûteuses, mais les améliorations auraient pu être plus complètes et le progrès plus marqué.

Le code de commerce, copie trop exacte, dans certains points,

(1) Certaines expressions de pratique sont tellement vieillies qu'elles ne sont plus usitées et comprises qu'au palais. Je citerai pour exemple le mot *débouter*, qui veut dire repousser une demande.

Lorsque les arrêts se rendaient en latin, on disait en langage barbare : *Curia debotavit et debotat*; ce qui donna lieu à la plaisanterie d'un gentilhomme qui, étant interrogé par François Ier sur le succès d'un procès pour lequel il était venu en poste à Paris, répondit qu'immédiatement après son arrivée, la cour l'avait *débotté*, faisant allusion au *debotat et debotavit* de l'arrêt.

C'est cette réponse qui est l'origine de l'article 111 de l'ordonnance de 1539.—Le *restaurateur des lettres*, surpris d'une façon de parler aussi étrange, voulut que dans la suite les procédures fussent écrites et les arrêts prononcés en *langage maternel français et non autrement*.—*V*. Merlin, Répertoire, vo *débouter*.

Bourdin, dans son commentaire sur l'ordonnance de 1539, dit que l'usage s'était introduit « d'expédier les arrêts en langage latin afin qu'ils » fussent plus vénérables, et qu'ils portassent une foy plus saincte et » secrète. » Jamais résultat n'avait plus mal répondu au but que l'on s'était proposé, car, au lieu d'être *vénérables en langage latin*, les arrêts étaient devenus ridicules.

des ordonnances de Colbert, avait laissé dans l'ombre quelques matières dont le progrès industriel et commercial exigeait le développement. Mais, à part ces lacunes que des lois subséquentes ont corrigées en partie, il offre une rédaction supérieure à celle du code de procédure et se rapproche beaucoup de la correction et de la clarté qui caractérisent le code Napoléon. Les travaux de Jousse, de Valin et d'Emérigon sur les ordonnances de Colbert avaient remplacé les traités de Pothier sur le droit civil.

L'instruction criminelle, malgré sa supériorité sur l'ordonnance de 1670, laisse un champ assez vaste à la réforme pour que le législateur continue avec persévérance les améliorations déjà apportées au code de 1808.

Enfin, le code pénal est le moins parfait de tous; sa qualification des peines, qui repose non sur la moralité de l'action, mais sur l'importance de la peine elle-même, a été, à juste titre, critiquée par tous les publicistes (1). Cette législation, quoique améliorée, est encore celle qui doit éveiller le plus la sollicitude du chef de l'État, parce qu'elle appelle des réformes fondamentales.

Le code Napoléon, malgré les imperfections qu'on peut lui reprocher, occupe le premier rang. Il a su mettre à profit les richesses de l'ancien droit français, la sagesse de nos vieilles coutumes, l'expérience de Dumoulin, de Cujas (2), de Domat, de d'Aguesseau et de Pothier. Les rédacteurs, imbus des doctrines de l'école spiritualiste, ont fait une large part aux principes de l'équité et du droit naturel, et détruit des abus qui n'avaient de raison d'être que leur ancienneté et l'incertitude de leur origine.

(1) Le code de 1810 avait aussi le tort de maintenir certaines peines barbares, telles que la marque, le carcan.

(2) M. de Fourcroy, célèbre avocat au parlement de Paris, recommandant à Bretonnier l'étude de Cujas, lui disait : « Vous ne sauriez vous égarer » en le prenant pour guide ; il est, comme le soleil, digne d'admiration » même dans ses éclipses. » Bretonnier, Questions de droit, préface, p. XXIX.

CONCLUSION.

L'exposé sommaire des révolutions qui se sont accomplies dans le droit français démontre que pour approfondir une législation il faut connaître l'état moral de la société pour laquelle la loi a été faite, et rechercher le lien qui rattache le présent au passé, en unissant la philosophie du droit à l'histoire. C'est cette vérité que Montesquieu a exprimée en disant : « Il faut éclairer l'histoire par » les lois, et les lois par l'histoire. »

La codification cesserait d'être un bienfait si elle avait pour résultat d'emprisonner toute la science du droit dans les quelques textes d'un code. C'est contre cette funeste tendance que M. Troplong a protesté dans ce style brillant que chacun connaît. « Lors du premier enthousiasme que produisit la possession d'un » nouveau code, dit-il (1), des hommes inattentifs se persuadèrent » qu'il renfermait à lui seul les notions nécessaires désormais à la » magistrature et au barreau, et ils saluèrent d'un adieu superbe » tout ce que les temps antiques avaient possédé de savant et » d'illustre en jurisprudence. Mais en droit comme en histoire, » comme en politique, comme en tout, c'est une prétention dé» raisonnable de vouloir rompre avec le passé. Tandis que la » suffisance dédaigneuse du moment s'imaginait que la science » avait été mise à l'étroit dans les limites d'articles numérotés, » et que le cercle de Popilius lui avait été tracé pour toujours, la » science brisait, aux premiers essais, ses premiers liens; elle

(1) Traité de la vente, t. 1er, préface, p. xxxiij et suiv.

» débordait de toute part, elle apparaissait insaisissable, immense,
» n'ayant d'autres bornes que l'esprit humain et la variété infinie
» des intérêts qui s'agitent dans la société...... »

« Que toutes les gloires du passé, ajoute-t-il ensuite, soient
» donc sommées de venir porter leur tribut aux pieds du chef-
» d'œuvre des temps modernes; que ces illustrations, trop délais-
» sées jusqu'à présent, soient évoquées pour ainsi dire, afin de
» lui prêter la force et la lumière de leur génie. Que la critique,
» la philosophie, l'histoire, les origines, les coutumes, le droit
» comparé, etc., viennent agrandir le cercle de la science et
» l'arracher à des proportions trop mesquines. »

Cette union du présent et du passé était dans l'esprit des rédacteurs de nos codes; M. Garry s'élevait avec énergie, à la tribune du corps législatif, contre l'erreur *répandue par l'ignorance* et *accréditée par la paresse*, qu'il suffirait désormais à ceux qui se destinent à l'étude des lois de connaître le code civil. Et c'est au moment où la loi du 30 ventôse abolissait la loi romaine et les anciennes coutumes, que M. Portalis disait : « Une législation
» civile vient d'être donnée à la France; mais ne croyez pas que
» vous puissiez abandonner comme inutile tout ce qu'elle ne ren-
» ferme pas. Jamais vous ne saurez le nouveau code civil si vous
» n'étudiez que ce code. — Les philosophes et les jurisconsultes
» de Rome sont encore les instituteurs du genre humain. —
» C'est en partie avec les riches matériaux qu'ils nous ont trans-
» mis que nous avons élevé l'édifice de notre législation nationale.
» Rome avait soumis l'Europe par ses armées; elle l'a civilisée
» par ses lois. »

Le droit romain a donc conservé jusqu'ici sur notre législation une influence dont l'étendue a varié suivant les époques. Tout-puissant dans la période barbare, quoique mutilé et réduit à sa plus simple expression dans de mesquines compilations, il fut au XIIIe siècle le berceau de l'école française; au XVIe, il corrigea les abus de la législation féodale; au XVIIe et au XVIIIe, sa combinaison avec les principes coutumiers présida à la rédaction officielle des grandes ordonnances qui furent le préliminaire de la codification. C'est quand il s'agit d'exposer les principes fondamentaux du droit que les lois romaines sont précieuses pour le jurisconsulte, et les décisions de Gaïus, de Papinien, etc., le guideront sûrement dans la solution des difficultés les plus ardues. — Néanmoins l'application intelligente de la législation romaine exige un discernement exquis; combien de dispositions qui, motivées par les mœurs et les usages du peuple romain ou par sa constitution politique, ne se coordonnent plus aujourd'hui avec les règles proclamées par nos législateurs! Il faut une étude approfondie du droit romain pour distinguer les textes applicables au milieu d'un grand nombre de dispositions à qui leur origine exclusivement romaine ne permet pas de se naturaliser chez nous.

Un autre motif doit faire encore rejeter l'application trop exclusive du droit romain; c'est l'influence de notre droit national. Les coutumes, la jurisprudence, la doctrine et les ordonnances des rois ont introduit des principes propres à notre société, qu'il faut expliquer non plus avec les idées romaines, mais avec les idées françaises. La saine interprétation d'un texte tiendra donc quelquefois à la connaissance exacte de son origine; c'est alors que les recherches historiques viendront utilement au secours de la pratique et porteront la lumière sur des points restés jusque-là dans une complète obscurité.

Les écrivains des XVIe, XVIIe et XVIIIe siècles, les Dumoulin, les Favre, les Domat, les Pothier, ont été l'objet d'études sérieuses; les travaux des siècles antérieurs sont moins connus, et forment cependant une abondante mine à exploiter; les coutumes de Beauvoisis sont la meilleure preuve de cette vérité, que notre époque commence à comprendre; car, depuis quelques années, les travaux scientifiques qui ont exploré le XIIIe siècle nous permettent d'espérer que de nouvelles découvertes enrichiront incessamment notre droit français.

De patientes recherches sur la législation germanique mettent aujourd'hui le jurisconsulte sur la trace des institutions qui y ont été puisées, et font mieux comprendre des principes sur lesquels le législateur s'était d'autant moins arrêté qu'ils avaient pénétré plus profondément dans les mœurs et les usages.

Ce sont les traditions germaniques qui, après avoir traversé la féodalité, la monarchie absolue et la révolution française, ont guidé les rédacteurs du code, à leur insu peut-être, lorsqu'ils rédigeaient les règles de la puissance maritale et paternelle et qu'ils repoussaient les principes rigoureux du droit romain adoptés dans les pays de droit écrit.

Les grandes ordonnances de Colbert et de d'Aguesseau, produit de la combinaison du droit national et du droit romain, sont, dans certains cas, le plus sûr commentaire des textes actuels; combien de fois leurs théories n'ont-elles pas été reproduites dans nos différents codes, dont elles forment des sections tout entières?

L'histoire du droit français offre donc plus qu'un simple intérêt de curiosité. L'étude de l'histoire et de la philosophie doit s'allier avec celle des textes; à cette condition seulement on peut aspirer au titre de jurisconsulte. Sans la philosophie, la loi n'est qu'une lettre morte ou un texte arbitraire; sans l'histoire, elle est dénuée d'intérêt; sans l'une et l'autre, le droit reste incompris. D'un autre côté, sans les textes, l'esprit s'égare dans le vague et se perd dans l'incertitude; le jurisconsulte, trop souvent entraîné par des idées purement spéculatives, professe ce qui devrait être plutôt que ce qui est, et au lieu de mettre en relief le droit positif, il empiète sur le domaine de la législation.

La codification est, à mes yeux, un progrès immense réalisé dans la science juridique; c'est le résumé de l'expérience des siècles en même temps que la consécration des améliorations sociales. Les deux éléments distincts qui composent les codes doivent être étudiés avec un soin égal, et l'esprit philosophique qui anime l'explication des théories nouvelles ne doit point mettre en oubli les emprunts faits au passé.

A ceux qui se vouent à la science du droit, je ne puis que répéter ce que disait aux jeunes avocats du barreau de Paris un jurisconsulte éminent, dont les travaux historiques ont été, en France, le signal d'une nouvelle direction imprimée aux études juridiques (1) : « Relisez ces vieux jurisconsultes. Ils sont trop » négligés; gardons-nous de les oublier et de les laisser tomber en » désuétude. Au mérite d'un style qui, dans sa franchise, a sou- » vent toute l'énergie et la précision des langues anciennes; à la » naïveté qui n'exclut pas la finesse, et qui place plusieurs » d'entre eux, tels que Loysel et Pasquier, sur la ligne de Mon- » taigne et d'Amyot, ils joignent la solidité des principes, la cer- » titude des raisonnements, une érudition, j'en conviens, exces- » sive alors comme elle est trop faible à présent, mais en tout » une connaissance approfondie des sujets qu'ils traitent et une » source féconde pour qui veut y puiser avec discernement. Dans » cette partie de vos études, ne craignez pas de vous égarer en » rebroussant chemin : pour arriver aux mines d'or, il faut percer » les entrailles de la terre; de même, travaillez, s'il le faut, plu- » sieurs siècles, et pénétrez jusqu'au temps où écrivaient Bodin, » Loyseau et Dumoulin. »

Si les quelques notions que j'ai hasardées sur les précieux monuments de notre droit encourageaient les jeunes hommes dont l'avenir appartient au barreau ou à la magistrature, à entreprendre des études historiques pleines d'intérêt et de vie, je m'estimerais heureux d'avoir osé aborder un si difficile sujet, et je trouverais dans le résultat qu'aurait produit mon livre une excuse pour la témérité qui m'a porté à l'écrire.

(1) Discours prononcé en 1829 par M. Dupin à la rentrée de la conférence des avocats. — *V. Opuscules*, p. 5, édition 1851.

ADDITIONS.

I.

J'ai parlé, p. 538, de l'édit des secondes noces de 1560, dont l'un des chefs est le type de l'art. 1098 C. N. Le préambule de cet édit, œuvre du chancelier l'Hôpital, n'est pas moins remarquable par la sagesse des idées qu'il renferme que par la naïveté du style; et comme on ne le trouve, à ma connaissance, dans aucun ouvrage de jurisprudence moderne, je crois qu'on me saura gré de le reproduire ici.

Édit *des secondes noces*, *juillet* 1560.

« François, etc. Comme les femmes veufves ayans enfant ou en-
» fans de leurs enfans, soient souvent invitées à nouvelles nopces, et
» non cognoissans estre recherchées plus pour leurs biens que pour
» leurs personnes, elles abandonnent leurs biens à leurs nouveaux
» marys, et souz prétexte et faveur de mariage leur font donations
» immenses, mettans en oubly le devoir de nature envers leurs en-
» fans, de l'amour desquels tant s'en faut qu'elles se deussent eslon-
» gner par la mort des pères, que les voyans destituez du secours et
» ayde de leurs pères, elles devroient par tous moyens s'exercer à leur
» faire le double office de père et de mère : desquelles donations
» outre les querelles et divisions d'entre les mères et les enfans s'en
» ensuit la désolation des bonnes familles, et conséquemment dimi-
» nution de la force de l'estat publique : à quoi les anciens empe-
» reurs zélateurs de la police, repos et tranquillité de leurs subjets,
» ont voulu pourvoir par plusieurs bonnes loix et constitutions sur
» ce par eux faites. Et nous pour la mesme considération et entendans
» l'infirmité du sexe, avons loué et approuvé icelles loix et consti-
» tutions. Et en ce faisant statuons et disons, déclarons, ordonnons et
» avons dit, déclaré, statué et ordonné que femmes veufves ayans en-
» fant ou enfans de leurs enfans si elles passent à nouvelles nopces,
» ne peuvent et ne pourront en quelque façon que ce soit donner de

» leurs biens meubles, acquests, ou propres à leurs nouveaux marys, » père, mère ou enfans desdits marys ou autres personnes qu'on » puisse présumer estre par dol ou fraude interposées, plus qu'à l'un » de leurs enfans ou enfans de leurs enfans, les donations par » elles faites à leurs nouveaux marys seront réduites et mesurées à » la raison de celuy des enfans qui en aura le moins. Et au regard » des biens à icelles veufves acquis par dons et libéralité de leurs » défuncts marys, elles ne peuvent et ne pourront faire aucune part » à leurs nouveaux marys, ains elles seront tenuës les réserver aux » enfans communs d'entr'elles et leurs marys, de la libéralité des- » quels iceux biens leur seront advenus. Le semblable voulons estre » gardé ès biens qui sont venus aux marys par dons et libéralité de » leurs défunctes femmes : mais seront tenus les réserver aux enfans » qu'ils ont eus de leurs premières. Toutefois n'entendons par ce » présent nostre édict bailler ausdictes femmes plus de pouvoir et » liberté de donner et disposer de leurs biens, qu'il ne leur loist par » les coustumes des pays esquelles par ces présentes n'est dérogé, » entant qu'elles restraignent plus avant la libéralité desdites » femmes.

» Si donnons en mandement, etc. »

On sait que cette ordonnance fut faite « à l'occasion d'une veufve » qui, se remariant à un jeune homme, lui donna la plus grande » partie de son bien, au préjudice de ses enfans du premier lict. » (Leprestre, cent. 1, chap. 49; *v. suprà*, p. 538.)

Un scandale d'un autre genre se produisit quelques années après. La veuve du procureur général Bourdin (1), oubliant ce qu'elle devait à la mémoire de son défunt mari et à sa propre dignité, avait contracté un second mariage avec un nommé Brandano, son domestique, clandestinement et en cachette. Une mésalliance aussi inconvenante donna *cause et sujet* à l'art. 182 de l'ordonnance de Blois (2).

Voici le texte de cet article :

» Et d'autant que plusieurs femmes veuves, mêmes ayans enfans » d'autres mariages, se remarient follement à personnes indignes de » leur qualité, et qui pis est, les aucunes à leurs valets. Nous avons » déclaré et déclarons tous dons et avantages, que par lesdites » veuves ayans enfans de leurs premiers mariages, seront faits à telles » personnes sous couleur de donation, vendition, association à leur

(1) Commentateur de l'ordonnance de 1839. (*V. suprà*, p. 834.)

(2) Leprestre, *Des mariages clandestins*.

» communauté, ou autre quelconque, nuls, de nul effet ou valeur :
» et icelles femmes lors de la convention de tels mariages, avons mis
» et mettons en l'interdiction de leurs biens, leur défendant les ven-
» dre, ou autrement aliéner en quelque sorte que ce soit, et à toutes
» personnes d'en acheter, ou faire avec elles autres contrats, par
» lesquels leurs biens puissent estre diminuez : déclarons lesdits con-
» trats nuls et de nul effet et valeur. »

L'ordonnance, comme on le voit, renchérissait encore sur la sévérité de l'édit des secondes noces. Ce dernier laissait à la femme veuve la liberté de disposer dans une certaine mesure au profit de son nouveau mari, tandis que l'autre lui défendait absolument tous avantages, même *sous couleur d'association à communauté.* Ajoutons que l'édit conservait à la veuve remariée le droit d'aliéner ses biens, tandis que l'ordonnance la mettait en état d'interdiction.

« De vray, disait Coquille dans son commentaire, tels actes dé-
» montrent l'un des deux ou tous deux, à savoir que telles femmes
» sont diminuées de sens, et méritent, selon les lois, être interdites
» de l'administration de leurs biens, ou qu'elles se montrent in-
» dignes d'avoir épousé un mary homme d'honneur. »

Le mariage de la veuve Bourdin donna lieu, en 1578, à un procès dans lequel Brisson, alors avocat général au parlement de Paris, porta la parole. « A cause que le mariage avait été fait avant l'or-
» donnance, dit Leprestre, Traité des mariages clandestins, il conclut
» seulement à ce qu'à cette veuve fût interdite toute aliénation de ses
» biens meubles et immeubles, et privée du douaire de son premier
» mary et de la propriété des acquêts, et que pour la turpitude com-
» mise par eux, par scandale public fait contre les bonnes mœurs et
» honnesteté publique, contre la loy de Dieu et l'honneur du saint
» mariage, ils fussent condamnés en 400 livres envers le roi. »
L'arrêt qui intervint est rapporté dans Chenu, quest. 16.

II.

Je me suis expliqué, p. 619-621, sur les mariages clandestins et la pénalité dont les ordonnances de nos rois les avaient frappés. Ces ordonnances étaient trop nombreuses et leur texte trop long pour trouver place dans le corps même de mon livre; cette considération m'a engagé à les rejeter à la fin. Il est important de les connaître, parce qu'elles sont célèbres dans l'ancienne jurisprudence, et que leur préambule fait du respect des enfants pour la volonté de leur père une condition de la sécurité des États.

Édit *contre les mariages clandestins*, février 1556.

« Henry, etc. Comme sur la plainte à nous faite des mariages qui journellement par une volonté charnelle, indiscrette et desordonnée se contractoient en nostre royaume par les enfants de famille, au desceu et contre le vouloir et consentement de leurs pères et mères, n'ayans aucunement devant les yeux la crainte de Dieu, l'honneur, révérence et obéissance qu'ils doyvent en tout et par tout à leursdits parens, lesquels reçoyvent tres-grand regret, ennuy et desplaisir desdits mariages, nous eussions long temps conclu et arresté sur ce faire une bonne loy et ordonnance, par le moyen de laquelle ceux qui pour la crainte de Dieu, l'honneur et révérence paternelle, et maternelle ne seroient destournez et retirez de mal-faire, fussent par la sécurité de la peine temporelle, revoquez et arrestez toutesfois par ce que nostre intention n'a esté encores exécutée, nous avons cogneu par évidence de fait que ce mal invétéré pullule et accroist de jour à autre, et pourra augmenter, si promptement ny est par nous pourveu.

» Pour ces causes, et autres bonnes et justes considérations à ce nous mouvans, par advis et délibération de nostre conseil, auquel assistoient aucuns princes de nostre sang, et autres grands et notables personnages pour nostre regard, et en tant qu'à nous est, exécutans le vouloir et commandement de Dieu, avons dit, statué et ordonné, disons, statuons et ordonnons par édict, loy, statut et ordonnance perpétuels et irrévocables.

» 1. Que les enfans de famille ayans contracté et qui contracteront cy après mariages clandestins contre le gré, vouloir, et consentement et au desceu de leurs pères et mères, puissent, pour telle irrévérence et ingratitude, mespris et contemnement de leursdits pères et mères, transgression de la loy et commandement de Dieu, et offense contre le droict de l'honnesteté publique, inséparable d'avec l'utilité, estre par leursdits pères et mères, et chacun d'eux, exheredez et exclus de leurs successions, sans espérance de pouvoir quereller l'exheredation qui ainsi aura esté faite. Puissent aussi lesdits pères et mères pour les causes que dessus, revoquer toutes et chacunes les donations et advantages qu'ils auroient fait à leurs enfans.

» 2. Voulons aussi et nous plaist, que ledits enfans qui ainsi seront illicitement conjoints par mariages, soient déclarez audit cas d'exhérédation, et les déclarons incapables de touts advantages, profits et émolumens qu'ils pourroient prétendre par le moyen des conventions apposées és contracts de mariages, ou par le bénéfice des coustumes et loix de nostre royaume, dudit bénéfice desquelles les avons privez et déboutez, privons et déboutons par ces présentes, comme ne pouvans implorer le bénéfice des loix et coutumes, eux qui ont commis contre la loy de Dieu et des hommes.

» 3. Et dabondant avons ordonné et ordonnons que lesdits enfans conjoints par la manière que dessus, ceux qui auront traicté tels mariages avec eux, et donné conseil et ayde pour la consommation d'iceux, soient subjets à telles peines qui seront advisées, selon l'exigence des cas, par nos juges, auxquels la cognoissance en appartiendra, dont nous chargeons leurs honneurs et consciences.

» 4. Déclarans toutesfois, encores que nostre vouloir et intention soit que ceste présente ordonnance et édict ait lieu, tant pour l'advenir que pour le passé, d'autant qu'il y a en ce transgression de la loy et commandement de Dieu, dont ne se peut couvrir d'ignorance, et de tolérance au contraire, néantmoins pour ne perturber les mariages qui sont en repos, et ne donner occasion à nos sujets d'entrer en grandes et grosses querelles et différens, n'entendons en ce comprendre les mariages qui auront esté consommez auparavant la publication de ces présentes par cohabitation charnelle, ains seulement les mariages esquels on prétendoit seul contentement, soit par paroles de présent ou de futur, sans qu'il y eust eu cohabitation ou conjonction charnelle.

» 5. Ne voulons aussi et n'entendons comprendre les mariages qui auront esté et seront contractez par les fils excédans l'aage de trente ans, et les filles ayans vingt-cinq ans passez et accomplis, pourveu qu'ils soient mis en devoir de requérir l'advis et conseil de leursdits pères et mères. Ce que voulons aussi estre gardé pour le regard des mères qui se marient, desquelles suffira requérir leur conseil et advis : et ne seront lesdits enfans audit cas tenus d'attendre leur consentement (1). »

(1) « Cette ordonnance fut faite à cause de M. de Montmorenci, fils aîné de défunct M. le » connestable, lequel, son père voulant marier à Mme Diane, fille naturelle du roy, veufve » de défunct Horace Farnèse, duc de Castro, s'excusa, parce qu'il disoit avoir promis mariage à Mlle de Piennes, au préjudice de laquelle promesse, le mariage avec la veufve du » duc de Castro ne laissa d'être parachevé. (Leprestre, cent. 1, chap. 53.)

ORDONNANCE *du roi Charles IX, faite à Orléans au mois de janvier* 1560.

« 111. Et parce qu'aucuns abusans de la faveur de nos prédécesseurs » par importunité, ou plutost subrepticement, ont obtenu des lettres » de cachet et closes, ou patentes, en vertu desquelles ils ont fait » séquestrer des filles, et icelles épousé ou fait épouser, contre le » gré et vouloir des pères, mères et parens, tuteurs ou curateurs, » chose digne de punition exemplaire; enjoignons à tous juges pro- » céder extraordinairement et comme en crime de rapt, contre les » impétrans et ceux qui s'aideront de telles lettres, sans avoir » égard à icelles. »

ORDONNANCE *de Blois, mai* 1579.

« 40. Pour obvier aux abus et inconvéniens qui adviennent des ma- » riages clandestins, avons ordonné et ordonnons que nos sujets de » quelque estat, qualité et condition qu'ils soient, ne pourront vala- » blement contracter mariage, sans proclamations précédentes de » bans faites par trois divers jours de festes, avec intervalle com- » pétent, dont on ne pourra obtenir dispense, sinon après la » première proclamation faite : et ce seulement pour quelque » urgente ou légitime cause, et à la réquisition des principaux et » plus proches parens communs des parties contractantes, après les- » quels bans seront épousées publiquement : et pour pouvoir témoi- » gner de la forme qui aura esté observée esdits mariages, y » assisteront quatre personnes dignes de foy, pour le moins, dont » sera fait registre ; le tout sur les peines portées par les conciles : » enjoignons aux curez, vicaires ou autres de s'enquérir soigneuse- » ment de la qualité de ceux qui voudront se marier ; et s'ils sont » enfans de famille, ou estant en la puissance d'autrui, nous leur » défendons étroitement de passer outre à la célébration desdits ma- » riages, s'il ne leur apparoît du consentement des pères, mères, » tuteurs, ou curateurs, sur peine d'estre punis comme fauteurs du » crime de rapt.

» 41. Nous voulons que les ordonnances ci devant faites contre les » enfans contractans mariages sans le consentement de leurs pères, » mères, tuteurs et curateurs soient gardées ; mêmement celle qui » permet en ce cas les exhérédations.

» 42. Et néanmoins voulons que ceux qui se trouveront avoir suborné » fils ou fille mineurs de vingt-cinq ans, sous prétexte de mariage ou » autre couleur, sans le gré, sçu vouloir ou consentement exprès » des pères, mères et des tuteurs, soient punis de mort, sans espé- » rance de grâce et pardon : nonobstant tous consentement, que les- » dits mineurs pourroient alléguer par après, avoir donné audit rapt » lors d'icelui ou auparavant : et pareillement seront punis extraor- » dinairement tous ceux qui auront participé audit rapt, et qui au- » ront presté conseil, confort et aide en aucune manière que ce soit.

» 43. Défendons à tous tuteurs accorder ou consentir le mariage de » leurs mineurs, sinon avec l'avis et consentement des plus proches » parens d'iceux, sur peine de punition exemplaire.

» 44. Pareillement défendons à tous notaires, sur peine de punition » corporelle, de passer ou recevoir aucunes promesses de mariage » par paroles de présent.

ORDONNANCE *de* 1629.

« 39. L'ordonnance de Blois touchant les mariages clandestins sera exactement observée. »

« 169. Désirant conserver l'authorité des pères sur leurs enfans, l'honneur et la liberté des mariages, et la révérence due à un si saint sacrement, et empêcher qu'à l'advenir plusieurs personnes de qualité ne soient alliées de personnes indignes et de mœurs dissemblables, avons renouvelé les ordonnances pour la punition du crime de rapt. »

DÉCLARATION *de* 1639 *sur les formalités du mariage*, *etc.*

« LOUIS, etc. Comme les mariages sont le séminaire des Etats, la source et l'origine de la société civile, et le fondement des familles, qui composent les républiques, qui servent de principes à former leurs polices, et dans lesquelles la naturelle révérence des enfants envers leurs parents, est le lien de la légitime obéissance des sujets envers leur souverain : aussi les rois nos prédécesseurs ont jugé digne de leur soin, de faire des loix de leur ordre public, de leur décence extérieure, de leur honnêteté et de leur dignité. A cet effet, ils ont voulu que les mariages fussent publiquement célébrés en face d'église, avec toutes les justes solemnités, et les cérémonies qui ont été prescrites comme essentielles par les saints conciles, et par eux déclarées être non-seulement de la nécessité du précepte, mais encore de la nécessité du sacrement. Mais outre les peines indictes par les conciles, aucuns de nosdits prédécesseurs ont permis aux pères et aux mères d'exhéréder leurs enfans qui contractoient des mariages clandestins sans leur consentement, et de révoquer toutes et chacunes les donations et avantages qu'ils leur avoient faits. Mais quoique cette ordonnance fût fondée sur le premier commandement de la seconde table, contenant l'honneur et la révérence qui est due aux parents, elle n'a pas été assez forte pour arrêter le cours du mal et du désordre qui a troublé le repos de tant de familles, et flétri leur honneur par des alliances inégales, et souvent honteuses et infâmes : ce qui depuis a donné sujet à d'autres ordonnances qui désirent la proclamation de bans, la présence du propre curé, et de témoins assistans à la bénédiction nuptiale, avec des peines contre les curés, vicaires et autres, qui passeroient outre à la célébration des mariages des enfans de famille, s'il ne leur apparoissoit des consentemens des pères et mères, tuteurs et curateurs, sous peine d'être punis comme fauteurs du crime de rapt, comme les auteurs et les complices de telles illégitimes mariages.

» Toutefois quelque ordre qu'on ait pu apporter jusqu'à maintenant pour rétablir l'honnêteté publique, et des actes si importans, la licence du siècle, la dépravation des mœurs, ont toujours prévalu sur nos ordonnances si saintes et si salutaires, dont même la vigueur et l'observation a été souvent relâchée, par la considération des pères et mères qui remettent leur offense particulière, bien qu'ils ne puissent remettre celle qui est faite aux loix publiques. C'est pourquoi ne pouvant plus souffrir que nos ordonnances soient ainsi violées, ni que la sainteté d'un si grand sacrement, qui est le signe mystique de la conjonction de Jésus-Christ avec son église, soit indignement profanée; et voyant d'autre part, à notre grand regret, et au préjudice de notre état, que la plupart des honnêtes familles de notre royaume demeurent en trouble par la subornation et enlèvement de leurs enfant, qui trouvent eux-mêmes la ruine de leur fortune dans ces illégitimes conjonctions, nous avons résolu d'opposer à la fréquence de ces maux la sévérité des loix, et de retenir par la terreur de nouvelles peines ceux que la crainte ni la révérence des loix divines et humaines ne peuvent arrêter; n'ayant en cela autre dessein que de sanctifier le mariage, régler les mœurs de nos sujets, et empêcher que les crimes de rapt ne servent plus à l'avenir de moyens et de degrés pour parvenir à des mariages avantageux.

» A ces causes, après avoir mis cette affaire en délibération en notre conseil; de l'avis d'icelui, et de notre certaine science, pleine puissance et autorité royale, nous avons statué et ordonné, statuons et ordonnons ce qui suit :

» 1. Nous voulons que l'art. 40 de l'ordon. de Blois, touchant les mariages clandestins, soit exactement gardé : et interprétant icelui, ordonnons que la proclamation des bans sera faite par le curé de chacune des parties contractantes, avec le consentement des pères, mères, tuteurs ou curateurs, s'ils sont enfans de famille, ou en la puissance d'autrui. Et qu'à la célébration du mariage assisteront quatre témoins dignes de foi, outre le curé qui recevra le consentement des parties, et les conjoindre en mariage suivant la forme pratiquée en l'église. Faisons très-expresses défenses à tous prêtres, tant séculiers que réguliers, de célébrer aucun mariage, qu'entre leurs vrais et ordinaires paroissiens, sans la permission par écrit des curés des parties, ou de l'évêque diocésain, nonobstant les coutumes immémoriales et priviléges que l'on pourrait alléguer au contraire. Et ordonnons qu'il sera fait un bon et fidèle registre, tant des mariages que de la publication des bans, ou des dispenses, et des permissions qui auront été accordées.

» 2. Le contenu en l'édit de l'an 1556, et aux articles 41, 42, 43 et 44 de l'ord. de Blois, sera observé; et y ajoutant, nous ordonnons que la peine de rapt demeure encourue, nonobstant les consentemens qui pourroient intervenir puis après de la part des pères, mères, tuteurs et curateurs, dérogeant expressément aux coutumes qui permettent aux enfans de se marier après l'âge de vingt ans, sans le consentement des pères. Et avons déclaré et déclarons les veuves, fils et filles, moindres de ving-cinq ans, qui auront contracté mariage contre la teneur desdites ordonnances, privés et déchus par le seul fait, ensemble les enfants qui en naîtront, et leurs hoirs, indignes et incapables à jamais des successions de leurs pères, mères et ayeuls, et de toutes autres directes et collatérales : comme aussi des droits et avantages qui pourroient leur être acquis par contrats de mariage et testamens, par les coutumes et loix de notre royaume, même du droit de légitime; et les dispositions qui seront faites au préjudice de cette notre ordonnance, soit en faveur des personnes mariées, ou par elles au profit des enfans nés de ces mariages, nulle et de nul effet et valeur. Voulons que les choses ainsi données, léguées ou transportées, sous quelques prétextes que ce soit, de-

TABLE DES MATIÈRES.

PRÉFACE.
INTRODUCTION. 1
§ I. — Gaulois. 10
II. — Romains. 18
III. — Christianisme. 27
IV. — Germains. 31

LIVRE I. — Époque barbare. — Empire franc (486-888). 41
TITRE I. — Aperçu des principaux faits politiques. 42
TITRE II. — Sources du droit. 48
Chapitre I. — Droit romain. 51
§ I. — Code Théodosien. 52
II. — *Breviarium Alaricianum.* *id.*
III. — *Papiani responsa.* 55
IV. — *Epitome Juliani* 56
Chapitre II. — Droit national. 57
Section I. — Monuments législatifs. 58
Article I. — Lois barbares. 59
§ I. — Loi Salique. 60
II. — Loi des Ripuaires. 63
III. — Loi des Bourguignons. 65
IV. — Loi des Visigoths. 67
Article II. — Capitulaires. 68
Section II. — Coutumes. 71
Chapitre III. — Droit canonique. 76
I. — Monuments de source authentique. 79
II. — Monuments de source apocryphe. 80
III. — Autres sources. 82
TITRE III. — Caractère général de la législation. 84
I. — Droit civil. 89
II. — Droit pénal. 106
III. — Procédure. 110
TITRE IV. — Organisation intérieure de l'État. 113
Article I. — Organisation politique. 114
Article II. — Organisation administrative et judiciaire. 121

LIVRE II. — Féodalité (888-1461). 137
TITRE I. — Aperçu des principaux faits politiques. 138
TITRE II. — Sources du droit. 157
Chapitre I. — Droit romain. 159
Article I. — Recueils. 161
§ I. — *Petri exceptiones legum romanarum.* 161
§ II. — Collection de Julinien. 162
Article II. — Culture du droit. 164
§ I. — Université. 165
I. — Montpellier. 166
II. — Toulouse. 167
III. — Orléans. *id.*
IV. — Avignon, Cahors, Angers, Valence, Poitiers. 168
§ II. — Jurisconsultes. 169
I. — Glossateurs. *id.*
II. — Accursiens. 172
III. — Bartolistes. 178
Chapitre II. — Droit national. 182
Section I. — Actes législatifs. 186
Article I. — Ordonnances. 187
§ I. — Rédaction. 188
II. — Confection de la loi. 189
III. — Publication. 194
IV. — Objet des actes législatifs. 196
I. — Ordonnances des premiers Capétiens. 197
II. — Philippe-Auguste. — Saint Louis. 198
III. — Philippe (IV) le Bel. 202
IV, V, VI. — Louis (X) le Hutin, Philippe (V) le Long, Charles (IV) le Bel, Philippe (VI) de Valois. 205
VII. — Jean II. 209
VIII. — Charles V. 213
IX. — Charles VI. 217
X. — Maladie de Charles VI. 220
XI. — Charles VII et Henri VI. 233
XII. — Charles VII seul roi de France. 237
Article II. — Chartes. 249
I. — Communes. *id.*
II. — Municipalités. 256
III. — Villes de simple bourgeoisie. 257
Article III. — Statuts des métiers. 261
Section II. — Coutumes. 268
Article I. — Recueils d'arrêts. 270
I. — *Olim.* 271
II. — Registres de la cour des aides. 275
Article II. — Coutumiers. 277

§ I. — Monuments français. 279
I. — Conseil de Pierre de Fontaines et de ses divers remaniements. 279
II. — Estatu dou royaume de France. 284
III. — Li livres de jostice et de plet. id.
IV. — Coutumes d'Amiens. 288
V. — Coutumes de Beauvoisis. 291
VI. — *Practica aurea.* 297
VII. — Songe du Verger. 301
VIII. — Coutumes tenues toutes notoires et jugées au Châtelet de Paris. 305
IX. — *Stylus parlamenti.* 306
X. — Anciennes constitutions du Châtelet de Paris. 307
XI. — Décisions de Jean Desmares. id.
XII. — Grand Coutumier de France. 308
XIII. — Somme rurale. 309
XIV. — Pratique de Masuer. 311
XV. — Ancien style de Normandie. 312
§ II. — Monuments étrangers. 314
I. — Assises de Jérusalem. 315
II. — Lois anglo-françaises. 318
III. — Livre des fiefs. 319
Chapitre III. — Droit canonique. 321
I. — Recueil de Reginon. 322
II. — Recueil de Burchard. id.
III. — Décret d'Yves de Chartres. 323
IV. — Décret de Gratien. id.
V. — Recueil de Grégoire IX. 325
VI. — Recueil de Boniface VIII. 326
VII. — Clémentines. 327
VIII. — *Extravagantes.* id.
TITRE III. — Caractère général de législation. 329
Chapitre I. — Droit féodal. 333
Chapitre II. — Droit civil ou coutumier. 349
I. — Droit civil. id.
II. — Droit criminel. 374
III. — Procédure. 380
TITRE IV. — Organisation intérieure de l'État. 394
Chapitre I. — Système féodal. 395
§ I. — Hiérarchie féodale. id.
I. — Vassaux. id.
II. — Cour féodale. 397
III. — Gouvernement local. 398
§ II. — Population agricole. 403
III. — Communes. 404
IV. — Corporations. 409
Chapitre II. — Royauté. 413
Article I. — Organisation politique. 415
§ I. — Officiers royaux. id.
II. — Tiers état. 421
Article II. — Organisation administrative et judiciaire. 428
§ I. — Finances. 429
I. — Redevances seigneuriales. id.
II. — Revenus publics. 437
III. — Redevances ecclésiastiques. 443
IV. — Répartition et perception de l'impôt. 445
§ II. — Armée. 448
III. — Justice. 454
Juridictions laïques. id.
Première classe. — Justices seigneuriales. id.
Deuxième classe. — Juridictions municipales. 460
Troisième classe. — Juridictions royales. 462
Cour primitive du roi. id.
I. — Juridictions souveraines sorties de la cour primitive du roi. 470
1° Grand conseil. 471
2° Parlement. id.
3° Cour des comptes. 474
4° Chambre du trésor. 475
5° Chambre des monnaies. 476
6° Chambre des aides. id.
II. — Juridictions royales non souveraines. 477
I. — Juridictions royales non souveraines de première classe. id.
1° Grand bailliage. id.
2° Grandes sénéchaussées. 478
3° Juridiction de l'amiral. id.
4° Grande maîtrise des eaux et forêts. 479
II. — Juridictions royales inférieures. id.
1° Elections. 480
2° Amirautés. id.
3° Maîtres particuliers des eaux et forêts. id.
4° Hôtel des monnaies. id.
Juridictions ecclésiastiques. 483
LIVRE III. — Monarchie absolue (1461-1789). 488
TITRE I. — Aperçu des principaux faits politiques. 489
TITRE II. — Sources du droit. 510
Chapitre I. — Droit romain. 511
Article I. — Documents auxiliaires. 513
I. — Basiliques. id.
II. — *Notitia dignitatum Orientis et Occidentis.* 515
III. — *Fragmenta Ulpiani.* id.
IV. — *Fragmentum regularum.* id.
V. — *Mosaïcarum et romanarum legum collatio.* id.
VI. — *Consultatio veteris jurisconsulti.* 516
VII. — Tables d'Héraclée. id.
VIII. — *Lex Gallicæ Cisalpinæ.* id.
Article II. — Culture du droit. 517

I. — Cujas. 518
II. — Doneau. 521
III. — Pothier. 522
IV. — Autres jurisconsultes. 525
Chapitre II. — Droit national. 527
Section I. — Actes législatifs. 528
Article I. — Ordonnances. *id.*
I. — Louis XI. *id.*
II. — Charles VIII. 531
III. — Louis XII. 532
IV. — François Ier. 533
V. — Henri II. 536
VI. — François II. 537
VII. — Charles IX. *id.*
VIII. — Henri III. 544
IX. — Henri IV. *id.*
X. — Louis XIII. 547
XI. — Minorité de Louis XIV. — Mazarin. 550
XII. — Louis XIV. — Colbert. 552
XIII. — Louis XV. — d'Aguesseau. 563
XIV. — Louis XVI. 570
Article II. — Coutumes. 572
Article III. — Arrêts du parlement. 582
Section II. — Culture du droit. 588
I. — Ecole de transaction. 589
II. — Ecole coutumière. *id.*
III. — Ecole philosophique. 598
Chapitre III. — Droit canonique. 604
TITRE III. — Caractère général de la législation. 606
Chapitre I. — Droit féodal. 607
Chapitre II. — Droit civil ou coutumier. 616
I. — Droit civil. 617
II. — Droit criminel. 639
III. — Procédure. 645
TITRE IV. — Organisation intérieure de l'Etat. 656
Article I. — Organisation politique. 657
§ I. — Noblesse, clergé. 660
§ II. — Municipalités. 661
§ III. — Tiers état. 664
I. — Bourgeoisie. *id.*
II. — Commerçants. 665
III. — Population agricole. 666
IV. — Corporations. *id.*
V. — Parlement. 668
VI. — Etats généraux. 670
Article II. — Organisation administrative et judiciaire. 677
§ I. — Finances. 678
I. — Domaine royal. 679
II. — Impôts. 682
1° Contributions directes. *id.*
2° Contributions indirectes. 684
III. — Ressources extraordinaires. 686
IV. — Répartition et perception de l'impôt. 688
§ II. — Armée. 690
§ III. — Justice. 695
Juridiction ecclésiastique. *id.*
Juridictions municipales. 696
Justices seigneuriales. *id.*
Justices royales. 697
I. — Juridictions ordinaires. 698
1° Parlement. *id.*
2° Conseils souverains. *id.*
3° Grands jours. *id.*
4° Bailliages et sénéchaussées. 699
5° Présidiaux. *id.*
II. — Juridictions exceptionnelles. 701
1° Ancien conseil royal. *id.*
2° Maîtres des requêtes. *id.*
3° Prévôt de l'hôtel. 702
4° Chambre des comptes. *id.*
5° Chambre du trésor. *id.*
6° Cour des aides. *id.*
7° Cour des monnaies. *id.*
8° Amirauté. 703
9° Juridiction des prises. *id.*
10° Grand maître des eaux et forêts. *id.*
11° Elections. 704
12° Greniers à sel. *id.*
13° Juridiction des traites. *id.*
14° Connétablie ou maréchaussée. *id.*
15° Prévôts des maréchaux. *id.*
16° Juridiction du lieutenant général de police. 705
17° Juridiction des intendants. *id.*
18° Juridiction consulaire. *id.*
LIVRE IV. — Ère révolutionnaire. 707
Première période. — Assemblée constituante (1789-1791). 710
§ I. — Institutions politiques. 712
§ II. — Institutions canoniques. 716
§ III. — Institutions féodales. 719
§ IV. — Institutions civiles. *id.*
IIe période. — Assemblée législative. — Convention (1791-1795). 727
IIIe période. — Directoire (an IV-VIII). 740
IVe période. — Consulat (an VIII-XII). 748
Article I. — Droit public. 752
I. — Organisation politique.
II. — Organisation administrative. 756
III. — Organisation judiciaire. 757
IV. — Organisation du clergé. 758
Article II. — Codification. 759
§ I. — Code Napoléon. 761
§ II. — Code de procédure civile. 778
§ III. — Code de commerce. 783
§ IV. — Code d'instruction criminelle. 785
§ V. — Code pénal. 789
Parallèle des codes français. 790
CONCLUSION. 793
ADDITIONS. 798

FIN DE LA TABLE DES MATIÈRES.

TABLE ALPHABÉTIQUE.

A

Abrégement *de fief*. — Ce que c'était, 346. — Y avait-il abrégement pour les serfs? 351.

Abus (*appels comme d'*). — Leur origine, 485. — La constituante en confia le jugement aux tribunaux de district, 718.

Acceptation *de donation entre-vifs*. — Règles à ce sujet, 628.

Accurse. — Sa grande glose, 173 et suiv.

Accursiens. — Appréciation de cette école, 172.

Accusé. — Ne peut, en vertu de l'ord. de 1539, obtenir un conseil pour l'éclairer, 535, 639, 654. — Doit être interrogé dans les 24 heures; ce principe est encore en vigueur, 551. — Conditions exigées pour que l'accusé soit puni, 640, 641. — Peut-il être saisi partout? 653. — Son interrogatoire, sa confrontation avec les témoins, 654. — Garanties que lui accorde la constituante, 725. — La convention les retire, 734. — Le code d'inst. crim. améliore sa position, 785.

Achasium. — Ce que c'était chez les Francs, 99.

Actes. — Importance des actes originaux pour l'histoire du droit, 74.

— *de l'état civil*. — Institution ébauchée par l'ordonnance de Villers-Coterets, 535 et notes, — et celle de Blois de 1579, 543. — Complétée par ordonnance de 1667, 557, — dont plusieurs dispositions ont été consacrées par le code Napoléon, 557, note 4; 568, notes 2 et 4. — Leur rédaction n'est plus confiée aux curés, 724.

— *législatifs*. — Mode de rédaction et de leur confection pendant la féodalité, 186 et suiv.; — pendant la monarchie absolue, 528 et suiv.; — sous la constituante, 712 et suiv.; — sous la législative et la convention, 731 et suiv. — Les actes du directoire ont un cachet à part, 742. — Leur importance sous le consulat, 752 et suiv.

— *notariés*. — Devaient être rédigés en français, suivant l'ordonnance de Villers-Coterets, 535. — Formalités exigées par l'ordonnance de 1560, 538. — Ils emportaient hypothèque de plein droit; il en est autrement aujourd'hui, 637. — Ils étaient essentiels pour la constitution d'hypothèque comme aujourd'hui, *ibid.*, note 1. — Devaient être rédigés en français sous peine d'emprisonnement, d'après la loi de l'an II, 735.

— *sous signature privée*. — Comment ils doivent être rédigés, 567. — Formalités adoptées par le Code, 568, note 1. — La convention exige qu'ils soient rédigés en français sous peine d'emprisonnement, 735.

Actions. — Leur caractère et leur division sous la féodalité, 389 et suiv.

— *possessoires*. — Leurs conditions d'exercice; elles ont été adoptées dans le code de procédure, 360, note 1. — Comment étaient-elles intentées? 649.

— *privée*. — Principes qui la régissent, 640.

— *publique*. — Différence avec l'action privée, 640.

Acquêts. — Les père et mère y succédaient, 368. — Différence des acquêts et des conquêts, 627.

Administration. — Ne commence à être soumise à des règles fixes que sous Charles VII, 420. — Se met à la place des municipalités, 662, 663. — L'administration militaire a fait de grands progrès aux XVIe et XVIIe siècles, 692. — Une réforme administrative s'opère en 89, 712. — Toutes les administrations sont régularisées par le premier consul, 756.

— *romaine*. — Etablie dans les Gaules, 22. — Sa destinée à l'époque barbare, 123 et suiv. — Reconstituée par Charlemagne, elle disparut sous la féodalité, 394.

Adoption. — Connue chez les Francs, 98. — L'assemblée législative ordonne de faire une loi sur ce sujet, 732.

Afatomia. — Espèce de testament reconnu par la législation franque, 102.

Affouage. — En quoi il consiste, 433.

Affranchi. — Sa condition, 351.

Affranchissement. — V. *Serf*.

Aides. — Leur origine, leur division, 397. — Levées par le roi comme par les autres seigneurs, 440. — Devenues sous Charles VII un impôt annuel et permanent, 441. — Grande ordonnance de Colbert à ce sujet, 684.

Aîné. — Ses droits dans la succession

féodale, 335. — Ne payait pas de dettes pour son préciput, 635. — Il n'a plus aujourd'hui de droits particuliers, 724.

AJOURNEMENT. — Appelé *mannire* chez les Francs, comment était-il donné au civil? 110 et suiv.; — au criminel? 112. — Sous la féodalité il s'appelait *semonce*. — Délais différents quand il s'agissait d'un noble ou d'un roturier, 386. — Qui remettait l'ajournement sous la féodalité? 387. — Sous la monarchie absolue? 645.

ALCIAT. — A donné une première édition de la *Notitia dignitatum*, 515. — Fondateur de l'école historique, 517.

ALLEU. — Etymologie, 342. — Propriété franche et libre, 94. — A quels héritiers appartenait-il? 102. — Les alleux disparurent entièrement dans la France septentrionale, 334.

AMBACTE. — Ce qu'on entendait par là, 15.

AMENDEMENT. — Seul mode de se pourvoir autrefois contre un jugement, 392, 466.

AMENDES. — Peine appliquée dans toutes les législations, 259. — Elles remplacent au moyen âge les peines corporelles, 376. — Moins fortes contre les vilains que contre les nobles, 377. — Formaient un revenu aux seigneurs, 436. — Le roi les absorba successivement en étendant la justice royale, 439, 643.

AMENDE *honorable*. — Peine; — comment était-elle exécutée? 643.

AMIENS. — Deux rédactions d'anciennes coutumes, 288 et suiv.

AMORTISSEMENT. — Ce que c'est, 345. — Ce droit a été l'objet de plusieurs actes législatifs, 231, 346, 347. — Au XVe siècle il appartient au roi, 346, 438. — En quoi il consistait pour les serfs que le seigneur voulait affranchir, 351. — Il subit des restrictions successives, 680.

AMIRAUTÉS. — Leur juridiction, 480. — Elles continuèrent à juger malgré la suppression de la charge de l'amiral, 703.

ANCIENNES CONSTITUTIONS *du Châtelet*. — Leur contenu, 317.

ANIMAUX. — Etaient punis au moyen âge, 375. — L'usage de leur faire des procès tomba bientôt en désuétude, 376.

ANOBLISSEMENT. — Qui pouvait le donner? 615. — La monarchie absolue l'accordait avec profusion, 660.

ANSEGISE. — Recueil de capitulaires, 70.

ANTICHRÈSE. — A été connue longtemps avant l'hypothèque, 373.

ANTRUSTIONS. — V. *Leudes*.

APANAGES. — Étaient indivisibles; les femmes ne pouvaient les acquérir, 608 et note 1. — Convertis en rentes par la constituante, 723.

APOCRISIAIRE. — Intendant des affaires ecclésiastiques sous les Carlovingiens, 130.

APPEL. — Le perdant pouvait, chez les Francs, appeler devant le roi, 112. — Pratiqué dans les pays de droit écrit, il était inconnu dans les pays de coutume, 392. — Délai fort court, 393. — L'appel était la règle pour les juridictions municipales, 462. — Délais de cette voie de recours, 649. — Comment il était relevé, *ibid.* — Effet de la péremption en appel, 650. — C'est le système actuel, note 1. — En matière criminelle, dans certains cas, l'appel était prohibé, 652. — De l'appel en matière criminelle et de ses effets, 655. — Maintenu par la constituante, mais sans tribunal supérieur, 715. — Organisation de l'an VIII, 757.

APPOINTEMENT *à mettre*. — Ce que c'était, 646.

— *à vérifier*. — Quand y avait-il lieu à ce jugement? 646.

— *en droit*. — Dans quel cas le juge l'ordonnait-il? 646.

— *de délibéré*. — Quand y avait-il lieu à cet appointement? 647.

ARBALÉTRIERS. — Leur organisation, 448.

ARGENTRÉ (d') (1). — Son commentaire sur la coutume de Bretagne, 577, note 1. — Il repoussait l'autorité en France du

(1) Boucher d'Argis, dans ses notes sur la préface de Bretonnier, rapporte les incertitudes des jurisconsultes sur la fonction judiciaire que ce jurisconsulte occupait. Les uns le faisaient président à mortier, les autres président au parlement. Bretonnier disait qu'il avait été d'abord préteur à Rennes, et ensuite conseiller au parlement. Tous s'étaient trompés, comme le prouve Boucher d'Argis en citant le passage d'Hévin sur Frain, p. 818 : « Si quelqu'un, dit-il, qui n'ait pas été élevé dans cette province, me fait l'honneur de lire cette remarque, il sera peut-être étonné que je nomme M. d'Argentré, sénéchal et président du présidial de Rennes, contre la possession invétérée dans laquelle sont tous les auteurs français de le qualifier président au parlement, et de le citer avec la qualité de Monsieur, dont on distingue les auteurs qui sont officiers des cours souveraines; mais c'est une vérité de fait qui ne peut être changée, quelque respect que l'on ait pour son mérite. Bertrand d'Argentré, notre illustre commentateur, n'a jamais été officier du parlement, et pour cette raison, la cour ne souffre pas que nous le citions, en plaidant devant elle, sous la qualité de Monsieur. Il était sénéchal, que l'on dit ailleurs lieutenant général, et président au présidial de Rennes, *provinciæ Rhedonensis præses.* » C'est ce qui est corroboré par le procès-verbal de la coutume réformée de Bretagne en 1580, dont d'Argentré était commissaire, et où on lui donne la qualification de *conseiller de Sa Majesté et son sénéchal à Rennes.* (Coutumier de Richebourg, t. 4, p. 420 et 462.)

Liber feudorum, 320. — Notice sur ce jurisconsulte, 595.

ARMÉE. — Sa permanence commence aux croisades, 145. — Charles V fait ses efforts pour la régulariser, 214. — Changements radicaux apportés par la législation de Charles VII, 240, 448 et suiv. — Son organisation lui assure la supériorité sur les armées étrangères, 491. — Louis XI resserre la discipline, 531. — Sa composition sous la monarchie absolue, 690. — Sous la convention elle relève la France aux yeux de l'étranger, 730. — L'armée d'Italie intervient dans les affaires du gouvernement, 741. — Elle fait oublier les malheurs de la patrie, 743.

ARRÊTÉS (*de Lamoignon*). — But de l'auteur, 597.

ARRÊTS. — Leur influence sur la législation, 587, notes 1, 2, 3, 4, 5. — Les arrêts, d'abord motivés, ne le furent plus. Cet usage, tombé en désuétude, 585, note 2, — fut rétabli en 91, 779.

— *de règlement*. — Ce que c'était; leur autorité, 584.

ARRIÈRE-BAN. — Ce que c'était, 449. — Devenu inutile, ne fut plus convoqué par les rois, 692.

ARRONDISSEMENTS. — Division administrative, 713. — Maintenue par la constitution de l'an VIII, 756. — Chacun d'eux possède un tribunal, 757.

ARTOIS. — Coutumier, son contenu, 315.

ASCENDANTS. — Leurs droits dans la succession de leurs enfants, 104, 309 et suiv. — *V.* retour légal. — Exclus par les frères et sœurs d'après la loi de nivôse, 736.

ASILE (*droit d'*). — En vigueur chez les Francs; il passa dans la féodalité, mais avec des modifications qui présageaient sa disparition, 379. — L'ordonnance de 1670 ne le reconnaît plus, 653.

ASSEMBLÉE *constituante*. — Sa durée, 716. — Son caractère et son respect pour les droits acquis, 725. — *V. Actes législatifs*.

— *législative*. — Ce qu'elle fut, 727 et suiv. — Ses lois, 731 et suiv.

— *féodale*. — Ce que c'était, 422.

— *générales*. — Ce qu'elles étaient en Gaule, 16 et suiv. — Sous les Mérovingiens et sous Charlemagne, 115, 131. — Elles s'éteignent quand la féodalité paraît, 421. — Ce ne sont plus que des assemblées féodales, 422.

— *primaires*. — Contribuaient à la rédaction des doléances adressées aux états généraux, 666. — Leur rôle sous la constitution de 93, 734.

ASSIGNATS. — Leur création, 721. — Abus des assignats, 736, 741.

ASSISES. — Ce qu'on entendait par là, 422.

— *de Jérusalem*. — Leur date et leur contenu, 315 et suiv. — M. Beugnot en a donné une édition, 315, note 1.

AUBAINS. — Leur condition, 352. — Incapables d'acquérir des immeubles, 365. — Louis XI les favorise, 531. — Leur condition améliorée sous la monarchie absolue, 617.

AUBAINE (*droit d'*). — Des seigneurs il passa au roi, 352. — Se réduit au droit de détraction, 571, 617, 680, — qui est lui-même supprimé par la constituante, 720.

AVÉNEMENT (joyeux). — En quoi ce droit consistait, 681 et note 2.

AVEU. — C'était la preuve préférée chez les Francs, 96. — Sous la féodalité, le juge l'obtient par la torture, 375; — sous la monarchie absolue, par la question, 641.

— *de bourgeoisie*. — Ce que c'était, 350. — Moyen pour les aubains d'acquérir des droits civils, 352.

AVOUÉS. — Créés par la constitution de 91, — supprimés en l'an II, 738. — Rétablis et organisés sous le consulat, 757.

AUDITEURS. — V. *Rapporteurs*.

AUGMENT *de dot*. — Ce droit tenait lieu, dans les pays de droit écrit, du douaire des pays de coutumes, 357.

AUROUX DES POMMIERS. — A commenté la coutume du Bourbonnais, 577, note 1.

AUTHENTIQUE. — Ce que c'est, 163.

AUTHENTIQUÉE (femme). — Ce que cela signifie, 643 et note 1.

AUTORISATION *maritale*. — Exigée à peine de nullité, comme aujourd'hui, 354, note 1. — Elle était présumée pour les besoins du mariage, ou lorsque la femme était marchande publique, 354, note 2.

AZON. — Enseigna à Montpellier, 167.

AYMAR (René). — Commentaire sur l'ordonnance relative aux testaments, 565, note 5.

B

BAIL *à cens*. — Différence avec la rente foncière, 613.

BAILA (*Henri de*). — Enseigna à Montpellier, 167.

BAILLIAGES. — Ce que c'était, 415. — Maintenus sous la monarchie absolue, 699. — Supprimés par Louis XVI, qui en établit quatre sur de nouvelles bases, 700.

BAILLIS. — Leurs attributions, 415. — C'étaient de véritables *missi dominici*,

457. — Compétence mal définie, 699. — N'existaient plus avant 89, 713.

BAILLISTRE. V. *Gardien*.

BALUZE. — Recueil de formules, 72.

BANALITÉS. — Leur étendue, 433. — Supprimées par la constituante, 719.

BANNISSEMENT *volontaire*. — Était un moyen de se soustraire à une condamnation pénale pendant la féodalité, 374. — Effet du bannissement perpétuel, 643.

BANQUE *de France*. — Institution privée d'abord, 686. — Elle revêtit sous le consulat un caractère officiel, 757.

BANS. — Formalité qui précède la célébration du mariage; qui les publiait et combien en fallait-il? 620.

BANVIN. — Droit seigneurial, 433. — Supprimé par Louis XVI, 678 et note 2.

BARBARES. — Leur entrée dans les Gaules, 42.

BARONS. — Qui nommait-on ainsi? 399. — Chaque baron était roi dans sa seigneurie pendant l'anarchie féodale, 401.

BARRES. — V. *Exceptions*.

BARTOLISTES. — Appréciation de cette école, 178 et suiv.

BASILIQUE. — V. *Code Henri III*.

BASILIQUES. — Leur importance pour l'étude du droit romain, 513.

BASNAGE. — A laissé un bon commentaire sur la coutume de Normandie, 577, note 1. — Notice sur ce jurisconsulte, 597.

BASSINAGE. — Droit seigneurial, 435.

BATARD. — Chez les Francs il était sous la garde du roi, 98. — Il en fut de même sous la féodalité, quand il n'avait pas de parents mâles, 353. — Frappé, en principe, d'incapacité, 352. — Différence entre les bâtards nés de femmes de corps et ceux nés de femmes franches, 352 et suiv. — Primitivement le bâtard était incapable d'acquérir des immeubles, 365. — Il resta incapable de succéder, 367. — Sa condition s'améliora sous la monarchie absolue, 617. — V. *Enfants naturels*.

BATARDISE. — De seigneurial ce droit devint royal, 438. — Il fut modifié sous la monarchie absolue, 680.

BATON. — Longueur qu'il devait avoir pour les duels judiciaires, 382.

BEAUMANOIR. — V. *Beauvoisis*.

BEAUVOISIS. — Coutumes, leur contenu; notice sur Beaumanoir, 291 et suiv.

BÉCHET (*Cosme*). — A fait un commentaire sur l'édit des secondes noces, 538, note 3.

BELLE-PERCHE (*Petrus Bella-Pertica*. — Enseigna à Orléans, 167. — Ses ouvrages, 176 et suiv.

BÉNÉFICE-CURE. — Ce que c'était, 344.

BÉNÉFICE D'INVENTAIRE. — Correctif de la saisine, 635.

BÉNÉFICES. — Concessions territoriales faites par les rois francs à leurs leudes, 92 et suiv. — Viagères d'abord, elles devinrent héréditaires sous Charles le Chauve en 877, 47, 136.

— *Ecclésiastiques*. — Soumis au droit de régale pendant la vacance, 438. — Edit des *petites dates*, qui réprima certains abus; commentaire de Dumoulin, 536. — Ordonnances nombreuses du XVIIIe siècle relatives aux bénéfices, 569.

BÉNÉFICIERS. — Ils exerçaient la souveraineté sous Charlemagne, 127.

BENOIT LÉVITE. — Son recueil de capitulaires, 71. — Auteur de fausses décrétales et de faux capitulaires, 81 et suiv.

BERTRAND (*Pierre*). — Enseigna à Montpellier, 177.

BEUGNOT. — V. *Assises de Jérusalem*, — *Etablissement de St Louis*, — *Olim*.

BIENS. — La division de l'ancien droit a été reproduite sous certains rapports dans notre législation, 359, notes 4 et 5. — La division féodale a été abolie par la constituante, 721.

— *nationaux*. — Ce qu'ils comprenaient, 721.

— *nobles*. — Détenus par des roturiers, 340 et suiv. — Avantages attribués à ces biens, 348. — Leur partage, 368. — Le roturier y couchant et levant était semond comme un noble, 386. — Les biens nobles n'existent plus à partir de la révolution, 721.

— *roturiers*. — Régis par des règles autres que celles applicables aux biens nobles, 338. — Le noble y couchant et levant était semond comme un roturier, 386. — Les biens roturiers ne forment plus une division légale depuis 89, 721.

BLAIRIE. — Droit seigneurial, 434.

BLAME. — Était une peine purement infamante, 643.

BOILEAU (*Etienne*). — Son registre des métiers, 262.

BOISSONS. — Soumises à des impôts fort lourds, 442.

BONIFACE VIII. — Son recueil de droit canonique, 326. — Il est le premier pape qui ait contesté au roi le droit de régale, 438. — Sa lettre à Philippe le Bel, 485.

BONNES GENS. — Nommés par les villes pour répartir les impôts, 446.

BORDELAGE. — Droit seigneurial, 435.

BORNIER. — Publia une conférence des ordonnances de Louis XIV relatives à la justice, 557, note 1.

BOUCHE. — Ce qu'on entendait par n'avoir que la bouche et les mains, 442.

BOUCHEUL. — Le meilleur commentateur de la coutume du Poitou, 575, note 2.

BOUHIER. — Son commentaire sur la coutume de Bourgogne est remarquable, 577, note 1, 597.

BOURDIN (*Gilles*). — Procureur général au parlement de Paris, commenta l'ordon. de 1539, 534, note 2. — Conduite scandaleuse de sa veuve qui motiva l'article 182 de l'ord., 800.

BOURGEOIS. — V. *Roturiers*. — Ils finissent par occuper les places sous la monarchie absolue, 659.

BOURGEOIS DU ROI. — Ce que c'était, 350.

BOURGEOISIE (*droit de*). — Accordé à plusieurs villes, 258.

BOURGOGNE. — Coutume, son contenu, sa rédaction officielle en 1459, 313.

BOURJON. — A commenté la coutume de Paris, 576, à la note. — Notice, 597.

BOUTARIC. — A commenté les ordonnances de Louis XIV concernant les matières civiles et criminelles, 558, note 2; — l'ordonnance du commerce, 559, note 2; — l'ordonnance des donations, 564, note 1. — Il a composé des institutes, 590.

BOUTEILLER (*Jean*). — V. *Somme rurale*.

BRETONNIER. — A enrichi le recueil d'arrêts composé par Henrys, 586, note 1. — Son opinion sur les coutumes qui repoussaient la représentation en ligne directe, 635, note 1; — sur le retrait lignager, 810; — sur les renonciations anticipées des filles, 809.

BREVET D'INVENTION. — Leur origine, 722.

BRIGADIER. — Son grade dans la hiérarchie militaire, 693.

BRISSON (*Barnabé*). — Jurisconsulte distingué; appréciation, 526.

BRODEAU. — Commentateur de la coutume de Paris, 576, à la note; — de la coutume du Maine, 577, note 1. — Il a enrichi le recueil d'arrêts de Louet, 586, note 1.

BUGNYON (Philibert). — A commenté l'ordonnance de 1566, 540, — et l'ordonnance de Blois de 1579, 543, note 3.

BULLETIN OFFICIEL DES LOIS. — Formalité exigée pour la publication des lois, 735, 738.

BURCHARD. — V. *Recueil de Burchard*.

BUREAU DES FINANCES. — Ses attributions, 688.

C

CADAVRE. — Cas où un procès peut être fait à un cadavre; formalités, 640, note 1.

CAILLET. — Son opinion sur le mode de transmettre la propriété, 628.

CALENDRIER. — Substitution du calendrier républicain au calendrier grégorien; sa composition, 733 et note 1.

CAMUS. — Continuateur du recueil de Denizart, 586, note 1.

CANONES APOSTOLORUM. — Source de droit canonique, 83.

CANONS. — Quelle était l'autorité compétente en France pour les publier, 79 et note 2.

CANTON. — Division territoriale de la Gaule, 15. — Division sous la convention, 737. — Sous le consulat ce n'est plus que le siége de la justice de paix, 756.

CAPITAINES. — Leurs fonctions, 451. — François Ier en plaça un à la tête de l'infanterie, sous le titre de capitaine général, 691.

CAPITALISTES. — Leur intervention dans les affaires du gouvernement, 666.

CAPITATION. — Ce que c'était, 683.

CAPITOULS. — Magistrats municipaux de Toulouse; leurs attributions, 461.

CAPITULAIRES. — Leur objet, qui les faisait, 68 et suiv.

CARCAN. — Effets civils de cette pénalité, 642. — Maintenue par le code pénal de 1810, 792.

CARNAGE. — En quoi ce droit consistait, 431.

CARTELAGE. — Droit seigneurial, 435.

CARROPERÆ. — Ce que c'était, 443.

CARTES. — Soumises à un droit au profit du fisc, 684.

CASSATION. — Recours connu dans l'ancienne jurisprudence, organisé par la constituante, 716. — Création d'un tribunal de cassation, 757. — Ses observations sur le projet du code civil ont été remarquables, 763.

CAS PRÉVOTAUX. — A qui la connaissance en appartenait-elle? 652.

— ROYAUX. — Effets de la distinction des cas royaux et cas ordinaires, 458 et note 2; — en matière criminelle, 652.

CATHERINOT. — A commenté la coutume du Berri, 576, note 1.

CENS. — Division; en quoi il consistait, 339 et suiv. — Ce que signifie *cens sur cens ne vaut*, 613.

CENSITAIRE. — V. *Tenancier*. — Les censitaires par indivis étaient solidaires, 614.

CENSIVE. — Ce que c'était, 338.

CENTAINE. — Division numérique chez les Gaulois, devient une division territoriale chez les Francs, 118.

CENTENIER. — V. *Comte*. — Il était soumis à l'élection chez les Francs, 118. — Il réunissait les pouvoirs judiciaire, militaire et administratif, 120 et 124.

CESSION DE BIENS. — Les étrangers n'en jouissaient pas, 352. — C'est encore le droit actuel, *ibid.*, note 5. — Formalités de la cession; pénalités créées par les arrêts, 585.

CHABROL. — Commentaire de la coutume d'Auvergne, 575, note 2.

CHALARD (*Joachim du*). — Avocat au conseil, composa un commentaire sur l'ordonnance de 1560, 537, note 3.

CHAMBELLAGE. — Ce que c'était, 434.

CHAMBRE *des comptes*. — Les ordonnances y étaient enregistrées quelquefois, 193. — Elle envoyait des commissions aux officiers royaux pour la publication, 195. — Elle fut transportée à Bourges pendant les guerres, 243. — Ses attributions, 447. — Elle fut transformée en cour; sa juridiction, 474. — Sa souveraineté, longtemps contestée par le parlement, fut reconnue par Louis XI, 702.

— *aux enquêtes*. — Ses attributions, 472.

— *des monnaies*. — Ses attributions, 476. — Elle ne jugea souverainement sans contestation que depuis Charles VIII, 702.

— *aux plaids*. — Son origine, 467. — V. *Grand'chambre*.

— *aux requêtes*. — Sa juridiction, 472.

— *du trésor*. — Ses attributions, 475. — Elle recevait aussi les impôts, 447. — Compétence mal définie, 702.

CHAMPAGNE. — Coutumes, 313.

CHAMPART. — Est-ce un droit seigneurial? en quoi consistait-il? 339. — Ce fut aussi un revenu royal, 441.

CHAMPION. — Pouvait-il être employé dans tous les duels judiciaires? 382.

CHAMPS DE MARS. V. *Assemblées générales*.

CHANCELIER. — Ses attributions sous Charlemagne, 131; — sous la féodalité, 193; — sous la monarchie absolue, 658.

CHANGE. — Lettre de change connue sous Louis XI, 529. — Avec les mêmes caractères qui la distinguent aujourd'hui des autres contrats, 529, note 2.

CHANGEUR *du trésor*. — Ses attributions, 447, 688.

CHANTELAGE. — Ce que c'était, 265.

CHARGES. — Imposées dans les chartes, 254.

CHARITIVUM SUBSIDIUM. — Dans quel cas était-il dû? 436.

CHARLEMAGNE. — Son règne, 46 et suiv. — Son administration, 125 et suiv.

CHARONDAS. — A commenté l'édit de 1566 sur l'inaliénabilité du domaine de la couronne, 540, note 2. — But qu'il se proposait dans ses Pandectes françaises, 590.

CHARLES VI. — L'anarchie est dans le gouvernement, 217 et suiv. — Le roi lui donne une nouvelle forme, 221.

CHARTES. — En combien de classes les divise-t-on? 249 et suiv. — Leur objet, 249 et suiv. — Elles ont modéré les droits féodaux, 437. — Elles ont changé de caractère sous la monarchie absolue, 528.

CHASSANEUZ. — Sur la coutume de Bourgogne, 577, note 1.

CHASSE. — Privilége dont les seigneurs et les rois étaient jaloux, 437. — Supprimé par la constituante, 721.

CHATELLENIE. — Subdivision du comté, 116.

CHATELET. — Importance de cette juridiction, 482.

CHAUCIÉ. — Étendue de ce droit, 265.

CHEVAGE. — En quoi consistait ce droit, 430.

CHEVALIERS. — Ne formaient point une classe politique à part, 398.

— *du guet*. — Création de l'institution, 695.

CHEVALLAGIUM. — Droit féodal, 430.

CHEVAUCHÉE. — Ce qu'on entendait par ce mot, 430 et note 1.

CHEVROTAGE. — Droit féodal, 431.

CHIENNAGE. — Droit seigneurial, 430.

CHOPIN (*René*). — Coutume d'Anjou, 575. — Commenta la coutume de Paris, 576, à la note. — Il est auteur des remarques connues sur les coutumes, 590.

CHRISTIANISME. — Son influence dans les Gaules, 27 et suiv.

CITÉ. — Son organisation dans les Gaules, 15. — Sous la domination romaine, 22. — Sous les Francs, elles se sont transformées en comtés, 116. — V. *ce mot*.

CLÉMENTINES. — Recueil de décrétales, 327.

CLERCS. — Ils aidaient les seigneurs pour rendre les jugements, 467. — Plus tard ils les remplacèrent, 468.

CLERGÉ. — Il se livra, au XIIe siècle, avec ardeur au droit romain, 165 et suiv. — Il rentre dans l'organisation féodale, 400. — Était-il soumis aux impôts? 444. — Il devait le service militaire, 440. — Sa déclaration de 1682, 606. — Forme encore une classe privilégiée sous la monarchie absolue, 615. — Mais il a perdu en grande partie son influence politique, 661. — A partir du règne de Louis XIII, il est soumis aux impôts, 661. — Dispositions le concernant prises par la constituante, 716. — Il est dissous comme ordre, 717. — Constitution civile du clergé, 718. — Commencement d'un schisme, *ibid*. — Son organisation date du consulat, 758.

CODE *de commerce*. — Sa rédaction, 783. — Sa division, 784. — Le droit civil doit-il être consulté en cas de silence du code de commerce? 784, note 2.

— *Henri III*. — Resta en projet, 527. — Moyens employés pour le rédiger, 544.

— *hypothécaire*. — Émané de la convention, 738.

— *d'instruction criminelle*. — Sa rédaction, 785 et suiv. — La discussion diffère un peu de celle des codes antérieurs à cause de la suppression du tribunat, 787. — Appréciation de ce code, 788.

— *de Justinien.* — Inconnu en Gaule pendant l'époque barbare, 57. — Comment les jurisconsultes le connaissaient sous la féodalité, 163.

— *Louis.* — Ordonnance sur la procédure de 1667, 556.

— *Marillac.* — Appelé aussi code Michaud; fut de courte durée, 548 et suiv.

— *Napoléon.* — Quand furent décrétées les lois qui le composent? 749. — Différents projets élaborés sans résultats, 759 et suiv. — Commission de rédaction, 751. — Épreuves auxquelles le projet fut soumis, 762. — Critiques adressées au projet, 762. — Elles dépassent les bornes de la discussion légale, 763. — Suspension des travaux par ordre du premier consul, 764. — Une communication officieuse remplace la communication officielle, 765. — Importance des travaux préparatoires, 765. — Loi de ventôse qui ordonne la réunion des lois en un seul code, 769. — Division adoptée par les rédacteurs, 770 et suiv. — Modifications apportées successivement, 772 et suiv. — Critiques injustes du code; réfutation, 777 et suiv.

— *noir.* — Ce que c'était, 563. — Son esprit, 639.

— *pénal.* — Amélioration du droit répressif; sa division, 789.

— *procédure civile.* — Sa rédaction, 778 et suiv. — Division du code, 780. — De quels éléments le législateur s'est-il servi? 782. — Ses défauts, 782. — Reproches qui lui sont faits, 791.

— *rural.* — La loi de 1791 sur la police rurale n'a pas été modifiée, 721.

— *Théodosien.* — Connu en Gaule dès 471, 48, note 1, 52. — Au XVIe siècle il a été l'objet d'études sérieuses, 512 et suiv.

— *français.* — Parallèle, 791 et suiv.

CODIFICATION. — Tentatives faites dans l'ancien droit, 248, 544, 593, 719. — Par la convention, le directoire, 759. — Commission nommée qui mènera l'œuvre au but, 762. — Critiques injustes de l'école allemande, 777. — Il ne faut pas perdre les bienfaits de la codification, 793. — C'est un progrès dont il faut savoir profiter, 796.

COLBERT. — Son administration, 552. — Sa réforme administrative, législative, 553. — Comment il fit préparer les ordonnances, 554 et suiv. — Louis XIV le paya d'ingratitude, 564. — Son activité pour la marine, 694 et suiv.

COLLECTEURS. — Leurs fonctions, 446, 689.

COLONEL-GÉNÉRAL. — Placé à la tête de l'infanterie, 691.

COLONS. — V. *Gens de pooste.*

COLONIES *latines.* — Leurs priviléges, 24.

COMBAT *judiciaire.* — V. *Duel judiciaire.*

COMESTIBLES. — Impôts qui les grevaient, 442.

COMITÉS *révolutionnaires.* — Leur organisation, 734.

COMMARCHANI. — Copropriétaires indivis des communaux, 120.

COMMENTAIRES *sur les coutumes* — de Lorris, 574, note 1; — d'Anjou, Angoumois, Auvergne, Bordeaux, Aunis, la Rochelle, Poitou, Tours, Orléans, Paris, 575 et suiv., note 2; — de Berri, Nivernais, Normandie, Maine, Bretagne et Bourgogne, 577, note 1.

— *sur les ordonnances.* — Plusieurs ont été faits sur l'ordonnance de Villers-Coterets, 534, note 3; — sur l'ordonnance de 1556, relative aux mariages clandestins, 536, note 2; — sur l'édit des *petites dates*, *ibid.*, note 3; — sur l'ordonnance de 1560, 537, note 3; — sur l'édit des secondes noces, 538, note 3; — sur l'ordonnance de Moulins 1566, 540, note 1; — sur l'ordonnance de la même année, relative à l'inaliénabilité de la couronne, *ibid.*, note 2; — sur l'édit des mères, *ibid.*, note 4; — sur l'ordonnance de Blois 1579, 543, note 3; — sur l'ordonnance de Louis XIV de 1667, 557, note 1; — de 1670, 558, note 2; — de 1669 sur les eaux et forêts, 559, note 1; — sur l'ordonnance du commerce, *ibid.*, note 2; — sur l'ordonnance de la marine, 561, note 1; — sur l'édit de 1695, relatif aux matières bénéficiales, 563, note 1; — sur les donations, 564, note 1; — sur les testaments, 565, note 5; — sur les substitutions, 566, note 1; — sur le faux, 567, note 1.

COMMERCE. — Charles V le favorise, 213. — Louis XI lui donne une grande extension, 528. — La grande ordonnance de 1673 sur cette matière est reproduite en partie dans le code de commerce actuel, 560. — Ses commentateurs, 559, note 2. — Il conduit au pouvoir, 615, 666.

COMMISE. — Qu'était-ce? 334. — Les règles sont moins rigoureuses sous la monarchie absolue, 610.

COMMISSAIRES *des guerres.* — Leurs attributions, 693. — Il y en eut un par département, 695.

COMMISSION *consulaire.* — Quels membres la composaient; leurs attributions, 747.

— *extraordinaires.* — Leurs violences, 150. — Réclamations des états généraux, 211, 671.

COMMITTIMUS. — En quoi consistait ce privilége, 472, 557. — Aboli par la constituante, 715.

COMMUNAUTÉ. — Son origine, 354 et suiv.— Sa composition active et passive, 355 et suiv.— Ce régime formait le droit commun de presque toutes les coutumes, 625.—Quand commençait-elle? *ibid.*—La communauté continuait entre le survivant et ses enfants, s'il avait omis de faire inventaire; cette pénalité a été abrogée par le code, 626 et note 2.

COMMUNAUX.— Origine, 340. — Droits des habitants depuis 89, 722 et suiv. — Partage par tête, 735.— Règles plus équitables, 743.

COMMUNES. — Origine, 145. — Que contenaient leurs chartes? 249 et suiv. — Leur division, 404. — Elles ont une organisation politique propre, 405. — Rapports et différences avec les municipalités, 406. — Elles sont absorbées par la royauté, 409. — Elles se transforment en villes de bourgeoisie, 417. — Ce qu'elles sont devenues depuis 89, 722.— Leur responsabilité, 723.

— *rurales*.— A partir de quelle époque existent-elles? 404.

COMMUTATION *de peine*.— Il fallait des lettres pour l'obtenir, 655.

COMPAGNIES *d'ordonnance*.—Créées par Charles VII, 241.—Leur composition, 451.

COMPARUTION.— Chez les Francs, elle devait avoir lieu en personne, 110.— Ce que cette règle est devenue sous la féodalité, 388;—sous la monarchie absolue, 645.

COMPLAINTE. — Quand pouvait-elle être intentée? 390. — En matière bénéficiale, qui jugeait? 649.

COMPOSITION.— Ce que c'était, 437.

COMPOSITIONS. — V. *Werhgeld*. — Leur taux, 108. — Certaines coutumes les maintinrent, 379.

COMTE. — Ses fonctions, 110. — Ses devoirs, 113. — Ses attributions étaient mal définies, 116, 117, 119.—Ses pouvoirs sous Charlemagne, 126.

— *du palais*. — Ses attributions, 129.

COMTÉ. — Division administrative et ecclésiastique chez les Francs, 116.

CONCILES *généraux*, *provinciaux*. — Ils sont une source de la législation canonique, 79. — Forme de leurs décisions, 133.— Ils se divisent par nations au concile de Constance, 328.— Ceux de Latran et de Reims ordonnent la révocation des biens inféodés, 343.

CONDOMINIUM. — Ce que c'était, 105.

CONFINES.— V. *Commarchani*.

CONFISCATION. — Peine inhérente au système féodal, 378, 379. — Applicable d'abord pour crime de félonie, elle fut ensuite généralisée, 439.—Elle était écrite dans l'ord. criminelle, 643. — Abolie par la constituante, 729.—Rétablie par la convention, 735.

CONFRÈRES DE LA PASSION.—Autorisés à jouer les mystères rue Saint-Denis, 220.

CONJURATORES. — Ce que c'était, 96. —Le demandeur et le défendeur devaient en fournir, 112.

CONSEIL. — Ce que c'était, 468. — V. *Grand conseil*. — Sa division sous Louis XI, 701.

CONSEIL A UN AMI. — V. *Pierre de Fontaines*.

CONSEIL *des Anciens*.— Son organisation, 737. — Est suspendu, 741. — Ajourné au 1er ventôse an VIII, 747.

— *d'arrondissement*. — Nomination de ses membres, 756.

— *des Cinq-Cents*.— Ses attributions, 737. — Est suspendu, 741. — Ajourné au 1er ventôse an VIII, 747.

— *des dépêches*. — Créé par Louis XIII, 658.

— *d'État*. — Ses attributions; sa composition, 752, 756. — Sa participation à la rédaction des lois, 765.

— *de famille*. — Semble tirer son origine de la législation franque et présenter le type de l'institution admise aujourd'hui, 99 et note 1.

— *général*. — Créé pour gérer les intérêts du département, 756.

— *municipal*. — Organisation, 756.

— *privé*. — Ses attributions, 756.

— *souverains*. — Ce que c'était, 698.

CONSENTEMENT. — Sa force obligatoire, 373.

— *au mariage*. — De qui est-il exigé? 621.

CONSTANT. — Commentateur de la coutume du Poitou, 575, note 2.

CONSTANCE. — Concile important, 328.

CONSTANTIN (*Jean*). — Premier commentateur des ordonnances, 534, note 3.

CONSTITUTION de 1791, 727; — du 24 janvier 1793, 733; — de l'an VIII, 749.

CONSULAT. — Sa durée, 747.

CONSULATS.— Ce que c'était, 406.

CONSULS. — Officiers municipaux, 406 et suiv.

CONSUL (*premier*). — Ses pouvoirs, 749. — Ses proclamations au peuple, aux soldats, à l'armée d'Italie, 751 et suiv.— Ses pouvoirs sont supérieurs à ceux de de ses collègues, 753. — Sa participation à la rédaction du Code, 766 et suiv.

CONSULTATIO VETERIS JURISCONSULTI. — Son contenu, p. 516.

CONTRAINTE *par corps*. — Mode d'exécution modifié par saint Louis, 374. — Abrogée par la convention, elle fut rétablie sous le directoire, 744.

CONTRAT *de mariage*. — Les donations qui y sont faites sont-elles révocables pour cause de survenance d'enfants? 629.

CONTRIBUTIONS *indirectes*. — Leur origine, 684.
CONTRÔLE. — Droits à payer, 682.
CONTRÔLEURS — des recettes créés en 1523, 689.
CONQUÊTS. — Ce que c'était, 627.
CONVENTION. — Son existence, 730. — Ses vues politiques, 733 et suiv.
CORPORATIONS. — Leurs priviléges, 409, 412. — Louis XI les favorise et revise leurs statuts, 529, 667.
CORPS LÉGISLATIF. — Ses attributions, 754. — Sa participation à la rédaction des lois, 765.
— *spéciaux*. — Créés pendant la monarchie absolue pour compléter l'armée, 691. — Corps du génie, 694.
CORPUS *juris civilis*. — Sa division au XIIe siècle, p. 164.
— *juris canonici*. — Ce qu'on entend par ces mots, 80, 604.
CORVÉABLES. — V. *Gens de pooste*.
CORVÉES. — Elles datent des Carlovingiens, 95. — Qui atteignaient-elles? 349. — En quoi consistaient-elles? 430, 443. — supprimées en 1776, 570, 719.
CÔTIER. — Ce qu'on entendait par ce mot, 457.
COTTEREAU. — Commentateur distingué de la coutume de Touraine, 575, note 2.
COQUILLE (*Guy*). — A commenté l'ordonnance de Blois de 1579, 543, note 3. — A rendu célèbre la coutume du Nivernais par son commentaire, 576, note 1. — But qu'il se proposait dans ses Institutions au droit français, 590. — Notice, 596.
COUR *des aides*. — Son origine, 445. — Ses attributions, 476. — Dissoute, puis rétablie par Louis XI, 530, 689. — Louis XI lui confère définitivement le titre de cour souveraine, 702.
— *de cassation*. — Sa procédure, 569, note 2.
— *des comptes*. — V. *Chambre des comptes*.
— *féodale*. — Sa composition, 397.
— *du roi*. — Sa compétence sous les Francs, 112; — sous la féodalité, 462. — Sa composition, 463. — Elle s'occupait aussi d'affaires administratives, 464. — Elle devint une cour nationale, 470. — Comment elle a été subdivisée, 470.
COURTAGE. — Par qui ce droit était-il perçu? 684.
COURTIERS *de commerce*. — Créés en 1572, 542.
COUTUMES — qui régissaient la France, 72, 268. — Malgré leur diversité, elles avaient certains principes communs, 321. — Recueils de coutumes, 572, note 4. — Rédaction officielle ordonnée par Charles VII, 248. — Renouvelée par Louis XI, 573. — Mise à exécution sous Charles VIII et ses successeurs, 573 et suiv. — Réformation des coutumes, 576 et suiv. — Les rédactions nouvelles s'arrêtent à Henri III, 578. — Quelles étaient les formalités suivies pour la rédaction? 578. — Influence des commissaires sur la rédaction, 579 et note 2. — Nombre des coutumes qui divisaient la France? 582.
— *de nantissement*. — Quelles étaient-elles? 627. — Ce qu'elles exigeaient pour la constitution d'une hypothèque, 637.
COUTUMIERS. — Leur méthode de traiter le droit, 277. — Motifs pour lesquels il nous est parvenu beaucoup de mauvais manuscrits, 281.
CRÉDIT *foncier*. — Projet de M. de Ferrières, 721, 773.
CRESSANGE. — Obligation bizarre imposée aux habitants, 432.
CROISADES. — Elles favorisent les progrès du pouvoir royal, 143 et suiv.
CRUE. — Augmentation d'impôts, 682. — Moyen dont le fisc abusa, 686.
CUGNIÈRES (*Pierre de*). — Réponse à Boniface VIII qu'il rédigea au nom du roi, 485.
CUJAS. — Sa publication des *Papiani responsa*, 512. — Fausse accusation portée contre lui, 514, note 1. — Sa vie et ses œuvres, 518 et suiv., 792, note 2.
CULTE. — La liberté, défendue longtemps en France, fut accordée la première fois grâce à l'influence de l'Hôpital, 539-541. — Bientôt enlevée, *ibid*. — Rendue par Henri IV, 545. — Enlevée encore par Louis XIV, 563. — Consacrée définitivement par le concordat de l'an X, 758.
CUMO (*Guillaume*). — Ses ouvrages, 177.
CURÉS. — Recevaient les actes de célébration de mariage, 621. — Les testaments, 632 et note 1.

D

D'AGUESSEAU. — Il est exilé pour s'être élevé contre le système financier de Law, 505. — Son système législatif, 563. — Ses ordonnances, 564 et suiv. — Notice biographique, 600.
DAMOURS. — Publia la conférence de l'ordonnance des donations avec le droit romain, 564, note 1.
DÉBOUTER. — Vieux mot; anecdote à cet égard, 791 et note 1.
DÉCANIES. — Ce que c'était, 118, 119.
DÉCIMES. — Levés par les papes, 443.

DÉCLARATION.— Ce que c'était, 185.

DÉCLARATION *des droits de l'homme.* — Placée en tête de la constitution de 91, 727.— Celle de 93 fut déclarée nulle, 733. — Celle de l'an III contient les devoirs, 739.

DÉCRET *d'ajournement.* — Quel était son objet? 653.

— *d'assigné.* — Différent de celui d'ajournement, 653.

— *de prise de corps.* — Quand était-il délivré? 653.

DÉCRET *de Gratien.* — Son contenu, 323.

— *d'Yves de Chartres.* — Sa composition, 323.

DÉCRETS — de la convention; formalités pour la publication, 738.

DÉCURIONS.— Leur organisation sur le sol gaulois, 23.— Affranchis de la solidarité en matière d'impôts, 119.

DÉFAUT.— Peine contre celui qui faisait défaut au mâl, 110.— Quand le défaut était-il établi? 391. — Quand doit-il être adjugé? 535 et note 2.

DÉFAULTE *de droit.* — Ce qu'on entendait par cette expression, 456. — Ses conséquences, 457, 463.

DÉFENDEUR. — Peut-il plaider par procureur? 388.

DÉFENSEURS *de la patrie.*— Leurs privilèges, 743.

DEFENSOR CIVITATIS. — Ses attributions, 25, 30.— Chez les Francs, 120.

DEGRÉS *de juridiction.* — Il y en eut jusqu'à cinq dans l'ancien droit, 700.— Réduits à deux par la constituante; 715.

DÉGUERPISSEMENT. — En quoi il consistait, 339.

DÉLITS *militaires.*— Peines spéciales, 745.

DEMANDEUR. — Peut-il plaider par procureur? 388. — Etranger demandeur doit fournir caution, 352, note 5.— C'est le droit suivi de nos jours, 617, note 1.

DENIZART. — Son recueil, 586, note 1, dont le plan bien conçu a été continué par MM. Camus et Bayard.

DÉNOMBREMENT.— Ce que c'était; abus des seigneurs à ce sujet, 610.

DENYS *le Petit.* — Son œuvre, 80.

DÉPARTEMENTS. — Organisés en 89, 712. — Maintenus par le consulat, 756.

DÉPORTATION — contre les prêtres insermentés abrogée, 744.

DÉPUTÉS *aux états généraux.*— Comment étaient-ils nommés? 666.— La constituante les déclare inviolables, 712.

DE RE DIPLOMATICA. — Contenu de ce traité, 75.

DÉSAVEU. — V. *Félonie.*

DÉSHÉRENCE.— A qui appartient une succession en déshérence, 435, 488, 618.

DESMARES (*Jean*). — Ses décisions; analyse, 307.

DESPEISSES. — Son ouvrage, 590.

DESTINATION *du père de famille.* — Était admise dans l'ancien droit français avec le caractère qu'elle présente aujourd'hui, 639 et note.

DÉTRACTION (*droit de*).— Son origine, 571.— Supprimé par la constituante, 720.

DIGESTE. — Sa division tripartite, 162. — V. *Corpus juris civilis.*

DIMES. — Inféodées, 343. — De volontaires elles devinrent forcées; leur division, 443.

DIME *saladine.* — Pourquoi ainsi nommée, 445, note 1.

DIOCÈSES. — Division romaine, 25. — Adoptée par le clergé, maintenue par la constituante, 717.

DIPLOMES. — Leur importance, 74.

DIRECTOIRE.—Son organisation, 737.— Sa durée, 740 et suiv.—Sa suppression, 748.

DISSOLULION *de communauté.*— Comment avait-elle lieu? 356, 626.

DIVORCE.— Introduit dans nos lois par la convention, 732. — Restreint par le directoire, 745.

DIZAINIER. — Ses fonctions, 118, 124, 126, 219.

DOMAINE. — Utile et direct; ce qu'on entendait par ces mots? 338.

— *de la couronne.*— Souvent aliéné malgré les prohibitions réitérées des ordonnances, 206.— Charles VI révoque les aliénations futures, 221.— Le domaine a été pendant longtemps l'unique source des revenus royaux, 437. — Les biens personnels du roi étaient-ils confondus par son avénement? 438. — Ce qu'il embrasse sous la monarchie absolue, 679. et suiv. — Est déclaré dot de la constitution, 721.—Inaliénable et imprescriptible, 723. — Lois contraires sur la révocation des biens aliénés; on revient aux règles de la constituante, 743.

DOMAINES *congéables.* — On en trouve déjà chez les Francs, 95.—Discutés comme entaché de féodalité, 744.

— *engagés.*— Ce que c'était; quand l'incertitude des propriétaires cessa-t-elle? 540, 679.

DOMAT. — Notice sur ses œuvres, 598.

DONATION *à cause de mort.* — Ce que c'était; règles qui la régissaient, 631.

— *Entre époux.*— Etaient-elles permises? 631-632. — Restreintes quand il y avait des enfants d'un premier lit, *ibid.*

— *entre-vifs.*—Formalité de l'insinuation, 535.—Soumise à des règles exceptionnelles, 628 et suiv.— Donations en faveur du mariage sont favorisées, 629.

DONEAU.— Sa vie, sa méthode, 521.

DOT.— Sa constitution chez les Francs,

99, 100. — A qui revenait la dot après le décès de la femme? 101.

Douaire. — Mode de constitution ; sa fixation par Philippe-Auguste, 357. — Ce droit variait quant à la quotité suivant les coutumes, 624. — Aboli par la convention, 736.

Douanes. — Origine. — Importance des revenus, 686. — Perception, 689. — Juridiction, 704. — Son organisation après la révolution, 757.

Double lien (*droit de*). — En quoi il consistait, 368, note 3.

Droit *canonique*. — Son influence chez les Francs, 76 et suiv. — Différence entre le droit canonique et le droit ecclésiastique, 78. — Ces sources pendant l'époque barbare, 79 et suiv., 83. — Ce qu'il est devenu sous la féodalité, 321. — Son influence, 382. — Son importance a bien diminué sous la monarchie absolue, 604. — Il est abandonné après la révolution de 89; raisons, 709. — Ce qu'est devenue cette législation, 757 et suiv.

— *civil*. — Ses principes à l'époque barbare, 89 et suiv. — Pendant la féodalité, 349 et suiv. — Pendant la monarchie absolue, 617.

— *féodal*. — Principes généraux, 333. — Il ne s'appliquait point en principe aux roturiers, 349. — Sous la monarchie absolue, il perd son caractère par l'action des légistes, 607.

— *national*. — En quoi il consistait pendant l'époque barbare, 57. — Ce qu'il fut pendant la féodalité, 182 et suiv.; — pendant la monarchie absolue, 527 et s.

— *pénal*. Ses principes dans les législations germaines et franques, 36, 106, 109. — Incertitude dans le système pénal de la féodalité, 374 et suiv. — Ce qu'il fut sous la monarchie absolue, 639, 640 et suiv. — La constituante en opère la révision, 725. — Nouveau code pénal de brumaire an IV, 739. — — Modifié sous le directoire, 744. — Nouveau code, 790.

— *romain*. — Pendant l'époque barbare, 51; — pendant la féodalité, 159. — Son influence en France, sa culture, 164 et suiv. — Comment il a servi de développement à notre droit national, 180 et suiv. — Sous la monarchie, les sources connues des jurisconsultes sont plus abondantes, 511 et suiv. — Sa culture, 517 et suiv. — Ce qu'il est devenu après la révolution de 89, 773 et suiv. — Comment il faut l'étudier aujourd'hui, 795 et suiv.

Droits *de justice*. — Revenu royal et seigneurial, 436, 440, 681.

Droiture. — Droit féodal, 434.

Droiturier. — V. *Seigneur droiturier*.

Druides. — Leur condition dans la société gauloise, 13.

Duarein. — Notice, 525.

Dubreuil (*Guillaume*). — V. *Stylus parlamenti*.

Ducs. — Leurs pouvoirs, 115. — Ils sont remplacés sous Charlemagne par des officiers royaux, 126.

Duchés. — Leur nombre lors de l'avénement de Hugues Capet, 421 et suiv.

Duel *judiciaire*. — Connu chez les Francs, 96. — Consacré comme moyen de preuve dans les chartes, 259. — En pleine vigueur au moyen âge, 382. — Les jurisconsultes font des efforts pour le restreindre, 383.

Duels. — Édits à ce sujet, 545, 548.

Dumoulin (*Charles*). — Fort versé en droit romain, 56. — Son commentaire sur l'édit des *petites dates*, 536 et note 4, — le fit persécuter; mot du duc de Montmorenci à Henri II à ce propos, 537. — Annota le commentaire de Constantin sur l'ord. de Villers-Coterets, 534, note 2. — A fait des notes sur plusieurs coutumes, 574, note 1; 575, note 2; 576, à la note; 577, note 1. — Il a préparé notre législation moderne, 591, notes 1 et 2; 592, notes 1 et 2. — Ennemi de la féodalité; émet le vœu d'une législation uniforme, 593. — Sa vie, 596. — Mot de ce jurisconsulte sur le droit de la femme dans la communauté, 625, note 2. — Son opinion sur la révocation des donations par contrat de mariage pour survenance d'enfant, 629, note 5. — Son procès contre son frère. — Ce qu'il dit de l'arrêt, 630 et note 1. — Jugement de ce jurisconsulte sur les coutumes qui repoussaient les principes admis généralement sur le rapport, 636, note 1. — Mot de Dumoulin à propos de la procédure secrète, 639, note 3.

Dupin. — Commentaire de la coutume de Bordeaux, 575, note 2.

Duplessis. — Sur la coutume de Paris, 576, à la note. — Sur la coutume du Maine, 577, note 1. — Notice, 597.

Durand (*Guillaume*). — Jurisconsulte français. — Son *Speculum*, 174 et suiv. — Il commenta plusieurs décrets du concile de Lyon, 326.

Duret (*Jean*). — A commenté l'ord. de 1579 de Blois, 543, note 3; — la coutume du Bourbonnais, 577, note 1.

E

EAUX ET FORÊTS. — Réglées par plusieurs ordonnances, 216. — Administration forestière, 419. — L'ord. de 1597 est remarquable, 546. — L'ordonnance de 1669 est le type de notre législation actuelle; ses commentaires, 559, note 1. — Différentes juridictions, 703.

ECHEVIN. — Ce que c'était, 406.

ECHIQUIER *de Normandie.* — Origine, 422. — Sa juridiction, 468.

ECOLE *de Bologne.* — Sa méthode d'enseignement, 164. V. *Accursiens*, *Bartolistes et Cujaciens.*

ECOLES MILITAIRES. — Etablies par Louis XIV, 693.

ECONOMIE POLITIQUE. — Introduite en France par René de Biragues, 542. — Toute la législation de Henri IV y a rapport, 546.

EDELIN. — V. *Polyptique.*

EDILES. — Leurs attributions, 23.

EDITS. — Ce que c'était, 184.

EGLISE. — Son influence en Gaule, 76 et suiv. — Ses persécutions et ses priviléges, 122, 133. — L'impôt lui est abandonné par les rois francs, 123. — Elle devient féodale, 343 et suiv. — Son intervention dans les actes civils, 621.

EGLISES rendues au culte, 739.

ELECTEURS. — Leurs capacités, 738.

ELECTION. — Employée pour les offices de judicature, 227.

ELECTIONS. — Juridiction pour la perception des impôts, 480. — Elle envahit la juridiction des seigneurs, 704.

ELIGIBLES. — Conditions d'aptitude, 739.

ELUS. — Ce qu'étaient ces fonctionnaires, 445. — Leur origine populaire disparaît, 446. — On les charge de recruter l'armée, 452. — Leurs attributions, 688. — Destitués par Louis XI, ils furent bientôt rétablis, 689.

EMANCIPATION. — Résultait du mariage, 358. — Cependant il y avait diversité dans les coutumes à ce sujet, 624.

EMIGRÉS. — La constituante refuse de faire des lois contre eux, 726. — Rendus la vie civile et politique, 758.

EMPÊCHEMENTS *au mariage.* — Etaient fort nombreux autrefois, 620 et note 3.

EMPIRE FRANC. — Sa durée, 43 et suiv.

EMPRISONNEMENT. — Est rangé parmi les peines sous la féodalité, 377. — Conservé par l'ord. de 1670, 642. — La convention en prononçait un de six mois contre ceux qui ne rédigeraient pas les actes en français, 735.

EMPRUNT. — Quand l'État usa-t-il de ce moyen financier? 687.

ENFANTS *adultérins.* — Avaient-ils des droits? 736.

— *naturels.* — Mis sur la même ligne que les légitimes par la convention, 736.

ENREGISTREMENT. — Origine de cette institution, 544, note 3. — Loi organique encore en vigueur, 745, 781. — Création de nouveaux fonctionnaires, 756.

ENROLEMENT MILITAIRE. — Fut longtemps volontaire, 693. — Dans la marine il l'était encore sous Louis XIV, 694.

ENSAISINEMENT. — Rapports et différences avec l'investiture, 338.

ENTRÉE (*droit d'*). — Accordée aux villes moyennant finances, 442.

ENQUÊTEURS. — Établis par saint Louis, 418. — Sous ce nom on désigna plus tard d'autres fonctionnaires, 467.

EPAVES. — A qui elles appartenaient, 435, 438.

EPITOME JULIANI. — Notice, 56.

EPOQUE *barbare.* — Son étendue, 141.

EPREUVES *judiciaires.* — En vigueur chez les Germains et les Francs, 36, 96. — Quand étaient-elles employées, 112, 259. — Beaumanoir les condamnait, 294. — Le droit canonique les fit disparaître de la législation, 382.

ÈRE RÉVOLUTIONNAIRE. — Sa durée, 707 et suiv.

ESCHALLER. — Ce que c'était, 313, 376.

ESCLAVES. — Leur condition en Gaule, 14. — Chez les Francs, 91.

— *coloniaux.* — Leur condition, 616, 618. — Droit qui les régissait, 563, 639. — Ne sont pas rendus à la liberté par la constituante, 720.

ESQUIROU (*de Parieu*). — V. *Practica aurea.*

ESTALLAGE. — Ce que c'était, 436.

ESTATU *dou royaume de France.* — Ce livre fait-il double emploi avec les Établissements de saint Louis? 284.

ETABLISSEMENT *de la paix.* — Charte de Laon, 260.

— *de saint Louis.* — Quelle est la nature de cette œuvre? 199 et suiv.

ETANG. — Défense d'y pêcher, 433.

ETATS *généraux.* — Origine, 422 et suiv. — Causes de leur convocation, 424. — Leur influence en 1355, 209 et 426. — Rarement le Languedoc y envoyait des députés, 427. — Graves événements de 1413, 427. — Louis XI les redoutait, 670. — Etats de 1484; caractère distinctif de cette assemblée, 670, 671 et 672. — Esprit des états généraux de 1576, 673. — Henri IV ne les convoqua que rarement; états de 1614, 676. — On les avait oubliés en 1788, 676. — Avec quelles idées ceux de 89 s'ouvrirent, 710.

— *provinciaux.* — Qui les convoquait? 677.

ÉTRANGERS. — V. *Aubains.* — La constituante les considéra comme Français, 720.

EXACTOR. — Ce que c'était, 23.

EXCEPTOR. — Secrétaire, 23.

EXCEPTIONS. — Leur division, 389.

EXÉCUTEURS *testamentaires.* — Ce que c'était. — Les règles de la féodalité et de la monarchie absolue à ce sujet ont passé dans le code Napoléon, 364, n. 3 et 4, 633.

EXÉCUTION *des conventions* — chez les Gaulois, 13; — chez les Francs, 97; — sous la féodalité, 374.

— *des jugements*, 393. — Quels moyens pouvaient être employés, 650.

EXCOMMUNICATION, 295. — Peine canonique, 644.

EXHÉRÉDATION. — La jurisprudence en emprunta les principes au droit romain, 635.

EXPERTS. — Qui pouvait l'être, 612.

EXPILLY. — Mot de ce jurisconsulte, 622.

EXPOSÉ *des motifs* — pour la rédaction des codes, leur importance, 768.

EXPOSITION. — V. *Eschaller.*

EXPULSION *de lieux.* — Moyen indiqué au locateur, 291.

EXTRAVAGANTES. — Double signification de ce mot; — recueil de ce nom, 327.

ÉVÊQUE. — Sa condition politique, 461. — A qui appartient sa nomination sous la constituante? 717.

F

FABER *Joannès* (*Jean Faure*). — Ses ouvrages, 177.

FABROT. — Professeur à Aix, 527.

FAIDA. — Ce que c'était, 107.

FALCIDIE. — En matière de substitution, 633.

FAUSSER *le jugement.* — Ce qu'on entendait par là, 391. — *Sans mauvais cas*; ce que c'était, 466.

FAUSSES DÉCRÉTALES. — V. *Isidore.*

FAUX. — Le plaideur chez les Francs s'inscrivait en faux contre la sentence, 112.

FAUX JUGEMENT. — Recours accordé au vassal, 456.

FÉLONIE. — Quand existait-elle, 334. — Elle emportait confiscation, 378. — Tempérament apporté au XVe siècle, 609.

FEMMES. — Leur droit de succession chez les Francs, 103. — Les testateurs s'efforcent de leur rendre leurs droits naturels, 104. — Leurs droits sous la féodalité, 336 et suiv. — Sous la garde de qui sont-elles? 353. — Renonciation anticipée des femmes, 369. — Peuvent-elles acquérir des fiefs? 608 et note 1. — Leur peine en cas d'adultère, 643. — La révolution leur rend leurs droits, 736.

— *mariées.* — Leur condition chez les Germains et chez les Francs, 35, 97. — Elles sont, en principe, incapables, 623. — Femme serve mariée est plutôt soumise à l'autorité du seigneur, 354. — Leur condition était régie à peu près par les mêmes règles que celles suivies aujourd'hui, 358, notes 1 et 2, 624. — Quels sont leurs droits dans la communauté? 625. — Sur quels biens porte leur hypothèque légale? 629, 630, 637.

FENESTRAGE. — Droit féodal, 436.

FÉODALITÉ. — Son étendue historique; son organisation gouvernementale, 137 et 395. — Elle absorbe le pouvoir royal, 140 et suiv. — Elle succombe dans sa lutte contre les légistes, 150. — Au XVe siècle, elle n'existe plus comme corps politique, 154 et suiv., 466 et suiv. — Abolition des droits qui lui restent par la constituante, 718.

FERMAGES — des immeubles ruraux étaient immeubles, 627.

FERRIÈRES. — Professeur à Reims, 527. — Commentateur de la coutume de Paris, 516 à la note.

FEU. — Peine employée dans l'ancienne jurisprudence, 643.

FIANÇAILLES. — Étaient nécessaires chez les Francs, 99; — dans nos coutumes, 619.

FIDÈLES. — V. *Leudes.*

FIDUCIA. — Ce qu'on entendait par ce mot, 396.

FIEF. — Origine, 139. — Droit du possesseur, 141. — Règles générales sur les fiefs, 333. — Quand est-il couvert? 334. — Quels biens étaient fiefs? fief dominant, fief servant, 335. — Les femmes pouvaient-elles prétendre à la succession des fiefs? 337, 608. — Roturiers déclarés incapables d'acquérir des fiefs, 347. — Réunion de deux fiefs dans une même main; ses effets, 613. — Les grands fiefs ont disparu sous la monarchie absolue, 690.

FIEFS *en l'air.* — Ce qu'on entendait par là, 335.

FIEF ET JUSTICE *n'ont rien de commun.* — Explication de cette maxime, 459.

FIEF *de dévotion.* — Ce que c'était, 343.

— *de reprise.* — V. *Fief de dévotion.*

FILLES. — V. *Femmes.*

FINANCES. — Charles V y met un peu d'ordre, 214. — L'administration est régulièrement organisée par Charles VII, 239. — Aperçu de l'ensemble du système financier sous la féodalité, 429 et suiv. — Louis XII rémédie à de nombreux abus, 533. — L'administration des finances s'améliore, 678.

FLÉTRISSURE. — V. *Marque.*

FOI et HOMMAGE. — Obligation de celui qui rendait foi et hommage, 334, 608.

FONTAINES (*Pierre de*). — Ses ouvrages, 279.

FORAGE. — Ce que c'était, 435.

FORFAITURE. — Ce que c'était, 397.

FORMARIAGE. — Quand ce droit était-il dû? 358 et note 2.

FORMULE *exécutoire* — des ordonnances royales, 194.

FORMULES. — Leur importance, 72. — *Formulæ veteres*, — *arvernenses*, — *andagavenses*, — d'Alsace; — leur date, 75.

FOUAGE. — Droit féodal, 435. — Charles IX en vendit pour des sommes considérables, 682.

FOUET. — Peine employée sous la féodalité, 375. — Maintenue par l'ord. criminelle, 642.

FOUR *banal.* — Ce que c'était, 432.

FRAGMENTA ULPIANI. — Leur importance pour l'histoire du droit, 515.

FRAGMENTUM REGULARUM. — Sa valeur juridique, 515.

FRANCS. — Leur apparition dans les Gaules; — origine de ce nom, 44 et note 1.

FRANCS-ARCHERS. — Créés par Charles VII, 241. — Satires contre eux, 453, note 2. — Leur organisation, 452. — Suppression par Louis XI, 690.

FRANC-ALLEU. — Ce que c'était, 342.

FRANCHE AUMÔNE. — Qu'entendait-on par ces mots? 342. — Dans ces tenures les prélats étaient exempts d'impôts, 401.

FRANCHISES — accordées par les chartes, 253.

FRANC FIEF. — Origine de ce droit, 340.

FRANC PARAGE. — Nature de cette tenure, 342.

FREDUM. — Ce que c'était, 107.

FRÉRAGE. — Ce que c'était, 336.

FRISENAGE. — Redevance seigneuriale, 431.

FRONDE. — Quelle fut son influence? 500. — Elle n'a pu rien fonder, 551. — Résultat de cette guerre, 669.

FRUITS — pendants par branches et par racines; — leur nature, 626.

— *de fief.* — V. *Profit de fief.*

FURGOLE. — Commenta les donations, 564, note 1; — les testaments, 565, note 5; — les substitutions, 566, note 1.

G

GABELLE. — Signification de ce mot, 442. — Louis XVI essaye de les réformer, 570. — Droit régalien, objet de nombreux règlements, 685.

GAGE *de bataille.* — Sa forme, 383.

GALÈRES. — Conséquences de cette peine, 642.

GALLO-ROMAINS. — Etaient-ils, comme les Francs, exempts d'impôts? 122.

GAUDILLAUD. — Sur la coutume d'Angoumois, 575.

GARDE. — Ce que c'était; à qui appartenait-elle? 98, 353. — La garde n'avait lieu qu'en pays coutumier, 623, note 1.

— *bourgeoise.* — Privilége accordé aux roturiers, 353. — N'était point admis dans toutes les coutumes, 623.

— *noble.* — Ce que c'était, 337, 353. — Origine de l'usufruit légal consacré par le code Napoléon, 353, note 4. — Droits du gardien noble, 623. — Origine de plusieurs articles de notre code, *ibid.*, notes 2 et 3.

GARDIEN. — V. *Garde.* — Son incapacité à l'égard de son pupille, 633.

GARENNES. — Peines contre ceux qui y chassent, 433. — Ce droit fut aboli par la constituante, 721.

GAULOIS. — Aperçu sur leur droit civil et politique, 35.

GÉNÉRALITÉS. — Division financière, 658. — Plusieurs eurent un bureau de finances, 688. — Abolies en 89, 713.

GÉNÉRAUX *superintendants.* — Leurs attributions, 445, 689.

GENS D'ARMES. — Qui les levait? 451. — Sous Charles VII, c'est un corps de cavalerie, *ibid.*

GENS DE POOSTE. — Leur condition, 338, 348.

GERMAINS. — Leur arrivée dans les Gaules, 31. — Coup d'œil sur leurs institutions, 35.

GEWER. — Ce que c'était, 105.

GITE. — A qui appartenait ce droit, 442.

GLOSSATEURS. — Leur enseignement, 169 et suiv.

GODEFROY (*Jacques*). — Son édition du code Théodosien, 513. — Jurisconsulte éminent, 527.

GOLDAST. — Recueil de formules, 75.

GOUVERNEMENT LOCAL. — Est le caractère de la féodalité, 395. — Son organisation, 398 et suiv. — La royauté l'absorbe, 489.

GOUVERNEMENTS. — Circonscription militaire, 690.—Modifiée plusieurs fois, 694.

GOUVERNEURS *de provinces.* — Remplacent les grands feudataires, 690. —Ils reçurent tous successivement le titre de lieutenants généraux, *ibid.*

GRAF. — Par qui nommé? 116. — V. *Comte.*

GRAGAS. — Leur importance pour l'histoire du droit français, 319.

GRANDS BAILLIAGES. — Leur juridiction, 477. — Louis XVI les réduit à quatre, 700.

GRANDS BAILLIS. — Créés par Philippe-Auguste, 465.

GRAND'CHAMBRE. — Ce que c'était, 472.

GRANDES COMPAGNIES. — Leurs dévastations, 152 et note 1. — Ordonnances pour la répression de leurs pilleries, 213.

GRAND CONSEIL. — Son origine et ses attributions, 470, 471. — Modifications qui y furent apportées, 657. — Qui le composait? 665. — Ce qu'il est devenu sous Louis XI, 701.

GRAND COUTUMIER *de France.* — Date et contenu de l'ouvrage, 308.

GRANDS JOURS. — Origine, 422. — Leur compétence, 698.

GRANDE MAITRISE *des eaux et forêts.* — Sa juridiction, 479, 703.

GRAND SÉNÉCHAL. — Ses attributions, 463.

GRANDES SÉNÉCHAUSSÉES.—Leur juridiction, 478. —Supprimées par Louis XVI, 700.

GRÉGOIRE, pape. — V. *Recueil de Grégoire IX.*

GREFFIER. — Origine, 474. — Il y en avait un spécial pour la chambre des comptes, 475.

GRÈNETIERS.—Leurs attributions, 689.

GRENIERS *à sel.* — But de leur établissement, 685, 689. — Leur juridiction, 704.

GREVÉ. — Ses droits et ses obligations, 633.

GUERRES *étrangères.* — Elles désolent la France pendant près d'un siècle, 151. — Elles développent le sentiment national, 152. — Elles ont servi à constituer la nationalité française, 156, 489. — Elles sont fort nombreuses sous Louis XII et François Ier, 492. — Elles relèvent la dignité de la France en 93, 740.

— *privées.* — Leur but. — Efforts des jurisconsultes pour les réprimer, 299, 380 et suiv. — Les roturiers pouvaient-ils user de ce droit? 381. — C'était le mode ordinaire de l'exécution des sentences, 456.

— *de religion.* — Enfantent une législation exceptionnelle, 537, 540, 541, 545, 563. — Elles nécessitent la convocation des états généraux, 672.

GUET. — Ordonnances y relatives, 209. — Son organisation, 418.

— *royal municipal,* 695.

GUIDO (*livre de*). — Ce que c'est, 283.

H

HAIE.—Droit du seigneur sur les haies, 435.

HALLAGE. — Ce que c'était, 265, 435.

HANSE *parisienne.* — Ses priviléges, 410.

HAUBAN. — En quoi ce droit consistait, 443.

HENRI VI.—Roi d'Angleterre, proclamé roi de France, 153. — Il rend des ordonnances concurremment avec Charles VII. — Parallèle de ces deux législations, 233 et suiv.

HENRYS. — Son recueil d'arrêts est fort méthodique, 586, note 1.

HÉRITAGES *serviles.*—Principes qui les régissent, 347.

HÉRITIERS *ab intestat.* — C'est le principe dans la Germanie, 36. — Chez les Francs, 102, — et pendant la féodalité, 362 et suiv.

— *Testamentaires.* — V. *Légataires universels.*

HÉVIN. — A commenté la coutume de Bretagne, 577, note 1.

HIÉRARCHIE *féodale.* — Quelle était-elle? 395, 400.

— *militaire.* —A quelle époque s'est-elle établie? 693. — Pour la marine? 694.

HISTOIRE *du droit français.* — Origine, 3, 37. — Sa division, 6. — Est abandonnée pendant l'ère révolutionnaire, 708 et suiv.

HOMINES *quatuor nummorum.* — Qu'entendait-on par ces mots? 430.

HOMMAGE. — Ce qu'était la tenure par hommage, 342. — Cérémonie de l'hommage, 609.

— *lige.* — Obligation de celui qui s'y soumettait, 333. — Différence avec l'hommage simple, 607.

— *simple.* — Obligation de celui qui s'y soumettait, 333.

HOMME *libre.* — Le nombre en a été bien restreint dans la féodalité, 348.

— *lige.* — Ce que c'était, 333.

— *vivant et mourant.* — Ce qu'on entendait par là, 434.

HOSPITATIO. — Droit féodal, 431.

HOSTE (*l'*). — Commentaire sur la coutume de Lorris, 574, note 1.

HOSTISE. — Ce que c'était, 435.

HOTELS *des monnaies.* — Leur juridiction, 480.
HOTMAN (*François*). — Ses œuvres, 526.
HOUARD. — V. *Lois anglo-françaises.*
HOUMEAU (*Pierre de l'*). — Commenta la coutume d'Anjou, 575.
HUBA. — Droits accordés au propriétaire, 120. — Elle forme l'unité territoriale, 337.
HYPOTHÈQUE. — Publicité tentée sans résultat par Colbert, 553. — Même système reproduit en 1771, 568, 638. — Conditions de leur existence, 637. — Quels biens sont susceptibles d'hypothèques, *ibid.* — Système hypothécaire de l'an III, 739; — de la loi de brumaire an VII, 746.
— *judiciaire.* — Quand existait-elle? 637.
— *légale.* — Accordée à la femme mariée, 629, 630; — au fisc, aux mineurs, au mari, 637.

I

IBELIN (*Jeand d'*). — V. *Assises de Jérusalem.*
IMBERT (*Jean*). — Sa pratique, 589.
IMMEUBLES. — Ce que c'est; les règles ont passé presque toutes dans notre législation, 359 et note 5. — L'incapacité des bâtards de les acquérir a disparu, 365.
IMMUNITATES. — Accordées aux églises, 342. — Une certaine juridiction y était attachée, 454.
IMPOTS. — Cause de sédition chez les Francs, 119. — Qui en était exempt? 121, 122. — Système d'impôts sous Charlemagne, 133 et suiv. — Un système général était impossible pendant l'anarchie féodale, 429. — Charles VII les afferme aux villes, 447. — Comment ils se divisaient sous la monarchie absolue, 682. — L'égalité des impôts devient une vérité après la révolution, 713, 718.
— *territorial.* — Tentatives de Louis XVI, 683.
INALIÉNABILITÉ — du domaine de la couronne, 206, 221, 437. — L'ordonnance de 1566 en fixa les principes; son commentateur, 540, 679.
INAMOVIBILITÉ — de la magistrature, 714.
INDEMNITÉ (*droit d'*). — V. *Nouvel acquêt.*
INFANTERIE. — Ce qu'elle était dans l'origine, 449. — Son organisation régulière sous Charles VII, 451, 452.
INFÉODATION. — Par reprise, 334. — Des biens ecclésiastiques, 343.
INFORTIATUM. — Explication probable de ce mot, 163.
INGÉNUS. — Leurs droits à l'époque barbare, 90, 107. — Juges sous les Mérovingiens, ils sont remplacés par les *scabini* sous Charlemagne, 126.
INOFFICIOSITÉ (*plainte d'*). — Quand pouvait-on l'intenter? 634.
INSCRIPTION *hypothécaire.* — La loi de l'an III, 739.
INSCRIPTION *maritime.* — Création de Colbert, 694.
INSINUATION. — Etablie pour les donations entre-vifs, 535, 628. — Comment se faisait-elle? 629. — Dans quel délai devait-elle s'effectuer pour les substitutions? 633. — Son extension à d'autres actes, 681.
INSTITUTES. — Connues au moyen âge seulement, 164.
INSTRUCTION. — Qui la faisait en matière criminelle? 653.
INSTITUTIONS *canoniques.* — Bouleversées par la constituante, 716 et suiv.
— *civiles.* — Profondément modifiées par les principes de la révolution, 719 et suiv.
— *féodales.* — Renversées en 89, 718.
— *politiques.* — Ont été complètement renouvelées, 712.
INSTITUTION CONTRACTUELLE. — Son origine. De la féodalité elle a passé dans notre législation, 360 et note 4, 634. — Abrogée, 736.
INSTRUCTIONS — émanées du roi, 185.
INSTRUCTION PUBLIQUE. — Son organisation, 757.
INTENDANTS. — A quelle époque remonte leur institution? 688. — Leur juridiction, 705. — Il y en eut de créés pour la police, justice et finances dans les armées, 693.
INTERROGATOIRE. — Quand le juge procédait-il à l'interrogatoire de l'accusé? 654.
INVENTAIRE. — Effet du défaut d'inventaire de la part de l'époux survivant, 626.
INVESTITURE. — Quand avait-elle lieu? 334.
IRMINON. — V. *Polyptique.*
IRRÉVOCABILITÉ. — Condition essentielle des donations entre-vifs; exceptions, 629.
ISIDORE (*St*). — Collection de lois canoniques, 81.

J

JACOBI (*Petrus*). — V. *Practica aurea.*
JACQUES (*les*). — Ce que c'était, 151, 441.
JANVIER. — 1er janvier commence l'année en 1565, 539. — Jusque-là elle commençait à Pâques, 218, note 1.
JAVOI. — Gouvernante de Pothier, 525.
JAUGE. — Ce que c'était, 684.
JEANNE D'ARC. — Délivre la France, 153. — Elle était profondément imbue du sentiment de l'honneur national, 156.
JEU (*maisons de*). — Soumises à un impôt, 682.
JOUSSE. — Commenta l'ord. de 1667, 557, note 1; — l'ord. de 1669, concernant les évocations, et l'édit de 1673, touchant les épices, *ibid.*; — l'ord. sur la procédure criminelle, 558, note 2; — l'ord. des eaux et forêts, 559, note 1; — du commerce, *ibid.*, note 2; — l'ord. de 1695, relative à la juridiction ecclésiastique, 563, note 1.
JUGEMENT. — Voies de recours chez les Francs, 112; — sous la féodalité, 391 et suiv. — Il doit être prononcé immédiatement, 646. — Le code de procédure en a conservé la trace, 543. — Jugements rendus à l'étranger; sont-ils exécutoires en France de plein droit? 549, note 1. — Rédaction, 648, 791. — Comment étaient-ils exécutoires au criminel? 655.
JUGEMENT DE DIEU. — V. *Epreuves judiciaires.*
JUIFS. — Réclamations du peuple contre eux, 218, 440.
JUGEMENT *définitif.* — Ses effets en matière criminelle, 655.
— *interlocutoire.* — Son but, 655.
— *par défaut.* — Quand pouvait-il être prononcé à l'époque barbare, et quels effets produisait-il? 111, 112. — Sous la féodalité? 391. — Distinction faite entre les défauts, 648, 650 et 654.
JUGES. — Qui les nommait? vénalité consacrée par l'ancienne jurisprudence, 665. — Abolie en 89, 712, 757.
— *de paix.* — Organisés par la constituante, 715. — Qui les nommait? 757.
JURANDES. — Louis XVI vient en vain les abolir, 570. — Les états généraux avaient déjà vivement réclamé, 667. — Abolies par la constituante, 718.
JURÉS. — Ce que c'était, 406.
JURIDICTION. — Système admis en Gaule, 25; — à l'époque barbare, 124 et suiv.; — sous la féodalité, 454 et suiv.; — sous la monarchie absolue, 695 et suiv.
Exceptionnelle, 701 et suiv. — Quel fut le système de la constituante? 715. — changements éphémères de la convention, 734; — sous le consulat, 757.
— *consulaire.* — Création, 539. — La procédure qui y était suivie, 649. — Composition de ce tribunal, 705. — Maintenue par la constituante, 715.
— *de l'amiral.* — Origine incertaine, 478. — Fut supprimée, mais les amirautés subsistèrent, 703.
— *domestique.* A qui était-elle attribuée chez les Francs? sa compétence, 124. — Son sort sous la féodalité, 455.
— *ecclésiastique.* — Reconnue par les Capitulaires, elle ne forme pas encore une juridiction de droit commun, 128. — Elle est rivale des juridictions laïques au moyen âge, 454. — Affaires déférées à cette juridiction, 483 et suiv. — A la fin de la féodalité, elle a perdu la connaissance de bien des causes, 486. — L'ordonnance de Villers-Coterets a posé la limite entre les juridictions laïques et ecclésiastiques, 534. — Privilége des ecclésiastiques, 615. — Sous Louis XIV, il est reconnu que le roi peut restreindre à son gré cette juridiction, 661. — Elle n'existe plus que pour les ecclésiastiques, 695 et suiv.
— *municipales.* — Conférées par les chartes, 252. — Leur compétence était mal définie, 407, 461. — Différentes selon qu'il s'agit de villes du midi ou du nord, 460. — Restriction que lui fait subir la monarchie absolue, 664, 696.
— *royales.* — Leur subdivision, 462. — Juridictions souveraines sorties de la cour primitive du roi, 470. — Juridictions non souveraines, mais jugeant en appel, 477. — Juridictions inférieures, 479. — Accroissement continu pendant la monarchie absolue, 697. — Principale division, 698.
JURISCONSULTES — du moyen âge. — Droit romain, 169. — Droit national; leur méthode et leur but, 279. — Pendant la monarchie absolue, 517. — L'école historique domine; Cujas en est le chef, 518 et suiv. — Caractère éminemment pratique des jurisconsultes, 588, 589.
JURY. — Admis en matière criminelle, repoussé en matière civile, 714. — Jury d'accusation, 725.
JUSTICE *basse.* — Son origine, 455. — Elle exista seule avec la haute justice jusqu'au milieu du XIVe siècle, 460.
— *haute.* — Quelles en étaient les marques? 400. — Elle exista longtemps seule avec la basse justice, 460.
— *moyenne.* — Son origine, 460.
— *seigneuriales.* — Leur origine, 454, 455. — Leur étendue, 457. — La juridiction royale les restreint successivement, 466. — L'édit de Crémieu leur

porte un rude coup, 534. — Elles sont réduites successivement, 696 et suiv., —jusqu'à ce qu'elles soient abolies en 89, 713.

JUSTINIEN. — Son recueil, son autorité en France, 160. — Composition de la collection, 162 et suiv.

L

LABOULAYE (*M.*). — V. *Songe du Verger.*

LAMOIGNON. — Ne fut pas admis aux délibérations des grandes ordonnances, 554. — Parallèle de Lamoignon et Pussort, 555.—Notice sur ses œuvres, 597 et note 1.

LANGUE *d'oc.* — Son territoire, 420. — Il envoyait rarement des députés aux états généraux, 427. — Il portait d'autres noms, 188 et note 1.

— *d'oïl.* — Ce que comprenait cette division, 419. — Différence avec la Langue d'oc, 427. — Différentes dénominations données à ces deux divisions, 188 et note 1.

LAURIÈRE (*de*). — A commencé le recueil des ordonnances des rois de France, 186, note 1. — A commenté la coutume de Paris, 576, à la note. — A annoté Loysel, 597.

LAW. — Son système financier, 505.

LEBRUN. — Ses ouvrages, 597. — Son opinion sur la question de savoir si le mari peut demander la séparation de biens, 626 et note 5.

LECONTE (*Antoine*). — Professeur de droit, commenta l'édit sur les mariages clandestins, 536, note 1.

LÉGATAIRES UNIVERSELS. — Avaient la saisine en pays de droit écrit. Le code a opéré une transaction entre les règles suivies dans le nord et dans le midi, 363 et notes.

LÉGIONS.—Leur organisation, 691.

LÉGION-D'HONNEUR. — Sa création, 757.

LÉGISTES. — Leur influence dans l'action gouvernementale, 149, 332. — Comment au moyen âge ils comprenaient le droit romain, 180 et suiv. — Leur triomphe contre les seigneurs, 486.

LÉGITIMATION. — Connue chez les Francs, 98. — Mais telle que nous la connaissons aujourd'hui, elle ne date que de la féodalité, 357 et note 2. — Formalités et effets de la légitimation, 358. — Bâtards légitimés succèdent-ils à leurs parents? 342. — Les formalités ont changé sous la monarchie absolue; les principes sont restés les mêmes, 622.

LÉGITIME.—Ne pouvait jamais être entamée, 634.— Quel en était le taux? 634.

LE MAISTRE (*Pierre*). — A commenté la coutume de Paris, 576, à la note.

LEPRESTRE. — A composé deux traités sur les mariages clandestins, 536, note 2. — Ce qu'il dit de Dumoulin à propos de la révocation des donations faites par contrat de mariage pour survenance d'enfants, 630, note 1.

LESION (*d'outre moitié*). — Proscrite à cause du papier-monnaie, 739; — rétablie en l'an V, 745.

LETTRES *d'abolition*.—Leur effet, 655.

— *de chancellerie.* — Est un des moyens qui ont servi à l'extension du pouvoir royal, 459.— Etaient-elles nécessaires pour que le juge accordât des délais? 648.—Abolies par la constituante, 716.

— *de cachet.* — Leur forme, 186. — Employées contre Mirabeau, 708.—Abolies par la constituante, 786.

— *de garde.*— Leur but, 342.

— *de justice.*— Qui les délivrait? 472.

— *patentes.*— Ce que c'était, 186.

— *royaux.* — Ce qu'on entendait par ces mots, 186.

— *du St-Sépulcre.* — V. *Assises de Jérusalem.*

— *de surséance.* — A qui étaient-elles accordées? 647.

LEUDES.— Leur condition, 92.

LEX. — Signification de ce mot à l'époque barbare, 59, note 1.

— *Galliæ cisalpinæ.* — Son contenu et sa date, 516.

— *Romana.* — Signification de ce mot chez les barbares, 52, note 4.

L'HÔPITAL (*Michel de*). — Son administration et la part active qu'il prit aux actes législatifs, 537.— Son portrait, 540.

LIBERTÉS GALLICANES.—Cette question occupe le XIVe siècle, 302, 485; — plus tard, le XVIIe siècle, 605.— Mot de Fénelon à ce sujet, 606. — Le parlement était attaché à ces libertés, 661. — Le peuple l'aimait pour cette raison, 668.

LIEUTENANTS CRIMINELS. — Leur établissement, 536; — leur compétence, 652. — Ils relevaient du parlement, 705.

LIEUTENANT GÉNÉRAL DE POLICE. — Était un véritable ministre, 695. — Sa juridiction, 705.

LIEUTENANTS GÉNÉRAUX. — Origine de cette institution, 690. — A qui ce nom fut-il réservé? 693. — Il y en eut un par parlement, 695.

LIGUE *du bien public.* — Ce que c'était, 425.

LIT DE JUSTICE. — Tenu par un roi de sept ans, 550. — Le parlement est humilié, 551. — Ce qu'on entendait par

ces mots : lit de justice, 584 et note 1.
LITI. — Leur condition, 89 et suiv.
LIVRE DES FIEFS. — Influence en France de ce document étranger, 319.
LIVRE *de jostice et de plet.* — Analyse de ce coutumier, 284.
— *des métiers.* — V. *Boileau.*
— *la Roine.* — N'est probablement qu'un remaniement du Conseil à un ami, 283.
LODS ET VENTES. — Droit féodal, 338. — Revenu fort productif pour les seigneurs, 434. — Revenu royal, 441.
LOI AGRAIRE. — Peine décrétée contre ceux qui la demanderaient, 736.
LOIS. — Elles sont éminemment personnelles à l'époque barbare, 84 et note 1. —Sous la féodalité, elles sont réelles, 329. — Sous la monarchie absolue, 616. — Comment se faisaient-elles sous la constituante? 714 ; — en ordonne la révision, 719.— Comment elles se discutaient sous la constitution de l'an VIII, 753.
— *anglo-françaises.* — Leur date et leur contenu, 318 et suiv.
— *barbares.* — Loi *salique;* sa rédaction, son objet, ses additions, 60 et suiv.
—*ripuaire.* — Différence avec la loi salique; date de sa rédaction, 63.
— *des Bourguignons*, ou loi *Gombette*; son objet, ses *additamenta*, 65 et suiv.
— *des Visigoths* ; son contenu ; son importance pour l'histoire du droit français, 67.
— Les autres lois barbares ne servent pas directement à l'histoire du droit français, 65, note 1. — Principaux recueils de ces lois, 58, note 1.
— *somptuaires.* — Nos rois en rendaient souvent ; exemple, 203. — La constituante en décréta aussi, 713.
LOMBARDS. — Restent dans Paris en payant des sommes considérables, 440.
LOTERIE. — Créée comme institution nécessaire, 535, 686. — Le directoire crée la loterie nationale, 743.
LOUET. — A composé un recueil d'arrêts enrichi par Brodeau, 586, note 1.
LOYSEAU. — Notice sur ses ouvrages, 596.
LOYSEL. — Notice sur ce jurisconsulte, 596.

M

MABILLON. — Ses formules, 73, 75.
MAGISTRATS MUNICIPAUX. — Qui les nommait? 408.
MAJORITÉ. — Fort incertaine à l'époque barbare, 98. — Charles V la fixe pour la succession au trône, 216. — Majorité féodale, 337, note 2, 619. — Elle était flottante dans les coutumes, 619. — Fixée définitivement en 1792, 731.
MAÏEUR. — Ses attributions, 406. — Mode de nomination à cette fonction, 408.
MAINBOUR. — V. *Mundium.*
MAINMORTABLES. — Pourquoi ainsi appelés? 402. — V. *Serfs.*
MAINMORTE. — Quels sont les biens de mainmorte? 344 et suiv. — Droit aboli par la constituante, 719. — Déclarés dot de la constitution, 721.
MAIRE. — Ses attributions, 406. — Comment était-il nommé? 408. — Vicissitudes qu'éprouve la nomination des maires, 662.
MAITRES *particuliers des eaux et forêts.* — Leur juridiction, 480.
— *des requêtes.* — Leurs attributions, 465. — Leur juridiction, 701.
MAITRISES. — Source de revenus publics, 681. — La constituante les supprima, 722.
MAL. — Tribunal des Francs; sa composition, 110. — Il disparut en 987, 461.
MANDEMENTS du roi. — Leur but, 185.
MANNIRE. — V. *Ajournement.*
MANOPERÆ. — En quoi consistait ce droit? 443.
MANSUS. —Droits y attachés, 120.— On les distingua en *serviles*, *ingenuiles*, *lidiles*, *vestiti*, *apsi*, 121, 337.
MARCHANDS DE L'EAU. — Leurs priviléges, 409.
MARCHANDISES. — Frappées de taxes exorbitantes pour la circulation, 442.
MARCHES. — Signification de ce mot, 118, 580 et note 2. — Comment elles se divisaient, 581 et note 1.
MARCHIO. — Ce que c'était, 118.
MARCULFE. — Recueil de formules pour le droit civil, 73 ; — pour le droit canonique, 83.
MARGUILLIERS. — Leurs attributions en Bretagne, 404.
MARI. — Administrateur des biens de la femme, 101, 354. — Peine de sa mauvaise administration, 356. — Il était seigneur et maître de la communauté, 625. — Avait une hypothèque légale sur les biens de celui qui avait constitué la dot de sa femme, 637.
MARIAGE. — Chez les Francs, 99 et suiv. — Sous la féodalité; ses effets, 100 et suiv., 358. — Sous la monarchie; innovations introduites, 620 et suiv. — Présomptions de légitimité; incertitudes de l'ancienne jurisprudence, que le code a fait cesser, 622. — Effets du mariage, 623, 624. — Est un contrat purement

civil, 724. — Réglé par l'assemblée législative, 732.— Conditions de publicité exigées, 749.

— *clandestins.* — Prohibés par l'édit de 1556. — Commentateurs de cet édit, 536. — L'ord. de Blois de 1579 compléta l'édit, 543. —Différence avec les mariages secrets, 619.—Textes y relatifs, 800 et suiv.

— *in extremis.* — Produisait-il des effets? 620 et suiv.

— *putatif.* — Ce que c'était; son origine; ses effets ont été adoptés par le législateur moderne, 359 et notes 1 et 2.

MARINE. — L'ordonnance de 1681 a été reproduite dans notre code de commerce, 560 et suiv. — Ses commentateurs, 561, note 2. — Louis XI lui donna l'impulsion, 694.

MARQUE *du fer chaud.* — Quand cette peine était-elle applicable? 642.

MARQUISAT. — District militaire, 118.

MASCULINITÉ. — Ce privilége inconnu chez les Francs, 103. —Est en pleine vigueur sous la féodalité, 370. — Est repoussé par les lois nouvelles, 724.

MASUER.—Analyse de sa pratique, 311.

MATERNA MATERNIS. — Explication de cette maxime, 369.

MAYNARD (*de*). — Composa un recueil d'arrêts, 586, note 1.

MAZARIN.—Son administration, 499 et suiv., 550 et suiv.

MELLIER (*Nicolas*).— A fait un commentaire sur l'édit des mères, 540, note 4.

MEMBRES DU PARLEMENT. —Mode de nomination, 473.

MÉTIERS. — Payaient une certaine somme pour se constituer, 411.— Mesure fiscale vainement prohibée, 667, 681.

MÉRILLE.— A relevé les contradictions de Cujas, 527.

MESTRE DE CAMP.—Origine, 691.

MÉTA.— Ce que c'était, 99.

METS *du seigneur.* — En quoi consistait ce droit, 432.

MEUBLES.—Définition, 359.—La revendication était-elle admise? 360.—Le droit de suite était une exception, 362.— Les mêmes principes sont consacrés par le code Napoléon, 360, note 2; 361, notes 3, 6 et 7; 362, note 1. —Distinction des meubles et des immeubles, 626.—Meubles étaient-ils susceptibles d'hypothèque? 637.

MILICE *féodale.*— Insuffisante pour les guerres étrangères, 449, 450. — Néanmoins Charles VII ne la supprima pas, 453.

— *nationale.* — Existait sous la monarchie, 693, 694. — Fut régularisée en 89, 713.

MINAGE.— Ce que c'était, 265, 435.

MINES. — A qui appartenaient-elles 435, 438. — Droits de perception, 439 note 1. — Soumises à une législation spéciale, 722.

MINEURS. — Peuvent accepter seuls une donation entre-vif; ne sont pas restituables contre le défaut d'acceptation, 628. — Ont une hypothèque sur les biens de leur tuteur? 637.

MINISTÈRE PUBLIC. — Son origine, 474.

MINISTRES DE LA JUSTICE. — Ce qu'on entendait par cette expression, 651.

MINORITÉ.— La division juridique des personnes en majeurs et mineurs a été empruntée par notre législation aux lois barbares, 98, note 4.

MIRABEAU. — Son apparition dans les discussions politiques, 710. — Sa prédiction sur l'existence de la monarchie, 711. — Son discours sur l'égalité des partages lu après sa mort, 724. — Ses paroles sur la loi proposée contre les émigrés, 726.— La convention ordonne d'enlever son corps du Panthéon pour y placer Marat, 734.

MIROUER *du fief.*—Ce que c'était, 336.

MISSI DOMINICI. — Leurs fonctions, 127 et suiv.

MONARCHIE ABSOLUE.— Durée, 488.

MONITOIRES.— Ce qu'on entendait par ce mot, 652.

MONNAIES. — Variations fréquentes dans leur valeur, 205 et suiv. — Les rois en faisaient un revenu considérable, 439. — Ils défendirent aux seigneurs de battre monnaie, 208. — Devenu régalien, ce droit fut donné à ferme, 687.

MONUMENTS ÉTRANGERS.— Leur utilité pour l'histoire du droit français, 314.

MONTE. — En quoi consistait ce droit, 265. — Supprimé par Louis XVI, 678, note 2.

MONTPELLIER. — Enseignement de son université, 166.

MORGENGAB. — Ce que c'était, 100. — S'il n'y en a pas de constitué, quels droits à la femme? 101.

MORNAC. — Notice, 590.

MORTAILLE. — Pourquoi ainsi appelé, 402. — V. *Corvée.*

MORTAILLABLE. — V. *Corvéable.*

MORT (*le*) SAISIT LE VIF. — Explication de cette maxime, 362 et suiv.

MORTUAGE. — Redevance ecclésiastique, 444.

MOSAICARUM ET ROMANARUM LEGUM COLLATIO.—Valeur de cette compilation, 515.

MOULIN *banal*, 432.

MUNDIUM. — Ce que c'était, 97. — Quand était-il dissous? 98.— Ce système a passé dans le système féodal avec des modifications, 353.

MUNDOALDUS. — *Mundowald.* — Ses droits et ses devoirs, 98.

MUNICIPALITÉS.— Leur origine, 256.— Leur organisation, 405. — Leurs rapports et leurs différences avec les communes proprement dites, 406. — Elles disparaissent sous la monarchie absolue, 661, 662, — malgré les sacrifices qu'elles s'imposent pour acheter des priviléges, 663, 664.—Division maintenue en 89, 713. — Elles sont remplacées par les cantons, 738. — Elles revivent sous le consulat, 756.

MUTATIONS.— Droits seigneuriaux qui ont preque tous passé au roi, 441, 611. — Supprimées dans presque toutes les coutumes pour les successions en ligne directe, 612.

MUTILATIONS. — Peines en usage au moyen âge, 376.— Consacrées par l'ord. de 1670, 642, 643.

N

NATURALITÉ (*lettres de*). — Leur effet, 352. — Ces lettres n'étaient accordées qu'en réservant le *droit d'autrui*, 617.

NAVARRE (*Philippe de*). — V. *Assises de Jérusalem*, 316.

NÈGRES. — Restent esclaves malgré la révolution de 89, 720.

NEUFME. — V. *Mortuage*.

NÉRON. — Sa collection d'édits, 534, note 2.

NOBLES. — Demenés comme vilains; quand? 350. — Les amendes prononcées contre eux étaient plus fortes que contre les vilains, 377; — la peine corporelle, moins grave, 378.—Leurs priviléges, 381, 386.— Ils quittent leurs siéges de juges et les abandonnent aux clercs, 467. — Sous la monarchie absolue, ils n'ont plus la direction du gouvernement, 661.— Ils ne peuvent plus juger, 665.—Ils disparaissent en 1789, 719.

NOBLESSE.— Est essentiellement territoriale sous la féodalité, 348.— Comment l'acquérait-on? 615.— Elle s'éclipse sous la monarchie absolue, 659, 660. — La royauté l'absorbe, 664.

NOTAIRES.— Leurs obligations, 385. — Combien en fallait-il pour un testament solennel? 632.

NOTARIAT. — Origine de l'institution, 385. — Il a servi à l'extension du pouvoir royal, 459. — Son organisation par le premier consul, 758.

NOTITIA DIGNITATUM ORIENTIS ET OCCIDENTIS.— Valeur de ce document, 515.

NORMANDS. — Leur apparition en France, 138.

NOVELLES. — Comment elles étaient contenu au XIVe siècle, 163.

NOUVEL ACQUÊT (*droit de*). — Ce que c'était, 345. — Ce droit est resté seigneurial, 346.

NUIT. — Délits commis la nuit, 378.

NULLE TERRE SANS SEIGNEUR.— Signification de cette maxime, 334.

O

OBLATIO.— Droit féodal, 432.

OBLIGATIONS CONVENTIONNELLES. — Régies en France surtout par le droit romain, sauf quelques modifications de détails, 372, 636.

OCTROI. — Revenu important pour l'Etat, 684.

OFFICES.—Leur vénalité est un revenu considérable pour l'Etat, 663, 664. — Elle conduit le roturier au pouvoir, 665, — et augmente les revenus publics, 681. — — Elle est définitivement abolie en 89, 712.

OFFICIAUX. — Tribunaux ecclésiastiques, 485.

OFFICIERS *du palais*. — Sous Charlemagne ils ont perdu leur influence politique, 129 et note 3. — Leur action administrative disparut sous la monarchie absolue, 658.

— *royaux*. — Leur organisation, 415.

OLIM. — Caractère de ces registres, leur date et contenu, 271 et suiv.

OPTIMATES. — Désignant chez les Francs les antrustions les plus illustres, 92.

OPPOSITION. — Voie de recours contre un jugement par défaut, 650.

ORDONNANCES *prévôtales*. — Leur objet et leur contenu, 296 et suiv.

— *royales*. — Ce que c'était, 185. — Leur objet, 187, 196. — En quelle langue étaient-elles rédigées? 188, 535. — Leur publicatien ; où avaient-elles force exécutoire? 194. — Fort rares pendant l'anarchie féodale, elles deviennent de plus en plus nombreuses à partir du XIIIe siècle, 197 et suiv. —Leur effet, 332. — Grande ordonnance de 1357, 210 et suiv. —Sous Charles V, elles sont nombreuses sur l'administration, 213. — Pendant le règne de Charles VI, le droit politique y a la plus grande part, 217 et suiv. —Pendant la maladie du roi, anarchie législative, 220 et suiv.—Ordonnances de Henri V, roi d'Angleterre, 224 et suiv. — Grande ordonnance de 1413, son contenu, 226 et suiv. — Elle fut abolie quelques mois après, 229. — Parallèle des ordonnances de Henri VI et de Charles VII, 233 et suiv. — Charles VII organise l'armée, les finances et la justice, 237 et suiv. — Conséquence de cette législation, 246 et suiv. — Grande ordonnance de 1454, 248 et suiv. — Ordonnances de Louis XI favorisaient le commerce, 528 et suiv. — Son respect pour le pape, 530. — Vigueur du style de ses actes, 531. — La législation de Charles VIII est peu importante, 531, 532. — Sous Louis XII, grande ordonnance sur la justice; plusieurs lettres royaux pour la rédaction officielle des coutumes, 532. — Sous François Ier, les ordonnances deviennent générales pour toute la France, 533. — Commentaire sur l'ord. de Villers-Coterets, 534, note 2. — Elles doivent être écrites en français, 535. — Les ordonnances se succèdent sous Henri II et François II sans laisser grandes traces, si ce n'est l'ordonnance des mariages clandestins et l'édit des petites dates; commentaire de ces ord., 536 et notes 2 et 3. — Malgré les désastres du règne de Charles IX, la législation civile fait de grands progrès, grâce à l'Hôpital, 537 et suiv. — Commentaire sur l'ord. de 1560 d'Orléans, 538, note 3, et sur l'édit de 2es noces, 538, note 3; — sur l'ord. de Moulins, 540, note 1; — sur l'édit relatif au domaine, 540, note 3; — sur l'édit des mères, *ibid.*, note 4. — Le roi fut ingrat envers l'Hôpital, 541. — Législation née des guerres civiles, *ibid.* — Malgré les désordres sociaux du XVIe siècle, la législation a une large part dans le progrès; commentaire sur l'ordonnance de Blois, 543, note 3. — Henri III tente l'unité de législation, 544. — La législation de Henri IV est essentiellement réparatrice, 545. — Nombreuses ordonnances sur l'économie politique, 546. — Réformes sous Louis XIII, 548. — Création de nombreux corps scientifiques, 550. — Colbert et ses grandes réformes, 552 et suiv. — Discussions préparatoires des ordonnances, 554. — Parurent successivement l'ordonnance de 1667 sur la procédure civile; ses commentateurs, 557, note 1; — de 1670, sur la procédure criminelle, 558, note 2; — de 1673, sur le commerce; ses commentateurs, 559, note 2; — de 1681, sur la marine, 556 et suiv.; — ses commentateurs, 561, note 1. — L'ord. de 1667 a été copiée par le législateur moderne dans quelques dispositions, 557, notes 2, 3 et 4; 558, note 1. — Il n'en a pas été de même pour la procédure criminelle, 558. — Le code de commerce a presque tout emprunté à l'ordonnance du commerce, 559, 560, — et à l'ordonnance de la marine, 560, 561. — Sous le ministère de d'Aguesseau, les grandes réformes reprennent leur cours, 563. — Il publia l'ordonnance sur les donations, 564; — ses commentateurs, 564, note 1; — celle sur les testaments, 565; — commentaires, *ibid.*, note 5; — celle sur les substitutions, 566, note 1; — commentaires, *ibid.*; — sur le faux, 567; — commentateurs, *ibid.*, note 1. — Il y en eut de nombreuses en matières bénéficiales, 567; — commentateurs, 563, note 1; — sur des points isolés de droit civil, dont plusieurs dispositions ont été consacrées par le législateur moderne, 568, notes 1, 2, 4; 569, note 2. — La législation de Louis XVI est une réaction contre la féodalité, 570. — Le préambule de l'édit de 1776 est l'expression de cette noble pensée, 678.

ORGANISATION *administrative*. — Chez les Francs; le nord et le midi forment déjà deux zones, 110, 121; — pendant la féodalité, 428. — Sous la monarchie absolue, elle embrasse tout le royaume, 677. — Sous la constituante, 714; — le directoire, 738; — le consulat, 756.

— *judiciaire*. — Chez les Francs, 124 et suiv.; — sous la féodalité, 454 et suiv.; — sous la monarchie absolue, 695 et suiv. — Révolution pacifique opérée par la constituante en cette matière; les principes d'humanité sont méconnus par la convention, 734. — Sous le directoire, 738; — sous le consulat, 757.

— *politique*. — De la Gaule lors de l'invasion, 13; — des Romains sur le sol gaulois, 22; — des Francs, 114; — après l'anarchie féodale, 415 et suiv.; — pendant la monarchie absolue, 657 et suiv.; — la constituante, 712; — le directoire, 737; — le consulat, 752.

ORLÉANS. — Son université, ses doctrines, 167 et suiv.

OST. — Ce qu'on entendait par là, 430. — Différence de l'ost et de la chevauchée, *id.*, note 1.

OUBLIAGE, *Oblivio*. — Qu'entendait-on par ce mot? 436.

P

PACAGE. — Droit seigneurial, 433.

PACIFICATION. — Edits nombreux, 541. Henri IV rend pour la première fois un édit de pacification général, 545.

PAIRS. — Y a-t-il eu une cour spéciale des pairs de France? 463, 464. — Ce qu'on entendait par ce mot pairs, 397. — Leur juridiction, 455. — Leur nombre pour assister au jugement, 456.

— *de France.* — Qui pouvait les assigner? 387. — Ce qu'ils devinrent sous la monarchie absolue, 660.

PALLU (*Etienne*). — Commentateur de la coutume de Touraine, 575, note 2.

PANDECTES. — Manuscrit d'Amalfi, 159. — Division adoptée par l'école de Bologne, 162.

PAPE. — Est l'appui des Carlovingiens. — Extension de son pouvoir, 83. — Ses traités avec le roi de France, 328. — Lutte avec la royauté, 438, 485, 301. — Le Songe du Verger en est la vive expression; Beaumanoir y avait pris part, 295.

PAPIANI RESPONSA. — Ce que c'était, 55 et suiv. — Edition de Cujas, 512.

PARAGE. — Ce que c'était, 336. — Droit étendu aux roturiers, 340. — Aboli sous la monarchie absolue, il a laissé quelques traces, 608.

PARDOUX DU PRAT. — A commenté l'ordonnance de 1566, 540, note 1.

PARIS. — Ses priviléges sont brisés en 1382, 218. — Ils lui sont restitués en 1412, 226.

PARLEMENTS. — Expression primitivement générale, 422. — Restreinte plus tard, 465. — Combien il y en avait au moyen âge, 420. — Leur participation au pouvoir législatif, 582 et suiv. — Leur institution favorise les progrès du tiers état, 667. — Création de nouveaux, 698. — Sont mis en vacances définitives, 712.

— *de Paris.* — Son organisation, 203 et 471. — Transféré à Poitiers en 1418, rentré à Paris en 1436, 242. — Son contrôle sur les actes législatifs, 191, 547. — Il est froissé par plusieurs ordonnances, entre autres celle de 1629, 549. — Il lutte pendant la minorité de Louis XIV et échoue, 550, 551. — Louis XIV, à 17 ans, parle en souverain, 552. — Comment il arriva à participer au pouvoir législatif, 582. — Il se pose en états généraux, 668. — Il recule devant l'alliance avec les ennemis de la France, 669. — Il devient usurpateur, 670. — Ses priviléges, sa composition, 698.

PARLOIR AUX BOURGEOIS. — Ce que c'était, 269 et note 2.

PAROISSE. — D'abord division ecclésiastique, plus tard division administrative, 119. — La constitution politique des paroisses date du XIVe siècle, 404.

PARTAGE. — Législation barbare, 105. — Dérogation résultant du droit d'aînesse, 335. — Son étendue, 341, 368. — Le partage est déclaratif de propriété, 371. — Principe encore en vigueur, 272, note 1. — S'appliquait-il à la couronne et aux baronnies? 357. — La constituante proclame l'égalité, 724.

PARTAGE D'UN TRIBUNAL. — Qui décidait la difficulté? 647.

PATENTES. — Créées par la constituante, 713, 722.

PATERNA PATERNIS. — Explication de cette règle, 369. — Supprimée par la révolution, 736.

PAYS *de droit coutumier.* — Distinction avec les pays de droit écrit, 89, 331. — Subsiste jusqu'en 1789, 616.

— *de droit écrit.* — Leur position géographique, 89.

— *exempts.* — Ce qu'on entendait par là, 685.

— *de grandes gabelles.* — Différence avec les pays de petites gabelles, 685.

— *hors l'obéissance le roi.* — Qu'entendait-on par ces mots? 419. — Etendue de la juridiction des seigneurs sur ce territoire, 457. — Où l'appel de leurs jugements était-il porté? 462. — La distinction n'existe plus sous la monarchie absolue, 656.

— *l'obéissance le roi.* — V. *Pays hors l'obéissance.*

— *rédimés.* — Ce qu'on entendait par ces mots, 685.

PECQUET. — Commentaire sur l'ordonnance de 1669, 559, note 1.

PÊCHE. — Ce droit constituait un privilége, 437.

PEINES. — Excessives en Gaule, 17; — en Germanie, 36. — Elles ont peu changé sous la féodalité, 374 et suiv. — Plusieurs étaient arbitraires; certaines étaient moins fortes pour les vilains que pour les nobles, 377. — Beaumanoir réclamait déjà la proportionnalité dans les peines, 294. — Amélioration sensible sous la monarchie absolue, 640. — Quelles étaient celles en usage? 642, 643. — La proportionnalité des peines est un principe généralement admis, 644. — L'ordonnance de 1670 est un progrès, 645.

— *afflictives ou infamantes.* — Quelles étaient-elles? 643.

— *canoniques.* — Quelles étaient-elles? 644.

— *capitale.* — Etait l'exception dans les lois barbares, 109. — Fort en usage sous la féodalité, 375. — Appliquée même aux animaux, *ibid.* — Effets de la peine capitale, 643.

— *corporelles.* — Rares chez les Francs, 109. — Au moyen âge elles sont plus graves contre les vilains que contre les nobles, 378. — Quelles étaient-elles dans l'ancien droit? 642.

PÈLERINAGE. — Ses effets sous la féodalité, 374.
PERCEPTION D'IMPÔTS. — Sous les Carlovingiens, 119. — Nouvelles règles sous Charles V, 215. — Charles VII la régularisa, 445. — Sous la monarchie absolue, 687.
PERSONNES. — Division pendant l'époque barbare, 90 et suiv.; — pendant la féodalité, 349 et suiv. — Elle est à peu près la même sous la monarchie absolue, 614 et suiv.
PETRI EXCEPTIONES. — Contenu de ce recueil, 161.
PIED-FOURCHÉ. — Droit seigneurial, 431.
PILORI. — Est marque de haute justice; peut-on en avoir là où le roi en a? 400. — Peines; ses conséquences, 642.
PITHOU (*Fr. et P.*). — Notice, 412, 526, 576, à la note.
PLACENTINUS. — Enseigna à Montpellier, 167.
PLAID DE LA PORTE. — Ce que c'était, 465.
PLASSAGE. — Ce que c'était, 436.
POCQUET (*de Livonnière*). — Commentaire sur la coutume d'Anjou, 575, note 2.
POÊLE. — Enfant mis sous le poêle est légitime, 357.
POIDS ET MESURES. — Uniformité établie par la constituante, 722.
POITIERS. — Son université, 168. — Sa coutume, 575, note 2.
POLICE. — Du royaume, 208. — A qui elle était confiée, 417, 418, 450. — A qui appartenait la juridiction, 705.
— *correctionnelle.* — Procédure, 725.
POLITIQUE. — Louis XI a créé la politique moderne, 490. — Celle de Henri IV est éminemment nationale, 545. — Richelieu a créé le système politique européen, 550.
POLYPTIQUES. — Ce que c'était; leur importance, 75.
POPULATION AGRICOLE. — Sa condition dans les Gaules, 15; — pendant l'époque barbare, 120; — sous la féodalité, 403. — Elle a pris une part active dans l'action gouvernementale, 666. — Sully la décharge d'une partie de la taille, 682.
POSSESSION. — Source de droits nombreux, 390. — Elle fait présumer la propriété; cette règle de la féodalité a passé dans notre législation, 390, note 1.
POSTE AUX CHEVAUX. — Date de son établissement, 530.
POTHIER. — Sa vie; ses œuvres sur le droit romain; sa classification du titre *de regulis juris*, 522 et suiv. — A commenté l'ord. de 1667, 557, note 1, — et l'ord. criminelle, 558, note 2; — l'ord. du commerce, 559, note 2; — des donations, 564, note 1; — des testaments, 565, note 5; — des subsitutions, 566, note 1. — Son commentaire sur les coutumes d'Orléans, 576, à la note. — Notice sur ses traités de droit français, 601.
POUDRES. — Monopolisées au XIVe siècle, 684.
POULE DE COUTUME. — Comment s'acquittait cette redevance? 430.
POULLAIN-DUPARC. — A commenté l'ord. sur la procédure civile, 557, note 1, — et celle sur la procédure criminelle, 558, note 2. — Il a écrit aussi sur la coutume de Bretagne, 577, note 1.
POUVOIR *exécutif.* — Appartient au roi sous la constituante, 714. — Confié aux directeurs, 738; — puis aux consuls, 753.
— *législatif.* — A qui appartenait-il à l'époque barbare? 68, 115, 131; — sous la féodalité? 189. — A partir de Philippe le Bel, le roi agit seul, 204. — La constituante le sépare nettement du pouvoir judiciaire et du pouvoir administratif, 714. — Son organisation sous la constitution de 93, 734; sous la constitution de l'an III, 737; — sous le consulat, 754.
POYET. — Auteur de la procédure secrète au criminel; sa punition, 535, note 3. — Mot de Dumoulin à propos de ce chancelier, 639, note 3.
PRACTICA AUREA. — Matières contenues dans ce coutumier; son auteur, 297 et suiv.
PRACTIQUE DE MASUER. — V. *Masuer.*
PRAGMATIQUE SANCTION. — De saint Louis, 199; — de Charles VII, 246. — Son influence, 486. — Elle est abolie par Louis XI, 661.
PRECARIA. — Nature de ce contrat, 344.
PRÉFECTURES. — Division administrative romaine appliquée aux Gaules, 25.
PRÉLIMINAIRE *de conciliation.* — Engoûment de la constituante pour cette nouvelle institution, 715 et note 1.
PRESCRIPTION. — Sa durée dans le droit coutumier, 638. — Celle du droit romain fut accueillie avec faveur, 639.
— *immémoriale.* — Reçue autrefois; comment l'appelaient les docteurs italiens, 638 et note 2. — En matière criminelle; sa durée; ses effets, 641.
PRÉSIDIAUX. — Leur compétence, 652. — Leur nombre, 700.
PRESSOIR. — Obligation de mener sa vendange au pressoir du seigneur, 433.
PRÊT *sur gage.* — Régi comme les autres contrats par le droit romain, 373.
PREUVES. — Reconnues chez les Francs, 96; — pendant la féodalité, 382. — Sous ce rapport, la législation orientale était plus avancée que celle de France, 384.
— *littérale.* — Ne fut qu'une mesure de précaution dans le droit des Francs,

96. — Elle prit de l'importance à la fin du XIIIe siècle, 385. — Restreinte par l'ord. de 1566, 557.

— *testimoniale*. — Admise d'une manière absolue chez les Francs, 96. — Ses vicissitudes sous la féodalité, 384. — Réglée par l'ord. de Moulins, 539 ; — l'ordonnance de 1667, 557, note 1. — Plusieurs dispositions sont le type de certains articles du code Napoléon, *ibid*, note 2 et 3.

PRÉVENTION. — Ce que c'était, 459.

PRÉVÔTS. — Leurs attributions, 415, 417. — Juridiction du prévôt de Paris, 418. — Ses attributions, 232. — Assesseurs des prévôts, 456. — Leur juridiction, 481. — Ils étaient aussi administrateurs des villes de simple bourgeoisie, 257. — Extension de leur juridiction, 699.

— *de l'hôtel*. — Sa juridiction, 702.

— *des marchands*. — Supprimé en 1382, 219, 482, note 2. — Sa juridiction, 231, 232 et 411.

— *des maréchaux*. — Leur compétence, 652. — En matière criminelle, 704, 705.

PRÉVÔTÉS. — Ce que c'était, 405, 415. — Leur juridiction, 481. — Maintenues malgré les réclamations, 699.

PRINCIPALIS. — Doyen du sénat en Gaule, 23.

PRISE. — Droit seigneurial, 431. — Sa dureté, 443.

PRISE A PARTIE. — Dans quel cas on pouvait la prendre? 650.

PRISES. — Commissaires spéciaux ; leur juridiction, 703.

PRIVILÉGES. — Quelles créances en ont, 637. — Les coutumes n'avaient pas réglé leur rang, 638.

PROCÉDURE *civile*. — Grossière chez les Francs, 110. — Elle prend des formes régulières au contact du droit canonique, 326, 380. — Elle variait selon que la juridiction était laïque ou ecclésiastique, 387. — L'ord. de Moulins tendait à l'unité de la procédure civile, 539. — Règles générales de la procédure civile, 645 et suiv. — L'ord. de 1667 a apporté des améliorations sérieuses, 651. — Toute la procédure est réduite à dix articles, 738.

— *criminelle*. — Ce qu'elle était à l'époque barbare et sous la féodalité, 111, 393 ; — sous l'ord. de 1539, 535 et note 3. — Révision par l'ord. de 1670, 558. — Commentateurs de l'ordonnance, *ibid*, note 2. — Sous la monarchie absolue la procédure criminelle a des règles spéciales, 645, 651 et suiv. — Progrès de la législation, 656.

— *ordinaire*. — Ce qu'on entendait par là, 648.

— *sommaire*. — Différence avec la procédure ordinaire, 648.

PROCÈS-VERBAUX. — Importance de ceux du conseil d'Etat pour l'explication des codes, 765.

PROCONSULS. — Leurs fonctions, 22.

PROCURATORES. — Différence avec les questeurs, 22.

PROCUREUR. — Peut-on plaider par procureur? 368. — Sous la monarchie absolue, il faut avoir constitué un procureur pour pouvoir plaider, 645.

PROCUREURS *généraux*. — Dirigent l'action publique, 651.

— *fiscaux*. — Leurs attributions, 651, 697.

— *du roi*. — Devait-il toujours requérir le juge d'instruction? 653. — Ses fonctions, 654.

PRÆSIDES. — Différence avec les proconsuls, 22.

PROFITS *de fiefs*. — Ce que c'était, 610, 612.

PROHET (*Ignace*). — Coutume d'Auvergne, 575, note 2.

PROMULGATION *de la loi*. — Comment elle avait lieu sous nos rois, 194 et suiv. — Depuis 89, 714, 735, 755.

PROPRES. — Comment on les divisait, 627. — Distinction abolie, 736.

— *ne remontent point*. — Explication de cette maxime, 368. — Exceptions, 369, 630, 631.

PROPRIÉTÉ LITTÉRAIRE. — Consacrée par la constituante, 722.

PROTESTANTS. — Les ordonnances contre eux, 537. — L'Hôpital veut leur rendre la liberté civile et politique ; la guerre civile commence, 539. — Les édits de pacification sans cesse renouvelés sont immédiatement détruits, 541. — A partir de Henri IV, ils vécurent libres et tranquilles, 545. — En droit civil, ils sont assimilés aux aubains, 618. — La constituante leur rend leurs droits, 720.

PROVINCES. — Division romaine introduite dans les Gaules, 22. — Elle a disparu dans l'ordre civil tout en se conservant dans l'ordre ecclésiastique, 116.

PUBLICITÉ *de la loi*. — Sous les rois, 194 et suiv. ; — sous la constituante, 714 ; — d'après la convention, 735.

PUISSANCE *maritale*. — En Germanie, 35 ; — chez les Francs, 100. — Plusieurs principes conservés pendant la féodalité, 354. — Ont passé dans notre législation encore adoucie, 97, note 2.

— *paternelle*. — Ce qu'elle fut chez les Gaulois, 12 ; — chez les Germains, 35 ; — Sous le système féodal, 97, 353. — Notre législation en a conservé les principes fondamentaux, 97, note 2 ; 98, note 1. — Principes admis par la constituante,

725. — Abolie pour les majeurs, 732.
PULVERATICUM. — Droit seigneurial assez bizarre, 436.
PURGE. — Comment s'opérait-elle dans les coutumes? 638.
PUSSORT. — Sa part dans les réformes de Colbert, 554. — Parallèle de Pussort et de Lamoignon, 555.

Q

QUARANTAINE LE ROI. — Ce que c'était, 381.
QUART DE SEL. — Ce que c'était, 685.
QUESTION *préparatoire*. — Abolie par Louis XVI, 471. — Combien y en avait-il d'espèces? 641. — On pouvait même la faire subir au condamné à mort après le jugement, 642.
QUINT. — Droit féodal, 335. — Restreint dans son application sous la monarchie absolue, 610.
QUOTITÉ DISPONIBLE. — Fixée par la commission consulaire, 749.

R

RACHAT. — Droit seigneurial, 338. — Restreint dans son application, 610. — Comment on évaluait ce droit, 612.
RACHIMBOURG. — Ce que c'était, 110, 120. — Ses obligations, 88 et suiv., 111, 117.
RAPETTI (*M.*). — V. *Livre de jostice et de plet*.
RAPPORTS. — Importance de ceux faits par le tribunat pour la rédaction des codes, 768.
RAPPORT *à succession*. — Dans la succession franque, 106. — A peu près comme dans notre législation actuelle, *id.*, note 1. — La féodalité accueillit cette institution, 368. — Les coutumes l'admettaient généralement en ligne directe, 636. — Mot de Dumoulin à propos des coutumes qui repoussaient le rapport, *ibid.*, note 1. — Coutumes d'*égalité parfaite*, *ibid.*
RAPPORTEURS. — Leurs fonctions, 467.
RAVANIS (*Jacobus*). — Enseigna à Toulouse, 167. — Ses tentatives pour créer une nouvelle méthode, 170.
RECAPITULATIO *legis Salicæ*. — Ce que c'était, 63.
RECETTES GÉNÉRALES. — Combien y en avait-il? 688.
RECETUM. — V. *Hospitatio*.
RECEVEURS *des finances*. — Leurs attributions, 445. — Exactions reprochées à ces fonctionnaires, 447. — Pour les douanes, qui en faisait l'office? 689.
— *général*. — Résidant à Paris, 446. — Ses attributions, 688.
RECLUSION. — Perpétuelle ou temporaire, 643.
RECONNAISSANCE *d'écriture*. — Un édit de 1684 a consacré plusieurs dispositions qui ont passé dans le code de procédure et le code Napoléon, 558, note 1.
RECORD. — Ce que c'était, 269.
RECRUTEMENT *de l'armée*. — Comment s'opérait-il? 692; — des milices, 694; — de la marine, *ibid.*
RECUEIL *d'arrêts*. — V. *Olim*. — Ils sont fort nombreux sous la monarchie absolue; les plus célèbres, 586, note 1.
— *des formules*. — Les principaux, 74.
— *d'ordonnances*. — Celui publié par de Laurière et autres est un monument officiel, 186, note 1.
RECUEIL *de Burchard*. — Compilation de droit canonique; son importance, 322.
— *de Boniface*. — Son contenu, 326.
— *de Grégoire IX*. — Sa valeur, 325.
— *de Reginon*. — Son contenu, 322.
REDEVANCES. — Quels biens en étaient exempts? 401.
— *seigneuriales*. — Les principales, 429 et suiv. — Abolies, 721, 745.
— *extraordinaires*, 430. — Réduites de moitié par Louis XII, 533. — Elles ont successivement diminué jusqu'à 89, 678. — Distinction que fit la constituante, 713, 719. — Faculté de rembourser pour les débiteurs, 718.
RÉDUCTION. — Quand pouvait-on faire réduire les libéralités du père de famille? 634.
RÉFORMATEURS. — Leur mission, 215, 448. — Ils remplacèrent les enquêteurs, 419.
RÉGALE (*droit de*). — Ce que c'était, 438.
RÉGIME MATRIMONIAL. — Des Gaulois, 12; — des Germains, 35. — Sous la féodalité; en pays coutumiers, la communauté est la règle, 354. — Reçue d'abord pour les roturiers, elle s'étendit aux nobles, 355.
RÉGIMENT. — Premières troupes qui se réunirent sous ce nom, 691. — Chaque régiment porte le nom de sa province, 692. — De marine; sa création, 694.
REGISTRES *de la cour des aides*. — Leur date et leur contenu, 275.

RÈGLEMENTS. — Ce que c'était, 186.

REGINON. — V. *Recueil de Reginon.*

REGRATTIERS. — Ce que c'était, 689.

REIPUS. — Ce que c'était, 99.

RELIEF. — En quoi consistait ce droit, 335.

RELIGIEUX. — Recouvrent la capacité civile en 89, 720.

RELIGION CATHOLIQUE. — A existé en France à peu près seule pendant longtemps, 539. — La religion réformée éprouva bien des vicissitudes, 541, 563. — La liberté en matière de religion a été consacrée par le concordat de l'an X, 758.

REMONTRANCES.—Droit des parlements d'en faire sur les ordonnances, 584.

RENONCIATION *à communauté.* — Origine de ce droit; formalités de la renonciation, 356, 626. — Le législateur moderne a conservé le principe salutaire à la femme, *ibid.*, note 2.

— *à succession.* — Semble avoir été admise dans la législation franque, 106. — En vigueur sous la féodalité et la monarchie absolue, elle s'est conservée dans le code Napoléon, 364, note 2, 635. — Renonciation anticipée des filles, 369. — Abolie par la loi de nivôse, 736.

RENTES. — Au XVe siècle, la preuve testimoniale était repoussée en cette matière, 385. — Notable réduction des rentes sous Henri IV, 546. — Sur l'État; réduction, 687. — Les rentes sont déclarées rachetables par la constituante, 721.

— *foncières.* — Différence avec le bail à cens, 613.—Déclarées rachetables, 721.

RÉPARTITION *d'impôts.* — Chez les Francs, 119. — Sous la féodalité, 445. — Louis XVI proclame l'égalité dans la répartition, 683. — Par qui elle était faite sous la monarchie absolue, 688, 689.

REPRÉSENTANTS. — A la convention; conditions d'éligibilité, 730. — La convention proscrit plusieurs de ses membres, 734.

REPRÉSENTATION. — Inconnue chez les Francs, 104.— Était-elle admise sous la féodalité? 368, 635. — Opinion de Bretonnier, *ibid.*, note 1. — En collatérale, une grande divergence, 636.—Les lois révolutionnaires l'admirent à l'infini, même en collatérale, 736.

REPROCHES. — Quand devait-on les proposer? 385.

RÉPUBLIQUE FRANÇAISE. — Proclamée par la convention, 733; — acceptée par le directoire, 742.

REQUÊTE CIVILE. — Formalités de ce recours contre un jugement, 650. — Elle s'appliquait aux jugements criminels, 655.

RESCRIT *du prince.* — Ses effets pour la légitimation, 368, 622.

RÉSERVE.— Ignorée dans la législation barbare jusqu'à ce que le droit romain y fît pénétrer ses principes, 106.—Règles admises sous la féodalité, 367.—V. *Quotité disponible.*

— *coutumière.*— En quoi elle consistait, 634.

RÉSERVES.—Accordées dans les chartes communales, 254.

RESPONSABILITÉ *des communes*, 723.

— *des fonctionnaires publics*, 756.

RETOUR LÉGAL.— Emprunté au droit romain, il a passé dans nos lois actuelles, 369, note 2. — Différence entre les pays de droit écrit et de droit coutumier, 631.

RÉTRAIT *censuel.*— Ce qu'on entendait par là, 339.

— *féodal.*— Quand le seigneur l'exerçait-il? 335.— Restreint dans son application, 610.— Ce droit a changé de nature sous la monarchie absolue, 612. — Aboli par la constituante, 725.

— *lignager.*— Quel était le but de ce droit? 364 et suiv. — Aboli par la constituante, 725.— Opinion de Bretonnier, 810.

— *successoral.*— Admis par la féodalité, il a passé dans le code Napoléon dans un autre but, 370 et note 3.

RÉTROACTIVITÉ *des lois.*—Admise par la loi de nivôse, 737.

RÉVENDICATION. — Quand a-t-elle lieu en matière mobilière? Les principes en vigueur sous la féodalité ont été la base de notre système actuel sur la transmission de la propriété mobilière, 360, notes 1 et 2; 361, notes 3, 6 et 7.

REVENUS PUBLICS.— En quoi ils consistaient sous les Mérovingiens, 123; — sous les Carlovingiens, 134.— Ce qu'ils comprenaient sous la féodalité, 437 et suiv. —Leur extension sous la monarchie absolue, 679. — La vénalité des offices est une nouvelle source, 681.

RÉVOCATION.—Cause de révocation des donations entre-vifs, 629.

RÉVOLUTION.— Ses vicissitudes, 706 et suiv.— Sa fin politique, 758. — Quand la révolution juridique est-elle finie? 761.

RICARD (*Jean-Marie*).— A commenté la coutume de Paris, 576, à la note. — Notice sur ses œuvres, 596 et note 4.—Son opinion sur la révocation des donations par contrat de mariage pour cause de survenance d'enfants, 629, note 5; — sur l'arrêt de Dumoulin, 630, note 1.

RICHELIEU. — Son système d'administration, 498 et suiv.; 549 et suiv.

RIVAGE.— Ce que c'était, 265.

RODAGE, *rouage.*— En quoi consistait ce droit féodal, 265, 435.

RODIER. — Commentateur de l'ord. de 1667, 557, note 1.

ROI. — Ce qu'il était sous les Mérovingiens, 115; — sous la féodalité, 398 et suiv. — Il est loin d'avoir le pouvoir absolu, 422. — Au XVe siècle, il est plus qu'un suzerain, 462 et suiv. — Il présidait quelquefois le parlement, 473. — Son omnipotence sous la monarchie absolue, 608.

— *des arbalétriers.* — Ce que c'était, 488 et note 2.

ROMAINS. — Leur influence dans les Gaules, 18 et suiv.

ROTURIERS. — Pourquoi ainsi appelés? 348, 349. — Leurs rapports avec leurs seigneurs, 338. — Incapables d'acquérir des fiefs, 347. — Comment ils se divisaient, 349. — Leurs incapacités civiles, 381, 612. — Ils arrivent à toutes les fonctions de l'État, 665. — Cette distinction est abrogée par la constituante, 719.

ROUE. — Pénalité prononcée par les tribunaux, 643.

ROUSSEAU-LACOMBE (*Guy*). — Commentaire sur les donations, 564, note 1.

ROYAUTÉ. — Chez les Francs, 114 et suiv. — Charlemagne, 129, 131 et suiv. — Sous l'anarchie féodale, 140 et suiv. — Depuis Hugues Capet, ses efforts contre l'aristocratie, 142, 413, 414. — Causes de l'extension de son pouvoir, 143 et suiv., 146, 260. — Son intervention dans des détails minutieux, 203. — Forte sous Charles VII, elle fait acte de sévérité à l'égard de l'université, 245. — Charles VII prépare l'unité législative, 247 et suiv. — La royauté absorbe les communes, 407, 416, — et lutte contre les corporations, 412. — Causes de l'extension de son influence, 457, 458. — Sa lutte contre le saint-siége pendant le XIVe siècle, 295, 301, 438, 485 et suiv.; — contre les seigneurs, 490, 533. — Ses progrès au XVIIe siècle, 498, 550. — Affaiblie sous Louis XV, 504 et suiv. — Elle est un instant réhabilitée par Louis XVI, mais succombe sous la révolution, 508 et suiv. — Elle avait su profiter du système féodal, 614. — Elle a organisé le système de centralisation, 656, 679. — Elle a servi à l'élévation du tiers état, 706. — Sa déchéance prononcée par l'assemblée législative, 727. — Son abolition, 733. — Serment des fonctionnaires publics, 743.

S

SAGIBARON. — Ce que c'était, 117.

SAINT LOUIS. — Combat la féodalité, 147 et suiv. — Ses actes législatifs, 198. — Ses Établissements, 199.

SAISIE *féodale.* — Ses formalités, ses effets, 609.

SAISINE. — Ses effets en matière mobilière, 360 et suiv. — Comment l'acquérait-on? 627.

— *héréditaire.* — Son origine et ses effets, 362. — Elle a passé dans la législation moderne, 363 et note 1; 364, notes 3 et 4.

SALLÉ. — A publié le commentaire des ordonnances de Louis XIV, 559, note 2; — des ordonnances de Louis XV; il a traité les matières bénéficiales, 563, note 1; — les donations, 564, note 1; — les testaments, 565, note 5; — les substitutions, 566, note 1; — le faux, 469, note 1.

SALPÊTRE. — Devenu l'objet d'un monopole, 684.

SALUT PUBLIC (*comité de*). — La convention l'organise, 734.

SANCTION *de la loi.* — A qui appartient-elle sous la constituante? 714.

SCABINI. — Ce que c'était, 126.

SCEL ROYAL. — De quelle couleur était-il? 193. — Après la mort de Charles VI, quel sceau fut employé? 233.

SCRIBÆ. — Ce que c'était, 23.

SECONDES NOCES. — L'édit de 1560 est le type de notre législation actuelle; circonstances qui le motivèrent, 538 et note 3; 632. — Texte de l'édit, 798.

SECRÉTAIRE D'ÉTAT. — Origine; — leur influence politique, 658. — Leur nombre, 659.

SEGAGIUM, SEGA. — Ce que c'était, 430.

SEIGNEUR. — Son droit sur le fief, 333; — sur le vassal, 337. — Ses rapports avec les roturiers, 338. — Son droit de créer des impôts, 402. — Ses obligations, 456. — Sa juridiction, 457. — Qui lui payait le cens? 614. — Ses droits abolis en 89, 719.

— *droiturier.* — Ce que c'était, 434.

SEMONCE. — V. *Ajournement.*

SÉNAT. — Sa composition dans les Gaules, 14 et 23. — Sous la constitution de l'an VIII, 755.

SÉNATEURS. — Quel en était le nombre? 755.

SÉNATUS-CONSULTES organiques, 755.

SÉNÉCHAUX. — Origine, 417. — Attributions, 699.

SÉPARATION *de biens.* — Ce que c'était; le code Napoléon a consacré les anciens principes, 356 et note 3, 626. — Le mari peut-il la demander? *ibid.* et note 5.

— *de corps.* — A passé dans notre droit, 356 et note 4. — Elle dissout la communauté, 626.

— *des pouvoirs.* — Inconnue chez les Francs, 117, 127. — Origine, 229. — Tentée sous la féodalité, 446. — La monarchie

absolue fait quelques progrès; est nettement déterminée par la constituante, 714. — La convention proclama le principe, 737, — ainsi que le directoire, 747.
Septène. — Signification de ce mot, 461.
Septen-Septennis.—Ce que c'était, 63.
Serfs. — Ils achètent leur affranchissement, 207, 338. — Leurs occupations, 337. — Dans le principe frappés d'une incapacité absolue, 351. — Leur sort s'améliore, 365. — Louis XVI les affranchit dans ses domaines, 570; — la constituante dans tout le royaume, 718.
— *de corps*. — Ce que c'était, 350, 615. — Louis XVI abolit le droit de suite, 570.
— *ecclésiastiques*. — Leur condition, 338, 351.
— *de meubles et héritages*. — Différence avec les serfs de corps, 350, 616.
Serpillon.— Commenta l'ordonnance de 1667, 557, note 1; — l'ordonnance criminelle, 558, note 2; — l'ord. sur le faux, 567, note 1.
Servez (*Claude*).—Commentaire des substitutions, 566, note 1.
Service militaire. — Qui le devait chez les Francs? 124.— Charles V tend à l'organiser, 214. — Système de Charles VII, 448 et suiv. — Les prêtres n'en étaient pas exempts, 449.— Qu'est devenue cette obligation sous la monarchie absolue? 607, 608, 692.
Services *féodaux*. — En quoi ils consistaient, 396.— Abolis, 719.
Servitudes. —Modes d'aquisition, 639.
Sextus. — Ce que c'est, 326.
Sichard. — Son édition du Bréviaire d'Alaric, 512.
Soldure.—Ce que c'était, 15.
Solidarité. — Principe de la famille germanique, 34, 97.
Sommage. — Ce que c'était, 431.
Sommations *respectueuses*. — Qui doit les faire? 621.
Somme rurale.—Analyse de l'ouvrage, 309 et suiv.
Songe du verger. — Analyse de l'ouvrage, 301 et suiv.
Sort. — Moyen de preuve chez les Francs, 96.
Sources *du droit français*. — Dans la période barbare, 18. — Sous la féodalité, 157. — Pendant la monarchie absolue, 510.
Speculum juris.— V. *Durand*.
Spicilegium.— Recueil de diplômes, 75.
Spifame. — Inventeur de règlements, 779.
Statuts.— Des corporations, 186, 261.
Style *de Normandie*.— Son contenu, 312.
Stylus parlamenti. — Son importance, 306.
Subrogation. — Etablie par l'édit de 1609; reproduite par le code Napoléon, 547.
Substitutions.— Ordon. de 1747 et ses commentateurs, 566 et note 1.— Règles sur cette matière, 633. — A quel degré étaient-elles restreintes? 634. — Fidéicommis abolis par l'assemblée législative, 732.
Succession *ab intestat*. — Chez les Gaulois, 13; — chez les Germains, 36; — chez les Francs, 103; — sous le système féodal, 367 et suiv. — Droit des mères, 540.—L'édit de Charles IX fut revisé, 567. —Division des coutumes, 635. — Loi de nivôse an II, 736.
— *féodale*. — A qui était-elle dévolue? 368. — Droit réservé à l'aîné, 335.
Suicide. — Ses effets civils, 379.
Surintendants. — Leurs fonctions, 445, 659. — Louis XIV supprima cette charge, 688.
Survenance *d'enfants*. — Cause de révocation des donations, 629. — Opinions contradictoires de Ricard et de Dumoulin, *ibid.*, note 5. — Arrêt de Dumoulin, 630 et note 1. — A partir de quelle époque court la prescription, *ibid.*
Susceptor. — Ce que c'était, 23.
Suspects. — La convention leur refuse toute garantie, 735.
Suzerain. — Ses obligations à l'égard de ses vassaux, 397.
Suzeraineté. — Les grands vassaux reconnaissent celle du roi, 463.

T

Tables d'Héraclée. — Leur contenu, 516.
Tables de marbre. — Ce que c'était, 479. — Leur juridiction, 703.
Tontine. — Origine, 687.
Tonlieu. — Revenu royal, 134, — et seigneurial, 265.
Taillables. — V. *Gens de pooste*. — Ils étaient à la merci des seigneurs, 436.
Tailles. — Leur division, 402. — Répartition organisée par Charles VII, 441. —Remplacées en 1787 par d'autres impôts, 570, 663, 682. — Tentatives pour les appliquer à tout le monde, 683.
Taisand. — Sur la coutume de Bourgogne, 577, note 1.
Talion. — Peine, 109. — Maintenue dans les chartes communales, 259. — En vigueur au XIIIe siècle, elle disparut successivement, 294, 375, 376.

TALMELIERS. — Leurs priviléges, 411.
TÉMOINS. — V. *Preuve testimoniale*. — Les femmes étaient incapables d'être témoins, 385.
TENANCIERS. — Leur condition, 348.
TENTATIVE. — Est punie comme le crime, 746.
TENURES. — Combien y en avait il? 342.
— *convenancières*. — Abolies sans indemnité, puis maintenues, 745.
TERRA *aviatica*. —Ce que c'était, 103.
— *salica*. — A qui était-elle déférée? 103.
TERRAGE. — Quel était ce droit? 441.
TESTAMENTS. — Défendus chez les Germains, 36, — et chez les Francs, 102. — *Quid* dans nos coutumes? 367, 632. — Formalités, *ibid*. — Capacité pour faire un testament, 633.
TESTER (*droit de*). — Débats à cet égard à la constituante, 725.
THAUMASSIÈRE (*la*).—Sur la coutume du Berri, 576, note 1; — de Lorris, 574, note 1.
THÉODORIC (*édit de*). — Étudié en France au XVIe siècle, 512. — Sa date, son objet, 50 et note 1.
THESAURUS NOVUS. — Ce que c'est, 75.
THEVENEAU. — Sur la coutume du Poitou, 575, note 2.
THEVENOT. — Commenta l'ord. de 1747, 566, note 1.
TIERS CONSOLIDÉ. — Ce que c'est, 743.
TIERS ÉTAT. — Quand apparaît-il? 409. — Ce qu'il fut sous la féodalité, 421 et suiv., 425, 428. — Ses progrès au XVIIe siècle, 498, 664 et suiv. — Sa lutte contre la noblesse aux états de 1588, 675. — Son attitude en 89; son serment du jeu de paume, 711.
TILLET (*du*). — Sur le code Théodosien, 513. — Sur les *Fragmenta Ulpiani*, 515.
TIMBRE. — Essai de ce nouvel impôt, 683.
TIRAQUEAU. — Sur la coutume du Poitou, 575, note 2. — Ses ouvrages, 589.
TOISON D'OR. — Ce que c'était, 486, 487.
TORTURES. — But, 375.
TOULOUSE. — Son université, 167. — Son parlement, 243, — et ses vicissitudes, 469, note 2.
TOURNELLE. — Origine, 473.
TOURNET. — Sur la coutume d'Anjou, 575, note 1.
TRAITE *foraine*. — Qu'entendait-on par là? 442.
TRAITÉ *de Troyes*. — Ses conséquences, 224.
TRAITES (*juridiction des*). — En quoi elle consistait, 704.
TRANSMISSION *de propriété*. — Solennités nécessaires à l'époque barbare, 95. — Conditions pour que le père de famille transmette ses biens, 102, 360. — Incapacité de trasmettre, 365. — Les principes sur la transmission de propriété mobilière ont passé dans la législation actuelle, 360, note 2; 361, notes 3, 6 et 7; 362, note 1. — Opinion de Caillet, 628.
TRÉBELLIANIQUE. — En matière de substitution, 633.
TRÉSOR. — A qui appartient-il? 435.
TRÉSOR *des antiquités germaniques*. — Ce que c'est, 75.
TRÉSORIER *de l'épargne*. — Ses fonctions, 688.
TRÉSORIERS. — Leurs fonctions, 447. — Il y en avait de deux sortes, 688.
TRES PARTES. — Subdivision de l'Infortiat, 163. — V. *ce mot*.
TRIBUNAL RÉVOLUTIONNAIRE. — Quand fut-il organisé? 734.
TRIBUNAT. — Son organisation, 754. — Son attitude dans la discussion du projet du code force le premier consul à le modifier, 764. — Importance de ses rapports au corps législatif, 768. — Sa suppression, 787.
TRIBUNAUX *d'appel*. — Système de la constituante, 715. — Leur organisation, 757. — Observations qu'ils firent sur le projet du code, 762.
— *départementaux*. — Remplacent ceux de district, 738.
— *de district*. — Créés par la constituante, 715.
— *de première instance*. — On en créa un par arrondissement, 757. — Leurs observations sur le code, 762.
TROUPES *provinciales*. — Remplacent les milices, 694.
— *stipendiées*. — Remplacent la milice féodale, 449. — Leur composition, 692.
TROYES. — Grands jours, 469. — V. *Traité*.
TURBES. — Combien en fallait-il pour constater la coutume? 269.

U

UMEAU. — Défend Cujas, 520.
UNITÉ *du pouvoir*. — Constituée par Louis XI, 489.
UNIVERSITÉ DE PARIS. — Se mêle aux émeutes populaires, 226. — V. *Paris*.
UNIVERSITÉS. — Leur importance au moyen âge, 165 et 412.
USURIERS. — Soumis à des amendes considérables, 440.

V

VACANTS (*biens*). — A qui appartiennent-ils ? 723.

VADE IN PACE. — Ce que c'était, 377.

VAINCU. — Sa punition, 384.

VALIN. — Commentaire sur l'ordonnance de la marine, 561, notes 2 et 3.— Sur la coutume de la Rochelle, 575, note 2.

VARECH. — A qui appartenait-il ? 434.

VASSAL. — Sa position vis-à-vis du seigneur, 395. — Services qu'il doit, 396.— Sa volonté seule l'engageait, 401. — La constituante a aboli cette distinction, 719.

VASSALITÉ. — Origine, 94.

VASSI. — Qui désignait-on ainsi ? 92.

VAVASSAUX. — Qui comprenait-on sous cette dénomination ? 399.

VÉNALITÉ.—Des charges de judicature abolie un instant, 227. — La royauté en fit un revenu considérable, 664, 681. — Abolie définitivement par la constituante, 712.

VENGEANCE. — Droit consacré par les lois barbares, 107. — Charlemagne fait ses efforts pour détruire ces principes, 108.

VETERA ANALECTA. — Recueils de diplômes, 75.

VETO. — Quel était la force de cette opposition ? 714.

VIABILITÉ. — Comment l'apprécier ? 367.

VICE-BAILLIS. — Leurs attributions, 705.

VICE-SÉNÉCHAUX. — Leurs fonctions, 705.

VICOMTE ou *Viguier*. — Sa juridiction, 116.

VIGIER. — Coutume d'Angoumois, 575.

VILAINS. — Leur condition, 349, 351. — Différence avec les nobles pour l'amende, 377 ; — pour la peine corporelle, 378.

VILLA. — Droit du propriétaire, 121.

VILLENAGE. — V. *Tenure* et p. 350.

VILLERS-COTERETS. — Première ordonnance commentée, 534 et note 3.

VILLES (*bonnes*). — Ce qu'on entendait par là, 416. — Leurs députés aux états, 425, 666.

— *de simple bourgeoisie*. — Leur organisation, 257 et 405.

VŒUX *monastiques*. — Supprimés par la constituante, 717.

VOL. — Peines y attachées dans l'ancien droit, 375.

VOUS. — Qui les ordonnances désignaient-elles par ce mot ? 658, note 2.

VOYER. — Ses attributions, 417. — Charge de grand voyer, 646.

W

WERHGELD. — Ce que c'était, 106. — Qui le devait ? 108.

WITEMON. — Ce que c'était, 99.

FIN DE LA TABLE ALPHABÉTIQUE.

TABLE CHRONOLOGIQUE

DES PRINCIPAUX MONUMENTS LÉGISLATIFS

CITÉS DANS CET OUVRAGE.

DATES.	INDICATIONS DES LOIS, ORDONNANCES, ETC.	PAGES
443.	Codex Theodosianus.	52
460.	Decreta sancti Leonis.	80
500.	Corpus canonum universæ Ecclesiæ.	80
—	Edictum Theodorici regis.	50
506.	Breviarium alaricianum.	52
501-517.	Lex Burgundionum.	65
507.	Papiani Responsa.	55
560.	Constitutio generalis Clotarii regis.	97
587.	Conventus apud Andelaum.	93
593.	Pactus pro tenore pacis dominorum Childeberti et Clotarii.	62
595.	Decretio Childeberti.	108
615.	Edictum Clotarii II regis, in concilio Parisiensi V datum.	93
630.	Dagoberti regis Capitulare triplex : lex Ripuariorum, Alamanorum, Bajuvariorum.	63
649-652.	Lex Visigothorum.	67
755.	Capitula synodi Vernensis, edità à Pippino rege et ab episcopis.	133
769.	Capitulare de episcopis et eorum jurisdictione, et de mallo.	115
778.	Pactus legis Salicæ, lex emendata et additamenta.	60
779.	Capitulare de latronibus et faidâ.	109
787.	Codex Adrianus.	80
789.	Capitulare de episcopis et canonicis institutionibus.	128
794.	Capitulare francofordiense, datum in plena synodo.	78
800.	Capitulare de villis Karoli Magni.	129
801.	Capitula excerpta ex lege Longobardorum.	96
802.	Capitularia data missis dominicis.	128
803.	Capitulare tertium de causis admonendis.	69
805.	Capitulare tertium de causis ecclesiasticis.	95
806.	Capitulare primum sive charta divisionis regni Francorum inter Karolum, Pippinum et Ludovicum, filios Karoli Magni imperatoris.	132
809.	Capitulare primum anni DCCCIX, de jure civili et canonico.	96
810.	Capitulare de missis dominicis.	127
813.	Capitula de confirmatione constitutionum quas episcopi in synodis auctoritate regia nuper habitis constituerant.	133
813.	Capitulare de justitiis faciendis ex lege salicâ, romanâ et gundobadâ.	85
815.	Capitulare pro Hispanis.	136
817.	Charta divisionis imperii inter Lotharium, Pippinum et Ludovicum.	85

DATES.	INDICATIONS DES LOIS, ORDONNANCES, ETC.	PAGES
819.	Capitula addita ad legem salicam.	85
820.	Capitulare datum apud Theodonis villam in generali populi conventu.	69
829.	Capitulare Wormatiense datum propter interrogationem missorum.	109
832.	Præceptum de ordine monastico restituto in monasterio Sancti Dyonisii.	118
834.	Præceptum de paganis ad christianitatem invitandis, et institutione episcopatus hamburgensis.	118
844.	Conventus in villâ Coloniâ. — Capitula confirmata consensu episcoporum.	93
851.	Conventus apud Marsnam.	93
853.	Capitulare de missis dominicis.	129
860.	In basilica Sancti Leonis apud confluentes. — De pace inter Karolum et Ludovicum.	193
860.	Post reditum à confluentibus.	93
864.	Edictum Pistense. — De pace in regno stabiliendâ et de monasteriis.	122
867.	Capitula de ecclesiis et monasteriis.	93
873.	Capitula à Karolo Calvo statuta in placito generali.	132
877.	Capitulare de imperii regimine.	129
1057 20 octobre.	Lettres qui ordonnent que les portes de la ville d'Orléans ne seront plus fermées pendant le temps de vendange, et que les officiers n'exigeront plus de vin de ceux qui y entreront.	258
1128 22 avril.	Lettres permettant aux serfs de l'église des Chartes d'être témoins et de combattre contre des personnes franches.	197
1128.	Lettres qui accordent une commune à la ville de Laon.	250
1145.	Lettres de confirmation des coutumes de la ville de Bourges, telles qu'elles avaient été réformées par Louis VI.	257
1147.	Lettres qui libèrent Orléans du droit de mainmorte.	257
1168 31 mars.	Lettres abrogeant plusieurs mauvaises coutumes de la ville d'Orléans.	197
1170.	Lettres qui confirment les anciennes coutumes des bourgeois de Paris négociant sur la Seine.	410
1181 5 avril.	Lettres qui confirment les droits de commune accordés à la ville de Soissons par Louis VI et confirmés par Louis VII.	251
1189.	Lettres qui accordent une commune à la ville de Sens.	250
1190 25 mars.	Testament de Philippe-Auguste réglant l'administration du royaume.	198
1190.	Lettres qui confirment les droits de commune aux habitants d'Amiens.	254
1192.	Lettres portant que les seuls domiciliés de Paris pourront faire mettre à terre les vins qu'ils font venir par eau.	410
1209 1er mai.	Établissement concernant les fiefs.	197
1214.	Établissement qui fixe le douaire des femmes à la moitié des biens possédés par le mari au moment du mariage.	197
1215 août.	Mandement qui rappelle une ordonnance sur le combat judiciaire.	198
1219 juillet.	Ordonnance réglant les droits de la femme sur les conquêts pour la Normandie.	197

DATES.	INDICATIONS DES LOIS, ORDONNANCES, ETC.	PAGES
1245.	Ordonnance concernant les guerres privées nommée quarantaine le roy.	188
1254 décembre.	Ordonnance pour la réformation des mœurs.	187
1256.	Ordonnance pour l'utilité générale du royaume.	189
—	Ordonnance touchant les mairies de toutes les bonnes villes du royaume.	255
1260 février.	Ordonnance concernant les batailles ou les duels et la preuve par témoins.	383
1268 mars.	Pragmatique sanction.	192
1268.	Ordonnance contre les blasphémateurs.	187
1269 mars.	Ordonnance sur les dîmes.	343
1270.	Établissements de saint Louis.	199
1275 décembre.	Ordonnance concernant les amortissements.	346
1279 juin.	Lettres qui défendent aux marchands de drap d'exercer le métier de teinturier.	26[illegible]
1279 18 janvier.	Lettres portant établissement d'un parlement à Toulouse.	469
1287 juin.	Ordonnance concernant les bourgeoisies.	255
1287 novembre.	Ordonnance qui exclut les ecclésiastiques des fonctions judiciaires.	203
1291 novembre.	Ordonnance concernant les amortissements.	202
— novembre.	Ordonnance organisant pour la première fois le parlement de Paris.	203
1292 3 août.	Mandement au sénéchal de Carcassonne qui lui enjoint de faire défense aux ecclésiastiques de payer les subsides réclamés par les nonces des papes.	444
1294.	Ordonnance concernant les superfluités dans les habits.	203
1296 novembre.	Ordonnance qui défend les gages de bataille, guerres privées, tant que la guerre durera.	383
1297 25 janvier.	Lettres qui exemptent les bourgeois de Toulouse du droit de franc-fief.	341
1298.	*Sextus liber.*	326
1299 29 juin.	Ordonnance sur les usures rappelant celle de 1257.	202
1300 19 mars.	Mandement qui fixe le nombre des notaires du Châtelet.	203
1302 25 mars.	Ordonnance pour le bien, l'utilité et la réformation du royaume.	202
— 25 mars.	Ordonnance concernant les bourgeoisies.	350
— 23 août.	Mandement aux baillis de porter à la monnaie toute leur vaisselle blanche, et à toute autre personne d'en porter la moitié.	203
1303 17 janvier.	Ordonnance par laquelle le roi défend les guerres privées pour toujours, et les duels tant que la guerre durera.	381
1304 juillet.	Ordonnance concernant les tabellions et les notaires.	385
1306 1er juin.	Ordonnance concernant les duels et gages de bataille.	383
1310 15 décembre.	Déclaration sur les monnaies.	188
1311 mai.	Lettres confirmant les affranchissements octroyés aux habitants du Valois par leur comte Charles.	207
1314 29 juillet.	Ordonnance par laquelle le roi défend les guerres privées et les gages de bataille, sous peine de corps et d'avoir.	381
1315 15 mai.	Lettres par lesquelles Louis X réforme certains abus.	202
— 3 juillet.	Lettres portant que tous les serfs seront affranchis, moyennant finances, dans le domaine du roi.	207

DATES.	INDICATIONS DES LOIS, ORDONNANCES, ETC.	PAGES
1315 19 novembre.	Ordonnance portant que les monnaies des barons n'auront cours que dans leurs terres.	208
1317.	Clémentines.	327
1318 17 novembre.	Ordonnance sur l'expédition des affaires au parlement.	472
1319 janvier.	Ordonnance concernant la chambre des comptes.	475
1320 décembre.	Ordonnance concernant le parlement.	471
1321 5 avril.	Ordonnance en forme de mandement portant révocation des domaines aliénés.	206
1325 4 novembre.	Lettres portant que la ville de Soissons sera dorénavant gouvernée par un prévôt royal tout en conservant ses coutumes et franchises.	257
1327 février.	Lettres de Philippe de Valois, comme régent du royaume, sur les réformes nécessitées par les abus qui se commettaient au Châtelet.	483
1328 30 avril.	Ordonnance sur les amortissements et les francs-fiefs.	341
1344 décembre.	Ordonnance servant de déclaration à celle du 9 mai 1330 sur les appels au parlement.	387
1346 16 janvier.	Lettres défendant aux seigneurs de battre monnaie.	206
1350 30 janvier.	Ordonnance concernant la police du royaume.	208
1353 18 juillet.	Ordonnance qui met les biens des usuriers Lombards et Italiens ultramontains en la main du roi.	440
1355 14 décembre.	Ordonnance faite en conséquence de l'assemblée des trois états du Languedoïl, renfermant plusieurs règlements de matières différentes.	209
1356-1357 * (1) (avant le 3 mars).	Ordonnance faite en conséquence de l'assemblée des états de Languedoil.	210
1358 14 mai.	Ordonnance sur différentes matières.	193
— décembre.	Ordonnance confirmant celle du 15 mai 1315 sur la réformation du royaume.	202
1360 1er mai.	Mandement pour fixer le prix de l'argent.	206
1361 26 février.	Lettres de commission pour des réformateurs généraux.	419
— août.	Lettres sur les ressorts de juridiction.	192
1363 28 avril.	Ordonnance portant que les officiers du roi seront maintenus dans le droit de punir ceux des seigneurs qui délinqueront dans leurs offices.	459
— 6 mars.	Ordonnance qui contient un règlement sur le guet de Paris.	209
1364 16 décembre.	Règlement pour l'expédition des affaires du parlement.	196
1367 février	Règlement pour le guet de la ville de Paris.	209
— 19 juillet.	Ordonnance sur diverses matières faite en conséquence d'une assemblée des états généraux tenus à Chartres.	213
1369 3 avril.	Ordonnance qui défend de jouer à certains jeux de hasard, et qui enjoint de s'exercer à l'arc et à l'arbalète.	213
1370 22 juillet.	Lettres défendant aux présidents de parlements de surseoir au jugement des affaires.	471
1371 9 août.	Lettres qui confirment les bourgeois de Paris dans les	

(1) L'année commençait à Pâques; ce ne fut que vers 1563 qu'on la fit commencer au 1er janvier. J'ai conservé l'ancienne manière de compter pour faciliter les recherches dans les ordonnances du Louvre; cependant j'ai cru devoir donner exceptionnellement la date nouvelle pour certaines ordonnances remarquables citées de cette façon par les historiens modernes. Dans cette table, j'indique la nouvelle date par un astérisque. C'est encore pour faciliter les recherches, que j'ai reproduit le titre adopté par les principaux recueils.

DATES.	INDICATIONS DES LOIS, ORDONNANCES, ETC.	PAGES
	privilèges des gardes bourgeoises, et les exemptent du droit de franc-fief.	341
1371 20 novembre.	Lettres portant qu'il sera fait incessamment des aveux et dénombrements pour les fiefs relevant du roi et les arrière-fiefs relevant de ces fiefs.	214
1372 7 avril.	Déclaration portant règlement sur les droits d'amortissement et de franc-fief.	351
1373 13 novembre.	Règlement sur les finances provenant des aides, et en général sur les finances.	214
— 6 décembre.	Règlement sur les finances et sur les gens de guerre.	214
— 7 décembre.	Ordonnance concernant l'amirauté et sa juridiction.	479
— 13 janvier.	Règlement sur les troupes.	215
— janvier.	Lettres portant suppression de la commune de Roye.	250
1374 avril.	Instruction et ordonnance sur le fait des aides.	215
— 11 août.	Lettres qui établissent des réformateurs généraux sur le fait des monnaies.	215
— août.	Ordonnance qui fixe la majorité des rois de France à quatorze ans.	217
— octobre.	Ordonnance portant règlement sur la tutelle des enfants de France, en cas que le roi décède avant que son fils aîné ne soit majeur.	217
1378 8 février.	Ordonnance portant règlement sur le domaine du roi, sur les finances, les recettes royales, la chambre des comptes, les généraux des monnaies, et sur les maîtres des eaux et forêts.	215
1380 23 avril.	Lettres par lesquelles le roi donne aux commissaires envoyés par lui dans le Languedoc un pouvoir très-ample pour prendre des informations sur tout ce qui concerne le domaine, les finances, la guerre et la conduite de tous les officiers royaux.	216
— 14 octobre.	Lettres de Louis, duc d'Anjou, régent, qui confirment les privilèges accordés aux juifs.	218
— 16 novembre.	Révocation de toutes les aides et impositions extraordinaires levées depuis le règne de Philippe VI.	218
1382-1383* 26 janvier.	Lettres qui règlent l'autorité et la juridiction des généraux conseillers sur le fait des aides.	219
— 27 janvier.	Lettres qui abolissent la prévôté des marchands de Paris et l'unissent à la prévôté de cette ville.	219
1385 11 février.	Règlement sur les amortissements et les francs-fiefs.	219
1386 5 septembre.	Lettres portant que les commissaires pour la visitation du domaine connaîtront seuls des contestations relatives aux biens des aubains et des bâtards.	352
1390 11 avril.	Lettres qui instituent des généraux des finances et règlent leurs fonctions et leurs pouvoirs.	219
1392 12 février.	Confirmation de l'ordonnance du mois de janvier 1324, portant que les dépens des procès seront payés par la partie qui succombera.	220
1394 3 janvier.	Règlement concernant les clercs, receveurs, etc.	446
— novembre.	Lettres par lesquelles le roi abolit l'usage établi dans quelques départements de la France de rejeter le témoignage des femmes.	385
1397 30 janvier.	Lettres portant que toutes les obligations pour cause de prêts passées par des chrétiens au profit des juifs seront brûlées.	230
1398 27 juillet.	Lettres relatives à l'exécution des ordonnances qui avaient soustrait le peuple et l'Église à l'obéissance de Benoît XIII.	229
1401 11 juillet.	Lettres portant que les créanciers du mari n'ont	

DATES.	INDICATIONS DES LOIS, ORDONNANCES, ETC.	PAGES
	aucun droit sur les biens dotaux et paraphernaux de sa femme, lorsqu'elle ne s'est point obligée à ses dettes.	230
1401 23 décembre.	Lettres permettant aux vendeurs de vin de Paris de poursuivre leurs débiteurs par la contrainte par corps, sans que ceux-ci puissent faire cession de biens.	231
1402 20 avril.	Lettres par lesquelles le roi désigne le Petit-Châtelet pour servir de demeure au prévôt de Paris.	482
— octobre.	Lettres qui règlent les droits d'amortissement.	347
— septembre.	Règlement général sur les eaux et forêts.	480
— décembre.	Lettres par lesquelles il est permis aux confrères de la Passion établis à Paris d'y représenter publiquement des pièces de théâtre appelées mystères.	220
— 24 mars.	Lettres nommant des commissaires chargés de faire des procès aux personnes ayant fait des contrats usuraires.	231
1403 avril.	Ordonnance du roi portant qu'après sa mort son fils aîné, quoique mineur, gouvernera sans régence, et fixe le mode d'administration.	222
— 26 avril.	Lettres portant que, lorsque le roi sera absent, ou qu'il sera tellement occupé, qu'il ne pourra vaquer aux affaires du gouvernement, elles seront décidées à la pluralité des voix, dans un conseil composé de la reine, des princes du sang, des connétable et chancelier de France, et des gens de son conseil.	221
— 15 mai.	Lettres par lesquelles le roi donne pouvoir à la reine son épouse de s'opposer aux dons qu'il pourrait faire de son domaine.	221
1407 5 avril.	Lettres qui annulent les bulles et actes de procédure criminelle de Benoît XIII et de ses commissaires.	230
1409 27 décembre.	Lettres par lesquelles le roi confirme à la reine les pouvoirs qu'il lui avait donnés et l'augmentation des revenus qu'il lui avait accordée.	222
1411 4 octobre.	Lettres par lesquelles le roi déclare les ducs d'Orléans et de Bourbon rebelles pour avoir, contre ses défenses, pris les armes.	225
— 5 novembre.	Lettres rappelant la peine d'excommunication prononcée par Urbain V contre les rebelles.	225
1411-1412* 20 janvier.	Lettres rétablissant la prévôté des marchands et l'échevinage de Paris.	226
1413 25 mai.	Ordonnance sur la réformation et la police du royaume.	227
— 5 septembre.	Lettres annulant l'ordonnance du 20 janvier.	229
1415 17 février.	Lettres portant règlement pour la juridiction des prévôts des marchands et échevins de la ville de Paris.	231
1417 27 novembre.	Lettres qui défendent d'obéir au duc de Bourgogne, à la reine, et de les recevoir dans la ville de Narbonne.	223
— 16 février.	Lettres d'Isabelle, reine de France, ayant le gouvernement du royaume, par lesquelles elle destitue les membres du parlement et institue une nouvelle cour à Troyes.	223
1418 21 septembre.	Lettres de Charles, Dauphin, lieutenant général du royaume, par lesquelles il institue une cour souveraine à Poitiers pour tenir lieu de celle de Paris.	223

DATES.	INDICATIONS DES LOIS, ORDONNANCES, ETC.	PAGES
1419 19 juillet.	Lettres par lesquelles le roi règle les conditions de paix entre le Dauphin et le duc de Bourgogne.	223
1419-1420* 8 janvier.	Lettres qui ordonnent à toutes personnes de dénoncer les biens appartenant aux partisans du Dauphin.	224
1419-1420* 20 mars.	Lettres de Charles, Dauphin, qui, *attendu les notoires exoines et empêchements du roi*, établit un parlement à Toulouse.	224
1420 21 mai.	Traité de paix fait à Troyes, par lequel le roi institue Henri, roi d'Angleterre, son héritier à la couronne de France.	224
— 16 juin.	Lettres de Henri V, roi d'Angleterre, prenant le titre d'héritier et régent du royaume de France, relatives aux monnaies.	224
1422 16 novembre.	Lettres de Charles VII ordonnant de pourvoir à l'abrégement des procès en Dauphiné.	234
— 11 décembre.	Lettres par lesquelles Charles VII confirme les priviléges des capitouls et des habitants de Toulouse.	234
1422-1423* janvier.	Lettres de Henri VI, roi d'Angleterre, se disant roi de France, confirmant les priviléges des bouchers de Paris.	235
1422-1423* 8 février.	Lettres qui enjoignent l'exécution des ordonnances relatives aux libertés gallicanes.	246
1424 avril.	Lettres par lesquelles Henri VI, se disant roi de France, assigne aux femmes de mauvaise vie les quartiers qu'elles doivent habiter.	235
1424-1425* 13 février.	Lettres de Charles VII relatives aux femmes de mauvaise vie de Toulouse.	235
1425 22 octobre.	Lettres par lesquelles le roi crée des juges et généraux souverains sur le fait de la justice des aides et gabelles.	477
1428 31 juillet.	Lettres de Henri VI, se qualifiant roi de France, sur les rentes constituées sur les maisons de Paris.	235
1429-1430* 16 janvier.	Lettres par lesquelles Charles VII accorde des priviléges à la ville d'Orléans.	236
1430 15 mars.	Lettres par lesquelles le roi abolit les péages qui avaient été imposés sur la rivière de la Loire et sur les autres rivières qui s'y jettent.	420
1431 26 décembre.	Lettres de Henri VI, se prétendant roi de France, qui accordent des priviléges à l'université de Paris.	236
— —	Lettres de Henri VI, soi-disant roi de France, qui confirment aux bourgeois de Paris leurs anciens priviléges et leur en accorde de nouveaux.	378
1431-1432* janvier.	Lettres de Henri VI créant à Caen une étude du droit civil et canon.	236
1431-1432* 10 mars	Lettres de Charles VII n'accordant de bénéfices qu'à ceux qui seraient affectionnés au roi.	236
1431-1432* 16 mars.	Lettres de Charles VII établissant une université à Poitiers.	236
1432 12 mai.	Lettres de Henri VI favorables au pape sur la collation des bénéfices.	236
1435-1436* 28 février.	Instructions et ordonnances sur la manière de lever et gouverner les aides.	240
1435-1436* 15 mars.	Lettres ordonnant l'exécution des sentences rendues par le juges tenant pour le parti du roi d'Angleterre.	237
1436 6 novembre.	Lettres rétablissant les cours à Paris.	237
1437 18 avril.	Lettres par lesquelles le roi rétablit un parlement en Languedoc.	242

DATES.	INDICATIONS DES LOIS, ORDONNANCES, ETC.	PAGES
1437 1er décembre.	Lettres par lesquelles le roi ordonne que les notaires du Châtelet garderont par devers eux les actes ou protocoles, qu'ils transmettront à leurs successeurs.	247
1437-1438* 20 février.	Lettres ayant pour but la rentrée des droits de vente et de censive non payés.	239
1438 7 juillet.	Pragmatique sanction.	246
-- 15 décembre.	Lettres portant révocation des aliénations faites par Charles VII depuis son départ de Paris.	206
1439 16 juillet.	Lettres ordonnant que tous ceux qui tiennent des fiefs du roi doivent en donner le dénombrement dans les trois mois.	239
— 2 novembre.	Lettres pour obvier aux pilleries et vexations des gens de guerre.	241
1443 25 septembre.	Lettres sur le gouvernement des finances.	239
— 11 octobre.	Lettres par lesquelles le roi établit un parlement à Toulouse.	243
1445 19 juin.	Lettres sur la juridiction des élus.	240
— 12 août.	Lettres portant règlement sur les fonctions et pouvoirs des trésoriers de France.	417
1445-1446 * 26 mars.	Lettres par lesquelles il est ordonné au parlement de prendre connaissance des causes de l'université de Paris.	245
1446 28 octobre.	Lettres concernant le style du parlement.	244
1447 6 octobre.	Lettres par lesquelles le roi commet le prévôt de Paris pour juger les malfaiteurs en quelque juridiction qu'ils soient trouvés.	418
1448 28 avril.	Lettres pour l'institution des francs-archers.	241
1451 1er décembre.	Lettres portant règlement pour les guet et garde des villes fortifiées et châteaux du royaume.	418
1451-1452* 14 février.	Lettres par lesquelles le roi déclare que la régale sur les évêchés reste ouverte jusqu'à ce que les nouveaux évêques aient prêté en personne serment de feaulté.	246
1453-1454 * avril.	Lettres ayant pour objet la réformation de la justice.	245
1454 14 novembre.	Lettres relatives à la fraternité des officiers du parlement de Toulouse avec ceux du parlement de Paris.	243
1454-1455 * 30 janv.	Lettres sur la manière dont les nobles seront habillés pour servir le roi.	242
1457 3 août.	Lettres qui ordonnent aux conseillers au parlement résidant à Paris de s'occuper des affaires pendant les vacations, pour les juger immédiatement après la rentrée du parlement.	473
1459 12 avril.	Lettres qui déclarent que les arrêts de la cour des comptes sont souverains.	475
1459-1460 * 3 avril.	Lettres qui règlent ce qui doit être observé relativement à l'assiette des tailles.	240
1460 décembre.	Lettres relatives à la cour des comptes, dont les arrêts sont souverains.	475
1461 octobre.	Lettres portant fixation du parlement de Toulouse.	529
1462 8 mars.	Lettres confirmatives de celles du mois de février 1443 pour l'établissement de quatre foires annuelles de la ville de Lyon.	529
— 10 juin.	Edit portant établissement d'un parlement à Bordeaux.	530
1463 4 août.	Edit portant création d'un office à la chambre du trésor à Paris.	702

DATES.	INDICATIONS DES LOIS, ORDONNANCES, ETC.	PAGES
1466-1467 * 30 janv.	Ordonnance pour autoriser à main armée des arrêts rendus par les cours de parlement.	530
— 24 juillet.	Lettres portant rétablissement des collations en faveur du pape.	530
— 12 septembre.	Lettres établissant une cour des aides à Montpellier.	702
1470 13 mai.	Ordonnance relative aux gens d'armes, capitaines et autres.	531
— novembre.	Lettres prononçant un amortissement général pour la Normandie.	341
1471 septembre.	Ordonnance sur l'exploitation des mines dans le royaume.	529
1475-1476 * 8 janv.	Lettres du roi pour visiter toutes les bulles et autres écritures venant de Rome et s'assurer s'il n'y a rien de contraire au prince et aux libertés de l'Église gallicane.	530
1476-1477 * 18 mars.	Lettres portant création du parlement de Bourgogne.	530
1477 31 août.	Lettres portant création d'une nouvelle chambre à la cour des aides.	530
— 4 décembre.	Lettres concernant la juridiction spirituelle de l'évêque d'Alby.	486
1479 20 avril.	Ordonnance portant règlement pour les guets et gardes prétendus par les seigneurs dans leurs terres et châteaux.	531
1483 avril.	Lettres relatives aux mines du vicomté de Couserans.	529
1483 15 septembre.	Lettres confirmatives de la cour des aides en Normandie.	702
1486 octobre.	Lettres portant réunion du comté de Provence à la couronne.	532
1488.	*Extravagantes.*	327
1493 28 janvier.	Lettres du roi pour la réformation et la rédaction des coutumes.	532
— 28 janvier.	Lettres pour la réformation des coutumes de Lorris.	574
1495 27 novembre.	Lettres portant érection du parlement de Bretagne.	532
1497 2 septembre.	Lettres sur la publication des coutumes.	532
— 15 mars.	Lettres patentes sur la manière de procéder à la rédaction des coutumes.	573
— 2 août.	Édit sur l'organisation du grand conseil.	701
1498 8 juin.	Lettres qui confirment les généraux des monnaies dans leurs offices.	703
— 13 juillet.	Déclaration qui, en confirmant l'édit du 2 août 1497 sur le grand conseil, y apporte quelques modifications.	657
— 18 juillet.	Lettres portant que le pays du Languedoc sera régi par les dispositions du droit écrit.	616
1498-1499 * mars.	Ordonnance rendue en conséquence d'une assemblée de notables à Blois sur la réformation de la justice et l'utilité générale du royaume (Blois).	647
1499 avril.	Édit portant érection de l'échiquier de Normandie en parlement.	533
— juillet.	Ordonnance relative à l'administration de la justice au Châtelet de Paris.	699
1501 juillet.	Edit établissant un parlement de Provence.	533
1505 février.	Edit relatif à la rédaction de diverses coutumes.	575
1508 19 septembre.	Lettres pour la rédaction de diverses coutumes.	575
— 11 novembre.	Ordonnance sur la juridiction des élus en général.	704
— novembre.	Ordonnance créant un siége de la table de marbre à Rouen.	703

DATES.	INDICATIONS DES LOIS, ORDONNANCES, ETC.	PAGES
1509 8 septembre.	Lettres pour la rédaction de diverses coutumes.	574
1510 21 janvier.	Lettres pour la publication des coutumes de la prévôté et vicomté de Paris.	576
1519 11 février.	Ordonnance sur la prononciation des jugements.	646
1531.	Ordonnance de Charles-Quint pour la rédaction des coutumes de *ses pays par deçà.*	576
1533 6 août.	Déclaration qui défend aux roturiers de chasser.	660
1535 septembre.	Edit sur la réformation de la justice.	534
— octobre.	Ordonnance sur l'administration de la justice.	534
1536 19 juin.	Edit étendant les pouvoirs des baillis et juges présidiaux (Crémieu).	534
1539 mai.	Edit créatif de la loterie en France.	535
— août.	Ordonnance pour la réformation et abréviation des procès.	534
— 7 mars.	Edit sur l'acceptation des donations.	534
1540 novembre.	Edit réglant le débit des salpêtres.	684
1545 15 avril.	Edit exemptant les secrétaires du roi des droits de francs-fiefs.	611
— mai.	Edit sur le gouvernement des provinces.	690
1548 17 mars.	Règlement sur les galères de l'État.	536
1549 mars.	Edit sur le fait de la justice.	705
1550 juin.	Edit contre les petites dates et abus dans l'obtention des bénéfices ecclésiastiques.	649
1551 janvier.	Edit d'érection de siéges présidiaux dans tout le royaume.	700
1553 mars.	Edit établissant un parlement en Bretagne.	536
1556 février.	Edit contre les mariages clandestins.	621
— février.	Edit contre le recélé de la grossesse et de l'accouchement.	536
1557 avril.	Édit relatif à la préséance des cours de justice.	536
— novembre.	Déclaration qui décharge Charles Dumoulin, ancien avocat au parlement de Paris, des poursuites faites contre lui à l'occasion de son commentaire sur l'édit de juin 1550.	537
1558 12 février.	Lettres pour la réformation de certaines coutumes.	577
1559 14 novembre.	Lettres de commission contre ceux qui favorisent les sacramentaires ou ceux qui sont entachés d'hérésie.	537
1560-1561 * janvier.	Ordonnance générale rendue sur les remontrances des états généraux assemblés à Orléans (Orléans).	696
— juillet.	Édit sur les secondes noces.	538
1561-1562* 17 janvier.	Déclaration relative à la religion réformée.	539
1563 novembre.	Édit créant des juges-consuls à Paris.	705
— janvier.	Ordonnance additionnelle à celle d'Orléans de janvier 1560 (Paris) (1).	539
1566 février.	Édit sur l'inaliénabilité du domaine de la couronne.	540
— —	Ordonnance sur la réforme de la justice.	539
1567 4 février.	Édit sur la police générale du royaume.	539
— mai.	Édit des mères.	540
1571 mars.	Édit sur la fabrication des draps.	542
1572 janvier.	Édit sur le commerce à l'étranger.	542
— mars.	Édit qui déclare que la fabrication des salpêtres est un droit royal.	684
— juin.	Édit portant création de courtiers de commerce.	542
— —	Édit fixant le taux de l'intérêt.	542

(1) « Édit de Roussillon, ainsi dit parce que la déclaration et confirmation d'aucuns articles fut » faicte à Roussillon en 1564; mais l'édit principal est de Paris de 1563. » — Coquille sur l'ordonn. de Blois. — Cette explication démontre l'erreur de M. Isambert, t. 13, p. 160, qui attribue le nom de cet édit à son *enregistrement* à Roussillon.

DATES.	INDICATIONS DES LOIS, ORDONNANCES, ETC	PAGES
1576 mai.	Édit de pacification.	541
1577 15 mars.	Édit créant un prévôt général, des connétables, etc.	705
— 21 mars.	Lettres pour la rédaction de certaines coutumes.	577
1579 mai.	Ordonnance sur la police du royaume (Paris) (1).	542
1580 juillet.	Édit qui étend la compétence des siéges présidiaux.	696
1580.	*Corpus juris canonici.*	604
1581 mai.	Edit sur les douanes.	686
— juin.	Edit de création d'un bureau de contrôle des actes extrajudiciaires dans chaque parlement.	544
— juillet.	Edit portant que les arrêts et sentences seront prononcés immédiatement.	643
— novembre.	Edit étendant le retrait lignager même aux pays de droit écrit.	544
— décembre.	Edit d'établissement des maîtrises.	681
1582 mars.	Edit relatif aux pairies.	660
1584 mars.	Edit sur l'armement des navires.	694
1585 juillet.	Edit qui enjoint à tous les sujets du roi de professer la religion catholique.	541
— 16 octobre.	Déclaration qui aggrave les rigueurs de l'édit.	541
1597 mai.	Ordonnance générale sur les eaux et forêts.	546
— août.	Lettres établissant une manufacture de cristal à Melun.	546
1598 avril.	Edit de pacification.	545
1599 8 avril.	Edit pour le dessèchement des marais.	546
— mai.	Edit créant un grand voyer de France.	546
1600 mars.	Edit portant règlement général sur les tailles.	632
1601 juillet.	Edit sur la constitution des rentes.	546
1603 août.	Edit établissant une manufacture de draps à Paris.	546
1605 16 novembre.	Déclaration pour l'établissement dans tous les diocèses de France d'une pépinière de mûriers blancs pour l'entretien des vers à soie.	546
—	*Institutiones juris canonici.*	604
1607 janvier.	Edit pour le dessèchement des marais.	546
— —	Edit qui établit à Paris et dans d'autres villes des manufactures de tapisserie.	546
1609 mai.	Edit contre les banqueroutiers, qui déclare nulles les ventes faites par eux.	545
— juin.	Edit contre les duels.	545
1614 9 juin.	Lettres pour la convocation des états généraux.	674
1616 mai.	Edit de pacification contenant des dispositions générales sur l'administration du royaume en conséquence des états de 1614 (Blois).	548
1628 novembre.	Edit pour le gouvernement de la Rochelle, après la prise de cette ville.	549
1629 janvier.	Ordonnance (code Michaud) sur les plaintes des états assemblés en 1614, et de l'assemblée des notables réunis à Rouen et à Paris en 1617 et 1626.	548
1629 17 novembre.	Déclaration fixant les droits à payer pour le tabac.	684
1633 mai.	Edit de création de chevaliers du guet, exempts, etc.	695
1635 janvier.	Lettres patentes établissant l'académie française.	550
1636.	Règlement du cardinal de Richelieu pour la fondation d'une école militaire à l'usage de la jeune noblesse.	550
1639 26 novembre.	Déclaration sur les formalités du mariage, le crime de rapt, etc.	619

(1) Quoique datée de Paris, cette ordonnance est la seconde qui ait reçu le nom, dans la pratique, d'ordonnance de Blois, parce qu'elle a été rendue sur les doléances des états généraux tenus en cette ville.

DATES.	INDICATIONS DES LOIS, ORDONNANCES, ETC.	PAGES
1641 février.	Edit qui défend aux parlements de s'occuper des affaires d'administration.	550
1645 5 septembre.	Edit de justice pour l'enregistrement de dix-neuf édits fiscaux.	550
1648 juillet.	Déclaration défendant les évocations.	551
— 22 octobre.	Ordonnance sur la justice, police et finances.	551
1652 21 octobre.	Déclaration défendant aux parlements de s'occuper des affaires d'Etat.	551
1654 janvier.	Edit établissant le contrôle pour les exploits.	682
1656 novembre.	Edit qui affranchit les roturiers des droits de francs-fiefs.	680
— décembre.	Edit autorisant la banque de Tonti.	687
1662 juin.	Edit établissant dans chaque ville un hôpital pour les pauvres malades et les orphelins.	553
1663 12 février.	Règlement général sur les tailles.	553
1664 mai.	Edit sur les droits d'importation et d'exportation.	686
1665 décembre.	Edit réduisant l'intérêt légal au denier vingt.	553
1667 avril.	Ordonnance relative aux biens communaux.	553
— —	Ordonnance (code Louis) sur la procédure civile.	556
— —	Lettres fixant l'indemnité à payer au seigneur dans la mouvance duquel le roi acquiert un fief.	608
1669 juillet.	Edit sur la juridiction des jurandes.	667
— août.	Edit relatif au contrôle des exploits.	645
— —	Ordonnance sur les évocations.	556
— —	Ordonnance des eaux et forêts.	559
1670 août.	Ordonnance criminelle.	558
1671 21 mars.	Déclaration relative aux exploits.	645
1673 24 février.	Déclaration abolissant le droit de remontrances des parlements.	552
— mars.	Edit établissant la publicité des hypothèques.	553
— —	Edit sur les épices et vacations des commissaires et autres frais de justice.	557
— —	Ordonnance du commerce.	559
1680 juin.	Ordonnance sur les aides.	684
1681 août.	Ordonnance de la marine.	560
1684 décembre.	Edit sur la reconnaissance des promesses et billets sous signature privée.	558
1685 mars.	Code noir, ordonnance sur les esclaves coloniaux.	563
1692 28 mars.	Arrêté sur les péremptions d'instance.	650
— août.	Edit organisant les municipalités du royaume.	662
1693 5 décembre.	Arrêté du conseil sur les maires, échevins, etc.	662
1695 avril.	Edit concernant la juridiction ecclésiastique.	563
1697 mars.	Edit relatif au consentement des père et mère au mariage.	621
1702 mars.	Edit créant des syndics perpétuels.	662
— 23 décembre.	Déclaration réglementant les lettres d'État.	647
1703 décembre.	Edit créant des lieutenants de maire.	662
1704.	Edit sur la compétence des tables de marbre.	703
1714 septembre.	Edit relatif aux franchises municipales.	663
1716.	Ordonnance du régent rétablissant les franchises municipales.	663
1722 août.	Edit sur les ventes des offices municipaux.	663
1724 4 mars.	Déclaration relative à la flétrissure.	642
— 21 novembre.	Déclaration sur le droit et indemnité dus par les ecclésiastiques et gens de mainmorte.	569
1729 août.	Edit concernant la succession des mères à leurs enfants.	567
1730 juin.	Déclaration concernant les procédures criminelles.	569

DATES.	INDICATIONS DES LOIS, ORDONNANCES, ETC.	PAGES
1730 22 novembre.	Déclaration concernant le rapt de séduction.	569
1731 15 janvier.	Déclaration servant de règlement entre les curés primitifs et les vicaires perpétuels.	569
— février.	Ordonnance sur les donations.	564
— 5 février.	Déclaration sur les cas prévôtaux.	569
1733 22 septembre.	Déclaration concernant les billets ou promesses.	567
— novembre.	Edit sur les offices municipaux.	663
1735 août.	Ordonnance sur les testaments.	565
— 30 août.	Déclaration pour pourvoir aux bénéfices pendant la vacance des abbayes.	569
1736 9 avril.	Déclaration concernant les registres de baptêmes, mariages, sépultures, etc.	568
1737 juillet.	Ordonnance sur le faux.	566
— —	Ordonnance sur les évocations et règlements de juge.	569
1738 28 juin.	Règlement sur la procédure du conseil.	569
1747 août.	Ordonnance sur les substitutions.	566
1749 août.	Edit défendant aux gens de main morte d'acquérir aucunes rentes constituées sur des particuliers.	612
1764 août.	Edit supprimant plusieurs offices.	663
1771 juin.	Edit sur la publicité des hypothèques.	568
1774 octobre.	Ordonnance qui règle la composition du corps royal d'artillerie.	694
— décembre.	Ordonnance sur les régiments provinciaux et l'armée.	694
1776 février.	Edit supprimant les jurandes.	570
— —	Edit supprimant les corvées.	678
— 18 mars.	Règlement sur les gouvernements militaires des provinces.	694
— août.	Edit portant modification de l'édit de février précédent sur la suppression des jurandes.	570
— décembre.	Ordonnance relative au corps royal du génie.	691
1777 9 août.	Déclaration pour la police des noirs.	616
1778 1er mars.	Règlement sur les troupes provinciales.	694
1779 août.	Edit d'affranchissement des mainmortables du domaine du roi et des serfs de poursuite dans tout le royaume.	570
1780 13 février.	Déclaration concernant la taille et la capitation.	683
— 24 août.	Déclaration abolissant la question préparatoire.	641
1781 3 mars.	Ordonnance concernant les registres de l'état civil et les actes de donation et de testament dans les échelles du Levant.	571
1786 1er janvier.	Lettres patentes créant une école de marine.	571
1787 4 août.	Déclaration concernant le timbre.	683
— septembre.	Edit portant révocation de ceux du mois d'août sur l'impôt territorial et le timbre.	683
1788 1er mai.	Edit sur le droit pénal.	785
— mai.	Ordonnance supprimant les bailliages et sénéchaussées, et remplaçant les cinq degrés de juridiction de l'ancien droit par deux.	700
— mai.	Edit abolissant les tribunaux d'exception.	571
— 5 juillet.	Arrêt du conseil concernant la convocation des états généraux.	675
— 8 août.	Arrêt du conseil relatif à une nouvelle répartition de la taille, etc.	683
— 28 octobre.	Déclaration concernant les formes de la répartition de la taille et les contestations y relatives.	684
1789 9 octobre.	Edit abrogeant plusieurs dispositions de l'ordonnance 1670.	786
— 29 octobre.	Décret relatif au clergé.	717

DATES.	INDICATIONS DES LOIS, ORDONNANCES, ETC.	PAGES
1789 4 août.	Décret abolissant le régime féodal.	718
— 2 novembre.	Décret sur la dîme et les biens ecclésiastiques.	716
— 17 décembre.	Décret portant création d'assignats.	717
— 22 décembre.	Loi sur l'organisation administrative.	713
1790 30 janvier.	Loi abolissant les lettres de cachet.	786
— 13 février.	Décret qui abolit les vœux monastiques.	717
— 16 février.	Loi divisant la France en départements, etc.	713
— 20 février.	Décret relatif aux droits des religieux.	720
— 23 février.	Décret sur la responsabilité des communes.	723
— 15 mars.	Décret relatif aux appels comme d'abus.	718
— 5 juillet.	Décret ordonnant la confection d'un code uniforme pour toute la France.	719
— 6 18 août.	Décret abolissant le droit d'aubaine.	720
— 16-24 août.	Loi sur l'organisation judiciaire.	715
— 7 septembre.	Loi qui abroge l'usage des lettres de chancellerie.	716
— 11 septembre.	Loi supprimant les tribunaux d'exception.	714
— 22 novembre.	Loi sur le domaine national, apanages, etc.	723
— 29 décembre.	Loi relative au rachat des rentes foncières.	721
1791 7 janvier.	Loi relative aux auteurs des découvertes utiles.	722
— 2 mars.	Décret supprimant les jurandes.	722
— 26 mars.	Décret sur l'unité de poids et de mesures.	722
— 14-25 mai.	Loi sur la propriété des inventions et découvertes.	722
— 19 juillet.	Instruction aux officiers de police judiciaire.	725
— —	Loi sur la procédure de police correctionnelle.	725
— 3 septembre.	Constitution française.	727
— 16 septembre.	Loi sur l'instruction criminelle.	725
— 25 septembre.	Loi sur les peines en matière criminelle.	725
— 27 septembre.	Décret qui rend aux juifs les droits civils et politiques.	720
— 28 septembre.	Loi concernant les biens et usages ruraux et la police rurale.	721
1792 14 août.	Décret ordonnant le partage des communaux.	736
— 23-27 août.	Lois abolissant les devoirs censiers.	745
— 28 août.	Décret portant que les majeurs ne sont plus soumis à la puissance paternelle.	732
— 14 septembre.	Décret qui abolit les substitutions.	731
— 20 septembre.	Décret établissant le divorce.	745
— 20-25 sept.	Décret déterminant le mode de constater l'état civil des citoyens.	732
— 21 septembre.	Décret portant abolition de la royauté.	732
1793 7 mars.	Décret qui abolit l'institution contractuelle.	736
— 9 mars.	Loi supprimant la contrainte par corps.	745
— 18 mars.	Loi prononçant la peine de mort contre ceux qui proposeraient la loi agraire.	736
— 6 avril.	Décret qui organise le comité de salut public.	734
— 10 juin.	Décret relatif au partage des communaux.	736
— 24 juin.	Constitution française.	733
— 17 juillet.	Loi qui supprime toutes les redevances sans indemnité.	735
— 24 novembre.	Décret qui substitue le calendrier républicain au calendrier grégorien.	733
II 3 brumaire.	Loi qui supprime les avoués.	738
— 10 frimaire.	Révocation pure et simple des aliénations du domaine de la couronne.	744
— 17 nivôse.	Loi sur les successions.	735
— 22 prairial.	Décret créant un tribunal révolutionnaire.	734
— 2 thermidor.	Décret enjoignant d'écrire tous les actes publics ou privés en langue française.	735
— 30 thermidor.	Loi sur la publication des actes législatifs.	735

DATES.	INDICATIONS DES LOIS, ORDONNANCES, ETC.	PAGES
II 6 fructidor.	Décret sur la célébration du dernier jour des Sans-Culotides.	734
— 7 fructidor.	Décret instituant un comité révolutionnaire par district.	734
III 22 frimaire.	Loi prescrivant la présentation d'un projet de loi relativement aux aliénations du domaine de la couronne.	744
— 11 prairial.	Loi qui rend les églises au culte.	739
— 9 messidor.	Code hypothécaire.	739
— 13 messidor.	Loi relative à la date certaine des actes privés.	739
— 5 fructidor.	Constitution française.	737
— 14 fructidor.	Décret prohibant, en matière de vente, la lésion d'outre moitié.	740
— 16 fructidor.	Loi sur la séparation des pouvoirs judiciaire et administratif.	747
IV 3 brumaire.	Code des délits et des peines.	740
— 13 brumaire.	Loi sur les délits militaires.	746
— 21 brumaire.	Code des délits et des peines pour les troupes de la république.	746
— 21 prairial.	Loi suspendant la vente des communaux.	744
— 22 prairial.	Loi modifiant le code pénal.	746
— 15 thermidor.	Loi qui abroge l'effet rétroactif de la loi du 4 juin 1793.	746
V 6 brumaire.	Loi contenant des mesures pour la conservation des biens des défenseurs de la patrie.	744
— 24 ventôse.	Loi rétablissant la contrainte par corps.	745
— 2 germinal.	Arrêté du directoire sur la séparation des pouvoirs judiciaire et administratif.	747
— 3 germinal.	Loi rétablissant la lésion d'outre moitié en matière de vente.	745
— 7 fructidor.	Loi qui abolit la déportation contre les prêtres insermentés.	744
— 1er jour compl.	Loi qui règle la législation du divorce.	745
VI 9 brumaire.	Loi sur les tenures féodales.	745
— 15 germinal.	Loi sur la contrainte par corps.	745
— prairial.	Loi relative à la vente des communaux.	744
VII 11 brumaire.	Loi sur le régime hypothécaire.	746
— 22 frimaire.	Loi sur l'enregistrement.	746
— 14 ventôse.	Loi qui complète celle du 22 novembre 1790 sur les domaines engagés.	744
— 21 ventôse.	Loi organisant la conservation des hypothèques.	746
VIII 19 brumaire.	Loi qui supprime le directoire et crée une commission consulaire.	748
— 22 frimaire.	Constitution française.	752
— 3 nivôse.	Loi qui met en activité la constitution.	750
— 4 nivôse.	Proclamation du premier consul au peuple, aux soldats français, à l'armée d'Italie.	751
— 28 pluviôse.	Loi sur la division administrative.	756
— 27 ventôse.	Organisation judiciaire.	757
— 4 germinal.	Loi qui fixe la quotité disponible eu égard au nombre d'enfants.	749
— 7 thermidor.	Loi sur la publicité des mariages.	749
— 24 thermidor.	Arrêté nommant une commission pour la rédaction d'un code civil.	762
IX 7 germinal.	Arrêté nommant une commission pour la rédaction d'un code criminel.	787
— 29 fructidor.	Arrêté nommant un directeur général des douanes.	757
— 10e jour complém.	Arrêté instituant un directeur général pour l'enregistrement.	756

DATES.	INDICATIONS DES LOIS, ORDONNANCES, ETC.	PAGES
X 5 ventôse.	Arrêté consulaire pour la réformation de la législation.	749
— 3 germinal.	Arrêté nommant une commission pour la rédaction du code de procédure.	780
— 10 germinal.	Arrêté modifiant la composition du tribunat.	765
— 13 germinal.	Arrêté nommant des commissaires pour la rédaction du code de commerce.	783
— 18 germinal.	Loi organique des cultes.	758
— 27 germinal.	Loi rendant la vie civile et politique aux émigrés.	758
— 11 floréal.	Organisation de l'instruction publique.	757
— 14 thermidor.	Senatus-consulte qui proclame Napoléon Bonaparte premier consul à vie.	755
— 16 thermidor.	Sénatus-consulte organique.	753
XI 25 ventôse.	Loi organique du notariat.	758
XII 29 ventôse.	Loi sur les transactions.	769
— 30 ventôse.	Loi sur la réunion des lois civiles en un seul code.	769
— 21 floréal.	Loi sur le droit criminel.	786

FIN DE LA TABLE CHRONOLOGIQUE.

ERRATA.

Page 36, ligne 6. *Au lieu de :* successoresque aliique liberi, *lisez :* successores sui cuique liberi.

Page 69, ligne 22. *Au lieu de :* capitulaire de 821, *lisez :* capitulaire de 820.

Page 115, ligne 13. *Au lieu de :* disparaît, *lisez :* disparaissent.

Page 137, ligne 7. *Au lieu de :* à la hauteur de science, *lisez :* à la hauteur de la science.

Page 150, ligne 23. *Au lieu de :* ce triomphe, *lisez :* le triomphe.

Page 178, ligne 1re. *Ajoutez :* III. *Bartolistes.* —

Page 224, ligne 19. *Au lieu de :* 21 mai 1421, *lisez :* 21 mai 1420.

Page 240, ligne 27. *Au lieu de :* 1428, *lisez :* 1438.

Page 241, ligne 9. *Au lieu de :* 9 novembre, *lisez :* 2 novembre.

Page 243, ligne 9. *Au lieu de :* 31 octobre, *lisez :* 11 octobre.

Page 243, ligne 18. *Au lieu de :* 24 novembre, *lisez :* 14 novembre.

Page 354, note 2. *Au lieu de :* 247, *lisez :* 217.

Page 355, ligne 25. *Au lieu de :* 1259, *lisez :* 1219.

Page 473, note 1. *Au lieu de :* t. 13, page 371, *lisez :* t. 13, p. 471.

Page 525, ligne 12. *Au lieu de :* Thérèse Juvon, *lisez :* Thérèse Javol.

Page 532, note 3, ligne 2. *Au lieu de :* 1494, *lisez :* 1495.

Page 534, ligne 11. *Au lieu de :* mai 1536, *lisez :* juin 1536.

Page 536, ligne 6. *Au lieu de :* 15 novembre, *lisez :* 15 mars.

Page 540, ligne 3. *Au lieu de :* août 1566, *lisez :* février 1566.

Page 571, note 1. *Au lieu de :* t. 4, p. 451, *lisez :* t. 4, p. 431.

Page 570, ligne 11. *Au lieu de :* 14 août 1787, *lisez :* 4 août 1787.

Poitiers, impr. de A. Dupré, rue de la Mairie, 10.

www.ingramcontent.com/pod-product-compliance
Lightning Source LLC
LaVergne TN
LVHW020959300926
849160LV00007B/192
* 9 7 8 2 0 1 2 7 6 3 8 2 1 *